고조선문명의 기원과 요하문명

우 실 하

우실하禹實夏

· 경북 상주 출생
· 연세대학교 사회학과 학사, 석사, 박사
· 동양사회사상, 문화이론, 한국문화론, 한국문화사/사상사
· 중국 요녕대학(遼寧大學) 한국학과 교수(요녕성 심양시)
· 중국 적봉학원(赤峰學院) 홍산문화연구원(紅山文化研究院) 방문교수(내몽고 적봉시)
· 현재 한국항공대학교 인문자연학부 교수(학부장)
     동양사회사상학회 부회장, 단군학회 부회장
     세계NGO역사포럼 기획위원
     중국 내몽고홍산문화학회(內蒙古紅山文化學會) 회원
· 홈페이지 www.gaonnuri.co.kr
· 이메일 woosilha@kau.ac.kr

고조선문명의 기원과 요하문명
The Origin of Gojoseon Civilization and Liaohe Civilization

초판 1쇄 발행 2018. 9. 28.
초판 3쇄 발행 2021. 12. 15.

지은이   우 실 하
펴낸이   김 경 희
펴낸곳   (주)지식산업사
        본사 • 10881, 경기도 파주시 광인사길 53(문발동)
        전화 (031) 955 – 4226~7 팩스 (031) 955 – 4228
        서울사무소 • 03044, 서울시 종로구 자하문로6길 18 – 7
        전화 (02) 734 – 1978 팩스 (02) 720 – 7900
        영문문패 www.jisik.co.kr
        전자우편 jsp@jisik.co.kr
        등록번호 1 – 363
        등록날짜 1969. 5. 8.

책값은 뒤표지에 있습니다.

ISBN 978 – 89 – 423 – 9051 – 9(94910)
     978 – 89 – 423 – 9046 – 5(전6권)

이 책을 읽고 저자에게 문의하고자 하는 이는
지식산업사 전자우편으로 연락 바랍니다.

이 저서는 2013년 대한민국 교육부와 한국학중앙연구원의 한국학특정분야기
획연구사업의 지원을 받아 수행된 연구임(AKS-2013-SRK-1230001)

여 는 글

필자가 요하문명에 대해서 관심을 두고 연구한 것은 요녕성 심양시에 있는 요녕대학(遼寧大學) 한국학과 교수(2000.2-2002.8) 시기부터였다. 연구를 지속하다가 최근 홍산문화 연구의 중심지인 내몽고 적봉시 적봉학원(赤峰學院: 우리의 대학, 영문으로는 Chifeng Univ. 뒤에서는 적봉대학으로 통일함-필자) 홍산문화연구원(紅山文化硏究院) 방문교수(2014.9-2015.8)를 거치며 올해로 18년이 되어간다. 그 사이에 요하문명을 소개하는 단행본 두 권을 출간했지만, 아직도 국내 고고-역사학계에서는 본격적인 연구가 이루어지고 있지 않다.

이 책은 1980년 초부터 본격적으로 발굴되기 시작한 요하문명의 주요 신석기-청동기시대 유적과 유물에 대해서 필자의 각종 답사 자료 등을 통해서 체계적으로 살펴보고, 요하문명 지역의 유적-유물과 한반도와의 연관성에 대해서 소개하고자 썼다. 요하문명을 소개하는 입문서라고 할 이 책을 계기로 한국학계의 다양한 분야에서 본격적인 연구가 진행되기를 바라는 마음이다.

필자는 동양사회사상, 고대 사상사-문화사, 한국문화론, 문화이론 등을 연구하는 사회학자다. 학문을 시작하면서 지금까지도 '한국 문화와 사상의 원류'를 찾는 것이 필자의 학문적 목적이다. 이런 까닭에 박사학위 논문의 제목이 〈한국 전통문화의 구성원리에 대한 연구〉였고 외부 부심 두 분은 (1) 신학을 전공하시면서 한국의 샤머니즘의 구조와 특성을 연구하신 유동식 교수님, (2) 우리나라 구석기시대를 여신 (고)손보기 교수님이셨다. 1997년 박사학위를 마치고 요녕대학 한국학과 교수를 지내면서, 우리 문화의 원류와 연결되는 만주 일대를 본격적으로 답사하는 과정에서 새롭게 발견된 요하문명에 대해서 알게 되었다.

새롭게 발견된 요하문명의 각 유적과 발굴 유물들은, 필자가 눈으로 보면서도 믿을 수 없을 정도로 거대한 규모와 발달된 단계를 보이는 것이었다. 글자 그대로 새로운 고대문명이 이 지역에 있었다는 것을 확인시키기에 충분한 것이었다. 특히나 '요하문명의 꽃'으로 불리는 홍산문화의 유적과 유물들은 필자에게는 놀라움 그 자체였다. 당시에는 한국학계의 관련 연구는 거의 전무한 상태였다. 예를 들면, 2000년 당시에 '요하문명'이나 '홍산문화'를 키워드로 검색되는 국내의 논문이 단 한 편도 없었고, 2017년 현재에도 몇몇 연구자의 논문만이 검색된다. 한국학계가 그동안 요하문명이나 홍산문화에 대해서 얼마나 무관심했었는지 알 수 있을 것이다.

중국학계에서는 수천 년 동안 아무도 알 수 없었던 이 새로운 고대문명이 요서 지역을 중심으로 새롭게 발견되면서, 1995년에 곽대순(郭大順)에 의해 '요하문명'으로 명명된다. 1996년부터는 국가 차원에서 요하문명을 중국 상고사와 연결시키기 위해서 5년 단위의 다양한 역사관련 프로젝트[工程]를 이어가고 있다. 일반인들은 동북공정만 기억할지 모르지만, 이 밖에도 많은 역사 관련 공정들이 진행되었다. 이런 국가 차원의 역사 관련 공정들을 통해서 중국학계는 (1) 요하문명의 주도세력이 한족의 조상이라는 전설적인 황제족(黃帝族)이고, (2) 따라서 만주 일대에서 발원하는 후대의 모든 소수민족은 황제족의 후예이며, (3) 이 황제족 후예들이 이룩한 역사는 모두 중국사의 일부라는 논리를 만들어가고 있다. 중국학계는 요하문명의 발견 이후 1996년부터 이어지는 각종 역사 관련 공정들을 통해서 그들의 상고사를 완전히 재편하고 있는 것이다.

중국학자들이 새롭게 발견된 요하문명과 그들의 상고사와의 연결 가능성을 연구하는 것은 어쩌면 당연한 것이다. 문제는 만주 일대의 요하문명을 주도한 세력을 한족의 조상이라는 황제족으로 끌고 가려는 일방적인 시각이다. 이런 중국학계의 시각에 대해서 한국학계가 적절히 대응하지 않는다면, (1) 예맥, 부여, 발해, 고조선 등과 연결되는 한민족의 조상들은 모두 황제족의 후예가 되는 것이고, (2) 이들이 이룩한 역사는 모두 중국사의 일부가 된다는 것을 분명하게 기억해야 한다. 현재도 중국의 역사교과서에서 부여, 발해, 고구려를 중국사로 가르치고 있다는 것을 모르는 한국인들이 많다.

현재까지 요하문명의 각종 신석기-청동기시대 유적들은 요서 지역을 중심으로 발견되고 있다. 그런데, 우리나라 중-고등학교 역사교과서에는 비파형동검 등이 분포하는 요서 지역을 포함한 만주 지역도 '고조선 영역', '고조선의 문화권', '고조선의 세력 범위' 등으로 보고 있다. 현재 대부분의 역사교과서에서 청동기시대를 BC 2000-1500년 사이에 시작된 것으로 보고 있고, 고조선의 건국을 BC 2333년이라고 기술하고 있다. 특히 '고조선 문화권' 또는 '고조선 세력 범위' 관련 지도에는 요하문명의 중심지인 요서 지역이 분명하게 포함되어 있다. 요서 지역을 고조선의 문화권/지역/영역/세력 범위 등으로 인정하면서, 이 지역에서 새롭게 발견된 요하문명이 우리와 상관없다는 것이 말이 되는가? 요하문명이 한국 상고사와 무관하다며 연구하지 않는 한국 고고-역사학계의 현실을 필자는 도저히 이해할 수가 없다.

요하문명 지역은 우리의 상고사와 떼어 놓을 수 없는 곳이다. 고조선, 예맥, 부여, 고구려 등은 바로 이 지역과 직·간접적으로 연결되어 있다. 늦었지만 이제라도 요하문명에 대해 체계적으로 연구해야 한다. 요하문명에 대한 연구는 (1) 식민사학을 둘러싼 사학계의 갈등이나, (2) 이른바 재야사학과 강단사학 사이의 갈등, (3) 민족주의사학이나 실증주의사학 등의 문제와도 전혀 상관없는 것이다. 만주 일대에서 수천 년 동안 묻혀 있다가 새롭게 드러난 요하문명이 우리의 상고사-고대사와 어떻게 연결되는지를 연구하는 것은 학자로서 당연히 해야 하는 일이다. 중국학계는 이를 본격적으로 연구하여 그들의 상고사를 완전히 재편하고 있는데, 이 지역이 고조선의 강역/영향권/문화권이라고 인정하면서도 강 건너 불구경하듯이 하고 있는 것이 우리의 현실이다.

2002년 말에 한국에 돌아온 이후, 새롭게 발견된 요하문명에 대해서 국내 학계에 알려야 한다는 생각에 두 권의 책과 요하문명 지도를 출간했다.[1] 필자의 기대와는 달리 국내 고고-역사학계는 아직도 요하문명에 대해서 본격적으로 연구하고 있지 않다.

이 책은 3부 14장으로 구성되어 있다. 구체적으로, (1) 제1부 '요하문명의 발견과 자연-지리-기후적 조건(제1-4장)', (2) 제2부 '요하문명의 주요 고고학문화와 한반도(제5-11장)', (3) 제3부 '최근 중국 고고-역사학계의 동향과 고조선(제12-14장)'이다.

이 책에는 지난 18년 동안 필자가 답사한 사진 자료들이 많이 들어가 있어서, 일반인들도 요하문명의 전모에 대해서 쉽게 이해할 수 있도록 꾸몄다. 세세한 부분을 깊이 연구하는 역사-고고학자에 견주어서, 사회학적 훈련이 된 필자는 전체적인 판도를 읽어내는 구조적 시각에 익숙해져 있다. 요하문명을 개괄적으로 소개하고 중국학계의 동향 등을 소개하는 것이라서 다루는 범위가 넓을 수밖에 없고, 세부적인 부분에서 문제점도 많을 것이다.

그럼에도 요하문명의 전반적인 양상을 소개하고, 각 분야에서 요하문명을 연구할 수 있는 기초적인 입문서로서는 충분하다고 생각하고 있다. 그래서 책 곳곳에서 앞으로 어떤 분야의 연구 가능성이 열려있는가에 대해서도 많이 언급해 두었다. 이 책의 한계점에도 불구하고 각 분야에서 요하문명과 한반도의 연관성을 연구하기 위한 길잡이로 이 책이 활용될 수 있기를 바란다.

필자는 요하문명이 '동북아 공통의 시원문명'이라고 본다. 이런 인식을 바탕으로 한, 중, 일, 몽골이 함께 공동연구를 진행할 때, (1) 요하문명이 한, 중, 일, 몽골의 공통의 문명적 기반이라는 인식을 확산시킬 수 있고, (2) 미래에 벌어질 각 국가 사이의 많은 역사 갈등을 해결하고 동북아문화 공동체를 앞당길 수 있는 초석이 될 수 있다고 보며, (3) 이를 바탕으로 동

---

1) 우실하,《동북공정의 선행 작업과 중국의 국가 전략》(서울: 울력, 2004).
　우실하,《동북공정 너머 요하문명론》(서울: 소나무, 2007).
　우실하,《고조선의 강역과 요하문명》(동아지도, 2007).

북아시아가 세계의 정치·경제·문화의 중심지로 거듭나는 '21세기 동방 르네상스'가 시작될 수 있기를 기대해본다.

2018. 1. 20.

一竹 우실하

차 례

14

제1부

요하문명의 발견과 자연-지리-기후적 조건

제1장 서론

1. 'ㅇㅇ유지(=유적)', 'ㅇㅇ문화', 'ㅇㅇ문명' 개념

현재 한국 고고학계에서는 'ㅇㅇ문화' 같은 '고고학문화' 개념이 없다. 그래서 필자가 일반인들을 대상으로 특강을 할 때 많은 사람들이 요하문명을 이루는 흥륭와문화, 홍산문화, 하가점하층문화 등과 같은 각종 신석기−청동기시대 고고학문화 개념을 이해하는 데 어려움을 겪고 있다. 아래에서는 'ㅇㅇ유지(=유적지=유적)', 'ㅇㅇ문화', 'ㅇㅇ문명'이 어떻게 명명되며 어떤 차이가 있는지를 간단히 설명하기로 한다.

첫째, 특정한 지역에서 고고학적 유지(遺地)=유적(遺蹟)=유적지(遺蹟地)가 발견되면, 대부분의 경우 그 지역의 행정 최소단위 이름을 붙여서 'ㅇㅇ유지(=유적)'이라고 명명을 한다.

예를 들어서 흥륭와촌에서 발견되면 그 유적지의 이름은 '흥륭와(촌)유지', 조보구촌에서 발견되면 '조보구(촌)유지' 등으로 명명한다. 중국 고고학계의 경우 (1) 행정 최소단위 이름에서 '촌'자를 생략하고, (2) '유적' 대신에 '유지(遺址)'라는 용어를 써서 '흥륭와유지', '조보구유지' 등으로 명명하는데 유적=유적지라는 의미는 같다.

한국의 경우에는 (1) 'ㅇㅇ유지'보다는 'ㅇㅇ유적'이라는 표현을 사용하며, (2) 도시 지역의 경우에는 행정 최소단위인 '동(洞)'을 붙여서 '동삼동패총유적', '복천동유적' 등으로 명명하고, (3) 시골 지역의 경우에는 행정 최소단위인 '리(里)'를 붙여서 '문암리유적', '오산리유적' 등으로 명명한다.

필자는 이 책에서 중국 유적지의 경우에는 'ㅇㅇ유지'를, 한국의 경우에는 '○○유적'을 사용하였다.

둘째, 주변에서 'A유지'와 시대가 같고, 출토 유물도 같은 'B유지', 'C유지', 'D유지' 등이 발견되면, 이 모든 유적지를 하나의 '고고학문화'로 묶는다. 이때 하나로 묶는 '고고학문화'의 명칭은 최초로 이런 유형이 발견된 'A유지'를 따라서 'A문화'로 명명한다.

예를 들어, (1) 흥륭와유지, 흥륭구유지, 백음장한유지 등이 같은 시대의 유적지일 경우 이를 하나로 묶어서 최초로 발견된 흥륭와유지의 이름을 따라 '흥륭와문화'로 명명하고, (2) 홍산유지, 동산취유지, 위가와포유지, 우하량유지 등을 묶어서 이런 유형이 최초로 발견된 홍산유지의 이름을 따라 '홍산문화'로 명명하는 식이다. 현재 홍산문화에 속한 유적지는 1200개 이상이나 된다. 이 유적지들은 모두 홍산문화라는 고고학문화에 속하는 것이다.

셋째, 시간적으로 공간적으로 계승관계에 있는 (1) 서로 다른 신석기시대의 여러 고고학문화와 (2) 청동기시대의 여러 고고학문화가 발견되고, (3) 국가단계에 이르는 시기에까지 이어지면, 이들을 모두 엮어서 '○○문명'이라고 명명한다. '○○문명'으로 명명하는 경우에는 이들 각종 신석기-청동기시대 '고고학문화'가 분포하는 지역을 관통하는 큰 강의 이름을 따라 '○○(강)문명'으로 명명하는 것이 보편적이다.

예를 들어, '황하문명', '나일(강)문명(=이집트문명)', '인더스(강)문명', '유프라테스-티그리스(강)문명(=메소포타미아문명)' 등이 이런 예이다. 최근 새롭게 발견된 '요하문명'이라는 명칭은 요서 지역을 가로지르는 요하(遼河)의 이름을 따서 명명한 것이다.

국내에서는 '○○유지(=유적)', '○○문화', '○○문명' 개념에 대한 명확한 구분이 되어 있지 않기 때문에, 국내의 인터넷 블로그나 심지어 정식으로 출판된 책이나 논문에서조차도 '홍산문명'이라는 이상한 개념을 사용하는 경우가 종종 보인다. '홍산문명'이라는 개념은 없다. '요하문명'을 이루는 여러 신석기시대 '고고학문화' 가운데 가장 주목받고 있는 '홍산문화'가 있을 뿐이다.

2. 요하문명과 고조선문명의 관계 설정 문제

　이 책에서는 만주 일대의 두 개의 문명을 이야기하고 있다. '요하문명 (遼河文明)'과 '고조선문명(古朝鮮文明)'이 그것이다. 이 둘 사이의 관계 설정 에 대해서 필자의 견해를 미리 밝혀두기로 한다.

　중국 황하 중류 지역의 신석기-청동기시대를 포함한 고대문명을 광의 의 의미로 통칭할 때 일반적으로 '황하문명(黃河文明)'이라고 부른다. 이 황 하문명 지역에서 구체적이고 완벽한 청동기시대 국가단계에 진입한 상(商) 나라 문명을 '상문명(商文明)'이라고 부른다. 예를 들면 상나라 역사의 세 계적인 권위자인 하버드대학 장광직(張光直)은 《상문명(Shang Civillization)》 이라는 책을 낸 바 있다.[1] 이 책은 세계 각국에서 중국의 고고학, 상고사, 고대사를 배우는 사람들에게 교과서나 다름없는 책이다.

　이런 전례에 따라 필자는 '요하문명'과 '고조선문명'의 관계는 '황하문명' 과 '상문명'의 관계와 같이 정리할 수 있다고 본다. 곧, (1) 요서, 요동을 포함 한 요하 일대의 고대문명을 넓은 의미[廣義]로 통칭할 때는 '요하문명'이라 부르고, (2) 요하문명 지역에서 구체적이고 완벽한 청동기시대 국가단계에 진입한 고조선 시기를 '고조선문명'이라고 부르고자 한다. 이에 대해서는 좀 더 구체적인 논의를 통해서 용어의 통일을 이룰 필요가 있다고 본다.[2]

〈자료 1-1〉 요하문명과 고조선문명의 관계 설정[3]

광의, 협의 ＼ 지역	중원 지역	만주 지역
넓은 의미로 사용할 때 (신석기문화를 포함)	황하문명	요하문명
좁은 의미로 사용할 때 (완벽한 청동기 국가단계)	상문명	고조선문명

1)　張光直 지음, 윤내현 옮김, 《상문명(商文明: Shang Civilization)》, 민음사, 1989.
2)　우실하, 〈요하문명, 홍산문화 지역의 지리적 기후적 조건〉, 《고조선단군학》 제 30집, 2014.6, 219쪽.
3)　우실하, 〈요하문명, 홍산문화 지역의 지리적 기후적 조건〉, 219쪽 〈자료 1〉.

최근 이형구는 요하문명이라는 개념 대신에 '발해연안문명(渤海沿岸文明)'을 제시하여 사용하고 있다.[4] 중국의 만주일대와 중국의 동해안 지역 그리고 한반도 지역을 포함하는 지역을 하나의 문명이라고 보는 것이다. 하지만 (1) 요하문명을 이루는 흥륭와문화, 부하문화, 조보구문화, 홍산문화, 소하연문화, 하가점하층문화, 하가점상층문화 등이 대부분 요서 지역의 요하 유역에 밀집되어 있으며, (2) 1995년에 곽대순에 의해서 '요하문명'으로 명명되어[5] 통용되는 용어이기에 이 글에서는 요하문명이라는 개념을 사용하고 있다.

필자는 '발해연안문명'이라는 개념에는 동의하기 어렵지만, 요하문명과 발해연안의 고대 문화권 전체를 하나로 연결하는 '발해연안 문명권'의 설정은 가능하다고 보며, 그것은 필자가 제시하는 'A자형 문화대(A字形文化帶)' 개념과도 거의 같은 것이다(이 책의 14장 참조).[6]

신용하는 요하문명의 일부와 한반도의 한강문화 그리고 북한의 대동강문화를 포함하는 '고조선문명'이라는 개념을 제시하고 있다.[7] 그는 (1) 한반도 지역의 태양숭배와 새를 토템으로 한강문화와 대동강문화를 건설한 '한족', (2) 요서 요하문명 지역으로 올라간 곰을 토템으로 한 '맥족', (3) 요동 지역과 그 북쪽으로 이동한 호랑이를 토템으로 한 '예족' 등이 다시 한반도 북부 지역에서 결합하여 고조선문명을 형성했다는 '한-맥-예 3부족 결합설'을 제시하였다.[8] 신용하의 견해 역시 설득력이 있다고 보지만,

---

4) 이형구, 《발해연안문명》, 상생출판사, 2015. 이 책 이외에도 다른 책과 논문에서도 발해연안문명 개념을 사용하고 있다.

5) 郭大順, 〈遼寧史前考古与遼河文明探源〉, 《遼海文物学刊》, 1995年 第1期, 14~20쪽.
   郭大順, 〈遼河文明的提出与対伝統史学的衝撃〉, 《尋根》, 1995年 第6期, 10~11쪽.

6) 禹实夏, 〈遼河文明和'A字形文化帯〉, 赤峰学院紅山文化研究院(編), 《第十届虹山文化高峰論壇論文集》, 吉林出版集団股份有限公司, 2016, 217-233쪽.

7) '고조선문명'은 신용하가 2000년부터 사용하기 시작하였다.
   신용하, 〈한국민족의 기원과 형성〉, 《한국학보》 제100집, 2000; 신용하, 〈고조선문명권의 삼족오 태양 상징과 조양 원태자벽화묘의 삼족오 태양〉, 《한국학보》 제105집, 2001; 신용하, 〈고조선문명권의 형성과 동북아 '아사달' 문양〉, 임재해 외, 《고대에도 한류가 있었다》, 지식산업사, 2007.

8) 신용하, 〈한국민족의 기원과 형성에 대한 '한' '맥' '예' 3부족 결합설〉, 《학술원논

필자는 요서 지역을 중심으로 초기의 고조선문명이 시작되었다고 보는 점에서 다르다.

3. 요하문명에 대한 한·중·몽골의 시각 차이[9]

　1980년대 이후 현재는 요하문명으로 명명된 이 고대문명에 대해서 수많은 유적지들이 발견되었고 현재도 발견되고 있다. 이 요하문명과 관련하여 중국 주류사학계, 한국 주류사학계, 한국의 재야사학계에서는 서로 다른 입장을 보이고 있다.

　첫째, 중국의 주류사학계는 요하문명의 주도세력이 중화민족의 조상이라는 황제족(黃帝族)이 이룩한 문명이라고 끌어가고 있고, 이것은 이미 고고−역사−신화학계 등에서 정설로 자리 잡아가고 있다.[10]

　중국학자들이 수천 년 동안 아무도 알지 못했던 요하문명이 새롭게 발견되면서, 자신들의 상고사와 어떻게 연결되는지를 연구하는 것은 어쩌면 당연한 것이다. 문제는 그들의 조상인 황제족으로 끌고 가려는 일방적인 시각이다. 이에 대해서는 뒤에서 다시 상술하기로 한다.

　둘째, 한국의 주류사학계에서는 요하문명은 한국 상고사, 고대사와 연관이 없다고 보고 있고 거의 관심을 두고 있지 않다. 필자 등 일부 학자들은 요하문명과 한국 상고사, 고대사와의 관계에 대해서 연구를 시작한 단계이다. 문안식은 "한민족 형성의 주축이 된 예맥의 기원을 시베리아 방면에서 이주한 북방계 주민이 아니라, 요하문명을 영위한 요하 유역의 토

문집》 제55집 1호, 2016. 337−468쪽.

9) 우실하. 〈요하문명, 홍산문화 지역의 지리적 기후적 조건〉, 219−220쪽의 내용을 수정 보완한 것이다.

10) 중국 주류사학계의 입장에 대해서는 아래의 글을 참조하시오. 우실하, 〈홍산문화의 곰토템족과 단군신화의 웅녀족〉, 《고조선단군학》 제27호, 2012.11, 185−216쪽. 특히 〈5. 홍산문화 주도세력에 대한 중국학계의 시각 정리〉를 볼 것.

착집단"으로 보고, "예맥은 고조선의 방계적인 존재가 아니라, 요서와 발해만 연안 일대에서 오랜 동안에 걸쳐 요하문명을 계승한 채 독자적인 세력권을 유지하였다"라는 관점에서 연구를 진행하고 있다.[11] 중국에서 최근 벌어진 (1) 국사수정공정[12], (2) 중화문명선전공정[13], (3) 도소남신상의 새로운 발견[14] 등의 중요한 역사 관련 소식을 필자가 신문을 통해 최초로 소개하였다는 사실 자체가, 우리 고고-역사학계가 얼마나 요하문명에 대해서 관심이 없는지를 보여주는 사례다.

한국 재야사학계에는《환단고기》등에 보이는 배달국, 환국이 바로 요하문명을 통해 밝혀지고 있다고 한껏 고무되어 있다.

필자는 중국의 주류사학계, 한국의 주류사학계, 한국의 재야사학계의 입장이 모두 문제가 있다고 본다. 거대한 요하문명은 현재도 발굴 중이고, 매년 새로운 고고 발굴이 이루어지고 있다. 따라서, 요하문명의 주도세력이 어느 집단이라고 미리 예단하고 접근하는 것은 무리이다.

지금도 매년 놀라운 발굴 소식들이 들려온다. 필자도 매년 요하문명 지역을 답사하지만 답사를 할 때마다 새로운 발굴 결과들에 놀라곤 한다. 요하문명은 한국-중국의 상고사와 모두 연관된 지역이며, 한국-중국과 어떻게 연결되는지는 차근차근 연구한 뒤에 결론 지어져야 한다고 본다.

요하문명 지역은 우리의 상고사와 떼어놓을 수 없는 곳이다. 고조선, 부여, 예맥 등은 바로 이 지역과 직·간접적으로 연결되고, 후대의 고구려도 이 지역과 밀접하게 연결되어 있기 때문이다. 이제라도 한국학계는 요하문명에 대한 기초적인 연구부터 차근차근 해가야 한다. 저 멀리 아메리카나 아프리카에서 발견된 것도 아닌 만리장성 너머 만주 지역에서 우리

11) 문안식,《요하문명과 예맥》, 혜안, 2012, 7쪽.
12)《연합뉴스》2010년 9월 1일자, 〈인터뷰: 中 역사 수정 연구 우실하교수〉참조.
    《연합뉴스》, 2012년 9월 10일자, 〈사람들: 요하문명 연구가 항공대 우실하 교수〉참조.
13)《한겨레신문》, 2015년 4월 13일자, 〈우실하, "'중화문명선전공정'이 시작된다"〉참조.
14)《중앙일보》, 2012년 08월 17일자, 〈중국의 동북공정, 고조선 역사까지 겨눴다〉참조.

의 상고사—고대사의 강역과 밀접히 관련된 지역에서 새롭게 발견된 요하문명이 우리와 상관없다는 식의 태도는 문제가 많다.

한 가지 단적인 예를 들어보기로 하자. 2007년 개정된 역사 교육과정에 따라 제작된 중·고등학교 역사교과서의 고조선 관련 문화권 지도에는 다음과 같은 설명문이 있다.

① 청동기시대에 만든 비파형동검과 고인돌(탁자식), 미송리식 토기와 팽이형 토기는 주로 만주와 한반도 북부 지방에서 집중적으로 발굴되는데, 이를 통해 고조선의 문화권을 짐작할 수 있다.[15]

② 비파형동검과 고인돌(탁자식), 미송리식 토기 등이 고조선 문화를 대표하는 특징적 유물이다. 고조선은 이들 유물이 분포하는 지역과 밀접한 관련이 있다.[16]

③ 탁자식 고인돌과 비파형동검 등의 유물이 출토되는 지역을 통해 고조선의 영역을 짐작할 수 있다.[17]

④ 오늘날 이 지역에서 출토되는 비파형동검과 탁자식 고인돌, 미송리형 토기와 팽이형 토기는 이러한 고조선의 문화 범위와 세력 범위를 잘 보여주고 있다.[18]

또한 1987년에 고시된 제5차 교육과정에 따라 편찬된 국사나 한국사에서는 동이족의 분포 지역과 고조선의 세력 범위를 함께 지도에 표현하고 있고, 설명문도 위에서 인용한 여러 역사교과서와 거의 같다.[19]

결국, 과거에도 그렇고 현재의 역사교과서에서도 비파형동검이 분포하는 요서 지역을 포함한 만주 지역을 '고조선 문화권' 또는 '고조선 세력

---

15) 이상, 주진오 외, 《역사》(상), 천재교육, 2011, 34쪽.
16) 이문기 외, 《중학교 역사(상)》, 두산, 2011, 31쪽.
17) 양호환 외, 《중학교 역사(상)》 교학사, 2011, 36쪽.
18) 김종수 외, 《고등학교 한국사》, 금성출판사, 2014, 29쪽.
19) 국사편찬위원회 1종도서연구개발위원회(편), 《중학교 국사(상)》, 국정교과서주식회사, 1990, 16쪽. 집필자는 김정배, 신형식이었다.

범위'로 보고 있는 것이다. 현재 대부분의 역사교과서에서 청동기시대를
BC 2000-1500년 사이에 시작된 것으로 보고 있다. 특히 '고조선 문화권'
또는 '고조선 세력 범위' 관련 지도에는 모두 요서 지역이 분명하게 포함되
어 있다. 요서 지역을 고조선의 문화권/지역/영역/세력 범위 등으로 인정
하면서, 이 지역에서 새롭게 발견된 요하문명이 우리와 상관없다는 것이
말이 되는가?

새롭게 발견된 요하문명이 우리의 상고사-고대사와 어떻게 연결되는
지를 연구하는 것은 학자로서 당연히 해야 하는 일이다.

어떤 학자는 한술 더 떠서 이런 분포 지도가 "'위대한 상고사'의 환상
을 학생들에게 심어줄 수 있다는 점에서 문제가 있다고 판단된다."라고
이야기한다.[20] 이런 학자들이야말로 요하문명을 본격적으로 연구해보기
를 권한다.

중·고등학교 역사교과서 가운데 요하문명이나 홍산문화에 대해서 간
단하게나마 소개하고 있는 것은 단 1종뿐이었다. 본문이 아니라 참고 사
항처럼 박스 처리한 〈그때 그 시절: 랴오닝 지역의 선사 문화〉 부분에는
우하량유지에서 출토된 홍산여신 얼굴 및 2점의 옥기 사진과 함께 아래와
같이 기술하고 있다. 그대로 옮긴다.

> 중국 황허(=황하: 필자) 강 중류 지역에서 발굴된 신석기시대 양사오 문화(=
> 앙소문화: 필자)는 황허문명의 원류로 여겨진다. 그런데 20세기 중반 이후 만리
> 장성 밖 동북 만주 지역에서 황허 지역의 문화보다 훨씬 앞서거나 비슷한 시기
> 의 신석기문화가 속속 확인되었다. 이들 문화 중 하나인 홍산문화(=홍산문화:
> 필자)가 크게 꽃을 피웠던 기원전 3500-3000년경 뉴허량(牛河梁)의 신석기 유
> 적에서는 대규모의 돌무지무덤과 제단이 발견되고, 세련된 옥기들이 대거 출
> 토되었는데 황허 지역의 중국 문화와는 구별되는 것이었다.
>
> 이 일대의 선사 문화는 청동기시대까지 이어지는데, 한반도 지역에서 많이
> 보이는 빗살무늬토기, 돌무지무덤, 고인돌, 비파형동검, 청동 거울 등이 대량

---

20) 조인성, 〈'고대사 파동'과 고조선 역사지도〉, 《한국사연구》 172집, 2016.3, 4쪽.

으로 발굴되기도 하였다. 그리하여 고조선의 성립과 발전 등 우리 민족의 역사
와 밀접한 관련이 있을 것으로 추정되기도 한다.[21]

　　이것이 요하문명에 대해서 조금이라도 소개하고 있는 거의 유일한 역
사교과서. 위의 인용문에서는 '요하문명'이라는 명칭은 사용하고 있지
않지만, (1) "만리장성 밖 동북 만주 지역에서 황하 지역의 문화보다 앞서
거나 비슷한 시기의 신석기 문화가 속속 확인"되었고, (2) 이것은 "황하 지
역의 중국 문화와는 구별되는 것"이라고 강조하며, (3) "이 일대의 선사문
화는 청동기시대까지 이어지는데, 한반도 지역에서 많이 보이는 빗살무늬
토기, 돌무지무덤, 고인돌, 비파형동검, 청동거울 등이 대량으로 발굴"되
며, (4) 이런 것들이 "고조선의 성립과 발전 등 우리 민족의 역사와 밀접한
관련이 있을 것으로 추정되기도 한다"라고 소개하고 있다.
　　이렇게 요하문명이 우리 민족의 역사와 밀접한 관련이 있을 것으로 추
정된다면, 이제는 학자들이 본격적으로 연구를 해야 하고, 우리의 역사교
과서에서도 정식으로 가르쳐야 할 것이다.

〈자료 1-2〉 현행 역사교과서에 유일하게 보이는 홍산문화 소개 부분[22]

그때 그 시절　　　　　　　　　　　　　　　▶라오닝 지역의 선사 문화

중국 황허 강 중류 지역에서 발굴된 신석기 시대 양사오 문화
는 황허 문명의 원류로 여겨진다. 그런데 20세기 중반 이후 만리
장성 밖 동북 만주 지역에서 황허 지역의 문화보다 훨씬 앞서거나
비슷한 시기의 신석기 문화가 속속 확인되었다. 이들 문화 중 하
나인 홍산 문화가 크게 꽃을 피웠던 기원전 3500~3000년경 뉴
허량(牛河梁)의 신석기 유적에서는 대규모의 돌무지무덤과 제단이
발견되고, 세련된 옥기들이 대거 출토되었는데 황허 지역의 중국
문화와는 구별되는 것이었다.

❶ 뉴허량의 신석기 유적에서 출토된 여러 가지 모양의 옥기들
과 여신상(얼굴 부분)

　이 일대의 선사 문화는 청동기 시대까지 이어지는데, 한반도 지
역에서 많이 보이는 빗살무늬 토기, 돌무지무덤, 고인돌, 비파형 동검, 청동 거울 등이 대량으로 발굴되기도 하였다. 그리하여
고조선의 성립과 발전 등 우리 민족의 역사와 밀접한 관련이 있을 것으로 추정되기도 한다.

---

21) 한철호 외, 《고등학교 한국사》, 미래엔, 2011, 4쇄(2014), 13쪽.
22) 한철호 외, 《고등학교 한국사》, 미래엔, 2011, 4쇄(2014), 13쪽.

한국이 요하문명에 대해 우리의 시각으로 연구하지 않는다면, 중국학계의 시각이 전 세계로 퍼지는 것은 시간문제일 뿐이다. 중국학계에서는 (1) 요하문명의 주도세력이 중화민족의 시조인 황제족이고, (2) 만주 일대에서 등장하는 후대의 모든 소수민족은 황제의 후예이며, (3) 이들 황제의 후손들이 만든 역사는 모두 중국사의 일부라는 입장이 확산되어가고 있다. 이러한 상황에서 우리가 반론을 제기하지 않고 중국학계의 논리가 인정되면, 만주 일대에서 활약한 우리의 선조들인 예맥족, 주몽, 해모수, 단군 등은 모두 황제의 후예가 되며 이들이 이룩한 부여, 고조선 등은 중국사의 일부가 된다는 점을 분명하게 기억해야 한다.

셋째, 요하문명이 발견된 지역은 유엔에 가입된 독립국가인 몽골공화국의 역사−문화의 연원과 관련해서도 주목되는 지역이다. 그러나 몽골학자들 역시 요하문명에 대해서 직접적으로 연구하는 학자가 없다.

대부분의 일반 중국인뿐만이 아니라 중국학자들도 칭기즈칸은 중국인이고, 몽골족은 중국의 소수민족 가운데 하나라고 본다. 몽골 국립울란바토르대학 역사학자이자 몽골과학아카데미 역사학고고학연구소 소장인 촐몽(S. Tsolmon) 교수에 따르면, 1991년에《칭기즈칸의 전기(成吉思汗全伝)》를 출간했던 중국의 주요정(朱耀廷)같은 유명 역사학자도 "내가 보기에 칭기즈칸은 중국인이고, 따라서 중국 국경 내에 있는 몽고족은 중국 소속이다. 따라서 칭기즈칸은 (중국) 국경 내외에 있는 모든 몽골민족의 조상이다."라고 했다[23] 촐몽 교수는 "칭기즈칸을 중국인으로, 대몽골국을 중국에 예속시키려는 관점에서 서술한 논문들은 위의 논문집에 아주 많이 실려 있다", "칭기즈칸을 중화민족의 영웅으로 언급한 예는 수도 없으며, 역사적 진실을 얼마나 왜곡하고 있는지를 살펴보면 역사를 (지나치게) 오늘날의 관점에서 고의적으로 (해석하여) '몽골국'을 옛날부터 중국의 일부분이었다는 식으로 이해하려는 의도를 내포하고 있다는 것은 명백하다"며 비판한다.[24]

23) 촐몽, 〈몽골제국사 연구와 중국학자들의 역사서술〉, 동북아역사재단, 《2008 Korea−Mongolia International Conference: 한−몽 역사학자들의 동북아역사 인식》논문자료집, 2008, 26−27, 61−62쪽.

24) 촐몽, 〈몽골제국사 연구와 중국학자들의 역사서술〉, 62쪽.

필자는 여러 차례 몽골공화국 울란바토르에서 열린 학술대회에 참가하여 새롭게 발견된 요하문명에 대해서 소개한 적이 있다. 대부분의 몽골 고고학자들은 요하문명에 대해서 모르고 있었다. 국립 울란바토르대학의 고고학자인 에르덴바토르(D. Erdenebaatar) 교수 등 일부 학자들은 홍산문화를 '울란하다문화'로 알고는 있었으나 직접적인 연구는 현재까지도 전혀 없는 실정이다.

홍산문화의 명명지인 홍산(紅山) 지역은 본래 오랫동안 몽골족의 영역이었고, 홍산(紅山: 붉은 산)의 본래 몽골어 명칭이 '울란(=붉은) + 하다(= 산)'였다. 이것을 중국인들이 한자로 '紅山'이라고 표기를 한 것이다. 홍산이 있는 적봉(赤峰: 붉은 산봉우리)의 명칭도 본래 몽골어 '울란하다'를 한자로 표기한 것으로, '紅山(=붉은 산)'과 겹치지 않게 '赤峰(=붉은 산봉우리)으로 표기만 달리한 것이다. 이뿐만이 아니라 적봉시에 속하는 오한기, 옹우특기, 파림좌기, 파림우기, 극십극등기 등등이 모두 몽골어를 한자로 음사해서 적은 것이다.

2004년에 중국에서 여러 학자들[25]의 공동 집필과정(주편자는 泰亦赤兀惕·滿昌)[26]을 거쳐서 '4권짜리 중문판'과 '6권짜리 몽문판' 2종의 《몽고족통사(蒙古族通史)》가 출판되었다. 이 책에서는 13세기 이전 몽골족의 상고사

---

25) 巴図巴根, 千奮勇, 巴岱 등 중국에서 몽골 연구의 권위 있는 학자들이 참가하였다.

26) 泰亦赤兀惕·滿昌, 蒙古族, 1935年11月生, 內蒙古科爾沁達爾罕王族人, 1960年內蒙古師范大学蒙語系研究生畢業.蒙古文学, 蒙古史, 蒙古文化学教授.現任国際蒙古学会員, 中国蒙古文学学会理事, 国際阿爾泰学会会員, 內蒙古民俗学学会副会長。
1980年, 《蒙古文学史》一書獲蒙文著作一等奬；1985年, 《新訳注解蒙古秘史》一書獲華北地区出版奬, 內蒙古自治区栄誉奬；1988年, 論文〈蒙古薩満与薩満文学〉獲內蒙古社会科学研究成果一等奬。
著作有《蒙古文学史》(1980年), 《蒙古文学史》(五大院校合作編写, 任主編, 1984年), 《新訳注解蒙古秘史》(1985年), 《蒙古薩満》(1990年), 《蒙古秘史故事》(1992年)等。
還研究蒙古宗教和宗教文学, 搜集了'蒙古卜教祭詞'両部, '蒙古仏教著作'両部.近年来, 満昌教授従事文化学, 考古学, 歷史学和民族学的研究.
又著有《蒙古考古学》(2004年)和《蒙古种族史綱》等.満昌教授従事教育工作40多年, 兢兢業業, 任劳任怨, 多次獲得优秀教学奬, 先進教師奬；在学術領域中従事多学科研究出版了22部著作.可謂辛勤的教学者, 多産的学者, 発展蒙古文化事業的推動者。

를 이미 요하문명에서부터 시작하고 있다.[27]

소개 자료를 보면, "이 책은 13세기 이전의 몽골사를 새롭게 쓴 것으로, 13세기 이전의 (역사적) 큰 공백을 채우는 것[本書著重編寫了13世紀以前的蒙古史, 塡補了13世紀以前的大空白]"이라고 밝히고 있다. 출판 의의에 대해서도 "사람들이 중화 5천 년의 찬란한 역사를 깊이 있게 이해하게 하고, 중화민족의 단결을 강화하며, 중국의 문화 역사를 좀 더 빛나게 하기 위한 것[使世人更加了解中華五千年的光輝歷史, 加強中華民族的団結, 使中華文化歷史更加発揚光大]"이라고 밝히고 있다.[28]

중문판 제1권의 경우 제2부의 제4장과 제5장을 홍산문화-소하연문화와 홍산문화의 옥룡(玉龍) 소개에 할애하고 있고, 제3부의 제4장은 하가점하층문화와 하가점상층문화에 대해 소개하고 있다.

이 책에서는 (1) 몽골족의 역사를 요하문명부터 시작되는 것으로 보고, (2) 요하문명의 주도세력이 중화민족의 시조라는 황제족이라는 논리를 인정하고 있어서, (3) 결론적으로 몽골족의 모든 역사는 중국사의 방계역사가 되어 있다. 그러나 이런 문제에 대해서 걱정하는 사람도, 학문적으로 대응하는 사람도 거의 없다. 이러한 몽골공화국의 사정은 우리나라의 현실과 별반 다르지 않다.

요하문명이 발견된 요하 중상류 지역은 (1) 대부분의 지명이 몽골어로 되어 있고, (2) 몽골족의 발원지이기도 하며, (3) 몽골제국의 중요한 영토이자 몽골족 역사의 강역이었다. 몽골학자들이 적극적으로 요하문명, 홍산문화에 대한 연구를 해야 하는 충분한 이유가 있는 것이다. 그럼에도 몽골공화국의 고고학자나 역사학자들은 요하문명이나 홍산문화에 대해서 별다른 연구를 하고 있지 않다.

요하문명의 영역은 발굴이 진행되면서 사방으로 점차 확대되고 있다. 서랍목륜하(西拉木倫河)의 상류를 타고 가면 몽골의 동부 지역과 이어져 있다. 이미 내몽고의 북쪽 끝, 대흥안령을 서쪽으로 넘은 호륜패이시(呼倫

---

27) 泰亦赤兀惕·満昌(編), 《蒙古族通史》, 遼宁民族出版社, 2004.

28) 중국의 인터넷 백과사전인 《百度百科》 소개 자료.

貝爾市) 지역에서도 홍산문화 옥기와 거의 같은 것들이 출토되어 홍산문화와의 교류관계를 보여주고 있다. 홍산문화의 조기(早期)는 적봉시에서 북쪽으로 1000km 이상 떨어진 내몽고 호륜패이시(呼倫貝爾市) 해랍이구(海拉爾区) 합극진(哈克鎭)의 합극문화(哈克文化: BC 5000-3000) 지역까지 연결되어 있을 가능성이 있다(제9장 참조).[29]

현재 몽골공화국의 동쪽 끝자락에 있는 할흐골솜(Халхгол сум, Halhgol: 솜은 우리의 郡에 해당)의 동남쪽 대흥안령의 서쪽 자락인 노므로그(Nomrog) 지역에 시대를 알 수 없는 크고 작은 많은 적석총이 있다는 제보가 있었다. 이 제보는 30년 가까이 할흐골솜의 솜장을 지내고, 현재는 할흐골역사박물관 관장으로 있는 마르마르수렌(L. Magmarsuren) 선생이 직접 답사하고 제공한 것으로 믿을 만한 것이다.

2011년에 이어서 2015년 7월에도 몽골학회 학회장을 지낸 몽골사 전문가인 박원길 박사와 함께 이 노므로그 지역을 직접 답사하고 싶어서 할흐골을 방문했었다. 그러나, 이 지역은 모두 군사지역이자 자연보호지역이고 국경지대라서 자유로운 답사가 불가능했다. 필자는 이 지역이 홍산문화 지역과 연결되어 있을 가능성이 높다고 보며, 많은 적석총들 가운데 홍산문화 시기의 것이 있을 것이라고 본다. 학술적 차원에서 한, 중, 몽 공동연구가 반드시 필요한 지역이다. 그러나 현재는 요하문명에 대해 적극적인 연구를 하는 몽골학자들이 없는 실정이다.

---

29) 중국의 인터넷 백과사전인《百度百科》소개 자료.

〈자료 1-3〉《몽고족통사(蒙古族通史)》(2004) 중문판(4권), 몽문판(6권)과 중문판 1권의 목차

《蒙古族通史》第一册

序

前言

第一部 蒙古高原是人類的発祥地――蒙古人的揺籃

  第一章 蒙古高原的遠古自然形態

  第二章 人類的起源与旧石器時代文化

  第三章 蒙古高原是蒙古人的発祥地

    第一節 蒙古高原是蒙古人的揺籃

    第二節 蒙古人的遠古祖先

    第三節 蒙古高原上火的使用

    第四節 蒙古高原的采集和狩猟

    第五節 神灵的起源

第二部 蒙古高原的社会形式――氏族制社会

  第一章 蒙古高原的氏族制社会

    第一節 氏族制社会的興起

    第二節 氏族制社会形式

  第二章 蒙古氏族社会的経済――農業的興起

    第一節 蒙古氏族社会的経済形態

    第二節 氏族社会晩期経済形態

    第三章 蒙古氏族社会的宗教信仰

    第四章 紅山文化――中華五千年文明的曙光

      第一節 紅山文化的開端

      第二節 紅山文化――燦爛的曙光

      第三節 紅山文化――小河沿文化

    第五章 紅山玉龍

    第六章 良渚文化――中華五千年文明的明珠

第三部 蒙古高原上階級社会的産生－－蒙古奴隷制社会

　第一章 蒙古奴隷制社会体制

　　第一節 蒙古奴隷制社会的興起

　　第二節 蒙古奴隷制的形式

　　第三節 高度発達的奴隷制社会

　第二章 蒙古奴隷制社会的経済

　第三章 蒙古奴隷制社会的宗教卜－－薩満

　　第一節 蒙古卜教的形成

　　第二節 蒙古卜教儀式

　　第三節 蒙古卜教的職能

　第四章 蒙古奴隷制社会時代的文化

　　第一節 夏家店下層文化

　　第二節 夏家店上層文化

　　　　　……

第四部 蒙古民族的形成－－史書称"忙豁勒"漢書称"蛮"

第五部 蒙古最早的奴隷制国家－－夏王朝

〈자료 1-4〉 몽골공화국 할흐골(Halhgol)과 노므로그(Nomrog)의 위치
* 지도상의 메모는 마르마르수렌 관장과 인터뷰하면서 필자가 적은 것으로 둥근 원으로 표기한 지역이 적석총이 밀집된 지역이라고 한다. 중국 내몽고 아이산시(阿爾山: 아얼산시)와 인접해 있다.

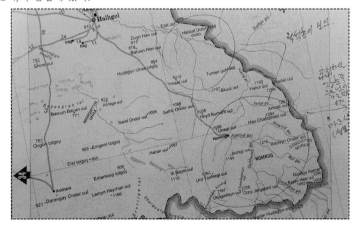

〈자료 1-5〉 할흐골역사박물관과 마르마르수렌(L. Magmarsuren) 선생
(2015년 7월 필자 사진)

4. 요하문명 관련 국내에 잘못 알려진 것

독자들이 이 책을 본격적으로 읽기 전에, 그동안 요하문명과 관련해서 국내의 여러 저서나 블로그 등 인터넷에 잘못 알려진 것들이 많아서 먼저 지적해둘 필요가 있다.

첫째, '홍산문명'이라는 용어를 쓰는 사람들이 있는데, 이런 개념은 성립될 수 없다. 요하문명을 이루는 여러 신석기시대 고고학문화 가운데 하나로서 '홍산문화'가 있는 것이다. 흔히 홍산문화는 '요하문명의 꽃'으로 불리며 세계적인 주목을 끌고 있는 요하문명의 여러 신석기문화 가운데 하나일 뿐이다. 몇몇 사람들이 운운하고 있는 '홍산문명'은 분명히 잘못된 개념이다.

둘째, 국내의 몇몇 책에서 '홍산문화의 비파형옥검' 사진이 소개되었다. 몇몇 이들은 청동기시대 하가점상층문화 시기에 발견되는 고조선시대의 비파형동검 이전인 홍산문화 시기에 이미 옥으로 만든 '비파형옥검'이 있었다고 주장하고 있다.

이 '비파형옥검' 사진을 최초로 국내에 소개한 사람이 필자다. 비파형옥검 사진은, 필자가 요하문명을 소개하는 몇몇 초기 특강에서 요녕대학 교수 시절부터 알고 지내던 심양시에 거주하는 민간 소장자인 황강태(黃康泰)가 개인적으로 수집하여 소장하고 있는 유물을 참고자료로 소개하면서 잠시 보여주었던 자료이다.

필자가 이 옥기를 직접 보고 사진을 찍은 것은, 황강태가 2002년 5월−7월까지 심양시 9.18역사박물관에서 〈홍산문화 옥석기 정품전(紅山文化玉石器精品展)〉을 열 때였다. 이 전시에는 20여 년 동안 그가 모은 수많은 옥기들이 전시되었고, 그 가운데 하나가 이른바 '비파형옥검'으로 현재 알려진 것이다.

이것을 일부 사람들이 확대 해석해서 '홍산문화의 비파형옥검' 운운하고 있는 것이다. 필자가 쓴 여러 책이나 논문에서 이 '비파형옥검'은 단 한 번도 인용되거나 언급된 적이 없다. 그럼에도 필자가 특강에서 참고자료로 잠시 보여준 민간 소장품이 이렇게 퍼져나간 것에 대해서 필자 역시 곤혹스럽기까지 하다.

〈자료 1-6〉 황강태의 '홍산문화 옥석기 정품전'에 등장한 '비파형옥검'(필자 사진)
1. 가운데가 황강태, 좌측이 필자
2. 전시품 가운데 하나인 이른바 '비파형옥검'

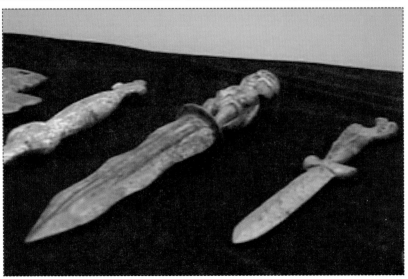

이 자리를 빌려서 (1) 몇몇 사람에 의해서 '홍산문화 비파형옥검'으로 소개되고 있는 사진 자료는 필자가 최초로 참고자료로 소개했던 것이며, (2) 이것은 정식으로 발굴된 것이 아니라 필자가 알고 지내던 황강태 개인이 수집한 개인 소장품이고, (3) 진위(眞僞)를 확인할 수 없으며, (4) 이와 유사한 '비파형옥검'은 이제까지 수많은 홍산문화 유적지 어디에서도 발견된 적이 없으며, (5) 홍산문화에서는 '비파형옥검'은 고사하고 옥으로 만든 칼 자체도 단 한 점도 정식으로 발견된 적이 없고, (6) 필자는 이것이 진품(眞品)이라고 생각하지 않는다는 점을 분명하게 밝혀둔다.

셋째, 요하문명에 대한 연구가 고고학자나 역사학자만의 전유물이라는 생각은 잘못된 것이다. 요하문명은 거대한 하나의 문명으로, 이에 대한 연구는 고고·역사학자들의 전유물이 아니다. 하나의 거대한 새로운 문명은 거의 모든 학문 분야에서 연구할 수 있다. 고고학은 다른 분야의 연구를 위한 기초자료를 제공하는 기본적인 역할을 할 뿐이다.

예를 들어, 이집트문명을 연구하는 사람은 고고학자나 역사학자만 있는 것이 아니다. 이집트 상형문자 연구는 언어학의 몫인 것이다. 이 외에도 신화학, 건축학, 미술사, 정치학, 사회학 등 거의 모든 학문분야에서 연구하고 있다. 요하문명에 대한 연구도 마찬가지이다.

'요하문명의 꽃'으로 불리는 홍산문화에 대한 국제학술대회도 1992년부터 적봉시, 적봉대학, 내몽고홍산문화학회 등이 주최하여 지속적으로 열리고 있다. 이 학술대회에서 발표되는 논문들 역시 고고·역사분야만이 아니라 신화학, 미술사, 사회학, 건축학, 등등 다양한 분야에서 발표되었다. 2017년 내몽고자치주 성립 70주년을 기념하여 내몽고홍산문화학회와 적봉학원홍산문화연구원이 간행한 《적봉홍산문화학술연구 25년 회고와 전망》에서 소개하고 있는 홍산문화 관련 학술대회를 간략히 정리해둔다(〈자료 1-7〉 참조).

〈자료 1-7〉 적봉시와 적봉대학이 주관한 홍산문화 관련 국제학술대회[30]

시기	학술대회 명칭	필자 참가 여부
1993.8	중국북방고대문화 제1회 국제학술연토회 (中国北方古代文化 第1届国際学術研討会)	
1998.8	중국북방고대문화 제2회 국제학술연토회	
2004.7	중국북방고대문화 제3회 국제학술연토회	
2006.8	제1회 홍산문화고봉논단 (第1届紅山文化高峰論壇)	
2007.8	제2회 홍산문화고봉논단	
2008.8	제3회 홍산문화고봉논단	
2009.8	제4회 홍산문화절학술강좌	
2010.8	제5회 홍산문화고봉논단	참가, 미발표
2011.8	제6회 홍산문화고봉논단	
2012.8	제7회 홍산문화고봉논단	참가, 논문 발표
2013.8	제8회 홍산문화고봉논단	
2014.8	제9회 홍산문화고봉논단	참가, 논문 발표
2015.8	제10회 홍산문화고봉논단	참가, 논문 발표
2016.8	제11회 홍산문화고봉논단	참가, 논문 발표
2017.8	제12회 홍산문화국제고봉논단	참가, 논문 발표

필자는 현재 내몽고홍산문화학회의 유일한 외국학자 회원으로, (1) 2012년 '제7회 홍산문화고봉논단(내몽고 적봉시)', (2) 2014년 '제9회 홍산문화고봉논단(적봉시)', (3) 2015년 '제10회 홍산문화고봉논단(적봉시)', (4) 2015년 '홍산문화 발견 80주년 기념학술대회(요녕성 대련시)', (5) 2016년 '제11회 홍산문화고봉논단(적봉시)', (6) 2017년 '제12회 홍산문화국제고봉논단(내몽고, 호화호특시)' 등에서 중국학자들과 함께 논문발표를 하였다. 이들 학술대회에서 발표된 논문들 가운데 일부는 수정되어 중국 학술지에 실리거나 대부분 단행본으로 출간되었다.[31]

---

30) 內蒙古紅山文化学会, 赤峰学院紅山文化研究院, 《赤峰紅山文化学術研究25年回顧与展望》, 赤峰畫報社, 2017. 이 책은 비매품으로 내몽고자치구 성립 70주년을 기념해서 열린 '제12회 홍산문화국제고봉논단(2017.8.13-15, 內蒙古, 呼和浩特市, 春雪四季酒店)'에서 참가자들에게 배포된 것이다. 2017.8월 것은 이 책에 없기에 필자가 덧붙였다.

31) 필자의 발표 논문 등을 아래에 소개해둔다. 필자의 홈페이지(www.gaonnuri.co.kr)에서 좀 더 자세한 정보를 얻을 수 있다.
   1. '제7회 홍산문화고봉논단(2012.9.4-5, 적봉시)' 발표논문은 아래의 논문집에

위에서 소개한 각 학술대회에서 발표된 수십 편의 논문들 가운데 역사·고고 관련 외에도 철학, 미학, 디자인, 신화학, 민속학, 종교학, 복식학, 사회학, 정치학, 건축학 등 수많은 분야의 논문들이 '홍산문화'를 주제로 발표되었다.

필자가 참가한 6번의 홍산문화고봉논단과 '홍산문화 발견 80주년 기념 학술대회(2015. 12. 22−23. 요녕성 대련시)'에서 필자 이외에 논문을 발표하거나 단순 참관한 한국학자는 2017년 '제12회 홍산문화국제고봉논단'에서 발표한 청운대학의 최창원 교수뿐이다. 하지만 최 교수는 홍산문화를 전문적으로 연구하는 학자도 아니고, 자신의 독자적인 연구결과를 발표한 것도 아니었다.[32] 결국 최근 7−8년 동안 한국의 고고·역사학계에서는 논문 발표

중문으로 실렸다.

禹実夏, 〈紅紅山文化中的雙獸首璜璜形器, 玉猪龍与彩虹〉,《赤峰学院学報(漢文哲学社会科学版)》, 2013年 第6期, 7−12쪽.

2. '제9회 홍산문화고봉논단(2014.8.12−13, 적봉시)' 발표 논문은 아래의 논문집과 책에 실려 있다.

禹実夏, 〈関于紅山文化各種玉璧象征意義研究〉,《紅山文化論壇》, 第1集 (2014.6), 79−93쪽.

禹実夏, 〈関于紅山文化各種玉璧象征意義研究〉, 赤峰学院紅山文化研究院(編),《第九屆虹山文化高峰論壇論文集》, 吉林出版集団股份有限公司, 2015, 71−84쪽.

3. '제10회 홍산문화고봉논단(2015.8.11−12, 적봉시)' 발표 논문은 아래의 책에 실려 있다.

禹実夏, 〈遼河文明和'A字形文化帯〉, 赤峰学院紅山文化研究院(編),《第十屆虹山文化高峰論壇論文集》, 吉林出版集団股份有限公司, 2016, 217−233쪽.

4. '제11회 홍산문화고봉논단(2016.9.8−10)' 발표논문은 아래의 책에 실려 있다.

禹実夏, 〈紅山文化和'三数分化的世界観(1−3−9−81)〉, 赤峰学院紅山文化研究院(編),《第十一屆紅山文化高峰論壇論文集》, 遥寧人民出版社, 2017, 147−167쪽.

5. '오천년 문명 견증: 홍산문화 발현 80년 학술연토회(五千年文明見証: 紅山文化発現八十年学術研討会, 2015.12.22−23, 요녕성 대련시)'. 발표 논문은 아래와 같다.

禹実夏, 〈関于紅山文化各種三孔器的象征意義〉.(대련, 2015.12.22.)

6. '제12회 홍산문화국제고봉논단(2017.8.13−15, 內蒙古, 呼和浩特市, 春雪四季酒店) 발표문은 아래의 책에 실려 있다.

禹實夏, 〈紅山文化'耳瑠'考〉, 赤峰學院紅山文化研究院(編),《第十二屆紅山文化高峰論壇論文集》, 遙寧民族出版社, 2018, 112−126쪽.

32) 최창원은 사회학 전공으로 예전에 내몽고사범대학 홍덕학원(鴻德学院)에서 한국

를 하거나 단순 참관이라도 한 사람이 아무도 없었다는 것이다.

홍산문화고봉논단은 중국학계에서 홍산문화에 대해 연구하는 최고의 학자들이 거의 다 모이는 가장 큰 학술대회이다. 가끔은 미국, 독일, 영국 등에서도 학자들이 발표 또는 참관을 하러 온다. 우리의 상고사-고대사와 직·간접적으로 연결될 수밖에 없는, 만주 일대에서 발견된 새로운 고대 문명에 대해서 한국학계가 이렇게 무관심한 것을 필자는 지금도 이해하기 어렵다. 홍산문화에서 어떤 것이 새로 발견되었고, 무슨 연구를 하고 있는지 궁금하지도 않은가?

홍산문화에 속하는 유적지가 2011년을 기준으로 1000곳이 넘었고[33], 이후 계속적으로 발견되어 약 1100곳가량 되었다. 그런데 2017년 한 해 동안 요녕성 지역에서 또다시 146곳의 홍산문화 유적지가 새롭게 발견되었다.[34] 현재는 1200곳이 넘는다.

요녕성문물고고연구소(http://www.lnwwkg.com)에서는 2016-2020년 5년 동안 국가문물국의 정식 비준을 통해서 〈대릉하 중-상류 지구 홍산

어를 가르친 경험이 있고, 중국어에 능하기에 홍산문화에 관심이 많은 홍덕학원 원장의 추천으로 현재 한국의 인터넷에 돌아다니는 내용을 정리해서 '홍산문화와 예맥'이라는 제목으로 개괄적인 발표를 했을 뿐이다.

33) 赤峰市, 《紅山後及魏家窩鋪遺址群申遺文本》, 2011. 이 책은 출판되지 않은 적봉시의 내부 자료다. 2011년에 적봉시에 속해 있는 홍산 일대의 홍산유지군(紅山遺址群)과 홍산문화 주거 유적인 위가와포유지군(魏家窩鋪遺址群)을 '유네스코 세계문화 유산'으로 등재 신청하기 위해 적봉시에서 작성하여 국가문물국에 보고한 자료이다. 조양시에서도 홍산문화 우하량유적군에 대한 유사한 보고서를 국가문물국에 제출하였다.
이런 내부 보고서를 바탕으로, 현재 내몽고 적봉시에 속한 (1) 홍산유지군, (2) 위가와포유지군과 요녕성 조양시에 속한 (3) 우하량유지군 세 곳을 묶어서 유네스코 세계문화유산 등재 신청을 준비하고 있다. 2011년 자료를 바탕으로 이 세 곳의 홍산문화 유지군은, (1) 2012년 11월에 국가문물국에 의해서 '중국 세계문화유산 예비 명단'에 올라가 있으며, (2) 2018년까지는 유네스코 세계문화유산에 등재시키기 위해 노력하고 있다(牛河梁国家考古遺址公園編輯委員会, 《牛河梁国家考古遺址公園》, 朝陽市牛河梁遺址管理処, 2014, 115-116쪽).

34) 《中国新聞網》, 2018.1.18. 〈遼寧発現112処新石器時代紅山文化遺址〉. 이 내용은 중국사회과학원의 홈페이지인 중국사회과학망에도 올려져 있다. 국내 《연합뉴스》 2018.1.20. 〈중국 랴오닝서 신석기 홍산문화 유적 무더기 발견〉에도 소개되었다.

문화 유존 고고공작계획(大凌河中上游地区紅山文化遺存考古工作計劃
(2016-2020年)을 진행하고 있다. 2016년 준비작업을 통해 2017년에는
대릉하 중·상류 지역의 홍산문화 유적지를 새롭게 조사하였다. 2017년 1
월 18일에 요녕성고고연구소에서 '2017년도 요녕성 중요 고고 성과발표
회'가 열렸다. 이 자리에서 2017년 1년 동안 요녕성 홍산문화 유적지 112
곳, 홍산문화 묘지 34곳 총 146곳의 홍산문화 유적지가 새롭게 발견되었
다고 보고하고 있다.[35]

대략 현재까지 약 1200곳이 넘는 홍산문화 유적이 발견되었고, 지금도
곳곳에서 발견되고 있다. 홍산문화 유적지는 앞으로도 지속적으로 발굴될
것이다. 지금은 요하문명 당시의 가장 중심지였다고 할 수 있는 요하 중류
지역이 남북 약 200㎞ 동서 약 500㎞의 거대한 과이심(科爾沁, 카라친) 사
막으로 변해버렸지만, 이 사막에는 수많은 유적지들이 아직도 잠들어 있
음을 감안하면 실로 엄청난 문명이 존재했음을 기억해야 한다(제4장 참조).

필자는 주로 홍산문화 시기의 사유체계나 옥기의 상징성에 대해서 연
구하고 발표한다. 동북아시아 고대의 사유체계와 상징 분석 등이 필자가
수십 년 동안 연구해 온 전문 분야이기 때문이다. 필자가 제7회 홍산문화
고봉논단에서 발표한 〈홍산문화의 쌍수수황형기, 옥저룡과 무지개〉(紅
山文化中的雙獸首璜璜形器, 玉猪龍与彩虹)라는 논문은 공산당에서 직영하는
《신화망(新華網)》과 《인민일보(人民日報)》에 실렸고, 중국의 거의 모든 신
문에서 이것을 받아 기사화하였다.[36] 대회에 참가한 기자가 직접 쓴 이 기
사에는 옥저룡의 상징성 해석에 대해 발표한 학자들의 주요 견해들을 소
개하고 있다. 필자가 새롭게 제시한 '홍산문화 옥기 가운데 쌍수수황형기
와 옥저룡이 무지개를 형상화한 것'이라는 견해는 중국의 '백도백과(百度百
科)'의 '옥저룡(玉猪龍)' 항목에도 실려 있을 정도로 관심이 많다.

---

35) 《中国新聞網》, 2018.1.18. 〈遼寧発現112処新石器時代紅山文化遺址〉. 이 내용
    은 중국사회과학원의 홈페이지인 중국사회과학망에도 올려져 있다.
36) 《新華網》 2012.9.7.

많은 발굴이 진행된 요하문명이나 홍산문화에 대한 연구는 고고·역사 학자들의 전유물이 아니다. 다양한 학문 영역에서 관심을 가지고 연구가 진행되기를 기대해본다.

5. 요하문명 지역 각 고고학문화의 연대에 대한 의구심에 대하여

많은 사람들이 중국학계에서 제시하는 각종 연대 측정 결과에 대해서 막연하게 불신하는 경향이 있다. 수천 년 동안 불모지에 가까운 야만인의 땅이라고 여겨지던 곳에서 새로운 문명이 발견되면서, 믿기 어려운 이른 시기에 발달된 유적과 유물들이 나오기 때문에 아직도 반신반의하는 사람이 많다. 연대가 너무 높게 과장되었다고 막연히 느끼는 것이다. 이런 의구심을 해소하기 위해서 아래에서는 요하문명 지역 각 고고학문화의 연대에 대해서 살펴보기로 한다.

첫째, 세계적인 주목을 받는 유적일수록 자국 외의 1-3개 선진국에 시료를 보내서 '탄소14 측정'을 받아 객관적으로 국제적인 공인을 받는다. 중국의 경우에도 중요한 시료들은 캐나다, 미국, 프랑스, 독일, 일본 등 고고학 선진국 몇 나라에 보내서 측정을 한다.

구체적인 예를 들어보기로 하자. 적봉시 오한기(敖漢旗) 홍륭와문화(BC 6200-5200) 홍륭구(興隆溝)유지에서 세계 최초의 재배종 기장[黍]과 조[粟] 가 발견되었을 때, 탄화된 기장과 조는 미국, 캐나다, 일본, 중국 총 4개 국에서 연대 측정을 하였다. 이 모든 나라에서 7,600여 년 전의 것으로 판명되었다.[37] 이런 과정을 거쳐야 국제적으로 공인이 되는 것이다. 이것은 2012년에 이미 '세계 중요 농업문화 유산'으로 등재 완료되었다(제6장 참조). 이런 과정을 거친 연대에 대해서 의구심을 지니는 것은 자신의 무지를 드러내는 것이고 학문 자체를 부정하는 것일 뿐이다.

---

37) 王巍, 〈文化交流与中華文明的形成〉, 《光明日報》, 2016.9.17.

자국에서만 이루어진 측정 연대는 국제학계의 공인을 받기 어렵다. 그 대표적인 경우가 북한의 단군릉(檀君陵) 인골(人骨)의 경우이다. 북한에서는 단군릉에서 발견된 인골을 시료로 '전자 상자 공명법'을 이용해서 수십 번을 반복해서 측정한 것이라고 강조하지만, 자국에서만 이루어졌기 때문에 한국학계에서조차도 인정받지 못하고 있다.

둘째, 필자가 이 책을 통해서 소개하는 요하문명을 이루는 각 고고학문화에 대한 연대는 '탄소14 측정 연대'를 기초로 나이테 교정을 거친 '나이테 교정 연대'라는 '절대연대'이다. 절대연대인 '나이테 교정 연대'는 실제 연대에 더 가까운 것이다.

'탄소14 연대 측정법'은 탄소14의 반감기를 이용해서 연대를 측정한다. 따라서 조사 대상인 표본(인골, 목탄=탄화목, 탄화곡물 등)의 주변에 표본보다 훨씬 연대가 이르거나 늦은 탄소가 있어서 표본이 오염되면 정확도가 떨어질 수밖에 없다. 예를 들어 요하문명의 각종 신석기문화가 분포한 지역에 (1) 석회암 지역이 많아서 수만 년 혹은 수억 년 전부터 존재하던 석회암의 탄산칼슘에 포함된 탄소가 표본에 영향을 미쳐서 연대가 더 이르게 나오거나, (2) 화산 폭발로 화산재가 지층을 덮을 경우 화산재에 포함된 탄소가 표본에 영향을 미쳐서 본래보다 연대가 이르거나 늦게 나올 수도 있다.

예전에는 탄소14 연대를 수정할 수 있는 탄화목의 표본들이 많지 않았기 때문에 주로 '탄소14 측정 연대'로 만족했었다. 하지만 현대 고고학에서는 나이테 교정이 가능한 탄화목 시료가 많아졌고, 특정 유적지에서 탄화목이 나올 경우에는 절대연대인 '나이테 교정 연대'를 사용하는 것이 일반적이며, 현재 중국에서도 마찬가지이다. 탄화목의 나이테를 비교해서 탄소14 연대를 수정하고 절대연대를 측정한다.

탄화목의 '탄소14 측정 연대'는 나무 나이테의 비교를 통해서 연대 수정이 이루어진다. 이것을 '나이테 교정 연대'라고 하며 실제 연대에 가까운 절대연대이다. 이것은 세계 각지에서 발굴되는 각종 탄화목들의 나이테를 비교하여 시대순으로 배열된 '나이테 측정 기준표'와 특정 지역에서 발굴된 탄화목의 나이테를 비교하여 연대를 알아내는 방법이다. 따라서 '나이테 교정 연대'를 통해 절대연대를 측정하는 것은 탄화목이 발굴되는 경우에만 가능한 것이다. 특정 유적지에서 인골이나 탄화곡물이 아무리 많이 나와도, 탄화목이 나오지 않는다면 실제 연대에 가까운 '나이테 교정 연대'를 얻을 수는 없다.

이러한 '나이테 교정 연대'가 가능한 것은 각 시기별로 발굴−채집된 탄화목의 나이테에는 수천 년 전의 기후 혹은 기온 변화로 말미암은 특징이 나이테의 간격이나 성분 등에 남아 있기 때문이다. 따라서 '나이테 교정 연대'는 '탄소14 측정 연대'보다 훨씬 더 실제 연대에 가깝고, 탄화목이 발굴되어 나이테 수정까지 거치면 학계에서 공식적인 절대연대로 인정된다.

셋째, 일반적으로 절대연대인 '나이테 교정 연대'는 '탄소14 측정 연대'보다 더 오래된 것으로 나온다. 신석기시대 유물의 경우에는 절대연대인 '나이테 교정 연대'는 '탄소14 측정 연대'보다 일반적으로 약 800−500년 정도 오래된 것으로 수정된다. 예를 들어, 발굴된 탄화목의 '탄소14 측정 연대'가 BC 5000년이 나왔다면, '나이테 교정 연대'인 절대연대는 BC 5800−5500년 정도가 나온다. 이것이 유물의 실제 연대에 더 가깝다.(〈자료 1-8〉 참조).

〈자료 1-8〉 '탄소14 측정 연대'와 '나이테 교정 연대'의 차이[38]

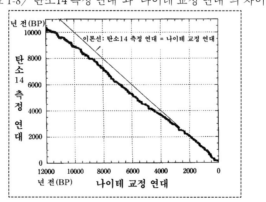

---

38) 今村啓爾, 《繩文の豊かさと限界》, 山川出版社, 2002, 3쪽.

앞서 언급하였듯이 탄화목, 인골, 탄화곡물의 탄소14는 (1) 석회암 지대의 탄산칼슘에 포함된 탄소14나, (2) 화산재에 포함된 탄소14 등에 의해서 오염될 수 있다. 신석기시대 유적에서 '나이테 교정 연대'가 '탄소14 측정 연대'보다 800-500년 이르게 나오는 것은, 탄화목의 탄소14가 상대적으로 최근에 폭발한 화산재에 포함된 탄소14로부터 오염되기 쉽기 때문이다.

수만 년 혹은 수억 년 전에 형성되어 신석기시대 지층의 밑에 깔려 있는 석회암보다는 수천 년 혹은 수백 년 전에 폭발하여 신석기시대 지층 위를 덮고 있는 화산재에 의한 오염이 더 크다. 이런 까닭에 '나이테 교정 연대'가 '탄소14 측정 연대'보다 800-500년 정도 이르게 나오는 것이며, 이것이 사실에 더 가까운 절대연대이다.

요하문명이 위치한 요동, 요서 지역은 동쪽의 백두산 지역뿐만이 아니라 서쪽의 대흥안령 자락 그리고 북쪽의 소흥안령 자락이 모두 화산지역이다. 요하문명 지역은 화산지역으로 둘러싸인 분지에 자리하고 있다고 해도 지나친 말이 아니다. 한, 중, 일을 포함한 대부분의 동북아 지역에서는 상대적으로 가장 최근에 대규모로 폭발한 백두산 화산재의 영향이 매우 크다. 백두산 화산폭발은 1만 년 전 이후에도 10여 차례나 폭발했으며, 화산재는 중국의 북부와 만주일대, 한반도, 일본 지역까지 폭넓게 덮여 있다(제4장 참조).

신석기시대에도 여러 차례 폭발한 백두산 화산재 등의 영향으로 만주 지역 대부분 경우 '나이테 교정 연대'가 '탄소14 측정 연대'보다 800-500년 정도 이르게 나온다. 이러한 상황은 주변에 화산지대가 있는 세계 다른 지역에서도 대부분 유사하다.

넷째, 구체적인 사례로 요하문명의 대표적 신석기시대 고고학문화인 흥륭와문화(BC 6200-5400)의 '탄소14 측정 연대'와 '나이테 교정 연대'를 비교해서 소개하면 아래와 같다.

흥륭와문화에서 발견된 (1) 목탄 표본 'ZK-1390'의 '탄소14 측정 연대'는 BC 5150-4740년 (4,945±205)이고 이를 수정한 '나이테 교정 연대'는 BC 5740-5423년으로 약 590년이 빠르고, (2) 목탄 표본 'ZK-1391'의 '탄소14 측정 연대'는 BC 5635-5405년 (5,520±115)이고 이를 수정한 '나이테 교정 연대'는 BC 6200-5990년으로 약 567년이 빠르다.[39] 이렇게 800-500년 정도 이르게 나오는 '나이테 교정 연대'가 실제 연대에 더 가까운 것이다. 나이테 수정을 거쳐서 현재 통용되는 흥륭와문화의 절대연대가 'BC 6200-5200년'이다.

　다섯째, 현재 통용되는 요하문명 지역 각 고고학문화의 연대는 '나이테 교정 연대'로 절대연대이다. 아래에 제시한 〈자료 1-9〉는 중국사회과학원 고고연구소(考古研究所)에서 펴낸 《중국고고학중 탄소14 연대 수거집 1965-1991(中国考古学中碳十四年代数据集 1965-1991)》에 실려 있는 것이다. 자료집에서 흥륭와문화, 조보구문화, 홍산문화 시기 것 가운데 '탄소14 측정 연대'와 '나이테 교정 연대'를 비교할 수 있는 것만을 필자가 정리한 것이다.

　아래 자료에서는 (1) 연대표기는 모두 기원전(BC)이고, (2) 1965-1991년 사이에 흥륭와문화, 조보구문화, 홍산문화 유적에서 출토된 것 가운데 나이테 교정이 가능한 탄화목을 시료로 측정한 것만을 모두 모았다. 아래 자료를 보면 '나이테 교정 연대'가 '탄소14 측정 연대'보다 최저 485년에서 최대 757년까지 이르다는 것을 알 수 있다.

　결론적으로 요하문명 각 고고학문화의 연대에 대해서 의구심을 제기하는 것은 기우일 뿐이며, 이것은 이미 국제적인 공인을 받은 절대연대로 믿을 만한 것이다.

---

39) 任式楠, 〈興隆洼文化的発現及其意義: 兼与華北同時期的考古学文化相比較〉, 《考古》1994年 第8期, 710頁.

〈자료 1-9〉 요하문명 주요 신석기시대 '탄소14 측정 연대'와
'나이테 교정 연대'의 차이[40]

* 현재 많이 쓰이는 탄소14 반감기를 5730년으로 계산한 것만 정리하였음.
* 나이테 교정 연대의 '중간 값'은 필자가 계산한 것으로 소수점 이하는 버렸음.
* '탄소14 연대'와 견줘 '나이테 교정 연대'가 최대 757년, 최소 485년 정도 이르다.

고고학문화/유지	탄화목 시료 번호	탄소14 측정 연대 (BC) 및 중간 값 (반감기 5730년)	나이테 교정 연대(BC) 및 중간 값	중간 값 사이의 차이
1. 흥륭와문화/흥륭와	ZK-1390	4945±205 BC 중간 값 4945	5740-5423 BC 중간 값 5580	+ 635
2. 흥륭와문화/흥륭와	ZK-1391	5520±115 BC 중간 값 5520	6211-5990 BC 중간 값 6100	+ 580
3. 흥륭와문화/흥륭와	ZK-1392	5290±95 BC 중간 값 5290	6032-5760 BC 중간 값 5896	+ 606
4. 흥륭와문화/흥륭와	ZK-1393	5015±95 BC 중간 값 5015	5730-5560 BC 중간 값 5645	+ 630
5. 흥륭와문화/사해	ZK-2138	4975±95 BC 중간 값 4975	5712-5530 BC 중간 값 5621	+ 646
6. 조보구문화/조보구	ZK-2135	4260±85 BC 중간값 4260	5192-4842 BC 중간 값 5017	+ 757 (최대)
7. 조보구문화/조보구	ZK-2136	4270±85 BC 중간 값 4270	5194-4847 BC 중간 값 5020	+ 750
8. 조보구문화/조보구	ZK-2137	4205±95 BC 중간 값 4205	5034-4782 BC 중간 값 4908	+ 703
9. 조보구문화/소산	ZK-2061	4200±85 BC 중간 값 4200	4996-4784 BC 중간 값 4890	+ 690
10. 조보구문화/소산	ZK-2062	4110±85 BC 중간 값 4110	4899-4717 BC 중간값 4808	+ 698
11. 홍산문화/우하량	ZK-1351	3020±80 BC 중간 값 3020	3700-3521 BC 중간값 3610	+ 590
12. 홍산문화/우하량	ZK-1352	3025±85 BC 중간 값 3025	3771-3519 BC 중간 값 3645	+ 620
13. 홍산문화/우하량	ZK-1354	2655±125 BC 중간 값 2655	3360-2920 BC 중간 값 3140	+ 485 (최소)

40) 中国社会科学院 考古研究所(編), 《中国考古学中碳十四年代数据集 1965-1991》, 文物出版社, 1992, 내몽고자치구(54-65쪽), 요녕성(66-79쪽). 이 책에는 이 기간에 탄소14 연대 측정법으로 측정된 대부분의 정보가 실려 있다. 요하문명 지역의 주요 신석기시대 유적에서 발굴 측정한 것들 가운데 시료를 탄화목으로 측정한 흥륭와문화, 조보구문화, 홍산문화 자료를 필자가 모두 표로 정리한 것이다.

14. 홍산문화/우하량	ZK-1355	3045±110 BC 중간 값 3045	3779-3517 BC 중간 값 3648	+ 603
15. 홍산문화/흥륭와	ZK-1394	3915±90 BC 중간 값 3915	4714-4463 BC 중간 값 4588	+ 673
16. 홍산문화/흥륭와	ZK-2064	3785±85 BC 중간 값 3785	4501-4348 BC 중간 값 4424	+ 639
17. 홍산문화/동산취	BK82079	2945±70 BC 중간 값 2945	3640-3382 BC 중간 값 3511	+ 566

제2장 요하문명에 대한 개괄적 소개

1. 요하문명의 발견과 중국학계의 충격

이 장에서는 요하문명에 대해 개괄적인 소개를 해두기로 한다. 뒤에서 각 고고학문화에 대해서 상세히 논의할 것이다.

예로부터 중국은 만리장성을 '북방한계선'으로 하여 야만인이라고 여겨온 북방민족들과는 분명한 경계를 두었다. 황하문명을 중국 고대문명의 발상지로 여겼으며, 기타 지역에서 발견되는 새로운 문화들은 이 지역에서 전파된 것으로 보는 것이 일반적인 설명방식이었다.

그런데 1970년대 말부터 시작해서 1980년대 들어서면서 장성 밖 요하(遼河) 일대에서 황하문명보다 시기적으로 앞서고 문화적으로도 발달된 신석기문화가 속속 확인되었다. 특히 요하문명의 여러 신석기시대 고고학문화 가운데 홍산문화(紅山文化: BC 4500-3000) 후기(BC 3500-3000)에 속하는 우하량(牛河梁)유지에서 발견된 대규모 적석총, 제단, 여신사당 등을 갖춘 유적의 발견은 중국학계에 큰 충격이었다.

곽대순(郭大順)은 중화문명이 요하 일대의 '흥륭와문화(興隆洼文化: BC 6200-5200) 사해(査海)유지'에서 초보적으로 시작되어 '홍산문화 우량유지'에서 문명사회로 진입한다고 강조하고 있다. 그에 따르면 지금으로부터 8000년 전 요녕성 부신시(阜新市)의 흥륭와문화 사해유지에서는 (1) 사회조직이 이미 분화된 것을 보여주는 위계적으로 배열된 방 유적지가 발굴되었고, (2) 사회적 분업을 통해서 옥기(玉器)가 만들어졌으며, (3) 의식의 발전 정도를 나타내는 '용 형상물'도 발견되는데, (4) 사해유지는 이미 '문명의 시작 단계〔文明的 起步〕'에 들어섰음을 보여주는 것이라고 강조한다. 또한 곽대순은 요하문명이 발전해간 모습을 반영하는 홍산문화 우하량유지에서는 (1) 5000년 전의 '제단(壇)·사당(廟)·무덤(塚) 삼위일체'의 대규모 종교의례를 상징하는 건축군과, (2) '용(龍)·봉(鳳)·사람(人)' 위주의 각종 옥기(玉器)들이 발견되었는데, (3) 이것은 요하 유역이 '문명사회로 진입했다는 중요한 실증'들이라는 것이다.[1]

우하량유지의 발견 이후 중국은 중국의 상고사, 고대사에 대한 기존의 시각을 근본적으로 수정하고 있다. 요하문명 발견 이후 중국에서는 국가주도의 수많은 역사 관련 프로젝트=공정(工程)을 통해서 기존의 황하문명보다 앞선 요하문명을 중화문명의 발상지로 새롭게 재정립하고 있다.

곽대순은 요하 일대에서 새롭게 발견된 고대문명을 1995년에 '요하문명'으로 명명한다. 이후 중국은 국가가 주도하는 수많은 역사 관련 프로젝트=공정(工程)을 수행해왔다. 우리나라의 일반인들은 '고구려 역사 빼앗기' 정도로 잘못 알려진 '동북공정'만 아는 사람들이 대부분이다. 그러나 중국에서는 요하문명 명명 이후 (1) 하상주단대공정(夏商周斷代工程: 1996-2000), (2) 동북공정(東北工程: 2002-2007)으로 약칭되는 동북변강역사와 현상계열연구공정(東北邊疆歷史与現狀系列硏究工程), (3) 중화문명탐원공정(中華文明探源工程: 2004-2015), (4) 국사수정공정(国史修訂工程: 2010-2013) 등을 기획하고 완료했으며, 현재는 (5) 중화문명전파(선전)공정(中華文明伝播(宣伝)工程: ?)이 제안되어 있는 상태이다(제3장, 제12장 참조).

현재 중국에서는 (1) 중국인의 조상이라는 황제(黃帝)의 손자인 고양씨(高陽氏) 전욱(顓頊)과 고신씨(高辛氏) 제곡(帝嚳) 두 씨족 부락이 지금의 하북성과 요녕성이 교차하는 유연(幽燕) 지역에서 살면서 모든 북방민족들의 시조가 되었으며, (2) 신석기시대 이래로 만주 일대에서 발원한 모든 민족은 중국인의 조상이라는 황제족(黃帝族)의 후예이고, (3) 요하문명의 핵심인 홍산문화는 황제족의 후예인 고양씨(高陽氏) 전욱(顓頊) 계통에 의한 문명이며, (4) 따라서 이 일대에서 발원한 모든 민족과 역사는 모두 중화민족의 역사라는 시각을 정립해가고 있다.

---

1)   郭大順, 〈序言: '遼河文明' 解〉, 遼寧省博物館·遼寧省文物考古硏究所, 《遼河文明展 文物集萃》, 遼寧省博物館, 遼寧省文物考古硏究所, 2006.

우리가 주목해야 하는 것은 만일 중국학자들이 최근 논의하고 있는 이러한 견해들을 비판 없이 수용하면, (1) 우리 민족의 선조들인 단군, 웅녀, 주몽, 해모수 등은 모두 황제의 후예가 되는 것이며, (2) 우리 민족의 상고-고대사의 대부분은 중국 역사의 방계역사로 전락하게 된다는 점이다. 따라서 우리 역사-고고학계에서도 이 요하문명에 대해서 주목하고 연구해서 대응책을 마련해야 한다.

2. 주요 신석기-청동기시대 고고학문화의 편년과 분포 범위

요하문명 지역의 여러 신석기시대 고고학문화의 연대에 대해서는 논문마다 또 박물관의 전시 안내물마다 약간씩의 차이가 있다. 아래에서는 중국사회과학원 고고연구소 내몽고공작대 대장으로 있으면서 흥륭와문화 등 주요 유적을 직접 발굴한 류국상(劉國祥)이 2006년에 발표한 〈서요하유역 신석기시대에서 조기 청동기시대까지의 고고학 문화 개론(西遼河流域新石器時代至早期靑銅時代考古学文化槪論)〉이라는 논문에서 정리한 연대를 사용하기로 한다.[2)]

류국상이 위 논문을 발표할 때까지만 해도 사해문화(查海文化)를 하나의 독립된 고고학문화로 보았지만, 2010년 이후에는 흥륭와문화(興隆洼文化) 속하는 '흥륭와문화 사해유형'으로 보고 있다. 따라서 류국상이 독립된 고고학문화로 본 사해문화를 제외하고 정리하였다.

첫째, 신석기시대 소하서문화(小河西文化: BC 7000-6500).
둘째, 신석기시대 흥륭와문화(興隆洼文化: BC 6200-5200).
셋째, 신석기시대 부하문화(富河文化: BC 5200-5000).

---

2) 劉国祥, 〈西遼河流域新石器時代至早期靑銅時代考古学文化槪論〉, 《遼寧師範大学学報(社会科学版)》, 2006年 第1期, 113-122쪽.

넷째, 신석기시대 조보구문화(趙宝溝文化: BC 5000-4400).

다섯째, 신석기-동석병용시대(銅石並用時代) 홍산문화(紅山文化: BC 4500-3000). 일반적으로 신석기시대로 알려져 있지만, 홍산문화 후기(BC 3500- BC 3000)에는 구리(銅)을 주조한 흔적과 순동 귀고리 등이 발견되어 동석병용시대로 보고 있다. 류국상도 위의 논문에서 '동석병용시대'로 분류하고 있다. 류국상은 홍산문화 우하량유지가 발견되는 홍산문화 후기에는 이미 '초급 문명사회(初級文明社会)' 단계에 진입했다고 보고 있다.

여섯째, 동석병용시대 소하연문화(小河沿文化: BC 3000-2000). 이 소하연문화를 고리로 청동기시대로 이어지는 것이다.

일곱째, 조기 청동기시대(早期青銅器時代) 하가점하층문화(夏家店下層文化: BC 2300-1600).[3] 류국상은 청동기시대로 진입하는 하가점하층문화 시기에는 '고급 문명사회(高級文明社会)'에 진입한다고 보고 있다. 한국학자들 가운데 단군조선을 인정하는 사람들은 이 시기를 초기 단군조선과 연결시키기도 한다.

여덟째, 후기 청동기시대 하가점상층문화(夏家店上層文化: BC 1500-300). 이 시기에는 비파형동검이 출토되는 시기로 많은 한국학자들이 고조선과 연결시키고 있다.

---

3) 류국상은 위 글에서 하가점하층문화의 연대를 BC 2000-1500년으로 표기하고 있다. 하가점하층문화의 연대에 대해서 (1) 한국학계에서는 류국상과 마찬가지로 탄소14 측정 연대를 바탕으로 BC 2000-1500년으로 보고 있지만(국립문화재연구소, 《한국고고학사전》, 2001), (2) 중국학계에서는 백과사전에서도 이미 많은 목탄 시료의 나이테 교정 연대를 통해 절대연대로 BC 2300-1600년으로 보고 있다(百度百科 자료). 다른 신석기시대 고고학문화에서도 절대연대를 사용한 것이므로, 이 책에서는 절대연대인 BC 2300-1600년을 사용하기로 한다. 중국학계에서 상한과 하한 연대의 기준이 된 몇몇 연대 측정 자료를 소개하면 아래와 같다.
(1) 적봉시 지주산(蜘蛛山)유지: 나이테 교정 연대 BC 2410, 탄소14 측정 연대 BC 2015(3965±90aBP). (2) 북표시(北票市) 풍하(豊下)유지: 나이테 교정 연대 BC 1890±130. (3) 오한기 대전자(大甸子)유지: 나이테 교정 연대 BC 1695±130, BC 1735±135.

〈자료 2-1〉 요하문명, 황하문명, 장강문명의 위치[4]

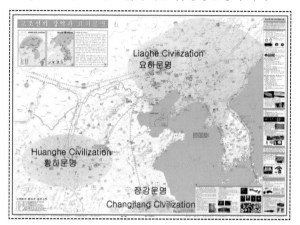

〈자료 2-2〉 요하문명, 황하문명, 장강문명의 주요 신석기-청동기문화와 유적
* 아래의 연대는 모두 나이테 교정 연대로 실제 연대에 더 가까운 절대연대이다.
* 나이테 교정 연대는 일반적으로 탄소14 측정 연대보다 몇백 년 정도 빠르다.

문명	위치	주요 신석기-청동기문화, 유적
황하문명 (黃河文明) The Huang-he Civilization = the Yellow River Civilization	황하 중류	(신) 앙소문화 (仰韶文化): BC 5000-3000 (동석) 도사(陶寺)유지: 요도(堯都)=평양(平陽) BC 2450-1900 (청) 이리두(二里頭)유지: 하도(夏都) BC 2000-1500
장강문명 (長江文明) The Chang-jiang Civilization = the Chang River Civilization	장강 하류	(신) 하모도문화(河姆渡文化): BC 5000-3300 (신) 능가탄(凌家灘)유지: BC 3600-3300 (신-청) 삼성퇴(三星堆)유지: BC 3000-1000
요하문명 (遼河文明) The Liao-he Civilization = the Liao River Civilization	요하 중- 상류	(신) 소하서/흥륭와/부하/조보구/홍산문화 (小河西/興隆洼/富河/趙宝溝/紅山文化) BC 7000-3000 (동석) 소하연문화(小河沿文化) BC 3000-2000 (청) 하가점하층문화(夏家店下層文化) BC 2300-1600 (청) 하가점상층문화(夏家店上層文化) BC 1500-300

4) 우실하,《고조선의 강역과 요하문명》, 동아지도, 2007.

〈자료 2-3〉 요하문명 지역의 지세도[5]

* 몽골초원과 만주초원의 경계인 대흥안령산맥(중앙 위), 북방 시베리아 지역과의
경계인 소흥안령산맥(좌측 위), 중원과의 경계인 연산산맥(좌측 아래), 백두산 자
락 산악지대(좌측)로 둘러싸인 분지 지역.

* 현재는 적봉에서 통료에 이르는 넓은 지역이 과이심(科爾沁, 카라친) 사막이다.

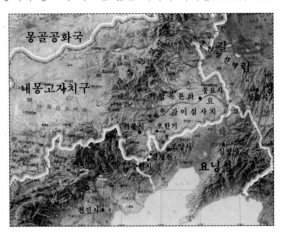

〈자료 2-4〉 요하문명의 중요 신석기·청동기문화

* 예전에는 사해문화를 구분하였으나 2010년 이후 흥룡와문화의 한 유형으로 보
고 있다.

* 흥룡와문화 주요 유적지는 흥룡와, 흥룡구, 사해, 백음장한유지 등이 있다.

---

① 신석기시대 소하서문화 (小河西文化: BC 7000-6500)
② 신석기시대 흥룡와문화 (興隆洼文化: BC 6200-5200)
③ 신석기시대 부하문화 (富河文化: BC 5200-5000)
④ 신석기시대 조보구문화 (趙宝溝文化: BC 5000-4400)
⑤ 신석기시대 홍산문화 (紅山文化: BC 4500-3000))
  : 전기(前期: BC 4500-3500)-신석기시대
  : 후기(後期: BC 3500-3000)-동석병용시대
      → '초기 국가단계'(初期国家段階),
      → '초급 문명사회'(初級文明社会)
⑥ 동석병용시대 소하연문화 (小河沿文化: BC 3000-2000) = 후홍산문화
⑦ 청동기시대 하가점하층문화 (夏家店下層文化: BC 2300-1600)
      → '고급 문명사회'(高級文明社会)
⑧ 청동기시대 하가점상층문화 (夏家店上層文化: BC 1000-300)
      → 비파형동검 출현

---

5) 國家文物局(主編),《中國文物地圖集: 內蒙古自治區分冊(上)》, 西安地圖出版社,
   2003, 36~37쪽. 5-2와 5-3은 이 자료를 부분 확대한 것이다.

〈자료 2-5〉 요하문명의 중요 신석기·청동기시대 고고학문화 최초 발견지[6]

요하문명을 이루는 주요 신석기−청동기시대 고고학문화는 요하 중·상류를 중심으로 분포되어 있다. 현재까지는 요하문명을 구성하는 대표적인 유적이 요서 지역에서 발견되고 있다. 현재까지는 요동 지역에서는 발견된 것이 없다.

소하서문화, 흥륭와문화, 부하문화, 조보구문화, 홍산문화, 소하연문화의 유적지들은 대부분 요하 중·상류와 대능하 유역에 밀집되어 있다. 홍산문화와 하가점하층문화 유적지들은, 수적으로 많지는 않지만 서남쪽으로 북경을 지나 하북성 일대 지역까지도 발견된다. 그러나 그 밀집도에서는 요서 지역이 압도적이다.

가장 주목받고 있는 홍산문화의 분포 범위는 북경을 지나 황하문명 북부 지역까지지만, 요서 지역에 집중적으로 분포하고 있다. 홍산문화 유적이 가장 밀집되어 있는 내몽고 동부의 중심 도시인 적봉시의 경우, (1)

6) 우실하, 《고조선의 강역과 요하문명》, 동아지도, 2007, 부분도.

2011년을 기준으로 홍산문화 유적지 총 1000여 곳 가운데 적봉시 경내에
만 725곳(약 72퍼센트)이 있으며, (2) 그 가운데 적봉시 오한기(敖漢旗)에만
1000여 곳 가운데 292곳(약 29퍼센트)이 밀집되어 있다.[7] 2018년 현재는
이미 1200곳이 넘는다. 이런 중요성 때문에 오한기를 (1) '요하문명의 기
원지'이자, (2) '중화 오천 년 문명의 기원지 가운데 하나'로 보고 있다(제9
장 참조).[8]

　아래 〈자료 2-6〉이 중국학자들이 제시하고 있는 요하문명을 이루는
각 고고학문화의 분포 범위이다. 이 가운데 홍산문화의 범위에 대해서는
뒤에서 필자가 재검토를 할 것이다(제9장 참조).

〈자료 2-6〉 요하문명 지역 주요 신석기-청동기문화 유적지 분포 지역[9]

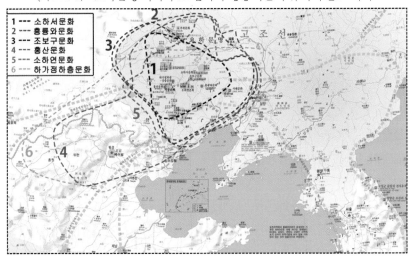

7)　赤峰市,《紅山後及魏家窩鋪遺址群申遺文本》, 2011. 적봉시 내부 자료.

8)　《赤峰畫報》, 2015.3, 2쪽. 3월호는 전체가 오한기 특집으로 꾸며져 있다.

9)　이 분포도는 오한기사전문화박물관의 내부 자료를 바탕으로 필자의 지도에 다
　　시 그린 것이다.

3. 요하문명과 홍산문화의 기본적인 성격[10]

1) 요하문명의 기본적 성격

요하문명 지역에서는 이른 신석기시대부터 많은 옥기(玉器)들이 발견되는데, 흥륭와문화에서 시작되어 홍산문화에서 꽃을 피운다. 옥기문화와 관련하여, 중국의 곽대순(郭大順)과 대만의 양미리(楊美莉) 등은 발달된 옥기문화가 서요하 유역에서 기원한 것은 이 지역의 어렵(漁獵)문화와 관련된 세석기(細石器)문화 전통과 직접적으로 연관된다고 보고 있다.[11] 그런데 이런 옥기문화를 낳은 세석기문화는 황하문명 지역에서는 거의 발견되지 않으며, 북방 지역에서는 '시베리아 남부→만주→한반도'로 이어지는 북방문화계통이다. 이런 북방문화계통의 세석기문화 주도세력이 옥기문화의 주도세력으로 이어지는 것이다.

요하문명 지역에서 시작된 옥기문화는 중국 내륙과도 연결되는데, (1) 서남방으로는 신석기시대 양저문화, 용산문화, 대문구문화, 능가탄문화 등과 연결되고, (2) 조금 늦게는 요서 지역에서 이동한 상족(商族)들의 옥기문화는 상, 주, 춘추전국 시대로 이어지는 것이다. 이런 정황은 흥륭와문화에서 최초로 보이는 옥결(玉玦)이나 홍산문화에서 최초로 보이는 각종 옥벽(玉璧) 등의 독특한 옥기의 전파-교류 관계를 통해서 살펴볼 수 있다 (제6장, 제9장, 제10장 참조).

요하문명은 기본적으로 세석기문화의 후속으로 발달된 옥기문화를 바탕으로 한 문명으로, 황하문명과는 이질적인 전형적인 북방문화계통이다. 특히 요하문명 지역에서 보이는 (1) 옥기문화의 원류인 중석기시대 세석기문화, (2) 소하서문화에서부터 보이는 빗살무늬토기, (3) 흥륭와문화 시기에 시작되어 홍산문화에서 대표적 묘제가 된 각종 적석총, (4) 청동기시

---

10) 우실하, 〈요하문명, 홍산문화 지역의 지리적·기후적 조건〉, 《고조선단군학》 제30집(2014.6), 222-224쪽의 내용에 새롭게 덧붙여서 쓴 것이다.

11) 郭大順, 〈玉器的起源與漁獵文化〉, 《北方文物》, 1996年 第4期; 楊美莉, 〈試論新石器時代北方系統的環形玉器〉, 《北方民族文化新論》, 哈爾濱出版社, 2001.

대 하가점하층문화에서 보이기 시작하는 '치(雉)를 갖춘 석성(石城)', (5) 청동기시대 하가점상층문화부터 보이는 비파형동검 등은 같은 시기의 황하문명 지역에서는 보이지 않는 것으로 대부분은 '시베리아 남단→몽골 초원→만주 지역→한반도→일본'으로 이어지는 전형적인 북방계통문화와 연결되는 것이다.

2) 홍산문화의 기본적 성격

'요하문명의 꽃'이라고 할 수 있는 홍산문화는 동북아시아 고대사와 관련된 새로운 시각을 제공하고 있다. 상세한 것은 제9장에서 논의하기로 하고, 홍산문화에 대해 개괄적으로 소개하면 아래와 같다.

첫째, 홍산문화 단계에서는 이미 발달된 농경사회로 접어든다. 홍산문화 시기는 농업 위주이면서 수렵과 목축을 겸하는 사회였다.

둘째, 동북아시아에서 최초로 '계단식 적석총'이 나타나며, 다양한 형태의 적석총을 주된 묘제로 하고 있다. 뒤에서 상세히 소개하겠지만, 동북아시아 최초의 적석총인 '토광적석묘(土壙積石墓)'와 '석관적석묘(石棺積石墓)'는 흥륭화문화 백음장한 2기 유적지에서부터 이미 나온다. 그러나 흥륭와문화의 대표적인 묘제가 되지는 못했다. 적석총 가운데 가장 발달된 양식이라고 할 수 있는 '계단식 적석총'을 비롯한 각종 돌무덤은 홍산문화 시기에 모두 보이며, 홍산문화 시기에 보편적인 묘제가 된다.

흥륭와문화 시기에 시작된 적석총문화는 홍산문화 시기에 보편화해 후에 요동, 요서를 포함한 만주 일대의 청동기시대와 철기시대의 묘제로 이어지고, 후에는 고구려, 백제, 가야, 신라, 일본의 묘제로 연결되는 것이다.

셋째, 홍산문화 후기 유적 가운데 가장 주목받고 있는 우하량유지는 BC 3500년경에 조성된 것으로, 탄소14 연대 측정 이후 나이테 교정을 거친 절대연대는 BC 3779-3517년이다.[12] 이곳에서는 이미 (1) 인간 실물

---

12) 遼寧省文物考古研究所(編著), 《牛河梁遺址発掘報告(1983-2003年度): 中》, 文物

의 1배 2배 3배의 여신을 모신 여신사당, (3) 제단(祭壇), 여신전(女神殿), 계단식 적석총(積石塚) 등을 갖춘 '초기 국가단계', '고국 단계', '초기 문명 단계'에 진입한다. 또한 다양한 크기의 적석총들은 1명의 '지고무상(至高無上)한 존재', '왕의 신분(王者身分)'에 상응하는 인물이 출현했고, '신분의 등급 분화'와 '예제(禮制)의 조기(早期) 형태'가 이미 제도화했음을 나타낸다. 신상(神像)들은 실물의 1배-3배까지 층차(層次)를 보이며 '주신(主神)'이 이미 출현했음을 보여준다.

넷째, 홍산문화의 '초기 국가 단계', '초기 문명 단계' 논의와 관련하여, 중국학자들 가운데는 신석기시대와 청동기시대 사이에 옥기시대(玉器時代)를 새롭게 설정해야 한다고 주장하는 학자들이 많다. 서구와 달리 동북아시아에서는 청동기시대 이전인 옥기시대에 '초기 국가 단계', '초기 문명 단계'에 진입한다는 것이다. 이것은 청동기나 문자가 없이도 문명 단계, 국가 단계에 진입한 세계적인 사례들이 많다는 것을 바탕으로, 옥기시대인 홍산문화 후기에 '초기 국가 단계', '초기 문명 단계'에 진입했다고 보는 시각이다.

다섯째, 홍산문화 후기에는 황하문명의 중심지인 앙소문화 지역에서 유입된 채도문화와 합쳐진다.

여섯째, 홍산문화 후기의 우하량유지에서는 동북아시아에서 가장 이른 시기 동(銅) 제품 중에 하나인 순동(純銅)으로 만든 '동 귀고리'가 발견되었다.

일곱째, 홍산문화에서는 다양한 형태의 옥기가 매우 풍부하게 발굴되고 있다. 신분의 차이에 따라 많게는 하나의 무덤에서 20개의 옥기가 부장품으로 나온다. 이를 통해 홍산문화 시대에는 권력이 분리되고 신분이 나뉘어진 사회라는 것을 알 수 있다. 현재 학자들은 홍산문화 후기 단계에서는 옥기를 전문적으로 만드는 옥장인(玉匠人)이 직업적으로 분화되어 있었고, 최소한 6-7등급의 신분이 나뉘어져 있었다고 보고 있다. 필자는 홍산문화 시기에 거대한 적석총과 천단 등을 설계하고 만드는 석장인(石匠

出版社, 2012, 483쪽.

人)도 직업적으로 분화되어 있었다고 보고 있다.

여덟째, 홍산문화 후기의 많은 무덤들에서는 남녀 1쌍이 합장된 적석
석관묘들이 많이 보여서, 일부일처제(一夫一妻制)가 이미 확립되었을 가능
성이 매우 높다고 보고 있다.

아홉째, 홍산인들은 인공적으로 두개골을 변형시키는 편두(偏頭) 관습
을 지니고 있었다. 홍산문화 후기의 우하량유지에서 발견된 남녀 두개골
총 17개 가운데 76.47퍼센트에 달하는 13개의 남녀 두개골이 '두개골 변
형'이 이루어진 '편두(偏頭)'이다.[13] 남녀가 보편적으로 편두를 하였음을 알
수 있다. 편두 전통은 흉노, 진한, 변한, 가야, 신라, 일본 등에서도 보이
는 것이다.

4. 요하문명 지역의 신석기-청동기시대 유적 분포[14]

1) 요하문명 지역 신석기시대 유적 분포

첫째, 내몽고자치구 동부 지역의 경우 대부분의 요하문명 신석기-청
동기시대 유적들이 적봉을 중심으로 한 대흥안령 동부 지역에 밀집되어
있다. 특히 적봉시 오한기(敖漢旗) 일대에 밀집되어 있다.

둘째, 요녕성의 경우 조양시 지역에 신석기-청동기시대 유적이 밀집
되어 있다. 예를 들어 요녕성 전체에서 현재까지 발견된 신석기시대 유적
250곳 가운데 71곳, 청동기시대 유적 3250곳 가운데 1858곳이 조양시 경
내에 밀집되어 있다.[15]

---

13) 《牛河梁遺址発掘報告(1983-2003年度): 中》, 501쪽.
14) 우실하, 〈요하문명, 홍산문화 지역의 지리적 기후적 조건〉, 243-245쪽을 일부
    수정한 것이다.
15) 國家文物局(主編), 《中國文物地圖集: 遼寧分册(上)》, 西安地圖出版社, 2009, 18
    쪽, 〈요녕성문물단위통계총표(遼寧省文物單位統計總表)〉 참조.

셋째, 적봉−오한기−부신−조양−능원−건평 등으로 이어지는 공간이 요하문명의 중심지라고 할 수 있다. 특히 내몽고 적봉시 오한기를 중심으로 한 지역의 밀집도는 타의 추종을 불허할 정도다. 구체적으로 내몽고 동부 지역과 요녕성 지역의 신석기 유적지 분포도부터 보면 아래 〈자료 2-7〉과 같다.

아래에 제시한 자료는 '내몽고 동부 지역의 신석기유적 분포도'와 '요녕성 지역의 신석기시대 유적 분포도'를 포토샵 프로그램에서 필자가 합성해놓은 것이다. 내몽고의 경우에는 신석기 유적지가 많아서 요녕성에 견주어서 상대적으로 작은 점으로 유적지를 표시해놓았다. 이는 뒤에서 보게 될 청동기시대 유적지 분포의 경우에도 마찬가지이다. 이런 점을 감안해서 보면 적봉−오한기−조양 지역이 신석기시대의 중심지 가운데 하나임을 한눈에 볼 수 있다.

〈자료 2-7〉 내몽고 동부와 요녕성 지역 신석기시대 유적 분포도[16]

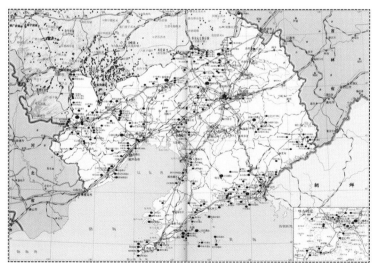

16) 國家文物局(主編),《中國文物地圖集: 內蒙古自治區分冊(上)》, 西安地圖出版社, 2003, 55쪽의 내몽고 동부 신석기 유적 분포도와 國家文物局(主編),《中國文物地圖集: 遼寧分冊(上)》, 西安地圖出版社, 2009, 56−57쪽의 요녕성 신석기 유적 분포도를 필자가 포토샵 프로그램으로 합성한 것이다.

2) 요하문명 지역 청동기시대 유적 분포

'내몽고 동부 지역의 청동기시대 유적 분포도'와 '요녕성 지역의 청동기시대 유적 분포도'를 합성해놓으니 오한기 일대의 청동기 유적지 밀집도는 압도적이었다.

아래에 제시한 '요하문명 지역 청동기시대 유적지 분포도'를 보면, (1) 내몽고 적봉시 일대와 특히 오한기 지역, (2) 요녕성 조양, 건평, 능원 지역 등을 중심으로 청동기시대 유적이 엄청나게 밀집되어 있다는 것을 한눈에 확인할 수 있다. 아래 제시한 자료를 보면, 내몽고 지역은 유적 수가 많아서 붉은 점의 크기 자체가 작다. 만일 요녕성과 같은 크기의 붉은 점으로 표시했다면 오한기 지역은 전체가 붉은 색으로 덮였을 것이다.

좀 더 많은 연구가 필요한 상황이지만, 필자는 고조선문명의 토대가 되는 초기 청동기문화의 중심지가 적봉-오한기-조양 지역일 가능성이 높다고 본다. 특히 오한기 부분은 그 밀집도에서 타의 추종을 불허한다. 이런 점은 문헌 사료만으로는 알 수 없는 것이다. 유적지 분표의 특징 등에 대해서는 제4장에서 좀 더 상세히 살펴볼 것이다.

〈자료 2-8〉 내몽고 동부와 요녕성 지역 청동기시대 유적 분포도[17)

1. 전체

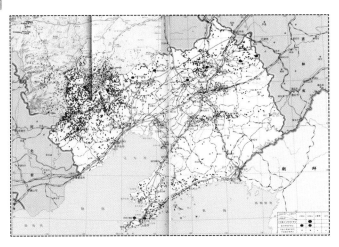

2. 적봉-오한기-조양 일대 확대

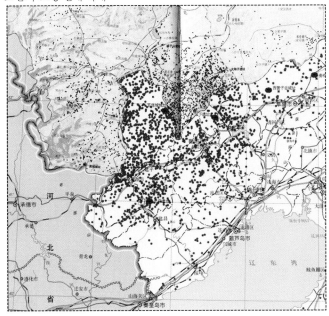

---

17) 国家文物局(主編), 《中国文物地图集: 内蒙古自治区分册(上)》, 西安地图出版社, 2003, 56-57쪽의 내몽고 동부 지역의 청동기 유적 분포도와, 国家文物局(主編), 《中国文物地图集: 遼寧分册(上)》, 西安地图出版社, 2009, 58-59쪽의 요녕성 지역 청동기 유적 분포도를 필자가 포토샵에서 합성해서 재구성한 것이다.

제3장 '요하문명'의 발견과 중국학계의 발 빠른 대응

1. 우하량유지의 발견[1]

홍산문화를 대표하는 우하량유지의 발견은 수천 년 동안 지속되어 오던 중국 고고-역사학계의 시각을 바꾸게 만든 결정적인 사건이었다.

1979년 5월 요녕성 조양시(朝陽市) 객나심좌익 몽고족자치현(喀喇沁左翼 蒙古族自治縣: 통칭으로는 객좌현喀左縣으로 불림) 동산취촌(東山嘴村) 뒷산 정상에서 대형 제단 유적인 '동산취유지'가 발견되었다. 이에 고무되어 주변 지역에 대한 조사에 들어가게 되었다.

1981년 동산취유지에서 50km 정도 떨어진 요녕성 조양시 능원현(凌源縣)과 건평현(建平縣)의 경계 지역인 우하량촌(牛河梁村)에서 홍산문화(BC 4500-3000) 후기(BC 3500-3000)의 대표적 유적이자 세계를 놀라게 한 우하량유지가 발견되었다. 1983년부터 1985년에 걸쳐 우하량유지에 대한 대대적인 초기 발굴이 진행되었다. 발굴이 마무리되자 1986년 7월 24일 신화사 통신은 홍산문화 후기 우하량유지에서 BC 3500년까지 올라가는 대형 제단(大型祭壇), 여신묘(女神廟: 여신사당 혹은 여신신전), 적석총군(積石塚郡)이 어우러진 단·묘·총(壇·廟·塚) 삼위일체의 거대한 유적이 발굴되었다는 소식을 전 세계를 향해 전했다.

우하량유지는 BC 3500-3000년 사이의 홍산문화 후기의 유적이었다. 그러나 이 유적지는 놀랍게도 이 시기에 (1) 계급이 완전히 분화되고, (2) 사회적 분업이 이루어지고 있었으며, (3) 이미 '초기 국가단계' 또는 '초기 문명단계'에 진입한 것을 보여주는 놀라운 유적이었다. 이후에는 중화문

---

1) 우실하, 〈요하문명, 홍산문화 지역의 지리적 기후적 조건〉, 《고조선단군학》 제30집(2014.6), 213-215쪽을 가져와 일부 수정한 것이다.

명의 '예제(禮制)의 기원' 더 나아가 '중화문명의 기원'이 이곳에서 출발한
다고 보기 시작한다.

　기존의 중국학계에서 '3황 5제의 신화시대'를 운운하던 이 시기에 이미
초기 국가단계의 대규모 유적이 발견되었으니 놀랄 수밖에 없었던 것이
다. 기존의 중국학계에서는 황하 유역의 하(夏)나라에서 시작해서 상(商)나
라와 주(周)나라로 이어지는 고대 국가 단계를 설정했었다. 우하량유지의
발견은 이런 기존의 정설에 큰 의문을 던지는 것이었다.

　'초기 국가단계' 혹은 '초기 문명단계'에 진입한 이 거대한 새로운 문명
권을 무엇으로든 새롭게 명명을 할 필요가 있었다. 우하량유지의 발굴이
마무리되어가는 시점에서는 '원시문명' 혹은 '고문명' 등으로 언급하다가,
1995년 이후에는 곽대순에 의해 '요하문명'이라는 명칭이 정식으로 사용
되기 시작한다.

2. 중원과는 독자적인 '원시문명' 혹은 '요서 지역 고문명'[2]

　첫째, 우하량유지의 발굴을 지휘한 곽대순(郭大順)과 발굴을 처음부터
함께 지켜본 손수도(孫守道)는 우하량유지의 1차 발굴(1983-1985)이 마무
리되어가던 1984년에 '요하 유역의 원시문명과 용의 기원(論遼河流域的原
始文明与龍的起源)'[3]이라는 논문을 공동 집필하면서 "(1) 홍산문화 시기에
는 이미 '사회적 등급'이 나뉘고 일종의 '권력 개념'이 탄생하였으며, (2) 요
하 유역을 최초로 새로운 '원시문명'으로 볼 수 있다고 강조하고, (3) 요하
유 역에서는 5000여 년 이전에 '문명시대의 서광'이 비추기 시작했다"라고

---

2)　우실하, 〈요하문명, 홍산문화 지역의 지리적 기후적 조건〉, 215쪽.

3)　孫守道·郭大順, 〈論遼河流域的原始文明与龍的起源〉, 《文物》, 1984年 第6期,
　　11~17쪽.

정리하였다.[4]

이 논문에서 곽대순과 손수도는 '요하문명'이라는 용어를 사용하고 있지는 않지만 요하 유역을 황하문명과는 구별되는 독립된 '원시문명'으로 보는 시각을 처음으로 제시하였다.

둘째, 1994년 중국 고고학의 대원로인 고(故) 소병기(蘇秉琦) 선생은 〈서요하 지역의 고문화를 논하다(論西遼河古文化)〉라는 글에서 '요서 지역의 고문명', '요서 지역의 고문화'라는 용어를 사용했다.[5]

이와 같이, 요서 지역에서 새롭게 발견된 문명을 '원시문명(곽대순, 손수도)', '고문명, 고문화(소병기)' 등으로 표현하던 중국학계에서는, 1995년 곽대순에 의해서 '요하문명'으로 명명된 이후부터 이것으로 통용되기 시작한다.

3. 곽대순에 의해 '요하문명'으로 명명되다[6]

'요하문명'이라는 용어를 최초로 언급하고 논문 제목으로도 사용한 것은 1995년 곽대순이 쓴 두 편의 논문을 통해서였다. 곽대순은 80년대 초반에서 90년대 중반까지 홍산문화, 흥륭와문화 등에 대한 다양한 발굴 결과와 연구 결과들을 바탕으로 이 거대한 새로운 문명권을 '요하문명'으로 명명했던 것이다. 그의 2편의 논문은 아래와 같다.

첫째, 최초로 '요하문명'을 언급한 논문은 1995년에 곽대순이 쓴 〈요녕

---

4) 우실하, 〈'요하문명론'의 초기 전개 과정에 대한 연구〉, 단군학회, 《단군학연구》 제21호(2009.12), 273–309쪽 참조. 손수도, 곽대순의 논문에 대한 소개는 276쪽 참조.

5) 蘇秉琦, 〈論西遼河古文化 : 與赤峰史學工作者的談話〉, 《北方民族文化》, 1993年 增刊 ; 蘇秉琦, 《華人·龍的傳人·中國人》, 瀋陽, 遼寧大學出版社, 1994, 130~131쪽.

6) 우실하, 〈요하문명, 홍산문화 지역의 지리적 기후적 조건〉, 215–218쪽을 가져와 일부 수정한 것이다.

사전 고고와 요하문명 탐원(遼寧史前考古与遼河文明探源)〉이라는 논문이다. 그는 이 글에서도 홍산문화 우하량(牛河梁)유지의 단(壇)·묘(廟)·총(塚)은 중화 5000년 문명서광의 상징임은 의심할 여지가 없다는 점을 다시 한번 강조한다.

이 논문에 따르면 홍산문화는 (1) 내외의 여러 문화와 빈번하게 교류하면서 영향을 받아서 '농업 위주이면서 수렵과 목축을 겸'하였고, (2) 이런 문화적 융합과 다양성으로 말미암아 처음부터 끝까지 개방적이고 활동적인 모습을 보이고 있으며, (3) 발원 지역에서 문화가 이어지기도 하지만 주요 부분은 남쪽을 향해서 이동하였을 가능성이 더 크고, (4) 홍산문화를 중심으로 한 '요하문명'은 동북아 고대문명의 원류가 되며, (5) 홍산문화의 인체소상(人体塑像), 일본 승문(繩文)시대의 토우(土偶), 남아메리카의 사전(史前) 시대의 도소인상(陶塑人像)과의 연관성을 연구할 필요가 있고, (6) 홍산문화 옥기와 양저문화의 옥기와의 연관성 연구의 필요성 등 많은 연구 과제들도 제시하였다.[7]

주목할 점은 (1) 홍산문화가 농업 위주의 사회이며, (2) 주요 종족들이 남쪽으로 이동하였음을 보고, (3) '요하문명'이라는 용어를 사용하면서 이 요하문명이 동북아시아 고대문명의 원류가 된다고 보아, (3) 일본이나 남미와의 연결 가능성도 제기했다는 점이다.[8]

특히 남미의 아즈텍, 잉카, 마야문명 등이 홍산문화의 후예들이라는 주장은 최근 주목을 받고 있는 것으로 많은 학자들이 탐구를 시작한 단계이다.

둘째, '요하문명'을 언급한 곽대순의 또 다른 논문은 위의 논문과 같은 해인 1995년에 발표한 〈요하문명의 제시와 전통사학에 대한 충격(遼河文明的提出与対伝統史学的衝擊)〉[9]이라는 논문이다. 곽대순은 이 글에서 기존

---

7) 郭大順, 〈遼寧史前考古与遼河文明探源〉, 《遼海文物学刊》, 1995年 第1期, 14~20쪽.

8) 우실하, 〈'요하문명론'의 초기 전개 과정에 대한 연구〉, 292~293쪽.

9) 郭大順, 〈遼河文明的提出与対伝統史学的衝擊〉, 《尋根》, 1995年 第6期, 10~11쪽.

의 논의들을 정리하면서 5000여 년 전에 이미 요하 유역에서 '고국(古國)'
이 출현했다는 것은 여러 고고 발굴을 통해서 입증되었다고 주장한다.

그의 주요 논지를 요약하면, (1) 우하량유지는 여러 방면에서 당시에 이
미 신분 등급의 분화를 주요 내용으로 하는 사회변혁이 일어났음을 반영하
고 있고, (2) 홍산문화 여러 지역의 다양한 크기의 적석총들은 1명의 '지고
무상(至高無上)한 존재'를 중심으로 한 '신분의 등급 분화'와 '예제(禮制)의 조
기(早期) 형태'가 이미 제도화되었음을 나타내며, (3) 여신묘 안에 군집을 이
루고 있는 신상(神像)들은 실물의 1배~3배까지 크기에서도 층차(層次)를 보
일 뿐만 아니라 '주신(主神)'이 이미 출현했다는 것을 보여주는 것으로 인간
의 신분 등급 분화가 종교·신앙 가운데도 이미 고정되어 내려왔었다는 것
을 의미하고, (4) 여신묘는 '종묘(宗廟)'의 성격을 지닌 것으로 홍산문화 유
적의 층차성(層次性)은 이미 최고 층차의 중심 유적지를 형성하는 단계에까
지 이르렀을 뿐만이 아니라 '신분 등급의 분화'와 함께 '왕의 신분(王者身分)'
에 상응하는 인물이 출현했음을 나타내고 있으며, (5) 우하량유지는 이들의
'제사 중심이자 정치 중심'이고, (6) 이런 정황은 원시공동체(原始公社)인
씨족부락제(氏族部落制)가 발전하여 이미 생산공동체를 능가하는 '한 단계
높은 조직형식(組織形式)'과 부락 단계를 넘어서 '한 단계 높은 독립적인 정
치실체(政治実体)'를 갖춘 단계로 진입했음을 보여주며, (7) 홍산문화는 이
미 깊고 풍부한 역사적·사회적·문화적 배경을 지니고 있었다는 점을 강조
하고 있다.

곽대순에 따르면 홍산문화에 대한 새로운 고고학적 발견과 연구 성과
들은 '전통사학과는 3가지 방면에서 충돌'하는데, (1) 홍산문화에 대한 고
고학적 신발견과 요하문명은 4000년 전의 하대(夏代: BC 2070~1600)를 시
발점(源頭)으로 하는 전통사학의 중화문명사를 단번에 5000년 이전까지
끌어올렸으며, (2) 요하문명은 '중화문명의 기원'이 하나의 중심이 아니라
다중심(多中心)이며, 요하 유역 안의 연산 남북 장성지대 역시 중화문명의
발상지 가운데 하나라는 점을 증명하였고, (3) 고고학적으로 입증되는 홍
산문화의 예제(禮制)는 중국이 문명단계에 진입한 한 가지 중요한 표지(標

志)이자 특징이며 중국의 문화적 전통의 형성 과정이기도 하다는 점을 제
시하였다는 것이다.[10]

　곽대순의 이 두 편의 논문은 이른바 1980년대 이후 본격적으로 발견되
고 있는 '요하문명'의 존재를 명확히 하고 일반화하는 데 결정적인 역할을
한다. 이후로 '요하문명'은 학술적인 개념으로 수용되기 시작한다. 곽대
순은 이런 논지를 바탕으로 2006년부터 요녕성박물관에서 요하문명의 총
체적인 모습을 보여주는 전시인 〈요하문명전〉을 총지휘하였고, 현재는 상
설 전시를 하고 있다.

4. 중국학계의 발 빠른 대응 1: 요하문명의 주도세력을 황제족 (黃帝族)으로[11]

1) '동이족의 문명'으로 보는 시각

　우하량유지에 대한 1차 발굴이 마무리되면서, 요하문명과 홍산문화의
주도세력이 누구인가에 대한 논의가 시작되었다. 초기에는 요하문명의 주
도세력을 고대로부터 이 지역에 자리한 동이족(東夷族)으로 보는 시각도
있었다. 그러나 이후 요하문명의 주도세력이 중국 한족의 시조라는 황제
족(黃帝族)의 문명이라는 시각으로 바뀌었고, 90년대 중반 이후로는 거의
정설처럼 자리 잡아가고 있다.

　필자는 홍산문화를 주도한 세력을 '동이족'이나 '황제족' 등 후대의 역
사 기록에 등장하는 이름으로 부르는 것은 문제가 있다고 본다. 이에 대해

---

10) 우실하, 〈요하문명론'의 초기 전개 과정에 대한 연구〉, 293~295쪽.
11) 이 부분은 아래의 논문의 해당 부분을 수정 보완한 것이다.
　　우실하, 〈홍산문화의 곰토템족과 단군신화의 웅녀족〉, 고조선단군학회, 《고조선
　　단군학》 제27호, 2012, 198-205쪽 (5. 홍산문화 주도세력에 대한 중국학계의 시각
　　정리).

서는 아래와 같이 필자의 입장을 정리한 바 있다.

> 후대의 기록에 보이는 동이족이나 황제족 등의 부족명을 과연 홍산문화를 주
> 도했던 사람들에게 붙일 수 있는가 하는 점은 여전히 문제다. 필자는 홍산문화 주
> 도세력은 동이족의 선조 혹은 황제족의 선조로 '홍산인'이라고 불러야 한다고 본
> 다. 그 홍산인이 동이족의 선조인가 황제족의 선조인가가 쟁점이라는 것이다.[12]

홍산문화 시기에는 황제족이나 동이족의 명칭도 당연히 없었을 것이
다. 홍산인은 후대에 동이족으로 불리는 집단의 선조이고, 일부는 남하하
여 황제족으로 불리며 그들과 구별되었을 것이라고 본다. 필자는 요하문
명의 주도세력은 '동이족의 선조'라고 본다. 아무튼 중국학계에서 요하문
명의 주도세력을 보는 시각이 '동이족 문명'에서 '황제족 문명'으로 변경된
다. 우선 동이족의 문명으로 보는 처음이자 유일한 논문인 이민의 논문을
소개하기로 한다.

이민(李民)은 1987년에 〈시론 우하량, 동산취 홍산문화의 귀속: 중화고
대문명탐원지일(試論牛河梁東山嘴紅山文化的帰属: 中国古代文明探源之一)〉이
라는 논문에서, 홍산문화를 일군 사람들을 동북 지역 선주민인 동이(東夷)
의 한 갈래인 '조이(鳥夷) 부락집단'으로 보는 주장을 최초로 제기하였다.[13]

이민은 위 글에서 5000년 전의 고대 부락집단(部落集団)을 세 가지 유
형으로 나누고 있는데, (1) 부락연맹적인 기초에서 발전하여 국가단계로
진입한 유형, (2) 부락집단의 발전 과정 가운데 필요한 조건들이 결핍되어
발전이 중단되거나 정지되어 국가단계로 진입하지 못하고 다른 부락집단
과 융합되거나 갑자기 소실된 유형, (3) 부락집단 스스로가 문자(文字)단계
로 발전하지 못하고 소실된 유형 등으로 나누고 있다. 이민은 홍산문화의
우하량유지와 동산취유지는 기본적으로 '발전이 정지되어 국가단계로 진

---

12) 우실하, 〈홍산문화의 곰토템족과 단군신화의 웅녀족〉, 고조선단군학회, 《고조
　　선단군학》 제27호, 2012, 200쪽.

13) 李民, 〈試論牛河梁東山嘴紅山文化的帰属 : 中国古代文明探源之一〉, 《鄭州大学
　　学報(哲学社会科学版)》, 1987年 第2期, 8~14쪽.

입하지 못하고 다른 부락집단과 융합되거나 소실된' 두 번째 유형에 속한 다고 보고 있다. 우하량유지와 동산취유지 등을 일군 홍산문화 사람들은 고고 발굴 자료를 통해서 볼 때 문헌 기록에 나오는 동북지역 선주민인 '조이(鳥夷) 부락집단'의 문화 유적이라고 보았다.[14]

요하문명, 홍산문화의 주도세력을 동이족으로 보고 요하문명을 '동이 족의 문명'으로 보는 논문은 더 이상 발표되지 않았다. 이민의 이 글이 홍 산문화의 주도세력을 동이의 갈래인 조이 집단과 연결한 최초의 논문이자 마지막 논문이기도 하다.[15]

2) '황제족의 문명'으로 보는 시각의 등장과 확산

요하문명의 주도세력을 '중화민족의 시조'인 황제족(黃帝族)이 주도한 '황제족의 문명'으로 보기 시작한 것은, 이민이 '동이족의 문명'이라고 본 논문을 발표한 같은 해인 1987년에 장박천(張博泉), 복소문(卜昭文) 등이 발표한 때부터이다. 이후 이런 시각은 중국 고고학의 대원로인 소병기(蘇 秉琦) 선생의 지지를 받으며 확대되었고, 현재는 고고·역사·신화학계 등에 서 많은 지지를 받고 확산되고 있다. 이 과정을 살펴보면 아래와 같다.

첫째, 요하문명을 '황제족의 문명'으로 보는 첫 시도는 위의 이민의 논 문과 같은 1987년에 발표된 장박천의 〈요서 지역에서 발견된 5000년 전 문명 서광의 역사에 대한 시론적 예측(对遼西発現五千年前文明曙光的歷史鑫 測)〉이라는 논문이다. 그는 이 글에서 요서 지역은 황제의 후예인 '전욱의 옛 땅(顓頊之墟)'이라는 주장을 제시한다.

장박천은 (1) 요서 지역은 '중화민족 문명의 기원 가운데 하나'로 5000 년 전에 중화민족 문명의 여명과 서광이 비추기 시작했고, (2) 5000년 전 요서 지역에서 중국 역사상 첫 번째 중대한 변혁인 '부족제'와 역사상 가장

---

14) 우실하, 〈'요하문명론'의 초기 전개 과정에 대한 연구〉, 단군학회, 《단군학연구》 제21호, 2009.12, 278-279쪽

15) 우실하, 〈홍산문화의 곰토템족과 단군신화의 웅녀족〉, 고조선단군학회, 《고조 선단군학》 제27호, 2012, 200쪽.

이른 법인 '전욱의 법(顓頊之法)'이 시행되었으며, (3) 상(商)나라 사람은 요서 지역에서 기원했으며 이들은 동북 고대사에서 처음으로 중원으로 들어와 하왕조(夏王朝)를 정복하고 중원의 통치민족이 되어 당시 가장 앞선 선진적인 문화를 바탕으로 화하족(華夏族)이 자신들의 문화를 형성하도록 촉진시켰다고 주장한다.[16]

그의 논리를 요약하면, (1) 요하문명의 주도세력을 황제족으로 보고 특히 홍산문화의 주도세력은 황제의 후예라고 전하는 전욱족(顓頊族)으로 보며, (2) 홍산문화 후기에는 이미 문명의 서광이 비추기 시작했고, (3) 이곳이 중화문명의 기원지 가운데 하나이며, (4) 요하문명 지역에서 기원한 일군의 사람들이 중원으로 내려와 하(夏)왕조를 정복하고 상(商)왕조를 건설했다는 것이다. 현재는 많은 중국학자들이 이러한 견해에 동조하고 있다. 어쩌면 현재 문제가 되고 있는 요하문명의 주도세력에 대한 핵심적인 논리는 이 논문을 통해서 마련되었다고 볼 수 있다.[17]

둘째, 복소문(卜昭文)도 1987년에 발표한 논문에서, (1) 동산취유지와 우하량유지에서 출토된 옥저룡(玉猪龍)과 적봉 지역에서 출토된 대형 옥룡(玉龍)은 모두 상나라 은허(殷墟)에서 출토된 옥룡(玉龍)이나 당시의 청동기에 새겨진 용과 대단히 유사하며, (2) 요하문명 지역이 중국의 상(商)나라 시대에 고도로 발달된 청동문화의 발원지 가운데 하나라고 보고 있다.[18]

복소문 역시 상나라의 기원이 요하문명의 홍산문화와 연관되어 있다는 점을 강조하고 있다. 이런 견해는 현재 대부분의 중국학자들에게 상식적인 것으로 받아들여지고 있다.[19]

셋째, 고(故) 소병기(蘇秉琦: 1909-1997)는 1994년에 홍산문화의 주도세력을 황제족으로 끌고 가는 데 결정적인 영향력을 행사한 〈서요하 지역

---

16) 張博泉, 〈對遼西發現五千年前文明曙光的歷史蠡測〉, 《遼海文物學刊》, 1987年 第2期, 96-102쪽.

17) 우실하, 〈'요하문명론'의 초기 전개 과정에 대한 연구〉, 282-283쪽.

18) 卜昭文, 〈中華文明原流問題的新信息: 〈山海關外訪古〉 之二〉, 《瞭望》 1987年 第35期, 44-45쪽.

19) 우실하, 〈'요하문명론'의 초기 전개 과정에 대한 연구〉, 280쪽.

의 고문화를 논하다(論西遼河古文化)〉라는 글을 발표한다. 중국 고고학계의 대원로로서 많은 연구와 경험을 바탕으로 쓴 이 짧은 글은 이후 중국학계의 요하문명에 대한 기본적인 시각을 정립하는 데 결정적인 영향력을 미치게 된다. 이글을 쓴 1994년은 곽대순에 의해서 요하문명이라는 명명(1995년)이 이루어지기 이전이었기에, 소병기의 글에서는 '요서 지역의 고문명', '요서 지역의 고문화' 등으로 표현되어 있다.

소병기의 논의를 정리하면, (1) 중국문명 발전사를 교향곡에 비유한다면 요서 지역의 고문명은 서곡(序曲)에 해당하는 것으로 중원 지역보다 1000년이 앞서며, (2) 이후에 문명의 중심은 황하 주변으로 내려왔는데 이것이 홍수시대인 요(堯)-순(舜)-우(禹) 시대이고, (3) 각종 문헌에 기록된 화하족의 조상인 황제(黃帝)의 시대와 활동 지역은 홍산문화의 시대와 지역(연산 남북지대로 내몽고 동부, 요녕성 서부, 북경과 천진, 하남성 북부, 진북 등을 포괄)과 상응하며, (4) 홍산문화는 산서성 도사(陶寺)유지[20]로 대표되는 진문화(晋文化)의 뿌리이며, (5) 신화에 등장하는 오제(五帝)의 전기(前期) 활동 중심이 바로 홍산문화 지역인 연산 남·북 지역으로 고대 기록에 보이는 기주(冀州)이고, (6) 홍산문화 시기에 '고국(古國)' 단계가 시작되고 하가점하층문화 시기에는 '방국(方國)' 단계가 시작되었으며, (7) 4000년 전인 적봉시 영금하(英金河) 북쪽의 하가점하층문화의 석성은 장성(長城)의 원시형태(雛形)로 대국(大國)이 출현하였다는 표지이며 이것이 바로 《서경(書經)》〈우공편(禹貢篇)〉에 나오는 구주(九州)의 중심지이고, (8) 홍산문화 지역은 6000-5000년 전에 서아시아와 동아시아 문화가 교차하는 용광로 같은 곳이었으며, (9) 홍산문화는 하(夏)나라, 상(商)나라 시기의 하가점하층문화와 연(燕) 문화로 이어지는 뿌리라는 것이다.[21]

특히 그는 (1) 중국문명의 출발점이 요하문명 지역에서 시작되어 후대에 황하문명 지역으로 옮겨가고, (2) 황제족의 활동 중심지가 바로 홍산문

---

20) 선서성 도사유지는 현재 요(堯)임금이 세운 당(唐)의 도읍인 평양(平壤)이라는 것이 최근 밝혀졌다. 이에 대해서는 13장에서 상세히 소개한다.

21) 蘇秉琦, 〈論西遼河古文化 : 與赤峰史學工作者的談話〉, 《北方民族文化》, 1993年 增刊 ; 蘇秉琦, 《華人·龍的傳人·中國人》, 遼寧大學出版社, 1994, 130~131쪽.

화 지역이고, (3) 신화시대로 알려졌던 5제(五帝) 시대가 실제로 존재하며 이들이 활동하던 고대 기록의 기주(冀州)가 바로 홍산문화 지역이며, (4) 홍산문화 시기에 '고국 단계'가 시작되어 하가점하층문화 시기에는 '방국(方國) 단계 대국(大國)'이 출현하며, (5) 이 홍산문화와 하가점하층문화의 중심지가 고대 기록에 등장하는 구주(九州)의 중심지라는 점을 강조한다. 이러한 소병기의 견해는 기존의 고고·역사학계에 새로운 시각을 제시하는 것이었다.

소병기의 짧은 이 글은 이후에 많은 학자들이 수용하게 된다. 이런 시각은 중국학계에서 요하문명을 중화문명의 기원지로 삼고, 주도세력을 황제족으로 끌고 가는 결정적인 지침이자 좌표가 되었다. 신화로만 알았던 5제 시대가 요하문명의 발견으로 실증되고 있다는 것이다. 현재 중국에서 요하문명을 연구하는 중국학자들은 이러한 시각을 대부분 수용하고 있다.[22]

소병기의 말대로 요서 지역 하가점하층문화 지역이 '구주의 중심지'이고 이 시기에 '방국 단계의 대국'이 존재했다면 과연 그 국가명은 무엇일까? 중국학계에서는 신화를 포함한 어떤 기록에도 이것을 비정할 만한 국가명이 없다. 그래서 그들은 그냥 '방국 단계의 대국'이라고밖에 쓸 수 없는 것이다. 그러나 우리는 비록 신화적으로 기록되어 있지만 이 지역과 연결될 수 있는 '(고)조선'이라는 국가명을 지니고 있다. 따라서 우리 입장에서는 고조선과 요하문명의 관계를 연구해야 하는 것이다.

넷째, 설지강(薛志强)은 1995년 논문에서 (1) 서요하 지역은 '염제와 황제의 옛 땅[炎黃故地]'이자 '전욱의 옛 땅[顓頊之墟]'임이 분명하며, 중화문화와 중화문명의 특징을 드러내는 '전욱의 법[顓頊之法]'은 이곳에서 잉태되었다고 보고, (2) 황제족과 전욱족이 중원지역에 들어온 시기를 전후하여 이들이 지니고 온 요하 지역의 찬란한 고대문명과 화하조기문명(華夏早期文明:=황하문명)이 융합하였으며, (3) 제곡(帝嚳)의 후예는 서요하 지역에 하(夏)나라보다 앞서서 문명고국(文明古國)을 건설했고, (4) 이후 이 지역의 고대 민족들이 남쪽으로 이동하여 하나라를 대체하는 상(商)나라를 건

---

22) 우실하, 〈'요하문명론'의 초기 전개 과정에 대한 연구〉, 289-290쪽.

설한 것이며, (5) 상나라는 중국 남쪽과 북쪽의 우수한 문화를 결합한 결정체였기 때문에 당시 세계에서 가장 번성한 동방대국(東方大國)을 건설할 수 있었다고 주장한다.[23)]

설지강 논문의 핵심은 (1) 요하문명 지역이 '염제와 황제의 옛 땅'이자 '전욱의 옛 땅'이라고 보아 염제마저도 요하문명 지역에서 기원한 것으로 보며, (2) 이들이 후에 중원 지역으로 남하하여 황하문명과 융합하여 요-순-우 시대로 이어지고, (3) 요서지역에는 하가점하층문화 시기에 '하나라보다 앞선 문명고국'이 있었으며, (4) 하가점하층문화의 후예들이 후에 남쪽으로 이동하여 하나라를 정복하고 상나라를 건설한 사람들이라는 것이다.

부사년(傅斯年)이 처음 제시했던 이하동서설(夷夏東西設)[24)]의 논리를 설지강은 대부분 받아들이면서, 홍산문화와 하가점하층문화의 주도세력들이 바로 '상족의 기원'이라고 보고 있는 것이다.

필자는 (1) 서요하 지역에서 '하나라(BC 2070-1600)보다 앞선 문명고국'이 있었다면 그것이 바로 고조선일 가능성이 높고, (2) 이 '하나라보다 앞선 문명고국'이 바로 앞서 소병기가 이야기하는 하가점하층문화 시기의 '방국 단계 대국(大國)'이라고 할 수 있으며, (3) 홍산문화 하가점하층문화의 주도세력들은 남하하여 상문명을 건설했을 뿐만이 아니라 요동지역과 한반도 쪽으로도 이동하였다고 본다.

중국의 신화를 포함한 어떤 문헌기록에서도 요서 지역에서 하가점하층문화 시기에 건국된 '하나라보다 앞선 문명고국(설지강)' 또는 '방국 단계의 대국(소병기)'의 이름을 찾을 수가 없다. 그래서 그들은 그냥 '하나라보다 앞선 문명고국' '방국 단계의 대국'이라고 표현할 수 없는 것이다.

그러나 우리의 기록에는 이 시기에 '(고)조선'이라는 정식 국가명칭이 등장한다. 그럼에도 한국의 고고·역사학계에서는 요하문명에 대한 각종 연구가 중국학계에서 벌어지는 일이고 우리와는 상관없다는 식의 태도를

---

23) 薛志强, 〈紅山諸文化與中華文明〉, 《中國北方古代文化國際學術討論會論文集》, 中國文史出版社, 1995, 43-49쪽.

24) 傅斯年, 〈夷夏東西說〉, 《傅斯年全集》, 台北, 聯經出版公司, 民六十九年九月, 第三冊, 822~893쪽.

보이고 있다. 이제라도 요하문명과 고조선의 관계, 더 나아가 한반도의 요하문명과의 관계에 대한 연구가 시작되어야 한다. 그렇지 않다면 중국학계의 견해가 국제학계에서도 그대로 정설이 될 수밖에 없는 것이다.

다섯째, 목홍이(穆鴻利)는 1997년 논문을 통해 (1) 5000년 전의 홍산문화는 대체로 전설적인 '삼황오제(三皇五帝)' 시대로 그 가운데서도 '염황의 시대[炎黄之世]'이며, (2) 종교—신앙을 통해서 볼 때 홍산문화 선민들은 이미 자연숭배와 토템숭배에서부터 다신숭배를 넘어서 조상숭배 단계로까지 나아갔고, (3) 홍산문화의 건축물과 옥룡(玉龍) 등을 통해서 볼 때 중국문화 형성에 직접적인 영향을 미쳤으며, (4) 홍산문화의 발견으로 중화 5000년 문명을 구체적으로 실증하였고, (5) 홍산문화 지역이 중국 북방의 고문명의 요람이라는 사실은 과거 학술계에서 유행하던 '중원 고문화 중심설(中原古文化中心說: 황하문명 중심설—필자)'을 수정하는 것이라는 점을 강조하고 있다.[25]

목홍이도 (1) 홍산문화의 발견으로 전설로만 알았던 염황 시대가 실존했음을 알게 되었고, (2) 중화문명이 5000년이라는 점이 실증되었으며, (3) 이것이 황하문명에 직접적인 영향을 미쳤다는 점을 이야기하고 있다.

여섯째, 1990년대를 거쳐서 2000년 이후로는 요하문명과 홍산문화의 주도세력이 황제족이라는 것이 중국학계에서는 정설처럼 받아들여지고 수용되어, 구체적인 동북고대사 연구에 적용된다. 그 대표적인 논문이 2000년에 발표된 예군민(倪軍民)·경철화(耿鉄華)·양춘길(楊春吉)이 함께 쓴 〈고구려역사 귀속문제 논고(高句麗歷史帰属問題論稿)〉라는 글이다.[26]

이들은 "상나라 사람들이 동북에서 기원했다는 점은 이미 학계에서 공인되었다."[27]라고 밝히고, 상나라의 시조인 고양씨 전욱과 고신씨 제곡이 하북성과 요녕성이 교차하는 유연(幽燕) 지역에 살면서 '모든 북방민족의

25) 穆鴻利, 〈中華北方古老文明之搖籃: 紅山文化探論〉, 《社會科學輯刊》, 1997年 第2期, 88–92쪽.

26) 倪軍民·耿鉄華·楊春吉, 〈高句麗歷史帰属問題論稿〉, 《通化師範学院学報》, 2000年 第1期.

27) 張博泉, 魏存成, 《東北古代民族考古与疆域》, 長春: 吉林大学出版社, 1998.

시조'가 되었다고 본다.

> 사서(史書)는 상나라 사람들의 시조로 고양씨(高陽氏: 전욱이라고도 함)와 고
> 신씨(高辛氏: 제곡이라고도 함)의 두 씨족 부락으로 기록하고 있다. 그들은 박
> (亳, 또는 번蕃, 또는 박薄이라고도 함), 즉 지금의 하북성과 요녕성이 교차하는 유
> 연(幽燕) 지역에서 살면서 북방민족들의 시조가 되었다. 따라서 요서 지역의
> 홍산문화(紅山文化) 우하량(牛河梁)유지와 동산취(東山嘴)유지의 제단 유적, 여
> 신묘(女神廟), 건축, 적석총(積石塚) 등의 발굴은 전욱, 제곡, 상나라 사람, 동북
> 민족의 형성 및 발전을 연구하는 데 귀중한 증거가 되었다.[28]

곧, (1) 유연 지역은 각종 동북민족의 기원지이며, (2) 동북에서 발원한
고대 민족들은 모두 전욱과 제곡의 후예들이라는 것이다. 2000년 이후에
는 앞서 고고학자들이 주장했던 시각들이 역사학의 영역에서도 받아들여
지고 있는 상황이다.

우리가 주목해야 하는 것은 만일 이런 논리가 받아들여지면, (1) 홍산
문화 지역을 바탕으로 한 우리 민족의 선조들인 단군, 웅녀, 주몽, 해모수
등은 모두 황제족의 후예가 되는 것이며, (2) 대한민국의 상고사는 중국의
방계역사로 전락하게 된다는 점이다.

복소문(卜昭文), 소병기(蘇秉琦), 설지강(薛志强), 목홍이(穆鴻利) 등 고고
학자들이 중심이 되어 제시되었던 '요하문명=황제족의 문명'이라는 새로
운 시각은, 2000년대 이후 예군민(倪軍民)·경철화(耿鉄華)·양춘길(楊春吉)뿐
만이 아니라 마대정(馬大正)·손진기(孫進己) 등 소위 동북공정을 책임지고
있던 많은 역사학자들의 글에서도 그대로 수용되어 확대되고 있는 것이
다.[29] 이제는 요하문명이 중화민족의 시조라는 '황제족의 문명'이라는 설
은 고고학계뿐만이 아니라 역사학계에서도 대부분 받아들여지고 있는 실

---

28) 倪軍民·耿鉄華·楊春吉, 2000, 20쪽.

29) 기타 여러 역사학자들이 '통일적다민족국가론'을 정립하기 위한 대토론을 하면
서 유사한 논의를 펴고 있다. 상세한 내용은 아래 부분을 참고하시오.
우실하,《동북공정 너머 요하문명론》, 소나무, 2007,〈제9장. '통일적 다민족국

정이다.

일곱째, 비단 고고-역사학계만이 아니라 신화학계에서도 이런 논리가 받아들여지고 확산되고 있다. 중국사회과학원 비교문학연구중심 주임 겸 문학연구소 교수인 엽서헌(葉舒憲)은 2007년에 '중화문명탐원공정'의 일환으로 진행된 연구 결과물로 그의 저서《웅토템: 중화조선 신화탐원(熊図騰:中華祖先神話探源)》을 출판하였다. 엽서헌은 중국신화학회 회장, 중국문학인류학연구회 부회장, 중국비교문학학회 상무이사로 활동하고 있는 중국 신화학계 최고의 학자 가운데 한 사람이다.

그는 이 책에서 (1) 동북아 지역 여러 민족에게 전해져 오는 '곰토템 신화'는 중국인의 조상이라는 황제(黃帝)집단에서 기원한 것이고, (2) 황제집단이 바로 요하문명을 건설한 주도세력이며, (3) 한국의 단군신화에 등장하는 웅녀(熊女)도 곰토템족이니 '단군신화의 뿌리도 황제집단의 곰토템'이라고 주장하고 있다.[30] 엽서헌의 이런 논리에 대해서는 한국 언론에서도 정재서와 필자 등이 몇 차례 문제 제기를 했었다.[31]

중국학계에서는 황제족을 용(龍)과 연결시키는 것이 이제까지의 통설이었는데, 갑자기 황제가 곰토템 집단이라는 것이다. 그의 논리의 출발점은 중국인의 조상이라는 황제가 '헌원씨(軒轅氏)' 또는 '유웅씨(有熊氏)'라고도 불렸는데, '유웅씨'라는 표현은 황제족이 곰을 토템으로 했기 때문에 붙여졌다는 것이다. 그의 주장의 핵심은 (1) 동북아시아 각 민족들에 공유된 '곰토템 신화'는 중국인의 조상인 황제족의 곰토템에서 기원한 것이고, (2) 곰토템을 공유하는 동북의 소수민족들과 단군신화에 등장하는 곰토템족인 웅녀집단 역시 '황제족의 후예'라는 것이다.

중국의 고고-역사-신화학계에서 '요하문명=황제족의 문명'이라는 등식은 점차 확산되고 있다. 그 당연한 귀결이 만주 일대에서 발원한 후대의

가론'의 전개와 새로운 '중화민족' 개념의 탄생〉 222-262쪽.

30) 葉舒憲,《熊図騰:中華祖先神話探源》, 上海故事会文化伝媒有限公司, 2007.

31) 《연합뉴스》, 2007.11.7. 〈기획탐구: 중국, 단군신화까지 노린다〉
    《부산일보》, 2007.11.10. 〈단군신화까지 노리는 동북공정〉

소수민족들은 모두 '황제족의 후예'라는 것이다. 이것이 과연 중국학계의 문제일뿐이고, 우리와는 전혀 상관없는 중국학계의 일일 뿐인가? 요동, 요서 일대에서 기원한 북방의 모든 소수민족들은 정말 '황제의 후예'인가? 예맥족, 말갈족, 흉노족, 선비족, 만주족 등등이 모두 황제의 후예라면, 당연히 조선족도 황제의 후예가 되는 것이다. 그렇다면 조선족의 시조라는 단군이나 해모수, 주몽도 황제의 후예인가? 우리는 이런 질문에 답을 하기 위해서도 요하문명에 대한 연구가 필요한 것이다.

5. 중국학계의 발 빠른 대응 2: 국가 주도의 각종 역사 관련 공정(=프로젝트)

1980년 이후 요서지역에서 본격적으로 요하문명이 발견되면서 중국은 상고사를 완전히 새롭게 재편하고 있다. 국가 주도로 진행되었고 또 현재 준비 중인 (1) 하상주단대공정(夏商周斷代工程: 1996-2000) → (2) 동북공정(東北工程: 2002-2007) → (3) 중화문명탐원공정(中華文明探源工程: 2004-2015) → (4) 국사수정공정(国史修訂工程: 2010-2013) → (5) 중화문명전파(선전)공정(中華文明伝播(宣伝)工程: ? 현재 준비 중)[32] 등으로 이어지는 중국의 역사 관련 공정들은 모두 통일적다민족국가론(統一的多民族国家論)을 이론적 바탕으로 하고 있다.

통일적다민족국가론의 핵심은 (1) 현재의 중국 국경 안에 있는 모든 민족은 중화민족의 일원이고, (2) 그들이 이룩한 역사는 모두 중국사의 일부라는 것이다.

---

32) 2015년부터는 요하문명에서 비롯된 5000년 중화문명을 전 중국인과 전 세계인에게 알리기 위한 '중화문명전파(선전)공정(中華文明伝播(宣伝)工程)'을 준비하고 있다. 이에 대해서는 뒤에서 상세히 소개할 것이다. 2015년에는 '중화문명선전공정'이라는 명칭을 사용하다가, 2016년부터는 '중화문명전파선전공정' 혹은 약칭하여 '중화문명전파공정'이라는 명칭을 사용하고 있다.

최근에는 이러한 '통일적다민족국가론'이 새롭게 발견된 요하문명의 성격, 주도세력, 범위 등을 논의하는 '요하문명론(遼河文明論)'과 연결되었다. 통일적다민족국가론을 바탕으로 진행되고 있는 요하문명론의 요점과 한국사에 미칠 악영향에 대해서 필자는 아래와 같이 정리한 바 있다.

> 요하문명론은 (1) 요하 일대를 중화문명의 시발점으로 잡고, (2) 이 지역은 신화와 전설의 시대부터 황제의 영역이었으며, (3) 요서 지역 신석기문화의 꽃인 홍산문화 주도세력들은 이 황제의 후예들이고, (4) 이런 까닭에 요하 일대에서 발원한 모든 고대 민족과 역사는 중화민족의 일부이고 중국사라는 논리를 토대로, (5) 요하 일대의 '홍산문화 만기(기원전 3500 - 기원전 3000)'부터는 이미 '초기 국가단계'에 진입한 거대한 '요하문명'이 자리 잡고 있었다는 것이 주요 논지들입니다.[33]

요하문명의 범위, 주도세력, 문명단계 진입 시기, 성격 등을 주로 논의하는 요하문명론이 본격적으로 논의되기 시작한 것은 홍산문화 우하량유지의 발견 이후이다. 요하문명론과 관련된 여러 분야의 글들은 80년 중반 우하량유지의 1차 발굴을 계기로 본격화해서 현재는 수없이 많은 논문들이 발표되고 있다. 이런 글들과 국가 주도의 각종 역사 관련 공정을 통하여, 요하문명 홍산문화를 주도한 집단이 중국인들의 조상이라는 황제족이라고 보는 시각이 자리 잡아가고 있다.[34]

새로운 요하문명의 등장으로, 중국은 '중화문명 5000년'을 당당하게 주장하고 있다. 황제족이 주도한 요하문명의 홍산문화 후기(BC 3500-3000)에 이미 '초기 국가단계' 혹은 '초기 문명단계'에 들어선다는 것이다.

필자는 요하문명은 중국만이 독점할 수 있는 것이 아니라 '동북아시아

---

33) 우실하, 《동북공정 너머 요하문명론》, 소나무, 2007, 5쪽.

34) 중국 주류사학계의 입장에 대해서는 아래의 글을 참조하시오. 우실하, 〈홍산문화의 곰토템족과 단군신화의 웅녀족〉, 고조선단군학회, 《고조선단군학》 제27호 (2012.11), 185-216쪽. 특히 〈5. 홍산문화 주도세력에 대한 중국학계의 시각 정리〉를 볼 것.

공통의 시원문명'이라는 입장을 여러 책과 논문을 통해서 강조하고 있다. 많은 요소들이 고대 한반도, 일본, 몽골 등과도 연결되기 때문이다.

중국은 요하문명의 새로운 발견 이후, 상고사와 고대사를 재정립하려는 각종 역사 관련 공정들을 국가 주도로 이어가고 있다. 아래에서는 이에 대해 간단히 소개하기로 한다.

1) 하상주단대공정 (夏商周斷代工程: 1996-2000)

2차 세계대전 이후 중국은 1949년에 국가 건설을 완료하고 나서, 1950년부터 5년 단위로 중앙정부가 주도하는 '×차 5개년 계획'을 진행하면서 장기적인 전략을 수행하고 있다. 우리나라에서 박정희 시절에 수행했던 '×차 경제개발 5개년 계획'과 비슷한 것이다. 우리나라의 경우에는 주로 '경제개발'에 초점을 두었지만, 중국의 경우에는 정치·경제·사회·문화·역사 등 모든 영역별로 장기적인 국가 전략을 마련하는 총체적인 것이라는 점에서 다르다. 중국에서는 이것을 간략하게 '1.5계획(=1차 5개년 계획)' 등이라고 부르며, 지난 2016년부터는 '13.5계획(=13차 5개년 계획)'이 진행 중이다.

국가 주도의 대대적인 5개년 계획인 각종 역사 관련 공정(=프로젝트)은, 1995년에 '요하문명'이 정식으로 명명된 이후인 1996년부터 시작되었다. 아래에서 소개할 국가 주도의 각종 역사 관련 공정들은 모두 '요하문명'의 발견 때문에 시작되었다는 것을 분명하게 기억해두어야 한다. 2002년 중국에서 동북공정이 시작되었을 때, 우리나라에서는 '고구려 역사 빼앗기'로 잘못 이해하고 '고구려연구재단'을 설립하여 고구려에 대해서만 집중적으로 연구한 것이 얼마나 잘못된 패착인지 이제는 많은 사람들이 알고 있을 것이다.[35]

먼저, '9차 5개년 계획'인 9.5계획(1996-2000)의 일부분으로 역사 분야

---

35) 이러한 점을 알리기 위해서 필자는 《동북공정 너머 요하문명론》, 소나무, 2007.
   의 제1부 제목을 〈동북공정은 깃털이고 몸통은 따로 있다〉라는 제목을 달았고,

에서는 처음으로 시작된 것이 '하상주단대공정'이다. 이 기간에는 대대적인 유적 발굴과 연구를 통해서 중국의 고대 왕조인 하(夏)·상(商)·주(周)의 설립 연대와 멸망 연대를 공식적으로 확정지었다. 기존에는 하나라와 상나라의 정확한 존속연대에 대한 여러 개의 가설이 공존했었다. 이 하상주단대공정을 통해 하─상─주 시대의 주요 도읍 유적 등 17곳에 대한 대대적인 발굴이 이루어졌다. 고고학자뿐만이 아니라 천문학자 등 다양한 분야의 전문가들이 동원되어 최종적으로 하─상─주의 존속 연대를 확정지은 것이다.

하상주단대공정을 통해서 (1) 하(夏)의 존속 연대는 BC 2070─1600년, (2) 상(商)의 존속 연대는 BC 1600─1046년이고 19대 반경왕(盤庚王)이 도읍을 은(殷)으로 옮긴 것은 BC 1300년, (3) 주(周)의 존속 연대는 BC 1046─771년으로 공식 발표되었다. 이제 모든 역사 관련 책이나 논문에서는 이것이 공식적으로 사용된다. 하상주단대공정은 하─상─주 이전 중화문명의 근원에 대한 탐구 프로젝트를 하기 위해서 기초 작업을 한 것이라고 보면 된다.

〈자료 3-1〉 '하상주단대공정'을 통해 공식입장이 된 3대의 존속연대[36]

---

1. 하(夏): BC 2070─1600
2. 상(商): BC 1600─1046
    * 상나라 19대 반경왕(盤庚王)이 도읍을 은(殷)으로 옮긴 것은 BC 1300년.
    * 은(殷)으로 도읍을 옮긴 후를 흔히 상(商)과 구별하여 은(殷)이라고 한다.
3. 주(周): BC 1046─771
4. 춘주(春秋)시대: BC 770─476
    * 주(周)가 멸망한 이후 근근히 연명한 동주(東周: BC 771─256).
5. 전국(戰國)시대: BC 476─221

제1부 제2장의 제목을 〈동북공정은 '고구려공정'이 아니다〉라고 달았었다.

36) 李伯謙, 〈夏商周年代学的考古学基礎〉, 《科技文萃》, 2001年 第2期, 158─159쪽. 《北京晚報》 2003년 10월 2일자에 공식적으로 공표된 것이다.

〈자료 3-2〉 하상주단대공정 기간에 새로 발굴된 유적들[37]

---

1. 북경(北京) 방산(房山) 유리하(琉璃河) 서주(西周) 연도(燕都: 연나라 도읍)유적
   * 이 유적은 BC 1040-770년 사이로 밝혀졌다.
2. 산서(山西) 곡천(曲沃) 천마일곡촌(天馬一曲村) 진(晉)유적
   * 이 유적은 BC 1020-770년 사이로 밝혀졌다.
3. 하북(河北) 형대(邢台) 동선현(東先賢)유적
4. 섬서(陝西) 서안(西安) 호경(鎬京)유적
   * 이 유적은 BC 1050-1020년 사이로 밝혀졌다.
   * 호경은 주(周)나라 무왕(武王)이 처음 도읍했던 곳이다.
5. 섬서(陝西) 주원(周原)유적
6. 섬서(陝西) 무공(武功) 정가파(鄭家坡)유적
7. 섬서(陝西) 기산(岐山) 왕가취(王家嘴)유적
8. 섬서(陝西) 상주(商州) 동룡산(東龍山)유적
9. 하남(河南) 안양(安陽) 은허(殷墟)유적
   * 이 유적은 BC 1300-1040년 사이로 밝혀졌다.
10. 하남(河南) 안양(安陽) 원북화원장(洹北花園莊)유적
11. 하남(河南) 정주(鄭州) 상성(商城)유적
    * 이 유적은 BC 1600-1300년 사이로 밝혀졌다.
12. 하남(河南) 언사(偃師) 상성(商城)유적
13. 하남(河南) 정주(鄭州) 소쌍교(小雙橋)유적
14. 하남(河南) 언사(偃師) 이리두(二裡頭)유적
    * 이 유적은 BC 1880-1540년 사이로 밝혀졌다.
15. 하남(河南) 신밀(新密) 신채(新砦)유적
16. 하남(河南) 등봉(登封) 왕성강(王城崗)유적
    * 이 유적은 BC 2200-2000년 사이로 밝혀졌다.
17. 하남(河南) 우현(禹縣) 와점(瓦店)유적

---

2) 동북공정(東北工程: 2002 - 2007)

우리나라에서 논란이 많았던 동북공정은 '동북 변강 역사와 현상계열
연구공정(東北邊疆歷史与現狀系列硏究工程)'의 줄임말이다. 이것을 풀어서
말하면 '동북 변경 지역의 역사와 현상에 관한 체계적인 연구 프로젝트(=
공정)'라고 할 수 있다. 결론적으로 말하면 동북공정이란 '중국의 동북 지역
국경 안에서 전개된 모든 민족의 역사를 중국의 역사로 편입하려는 연구

---

37) 李伯謙, 〈夏商周年代学的考古学基礎〉,《科技文萃》, 2001年 第2期, 158-159쪽
    의 내용을 필자가 표로 정리한 것이다.

프로젝트'인 것이다. 이에 대해서는 이미 필자도 여러 책과 논문에서 논의를 했고, 다른 분들도 많이 이야기한 부분이므로 상세한 것은 생략한다.

그러나 몇 가지 소개하고 넘어가야 할 것이 있다. 동북공정이 2007년에 공식적으로 끝났지만 현재까지도 그 결과물들이 지속적으로 출간되고 있다는 점이다. 또한 현재 부여, 고구려, 발해사는 중국사에 포함되어 있다는 점이다. 출판되는 책 가운데는 《중국고구려사》처럼 '중국의 고구려사'라는 것이 강조된 제목도 많이 보인다.[38]

이런 책들에서 고구려를 '독립국가'가 아니라 '동북 소수민족 지방정권'으로 보는 시각이 정착되었다. 고구려는 '중국의 동북 지방에 있었던 수나라 및 당나라 시대의 지방정권'이기 때문에 수나라, 당나라와 고구려가 싸운 것은 '전쟁'이 아니라 '지방정권이 중앙정부에 대든 내란'쯤으로 언급된다. 우리나라에서 사용하는 고구려와 수나라 사이의 '고수전쟁'이나, 고구려와 당나라 사이의 '고당전쟁'이라는 용어는 이제 사용되지 않는다. 왜냐하면 이것은 중앙정부와 지방정권의 싸움이기 때문에, 독립된 국가 사이의 싸움인 '전쟁'이라는 개념을 사용할 수 없다는 것이다.

많은 사람들이 동북공정은 큰 문제없이 끝난 줄로 알고 있다. 그러나 실상은 중국이 의도한 대로 끝난 것이다. 중국 학생들은 부여, 고구려, 발해사를 중국사의 일부이며, 독립된 국가가 아닌 동북의 지방정권으로 배우고 있다. 고구려연구재단을 꾸려서 고구려만 연구했던 그 많은 동북공정 전문가들은 어디로 갔는가? 그 많던 고구려 전문가들은 지금 어디에 있는가?

3) 중화문명탐원공정(中華文明探源工程: 2004 – 2015)

'중화문명탐원공정'은 (1) '중화문명의 근원을 탐구하는 공정'이라는 의미이며, (2) 황하문명, 요하문명, 장강문명 지역에서 새롭게 발굴한 각종 고고학적 발굴 결과들을 통해서 이 세 곳에서 출발된 초기 문명이 중원의

---

38) 이 밖에 《古代中國高句麗歷史續論》, 《古代中国高句麗歷史從論》 등이 있다.

요임금의 왕성인 평양(平陽)으로 밝혀진 도사(陶寺)유지를 중심으로 통합되어 '최초의 중국[最早中國]'을 이루었다는 '중화문명 다원일체론(中華文明多元一體論)'을 정립하고, (3) 이러한 초기 문명 지역을 신화와 전설의 시대로 알려진 '3황 5제'의 시대와 연결하는 것으로, (4) 중국사회과학원 고고연구소 소장 겸 중국고고학회 이사장인 왕외(王巍)가 총책임을 맡아 진행된 거대한 프로젝트이다. 간단히 말하면 중화문명탐원공정은 하(夏), 상(商), 주(周) 이전의 역사를 연구하여 중화문명의 기원을 밝히고자 하는 것이다.

중화문명탐원공정은 (1) 예비연구(2002-2003)를 거치고, (2) 제1단계 연구(2004-2005)에서는 BC 2500-1500년까지 유적들에 대해서, (3) 제2단계 연구(2006-2008)에서는 BC 3500-1500년까지의 유적들에 대해서, (4) 제3단계 연구(2009-2015)에서는 BC 3500-1500년까지의 새로운 고고 발굴 결과에 대한 종합적 연구를 거쳐 2015년 12월에 마무리되었다.

12년 동안 지속된 '중화문명탐원공정'은 어떤 목적으로 어떻게 시작된 것일까? 공정을 이끌었던 왕외(王巍)의 기고문을 통해서 그 사정을 들여다보면 아래와 같다.

왕외에 따르면 중국에서 문자를 갖춘 확실한 문명사는 상대(商代: BC 1600-1046)로 약 3500년밖에 안 되고, 하대(夏代: BC 2070-1600) 문명도 4000-3500년밖에 안 된다. 그러나 하대 이전의 5000-4000년 전의 역사에 대해서는 문헌 기록이 많지 않고 기록이 있어도 신화적인 색채를 지니고 있어서, '중화문명 5000년'은 국제 학술계의 공인을 얻지 못하고 있다. 왕외는 하나라 이전의 역사를 밝혀 '중화문명 5000년'을 밝히고, 중화민족의 응집력을 높이고 중화민족의 위대한 부흥에 공헌하기 위한 자신의 꿈을 실현하기 위해서 국가 10.5계획, 11.5계획, 12.5계획에서 연속적으로 중화문명탐원공정을 제안하고 이끌었다고 밝히고 있다. 중화문명의 족보를 밝히는 중화문명탐원공정은 개인적인 꿈이자 전체 고고학자들의 사명이라고 강조한다.[39]

---

39) 王巍, 〈知識人·中國夢: 讓中華文明五千年得到世界認同〉, 《光明日報》, 2013. 5. 8.

12년의 중화문명탐원공정을 이끌었던 왕외와 조휘(趙輝)가 중국고고연구소의 홈페이지에 직접 써서 올린 글과[40] 왕외가 단독으로 써서 올린 다른 글[41] 등을 통해 공정의 결과를 간략히 정리하면 아래와 같다.

첫째, 6000여 년 전 (1) 중원, (2) 장강 중하류, (3) 서요하 지역에서는 이미 사회적 분화가 나타나기 시작했다.[42]

둘째, 5000여 년 전에 (1) 황하 중상류, (2) 장강 하류, (3) 서요하 유역에서는 이미 '초기 문명(初期 文明)단계'에 진입했다. 중화문명탐원공정을 통해서 이들 각 지역에서는 5000여 년 전에 초기문명사회에 들어섰다는 많은 증거들을 확보하였다. 왕외에 따르면, (1) "농업과 수공업의 현저한 발전(農業和手工業的顯著發展)", (2) "원시 종교·예술 분야에서 정신생활의 거대한 진보(原始宗教信仰和藝術在內的精神生活方面的巨大進步)", (3) "엄격한 사회분화와 피라미드식 사회구조의 출현(出現嚴重的社會分化, 形成金字塔式的社會結構)", (4) "종교 제사권, 군사 지휘권, 사회관리 통제권 등의 강제적 권력의 생산과 장악(産生掌握宗教祭祀權、軍事指揮權和社會管理控制權的强制性權力)" 등의 현상이 분명하게 증명되므로,[43]

이 시기에 왕권(王權) 혹은 '왕권의 기본적 형태'가 이미 출현했다는 것

---

40) 王巍, 趙輝, 〈中華文明探源工程研究(世界重大考古研究成果)〉, 《中国考古網》, 2013.10.25.
　　이 글은 2013년 8월 상해에서 열린 '세계고고, 상해논단(世界考古·上海論壇)'에서 〈世界重大考古研究成果: 中華文明探源工程研究〉라는 제목으로 발표된 것을 제목만 수정한 것이다.

41) (1) 王巍, 〈關於在'十三五'期間開幕'中華文明傳播工程'的建議〉, 《中國考古網》, 2016.3.14.
　　(http://www.cssn.cn/kgx/kgdt/201603/t20160314-2919666.shml)
　　현재 이 글은 삭제된 상태이고 아래의 《香港新聞網》에 간략히 소개되어 있다.
　　(2) 王巍, 〈全國人大代表呼籲開展'中華文明傳播工程'〉, 《香港新聞網》, 2016.3.15.
　　(http://www.hkcna.hk/content/2016/0315/440802.shtml)

42) 王巍, 趙輝, 위 글.

43) 王巍, 〈關於在'十三五'期間開幕'中華文明傳播工程'的建議〉, 《中國考古網》, 2016.3.14.

이다.[44)]

황하, 장강, 서요하 유역의 지역성 문명은 각기 다른 특성이 있지만, 이들 문명 사이에 상호 충돌, 경쟁, 융합하면서 서로 연결된 '초보적인 중화문명권(中華文明圈)'이 형성된다.[45)]

셋째, 장강 유역의 양저(良渚)문화, 황하 유역의 도사(陶寺)유지 등에서 4500여 년 전에, (1) 거대한 도읍, (2) 대형 묘장 등이 나오는데, 이 시기에 '조기국가(早期國家)'가 출현했으며, '고국문명(古國文明) 단계'에 진입한다.[46)]

그러나 왕외와는 달리, 요하문명을 연구하는 학자들은 이보다 이른 5000년 전에 서요하 유역의 홍산문화에서는 '고국 단계'에 진입한 것으로 본다.

넷째, 4000여 년 전 하대(夏代)는 '왕국문명(王國文明) 단계'에 진입한다. 이러한 각 지역의 '지역성 문명'이 서로 강하게 영향을 미치면서 황하 유역 하대(夏代: BC 2070-1600) 후기의 이리두(二里頭)유지에서는 (1) 궁성 내부 중심선의 상하좌우에 전각을 배치하는 궁실제도(宮室制度), (2) 청동예기, 대형옥기 등의 예기제도(禮器制度), (3) 왕권이 직접 통제하는 청동예기, 대형옥기 등을 만드는 독립된 제작 공방이 출현한다. 중화문명은 BC 2000년 이전에는 다양한 곳에서 꽃피지만 하대로 진입하면서 중원 지역으로 집중된다는 것이다.[47)]

왕외는 (1) 4300년 전을 전후해서 중원지역에서는 각 지역의 선진문화 요소를 흡수해서 '요(堯)-순(舜)-우(禹) 집단'이 연맹의 형식으로 역량을 확대하지만, (2) 이 시기에 장강 유역, 서요하 유역 등에서는 환경 변화 등의 원인으로 농업이 타격을 입고 사회가 붕괴되어 스스로 문명 과정의 진화가 중단되어 중원 지역으로 들어온다고 본다.[48)]

---

44) 王巍, 趙輝, 위 글.
45) 王巍, 〈全國人大代表呼籲開展'中華文明傳播工程'〉, 《香港新聞網》, 2016.3.15.
   http://www.hkcna.hk/content/2016/0315/440802.shtml
46) 王巍, 趙輝, 위 글.
47) 王巍, 趙輝, 위 글.
48) 王巍, 〈文化交流與中華文明的形成〉, 《光明日報》 2016.9.19.

물론 요하문명을 연구하는 사람들은 '요서 지역에서 문명 과정의 진화가 중단되었다'는 견해에 동의하지 않는 사람이 많다. 예를 들어, 중국 고고학의 대원로인 고(故) 소병기(蘇秉琦: 1909-1997)는 홍산문화 시기에 '고국 단계'에 진입하며, 하가점하층문화 시기에는 '방국(方國) 단계의 대국(大國)'이 존재한다고 본다.[49] 설지강(薛志强)도 하가점하층문화 시기에 '하(夏)나라보다 앞선 문명고국(文明古國)'이 요서 지역에 있었다고 본다.[50] 이런 논의에 대해서는 뒤에서 상세히 논의할 것이다.

다섯째, 왕외는 중화문명탐원공정의 결과 "'중화문명 5000여 년'이라는 것이 절대로 허언(虛言)이 아니며, 모호한 신화(神話)도 아니며, 역사적 근거도 없는 전설(伝説)도 아니다. 이것은 구체적이고 확고한 실제적인 증거에 기반을 두고 있고 움직일 수 없으며 부정할 수 없는 역사적 진실('中華5000多年文明'絶非虛言, 不是虛無縹緲的'神話', 也不是没有歷史根拠的'伝説', 而是具有堅実依拠, 不可動揺, 不容否定的歷史真実)"이라고 강조한다.[51]

여섯째, 왕외는 이러한 중화문명탐원공정의 결과는 (1) 국제학계에서 중화문명과 역사가 5000년이라는 것에 대한 의구심을 제거하고, (2) 중화문화의 영향력과 문화적 실력을 증강하는 중요한 의미가 있다고 강조한다.[52]

왕외는 이러한 중화문명탐원공정의 결과를 전 세계에 알릴 필요가 있다고 강조한다. 이를 위해서 중화문명탐원공정의 후속 공정으로 새로운 '중화문명전파공정(中華文明伝播工程)'을 제안하게 된다.[53] 이에 대해서는 뒤에서 다시 상세히 살펴볼 것이다.

아래 중국사회과학망에 올려져 있다.
http://sky.cssn.cn/skyskl/skyskl_whdsy/201609/t20160919_3204919_1.shtml

49) 蘇秉琦, 〈論西遼河古文化 : 与赤峰史学工作者的談話〉, 《北方民族文化》, 1993年 增刊 ; 蘇秉琦, 《華人·龍的伝人·中国人》, 遼寧大学出版社, 1994, 130~131쪽.

50) 薛志强, 〈紅山諸文化与中華文明〉, 《中国北方古代文化国際学術討論会論文集》, 北京: 中国文史出版社, 1995, 43~49쪽.

51) 王巍, "關於在'十三五'期間開幕'中華文明傳播工程'的建義."

52) 王巍, 위 글.

53) 王巍, 위 글.

이러한 중화문명탐원공정의 결과를 바탕으로 요하문명 지역은 (1) 중화민족의 시조라는 '황제족의 문명'이며, (2) 요하문명의 꽃 홍산문화 시기에는 황제의 후예라는 전욱과 제곡 세력에 의해서 '초기 문명단계'에 진입하며, (3) 황제족의 요하문명이 중원으로 남하하면서 황하문명과 만나 중국문명이 꽃피는 것이기에, (4) 요하문명이 실질적으로 중화문명의 시발지라는 점을 강조하고 있다.

또한 황하문명 지역에서는 '도사(陶寺)유지'를 대대적으로 다시 발굴하여, (1) 도사유지는 하—상—주 이전의 요(堯)임금의 왕성(王城)인 평양(平陽)이고, (2) 이곳이 바로 '역사상 최초로 중국(中國)'이라는 개념이 만들어진 곳이며, (3) 발굴된 토기에 씌어진 2개의 문자를 바탕으로 요임금 시대를 역사시대의 출발점으로 삼고 있다(제13장 참조).

2015년 12월 12일에는 중화문명탐원공정을 최종적으로 마무리하면서 도사유지에 대한 발굴 보고서인《양분도사: 1978—1985년 발굴보고(襄汾陶寺: 1978—1985年発掘報)》가 출판되었다. 이 책의 출판을 기념하고 12년에 걸친 중화문명탐원공정의 마무리를 기념하기 위해서, 2015년 12월 12일 북경에서 '도사유지와 도사문화 출판·학술연토회(陶寺遺址与陶寺文化出版学術研討会)'가 열렸다. 도사유지에 대한 새로운 발굴과 이에 대한 새로운 시각의 해석이 중화문명탐원공정의 대미를 장식한 것이다.

전설시대로만 여겨지던 요(堯)임금의 왕도(王都)라고 알려진 도사유지는 (1) 1978-1985년에 대규모 발굴이 이루어졌고, (2) 1999년부터 새로운 발굴이 이루어졌으며, (3) 2002년부터는 중화문명탐원공정 예비연구 항목에 들어가, (4) 2004년부터 본격적인 중화문명탐원공정의 주요 대상 유적지가 되었다.

도사유지는 (1) 산서성(山西省) 임분시(臨汾市) 양분현(襄汾縣) 도사진(陶寺鎮) 도사향(陶寺郷)에서 발견된 용산문화(龍山文化) 도사유형(陶寺類型) 유적지로, (2) 전체 유적지 총면적은 430만 ㎡이며, (3) 외성과 내성을 갖춘 이중성 구조로 외성의 면적이 280만 ㎡, 내성의 면적이 13만 ㎡에 달하는 거대한 왕국(王國) 단계의 도성 유적이며[54], (4) 조기-중기-만기 유적은 BC 2500-1900년 사이로,[55] (5) 각종 기록에는 보이지만 전설시대로만 알려졌던 요(堯)임금의 왕성(王城)인 평양(平陽)으로 보고 있다.

이제까지 하-상-주로 시작되는 중원 지역의 역사시대를 그 이전의 요순시대로 끌어올려, 당요(唐堯)→우순(虞舜)→하우(夏禹)→상탕(商湯)→주공(周公)으로 이어지는 역사시대의 계보를 새롭게 재정립하고 인정한 것이다.

우리나라의 여러 사서에서는 단군조선의 건국을 '요임금과 같은 시기' 혹은 '요임금 후 50년' 등으로 기록하고 있다. 도사유지가 중국에서 가장 오래된 왕성인 요임금의 평양(平陽)임이 밝혀진 상태라면, 단군조선의 건국 연대가 BC 2333년이라는 것은 이제 허구가 아닐 수 있는 것이다. 이런 관련성에 대해서도 앞으로 깊이 있는 연구가 이루어져야 할 것이다.

요임금의 왕성(王城) 평양(平陽)이라고 밝혀진 도사유지와 단군조선과의 관계 등에 대해서는 뒤의 별도의 장에서 상세히 소개할 예정이다(제13장 참조).

4) 국사수정공정(国史修訂工程: 2010-2013)

국사수정공정은 24사(史)와 청나라의 역사를 기록한 《청사고(靑史稿)》를 합친 25사의 각주 작업을 새롭게 하는 것이다. 《사기》나 《한서》 등 정사 기록들의 본문을 수정할 수 없지만, 새로운 연구와 발굴 결과들을 반영하여 주석을 새롭게 다는 것이다.[56]

54) 中國社會科學院考古研究所, 山西省臨汾市文物局(編著), 《襄汾陶寺: 1978-1985年考古發掘報告, 第1册》, 文物出版社, 2015, 11쪽
  梁星彭, 嚴志斌, 〈山西襄汾陶寺文化城址〉, 《2001年中國重要考古發見》, 文物出版社, 2002.
  中國社會科學院考古研究所山西工作隊 等, 〈山西襄汾陶寺城址2002年發掘報告〉, 《考古學報》, 2005年第3期.
55) 《襄汾陶寺: 1978-1985年考古發掘報告, 第1册》, 388-390쪽.
56) 국사수정공정에 대해서는 아래 글 참조하시오.
  《연합뉴스》 2010.9.1. 〈인터뷰: 中 역사 수정 연구 우실하 교수〉.

중국은 1958년부터 1978년까지 20년에 걸친 작업 끝에, 전설의 제왕인 '황제'부터 명(明)나라가 멸망한 1644년까지 중국 역대 왕조의 역사를 기술한 24사와 《청사고》 등을 정리한 점교본(点校本) 25사를 공인 역사서로 출간했다. 24사와 《청사고》를 합쳐서 부를 때 보통 25사라고 부른다. 현재 통용되는 것이 바로 이 점교본 25사이다.

점교본 이후 32년 만에 이뤄지는 국사수정공정은 본래 2010-2015년까지 기획된 공정이었지만, 이미 2005년부터 2년 동안의 기본 자료 수집을 마치고 2007년부터 본격적인 공정에 들어갔다. 일정이 당겨져서 이미 2013년 말로 공정이 완료되었다. 2013년 10월에 첫 책인 《사기》가 출판되었다.[57] 이렇게 국사수정공정을 통해 출판된 책들을 기존의 '점교본'과 구별하여 '수정본'이라고 부른다. 기존의 점교본 25사는 2015년까지 모두 수정되었고, 2017년까지 25사 전체 출판이 완료되었다.

이번에 수정된 것이 기존의 것과 어떻게 달라졌는지 비교하는 연구가 필요하다. 특히 3황 5제와 관련하여 새롭게 발견된 요하문명, 홍산문화 관련 내용들이 어떤 식으로 반영이 되어 있는지를 관련 분야의 학자들이 정밀하게 검토해볼 필요가 있다.

5) 중화문명전파(선전)공정(中華文明伝播(宣伝)工程: ？)

(1) 2015년 3월에 왕외(王巍)가 제안한 중화문명선전공정

2015년 3월 3일부터 15일까지 열린 중국 최대의 정치 행사인 양회(両会: 전국인민대표회의, 전국인민정치협상회의)에서는 다양한 분야의 많은 안건이 제시되고 의결되었다. 대부분의 우리나라 언론에서는 양회 기간 중에 있었던 정치, 경제적인 정책의 변화에 초점을 맞추고 연일 그 의미를 분석하고 보도한다.

그러나 양회는 정치, 경제 분야만이 아니라 사회 모든 분야의 정책적

---

57) 《史記》, 北京: 中華書局, 2013. 점교본24사수정본(點校本二十四史修政本)

결정과 건의가 이루어지는 매우 중요한 회의이다. 특히 여기에서 건의된 안건들은 대부분 실행되므로, 그 내용을 보면 중국의 각 분야가 앞으로 어떻게 나아갈지를 알 수 있다.

중국사회과학원 고고연구소 소장 겸 중국고고학회 이사장이자 전인대 직능대표로 전인대의원인 왕외(王巍)는 2015년 3월 4일부터 15일까지 열린 '제12차 전국인민대표대회 3차 회의'에 참석해서 인문−사회분야에서 4가지 안건을 건의하였다. 그 가운데서도 역사 문제와 관련한 '중화문명선전공정(中華文明宣伝工程)'이 자신이 가장 희망하는 안건이라고 밝히고 있다. 그가 제안한 '중화문명선전공정'의 핵심 내용은 〈국민들이 5000년 중화문명을 확실히 이해하게 하자(讓国人紮紮実実地了解中華五千年文明)〉라는 제목으로 작성되어 구체적인 기획안까지 포함하여 제시하였다.[58]

건의문을 보면, 왕외는 아직도 중화문명이 5000년이나 된다는 것에 대해서 회의적인 시각을 가진 국민들과 국내외 학계 사람들이 많다고 지적하고 있다. 그러나 "중화문명탐원공정(中華文明探源工程)을 시작한 지 이미 10년이 넘으면서 분명한 성과를 얻었고, 중화문명이 5000년이라는 많은 실질적인 증거들을 찾아 인류문명의 연구에도 큰 공헌을 하였다"라고 강조하고 있다. 그럼에도 불구하고 아직도 중국인들조차도 중화문명이 5000년이라는 것을 잘 모르고 있는 것은 '선전'이 부족하기 때문이라는 것이다.

왕외는 5000년 중화문명을 국내외에 널리 알리기 해서 '중화문명선전공정'을 제안하고 있고, 이를 위한 5가지 구체적인 기획안을 제시하고 있다.

첫째, 중화문명 초기의 유구하고 찬란한 역사를 보여줄 텔레비전 특집 프로그램 〈중화문명의 형성(中華文明的形成)〉을 100회 정도의 연속 다큐멘

---

58) 중화문명선전공정 관련 내용은 2015.3.16일자 中国文物信息網에 최초로 대담 형식으로 실렸고, 이것은 중국사회과학원 고고연구소 홈페이지 '學術動態에도 그대로 소개되어 있다. 3월 17일에는 中國社會科學網의 '考古動態'에도 실려 있다. 王巍, 〈讓國人紮紮實實地了解中華五千年文明〉, 《中国社會科學網》, 2015年03月17日.
(http://www.cssn.cn/kgx/kgdt/201503/t20150317_1549122.shtml)
이에 대해서 필자가 기고한 글은 우실하, 〈[기고] '중화문명선전공정'이 시작된다〉, 《한겨레신문》 인터넷판 2015.4.13; 신문판 2015.4.14, 29면.

터리로 제작할 것.

둘째, 중화문명의 유구하고 찬란한 역사를 다룬, 누구나 쉽게 읽을 수 있는 '대중서'를 지속적으로 출판하여 총서로 만들 것.

셋째, 중화문명의 찬란한 역사를 사진으로 보여줄 수 있는 대형 사진도록 《중화문명(中華文明)》시리즈를 만들 것.

넷째, 중화문명의 찬란한 역사를 소개하는 '대학교, 중고등학교, 초등학교의 교재와 보조교재'를 편찬할 것.

다섯째, 중화문명의 찬란한 역사를 국내외에 소개하는 '중화 조기문명 문물 순회전(中華早期文明文物巡廻展)'을 실시할 것.

위의 5가지 이외에도 도굴범들은 일벌백계하고 문화재 관리 관련법의 집행을 엄격하게 집행할 것 등도 건의하고 있다.

필자는 예전에 글과 신문 인터뷰를 통해 국사수정공정을 알리고 그 뒤에 '교과서 수정'이 이어질 것임을 예고했었다.[59] 그런데, 아니나다를까 이번 왕외가 건의한 중화문명선전공정에 '대학교, 중고등학교, 초등학교의 교재와 보조교재 편찬'이 들어가 있다.

중국이 중화문명 5000년을 주장하는 근거는 1980년대 이후 지속적으로 발견되고 있는 요하문명의 새로운 발견에서 비롯되는 것이다. 중국학계에서는 이 요하문명의 주도세력을 중화민족의 조상 황제족이라고 보고 있기 때문이다.

(2) 2016년 3월에 왕외(王巍)가 제안한 중화문명전파공정

2016년 3월의 양회(兩会: 전국인민대표회의, 전국인민정치협상회의) 기간 중에 왕외는 2015년에 제기했던 중화문명선전공정을 좀 더 다듬어서 중화문명전파공정(中華文明伝播工程)을 재차 제시하였다. 제안서에는 2016년에 각종 준비 작업을 거쳐서 2017년부터 2020년까지 5년에 걸쳐서 각종

---

59) 《연합뉴스》, 2012년 9월 10일자, 〈사람들: 요하문명 연구가 항공대 우실하 교수〉 참조.

목표를 최종적으로 달성하는 것으로 되어 있다. 하지만 아직 이 건의가 실행되고 있지는 않다.

왕외가 직접 쓴 〈'13.5계획' 기간 중에 전개할 '중화문명전파공정'에 대한 건의(關於在'十三五'期間開展'中華文明伝播工程'的建議)〉라는 글을 중심으로 중화문명전파공정을 소개하기로 한다. 2015년에 제시한 것을 바탕으로 좀 더 세부적인 기획안이 첨가된 모습이다.[60]

왕외는 2004년부터 본격적으로 시작된 중화문명탐원공정을 12년 동안 지속해 오면서 하(夏) 왕조 이전인 5000년 전에 (1) 황하 중·하류 지역, (2) 장강하류 지역, (3) 서요하 지역 등이 이미 '초기문명(初期文明)'인 '고국문명(古國文明) 단계'에 진입했음을 보여준다고 강조한다.

이어서 각 지역에서 발전된 초기문명이 황화 중하류 지역에 강한 영향을 미쳐서 황하 중하류의 도사유지(=堯都, 최초의 中國)를 중심으로 새로운 단계인 '왕국문명(王國文明) 단계'로 발전하게 된다고 강조한다.

왕외는 "중화문명탐원공정의 연구 결과는 '중화 5000년 이상의 문명(中華五千多年文明)'이라는 것은 절대로 '허언(虛言)'이나 허황한 '신화(神話)' 혹은 역사적 근거가 없는 '전설(伝説)'이 아니며, 확실하고 움직일 수 없는 증거를 지닌 부정할 수 없는 '역사적 사실(歷史事実)'임을 증명하고 있다"라고 분명하게 이야기하고 있다.

이런 명확한 근거에도 불구하고 아직 중국이나 외국 학자들이 의구심을 가지고 있는데, 이를 해소하기 위해서, 또 '염황지손(炎黃之孫)의 자신감과 응집력'을 위해서도 전 중국과 전 세계를 대상으로 이러한 사실을 선전하고 전파해야 한다는 것이다.

이를 위해서는 13.5계획 중에 '중화문명탐원공정'의 결과들을 (1) 책, (2) 영상, (3) 전시회, (4) 초−중고−대학의 교재, (5) 공공 강좌 등을 통해서 널리 알리고 전파하는 '중화문명전파공정'을 시작해야 한다는 것이다.

---

60) (1) 王巍, 〈關於在'十三五'期間開展'中華文明傳播工程'的建議〉, 《中国考古網》, 2016.3.14.
http://www.kaogu.cn/cn/xueshudongtai/xueshudongtai/xueshudongtai/2016/0311/53253.html

이를 위한 구체적인 계획으로 아래와 같은 것들을 제안하고 있다.

첫째, 〈중화문명의 형성(中華文明的形成)〉이라는 100부작 시리즈 다큐멘터리를 제작하라. 예전에 연구자들과 영상 전문가들이 합작한 〈대륙굴기(大陸屈起)〉 다큐멘터리처럼, (1) 중국 조기문명의 유구한 역사와 찬란함을 보여주는 〈중화문명의 형성〉 다큐멘터리를 제작하여, (2) 각종 외국어와 중국의 주요 소수민족의 언어로 번역하여 다큐멘터리와 DVD로도 전 세계에 판매하고, (3) 세계 각지에 퍼져 있는 공자학원(孔子学院)의 보조교재로 활용하며, (4) 국가의 선물로서 중국에 있는 각국 대사관과 영사관 그리고 외국 정부 요인 및 친구들에게 선물하라.

둘째, 《중화문명》이라는 100권의 시리즈 총서를 출판하라. 연구원들과 전업 작가들이 합작하여, (1) 일반인들이 중화문명의 찬란한 역사를 쉽게 읽을 수 있는 100권의 총서를 출판하고, (2) 다양한 외국어와 중국의 주요 소수민족의 언어로 번역하여 국내와 세계 각국에서 발행하며, (3) 세계 각지의 공자학원에 보조교재와 선물로 발송하고, (4) 각국의 친구들에게도 발송하라.

셋째, 《중화문명》이라는 대형 도록을 편찬하라. 출토된 고고 발굴품을 엄선하여 1만 년 전부터 1840년 청나라 말기까지의 (1) 과학기술 발명과 수공 공예, 회화, 음악무용, 서예 등 고대 예술의 정품 등을 소개하되, 아주 쉬운 언어로 설명하고, (2) 다양한 외국어와 중국 주요 소수민족 언어로 번역하여, (3) 국내와 세계 각국에서 발행하라.

넷째, 초-중고-대학의 교재와 보조교재를 편찬하라. 그림과 글을 병행하여 교재와 보조교재를 제작하되, (1) 《중화문명의 궤적(中華文明的軌迹)》, 《중국 옥문화(中国玉文化)》, 《중국 청동문명(中国青銅文明)》, 《육로 실크로드(陸路糸綢之路)》, 《해상 실크로드(海上糸綢之路)》, 《중국 고대 발명창조(中国古代発明創造)》, 《중국 고대 예술성취(中国古代芸術成就)》 등을 제작하고, (2) 국내외의 다양한 언어로 번역하여, (3) 전국 초-중고-대학에서 광범위하게 사용하게 하라.

다섯째, 중화문명의 기원을 소개하는 30-50편의 만화영화를 제작하

라. 최신의 3D, 4D 등의 기술을 이용하여, (1) 중화문명의 기원과 발달과정의 찬란함을 소개하는 30-50편의 만화영화를 제작하여, (2) 각종 언어로 번역하여 세계 각지에서 판매하라.

여섯째, 각각 100권의 그림동화책〔連環画〕과 만화책〔漫畫書〕을 출판하라. 어린이들이 쉽게 이해할 수 있도록 중화문명의 기원과 조기 발전과정 및 정치, 경제, 문화, 사회 각 방면의 찬란한 모습을 소개하는 각각 100권의 그림동화책과 만화책을 출판하라.

일곱째, CCTV〔中央電視台〕(채널 4.9.10)와 중앙인민라디오방송〔中央人民広播電台〕에서 각종 언어로 '중화문명 특집〔中華文明 専欄〕'을 만들어라. CCTV의 채널 4, 9, 10과 중앙인민라디오방송국에서 중화문명의 기원과 발전에 대한 최신 연구 성과를 소개하는 특집을 만들고, 그것을 쉽게 소개하라.

여덟째, 중화문명의 역사에 대하여 '중국내 일류 학자들이 쓴 책'들을 국내외의 독자들이 읽을 수 있도록 각종 언어로 번역하고 세계 각지에서 출판하라.

아홉째, 중화문명의 풍부한 내용을 소개하는 각종 언어로 된 '인터넷 홈페이지'를 개설하라.

열째, 중화문명의 찬란한 역사와 최신 연구 결과들을 소개하기 위해 국내외에서 '중화문명 정품 문물 순회전(中華文明正品文物巡廻展)'을 개최하라.

열한째, 최고급 양장본으로 글과 그림을 넣은《중화문명(中華文明)》상, 중, 하 3책을 각종 언어(영어, 불어, 독어, 스페인어, 아랍어, 일어 등)로 제작하고, 국가 지도자들이 외국에 갈 때나 외국 지도자들을 영접할 때 드리는 '국가의 명함(国家名片)'에 해당하는 예물로 삼으라.

열두째, '중화문명선전창의기금(中華文明宣伝創意基金)'을 설치하여, 중화문명을 선전하고 지지하는 각종 창의적인 항목들을 지원하라.

중화문명전파공정은 2016년에는 준비 작업을 하고, 2017년부터 시작해서 2020년까지 5년(2017-2020) 동안 하라는 것이다. 아직은 이 건의가 통과되어 시행되고 있지는 않다. 그러나 왕외의 위상을 볼 때, 그의 건의는 곧 받아들여질 가능성이 높다고 본다.

왕외가 제안한 중화문명전파공정은 방대한 스케일로 전 세계를 대상으로 하고 있다. 특히 '초-중고-대학의 교재와 보조교재 편찬' 부분은 걱정이 앞서는 부분이다. 앞서 전개된 '중화문명탐원공정', '국사수정공정'의 결과와 결합되면서 최종적으로는 중국의 초-중/고-대학의 '역사교과서'가 조만간에 새로 출판될 것이다.

새롭게 편찬될 중국의 역사교과서가 (1) 요하문명의 주도세력이 황제족이고, (2) 요하문명 지역에서 발원한 고대의 민족들은 모두 황제의 후예이며, (3) 그 후예들이 이룩한 역사는 중국사의 일부라는 대전제에서 출발할 것은 불 보듯이 뻔한 것이다. 어디 이뿐인가, 3황5제의 시대는 전설이 아닌 사실이며, 이들이 활동한 곳이 바로 요하문명 지역이고, 요하문명이 중국문명의 시원이라고 주장할 것이다.

왕외가 지닌 위치나 무게로 보아서 그의 건의는 시기의 문제일 뿐 어떤 방식으로든 받아들여질 것이다. 사실 양회는 요식 절차에 불과할 따름이다. 그가 제안한 기획안들은 이제 곧 그 실체를 드러낼 것이다. 중국이 상고사와 고대사를 재정립하려는 '동북공정→중화문명탐원공정→국사수정공정→중화문명선전공정' 등의 역사 관련 국가 공정들을 지속적으로 이어가는 모습을 보면서, 그 주도면밀하고 체계적인 준비성에 놀라곤 한다. 중화문명선전공정이 마무리되고 새로운 역사교과서가 출판되면 너무 늦다. 이제라도 우리나라도 요하문명에 대해 본격적인 연구를 시작해야 한다. 그렇지 않다면, 현재 중국학계의 논리가 그대로 굳어지게 될 것이다.

제4장 요하문명 지역의 자연-지리-기후적 조건

1. 요하문명 지역의 지형[1]

요하문명 지역은 요하 상류와 중류를 중심으로 넓게 분포하며, 동·서·서남·북 등 사방이 산지로 둘러싸인 분지 형태를 하고 있다. 이 장에서는 요하문명 지역의 자연, 지리, 기후적 조건에 대해서 상세히 논의할 것이다. 우선 지형에 대해서 먼저 소개하기로 한다.

첫째, 서쪽으로는 남북으로 길게 이어진 대흥안령산맥으로 막혀 있다. 대흥안령은 몽골초원과 만주초원을 나누는 경계선인 셈이다.

둘째, 동쪽은 백두산 자락의 산지들로 연해주 지역과 나뉜다.

셋째, 서남쪽으로는 유연산맥이 동서로 길게 늘어져 있어서 중원 지역과 나뉘어진다.

넷째, 남쪽은 노노이호(努魯爾虎)산맥, 송령(松嶺)산맥 등으로 지역이 나뉘는데, (1) 이 산맥들의 북쪽인 적봉, 오한기, 내만기 등은 서랍목륜하-요하 수계에 속하며, (2) 이들 산맥의 남쪽인 조양, 능원, 건평 등은 대릉하-소릉하 수계로 포함되어 나뉜다. 수계에 대해서는 뒤에서 다시 상론한다.

다섯째, 북쪽은 소흥안령산맥이 동-서로 연결되어 있고, 더 북쪽으로는 시베리아 남단의 툰드라나 산림 지역으로 요하문명 지역과 구별된다.

여섯째, 이 분지 지역의 한가운데에는 현재 과이심(科爾沁)사지(沙地: 사막을 포함하는 황무지)가 자리하고 있다. 사막을 포함한 이 사지는 동서 약 500km, 남북 약 200km에 달하는 거대한 황무지 지역이다.

---

1) 우실하, 〈요하문명, 홍산문화 지역의 지리적 기후적 조건〉, 《고조선단군학》, 225-228쪽을 수정 보완한 것이다.

일곱째, 요하문명의 중심 분지를 흐르는 요하 상류와 중류의 물줄기들은 이 분지 지역을 관통하면서 동진하다가 요동반도 위쪽에서 남진하여 요동만으로 빠져나간다.

여덟째, 요하문명의 신석기·청동기시대 유적들은 (1) 요하 중상류 지역과 (2) 대릉하와 소릉하 수계의 북쪽에 집중되어 있다. 특히 주요 유적지들은 강 상류 계곡 쪽에 자리 잡고 있는 경우가 많다.

〈자료 4-1〉 요하문명 지역의 지세도[2]

1. 몽골초원과 경계인 대흥안령(중앙 위), 중원 지역과의 경계인 연산산맥(좌측 아래)

2. 요하유역 확대
* 요하 중상류에는 서랍목륜하, 노합하 등 지류들이 많지만 모두 서요하→대요하로 합류한다. 현재는 서요하의 중간에 과이심사지(科爾沁沙地, 카라친사지≒카라친사막)가 자리하고 있다.

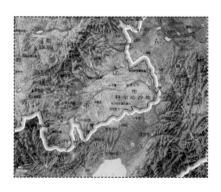

---

2) 國家文物局(主編), 《中國文物地圖集: 內蒙古自治區分冊(上)》, 西安地圖出版社, 2003, 36-37쪽. 5-2와 5-3은 이 자료를 부분 확대한 것이다.

2. 요하문명 지역의 수계와 유적 분포

1) 요하문명 지역의 수계(水系)

요하(遼河)는 중국의 7대 강 가운데 하나로 수많은 고대 북방민족들의 삶을 영위하는 젖줄이었고, (1) 한나라 이전 고대에는 구려하(句驪河)라고 불렸으며, (2) 한나라 때는 대요하(大遼河), (3) 오대(五代) 이후에는 요하, (4) 청대에는 거류하(巨流河)라고 불렸다.[3] 한대 이전에 '구려하'로 불렸다는 것은 요하가 고대에 우리 민족과 밀접하게 관련되어 있음을 말해주고 있다.

과이심사지를 중심에 둔 요하문명 지역의 수계는 (1) 서쪽에서 동쪽으로 흘러서 요동만으로 흘러들어 가는 '서랍목륜하-요하 수계'와 (2) 요녕성 조양시 쪽으로 동진하다가 발해만으로 들어가는 '대릉하-소릉하 수계'로 나눌 수 있다.

서랍목륜하-요하 수계는 노노이호(努魯爾虎)산맥의 북쪽으로, 노합하와 교래하 등 여러 작은 지류들이 요하에 합류되어 요동만으로 흘러들어 간다. 대릉하-소릉하 수계는 노노이호산맥의 남쪽으로 대릉하, 소릉하 등이 '남쪽'으로 흘러 발해만으로 들어간다. 따라서 두 수계는 서로 만나지 않는다.

이런 까닭에 대릉하-소릉하 수계의 중심 도시이자 홍산문화의 가장 중요한 유적지인 우하량유지가 속해 있는 요녕성 조양시(朝陽市)의 조양박물관 입구에서는 '요하문명' 대신에 대릉하-소릉하를 따서 '능하문명(凌河文明)'이라는 용어를 사용한다. 물론 '능하문명'이라는 개념은 조양 지역에서만 사용되는 것으로 정식 이름은 요하문명이다.

---

3) 中國水利百科全書书第二版編輯委員會, 《中國水利百科全書》, 中國水利水電出版社, 2006.

〈자료 4-2〉 서로 다른 서랍목륜하-요하 수계와 대릉하-소릉하의 수계[4]

1. 서랍목륜하-요하 수계(6)와 대릉하-소릉하 수계(7) 범위[5]

2. 서랍목륜하+노합하+교래하 → 서요하+동요하 → 요하 → 대요하 → 요동만[6]

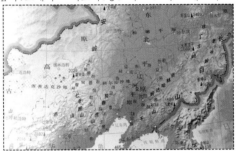

3. 요하 수계 전체
* 점선은 과이심사지에서 물줄기가 사라진 것이다.

4) 國家文物局(主編), 《中國文物地圖集: 遼寧分冊(上)》, 西安地圖出版社, 2009, 28쪽. 6-2는 해수면이 높아진 상태에서 구글위성의 지도 자료에 필자가 그린 것이다(각주 32 참조).

5) 中國地圖出版社(編), 《中國地圖集(地形版)》, 中國地圖出版社, 2014, 9쪽.

6) 中國地圖出版社(編), 《中國地圖集(地形版)》, 中國地圖出版社, 2014, 7쪽 그림에 필자가 한글로 강 이름을 입력한 것이다.

4. 서로 만나지 않는 소릉하와 대릉하
* 홍산문화가 번창하던 시기 해수면이 높아진 상태의 위성지도에 필자가 그린 것이다.
* 소릉하와 대릉하는 노노이호산맥, 송령산맥, 의무려산맥으로 막혀 요하 수계와 구별
  된다.
* 소릉하와 대릉하도 송령산맥으로 수계가 나뉘어진다.

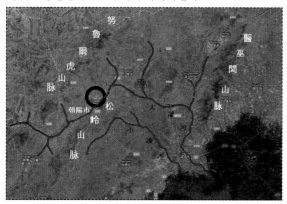

〈자료 4-3〉 조양박물관 입구(2015.5 필자 사진)
* 조양박물관에서는 '요하문명' 대신 '능하문명'이라고 부른다.

2) 요하의 발원지 2곳과 요하의 수계

대릉하─소릉하 수계는 그리 길지도 않고 간단하다. 그러나 '서랍목륜
하─요하 수계'는 수많은 지류들이 있고 길이도 길어 무척 복잡하다. 여기
에서는 '서랍목륜하─요하 수계'에 대해서 상세히 살펴보기로 한다. 대릉

하, 소릉하와는 달리 서랍목륜하와 요하는 같은 물줄기의 지역적 명칭에 지나지 않으므로 아래에서는 요하 수계로 통칭한다.

요하의 전체적인 수계는 하북성 북부, 내몽고자치구, 요녕성, 길림성 4개의 성/자치구에 폭넓게 걸쳐져 있다. 요하는 크게 '서요하'와 '동요하'로 나뉘어진다. 동요하는 서요하에 비해서 짧기 때문에 요하의 발원지는 주로 서요하 쪽에 있다.

요하의 발원지는 2곳인데, (1) 서북쪽의 서랍목륜하와 (2) 서남쪽의 노합하이다. 그 가운데 전체 요하의 수계는 서랍목륜하의 발원지보다 조금 더 긴 노합하의 발원지로 보고 있다. 요합하의 발원지에는 '전체 요하의 발원지'라는 의미에서 '요하원두(遼河源頭)'라는 비석이 세워져 있다.

첫째, '전체 요하의 발원지'이기도 한 '노합하의 발원지'는 내몽고와 하북성의 서남쪽 경계 지역인 하북성 평천현(平泉縣) 칠노도산맥(七老图山脉) 남단의 광두산(光頭山: 해발 1729m) 자락이다. 여기서 남-북 두 갈래로 나뉘어 발원하는 노합하는 동북으로 흘러서 서랍목륜하와 합류하여 서요하를 이룬다. 북쪽 물줄기보다 긴 남쪽의 물줄기는 요하 전체의 발원지로 알려져 있어서 최신 지도에서도 이곳을 요하원(遼河源)으로 소개하고 있다.[7] 이곳에는 요하원두(遼河源頭)라는 글을 새긴 비석이 1990년에 세워져 있고, 요하원국가삼림공원으로 지정되어 있다.

둘째, 서랍목륜하의 발원지는 내몽고 적봉시 극십극등기(克什克騰旗, 커스커텅치) 남쪽 끝 하북성과의 경계 지역에 위치한 고원지대인 오란포통(烏蘭布統, 우란포통) 초원 지역에 있다. 이곳은 홍산군마장(紅山軍馬場) 근처로, 대흥안령 자락의 고원지대 계곡인 '서랍목륜하대협곡'이라 부르는 곳이다. 계곡의 한 지점에서 지하에서 솟아오른 용천수에서 발원하는데, 최초 발원지에서 출발한 물줄기는 살령하(薩岭河, 사링허)라고 부른다.[8]

요하는 (1) 서북쪽에 발원지를 둔 서랍목륜하(西拉木倫河)와 서남쪽에

---

7) 星珠地圖出版社(編), 《中國東北部》, 星珠地圖出版社, 2014, 83쪽.

8) 喜見, 〈西拉木倫河: 科爾沁沙地上的母親河〉, 中國科學院, 《中國國家地理》 2012 年 10月(總 第624期), 81-88쪽 참조.

발원지를 둔 노합하(老哈河)가 합류하는 지점까지가 요하 상류 지역이고, (2) 과이심 사지에서 통료시(通遼市)와 쌍료시(雙遼市)를 지나 남진하여 동요하와 만나는 구간까지를 서요하(西遼河), (3) 요녕성 창도현(昌圖縣) 복덕점(福德店) 지역에서 동요하(東遼河)와 합류하는 지점부터 남진하여 쌍태자하(雙台子河)와 만나서 요동만으로 들어가는 구간을 요하(遼河), (4) 요하의 한 갈래가 동쪽의 혼하(渾河)와 태자하(太子河)를 만나 합류하는 지점부터 영구시(營口市)를 거쳐 요동만으로 들어가는 구간을 대요하(大遼河)라고 구별하고 있다. 혼하와 태자하는 대요하로 합류하기 전까지는 요하 본류와 합류하지 않고 북에서 남으로 흐르는 까닭에 별도로 외요하(外遼河)라고 부르기도 한다.[9]

우리가 요하문명이라는 명칭을 사용할 때 '요하'는 보통 '요하의 상류 지역인 서랍목륜하와 노합하 지역'과 '서요하 지역'을 주로 말한다. 실제로 이 지역 각 지류의 물길을 따라서 요하문명을 이루는 신석기, 청동기시대 유적지들이 밀집되어 있다.

〈자료 4-4〉 '전체 요하의 발원지' 겸 '노합하의 발원지'인 요하원(遼河源)
1. 발원지 위치(●)   2. 요하원두(遼河源頭) 비석[10]

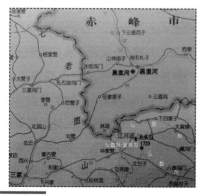

9) 중국수리국제합작여과기망(中國水利國際合作與科技網) 자료를 토대로 필자가 정리한 것이다.
http://www.cws.net.cn/CWSNews_View.asp?CWSNewsID=17835
(首页 〉世界江河与大坝 〉亚洲 〉辽河)

10) http://www.lingyuan.ccoo.cn/forum/thread-1019293-1-1.html

〈자료 4-5〉 서랍목륜하의 발원지

1. 발원지 위치(●)   2. 발원지의 용천수 [11]

　　서랍목륜하의 발원지는 적봉시의 서쪽 경계인 극십극등기(克什克騰旗)의 최남단 고원지대인 오란포통초원(烏蘭布統草原)에 자리하고 있다. 오란포통초원은 넓고 비옥한 탓에 역사적으로 수많은 전쟁이 벌어졌던 곳이다.

　　필자가 2014년 10월에 답사한 서랍목륜하 발원지 인근은 ⑴ 대흥안령 자락이어서 지대가 높고, ⑵ 산림과 초원의 경계 지역으로, ⑶ 의외로 수량도 풍부하고 경관도 수려하다.

　　그러나 서랍목륜하의 상류 지역은 강물은 풍부하지만 주변 지역은 거의 반 사막이나 다름없을 정도로 건조한 지역으로 변해 있다. 하지만 대흥안령 자락으로 올라가면서 의외로 나무가 우거진 깊은 산림지대가 나온다. 이 지역을 지나 더 높이 올라가면 드넓은 우란포통초원이 펼쳐져 있다. 이 초원과 산림의 경계 지역에, 초원에 내린 비들이 스며들어 용천수로 솟아 오르는 서랍목륜하의 발원지가 자리하고 있다.

　　현재 이 초원은 경관이 아름답고 공기도 깨끗하여 많은 사람들이 찾는 유명한 관광지가 되어 있다. 곳곳에 관광객을 위한 몽골식 관광 천막촌이 즐비하게 있다.

---

11)　中國科學院,《中國國家地理》2012年 10月(總 第624期), 82쪽.

〈자료 4-6〉 요하 수계의 서랍목륜하와 노합하의 발원지 위치(★)[12]
* 노합하의 발원지가 더 길어서 이곳이 전체 요하의 발원지인 요하원(遼河源)이 있다.

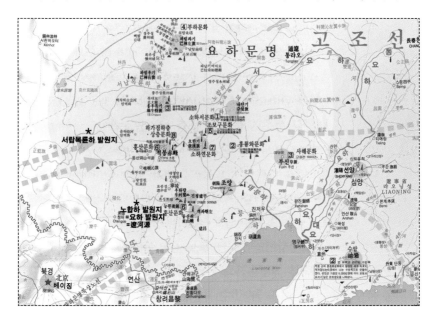

3) 요하 수계와 요하문명의 신석기-청동기시대 유적 분포의 특징

필자가 18년 동안 요하문명 지역의 신석기-청동기시대의 유적지들을 답사하면서 느꼈던 답답함과 의구심들이 이번 책을 준비하면서 정리되었다. 요하문명 지역의 신석기-청동기시대 유적지의 성격과 특징 등과 관련한 것들을 정리하면 아래와 같다.

첫째, 요하문명 지역의 신석기-청동기 유적지는 시기가 오래된 유적지일수록 고도가 높은 곳에 있다. 이 점은 답사할 때마다 의아해하던 것이었다. 특히 한국의 초기 신석기 유적의 대표적인 장소인 암사동만 해도 한강에 바로 붙어 있었고, 다른 신석기 유적들도 대부분 강 옆에 있다. 그런데 요하문명 지역의 신석기 유적지들은 대부분 평지에서 100-300미터 위의 구릉 정상부에 형성되어 있었다.

---

12) 우실하, 《고조선의 강역과 요하문명(지도)》(서울: 동아지도, 2007). 요하문명 지역 부분도에 앞서 살펴본 발원지 등을 새로 첨부한 것이다.

〈자료 4-7〉 서랍목륜하 상류 오란포통초원 답사 사진(2014.10.10일)
1. 극십극등기에서 1시간 정도 남쪽으로 가면 강과 평지와 만나는 상류 지역이다.

2. 평지와 만나는 상류 지역의 주변 구릉이나 산들은 이미 거의 사막화되어 있다.

3. 평지의 남쪽으로 높은 대흥안령 산지가 있고. 이 산지의 고원 평지에 오란포통초원이 있다.

4. 평지에서 서서히 남쪽 산자락을 올라가면 나무가 우거진 산림지대가 나타난다.

5. 산림지대를 지나 고원 평지에 이르면 오란포통초원 매표소가 나타난다.

6. 산으로 둘러싸인 오란포통초원의 저 건너 계곡 쪽에 서랍목륜하의 발원지가 있다.

7. 관광객들을 위한 몽골식 숙박 시설들도 여기저기에 많이 있다.

　이 점을 잘 보여주는 것이 〈자료 4-8〉이다. 이것은 요하문명 지역의 신석기시대, 청동기시대, 요대 유적지의 상대적 고도를 그린 것이다. 이 자료를 바탕으로 보면, (1) 방어나 제사 위주의 하가점하층문화의 산성 유적지를 제외하고는, (2) '흥륭와문화 - 조보구문화 - 홍산문화 - 소하연문화 - 하가점하층문화 - 하가점상층문화 - 요대 - 현대'순으로 유적지나 거주지 위치가 낮아지고 물가에 가깝게 이동하는 것을 알 수 있다. 실제로 답사를 하면 이런 상대적 위치의 차이는 직접 확인할 수 있다.

　시기가 오래된 유적지일수록 상대 위치가 높다는 사실은, 요하문명 지역의 해수면의 변화와 밀접하게 연결되어 있는 것이다(〈자료 4-9〉 참조).

　요녕성 남부 지역의 해수면은 (1) 빙하기 이후 급속하게 상승하여 소하서문화(小河西文化: BC 7000-6500) 시기에는 현재보다 약 5미터 낮은 수준까지 상승하며, (2) 흥륭와문화(興隆洼文化: BC 6200-5200)가 시작되는 시

---

13) 中國科學院, 《中國國家地理》 2012年 10月(總 第624期), 84-85쪽 '西拉木倫河流域古文化遺址相對位置示意圖'.

〈자료4-8〉 요하문명 지역 신석기-청동기-요대 유적지의 상대적 위치[13]

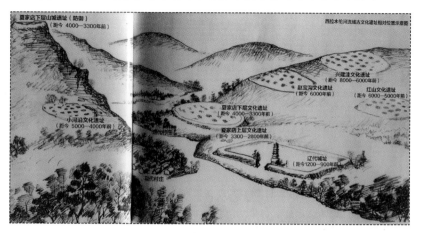

점에서는 현재의 해수면과 비슷했지만 지속적으로 상승하여 흥륭와문화 말기에는 현재보다 약 6-7m 정도 높았으며, (3) 홍산문화 후기(BC 3500-3000)에는 현재보다 약 13m 정도 높은 최고조에 달하였고, (4) '요하문명의 꽃' 홍산문화(BC 4500-3000) 전 시기에 걸쳐서도 현재보다 평균적으로 10-13미터 정도 해수면이 높았으며, (5) 홍산문화 이후에는 지속적으로 하강하지만 하가점하층문화와 하가점상층문화 시기까지도 해수면이 지금보다는 약 5미터 정도 높았고, (6) 하가점하층/상층문화 이후로도 해수면은 서서히 낮아져서 현재의 해수면 높이에 이르게 된다.[14]

　　유적지의 상대적 위치가 해수면과 직접적인 연관이 있다면, 해수면이 최고조에 이른 홍산문화 유적지들이 가장 높은 곳에 있어야 한다. 그런데 실제로 홍산문화보다 이른 시기의 흥륭와문화, 조보구문화 유적들이 더 높은 곳에 위치하고 있다. 그런데 해수면은 홍산문화 시기에 최고조에 이른다. 이것은 어떻게 설명해야 하는 것일까?

　　이는 흥륭와문화 시기부터 이미 조와 기장을 재배하는 농경이 시작되었지만, 이들의 경제 형태는 아직은 농업보다는 산에 의지한 수렵-채집이 주된 생산 방식이었다는 점을 반영하는 것이다. 따라서 흥륭와문화, 조보

14) 우실하, 〈요하문명, 홍산문화 지역의 지리적 기후적 조건〉, 237-238쪽.

구문화 시기에는 홍산문화 시기보다 해수면이 낮았음에도 홍산문화 시기
보다 높은 곳 즉 '수렵, 채집에 유리한 곳'에서 생활했던 것이다.

그러나 홍산문화 시기는 이미 대규모 농경을 위주로 한 사회였고, 농
경에 유리한 낮은 지역으로 내려올 수밖에 없었을 것이다. 따라서 홍산문
화 시기에는 해수면이 최고조에 도달하지만 흥륭와문화나 조보구문화 시
기보다도 훨씬 낮은 '물가에 가깝고 농경에 유리한 비옥한 곳'에 자리를 잡
은 것이다. 홍산문화 이후 지속적으로 해수면이 하강하면서 하가점 하층/
상층문화 시기의 유적지들도 물을 찾아 점점 하천 가까이 내려가게 된 것
이라고 할 수 있다.

〈자료 4-9〉 과거 1만 년 동안의 요녕성 남부 지역 해수면 변화[15]
* 현재 해수면의 높이를 0m로 하여 기준선을 잡고 해수면 변화를 표시하고 있다.

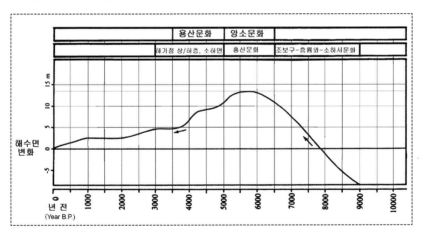

15) 우실하, 〈요하문명, 홍산문화 지역의 지리적 기후적 조건〉, 《고조선단군학》 제
30집(2014.6), 237쪽 〈자료 13〉.

〈자료 4-10〉 요하문명의 내몽고 지역 신석기-청동기시대 유적 분포도[16]
* 붉은색 원이 신석기시대, 노란색 점이 청동기시대 유적지이다.
* 작은 강들은 표시가 되어 있지 않지만 대부분의 유적지는 하천을 끼고 있다.

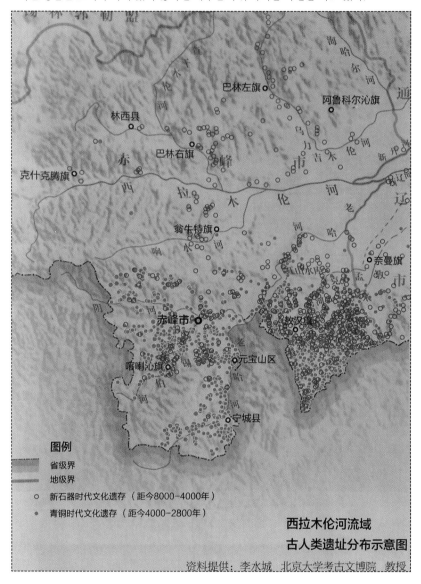

---

16) 中國科學院,《中國國家地理》2012年 10月(總 第624期), 84쪽.

〈자료 4-11〉 요하문명 지역의 신석기시대 유적지 분포도[17]

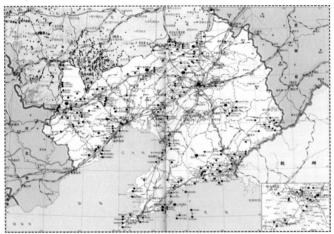

〈자료 4-12〉 요하문명 지역의 청동기시대 유적지 분포도와 부분도[18]

1. 전체 분포도

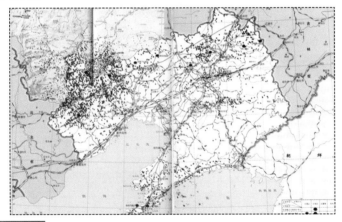

17) 이 자료는 (1) 國家文物局(主編), 《中國文物地圖集: 內蒙古自治區分冊(上)》, 西安地圖出版社, 2003, 55쪽의 내몽고 동부 신석기 유적 분포도, (2) 國家文物局(主編), 《中國文物地圖集: 遼寧分冊(上)》, 西安地圖出版社, 2009, 56−57쪽의 요녕성 신석기 유적 분포도를 필자가 포토샵 프로그램으로 합성한 것이다.

18) 우실하, 〈요하문명, 홍산문화 지역의 지리적 기후적 조건〉, 《고조선단군학》 제30집(2014.6), 247쪽 〈자료 19〉. 이 자료는 (1) 國家文物局(主編), 《中國文物地圖集: 內蒙古自治區分冊(上)》, 西安地圖出版社, 2003, 56−57쪽의 내몽고 동부 지역의 청동기 유적 분포도, (2) 國家文物局(主編), 《中國文物地圖集: 遼寧分冊(上)》, 西安地圖出版社, 2009, 58−59쪽의 요녕성 지역 청동기 유적 분포도를 필자가 포토샵에서 합성해서 재구성한 것이다.

2. 적봉-오한기-조양 일대의 부분도

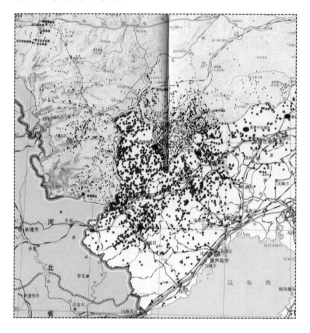

　둘째, 기본적인 것이긴 하지만 요하문명 지역의 신석기-청동기 유적지들도 대부분 '요하 수계'나 '대릉하-소릉하 수계'의 물길을 따라 형성되어 있다. 북경대 이수성(李水城) 교수가 제공한 자료를 바탕으로 그린 〈자료 4-10〉을 보면 이런 점들을 확인할 수 있다.

　이 자료는 내몽고 지역에 초점을 맞춘 그림이어서 요녕성 지역인 '대릉하-소릉하 수계'의 유적지들은 표시를 하지 않았다. 그러나 내몽고 지역의 '요하 수계'의 물줄기를 따라서 유적지가 밀집되어 있음을 볼 수 있다. 붉은색 원이 신석기, 노란색 점이 청동기시대 유적지이다. 작은 지류들은 나타나지 않지만 앞서 제시한 요하 수계를 참조해서 보면, 대부분의 유적지는 요하 수계의 물줄기를 끼고 있다.

　셋째, 요하문명 지역의 신석기-청동기시대 유적지들이 내몽고 적봉시 경내와 요녕성 조양시 경내에 밀집되어 있다는 점이다(〈자료 4-10, 4-11, 4-12〉 참조). 신석기시대 유적지도 마찬가지이지만 특히 청동기시대 유적지는 압도적이다.

아래에 제시한 〈자료 4-10, 4-11, 4-12〉를 보면, (1) 적봉시 시내 일 원과, (2) 적봉시의 오한기(敖漢旗) 지역에 신석기-청동기시대 유적이 밀 집되어 있음을 확인할 수 있다. 특히 오한기 지역의 밀집 정도는 다른 지 역과는 분명하게 구분될 정도로 압도적이다.

예를 들어, 내몽고 동부의 중심 도시인 적봉시의 경우, (1) 홍산문화 유 적지로 발견된 곳이 현재는 1200곳이 넘지만, 아래의 통계를 낸 2011년을 기준으로 전체적으로 1000여 곳인데 적봉시 경내에만 725곳(약 72퍼센트) 이 있으며, (2) 그 가운데 적봉시 오한기에 292곳(약 29퍼센트)이 밀집되어 있다.[19] 이에 대해서는 홍산문화를 다루는 장에서 상세히 논의할 것이다.

요녕성 조양시의 경우에도 (1) 요녕성 전체에서 현재까지 발견된 신 석기시대 유적지 250곳 가운데 71곳(28.4퍼센트), (2) 청동기시대 유적지 3250곳 가운데 1858곳(약 57.2퍼센트)이 조양시에 밀집되어 있다. 이 통계 는 여러 시대의 유적이 겹쳐진 유적지의 경우 가장 이른 시기의 유적지만 으로 통계를 처리한 것이다.[20] 실제로 낱개로 발견되는 요녕성 지역의 청 동기 유적지는 모두 3467곳이고 그 가운데 하가점하층문화 유적이 2000 곳이 넘는다.[21]

---

19) 赤峰市, 《紅山後及魏家窩鋪遺址群申遺文本》(2011, 적봉시 내부 자료). 이 책은 출 판되지 않은 적봉시의 내부 자료다. 2011년에 적봉시에 속해 있는 홍산후(紅山 後)유지군과 위가와포(魏家窩鋪)유지군을 유네스코 세계문화유산으로 등재 신청 하기 위해 적봉시에서 작성하여 국가문물국에 보고한 자료이다. 조양시에서도 우하량유지군에 대한 유사한 보고서를 국가문물국에 제출하였다.
    이런 내부 보고서를 바탕으로, 현재 내몽고 적봉시에 속한 (1) 홍산후유지군, (2) 위가와포유지군, 요녕성 조양시에 속한 (3) 우하량유지군 세 곳이 공동으로 유 네스코 세계문화유산 등재 신청을 준비하고 있다. 2011년 자료를 바탕으로 이 세 곳의 홍산문화 유적지는 (1) 2012년 11월에 국가문물국에 의해서 '중국 세계 문화유산 예비 명단'에 올라가 있으며, (2) 2018년까지는 유네스코 세계문화유 산에 등재시키기 위해 노력하고 있다(牛河梁國家考古遺址公園編輯委員會, 《牛河梁 國家考古遺址公園》, 朝陽市牛河梁遺址管理處, 2014, 115-116쪽).

20) 國家文物局(主編), 《中國文物地圖集: 遼寧分冊(上)》, 西安地圖出版社, 2009, 18 쪽. 〈요녕성문물단위통계총표(遼寧省文物單位統計總表)〉 참조.

21) 國家文物局(主編), 《中國文物地圖集: 遼寧分冊(上)》, 80쪽.

〈자료 4-13〉 2011년 기준 적봉시 경내의 홍산문화 유적지 분포(총 725곳)[22]
1. 2011년 기준 전체 홍산문화 유적지는 약 1000개(2018년 현재는 약 1200개)

지역 명칭		유적지 수
직할구 =적봉시내	홍산구 (紅山區)	15
	송산구 (松山區)	26
	완보산구 (完寶山區)	2
파림좌기 (巴林左旗)		20
파림우기 (巴林右旗)		47
아노과이심기 (阿魯科爾沁旗)		102
임서현 (林西縣)		30
객라심기 (喀喇沁旗)		62
영성현 (寧城縣)		7
극십극등기 (克什克騰旗)		20
옹우특기 (翁牛特旗)		102
오한기 (敖漢旗)		292
적봉시 경내 전체		725

2. 2011년 기준 적봉시 경내 홍산문화 유적지 수

22) 赤峰市, 《紅山後及魏家窩鋪遺址群申遺文本》(2011, 내부 자료), 13쪽 '表 2-a-2.
赤峰市紅山文化遺址分區統計表'.

누가 보아도 청동기 유적지가 밀집된 '적봉−오한기−조양 일대'가 초기 혹은 중기 청동기문화의 중심지이다. 그렇다면 초기 고조선의 중심지일 가능성도 배제할 수 없다고 본다.

넷째, 홍산문화 시기까지도 과이심사지의 북쪽과 남쪽, 곧 서랍목륜하의 북쪽과 남쪽 지역에 신석기 유적지들이 골고루 분포되어 있었다는 점이다.

유적의 밀집도를 보기 위해 필자가 첫 번째로 제시하는 자료는 〈자료 4−13〉이다. 이 자료를 보면 (1) 홍산문화 시기까지만 해도 과이심사지의 북쪽과 남쪽, 곧 서랍목륜하의 북쪽과 남쪽 지역에 유적지들이 골고루 분포되어 있었고, (2) 동쪽으로 갈수록 유적지의 밀집도가 급격하게 높아지며, (3) 앞서 제시한 〈자료 4−10, 4−11, 4−12〉를 보면 오한기를 벗어나서 더 동쪽으로는 과이심사지(科爾沁沙地) 때문에 발견된 유적지가 거의 없다는 것을 확인할 수 있다.

두 번째로 제시하는 것은 내몽고 동부 요하문명 지역의 신석기시대 유적 전체의 분포도인 〈자료 4−14〉다. 이 자료를 보면 신석기시대 유적은 (1) 서랍목륜하의 위와 아래쪽에 골고루 분포해 있음을 알 수 있고, (2) 중간의 과이심사지 부분에서도 사람이 거주하는 지역을 중심으로 서랍목륜하 남쪽과 북쪽에서 균일하게 발견된다는 점을 확인할 수 있다.

현재 옹우특기 중심부부터 통료시까지는 남북 약 200㎞, 동서 약 500㎞에 달하는 거대한 과이심사지가 자리하고 있다. 과이심사지 지역은 사람이 거의 살지 않는 사막 지역이다. 따라서 이곳에서는 현재 신석기시대의 유적지들이 발견된 곳이 아주 적다.

그러나 요하문명이 꽃피던 시기 기후 조건이 좋았을 때에는 이 지역이 광활한 초원 지역으로 농경을 하면서 집단적인 주거가 가능한 평탄 지역이었다. 이런 곳에 사람들이 밀집하여 살았을 가능성은 충분히 추론이 가능하다. 필자는 이 지역의 사막 한가운데는 많은 신석기시대 유적지들이 묻혀 있을 것이라고 본다. 앞으로 여건이 좋아진다면 이 과이심사지 곳곳에서 거대한 집단 주거지가 발견될 가능성도 높다고 본다.

〈자료 4-14〉 내몽고 동부 요하문명 지역 신석기시대 유적 분포도[23)]

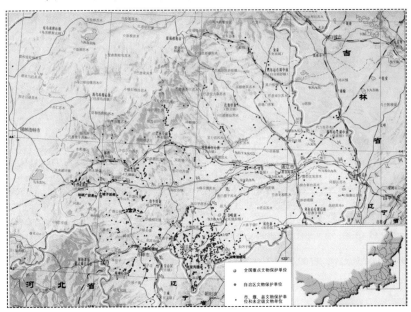

다섯째, 청동기시대로 진입하면서 이 지역의 청동기 유적들은 서랍목룬하의 북쪽 지역은 텅 비고 서랍목룬하의 남쪽 지역에 압도적으로 밀집되어 있다는 점이다(〈자료 4-12〉 참조).

이를 분명하게 보여주기 위해 〈자료 4-15〉를 제시한다. 청동기시대에는 과이심사지의 북쪽(= 서랍목룬하 북쪽) 지역은 유적지가 별로 없고, 서랍목룬하 남쪽 지역에는 유적지가 압도적으로 밀집되어 있다. 전체적으로 하가점하층문화부터 시작되는 청동기시대에는 중심지가 서랍목룬하의 남쪽으로 이동한 것이라고 볼 수 있다.

이것은 뒤에서 살펴볼 이 지역의 기후 조건의 변화와 밀접하게 관련되어 있다. BC 3000년을 기점으로 '습하고 온난한 기후'에서 '기온도 떨어지고 건조한 기후'로 바뀌는 것과 직접적으로 연결된다. 기온이 떨어지고 건조화가 시작되면서 당시의 '과이심초원'이 서서히 '과이심사지'로 바뀌기 시작했

23) 國家文物局(主編),《中國文物地圖集: 內蒙古自治區分册(上)》, 55쪽.

고, 풍부한 물길을 따라 요하의 상류 지역인 노합하, 맹금하, 교래하 지역과 요녕성의 대릉하, 소릉하 지역으로 대거 이동한 것이다.

〈자료 4-15〉 내몽고 동부 요하문명 지역 청동기시대 유적 분포도[24]
* 가운데 서랍목륜하 남북으로 유적이 거의 보이지 않는 곳이 과이심사지 지역이다.

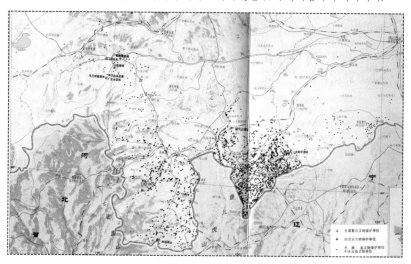

이상의 논의를 통해 요하문명 지역 신석기-청동기시대 유적지 분포의 특징을 정리하면, (1) 요하문명 지역의 신석기-청동기 유적들은 내몽고 적봉시와 요녕성 조양시 일대에 밀집되어 있고, (2) 오래된 유적일수록 해발고도가 높은 곳에 위치하며 해수면의 하강과 함께 점차 유적지가 하천 가까이로 내려오며, (3) 신석기시대 홍산문화 시기까지는 서랍목륜하 북쪽과 남쪽에 골고루 유적지들이 분포하였고, (4) BC 3000년 전을 기점으로 건조기후로 바뀌면서 청동기시대의 유적지들은 과이심사지 지역이나 서랍목륜하 북쪽에는 거의 없고, 주로 그 남쪽 지역에 밀집되어 있다.

이러한 특징을 좀 더 상세히 보기 위해서 아래에서는 사막의 분포, 화산의 분포, 기후 조건의 변화 등을 살펴볼 것이다.

---

24) 國家文物局(主編), 《中國文物地圖集: 內蒙古自治區分冊(上)》, 56-57쪽.

3. 요하문명 지역의 사막

　필자는 앞에서 서랍목륜하를 가운데 두고 과이심사지가 동-서-남-북으로 넓게 분포하고 있어서, 건조화가 시작되기 전의 신석기시대 유적들은 이곳에 많이 매몰된 채 남아 있을 가능성이 높다고 지적하였다. 아래에서는 사지, 사막 지형에 대해서 살펴보기로 한다. 사막은 완전히 모래로 덮인 모래사막(Sand Desert)과 크고 작은 돌덩이로 구성된 돌사막=고비(Stony Desert=Gobi)로 나누어진다. 사지(沙地)는 완전한 사막은 아니지만 그에 가까운 황무지로 생각하면 된다.

〈자료 4-16〉 2011년 기준 중국의 4대 사막 분포 지역[25]
Ⅰ : 내몽고 동부와 동북 3성 지역　　Ⅱ : 내몽고 중부와 오르도스 지역,
Ⅲ : 알타이산맥 아래 준가르분지 지역　Ⅳ : 천산산맥 아래 타림분지 지역

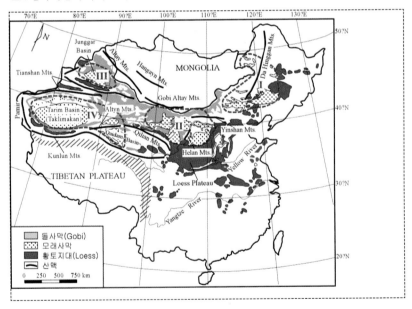

---

25) Lü and Sun. Luminescence sensitivities of quartz grains from eolian deposits in northern China and their implications for provenance. *Quaternary Research*, 2011, 76: 181~189. 위 자료에서 범례만 한글로 바꾼 것이다.

1) 중국의 사막/사지 분포와 확대

우선, 중국의 북부 지역의 동, 서, 중앙 지역은 사막/사지가 집중적으로 분포하고 있다. 중국의 사막/사지는 크게 4대 지역으로 나뉘는데, (1) 내몽고 동부와 동북 3성 지역, (2) 내몽고 중부와 오르도스 지역, (3) 알타이산맥 아래 준가르분지 지역, (4) 천산산맥 아래 타림분지 지역 등이 있다(〈자료 4-16〉 참조). 물론 이러한 사막 지역은 좀 더 세분해서 12개 혹은 15개 지역으로 나누기도 한다.[26]

중국의 사막/사지는 현재도 지속적으로 확대되고 있다. 중국과학원의 2003년 발표 자료에 따르면, 1980년 이후 현재까지 중국의 사막/사지의 면적은 80년대 이전보다 30-50퍼센트 정도 확대되었다고 한다. 특히 집중적으로 확대된 곳이 적봉시의 서쪽 대흥안령 자락의 혼선달극(渾善達克) 사지 지역이다(〈자료 4-17〉 참조).

〈자료 4-17〉 1980년 이후 중국 사막/사지의 확대
* 짙은 갈색이 기존의 사막/사지 지역이고, 노란색이 1980년 이후 새롭게 확대된 지역이다.
  1: 호륜패이(呼倫貝爾)사지   2: 혼선달극(渾善达克)사지   3: 과이심(科爾沁)사지

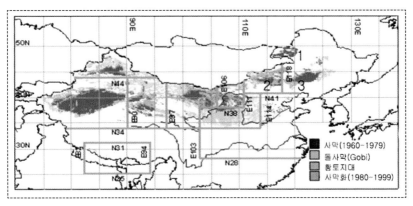

26) 中国科学院, 〈亚洲沙尘暴尖键问题研究获新进展〉, 《新华网》, 2003.4.10, 08:35:31.
http://news.xinhuanet.com/st/2003-04/10/content_824569.htm 위의 자료를 바탕으로 필자가 1.2.3 숫자를 넣고, 범례를 한글로 바꾼 것이다.

중국과학원 중국한구한구수거자료중심(中國寒區旱區數据資料中心) 자료에 따르면, (1) 전국의 사막/사지 면적은 163만 3000㎢에 이르며, (2) 현대에 와서 사막화된 면적이 37만 ㎢나 되며, (3) 60-70년대에는 매년 평균 1560㎢씩 사막이 확대되었고, (4) 80년대에는 매년 평균 2100㎢씩 확대되었으며, (5) 90년대 이후 현재까지는 매년 평균 2460㎢씩 확대되었다고 한다.[27] 사막화에 가속도가 붙고 있는 것이다.

〈자료 4-17〉에서 짙은 갈색 지역이 기존의 사막/사지 지역이고, 노란색 지역이 1980년 이후 새롭게 확대된 지역이다. 지도에서 내몽고 동부와 동북 3성에 표시된 세 곳의 사막/사지는 (1) 위쪽이 호륜패이(呼倫貝爾)사지, (2) 왼쪽이 혼선달극(渾善達克)사지, (3) 오른쪽이 과이심(科爾沁)사지이다. 요하문명 지역에 있는 혼선달극사지와 과이심사지가 지속적으로 확대되고 있다는 것을 확인할 수 있다.

2) 요하문명 지역과 사막

만주 일대에는 동쪽, 서쪽, 북쪽으로 사막/사지가 생각보다 넓게 분포하고 있다. 이를 상세히 살펴보면, (1) 적봉의 서북쪽으로 극십극등기(克什克騰旗)에서 그 서쪽으로 혼선달극(渾善达克)사지가 넓게 자리하고 있고, (2) 적봉의 동북쪽 옹우특기(翁牛特旗)에서 통료(通遼)시를 지나 쌍료(雙遼)시에 이르는 지역에 과이심(科爾沁)사지가 자리하고 있다(〈자료 4-18〉 참조).

특히 과이심사지는 중국 최대의 사지로 총 면적이 5만 600㎢에 달한다. 과이심사지는 요하문명의 젖줄인 서랍목륜하 → 서요하의 물길을 따라 그 물길의 아래 위쪽으로 광범위하게 동서로 자리하고 있다. 요하는 긴 강이기 때문에 일반적으로, (1) 대흥안령 자락의 발원지에서부터 상류를 서랍목륜하, (2) 노합하(老哈河)가 합류하는 지점부터 쌍료(雙遼)시 근처까

---

27) 中国科学院 寒区旱区环境与工程研究所 中国寒区旱区數据資源中心(CAREERI) 자료.
http://sdb.casnw.net/bfsmh/default.asp

지는 서요하(西遼河), (3) 쌍료시에서 남쪽으로 물길을 돌려서 발해만으로 들어가는 줄기는 요하 혹은 대요하(大遼河)라고 구별하여 부르기도 한다.

요하문명의 실질적인 중심지인 적봉시 오한기의 동쪽과 서쪽의 사지는 요하문명 지역과 직접적으로 연관된 지역이다. 이 가운데서도 동쪽의 과이심사지는 요하문명의 중심 지역이다.

요하문명 지역을 관통하고 있는 서랍목륜하(西拉木倫河)→서요하(西遼河)→요하(遼河)로 이어지는 지역의 사막을 상세히 보여주는 것이 아래의 〈자료 4-18, 4-19〉이다. 아래 제시한 자료에서 (1) 노란색을 칠하고 조밀하게 점을 찍어 표시한 부분(∷)은 완전한 사막 지역이고, (2) 점은 없고 노란색만 칠한 지역은 사지 지역이다. '과이심사지'라고 글자로 표기된 부분은 거의 사막 지역이고, 필자가 노란색으로 칠한 전체는 〈자료 4-19〉를 바탕으로 실제로 사막에 가까운 사지까지 포함하여 보여주는 것이다.

〈자료 4-18〉 요하문명 지역 사막/사지 분포도[28]
1. 좌: 혼선달극(渾善达克)사지, 우: 과이심(科爾沁)사지

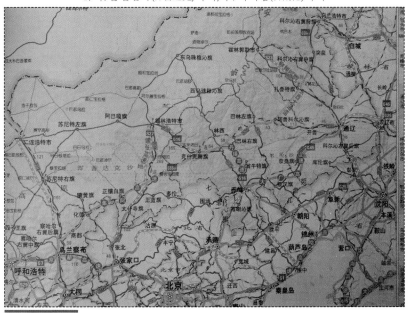

28) 劉力(主編),《中國高速公路及城鄉公路網里程地圖集》, 山東省地圖出版社, 2011,

〈자료 4-19〉 과이심사지 분포도[29]

*노란색에 가까울수록(갈색→노란색) 사막화의 정도가 심하다.

필자가 앞서 제시한 〈자료 4-15〉(내몽고 동부 요하문명 지역 청동기시대 유적 분포도)와 비교해보면 요하문명 지역의 한가운데 있는 과이심사지 지역에서 왜 신석기시대 유적이 다른 지역에 견주어서 적게 발견되고, 청동기시대 유적은 거의 발견되지 않는지 알 수 있을 것이다. 뒤에서 상세히 보겠지만 이 지역에서는 BC 3000년경 급격하게 기온이 떨어지고 습도가

───────────

67쪽. 지도에는 완전 사막 지역만 점으로만 표시된 것을 〈자료 11-3〉을 참고하여 사막과 사지를 포함해서 필자가 노란색 형광펜으로 칠을 한 것이다.

29) 中国科学院 寒区旱区环境与工程研究所 沙漠与沙漠化重点实验室 자료.
http://www.casnw.net/desertlabweb/date/dust.html

낮아지면서 농경문화를 바탕으로 하던 홍산문화 세력들은 종말을 고하고, 축목업문화를 바탕으로 하는 청동기시대 하가점하층/상층문화가 일어나게 된다.

신석기시대에는 습하고 온도도 높아서 서랍목륜하 남쪽과 북쪽 지역에 모두 사람들이 거주하였고 주거지도 많았을 것이다. 그러나 현재 사막/사지가 자리하고 있어서 유적지가 상대적으로 적게 발견되는 것일 뿐이다. 필자는 이 과이심사지에는 많은 신석기시대 유적들이 묻혀 있을 것이라고 본다.

그러나 청동기시대에는 이미 건조한 환경이 되어서 대부분의 사람들이 서랍목륜하 남쪽에서 생활했던 까닭에 과이심사지의 북쪽 지역에서는 청동기시대 유적이 거의 발견되지 않는 것이다.

3) 요하문명의 중심부 과이심(科爾沁, 커얼친)사지의 형성과 확대

중국 최대의 사지(沙地)인 과이심사지는 총 면적이 5만 600㎢나 되며, 서랍목륜하와 서요하를 축으로 그 위와 아래쪽에 폭넓게 자리하고 있다. 현재 과이심사지는 (1) 사지 아래쪽의 농업지역과 (2) 사지 위쪽의 목축지역이 만나는 경계 지역이기도 하다.

'과이심사지'는 본래 '과이심초원'이었다. 지금도 '과이심사지'라는 용어와 '과이심초원'이라는 용어가 공존하고 있다. 그러나 현재도 중국의 사지들 가운데서도 가장 빠른 속도로 사막화가 진행되고 있다. 매년 1.9퍼센트씩 사지가 확대되어 그나마 남은 주변의 초원들도 사막으로 바뀌고 있다.

현재 과이심사지 지역은 (1) 남쪽과 북쪽이 높은 산지이고, (2) 서쪽은 대흥안령산맥 지역으로 높고 동쪽은 낮으며, (3) 한 가운데로는 서랍목륜하가 흐르면서 저지대를 형성하고 있고, (4) 지속적으로 불어오는 겨울과 봄의 서풍/서북풍과 여름철의 동남풍으로 말미암아 사구(沙丘)의 방향이 대부분 서북-동남 방향으로 형성되어 있으며, (5) 연평균 강수량은 300-

500㎜ 정도에 불과한 건조 지대이다. 과이심사지가 형성되는 과정을 보면 아래와 같다. [30]

첫째, 요하문명의 한가운데 있는 과이심사지는 (1) BC 3000년경에 일어난 급격한 기후변화로 '고온 다습한 기후'에서 '기온이 떨어지고 건조한 기후'로 바뀌는 시기에 결정적으로 초원에서 사지로의 변화가 시작된다. 또한 당시에 해수면의 지속적인 하강 등이 초기 사막화에 많은 영향을 미치게 된다. 이런 조건들이 요하문명을 둘러싼 지역에 많은 사막/사지를 만드는 초기 환경에 해당하는 것이다.

둘째, 1916-1931년 사이에 중국 정부가 내몽고 초원 지대에서 목축을 금지하고 대대적으로 초원을 개간해 농경지로 만드는 작업을 한 것이 현대에 들어서 사막화 속도를 증대시킨 주요 요인으로 지적되고 있다. 과이심사지는 1900년대 초까지도 '과이심초원'으로 불리면서 사막보다는 초원의 면모를 유지하고 있었다. 그러나 과이심초원도 예외가 아니어서 이 시기에 11차례에 걸친 대규모 개간이 있었다. 목축을 하는 많은 몽골족들의 반대에도 불구하고 이루어진 개간으로 많은 부분이 사지로 변하고 말았다.

셋째, 1958-1973년 사이에 초원에 대한 두 차례의 대규모 개간이 또다시 시행되었다. 이 시기에 133만 3천 헥타르(1만 3330㎢)의 초원이 개간되었는데, 이 가운데 '과이심초원' 지대에서만 84만 헥타르(8400㎢)가 개간되었다. 개간 면적에 스스로 사막화된 면적을 합치면 이 시기에만 89만 8천 헥타르(8980㎢)가 결국에는 현재의 사막으로 변한 것이다. [31]

4) 과이심사지 답사 자료

과이심사지가 실제로 어떤 모습인지 궁금할 것이다. 요하문명 답사를 가는 사람들도 대부분 그 지역은 가지 않는다. 왜냐하면 요하문명을 구성

---

30) 百度百科 '科尔沁沙地' 항목.
   http://baike.baidu.com/view/228721.htm?fr=aladdin
31) 百度百科 '科尔沁沙地' 항목.
   http://baike.baidu.com/view/228721.htm?fr=aladdin

하는 신석기−청동기시대의 변변한 유적지가 없기 때문이다. 그러나 과이심사지는 의외로 가까운 데 있다.

필자는 여러 차례 이 지역을 답사하였다. 이곳에 가장 쉽게 다가갈 수 있는 곳은 옹우특기 중심지에서 차로 약 30−40분 거리에 있는 옥룡사호(玉龍沙湖)라는 유명 관광지이다. 옥룡사호는 과이심사지의 서쪽 끝에 해당하는 지역으로, 1973년에 유명한 홍산문화의 대형 옥저룡(玉猪龍)이 발견된 옥우특기 삼성타랍촌(三星他拉村)을 가로질러서 약 15분 정도 더 가면 나온다.

옥룡사호 관광지로 들어가는 초입에는 이 지역의 상징물이기도 한 거대한 옥저룡을 세워놓고 그 사이로 차량이 드나들게 해놓았다. 홍산문화를 아는 사람들에게는 아주 인상적인 조형물이다. 이곳을 통과해서 가면 몇 킬로 정도의 작은 숲길이 나오고, 더 지나면 글자 그대로 반사막에 가까운 사지 지역으로 간간히 유목하는 양과 말 등을 볼 수 있다.

그 관광지 주변은 모두 완전한 사막이지만 입구 쪽에는 호수가 있어서 옥룡사호(玉龍沙湖)라고 부른다. 그러나 옥룡사호의 동쪽으로는 통료시를 지나 쌍료시에 이르기까지 약 500㎞의 사막 혹은 사지가 끝없이 이어진다. 아래는 2015년 8월 14일에 답사한 사진을 통해 옥룡사호 지역을 소개하기로 한다.

〈자료 4-20〉 옹우특기(翁牛特旗) 옥룡사호(玉龍沙湖) 답사 사진
(2015.8.14. 답사 사진)

1. 옹우특기 삼성타랍촌 '중화제일용(中華第一龍)' 기념탑

2. 옥룡사호로 가는 초입의 옥저룡 조각상
* 유명한 옥저룡이 발견된 지역이어서 거대한 옥저룡 조각상을 들어가는 초입에 세워
  놓았다.

3. 중간의 반사막 지대

4. 옥룡사호 관광지 입구

5. 사막과 호수 관광 안내도
* 안내도의 위쪽 끝에 보이는 것이 서랍목륜하이고, 북쪽과 동쪽으로 넓은 사막이 펼쳐
　져 있다.

6. 사막 한가운데 바위산에는 홍산문화 시기의 인물상이 조각되어 있다.

* 이 바위산 지역은 홍산인들이 제사를 지낸 곳으로 알려져 있다.

* 현재는 주변이 모두 사막이지만 옛날에는 홍산인들의 주거지도 많았을 것이다.

7. 옥룡사호 입구 근처의 사막 모습

8. 주변에 호수가 있어서 낮은 지대에는 간간히 풀이 자라는 곳도 있다.

9. 낙타나 지프차를 타고 사막 여행을 한다.

10. 오랜 시간에 거친 심한 북서풍 모래바람으로 한쪽 방향으로 깎인 바위

11. 우측 초록빛이 도는 지역은 관광지이고 그 너머로는 끝없는 사막 지역이며, 출입 금지 지역이다.

4. 요하문명 지역의 과거 1만 년 동안 기후 조건의 변화[32]

앞에서 살펴본 바와 같이 요하문명 중심 지역은 현재 대부분 건조한 초원 지대이고, 옹우특기에서 통료시(通遼市)를 거쳐 쌍료시에 이르는 광활한 지역은 과이심사지(科爾沁沙地)으로 변해 있다. 그러나 요하문명이 꽃피던 흥륭와문화, 조보구문화, 부하문화, 홍산문화 시대에 이르는 BC 6000−3000년까지 이곳은 물도 풍부하고 기온도 높았으며 습도도 높은 사

32) 우실하, 〈요하문명, 홍산문화 지역의 지리적 기후적 조건〉, 《고조선단군학》 제30호(2014)의 논문 가운데 229−243쪽의 내용을 토대로 '1) 과거 1만 년 동안 '동아시아계절풍'의 북방한계선 변화' 부분을 새로 붙이고 대폭적으로 보완한 것이다.

〈자료4-21〉 동아시아계절풍의 북방한계선의 변화[33]

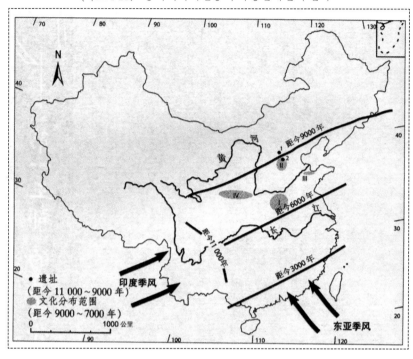

람이 살기 좋은 지역이었다. 아래에서는 이에 대해서 구체적으로 살펴보
기로 한다.

1) 과거 1만 년 동안 '동아시아계절풍'의 북방한계선 변화

우선 제시할 자료는 동남아시아 쪽에서 많은 비와 바람을 몰고 오는
'동아시아계절풍'인 '태풍'의 시기별 북방한계선의 변화를 보여주는 자료
이다(〈자료 4-21〉 참조). '태풍'의 다른 이름인 동아시아계절풍은 동남아시
아 지역에서 시작해 북상하다가 서쪽에서 불어오는 인도계절풍의 영향으
로 서서히 동쪽인 한반도, 일본 방향으로 꺾인다.

---

33) 劉莉 (陳星燦 等 譯), 《中國新石器時代: 迈向早期國家之路》, 文物出版社, 2007):

이 동아시아계절풍의 북방한계선이 (1) 9000년 전에는 요하문명 지역과 요동반도 북부까지 올라왔었고, (2) 6000년 전에는 장강을 넘어서 산동반도 아래쪽까지 올라왔으며, (3) 3000년 전쯤에야 현재와 비슷하게 중국의 동남단 지역까지 내려간다.

요하문명의 신석기시대가 시작되는 9000년 전 소하서문화 시기에는 요서 지역의 조양시 근처까지도 태풍이 올라왔었다는 것이다. 동아시아계절풍의 북방한계선이 서서히 남하하는 것을 고려하면, 8000년 전 흥륭와문화 시기에도 많은 비를 몰고 오는 태풍이 요서와 요동 지역의 남단까지 불어왔을 것이다.

이러한 사실은 현재의 요하문명 지역에 대한 상식과는 너무도 다른 것이다. 요하문명 당시와 현재의 만주 지역은 전혀 다른 세상이었고, 요하문명이 꽃피던 시기에는 이 지역이 살기 좋은 기후였다는 것을 입증하는 것이다. 아래에서는 조금 더 구체적으로 기후 조건에 대해 살펴볼 것이다.

2) 과거 1만 년 동안의 전 세계 연평균기온의 변화

연평균기온 1−2℃의 변화는 일반인들이 생각하는 것보다 훨씬 더 큰 영향을 미친다. 예를 들어 사과나무가 자라는 데 가장 알맞은 연평균 기온은 8−11℃ 정도이다.[34] 현재 상태에서 연평균기온이 2℃ 정도 올라가면 한반도 남한 지역에서는 사과 재배가 거의 불가능하다. 아래에서는 과거 1만 년 동안의 요하문명 지역의 연평균기온의 변화에 대해서 상세히 살펴본다.

우선 비교를 위해서 '과거 1만 년 동안의 전 세계 연평균기온의 변화'에 대해서 먼저 알아보기로 한다. 과거 1만 4천 년 동안의 전 세계 연평균기온 변화는 지역별로 많은 차이가 있다. 보통 전 세계의 연평균기온 변화

許宏,《最早的中國》, 科學出版社, 2009, 52쪽에서 재인용. 본래 책은 Li Liu & Xingcan Chen, *State Formation in Early China*, London: Duckworth, 2003.

34) 한국식품과학회,《식품과학기술대사전》, 광일문화사, 2008, 사과 항목 참조.

〈자료 4-22〉 과거 14000년 동안의 전 세계 연평균기온의 변화[35]
* '0'을 기준으로 좌측은 1000년 단위의 기원전을, 우측은 100년 단위의 기원후를 의미
 한다.

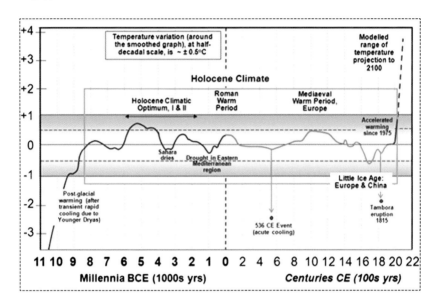

는 이런 다양한 지역의 연평균기온을 취합하여 다시 평균을 낸 것이다. 일
단 과거 1만 4천 년 동안의 전 세계 연평균기온의 변화를 정리하면 위와
같다(〈자료 4-22〉 참조).

첫째, 빙하기를 지나 급상승한 기온은 (1) BC 8000년경에 현재의 기온
정도까지 상승하고, (2) BC 7500년경에 최고조에 이르렀다가 다시 하강하
여, (2) BC 7000년경에 다시 현재와 비슷하게 된다. BC 8000년 곧 1만 년
전을 전후한 이 시기는 전 세계 각 지역에서 신석기시대가 실질적으로 시
작되는 시기와 일치한다.

둘째, BC 7000년경부터 BC 6000년경까지는 현재보다 약 0.1−0.2℃
정도 낮아지지만 신석기문화가 지속되는 데에는 큰 문제가 없다.

---

35) 자료 출처: NOAA National Environmental Satellite, Data, and Information
 Service (NESDIS).   National Climatic Data Center, U.S. Department of
 Commerce.

〈자료 4-23〉 요하문명 지역 주요 도시의 현재 연평균기온[36]
* 적봉, 조양, 부신, 통료는 너무 넓어서 시내와 주요 현(縣)/기(旗)로 나누어 조사하였다.

주요 도시		현재의 연평균 기온(℃)
내몽고	적봉시(赤峰市) 시내 원보산구(元宝山區)	6.0-7.0
	임서현(林西縣)	2.2
	아로과이심기(阿鲁科尔沁旗)	5.5
	파린우기(巴林右旗)	4.9[37]
	파림좌기(巴林左旗)	6.4
	극십극등기(克什克騰旗)	2.0-4.0
	옹우특기(翁牛特旗)	5.8
	객라심기(喀喇沁旗)	3.5-7.0
	승덕시(承德市)	9.0[38]
요녕성	조양시(朝陽市) 시내 용성구(龍城區)	8.4
	북표시(北票市)	8.6
	능원시(凌源市)	8.0
	건평현(建平縣)	7.6
	객좌현(喀左縣)[39]	8.7
	부신시(阜新市) 시내 태평구(太平區)[40]	7.9
	장무현(彰武縣)[41]	7.2
	통료시(通辽市) 시내 과이심구(科尔沁區)	6.1
	내만기(奈曼旗)	6.0-6.5
	심양시(瀋陽市)	8.3
	영구시(營口市)	7.0~9.5
	반금시(盤錦市)	9.3[42]
	금주시(錦州市)	8.0-9.0
	호로도시(葫蘆島市)	8.2-9.2[43]
	진황도시(秦皇島市)	11.2
	대련시(大連市)	10.5

---

36) 우실하, 〈요하문명, 홍산문화 지역의 지리적 기후적 조건〉, 232쪽. 〈자료 8〉.
대부분 2010년 이후의 자료들로 중국의 대표적인 포털사이트인 百度(바이두
http://baidu.com)의 백과사전인 百度百科(http://baike.baidu.com)의 각 시의 기후
를 검색한 것이고, 百度百科에 없는 자료들은 중국 주요 도시를 소개하고 있는
중국 정부의 홈페이지를 참조한 것이다.

37) http://blzq.chifeng.gov.cn

38) http://www.chengde.gov.cn

39) 객좌현은 통칭이고 정식 명칭은 객라심좌익몽고족자치현(喀喇沁左翼蒙古族自治
縣)이다.

40) http://www.fxtp.gov.cn

41) http://www.zhangwu.gov.cn

42) http://www.panjin.gov.cn

〈자료 4-24〉 요하문명 지역 주요 도시의 현재 연평균기온 지도[44]
* 옹우특기와 통료시 사이에 밝은 색으로 보이는 부분이 거대한 과이심사지이다.

〈자료 4-25〉 2012년 기준 남한 각지의 연평균기온 [45]

지역 (전국, 주요 도시)		2012년 연평균기온(℃)
남한 지역 전체		12.3
북부	서울	12.2
	원주	11.4
	춘천	10.7
중부	대전	12.6
	충추	11.5
	상주	11.7
남부	부산	14.5
	광주	13.7
	완도	13.9
제주도	제주	15.7
	서귀포	16.7

---

43) http://zhidao.baidu.com

44) 우실하, 〈요하문명, 홍산문화 지역의 지리적 기후적 조건〉, 233쪽. 〈자료 9〉.
  구글위성 지도에 〈자료 4-22〉을 바탕으로 지역별로 연평균 온도를 필자가 넣은
  것이다.

45) 우실하, 〈요하문명, 홍산문화 지역의 지리적 기후적 조건〉, 233쪽. 〈자료 10〉.
  기상청, 《2012 기상연감》, 2014, 330쪽의 표를 남한의 북부, 중부, 남부, 제주도
  등으로 나누어 몇몇 대표적인 도시만 골라서 필자가 재구성한 것이다.

셋째, BC 6000년경부터 기온이 다시 급상승하며, BC 6000년 초반에서 BC 4000년경까지는 현재보다 약 0.7−0.5℃ 정도 기온이 높았다. BC 6000−4000년까지는 신석기시대가 꽃피는 황금기였다. 요하문명 지역에서도 이 시기에 신석기시대 초기의 소하서문화, 흥륭와문화, 홍산문화가 시작된다.

넷째, BC 4000년부터 기온이 급강하해서 BC 3500−3000년까지는 현재보다 기온이 약 0.2℃ 정도 낮은 시기였다. BC 3000년경에 요하문명 지역에서는 농경문화를 바탕으로 한창 빛을 발하던 홍산문화가 소멸하게 된다.

다섯째, BC 3000년부터 BC 1500년까지 현재보다 약 0.1−0.3℃ 정도 높은 기온이었다. 요하문명 지역에서는 BC 2300−1600년에 하가점하층문화라는 새로운 청동기문화가 등장한다.

여섯째, BC 1500년경부터 기온이 낮아져서 BC 1000년경에는 현재보다 약 0.5℃ 정도 낮았다가 점차 현재의 기온 정도로 서서히 회복된다.

3) 현재 남한과 요하문명 지역의 연평균기온 비교

우선 현재의 시점에서 남한 지역과 요하문명 지역의 연평균 기온을 비교해 보면 아래와 같다.

첫째, 현재 요하문명 지역 주요 도시들의 현재 시점에서의 연평균기온을 조사하여 도표로 만들어 보았다. 요령성 지역의 연평균기온은 위도에 따라서 차이가 많았다. 이를 개괄적으로 살펴보면, (1) 서쪽 대흥안령 중간에 있는 임서현(林西縣: 2.2℃), 극십극등기(克什克騰旗: 2.0−4.0℃)는 상대적으로 추워서 2−4℃ 정도로 낮고, (2) 동쪽의 평원 지역인 파림좌기(巴林左旗: 6.4℃), 적봉시 시내(6.0−7.0℃), 내만기(奈曼旗: 6.0−6.5℃), 부신시(阜新市) 시내 태평구(7.9℃) 등은 6−8℃ 정도이고, (3) 요령성 지역의 조양시 시내 용성구(龍城區: 8.4℃), 능원시(凌源市: 8.0℃), 북표시(北票市: 8.6℃), 객좌현(喀左縣: 8.7℃), 반금시(盤錦市: 9.3℃) 등은 8−9℃ 정도며, (4) 남부 해안가의 진황도시(秦皇島市: 11.2℃) 지역은 11℃가 넘는다(〈자료

4-23〉, 〈자료 4-24〉 참조).

둘째, 비교를 위해서 2012년을 기준으로 남한 지역의 연평균기온을 조사하여 도표로 만들었다. 남한 지역의 2012년 연평균기온은, (1) 남한 전체는[46] 12.3℃, (2) 북부인 서울이 12.2℃, (3) 중부인 대전이 12.6℃, (4) 남부인 부산이 14.5℃, (5) 바다 건너 제주시가 15.7℃ 정도였다(〈자료 4-25〉 참조).[47]

현재를 기준으로 해서 남한 지역과 요하문명 지역의 연평균기온을 비교해 보면, 서울(12.2℃) 지역에 견주어서 적봉시는 5-6℃ 정도 낮고, 조양시는 4℃ 정도 낮다.

4) 과거 1만 년 동안 요녕성 남부 지역의 연평균기온과 습도의 변화

앞서 살펴본 1만 년 동안의 세계 연평균기온의 변화는 요하문명 지역과는 상당한 차이가 있을 수 있다. 아래에서는 요하문명 지역의 남쪽에 해당하는 '요녕성 남부 지역'의 과거 1만 년 동안의 연평균기온 변화, 건조 정도, 해수면의 변화 등 기후 조건에 대해서 살펴보기로 한다.

우선 제시하는 자료는 과거 1만 년 동안의 요녕성 남부 지역의 각종 지질, 식생, 기온, 건조 정도, 해수면 변화 등을 총괄하여 보여주는 〈자료 4-26〉이다.

---

46) 기상청, 《2012 기상연감》 (2014.4), 8쪽.
47) 기상청, 《2012 기상연감》 (2014.4), 330쪽의 표 참조.

〈자료 4-26〉 과거 1만 년의 요녕성 남부 지역 환경 기후 조건의 변화[48]

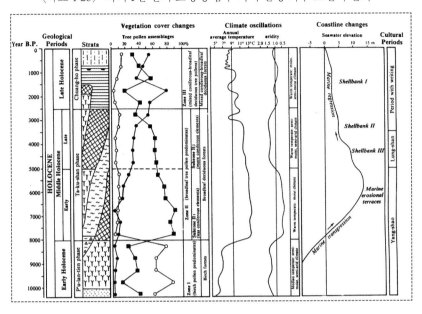

이 자료에서 연평균기온과 건조 정도의 변화 정보만을 골라서, 황하문명 지역과 요하문명 지역의 주요 신석기문화 시대와 연결하여 필자가 재구성한 것이 아래의 〈자료 4-27〉이다. 표를 살펴보기 위해서 기준에 대해서 설명해두기로 한다.

첫째, 연평균기온(Annual average temp.)에서 '짙은 수평선'은 '현재의 요녕성 남부 지역의 연평균기온'인 9℃를 비교 기준으로 표시한 것이다. 앞서 살펴본 바와 같이 요녕성 남부 지역의 연평균기온의 기준선인 9℃는 요녕성 조양시에서 발해만에 이르는 지역으로 보면 큰 무리가 없다.

둘째, 건조 정도(Aridity)에서 '짙은 수평선'은 현재 이 지역의 건조 정도를 1로 잡아서 다른 시기와 비교하기 위한 상대적인 수치이다. 1보다 작으면 현재보다 습한 기후이고, 1보다 크면 현재보다 건조한 기후를 나타

---

48) Chung-kuo K'o-hsueh (《中國科學》), 1977, no. 6, p. 612. ; Kwang-chih Chang, *The Archaeology of Acient China*, Yale Univ. Press, 1986 Forth Edition, 77쪽에서 재인용.

낸다. 이 자료를 바탕으로 정리를 해보면 아래와 같다.

〈자료 4-27〉 과거 1만 년 동안 요녕성 남부 지역 연평균기온, 건조 정도 변화[49]
* 표시에서 B.P.는 '지금으로부터의 과거'(Before Present)를 표시한다.

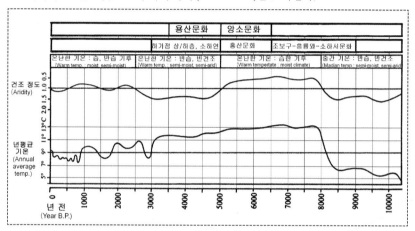

첫째, 약 9000-8500년 전인 소하서문화(小河西文化: BC 7000-6500) 시기에는 (1) 연평균기온이 현재보다 약 2℃ 정도 낮았고, (2) 습도도 현재보다 낮은 '반습-반건조 기후'였다.

둘째, 약 8500년 전(BC 6500)부터 기온이 급상승하여 약 3000년 전까지 이어지는 시기에는 (1) 연평균기온은 현재보다 약 3-4℃ 정도 높았고, (2) 건조정도는 '습한 기후'를 유지하다가 BC 3000년을 기점으로 '반습-반건조 기후'로 급변한다.

셋째, 약 8000-5000년 전 사이에는 요하문명의 핵심적인 신석기시대인 흥륭와문화(BC 6200-5200), 조보구문화(BC 5700-5500), 부하문화(BC 5200-5000), 홍산문화(BC 4500-3000)가 꽃피는 시기로 여러 기후 조건이 가장 좋을 때였다. 이때는 (1) 연평균 기온은 현재보다 약 3-4℃ 정도 높은 온난한 시기였고, (2) 현재보다 습한 기후였다. 전체적으로 온난하고 습하여 살기 좋은 기후 조건을 보여주고 있다.

---

49) 우실하, 〈요하문명, 홍산문화 지역의 지리적 기후적 조건〉, 235쪽. 〈자료 12〉.

넷째, 약 5000년 전 홍산문화(BC 4500-3000)가 종말을 고하는 시점에서는, (1) 연평균기온은 약간 하강하지만 큰 변화는 없으나, (2) '습한 기후'(moist climate)에서 '반습-반건조 기후'(semi-moist, semi-arid climate)로 급격히 바뀐다.

다섯째, 5000년 전을 기점으로 이미 기온도 서서히 하강하고 '반습-반건조 기후'로 바뀐 상태에서 시작된 '동석병용시대 소하연문화(BC 3000-2000), 초기 청동기시대 하가점하층문화(BC 2000-1500), 하가점상층문화(BC 1500-1000) 시기에는 큰 변화가 없다. 이 시기에도 (1) 연평균기온은 현재보다 2-3℃ 높았고, (2) 현재보다 건조한 반습-반건조 기후가 지속된다.

여섯째, 약 3100년 전을 전후하여 기온이 급강하기 시작해서 약 3000년 전에는 연평균기온이 약 3℃ 정도 급강하여 수백 년간 지속된다. 기온이 급강하는 시점은 중국에서 상(商: BC 1600-1046)이 주(周: BC 1046-771)에 의해 멸망하는 상-주 교체기로 대혼란의 시대의 시작과 일치한다. 이런 혼란은 춘추-전국 시대(BC 770-221)로 이어진다.

5) 과거 1만 년 동안의 요녕성 남부 지역의 해수면 변화[50]

요녕성 남부 지역의 해수면의 변화는 요하 수계의 물을 풍부하게 하여 농경에 유리한 조건들을 제공하였을 것이다. 우선 요하문명 지역의 남단 요녕성 남부 발해만-요동만 지역의 해수면의 변화를 재구성해보면 〈자료 4-28〉과 같다. 현재 해수면의 높이를 0미터로 하여 기준선을 잡고 해수면 변화를 표시하고 있다.

---

50) 우실하, 〈요하문명, 홍산문화 지역의 지리적 기후적 조건〉, 237쪽. 〈자료 13〉.

〈자료 4-28〉 과거 1만 년 동안의 요녕성 남부 지역의 해수면 변화 [51]
* 현재 해수면의 높이를 0미터로 하여 기준선을 잡고 해수면 변화를 표시하고 있다.

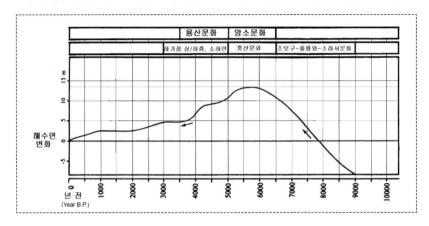

첫째, 빙하기 이후 급속하게 상승한 해수면은 약 9000년 전 소하서문화 (BC 7000-6500)가 시작되는 시기에도 지속적으로 급상승한다. 현재와 비교하면 소하서문화가 시작되는 시기에는 해수면이 현재보다 10미터 정도 낮았다가 급격히 상승하여 현재보다 약 5미터 낮은 수준까지 상승한다.

둘째, 약 8000년 전 흥륭와문화(BC 6200-5200)가 시작되는 시점에서는 현재의 해수면과 비슷했으나 계속 급상승하여 흥륭와문화 말기에는 현재보다 약 6-7m 정도 높았다.

셋째, 약 6000년 전인 홍산문화(BC 4500-3000) 시기에는 현재보다 최고로 약 13m 정도 높은 최고조에 달하였다. '요하문명의 꽃'으로 불리는 홍산문화 전 시기에 걸쳐서도 해수면이 현재보다 평균적으로 10-13미터 정도 높았다.

넷째, 약 5500년 전 홍산문화 후기 이후부터는 지속적으로 하강하지만

---

51) 우실하, 〈요하문명, 홍산문화 지역의 지리적 기후적 조건〉, 238쪽. 〈자료 14〉. 이 자료의 바탕이 된 해수면 변화 시뮬레이션 프로그램은 아래의 사이트를 참조하시오. 이 사이트는 나사 자료와 구글 위성 지도를 종합하여 만들어진 것으로 익스플로러(Internet explorer)보다는 크롬(Chrome)에 최적화되어 있어서 크롬을 이용하면 쉽게 이용할 수 있다(http://flood.firetree.net). 이 홈페이지에서는 세계 각 지역을 대상으로 해수면의 높이를 입력하면 변화된 해안선을 보여준다.

약 10m 정도 높은 상태를 유지하고 있다.

다섯째, 약 4000-3000년 전의 청동기시대인 하가점하층문화, 하가점 상층문화 시기에는 해수면이 지금보다는 약 5m 정도 높았다.

여섯째, 약 3000년 전부터 다시 해수면이 서서히 낮아져서 기원을 전후한 시기에는 현재의 해수면 높이에 이르게 된다.

요하문명이 꽃피던 신석기시대에 발해만이나 요동만 지역의 해수면은 평균적으로 10m 정도 높았다. 해수면이 높았다는 것은 요하문명의 젖줄이었던 요하수계나 대릉하-소릉하 수계 지역의 물이 풍부했었다는 것을 의미하는 것이다. 또한 이 시기에 기온도 평균적으로 2-3℃ 높고 습한 '온난하고 습한 기후'가 지속되었다. 따라서 요하문명이 꽃피던 시기에 이 지역은 사람이 생활하기에 좋은 환경이었음을 알 수 있다.

'요하문명의 꽃' 홍산문화 시기에 해수면이 10-13m 정도 높았다면, 발해만 연안 지역은 어디까지 바닷물에 잠겼을까? 아래의 〈자료 4-29〉은 나사(NASA)의 자료를 바탕으로 구글 위성 지도를 연결하여 해수면 높이 변화에 의한 해안선의 변화를 보여주는 시뮬레이션이다. 이 시뮬레이션 자료를 통해서 홍산문화가 꽃필 당시의 해안선의 모습을 개략적으로 파악할 수 있다.

개략적으로 시뮬레이션을 해본 결과, 해수면이 최고 13m 정도 높았던 약 6000-5500년 전에 발해의 동쪽 요동만 지역은 심양시 방향으로 약 150km 정도가 바닷물에 잠겼으며 요중현(遼中顯)이 거의 바다에 잠길 정도였다. 서쪽의 발해만 지역은 천진시(天津市)는 완전히 잠기고 보정시(保定市) 방향으로 약 230km 정도가 바닷물에 잠긴다. 또한 산동반도 지역은 완전히 섬으로 고립되어 있다.

〈자료 4-29〉 약 6000-5500년 전 홍산문화 시기
해수면이 최고 13m 높았을 때의 발해연안 해안선 변화
* (1) 우측 요동만은 심양시 방향으로 약 150km 정도 들어가고, (2) 좌측 발해만은 보정시
(保定市) 방향으로 약 230km 정도 들어가며, (3) 산동반도 지역은 섬으로 고립되어 있다.

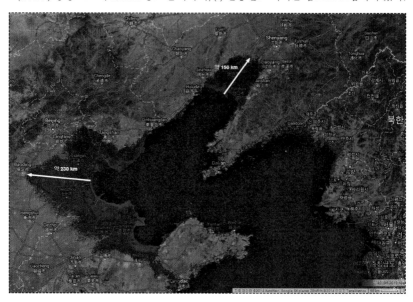

신석기시대 해수면의 상승과 관련하여 또 하나 눈여겨보아야 할 점이 있다. 하나는, 황하문명 지역 앙소문화의 홍도(紅陶)로 대표되는 채도(彩陶)문화권과 산동 지역 용산문화(BC 2500-2000)의 흑도(黑陶)문화권이 당시의 해안선을 경계로 분명하게 구분된다는 점이다.

BC 5500-2300년 사이에 산동반도 인근 지역은, (1) 황하 하류는 지금과는 달리 산동반도 쪽으로 흘러 바다로 들어갔었고, (2) 해수면이 높아서 산동반도는 고립된 섬이었으며, (3) 산동성의 곡부(曲阜) 근처에서 상(商)나라의 초기 수도였던 안양시(安陽市)까지는 사람의 거주가 힘든 삼각주 지역이었다가 점차 습지로 바뀌며, (4) 중원의 앙소문화 채도(彩陶)문화권과 산동 용산문화 흑도(黑陶)문화권은 당시의 해안선을 경계로 하여 분명하게 구분되었다. 이 지역이 오늘날의 모습과 비슷하게 되는 것은 BC 1300년경부터다(〈자료 4-30〉 참조).

〈자료 4-30〉 고대 산동반도 인근 해안선의 변화와 채도문화권의 경계[52]

* 신석기시대에는 해수면이 높아서 산동반도 지역은 2개의 섬으로 분리된 곳이었고, 당시의 해안선을 따라서 채도(彩陶)문화권=홍도문화권과 흑도문화권이 분리되어 있다.

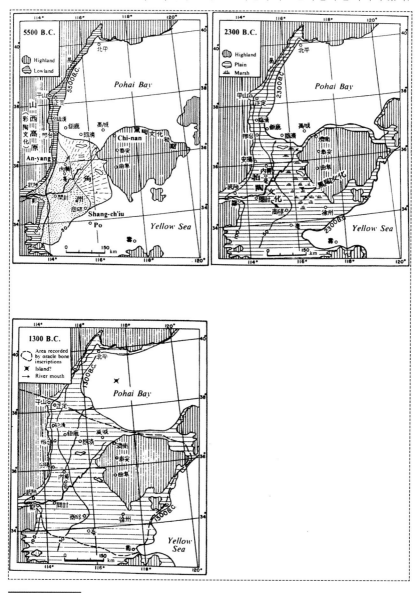

52) Kwang-chih Chang, *The Archaeology of Acient China*, Yale Univ. Press, 1986 Forth Edition, 75쪽.

〈자료 4-31〉 요동반도와 산동반도를 잇는 섬들로 이루어진 묘도군도(구글 지도)

〈자료 4-32〉 만주 지역과 북미를 잇는 섬들로 이루어진 알류샨열도(구글 지도)
* 캄차카반도를 중심으로, (1) 좌측은 쿠릴열도, (2) 우측은 알류샨열도다. 더 확대하면
더 많은 섬들이 고리를 이루고 있다. 이 열도들은 고대 몽골리안들이 북미 지역으로
이주하는 주요 루트 중 하나였다.

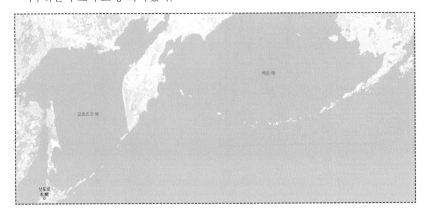

흑도(黑陶)는 요서 지역의 조보구문화(BC 5000-4400)에서 시작되어 요동반도와 한반도 북부 지역으로 확산된다. 산동반도 지역에서는 용산문화(BC 2500-2000) 시기에 흑도가 보이기 시작한다. 앙소문화 지역의 대표적인 토기인 채도문화권과 용산문화 지역의 대표적인 토기인 흑도문화권은 고대의 해안선을 경계로 나누어진다. 이것은 요동반도와 산동반도를 잇는 여러 개의 섬들로 이루어진 묘도군도(廟島群島)를 거쳐서 전파되었을 것으로 본다.

이러한 상황은 고대에 몽골리안들이 북미 지역으로 이주하는 '몽골리안 루트'의 경우에도 유사하다. 베링해 남단에는 캄차카반도에서 알래스카반도까지 수많은 섬들로 이루어진 약 2000km의 알류샨(Aleutian)열도가 마치 목걸이처럼 반원을 그리며 자리하고 있다. 알류샨열도는 태평양과 베링해를 가르는 기준이고, 환태평양조산대를 구성하는 것이다. 이 알류샨열도를 건너서 북미 지역으로 이동한 것이 소위 말하는 '몽골리안 루트'의 핵심적인 부분 가운데 하나이다.

또한 캄차카반도와 일본 북부 홋카이도 지역을 연결하는 것이 56개의 섬으로 이루어진 쿠릴(Kuril)열도도 고대의 중요한 문화 전파나 이동의 통로였다. 캄차카반도를 중간에 두고 쿠릴열도와 알류샨열도로 연결된 섬의 고리를 통해 주민의 이동이나 문화의 전파가 이루어졌던 것이다.

6) 과거 1만 년 동안의 요녕성 남부 지역의 기후 조건의 변화 종합

앞서 살펴본 자료들을 바탕으로 요하문명의 일부인 '요녕성 남부 지역'의 기온, 해수면, 습도 등을 모두 고려해서 당시의 기후 조건을 종합하여 제시하면 〈자료 4-33〉과 같다. 이것을 바탕으로 요하문명 각 시기별 기후 조건을 보기로 한다. 여기에서 논의하는 '요녕성 남부 지역'은 지금의 대릉하-소릉하 수계에 속하는 지역으로 조양(朝陽) 인근이라고 보면 된다.

앞서 제시한 여러 자료를 바탕으로 요하문명이 꽃피던 시기 이 지역의 기후 조건에 대해서 정리를 하면 아래와 같다.

첫째, 많은 비와 태풍을 동반하는 동아시아계절풍의 북방한계선이, (1) 9000년 전에는 요서 지역 요하문명 지역과 요동반도 북부까지 올라왔었고, (2) 6000년 전에는 장강=양자강 상류 지역에서 산동반도 아래쪽까지 올라왔으며, (3) 3000년 전쯤에야 현재와 비슷하게 중국의 동남단 지역까지 내려간다.

둘째, 약 9000년 전 소하서문화(小河西文化: BC 7000-6500) 시기에 요녕성 남부 지역은, (1) 연평균기온이 약 6-7℃로 현재의 적봉시 시내 (6-7℃)의 기온 정도였으며, (2) 습도는 현재보다 낮은 반습/반건조 기후 (semi-moist, semi-arid climate)였으며, (3) 해수면은 급격히 상승하는 중이긴 했지만 현재보다 5-10m 정도 낮았다.

〈자료 4-33〉 과거 1만 년 동안의 요녕성 남부 지역의 기후 조건의 변화 종합[53]

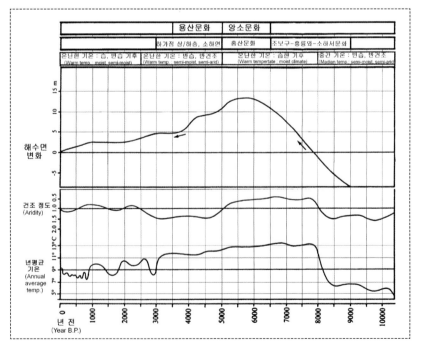

---

53) 우실하, 〈요하문명, 홍산문화 지역의 지리적 기후적 조건〉, 240쪽. 〈자료 16〉.

셋째, 약 8000-3000년 전 기온이 급상승하여 요하문명이 꽃피던 신석기-청동기시대에 요녕성 남부 지역은, (1) 연평균기온이 11-13.5℃ 정도로 현재 춘천(10.7℃)-서울(12.2℃)-대전(12.6℃)-광주(13.7℃)를 잇는 우리나라 중부나 중남부 지역과 비슷한 기온이었고, (2) 건조 정도는 약 5000년 전(BC 3000)을 기점으로 '습한 기후'(moist climate)에서 '반습/반건조 기후'(semi-moist, semi-arid climate)로 급변하며, (3) 해수면은 지속적으로 상승하여 홍산문화 시기에 현재보다 13m가량 높게 정점을 찍고 이후에는 서서히 하강을 한다.

넷째, 흥륭와문화(BC 6200-5200), 부하문화(BC 5200-5000), 조보구문화(BC 5000-4400), 홍산문화(BC 4500-3000) 등 요하문명의 각 신석기문화가 꽃피는 약 8000-5000년 전까지는 기후 조건이 가장 좋을 때로, (1) 연평균기온은 약 12.5-13.5℃로 현재 우리나라의 대전(12.6℃)-광주(13.7℃) 사이의 중남부 지역과 유사한 기온이었으며, (2) 건조 정도는 현재보다 습도가 높은 '습한 기후'(moist climate) 였고, (3) 해수면은 꾸준히 상승하여 약 6000년 전에는 현재보다 13m나 높았다가 약 5500년 전부터 다시 서서히 하강한다.

다섯째, '요하문명의 꽃' 홍산문화(BC 4500-3000) 시기야말로 모든 기후 조건이 사람 살기에 적합한 황금기였다. 이 시기에는, (1) 연평균기온이 현재보다 약 4℃ 정도 높은 약 13℃로 현재의 대전(12.6℃)-광주(13.7℃) 사이의 한반도 중남부 지역과 유사했고, (2) 건조 정도는 습한 기후였으며, (3) 해수면은 최고로 상승하여 현재보다 10-13m 정도 높았다.

대체적으로 홍산문화 시기의 대릉하-소릉하수계 지역은 전 시기를 통해서 온난하고 습한 기후로 살기 좋은 환경이었다는 것을 알 수 있다. 농업을 위주로 한 홍산문화는, (1) 연평균 기온과 습도가 높은 온난하고 습한 기후적 조건과, (2) 해수면의 상승으로 인한 요하 수계의 풍부한 수자원을 바탕으로 번성하였던 것이다.

홍산문화 시기에 요녕성 남부 지역이 현재보다 4℃ 정도 연평균기온이 높았다면 홍산문화 시기의 양대 중심지인, (1) 적봉시 시내의 연평균기온이 10-12℃ 정도였을 것이고, (2) 조양시 시내는 12.4℃ 정도였을 것이다. 승덕시(承德市)는 13℃ 정도 되었을 것이다. 이것은 당시 홍산문화 중심지가 우리나라의 서울-중부-중남부에 걸쳐있는 기온대였다는 것을 의미하는 것이다.

그러나 홍산문화가 종말을 고하는 약 5000년 전인 BC 3000년에 근접하면서, (1) 연평균기온은 1℃ 정도 떨어지고, (2) 해수면도 지속적으로 하강하여 최고점보다 약 3m 정도 낮아지며, (3) 결정적으로는 '습한 기후'(moist climate)에서 '반습/반건조 기후'(semi-moist, semi-arid climate)로 급격하게 전환된다.

이러한 변화는 홍산문화의 종말이나 이동과도 관련이 있을 것이라고 본다. 농경을 위주로 하던 홍산인들의 입장에서, (1) 기온도 낮아지고, (2) 해수면이 내려가면서 수량도 줄어들며, (3) '습한 기후'에서 '반습/반건조 기후'로 급격히 변화되는 것은 농작물의 안정적인 수확에 큰 걸림돌이 되었을 것이다.

결국 이런 급격한 기후 조건의 변화가 농경을 주로 하던 홍산인들이 주로 남방(서남방과 동남방)으로 이주하는 데 중요한 계기가 되었을 것이라고 본다. 좀 더 세밀한 연구가 필요하겠지만, 홍산문화의 종말과 이동은 이런 기후적인 조건의 변화와 연관되어 있다고 본다.

여섯째, 동석병용시대 소하연문화(BC 3000-2000), 초기 청동기시대 하가점하층문화(BC 2000-1500), 하가점상층문화(BC 1500-1000) 시기에는, (1) 연평균기온은 12℃정도 였고, (2) BC 3000년경부터 '습한 기후'에서 '반습/반건조 기후'로 바뀌며, (3) 해수면도 BC 3000년경에는 현재보다 10m 정도 높았으나 지속적으로 하강하여 BC 1000년경에서 현재보다 5m 정도 높은 상태로 한동안 유지된다.

이 시기에 요하 지역에는 토착세력이었던 홍산인들은 주로 서남, 동남, 남쪽으로 이주한 것으로 보고 있으며, 이 자리에는 청동기 세력들이 새롭게 이주해온다. 이 두 세력이 만나면서 청동기시대 문명이 또다시 꽃피게 되는 것이다.

일곱째, 약 3100년 전인 BC 1100년을 전후하여 해수면이나 건조정도
에서는 큰 변화가 없지만, 연평균기온이 약 4℃ 정도 급강하한다. BC 1100
년에 시작된 기온의 급강하는 이후 수백 년 동안 지속된다. 이 시기는 상
(商: BC 1600－1046)이 멸망하고 주(周: BC 1046－771)가[54] 새롭게 중원을
장악하는 '상－주 교체기'로 불리는 시기에서 춘추－전국시대(BC 770－221)
로 이어지는 대혼란의 시대와 일치한다. 농경문화권에서 이러한 갑작스러
운 기온의 변화는 큰 정치적 변동을 낳게 되었던 것이다.

5. 요하문명 지역의 화산

1) 요하문명 지역의 화산 분포

요하문명, 홍산문화 지역은 글자 그대로 화산군(火山群)으로 둘러싸여
있는 분지에 형성된 문명이었다. 이 지역을 동, 서, 북으로 둘러싸고 있는
화산군들은 중국 내에서도 가장 화산군이 밀집된 지역이다. 또한 신석기
시대가 시작되는 1만 년 전 이후에도 폭발한 적이 있는 수많은 활화산(휴
화산 포함)들이 요하문명, 홍산문화 지역을 동, 서, 북에서 감싸고 있다.

필자는 18년이 넘게 요하문명 지역을 답사하면서, 지표면에서 화산
폭발로 생긴 현무암들을 많이 보아왔다. 적봉대학에서 안식년(2014.9.1－
2015.8.31)을 보내면서 요하문명 지역의 화산군에 대해서 조사를 시작하게
되었다.

특히 요하문명이 꽃피던 '9000년 전부터 3000년 전' 사이에 다른 지역
에서는 화산 활동이 거의 없었지만, 백두산 지역의 화산은 여러 차례 화산

---

54) 하상주단대공정(夏商周斷代工程: 1996-2000)의 결과로 확정되어 중국의 공식입
장이 된 하, 상, 주의 존속연대: 하(夏: BC 2070－1600), 상(商: BC 1600－1046),
주(周: BC 1046-771). 우실하, 《동북공정 너머 요하문명론》, 서울: 소나무,
2007, 37쪽 〈자료 1-3〉 참조.

폭발을 하였다. 여기에서는 요하문명 지역을 둘러싼 화산들에 대해서 살펴보고, 특히 요하문명이 꽃피던 시기에도 지속적으로 폭발한 '백두산의 화산 폭발'이 요하문명에 미친 영향에 대해서 살펴보고자 한다.

요하문명, 홍산문화 지역은 동-서-북쪽이 모두 화산 지대로 둘러싸인 분지 형태를 이루고 있다. 이 화산 지대들은 크게, (1) 요하문명 지역 서쪽의 대흥안령(大興安嶺) 자락을 타고 내려가는 화산군 지역, (2) 요하문명 지역 동쪽의 백두산 자락 주변의 화산군 지역, (3) 요하문명 지역 북쪽의 소흥안령(小興安嶺) 자락의 화산군 지역으로 나누어진다. 요하문명 지역을 둘러싼 화산군들 가운데는 1만 년 전부터 현재 사이에 분출한 적이 있는 활화산(휴화산을 포함) 지역이 10여 곳에 달한다(〈자료 4-34〉 참조).

첫째, 요하문명 지역 서쪽의 대흥안령 자락을 남쪽으로 타고 내려가면서, (1) 대흥안령 북동쪽의 낙민하(諾敏河, 누오민허) 화산군, (2) 대흥안령 서쪽 중간의 아이산(阿爾山, 아얼산, Arsan) 화산군, (3) 대흥안령 서쪽 하단의 달리감알(達里甘嘎, 다리간가) 화산군, (4) 대흥안령 남단의 달리낙이(達理諾爾, 다리누얼) 화산군, (5) 적봉시 일대의 적봉(赤峰) 화산군이 있다.

둘째, 요하문명 지역 동쪽의 백두산 자락을 서쪽 혹은 북쪽으로 가면서, (1) 백두산 주변의 백두산 화산군, (2) 백두산 서쪽의 용강(龍岡, 롱강) 화산군, (3) 더 서쪽의 이통(伊通, 이통) 화산군, (4) 더 서쪽의 쌍료(雙遼, 슈앙랴오) 화산군, (5) 백두산 북쪽으로 경박호(鏡泊湖, 징보후) 화산군, (6) 더 북쪽의 상지(尙志, 샹즈) 화산군, (7) 더 북쪽의 의란(依蘭, 이란) 화산군, (8) 의란 화산군 동쪽의 밀산(密山, 미산) 화산군이 있다.

셋째, 요하문명 북쪽의 소흥안령(小興安嶺) 지역은 대흥안령 북부와 백두산 자락 북부를 동서로 이어주는 산맥이다. 이 소흥안령을 서쪽에서 동쪽으로 타고 내려오면서, (1) 오대연지(五大連池, 우다롄츠) 화산군, (2) 손극(遜克, 순커) 화산군이 있다.

내몽고 동부를 포함한 중국 동북부의 화산 지대는, (1) 신생대 화산암 노출 면적이 5만 km^2에 달하며, (2) 전체 화산의 수는 690여 개에 이르며, (3) 많은 화산들이 1만 년 전부터 현재 사이에도 분출한 적이 있는 활화산들이다. 아래에 제시한 〈자료 4-34〉를 보면 요하문명, 홍산문화 지역은 동서남북이 제4기 신생대 화산 지대로 둘러싸여 있다. 특히 1만 년 이래 폭발한 적이 있는 활화산(휴화산 포함) 지대가 동-서-북 3면을 둘러싸고 있고, 이 지역은 현재 중국에서도 활화산이 가장 많은 지역이다.

〈자료 4-34〉 중국 동북 지역 화산 지역 분포도[55]
* ● 붉은색 : 1만 년 전부터 현재까지 폭발한 적이 있는 활화산(휴화산 포함) 지역
* ● 노란색 : 신생대에 활동했으나 지금은 활동을 멈춘 사화산 지역
* ― 실선 : 단층대=단열대(斷層帶=斷裂帶)
* --- 점선 : 땅이 내려앉은 지구대(地溝帶=地塹)의 경계선

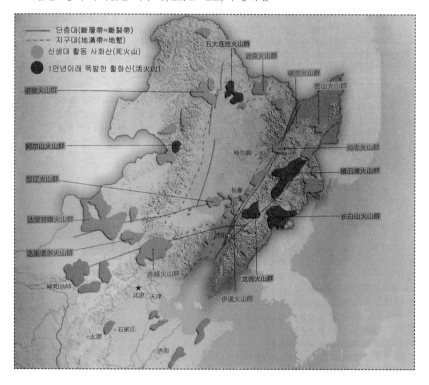

요하문명 지역의 단열대는 대부분 '동북-서남', '서-동' 두 방향으로 엇갈리게 형성되어 있는데, 이 두 단열대가 만나는 곳이 주요 화산군 지역

55) 中國科學院, 《中國國家地理》, 2008年 10月(總 第576期), 163쪽.

이다. 이런 화산군이 내몽고 동부와 동북 3성 지역에 집중되어 있다. 특히 백두산 화산군 지역은 큰 단열대 3개가 교차하는 곳으로, (1) 백두산 심부 단열대, (2) 후창–백두산 단열대, (3) 중강–백두산 단열대 등이 한 곳에서 만나는 삼중점(triple junction)에 위치하고 있어 끊임없이 마그마가 집중되며 화산 활동도 가장 활발하고 폭발 규모도 거대한 곳이다.[56]

2) 백두산 화산 폭발의 영향권

요하문명이 꽃피던 10000–3000년 전까지 화산 폭발이 주기적으로 일어난 곳은 백두산 지역 밖에 없다. 백두산 화산 지대는 290만 년 전부터 시작되어 최근까지도 활동을 계속하고 있는 대표적인 활화산 중 휴화산이다. 가장 최근에는 1900년경(1898, 1900, 1902, 1903년 등 다양한 기록과 설이 있음)에 폭발하였다.

백두산은, '8만 7600년 전–7854년 전'까지 약 8만 년의 긴 휴지기를 지닌다. 그러나 백두산은 1만 년 전부터 현재까지 수백 년 혹은 천여 년 단위로 10여 차례에 걸쳐서 폭발한다. 따라서 백두산 화산 폭발은 요하문명이 꽃피던 신석기–청동기시대에 직접적인 영향을 미쳤을 가능성이 있다.

김남신은 2011년에 시뮬레이션을 통해서 백두산 화산 분출 영향 범위를 분석한 글을 발표한 바 있다.[57] 시뮬레이션의 조건은, (1) 용암류의 흐름 모델(Felpeto 모델)과 화산재 확산 모델(Armienti 모델)을 이용하였고, (2) 화산 폭발 강도는 화산폭발지수(VEI) 7로 가정하였으며, (3) 폭발 시기는 가을–봄 사이 북서계절풍이 부는 시기로 가정하여 진행하였다.[58]

김남신의 시뮬레이션 결과는 북서풍이 부는 가을–봄 사이에 폭발하더라도, (1) 용암류는 대부분 북서 방향으로 중국 쪽으로 흘러내리지만, 55

56) 소원주, 《백두산 대폭발의 비밀》, 사이언스북스, 2010, 237쪽.
57) 김남신, 〈시뮬레이션에 의한 백두산 화산분출 영향범위 분석〉, 《한국지역지리학회지》 제17권 제3호(2011), 348–356쪽.
58) 김남신, 위 글, 356쪽.

㎞ 반경 어느 지역에나 영향을 미칠 수 있고, (2) 화산재는 주로 북서풍을 따라 북한 쪽으로 이동하지만, 9시간 이내에 500㎞ 전 지역에 확산될 수 있다는 것을 보여주고 있다.[59]

이 시뮬레이션은 '가을-봄 사이 북서계절풍이 부는 시기'를 가정한 것이다. 만일, 남동풍이 부는 여름철에 백두산이 폭발한다면 화산재가 9시간 이내에 반경 500㎞를 너머, 서쪽의 요하문명 지역을 향해 700-1000㎞까지도 갈 수 있을 것이다. 백두산으로부터 서쪽으로 700-1000㎞ 거리가 바로 요하문명 지역이다. 만일 동남풍이 부는 여름철에 백두산이 폭발하였다면, 요하문명 전 지역에 좀 더 큰 영향을 미칠 수 있다고 볼 수 있다.

〈자료 4-35〉 시뮬레이션으로 본 백두산 화산 폭발시 영향권[60]
* 화산폭발지수(VEI) 7, 북서계절풍이 부는 가을-봄 사이를 가정
1. 9시간 이내(좌)
* 용암류: 반경 55㎞, 화산재: 반경 500㎞
2. 24시간 이내(우)
* 커지는 원 하나가 1시간 차이이며, 24시간 동안의 화산재 확산 영역을 표기한 것이다.
* 폭발 후 14-15시간이 지나면 요하문명 전체 지역에 영향을 미친다.

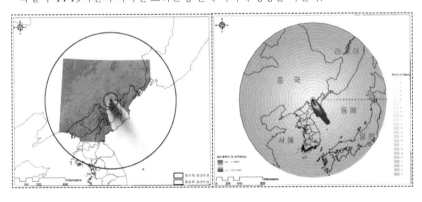

'요하문명 지역'은 서쪽으로 대흥안령 자락이 막고 있고, 동쪽으로는 백두산 자락으로 막혀 있어서 큰 '바람골'을 이루고 있다. 이런 영향으로

---

59) 김남신, 위 글, 353쪽.
60) 김남신, 위 글, 1은 353, 2는 354쪽.

(1) 겨울과 봄에는 서풍, 서북풍, 북풍이 섞여 불고, (2) 여름철에는 황해에서 불어 올라오는 남동풍이 바람골을 타고 올라가면서 남서풍으로 바뀐다. 따라서 만일 남동풍이 부는 여름철에 백두산 화산이 폭발한다면 요하문명 지역에 직접적인 영향을 미칠 수 있다.

〈자료 4-36〉 백두산 화산이 폭발할 경우 바람의 방향과 영향권

1. 겨울철   2. 여름철

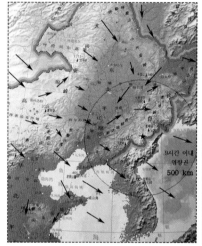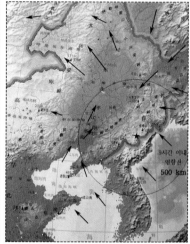

3) 요하문명이 꽃피던 시기 백두산 화산의 폭발과 단층 작용

홍산문화 후기(BC 3500-3000)는 BC 3000년을 전후해서 막을 내린다. BC 3000년을 전후해서 요하문명 지역은 '습한 기후'에서 '반습-반건조 기후'로 급격하게 바뀐다. 이 시기에 농경문화를 바탕으로 했던 홍산문화는 막을 내리고 이곳저곳으로 이주하고, 남겨진 사람들은 목축문화를 기반으로 하는 새로운 경제 형태로 바뀌게 된다. 이어서 이 지역에서 청동기시대가 열리게 되는 것이다.

필자는 BC 3000년을 전후해서 요하문명 지역이 '습한 기후'에서 '반

습-반건조 기후'로 급격하게 바뀌는 것은 크게 두 가지 원인이 있었다고 본다. 하나는 단층 작용에 의한 지각운동으로 요하문명 지역이 상대적으로 높아져 물이 마르게 된 것이고, 다른 하나는 백두산 지역의 화산 폭발이다.

(1) 홍산문화 후기 만주 지역의 단층 작용

우선, 단층 작용에 대해서 살펴보자. 홍산문화 후기에, (1) 요하문명 지역의 동쪽에 자리한 백두산 지역과 (2) 서쪽의 대흥안령 지역에서 단층 작용에 의한 지각운동이 일어나 요하문명 지역이 전체적으로 높아지는 현상이 있었다. 중국 지질학자 리산하이는 KBS 1 텔레비전과의 인터뷰에서 아래와 같이 이야기하고 있다. 번호는 논의를 위해서 필자가 임의로 붙인 것이다.

① 홍산문화 시대 후기에 대흥안령산맥이 단층 작용으로 끊어졌습니다. 남쪽의 강소성 부분과 북쪽의 심양(瀋陽)에서도 역시 단층 작용이 일어났습니다. 이 두 지역의 단층 작용으로 중국 중원의 평원이 상대적으로 가라앉게 되었습니다. ② 그러나 중국 서부는 끊어진 부분으로 인하여 높아졌고, 대릉하(大凌河) 유역과 요녕성 서부 즉 홍산문화 지역도 상대적으로 높아졌습니다. ③ 이런 지각운동으로 결국 대릉하(大凌河) 골짜기의 물도 강물도 계속 마르게 되었습니다. 이렇게 계속 물이 마르면 지하수도 감소하게 되고 지하수가 점점 줄어들게 되면 식물도 자라지 못합니다. 식물이 자라지 못하면 황사도 심해집니다. ④이런 지각운동 이후에 사람들도 점점 물이 많고 식물도 많은 곳으로 이동하게 되었지요.[61]

이 내용을 정리하면, (1) 홍산문화 후기에 요하문명의 서쪽 대흥안령

---

61)〈차인표의 역사탐험: 개천절 특집 '잃어버린 문명을 찾아서'〉(KBS1, 2010.10.3.). 리산하이 한자 이름을 수소문했지만 알 수가 없어서 직접 만나지는 못했다.

지역과 동쪽 심양 일대에서 단층 작용에 의한 지각운동이 있었고, (2) 이런 지각운동으로 인해서 요하문명 지역이 상대적으로 높아졌으며, (3) 대릉하, 요하 등의 물이 마르게 되어 지하수도 줄어들게 되었고, (4) 식물이 자라기 어렵게 되고 황사도 심해서 많은 사람들이 이주할 수밖에 없었다는 것이다.

이러한 단층 작용으로 인한 건조화는 BC 3000년을 전후한 시기에 요하문명의 꽃이라 불리는 홍산문화가 소멸되고, 건조기후로 바뀌는 결정적인 계기가 되었을 것이다.

〈자료 4-37〉 홍산문화 후기의 단층 작용 인터뷰(중국 지질학자 리산하이)

(2) 백두산의 화산 폭발 시기와 그 영향

요하문명이 꽃피던 시기인 '10000-3000년 전'(BC 8000-1000) 사이에 (1) 요하문명 지역 서쪽의 대흥안령(大興安嶺) 자락의 아이산(阿爾山, 아얼산) 화산군이나, (2) 요하문명 지역 북쪽의 소흥안령(小興安嶺) 자락의 오대연지 화산군은 별다른 화산활동이 없었으나, (3) 백두산 화산 지역은 여러 차례에 걸쳐서 화산 폭발이 일어났다.

중국에서 백두산 화산과 관련한 최초
의 종합적인 연구는 1987년에 국가자연
과학기금의 지원을 받아 2년 동안 연구한
결과를 1990년에 책으로 출판한《장백산
화산연구(長白山火山硏究)》이다.[62] 이 책
은 연구에 참가한 학자들이 쓴 여러 편의
논문들로 구성되어 있는 연구 결과 보고
서이다. 이 책에서 손광우(孫廣友외 3인)
는 2840만 년 전부터 현재까지 백두산 화
산의 폭발 시기를 표로 제시하고 있다.
이 가운데 요하문명이 꽃피던 10000-
3000년 전까지 백두산 화산이 폭발한 시

〈자료 4-38〉《장백산화산연구
(長白山火山硏究)》(1990, 필자 소장)

기를 정리한 것이 아래의 〈자료 4-39〉이다. 이후에 한-중의 다른 학자들
의 글들은 기본적으로 이 자료를 바탕으로 이루어지고 있다.

이 자료에 의하면 신석기-청동기시대에 백두산 화산은, (1) 7854±
180년 전, (2) 6440±110년 전, (3) 5200±210년 전, (4) 5100±210년 전,
(5) 3450±200년 전 등 5차례의 폭발이 있었다. 이 연대는 모두 탄소 14
측정 연대로 '나이테 교정'을 거치지 않는 것이다.[63] 그러나 이후 이어진
여러 연구들에 의하면 백두산 지역에서는 이 시기에 총 11차례의 화산 폭
발이 있었다.

---

62) 宋海遠(主編),《長白山火山硏究》, 延邊大學出版社, 1990. 중국의 중고서적 인터
   넷 서점에서 어렵게 구한 책이다.

63) 宋海遠(主編),《長白山火山硏究》의 부주편(副主編)으로 백두산 화산 연구 프로젝
   트에 참가해 직접 논문도 썼으며, 지금은 상해에 있는 동제대학(同濟大學) 동제
   환경과학여공정학원(同齊環境科學與工程學院) 교수인 양영흥(楊永興)에게 위의 책
   에 제시된 백두산 화산 폭발 연대측정법에 대해서 필자가 이메일로 질의를 하였
   다. 보내온 답신에 의하면 당시 측정 연대는 '나이테로 교정한 교정 연대'가 아
   니라 '단순 탄소14 측정 연대'였다고 한다.

〈자료 4-39〉《장백산화산연구》에 제시된
신석기-청동기시대 백두산 화산 폭발 시기[64]
* 이 책에는 2840만 년 전부터 현재까지 백두산 화산의 폭발 시기를 표로 제시하고 있다.
이 가운데 요하문명이 꽃피던 10000-3000년 전을 전후한 시기의 것만 필자가 정리한
것이다.

시료 채취 지점	시료	측정 방식	연대(BP)	측정단위
무송현 천지와 쌍목봉 중간 지점	탄화목	탄소 14	1410±80	중국과학원 고척추여고인류연구소
안도현 이도백하 남쪽 4km	탄화목	탄소 14	3450±200	중국과학원 장춘지리연구소
백두산 화평영자 서쪽 5km	탄화목	탄소 14	5100±210	중국과학원 장춘지리연구소
빙장초대소 북쪽 6.5km	탄화목	탄소 14	5200±210	중국과학원 장춘지리연구소
안도현 노황송포	탄화목	탄소 14	6440±110	중국과학원 장춘지리연구소
빙장초대소 북쪽 6.5km	탄화목	탄소 14	7854±180	중국과학원 장춘지리연구소
천지기상점 동쪽	감류암 (鹼流岩)	K/Ar	87600±1500	중국과학원 지질연구소

《장백산화산연구(長白山火山研究)》(1990) 출간 이후 여러 학자들에 의해
서 백두산 화산 폭발 시기에 대한 연구가 진행되었다. 필자는 백두산 화산
폭발 시기와 관련한 중국-한국학자들의 모든 논문을 정리하였고, 나이테
교정 연대가 없는 경우에는 절대연대를 추정하기 위해서 평균적으로 640
년을 더해서 표로 정리한 것이 〈자료 4-40〉이다.

필자가 절대연대 추정을 위해 나이테 교정이 안 된 탄소14 측정연대에
더한 640년이라는 수치는, 앞서 제1장에서 제시했던 〈자료 1-9〉에서, 탄
소14 측정 연대와 나이테 교정 연대 사이의 차이를 평균 낸 값이다. '탄소
14 측정 연대'에 비하면 '나이테 교정 연대'가 훨씬 이르게 나오는데, 최고
757년(조보구문화, ZK-2135)에서 최저 485년(홍산문화, ZK-1354) 앞서는
것으로 나온다. 둘 사이 차이 값의 평균이 640년이다.

64) 孫廣友, 富德義, 宋海遠, 楊永興, 〈長白山火山期, 玄武巖建造及宋火山地貌的形
成〉, 宋海遠(主編), 《長白山火山研究》, 13-16쪽. 〈표 1〉은 16쪽과 17쪽 사이.

〈자료 4-40〉 신석기-청동기시대 백두산 화산 폭발 시기의 절대연대 추정치(필자).
* 각 논문에서 제시한, (1) BC로 표시된 교정 연대는 2000년을 더했고, (2) 탄소14 측정 연대만 제시된 것은 640년을· 더해서 추정 절대연대로 표기하였다.
* 한국학자나 한국에서 책을 낸 조선족 학자는 한글로, 중국학자는 한자로 이름을 표기하였다.
* 9차의 경우 두 시기로 나눌 수도 있으나, 큰 의미가 없어서 합쳤다.

요하문명 시기 폭발	논문에 제시된 탄소14 측정 연대 또는 교정 연대	자료 출처	탄소14 측정치의 중간 연대 (BP)	나이테 수정을 고려한 추정 절대연대 (+640)	분출량 (金伯錄·張希友 자료)
11차	교: 1000 BC	黃庭[65]		3000 BP 전후 (교: 1000 BC)	
10차	교: 1540 BC	黃庭		3500 BP 전후 (교: 1540 BC)	1.5억 톤
	3450±200 BP	金伯錄·張希友[66] 李川川[67]			
9차	3040±90 BP	윤성효[68]	3200 BP 전후	3840 BP 전후	
	3130±80 BP				
	3345±138 BP	崔鍾燮(외 2인)[69]			
	3450±200 BP	金伯錄·張希友			
8차	교: 2160 BC	黃庭		4160 BP 전후 (교: 2160 BC)	
7차	4105±80 BP	劉若新(외 2인)[70]	4130 BP 전후	4770 BP 전후	
	4140±80 BP	윤성효			
	4150±90 BP	李川川			

65) 黃庭, 〈東北泥炭記錄的全新世火山噴發事件及其古氣候响應研究〉, 中國地質大學, 博士學位論文 (2013,5), 85쪽 〈표 5-6〉.

66) 金伯錄, 張希友, 〈吉林省長白山全新世火山噴發期及活動特徵〉, 《吉林地理》第13券 第2期 (1994年 6月), 2쪽의 〈表 1〉을 간단히 정리.

67) 李川川, 〈吉林長白山晩更新世以來火山作用與冰川演化的關系〉, 遼寧師範大學, 碩士學位論文(2008), 31~34쪽의 〈표3-1, 3-2, 3-3, 3-4〉 '장백산화산사건편년독표(長白山火山事件編年讀表)'에서 요하문명이 꽃피던 시기에 다양한 방법으로 측정된 것들 가운데 오차범위가 적은 탄화목 탄소 14연대 측정만을 정리한 것이다.

68) 윤성효, 《백두산 대폭발의 날》, 해맞이, 2010, 53쪽, 〈표 1〉 '백두산 지역의 제3기-제4기 화산활동사 요약'. 이 표에서 'BC 1055~1050년(2130±80 BP, 2040±90 BP)'은 'BC 1055~1050년(3130±80 BP, 3040±90 BP)'의 오기로 바로잡았다.

69) 崔鍾燮, 長三煥, 田景, 〈長白山全新世以來的火山噴發活動與森林火災研究〉, 《地理研究》第16券 第1期(1997年 3月), 93쪽의 〈表 1〉을 정리.

6차	교: 3550 BC	黃庭		5550 BP 전후 (교: 3550 BC)	
5차	5100 BP	이성이(외 3인)[71]	5150 BP 전후	5790 BP 전후	13.6억 톤
	5100±210 BP	김한산,[72] 李川川			
	5100±100 BP	金伯錄·張希友			
	5157±210 BP	김한산			
	5190±170 BP	黃庭			
	5200±210 BP	김한산, 李川川			
4차	6440±110 BP	崔鍾燮(외 2인) 김한산 金伯錄·張希友 李川川	6400 BP 전후	7040 BP 전후	
3차	7800 BP	이성이(외 3인)	7820 BP 전후	8460 BP 전후	0.75억 톤
	7822 BP	김한산			
	7822±210 BP 7854±180 BP	崔鍾燮(외 2인), 김한산, 金伯錄·張希友, 李川川, 黃庭			
2차	8352±76 BP	黃庭	8350 BP 전후	8990 BP 전후	
1차	9604±80 BP	黃庭	9600 BP 전후	10240 BP 전후	

이런 자료를 기반으로 정확하진 않지만, 탄소 14 측정 연대에 640년을 더하여 필자가 추정하는 절대연대를 구한 것이다.

그리고 'BC로 표기된 교정 연대(=절대연대)+1950=BP 연대'이다. 여기에서는 대략적인 추정치이므로 2000을 더하여 표기하였다.

특히, 탄소 14 측정 연대로 (1) 5100년(5100±100 BP) 전에 일어난 폭발의 분출량은 13.6억 톤으로, (2) 7800년 전의 0.75억 톤, (3) 3400년 전의

70) 劉若新, 仇海泉, 李繼泰, 《長白山天池火山近代噴發》, 科學出版社, 1998.

71) 이성이, 성영배, 강희철, 최광희, 〈백두산 빙하지형의 존재 가능성과 제4기 화산활동과의 관계〉, 《대한지리학회지》, 제47권 제2호(2012), 174쪽 Figure 9.

72) 김한산, 《백두산 화산》, 시그마프레스, 2011, 149-151쪽. '백두산 지역과 백두산 화산의 분출 연대'.

1.5억 톤에 비하면 대규모의 폭발이었다.[73]

한-중의 여러 학자들의 연구 결과에 의하면, '요하문명이 꽃피던 시기'인 10000-3000년 전 사이에 백두산 화산지역은 총 11차례에 걸쳐서 폭발하였다. 요하문명이 꽃피던 시기 백두산의 화산 폭발을 이른 시기부터 정리하면, (1) 1차 폭발은 10240 BP 전후, (2) 2차 폭발은 8990 BP 전후, (3) 3차 폭발은 8460 BP 전후, (4) 4차 폭발은 7040 BP 전후, (5) 5차 폭발은 5790 BP 전후, (6) 6차 폭발은 5550 BP 전후, (7) 7차 폭발은 4770 BP 전후, (8) 8차 폭발은 4160 BP 전후, (9) 9차 폭발은 3840 BP 전후, (10) 10차 폭발은 3500 BP 전후, (11) 11차 폭발은 3000 BP 전후이다.

11차례에 걸친 백두산 화산 폭발을 앞서 제시했던 요하문명 지역의 여러 기후 조건과 합쳐서 표기한 것이 아래의 〈자료 4-41〉이다. 이 자료는 매우 흥미로운 사실을 알려준다.

첫째, 이 시기에 백두산은 길게는 1500년에서 짧게는 수백 년 단위로 지속적으로 분화를 하였다는 것이다. 이러한 점은 요하문명 시기에 요동 지역 북쪽과 백두산 인근에서는 발달된 신석기문화가 발견되지 않는 중요한 원인 가운데 하나일 수 있다고 본다.

둘째, 전 세계 연평균기온의 변화를 보면, 5200년 전을 전후한 시기부터는 전 세계 연평균기온은 급격히 상승하고 있다. 그런데 이런 세계적인 기온 변화와는 달리 요녕성 남부 지역은 기온이 오히려 서서히 내려가기 시작한다. 이것은 이 지역만의 특이 상황이 있었을 가능성을 보여주는 것이다. 이 시기를 전후해서 백두산의 5차(5790 BP 전후), 6차(5550 BP 전후), 7차(4770 BP 전후) 화산 폭발이 있었다. 그렇다면, 이런 백두산 화산 폭발이 요하문명 지역의 특이한 기온 하강을 가져오는 데 영향을 미쳤을 가능성이 있다는 것이다.

73) 金伯錄, 張希友, 〈吉林省長白山全新世火山噴發期及活動特徵〉, 《吉林地理》, 第13券 第2期(1994年 6月), 2쪽.

〈자료 4-41〉 요하문명 지역 기후 조건과 백두산 화산 폭발 시기
* 화산 폭발 1차: 10240 BP 전후, 2차: 8990 BP 전후, 3차: 8460 BP 전후, 4차: 7040 BP 전후,
5차: 5790 BP 전후, 6차: 5550 BP 전후, 7차: 4770 BP 전후, 8차: 4160 BP 전후, 9차: 3840
BP 전후, 10차: 3500 BP 전후, 11차: 3000 BP 전후

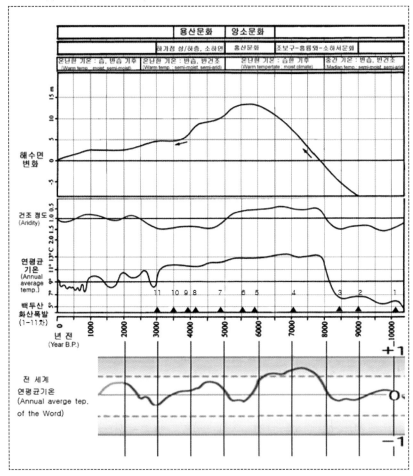

셋째, 5000년 전에 시작된 '습한 기후'에서 '반습-반건조 기후'로의 변
화는, (1) 앞서 살펴본 단층 작용 등으로 인한 지반 상승으로 물이 빠진
것, (2) 전반적인 해수면이 하강 등과 관련이 있을 것이다. 여기에 백두산
화산 폭발의 영향도 일조를 했을 것이라고 본다. 5000년 전부터 요령성
남부 지역은, (1) 해수면도 지속적으로 강하하기 시작하고, (2) 기온도 떨

어지며, (3) 결정적으로는 '습한 기후'에서 '반습-반건조 기후'로 바뀌기 시작한다.

넷째, 필자는 요녕성 남부 지역이 '습한 기후'에서 '반습-반건조 기후'로 바뀌는 데는, (1) 앞서 살펴본 단층 작용, (2) 해수면 하강, (3) 더불어 백두산 지역의 5차(5790 BP 전후), 6차(5550 BP 전후), 7차(4770 BP 전후) 화산 폭발이 영향을 미쳤을 가능성이 높다고 본다. 특히 5차 화산 폭발은 화산재 분출량이 13.6억 톤이나 되는 어마어마한 규모였다.[74]

위에 제시한 자료를 보면, (1) 백두산 지역의 5차(5790 BP 전후) 화산 폭발 이후에는 큰 변화는 없으나 습도가 서서히 떨어지기 시작하며, (2) 6차 (5550 BP 전후) 화산 폭발 이후부터는 습도가 급속히 떨어지기 시작해서, (2) 7차(4770 BP 전후) 화산 폭발 이후부터는 완전히 '반습-반건조 기후'로 바뀐다. 이후에도 '반습-반건조 기후'가 지속되는 시기 동안 8-11차까지 4번의 화산 폭발이 더 있었다.

현재 요하문명 지역은, (1) 북쪽의 호륜패이(呼倫貝爾, 후룬베이얼)사지, (2) 서쪽의 혼선달극(渾善達克, 훈산다커)사지, (3) 요하문명의 젖줄인 서랍목륜하(西拉木倫河, 시라무룬허) 남북의 과이심(科爾沁, 커얼친)사지 등으로 둘러싸여 있다.

결국, (1) 단층 작용으로 인한 지각운동으로 요하문명 지역이 상대적으로 높아지면서 물 자원이 고갈되기 시작하면서 해수면 강하, 기온 강하, 건조화가 이어지고, (2) 백두산의 화산 폭발 등의 상황이 겹치면서 농경문화를 바탕으로 했던 홍산문화(BC 4500-3000)가 5000년 전에 종말을 고하게 된 것이라고 보인다. '온난하고 습한 기후'에서 출발해서 이미 발달된 농경문화를 이루고 있던 홍산인들 가운데 많은 사람들은 5000년 전에 거주지를 떠나 대대적인 이동을 하게 되는 것이다.

다섯째, 백두산 지역의 11번째 화산 폭발은 3000년 전을 전후한 시기에 있었다. 폭발의 규모는 화산 분출량이 '1.5억 톤'[75] 정도의 거대한 규모

---

74) 金伯錄, 張希友, 〈吉林省長白山全新世火山噴發期及活動特徵〉, 3쪽.

75) 金伯錄, 張希友, 위 글, 3쪽.

였다. 요녕성 남부 지역은, 11차 화산 폭발 시기에 기온도 급강하하여 연평균기온이 거의 3℃ 가까이 떨어지는 것을 확인할 수 있다. 연평균기온이 3℃ 정도 떨어지는 것은 그야말로 재앙이라고 할 수 있다.

3000년 전에는 이미 요하문명 지역에서는 농경문화를 바탕으로 했던 홍산문화 세력들 가운데 많은 이들이 이동하고, 남겨진 사람들은 목축문화를 중심으로 하는 새로운 경제 형태로 전환된 하가점상층문화(BC 1500-1000) 시기였다. 중원 지역에서는 이 시기에 상(商)이 멸망하고 주(周)가 새롭게 등장하는 '상-주 교체기'와 일치하고, 이후에도 혼란의 시기인 춘추시대로 이어진다.

요하문명 지역이 '습한 기후'에서 '반습-반건조 기후'로 바뀌는데 결정적인 원인은 요하문명 지역의 동쪽에 자리한 백두산 지역과 서쪽의 대흥안령 지역에서 홍산문화 후기(BC 3500-3000)에 단층 작용이 일어나 요하문명 지역이 전체적으로 높아지는 현상 때문이다. 그리고 여기에 더해서 백두산 지역의 화산 폭발이 영향을 미쳤을 가능성도 있다고 보인다. 특히 홍산문화 유적지들이 요동 지역과 한반도 북부 지역에서 현재까지 거의 발견되지 않는 것은, 이 시기에 백두산 지역의 화산이 여러 차례 폭발하는 것과 연관성이 있었을 것으로 본다. 홍산문화 후기에 이주한 이들은 해안선을 따라 산동반도 지역과 북경 지역으로 또 요동반도 남단 지역으로 이동하였을 것으로 본다.

제2부

요하문명의 주요 고고학문화와 한반도

제5장 소하서문화(小河西文化: BC 7000－6500)와 한반도

1. 소하서문화에 대한 개략적 소개

소하서문화는 현재까지 요하문명 지역에서 가장 이른 신석기시대 고고학문화이다. 그러나 일반인들의 눈으로 보기에 놀랄 만한 유물이 없어서, 필자의 기존 책이나 논문에서 상세히 소개를 하지 못했었다. 필자 역시 20여 차례 이상 요하문명 지역을 답사했었지만, 소하서문화에 속한 유적지는 직접 답사를 하지 못했었다.

다행스럽게 필자가 적봉대학 홍산문화연구원에서 안식년을 보내면서 발굴이 진행된 소하서문화의 주요 유적지를 직접 답사하였고, 중국에서 발표된 관련 논문들을 모두 정리하였다. 이번 책에서는 후학들의 연구를 위해서라도 상세히 소개하기로 한다.

현재 중국학계에서 (1) 대부분의 학자들은 소하서문화를 요서 지역의 홍륭와문화보다 이른 시기의 독립적인 고고학문화로 보고 있으며, (2) 일부 학자들은 소하서문화를 홍륭와문화의 이른 단계로 간주하여 별도의 고고학문화로 보지 않는 사람들도 소수이지만 있다.[1] 필자는 소하서문화를 홍륭와문화의 모태가 된 독립된 고고학문화로 볼 수 있다고 본다. 먼저 소하서문화를 개괄적으로 소개하면 아래와 같다.

첫째, 소하서문화는 1987년 중국사회과학원 고고연구소 내몽고공작대가 노합하(老哈河)의 상류 지역인 오한기 맹극하(孟克河) 좌측 목두영자향(木頭營子鄉) 소하서촌(小河西村)에서 소하서유지를 처음 발굴하면서 정

---

1) 趙賓福, 杜戰偉, 薛振華, 〈小河西文化檢析〉, 《中国国家博物館館刊》, 2014年 1期, 19쪽.

식으로 명명되었다.[2] 처음 발견된 소하서유지는 총면적이 615㎡로 남북 61.5m 동서 10m 정도이며, 이 가운데 발굴 면적은 약 300㎡ 정도에 지나지 않았다. 지표면의 주거 흔적인 재(灰)가 깔려 있는 지역을 통해서 볼 때, (1) 6줄로 배열된 총 26개의 방이 있었으며, (2) 이 가운데 3개의 방만 발굴되어 토기, 석기, 골기(骨器), 민물조개 껍데기로 만든 방기(蚌器) 등이 약간씩 발굴되었다.[3]

둘째, 2014년 현재까지 소하서문화에 속하는 유적지가 약 39곳이 발견되었으며, 이 가운데 오한기 안에서 발견된 것이 22곳이다.[4] 2017년 현재는 이미 40곳이 넘었다.[5] 대표적으로, (1) 내몽고 적봉시 오한기의 소하서유지, 유수산(楡樹山)유지, 서량(西梁)유지[6], (2) 적봉시 임서현의 백음장한(白音長汗)유지 1기, (3) 요녕성 서부의 사해(査海)유지 1기, (4) 요녕성 남부의 마가자(馬架子)유지과 양가와(楊家洼)유지 등이 있다.

셋째, 소하서문화의 연대는 흥륭와문화의 상한선인 BC 6200년 이전으로, 대부분의 학자들은 BC 7000-6500년 정도로 보고 있다. 소하서문화 양가와유지는 (1) 발해 연안 호로도시(葫蘆島市) 연산구(連山区) 탑산향(塔山郷) 양가와촌(楊家洼村)에서 1996년 5월 4일부터 7월 31일까지 북경-심양 고속철도 공사를 위해서 구제발굴을 한 곳으로, (2) 탄소14 측정 연대가 8250±120년 전이고 나이테 교정 연대로 9000-8500년 전의 초기 신석기 유적이다.[7] 소하서문화의 가장 이른 절대연대는 BC 7500년경까지 올려보기도 한

---

2) 《中国社会科学院考古研究所内蒙古工作隊1987年発掘資料》, 1989年에 소개된 아래의 논문에서 정식으로 '소하서문화'로 명명되었다. 楊虎, 《敖漢旗愉樹山, 西梁遺址》, 文物出版社, 1990.

3) 楊虎, 林秀貞, 〈内蒙古敖漢旗小河西遺址簡述〉, 《北方文物》, 2009年 2期.

4) 烏蘭, 〈西遼河地区小河西文化聚落의微観分析〉, 《赤峰学院学報(漢文哲学社会科学版)》, 2014年 3期, 2쪽.

5) 오한기사전문화박물관 전시 안내 자료.

6) 같은 이름의 서량유지(西梁遺址)가 적봉시 임서현(林西県) 정구자촌(井溝子村)에도 있는데, 이곳은 흥륭와문화 후기의 것이다. 吉林大学边疆考古研究中心, 内蒙古文物考古研究所, 〈内蒙古林西県井溝子西梁新石器時代遺址〉, 《考古》, 2006年 第2期, 3-17쪽.

7) 遼寧省文物考古研究所, 葫蘆島市文物管理辦公室, 〈遼寧葫蘆島市楊家窪新石器

다.[8] 이런 발굴 결과를 토대로 현재 중국 고고학계에서는 소하서문화의 연대를 BC 7000 - 6500년 정도로 보고 있다.

넷째, 소하서문화의 대표적인 토기는 '민무늬 협사 통형관(素面夾砂褐陶筒形缶)'이다. 이것은 '무늬가 없고 거친 모래가 섞인 흙으로 만든 통모양의 토기'를 말한다. 또한 양은 많지 않지만 세계 최초의 빗살무늬토기가 발견된다.

다섯째, 소하서문화의 방들은 장방형의 반지혈식으로 질서 있게 배열되어 있고, 최대 크기는 약 90㎡, 최소 크기는 약 10여 ㎡ 정도이다.

여섯째, 소하서문화 시기에 이미 집단 취락이 등장하며, 현재까지 발견된 최대의 취락은 요녕성 남부의 마가자(馬架子)유지로 약 6만 ㎡에 60여 개의 방이 질서 있게 배열되어 있다. 방 1개에 4-5명이 거주했다고 가정하면, 9000년 전에 이미 240-300명 정도가 집단 거주한 것이다. 이런 까닭에 흥륭와문화 시기의 취락 유적지에서는 500-700명 수준으로 확대될 수 있었던 것이다. 그러나 아직은 환호를 두른 취락은 발견되지 않는다.

일곱째, 시신의 매장은 주거지 안에 묻는 거실묘(居室墓)와 실외묘(室外墓)가 공존하였으며, 시신은 웅크린 채 수직으로 묻는 방식이었다. 특이하게 집 안에 시신을 묻는 거실묘는 바로 이어지는 흥륭와문화에서도 계승된다.

여덟째, 주요 분포 지역은 노합하(老哈河), 교래하(教来河), 서랍목륜하(西拉木倫河) 일대로 오한기 지역에 유적지의 약 50퍼센트 정도가 밀집되어 있다. 아래에서는 소하서문화에 대해서 좀 더 상세히 살펴보기로 한다.

時代遺址発掘簡報〉,《博物館研究》, 2005年 第2期, 35쪽.

8) 索秀芬, 郭治中, 〈白音長汗遺址小河西文化遺存〉,《邊疆考古研究》, 2004年 第3輯. 索秀芬, 〈小河西文化初論〉,《考古与文物》, 2005年 第1期.

〈자료 5-1〉 소하서문화의 명명지인 소하서유지(Ⅰ) 위치[9]

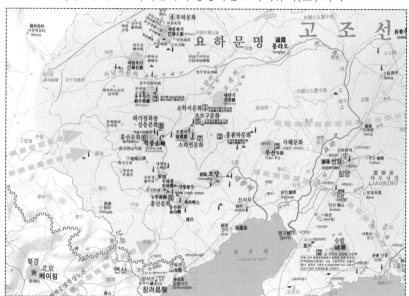

〈자료 5-2〉 소하서문화 분포 범위[10]
* 흥륭와문화 분포 범위 안에 존재하며 흥륭와문화에 비해 폭이 좁다.

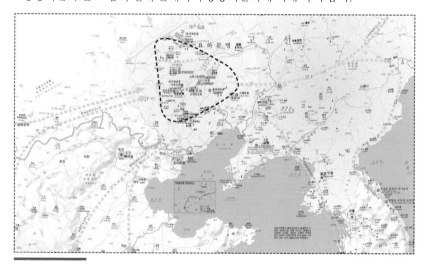

9) 우실하,《고조선의 강역과 요하문명》, 동아지도, 2007. 부분도.
10) 우실하,《고조선의 강역과 요하문명》, 동아지도, 2007, 여기에 영역을 새롭게 표기한 것.

〈자료 5-3〉 적봉시 오한기 맹극하 주변의 소하서문화 유적지들[11]
* 1. 소하서(小河西)유지, 2. 유수산(楡樹山)유지, 3. 서량(西涼)유지.

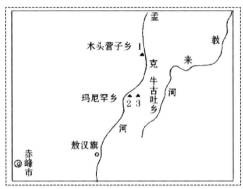

2. 소하서문화의 발견과 명명 및 같은 유형의 유적지 발견

소하서문화의 발견과 명명 과정은 조금 복잡한 과정을 거쳤다. 이에 대해서 살펴보면 아래와 같다.

첫째, 1950년대 말에 적봉시 임서현(林西縣) 과탱자산(鍋撐子山)유지[12], 적봉시 파림우기(巴林右旗) 복산(福山)유지[13]에서 현재는 소하서문화의 전형적인 토기로 알려진 '무늬가 없고 거친 모래가 섞인 갈색의 통 모양의 토기'인 '민무늬 협사 갈색 통형관(素面夾砂褐陶筒形缶)'이 최초로 발견되었다. 그러나 당시에는 소하서문화로 명명되기 이전이었다.

이러한 사정은 1991년에 주연평(朱延平)의 〈요서 지역 신석기시대 고고학문화 종횡(遼西区新石器時代考古学文化縦横)〉이라는 논문을 통해서 알

---

11) 楊虎, 林秀貞, 〈內蒙古敖漢旗小河西遺址簡述〉, 3쪽 〈図 1〉.

12) 內蒙古自治区文化局文物工作組, 〈內蒙古自治区発現的細石器文化遺址〉, 《考古学報》1957年 第1期, 9－10쪽.

13) 內蒙古自治区文化局文物工作組, 〈昭烏達盟巴林左旗細石器文化遺址〉, 《考古学報》1959年 第2期, 4쪽.

려졌다.[14] 그는 위의 글에서 50년대 말에 발굴된 과랭자산유지와 복산유지의 발굴 자료를 소개하면서, 1987년에 소하서문화로 명명되기 전인 1950년대에 이미 소하서문화의 전형적인 토기가 발견되었다고 보고하였다. 그는 이 유적지들의 연대는 흥륭와문화와 유사하며, '민무늬 협사 갈색 통형관'이 대표적이라고 소개하였다. 나중에 알게 되었지만 1950년대 말에 발견된 이 두 곳의 유적이 실질적으로는 최초로 발견된 소하서문화 유적인 셈이다.

둘째, 1980년대 초 중국 전역에서 벌어진 대규모 문물조사 당시에 오한기문물관리소가 맹극하(孟克河) 연안 지역에서 진행한 문물조사에서 '민무늬 협사 갈색 통형관'이 발견되는 10여 곳의 유적지를 찾게 되었다. 오한기 우고토향(牛古吐鄕) 천근영자촌(千斤營子村)의 천근영자(千斤營子)유지에서 많은 토기들이 발견되었으나, 당시에는 독립된 고고학문화로 명명하지 못했고 흥륭와문화의 이른 시기의 유적으로 보아서 '흥륭와문화 천근영자유형(千斤營子類型)'으로 명명하였다. '천근영자유형'이라는 것이 정식으로 보고된 것은 1990년 10월에 적봉시에서 열린 '내몽고 동부지구 고고학술연토회'에서였다.[15]

2002년 소국전(邵國田)은 〈천근영자유지와 소하서문화(千斤營子遺址与 小河西文化)〉라는 논문에서 80년대 초에 발견된 '흥륭와문화 천근영자유형' 을 소하서문화의 범주에 넣기 시작했다.[16] 이후에는 대부분 '천근영자유형'을 소하서문화에 속하는 것으로 보고 있다.

셋째, 1987년 중국사회과학원 고고연구소 내몽고공작대가 오한기 맹극하(孟克河) 좌측 연안에서 소하서유지를 발굴하면서 정식으로 '소하서문

14) 朱延平,〈遼西區新石器時代考古学文化縱橫〉,《内蒙古東部区考古学文化研究文集》, 海洋出版社, 1991.

15) 内蒙古文物考古研究,《内蒙古東部地区考古学術研討会資料》(1990年 10月 赤峰市).

16) 邵国田,〈千斤營子遺址与小河西文化〉, 邵国田(編),《敖漢文物精華》, 赤峰: 内蒙古文化出版社, 2002.

화'로 명명되었다.[17]

소하서유지는 총면적이 615㎡로 남북 61.5m 동서 10m 정도이며, 이 가운데 발굴 면적은 약 300㎡였다. 1호 방(F1)은 장방형으로 동서 4.2m, 남북 2.75m로 바닥에는 회갈색 흙이 깔려 있었다. 방 가운데 직경 50㎝ 정도의 화덕 자리가 원형으로 위치하고 있고, 화덕 자리 바닥은 5㎝ 정도의 불탄 흔적의 흙이 깔려 있었다. 방의 북쪽에는 직경 30㎝ 깊이 40㎝ 정도의 타원형 기둥 구멍이 남아 있었다. 방 안의 퇴적층에서는 협사(夾砂) 회갈색 토기 파편 2개, 부러진 마봉(磨棒) 1개, 민물 조개껍질 1개가 발견되었다. 방 표면에서는 석구(石球) 3개, 석기 2개가 발견되었다.[18] 이 발굴로 소하서문화로 명명되었고, 앞서 발견되었던 흥륭와문화 천근영자유형이 소하서문화에 속한다는 것을 알게 된 것이다.

넷째, 1988년 7월 중국사회과학원 고고연구소 내몽고공작대는 (1) 옹우특기(翁牛特旗) 광덕공향(広德公乡) 대신정자(大新井子)유지에서 2곳의 반지혈식 방 유적을 발굴하였고, (2) 이곳이 새로운 유형의 고고학문화 유형이며, (3) 흥륭와문화와 비슷한 시기의 것이라고 보았다.[19] 이후에 이 유적도 소하서문화에 속하는 것으로 정리되었다.

다섯째, 1988년 9~11월, 중국사회과학원 고고연구소 내몽고공작대는 (1) 맹극하(孟克河) 우측 연안의 유수산(榆树山)유지와 서량(西梁)유지에서 1500㎡를 발굴하여 방 23곳 회갱 7곳을 발견했으며, (2) 소하서문화와 흥륭와문화는 방의 형태나 건축 방식, 기물 유형 등이 유사하면서도 분명한 차이가 있으며, (3) 소하서문화와 흥륭와문화 양자의 유사점은 연대가 비슷하고 역사 발전 단계나 경제 유형이 비슷하기 때문이라고 보았다.[20] 이

---

17) 《中国社会科学院考古研究所内蒙古工作隊1987年発掘資料》(1989年)에 소개된 아래의 논문에서 정식으로 '소하서문화'로 명명되었다. 楊虎, 〈敖漢旗楡樹山, 西梁遺址〉.

18) 楊虎, 林秀貞, 〈内蒙古敖漢旗小河西遺址簡述〉, 《北方文物》, 2009年 2期, 3쪽.

19) 劉晉祥, 〈翁牛特旗大新井村新石器時代遺址〉, 《中国考古学年鑑(1989年)》, 文物出版社, 1990, 131쪽.

20) 楊虎, 〈敖漢旗楡樹山, 西梁遺址〉, 《中国考古学年鑑(1989年)》, 文物出版社, 1990, 131-132쪽.

후에 유수산유지와 서량유지는 대표적인 소하서문화 유적지로 알려지게 되었다.

여섯째, 1988년 9월 내몽고문물고고연구소가 임서현(林西县) 백음장한 (白音長汗) 1기 유적을 발굴할 때 유적지 남쪽에서 소량의 '민무늬 협사 갈색 통형관'을 발굴하였고, 1991년 백음장한유지 서남쪽에서 방 유적 3곳, 움구덩이 2곳을 발굴하였다.[21] 이후에 이들도 소하서문화에 속하는 것으로 정리되었다.

일곱째, 1992-1994년 요녕성문물고고연구소에서 요녕성 부신시(阜新市) 사해(查海)유지를 발굴하였는데, 방 42곳, 구덩이 34개, 실내 묘지 4곳, 중심 묘지 1곳 등이 발굴되었다. 이 가운데 26호·29호·33호·34호·35호 방에서 소하서문화의 특징을 지닌 토기들을 발견하여, 독립성을 지닌 '사해유지 제1기'라고 보았다.[22] 이후에 이것도 소하서문화에 속하는 것으로 밝혀졌다.

여덟째, 1996년 요녕성문물고고연구소는 (1) 발해 연안 호로도시(葫卢島市) 연산구(連山区) 탑산향(塔山乡) 양가와촌(楊家洼村) 동쪽의 양가와(楊家洼)유지에서 '민무늬 협사 갈색 통형관'을 발굴하였고, (2) 이것은 흥륭와문화 토기와 유사하지만 다르며, (3) '민무늬 협사 갈색 통형관'이 발견되는 별도의 고고학문화가 있다고 보았다.[23] 이것도 소하서문화에 속하는 것으로 밝혀졌다.

소하서문화 양가와유지는 1996년 5월 4일부터 7월 31일까지 북경-심양 고속철도 공사를 위해서 구제발굴을 한 곳으로, 탄소14 측정 연대가 8250±120년 전이고 나이테 교정 연대로 9000-8500년 전의 초기 신석기

21) 索秀芬, 郭治中, 〈白音長汗遺址小河西文化遺存〉, 《邊疆考古研究》, 2004年 第3 輯.

22) 辛岩, 方殿春, 〈查海遺址1992年-1994年発掘報告〉, 《遼寧考古文集》, 遼寧民族 出版社, 2003.

23) 李恭篤, 〈遼西楊家窪遺址発現目前我国北方更早的新石器時代文化遺存〉, 《青年 考古学家》, 1998年 10期.

유적이다.[24] 가장 이른 절대연대를 BC 7500년경까지 올려보기도 한다.[25] 이런 발굴결과를 토대로 현재 중국 고고학계에서는 소하서문화의 연대를 BC 7000 - 6500년 정도로 보고 있다.

소하서문화보다 조금 늦은 흥륭와문화의 경우, 흥륭와유지의 119호 방 (F119) 거주 면에서 나온 목탄의 탄소14 연대 측정 결과가 7470±115년 전 이며, 나이테 교정 연대가 BC 6211-5590년이다.[26] 소하서문화는 흥륭와 문화보다 이른 시기의 것으로 BC 6200년 이전이며, 소하서문화는 요서 지역에서 발견된 가장 이른 시기의 신석기문화이다.[27]

그런데, 소하서문화에 속하는 유수산유지과 서량유지의 탄소14 연대 를 바탕으로 나이테 교정을 거친 절대연대는 BC 4780-3813년이다. 이것 은 오히려 흥륭와문화보다 늦어서 모순이다. 이런 모순의 원인은 (1) 탄소 측정의 오류이거나, (2) 소하서문화의 시작은 빠르지만 지속 시간이 아주 길었음을 말해주는 것이다.

하여간 요서지역의 '민무늬 협사 갈색 통형관'으로 대표되는 토기의 특 징을 지닌 소하서문화는 새로운 문화 유형임은 틀림없다. 현재까지는 요 서 지역에서 소하서문화보다 이른 시기의 신석기시대 고고학문화는 아직 까지 발견되지 않았다.[28]

아홉째, 1999년 10월 초 중국사회과학원 고고연구소 내몽고공작대와 객라심기문물관리소 합동으로, (1) 객라심기(喀喇沁旗) 우영자진(牛營子鎭) 마가자촌(馬架子村) 마가자(馬架子)유지의 6만여 ㎡에 달하는 대형 취락유

24) 遼寧省文物考古硏究所, 葫蘆島市文物管理辦公室, 〈遼寧葫蘆島市楊家窪新石器 時代遺址發掘簡報〉, 《博物館硏究》, 2005年 第2期, 35쪽.

25) 索秀芬, 郭治中, 〈白音長汗遺址小河西文化遺存〉, 《邊疆考古硏究》, 2004年 第3 輯.
索秀芬, 〈小河西文化初論〉, 《考古与文物》, 2005年 第1期.

26) 中国社会科学院考古硏究所編, 《中国考古学中14 C 年代数拠集》, 文物出版社, l991, 57쪽.

27) 吉林大學邊疆考古硏究中心, 内蒙古文物考古硏究所, 〈西拉木倫河上游考古調查 与試掘〉, 《内蒙古文物考古》, 2002年 2期.

28) 索秀芬, 〈小河西文化初論〉, 25쪽.

적에 대해 조사하면서 방 유적 60여 곳을 발견하였다. (2) 방들은 동북—서남 방향으로 7-9줄로 배열되어 있고, (3) 토기는 '민무늬의 협사 갈색 통형관'이 대부분이며, (4) 몇몇 토기 파편에는 그동안 보이지 않던 '간단한 사선 문양'인 단사선문(短斜線紋) 곧, 빗살무늬가 새겨져 있었고, (5) 석기가 가장 많은데 주로 타제석기 위주이고 마제석기는 수량이 적었기 때문에, (6) 이 유적이 내몽고 동부와 요서 지역에서 발견된 가장 오래된 조기 신석기시대 고고학문화인 소하서문화에 속한다는 것을 알 수 있었으며, (7) 소하서문화는 이어지는 흥륭와문화와 일정한 문화적 승계나 발전 관계에 있다고 보았다.[29]

소하서문화 마가자유지에서 이미 60여 호의 주거지가 밀집되어 살았던 6만여 ㎡의 큰 주거지 유적이 발견된 것은 아주 중요한 발견이다. 색수분·이소병은 60여 곳의 방 유적에서 한 집에 4-6명 정도로 추산하면 240-360명 정도가 거주한 것으로 보고 있다.[30] 9000년 전에 이미 300여 명이 거주하는 대규모 집단 주거지가 있었다는 것이다.

열째, 소하서문화 유적은 거의 적봉시 경내에 밀집되어 있고, 2008년까지 적봉시 경내에서 발견된 것이 39곳이라고 한다. 현재는 이미 40곳이 넘었다. 특히 적봉시에서도 오한기와 옹우특기 지역에 밀집되어 있다.

2008년까지 발견된 39곳의 소하서문화 유적지 가운데 13곳이 소하서문화 단독 유적이고, 나머지 26곳은 흥륭와문화 등 다른 고고학문화 유적지와 같이 있다. 13곳의 소하서문화 단독 유적지 가운데 (1) 적봉시 객라심기(喀喇沁旗) 우영자진(牛营子鎭) 마가자촌(馬架子村) 마가자유지 1곳이 6만 ㎡ 면적의 '중형 취락'에 해당하고, (2) 5곳은 3만 ㎡ 이하의 '소형 취락', (3) 7곳이 '최소형 취락'이다. 최소형 취락 가운데 면적이 가장 작은 것은 300㎡ 정도이다. 최소형 취락에서는 12-18명 정도, 중형 취락인 마가자유지에서는 240-360명 정도가 살았을 것으로 본다. 작은 방은 가정(家

---

29) 劉國祥, 張義成, 〈內蒙古喀喇沁旗発現大型小河西文化聚落〉, 《中国文物報》, 2000.1.16日, 1版.

30) 索秀芬, 李少兵, 〈小河西文化聚落形態〉, 《內蒙古文物考古》, 2008年 第1期, 59쪽.

庭), 중형 방이나 한 줄로 배열된 방은 대가정(大家庭)으로 씨족부락이라고 보고 있다. 요녕성 서부 지역은 아직까지는 발견된 곳이 없고, 요녕성의 연산 남북 지역에도 이러한 유형의 유적이 발견되었다는 보도가 없다.[31]

열한째, 시신을 묻는 방법은 주거지 안에 묻는 거실묘(居室墓)와 주거지 바깥에 묻는 실외묘(室外墓)가 공존하였으며, 시신을 '웅크려 앉은 채로 수직으로 묻는 방식'이었다. 유수산유지에서는 (1) 거실묘와 실외묘 두 종류가 모두 보이는데, (2) 3곳의 실외묘 가운데 2곳에서 '웅크려 앉은 채로 수직으로 묻는 방식'으로 시신을 매장하였다. 서량유지의 1곳(101호 방)에서도 이런 자세의 묘장이 발견되었다.[32]

3. 소하서문화의 특징

소하서문화 유적에서 발굴된 방, 취락, 토기, 석기, 골기(骨器), 민물조개 껍데기로 만든 방기(蚌器) 등을 통해서 그 특징을 소개하면 아래와 같다.

첫째, 소하서문화의 방 유적은 대부분 장방형 혹은 장방형에 가까운 반지혈식 주거지이며 타원형도 보인다. 유수산유지와 서량유지의 방은, (1) 크기가 14-96㎡로 다양하고, (2) 거주면이 비교적 넓게 높게 되어 있으며, (3) 중앙에는 흙을 파낸 화덕 자리[土坑灶]와 불씨를 놓아두는 구덩이[火種坑]가 있고, (4) 방 내부에 4-8개의 기둥 구멍이 있다.[33]

소하서문화에 속하는 '백음장한유지 1기' 유적지의 3개의 방은 (1) 평면도는 모두 장방형이고, (2) 거주면은 생토(生土)이거나 진흙으로 발라놓

31) 索秀芬, 李少兵, 〈小河西文化聚落形態〉, 59-60쪽.

32) 烏蘭, 〈西遼河地区小河西文化聚落的微観分析〉, 《赤峰学院学報(漢文哲学社会科学版)》, 2014年 3期, 2쪽.

33) 索秀芬, 郭治中, 〈白音長汗遺址小河西文化遺存〉, 《邊疆考古研究》, 2004年 第3輯, 309쪽.
索秀芬, 〈小河西文化初論〉, 《考古与文物》, 2005年 第1期, 24쪽.

앉으며, (3) 중앙에는 바닥을 파서 장방형 석판(石板)으로 두른 방형 혹은 원형의 화덕 자리가 있고, (4) 벽 근처에는 흙으로 쌓은 단이 있는데 그 옆을 오목하게 파서 벽감(壁龕)을 만들어놓았으며, (5) 실외의 구덩이는 타원형의 평면에 직벽이며 바닥이 평평하다.[34]

양가와(楊家洼)유지의 방 유적은 (1) 평면은 타원형이며, (2) 원형에 가까운 각진 방형 불자리가 있다. 색수분에 의하면 양가와유지에서는 홍갈색 흙 위에 (1) 미황색 점토로 두 마리의 토룡(土龍)을 만들어놓았다. (2) 둘 사이의 거리는 7m이며, (3) 1호 토룡(土龍)은 길이가 1.4m 높이가 0.77m이며 머리를 들고 입을 약간 기울여서 몸을 펴고 있으며 'Y'자형의 꼬리를 지니고 있는데 날아오르려는 것 같은 모습이고, (4) 2호 토룡은 길이가 0.8m, 높이는 0.32m로 모양은 1호 토룡과 비슷한데 머리를 들고 날개를 펴서 가볍게 날아오르려는 모습이다.[35] 그러나 안타깝게도 색수분의 위 글에서는 관련 사진 자료를 제시하지 않았다.

색수분의 위 논문에 소개된 2마리의 토룡은 같은 해에 발표된 '양가와 유지 발굴 간보'에서는 보이지 않는 내용이다.[36] 양가와유지는 1996년 5월 4일부터 7월 31일까지 북경─심양 고속철도 공사를 위해서 구제 발굴을 한 곳으로, 탄소14 측정 연대가 8250±120년 전이고 나이테 교정 연대로 9000─8500년 전의 초기 신석기 유적이다.[37] 색수분과 이소병의 2008년의 다른 글에서도 양가와유지에서 '흙덩이를 쌓아서 만든 용 형상물'인 퇴소토룡(堆塑土龍)이 2마리 발견되었다고 밝히고 있다.[38] 그러나 이 논문

---

34) 索秀芬·郭治中,〈白音長汗遺址小河西文化遺存〉,《邊疆考古研究》, 2004年 第3輯, 309쪽.
   索秀芬,〈小河西文化初論〉,《考古与文物》, 2005年 第1期, 24쪽.

35) 索秀芬,〈小河西文化初論〉,《考古与文物》, 2005年 第1期, 24쪽.

36) 遼宁省文物考古研究所, 葫芦島市文物管理辦公室,〈遼宁葫芦島市楊家洼新石器時代遺址発掘簡報〉,《博物館研究》, 2005年 第2期, 32─37쪽.

37) 遼宁省文物考古研究所, 葫芦島市文物管理辦公室,〈遼宁葫芦島市楊家洼新石器時代遺址発掘簡報〉,《博物館研究》, 2005年 第2期, 35쪽.

38) 索秀芬, 李少兵,〈小河西文化聚落形態〉,《內蒙古文物考古》, 2008年 第1期, 55─60頁.

에서도 사진 자료는 제시하지 않고 있다.

색수분의 글에 소개된 토룡이 실제로 발굴된 것이라면, 용의 기원을 흥륭와문화 사해유지나 흥륭와문화 흥륭구유지보다 더 끌어올려 소하서문화 시기까지 끌어올릴 수 있는 것이다. 어쨌든 용(龍)의 형상은 요하문명 지역에서 기원하는 것이다.

둘째, 색수분·이소병(索秀芬·李少兵)에 의하면 2008년 당시 39곳(현재는 40여 곳으로 늘어났다)의 소하서문화 유적지 가운데 13곳이 소하서문화 단독 유적이고, 기타 26곳은 흥륭와문화 등 다른 문화 유적과 섞여 있다. 13곳의 소하서문화 단독 유적 가운데 (1) 1곳이 6만 ㎡ 면적의 중형 취락에 해당하고, (2) 5곳은 3만 ㎡ 이하의 소형 취락, (3) 7곳이 최소형 취락이다. 중형 취락이 8퍼센트, 소형 취락 38퍼센트, 최소형 취락이 54퍼센트 정도이다. 최소형 취락 가운데 면적이 가장 작은 것은 300㎡ 정도이다.[39]

소하서문화 시기의 취락유적은 하천 근처 산자락에 있는데 이제까지 발굴 혹은 완전 조사된 주요 취락유적으로는 (1) 백음장한유지 1기[40], (2) 사해유지 1기[41], (3) 양가와유지[42] 등이 이미 발굴되었고, (4) 마가자유지는 [43] 조사를 마쳤다.[44] 이 네 곳을 간략히 소개하면 아래와 같다.

■ 백음장한유지 1기 소하서문화 시기 취락은 (1) 약 400㎡에 방 3곳(BF 42, BF 64, BF 65)과 움구덩이[窖穴] 2개(BH 55, BH 56)로, (2) 유적지 서남단의 동남, 동, 동북쪽 산자락에 있으며, (3) 산자락을 따라 입구를 내서 1번 방 유적지는 동남향, 2번 방 유적지는 동향이고, (4) 2개의 움 구덩

39) 索秀芬, 李少兵, 〈小河西文化聚落形態〉, 60쪽.

40) 內蒙古自治区文物考古研究所, 《白音長汗─新石器時代遺址発掘報告》, 科学出版社, 2004.

41) 辛岩, 方殿春, 〈査海遺址1992─1994年発掘報告〉, 《遼寧文物考古》, 遼寧民族出版社, 2003, 12─43쪽.

42) 李恭篤, 〈遼西楊家窪遺址発現目前我国北方更早的新石器時代文化遺存〉, 《青年考古学家》, 1998年 第10期, 10─11쪽.

43) 劉国祥, 張義成, 〈內蒙古喀喇沁旗発現大型小河西文化聚落〉.

44) 索秀芬, 李少兵, 〈小河西文化聚落形態〉, 55쪽.

이 가운데 하나의 방(BF 42) 유적지를 파괴하고 지은 것이다.[45] 백음장한
유지 1기의 'BF 42 방'은 5.3×4.5m 크기로 약 30㎡ 정도며, 석판으로 두
른 불자리가 있다. 'BF 64 방'은 4-6명 정도 거주할 수 있는 크기다. 백음
장한유지 1기 3개의 방에서는 12-18명 정도 최대 20명 정도가 거주할 수
있었을 것으로 보고 있다.[46]

〈자료 5-4〉 백음장한(白音長汗)유지 1기의 소하서문화 유적 분포도[47]

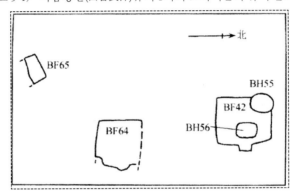

■ 사해유지 1기의 소하서문화 시기 취락은 (1) 약 1000㎡인 사해유지
의 서북쪽에 있으며, (2) 동쪽과 서쪽으로 나뉘어 배열되어 있고, (3) 그 가
운데는 움구덩이가 나란히 배열되어 있고, (4) 그 가운데는 돌을 쌓아놓
은 2곳의 석퇴(石堆)도 있다.[48]

사해유지 1기 방 유적은 (1) 실내 중심에 원형 불자리가 있고, (2) 기둥
자리는 내-외 이중으로 되어 있으며, (3) 방 면적은 20-60㎡로, (4) 소형
방은 20-30㎡로 2개, (5) 중형 방은 30-40㎡로 2개, (6) 대형 방은 60㎡로
1개가 발견되었다.[49] 사해유지 1기 유적에서는 대략 20-30명 정도가 살았

---

45) 索秀芬, 李少兵, 위 글, 55쪽.
46) 索秀芬, 李少兵, 위 글, 57쪽.
47) 索秀芬, 李少兵, 위 글, 55쪽, 〈図一〉.
48) 索秀芬, 李少兵, 위 글, 55쪽.
49) 索秀芬, 李少兵, 위 글, 57쪽.

다고 보고 있다.[50]

〈자료 5-5〉 사해유지 1기 소하서문화 취락 (아래 전체 유적지 가운데 좌측 위 부분)[51]
* 아래 사해유지 평면도는 대부분 흥륭와문화에 속하고, 좌측 위쪽 일부가 소하서
  문화 취락이다.
* 박스 하나의 크기는 5×5m이다.
* 좌측 위에 보이는 'F26, F34, F35 방과 F33, F38, F29 방 사이'에 일렬로 작게 보이
  는 움집터와 회갱(灰坑)이 소하서문화에 속하는 유적이다.
* 흥륭와문화 유적 한 가운데 검게 보이는 것이 유명한 '사해용(査海龍)'이라고 불
  리는 돌로 쌓은 석퇴룡(石堆龍)이다. 이것은 동북아시아 전체에서 가장 이른 시기
  의 용 형상물 가운데 하나이다.

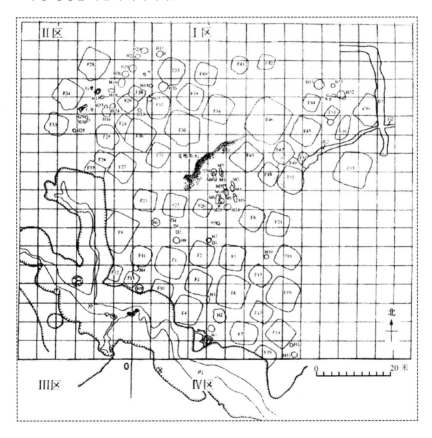

50) 索秀芬, 李少兵, 위 글, 59쪽.
51) 索秀芬, 李少兵, 위 글, 56쪽, 〈図二〉.

■ 소하서문화 양가와유지의 취락은 (1) 방 유적지와 '흙덩이를 쌓아서 만든 용 형상물'인 퇴소토룡(堆塑土龍)이 발견되었고, (2) 방의 평면은 타원형이며, (3) 화덕 자리는 원형, 방형, 삼각형 형태 등 다양하다.[52] 이것이 분명하게 용 형상물이라면, 사해유지에서 발견되는 사해용(査海龍)보다 이른 최초의 용 형상물이 될 수 있다.

■ 소하서문화 마가자유지의 취락은 (1) 산자락에 위치하며 6만여 ㎡나 되나 아직 완전히 발굴되지는 않았다. (2) 지표조사 결과에 따르면 60여 곳의 방 유적이 확인되었으며, (3) 방 바닥의 평균 직경이 약 5-6m 정도이고, (4) 방들은 7-9줄로 배열되어 있으며, (5) 다른 유적지에 비해 규모가 큰 편이다.[53] 한 집에 4-6명 정도로 추산하면 240-360명 정도가 거주한 것으로 볼 수 있다.[54]

현재 한국에서도 농촌 지역의 행정 최소단위인 리(里)를 이루는 시골 마을은 대부분 50-60호 정도에 불과하다. 소하서문화 시기에 60여 개의 방이 밀집된 주거지가 있었다는 것은 매우 놀라운 것이다. 그러나 소하서문화 취락 유적에서는 아직 주거지를 두른 환호(環濠)는 발견되지 않았다. 이런 밀집 취락이 있었기에 이어지는 흥륭와문화 시기에는 120개의 방이 환호로 둘러싸인 '동북아 최초의 환호취락'으로 중국인들이 명명한 화하제일촌(華夏第一村)= 중화원고제일촌(中華遠古第一村)이 등장할 수 있는 것이다.

---

52) 索秀芬, 李少兵, 위 글, 55쪽.
53) 索秀芬, 李少兵, 위 글, 55쪽.
54) 索秀芬, 李少兵, 위 글, 59쪽.

〈자료 5-6〉 소하서문화 서량(西梁)유지 분포도[55]
* 빗금 친 것은 아직 발굴되지 않은 방과 회갱이다.
* 6줄로 배열된 총 26개의 방이 확인되었다.

〈자료 5-7〉 소하서문화 유수산(楡樹山)유지 9호 방 출토 유물[56]
* 1. 도소인면상(陶塑人面像) 2. 뼈고리〔骨環〕3.4. 뼈송곳〔骨錐〕5. 돌도끼〔石斧〕
* 아래의 도소인면상이 중국에서 발견된 최초의 인물상이다.

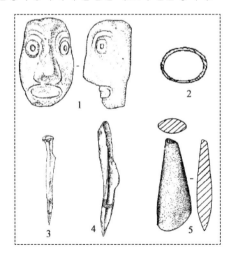

55) 烏蘭, 〈西遼河地区小河西文化聚落的微観分析〉,《赤峰学院学報(漢文哲学社会科学版)》, 2014年 3期, 3쪽.

56) 烏蘭, 위 글, 4쪽.

〈자료 5-8〉 소하서문화 서량(西梁)유지 102호 방(F102)에 걸쳐 있는
101호 묘(M101)의 시신 매장 모습(정면, 측면)[57]
* 소하서문화에서는 시신을 주거지 바닥에 묻는 거실묘(居室墓)과 실외묘(室外墓)가 공
존하며, 시신은 아래 사진과 같이 '웅크려 앉은 채로 묻었다'(蹲踞式 座墓葬).

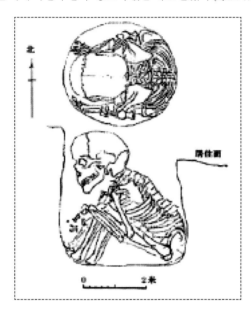

셋째, 소하서문화의 토기는 대부분 '민무늬 협사 통형관[素面夾砂褐陶
筒形缶]'이다. 밑이 평평한 평저형인 이 통형관은 (1) 모래가 섞인 질그릇
[夾砂陶]으로 질감이 푸석푸석하고, (2) 불의 온도가 낮아서 쉽게 부서지
며, (3) 그릇 표면은 주로 홍갈색과 황갈색이고, (3) 그릇 안쪽은 검은 갈색
이 많으며, (4) 토기의 깨진 면을 보면 안쪽은 흑색에서 점차 표면으로 가
면서 갈색으로 변하고, (5) 문양은 없는 것이 많지만 흙 띠를 덧붙인 덧띠
문[附加堆紋紋], 점을 찍은 문양[戳点紋], 나뭇잎맥 문양[葉脈紋] 등도 보
이며, (6) 파림우기 복산(福山)유지에서는 1점의 질그릇 항아리[陶缶] 밑바
닥에 '돗자리가 찍힌 문양[席印紋]'이 발견되기도 했다.[58]

---

57) 烏蘭, 위 글, 4쪽 〈図六〉. '101호 묘(M101)'는 3쪽의 본문에 의하면 '102호 방
(F102)'과 겹쳐서 조성된 것이다.

58) 索秀芬, 郭治中, 〈白音長汗遺址小河西文化遺存〉, 309쪽.

소하서문화의 토기들은 대부분 민무늬토기이고 문양이 있는 것은 적다. 각 지역의 문양에 구별이 있는데, (1) 양가와유지 토기의 입구 바깥에는 손톱문양(指甲紋)이 있고, (2) 백음장한유지 1기와 대신정(大新井)유지의 토기에는 흙 띠를 덧붙인 부가퇴문(附加堆紋)이 있으며, (3) 유수산유지과 서량유지 토기에는 움푹하게 점을 찍은 와점문(窩点紋)이 있고, (4) 천근영자유지의 토기에는 나뭇잎 줄기를 선각으로 그린 엽맥문(葉脈紋)이 있으며, (5) 마가자유지 토기에는 짧은 사선을 그린 단사선문(短斜線紋)=빗살무늬가 있다. 이러한 차이는 서로 다른 지역 사이에 소하서문화의 발전 단계가 다르다는 것을 보여주는 것이다.[59]

〈자료 5-9〉 소하서문화 소하서유지 토기[60]
* 1, 4 : B형 통형관 2, 6 : A형 통형관 3, 5 : C형 통형관
* 전형적인 소하서문화 토기로 무늬가 없는 것이 많고, 짧은 사선을 그린 단사선문(短斜线纹)=빗살무늬가 보인다.

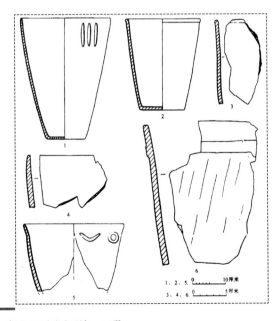

索秀芬, 〈小河西文化初論〉, 24쪽.
59) 索秀芬, 〈小河西文化初論〉, 25쪽.
60) 索秀芬, 〈小河西文化初論〉, 24쪽.

〈자료 5-10〉 소하서문화 통형관(筒形缶: 1-19)과 소관(小缶: 20)[61]
* 소하서유지, 백음장한 1기, 사해유지 1기, 유수산유지, 서량유지 등에서 발굴된 것.

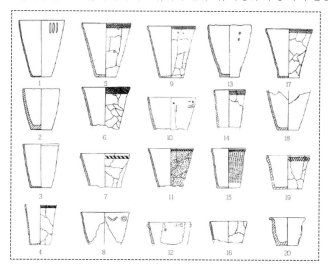

〈자료 5-11〉 오한기사전문화박물관의 소하서문화 토기 사진(2015.8. 필자 사진)

---

61) 趙賓福, 杜戰偉, 薛振華, 〈小河西文化檢析〉, 《中國國家博物館館刊》, 2014年 1
期, 20頁 〈圖1〉.

넷째, 소하서문화의 석기는 4종류의 기법으로 제작되었는데, (1) 깨서 만든 타제(打製): 두드리고 박는 돌〔敲砸器〕, 호미 모양의 석기〔鋤形器〕, (2) 갈아서 만든 마제(磨製): 도끼〔斧〕, 끌 혹은 징〔鑿〕, 둥근 칼날〔環刀〕, (3) 쪼아서 만든 탁제(琢制): 마반(磨盤)과 마봉(磨棒), 절구〔臼〕와 절구공이〔杵〕, 떡처럼 생긴 것〔餅形器〕, (4) 쪼아서 형태를 만든 후에 갈아서 만든 선탁후마제(先琢後磨製): 돌잔〔石杯〕 등이 있다.[62]

〈자료 5-12〉 소하서문화 석기[63]
* 소하서유지, 백음장한 1기, 사해유지 1기, 유수산유지, 서량유지 등에서 발굴된 것.

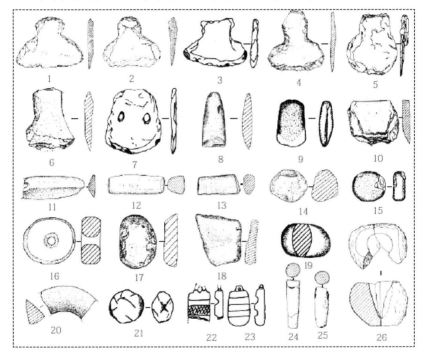

62) 索秀芬, 郭治中, 〈白音長汗遺址小河西文化遺存〉, 309쪽.
63) 趙賓福, 杜戰偉, 薛振華, 〈小河西文化檢析〉, 21쪽 〈図2〉.

〈자료 5-13〉 백음장한 1기 소하서문화 석기(石器)와 방기(蚌器: 민물조개로 만든 것)[64]
* 1. A형 석마봉 2. A형 돌공이〔石杵〕 3. B형 돌공이 4, 8, 9. 방기(蚌器)
  5.제두형 석배(提斗形石杯) 6. B형 돌공이 7. 절구형 석기〔臼形石器〕

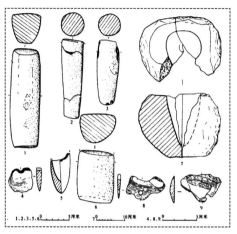

다섯째, 뼈로 만든 골기(骨器)는 돌날을 붙인 물고기 모양의 칼〔石刃骨
梗魚鏢〕 등이 있고, 민물조개 껍데기로 만든 방기(蚌器)는 주로 장식품이
다.[65]

〈자료 5-14〉 소하서문화 골기(骨器), 방기(蚌器: 민물조개 껍데기로 만든 것)[66]
* 소하서유지, 백음장한 1기, 사해유지 1기, 유수산유지, 서량유지 등에서 발굴된 것.

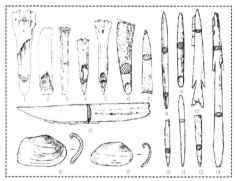

64) 索秀芬, 〈小河西文化初論〉, 25쪽.

65) 索秀芬, 郭治中, 〈白音長汗遺址小河西文化遺存〉, 309쪽.

66) 趙賓福, 杜戰偉, 薛振華, 〈小河西文化檢析〉, 22쪽 〈圖3〉.

4. 소하서문화와 흥룽와문화의 계승관계에 대하여

현재 중국학계에서는 소하서문화를, (1) 흥룽와문화보다 이른 시기의 독립적인 고고학문화로 보는 시각과, (2) 소수지만 흥룽와문화의 이른 단계로 보아 독립적인 고고학문화로 보지 않는 사람들이 있다.[67] 어떤 입장을 지니든 이 둘 사이에 명확한 계승관계에 있다는 점은 인정하고 있다. 이 둘 사이의 계승관계에 대해서 색수분(索秀芬)의 견해를 정리하면 아래와 같다.[68]

첫째, 흥룽와문화 백음장한유지에서 보이는 '장방형 석판(石板) 불자리'를 갖춘 방 형태는 소하서문화의 특징을 승계한 것이다. 극십극등기(克什克騰旗) 남태자(南台子)유지, 임서현(林西縣) 백음장한유지 등에서 발견되는 흥룽와문화 시기의 방 안에는 절대다수가 거의 비슷한 '장방형 석판 불자리'가 있다. 따라서 이러한 '장방형 석판 불자리'는 소하서문화에서 처음 발견된 것으로 흥룽와문화로 계승되었다고 볼 수 있다.

둘째. 소하서문화와 흥룽와문화의 토기는 (1) 모두'모래가 섞인 협사토기〔夾砂陶〕'로, (2) 점토질 토기는 보이지 않고, (3) 토기의 색도 균일하지 않고 대부분 갈색이며 일부는 하나의 토기에 홍색, 황색, 회색 등이 섞여 있다는 공통점이 있다.

셋째, 소하서문화 토기에 보이는 흙띠를 덧붙인 부가퇴문(附加堆紋), 움푹하게 점을 찍은 와점문(窩點紋), 나뭇잎 줄기를 선각으로 그린 엽맥문(葉脈紋), 짧은 사선을 그린 단사선문(短斜線紋)=빗살무늬, 손톱으로 찍은 지갑문(指甲紋) 등은 흥룽와문화 토기에서도 모두 보인다.

넷째, 소하서문화와 흥룽와문화 토기의 '평저 통형관'의 형태나 제작 방식도 대단히 비슷하다.

다섯째, 소하서문화의 타제 호미 모양의 석기인 서형기(鋤形器)도 흥룽와문화 유적에서 항상 보이는 것이다. 또한 손잡이 달린 돌잔〔石杯〕도 거

67) 趙賓福, 杜戰偉, 薛振華, 위 글, 19쪽.
68) 索秀芬, 〈小河西文化初論〉, 26쪽.

의 같은 모습이고 기타 곡식을 갈 때 사용하는 마반(磨盘), 마봉(磨棒) 등도 기본적으로 같다.

따라서 방 유적, 토기, 석기 등을 통해서 볼 때 흥륭와문화는 소하서문화의 주요한 문화적 요소를 승계했다고 볼 수 있고, 소하서문화가 흥륭와문화의 원류라고 할 수 있다.

5. 소하서문화 소하서유지 - 유수산유지 - 서량유지 답사 자료

필자는 적봉시의 적봉대학 홍산문화연구원에 방문교수로 가 있는 동안 오한기에 있는 소하서문화의 주요 유적인 소하서유지, 유수산유지, 서량유지 등을 둘러보았다. 요하문명 지역을 18년 동안 20차례 이상 답사를 하고 돌아다녔지만, 소하서문화 유적지들은 별로 눈에 띄는 중요 유물이 없어서 그동안 한 번도 둘러보지 못했었다.

한국인들 가운데 아마도 소하서문화 유적지를 답사한 사람은 거의 없을 것이다. 이번에는 적봉대학에서 안식년을 보내면서 여유가 있었기에 겨울을 보내고 2015년 3월 12일에 답사를 다녀왔다. 오한기사전문화박물관(=오한기박물관)의 오랜 친구인 왕택(王澤) 연구원의 차를 타고, 새로 부임한 신임 연구원 2명과 함께 맹극하 주변에 있는 소하서유지, 유수산유지, 서량유지 등 세 곳을 답사하였다. 후학들의 연구를 위해, 또 누군가 이곳을 찾을 사람들을 위해서 간략히 소개해둔다.

첫째, 먼저 소하서유지로 향했다. 오한기의 북쪽에 위치한 목두영자향(木頭営子郷) 소하서촌(小河西村)에서 발견된 소하서문화의 최초 발견지이자 명명지이다. 가는 길은 내몽고 지역의 일반적인 모습과 크게 다르지 않았다. 내몽고 지역의 3월은 아직 풀이 돋기 이전이어서 그런지 무척 황량한 느낌이었다. 소하서촌은 아주 작은 마을이다. 소하서촌 입구에 도착하기 바로 전에 왼쪽으로 철길 밑으로 난 길을 따라 가다가 오른쪽 언덕으로 올라가면 비석도 하나 없는 소하서유지가 나타난다.

현장에 도착했으나 아무런 표시가 없이 방치된 곳이어서, 직접 소하서
유지 발굴에 참가했던 왕택 연구원도 정확한 발굴 위치를 찾기 어려웠다.
마침 근처에서 양을 치고 계시던 동네 어르신이 발굴 위치를 정확히 기억
하고 계셨다. 발굴지를 중심으로 지표 조사를 하면서 소하서문화의 전형
적 토기인 '민무늬 협사 통형관'의 파편 3개와 왕택이 타제석기(?)라고 우
기던 석기 한 점을 수습했다. 타제석기에는 문외한인 필자의 눈에는 영락
없는 자연석처럼 보였는데, 왕택은 분명히 타제석기라며 이것을 오한기박
물관으로 가져갔다.

〈자료 5-15〉 소하서유지 답사 (2015.3.12.)

1. 우측 전방의 마을이 소하서촌이고, 사진의 좌측으로 철길이 지나간다.

2. 좌측의 철길 아래 굴다리를 지나 오른쪽으로 올라가면 소하서유지다.

3. 소하서유지 발굴 현장
 * 발굴에 직접 참여했던 왕택 연구원도 정확한 자리를 모를 정도로 아무런 표시가 없다
   (좌로부터 오한기박물관의 解曜暉, 張天武, 王澤, 동네 어르신).

4. 왕택 연구원이 근처에서 양을 치던 동네 어르신과 발굴 위치에 대해 이야기를 하고
   있다.

5. 양을 치던 동네 어르신 한 분이 발굴 위치를 정확히 기억하고 있어 알려주고 있다. 멀리서 보면 보통의 땅과 달리 회색빛을 띤다. 실제 발굴된 3곳을 일러주었다.

6. 현장에서 수습한 소하서문화 토기 파편과 타제석기(?)

* 거친 모래가 섞인 조악한 형태의 것으로 전형적인 소하서문화 토기 파편이다. 오른쪽의 돌은 필자의 눈에는 자연석 같은데 이 분야 전문가인 왕택 연구원이 타제석기라고 하기에 함께 찍었다.

둘째, 오한기 마니한향(瑪尼罕鄕) 동와자촌(東洼子村)에 위치한 유수산유지는 오한기 시내에서 동북쪽으로 약 21km 지점 맹극하의 오른쪽으로 자리하고 있다. 소하서유지에서 약 17km 정도 거리며 자동차로는 약 20-30분 거리이다. 하지만 마을 주변을 벗어나면 가는 길이 거의 사막화되다시피 해서 차로 진입하는 데는 무척 어려움을 겪었다. 유적지 근처에는 마을도 없어서 인근 마을에서 점심을 먹고 출발하였다.

답사를 간 3월은 건기여서 맹극하를 건넜지만 폭도 크지 않고 아직은 얼음이 그대로 얼어 있었다. 폭이 조금 넓은 곳에는 새로 다리도 놓여 있었다. 어렵게 도착한 유수산유지에도 비석 하나 없었다. 직접 발굴에 참여한 왕택 연구원이 같이 가지 않았다면 도저히 찾을 수가 없을 것 같았다. 함께 갔던 박물관의 신임 연구원 2명도 처음 와보는 곳이라고 했다.

유수산유지가 발굴되기 이전에는 유적지 아래 산자락 아래로 몇몇 건물이 있었다고 한다. 현재도 주변에는 시멘트 조각들이 널려 있다. 특별한 보호 시설은 없고, 현재도 옥수수밭으로 사용되고 있었다. 4명이 유적지 주변을 둘러보면서 (1) 전형적인 밑이 평형한 '민무늬 협사 갈색 통형관' 파편, (2) 회색 흙이 덮여 있는 주거지 자리, (3) 어떤 동물인지는 모르지만 꽤 큰 동물의 뼈, (4) 마반(摩盤)에서 곡식을 갈던 마봉(磨棒) 조각 등을 수습했다.

〈자료 5-16〉 유수산유적 답사(2015.3.12.)

1. 소하서유지에서 유수산유지로 가는 길에 건넌 맹극하. 3월인데도 꽁꽁 얼어 있다.

2. 유수산유지 가는 길: 마을 근처를 지나면 길도 거의 모래에 덮여 있어 길을 찾기도 어렵다.

3. 앞에 보이는 유수산 자락 아래 주변 지역이 모두 유적지이다.

4. 주변에는 사막화 방지를 위해서 많은 나무들을 심어놓았다(산 쪽에서).

5. 산의 남쪽에 예전에 있었던 건축물의 시멘트 파편들이 널려 있다.

6. 주거지 자리는 멀리서 보면 회색빛을 띠는 재로 덮여 있다.

7. 주변에서 수습한 토기 파편, 동물의 뼈, 마봉(磨棒) 조각.
* 좌 : 위에는 마봉 조각들, 중간은 토기 파편, 아래는 동물의 뼈다.
* 우 : 토기의 평평한 밑부분 사진으로 아쉽게도 너무 가까이 찍어서 초점이 맞질
  않아 흐리다. 토기 파편은 전형적인 '민무늬 협사 갈색 통형관'의 파편으로 두께
  가 1cm 이상으로 매우 두껍다. 홍릉와문화 토기는 훨씬 얇다.

8. 주거지 주변 회갱(灰坑)으로 보이는 곳에서 발견한 동물의 뼈와 토기 파편
* 어떤 동물인지는 알 수 없으나, 이 지역을 좀 더 상세히 발굴을 할 필요가 있어 보인다.

　　셋째, 오한기 우고토향(牛古吐鄉) 천근영자촌(千斤營子村) 서량유지는
유수산유지의 동쪽에 위치하고 있다. 유수산유지가 마니한향(瑪尼罕鄉)의
동쪽 끝 쪽에 위치해서 서량유지와는 소속된 향(鄉)이 다르지만 가까운 거
리에 있었고, 거리로는 약 4-5km 정도 위치에 있었다. 그러나 가는 길은
거의 사막이나 다름없어서, 지프차가 아닌 왕택 연구원의 승용차를 타고
이리저리 승용차가 갈 수 있는 길을 찾느라 애를 먹었다.

서량유지 역시 아무런 안내판도 비석도 없는 황무지 같은 땅이었다. 유수산유지처럼 산을 기대고 있지는 않았지만 낮은 언덕의 남쪽에 자리하고 있었다. 곳곳에서 방 유적지를 확인할 수 있고, 많지는 않았지만 대표적인 소하서문화 토기 파편도 수습할 수 있었다.

〈자료 5-17〉 서량유지 답사(2015.3.12.)

1. 서량유지는 언덕의 남쪽에 자리하고 있다.

2. 유적지 곳곳에는 발굴 당시의 집 터가 움푹 파여 있다.

4. 서량유지에서 수습한 토기 파편

6. 적봉대학박물관 소장 소하서문화 빗살무늬토기 자료 소개

1) 적봉대학박물관 소장 토기 자료

필자가 적봉대학 홍산문화연구원 방문교수로 가 있는 동안 사용한 연구실은 적봉대학에서 신축한 적봉대박물관 2층 홍산문화연구원 원장실이었다. 원장인 등해건(騰海鍵) 교수는 적봉대학에 있다가 요녕성 심양에 있는 요녕대학 교수로 자리를 옮겼으나, 홍산문화연구원 원장직은 겸임하고 있었다. 이런 까닭에 박물관 2층 원장실은 비어 있었다. 1층은 적봉대학 박물관이 개관 준비 중에 있었고, 박물관 옆에는 관장인 소국전(邵國田) 교수의 연구실과 대학원생들이 공부하는 박물관 자료실이 있었다.

소국전 교수는 30여 년 가까이 오한기사전문화박물관 관장을 역임하고, 퇴임한 후에 적봉대학 박물관장으로 재직하고 있었다. 그는 요하문명 지역 토기에 대한 당대 최고의 전문가로 정평이 있는 분이었다. 요하문명 발굴 초기부터 대부분의 오한기 경내의 각 시기별 유적지 발굴을 진두지휘한 백전노장으로 야전 고고학의 대부이다.

필자는 소국전 교수가 오한기사전문화박물관 관장 시절부터 친분이 있었다. 필자가 적봉대학 홍산문화연구원 방문교수로 와서 보니, 뜻밖에 소국전 교수가 필자의 연구실 바로 아래에 있었던 것이다. 그는 적봉대학박물관 개관을 준비하면서 대학원생들과 같이 요하문명 지역에서 수집된 각 고고문화권별 토기의 복원 작업과 탁본 작업을 하고 있었다. 자연스럽게 필자는 소국전 교수의 작업을 같이 돕게 되었고, 이 과정에서 많은 자료들을 사진으로 찍고 50배 디지털 현미경 사진도 직접 찍어서 확보하게 되었다. 머무는 1년 내내 최고의 노학자로부터 많은 것을 배울 수 있었다.

아래에 소개하는 자료는 소국전 교수와 대학원생들이 각 유적지를 답사하며 수습한 토기 파편의 사진, 탁본 자료, 필자가 찍은 50배 디지털 현미경 사진 자료들이다. 이 자료들을 통해서 보면 소하서문화 토기와 흥륭와문화 토기는 모래가 섞인 거친 토기라는 면에서 같지만, 시대가 앞서는 소하서문화의 토기가 훨씬 두껍고 거칠다. 또한 소하서문화에서 이미 최초의 빗살무늬토기가 보인다.

〈자료 5-18〉 적봉대학박물관 관장 소국전 교수와
시기별로 분류된 토기 파편들(2014.9.18.)

〈자료 5-19〉 탁본, 복원 작업 중인 적봉대학 대학원생들(2014.9.18.)

1. 작업 중인 대학원생들

2. 조보구문화 토기를 탁본하고 있다.

3. 소하서문화 토기 파편을 맞추고 있다.

2) 소하서문화에서 보이는 최초의 빗살무늬토기

소하서문화와 흥륭와문화의 토기는(1) 모두 '모래가 섞인 협사 토기〔夾砂陶〕'로, (2) 점토질 토기는 보이지 않으며, (3) 토기의 색도 균일하지 않고 대부분 갈색이며 일부는 하나의 토기에 홍색, 황색, 회색 등이 섞여 있다는 공통점이 있다.

소하서문화 토기에 보이는, (1) 흙 띠를 덧붙인 부가퇴문(附加堆紋), (2) 움푹하게 점을 찍은 와점문(窩點紋), (3) 나뭇잎 줄기를 선각으로 그린 엽맥문(葉脈紋), (4) 짧은 사선을 그린 단사선문(短斜線紋), (5) 손톱으로 찍은 지갑문(指甲紋) 등은 흥륭와문화 토기에서도 모두 보인다. 또한 소하서문화와 흥륭와문화 토기는 모두 밑바닥이 평평한 통 모양 '평저 통형관(平底筒形罐)'으로 형태나 제작 방식도 거의 같다.

소국전 선생이 오한기 경내의 소하서문화 시기의 소하서유지, 서량유지, 유수산유지 등지에서 수습하여 적봉대학박물관으로 옮겨온 토기 파편들은 지금 탁본을 찍고, 원형을 복원하고 있다. 곧 개관하게 될 적봉대학박물관에 전시될 예정이다.

이들 자료에는 최초의 빗살무늬토기들도 많이 수집되어 있다. 기존에는 빗살무늬토기가 흥륭와문화에서부터 시작되었다고 알려져 있었다. 그러나 소하서문화 시기에 이미 단사선문(短斜線紋)으로 알려진 빗살무늬토기가 많이 보인다. 흥륭와문화의 빗살무늬토기는 주로 단사선문을 다른 방향으로 겹쳐서 그린 격자문(格子紋)인데, 소하서문화의 빗살무늬토기는 격자문은 없고 평행하는 단사선문을 한 방향으로만 그리거나 물결 모양으로 그린 것만 보인다.

소하서문화 토기를 정리하면, (1)'모래가 섞인 협사토기〔夾砂陶〕'가 주를 이루는데,(2) 가장 전형적인 것은 무늬가 없는 것이며, (3) 흥륭와문화 토기에 비해서 1.5배 정도 두껍고, (4) 부가퇴문, 와점문, 엽맥문, 단사선문, 지갑문 등이 있고, (5) 연속된 단사선문의 토기는 '최초의 빗살무늬토기'라고 할 수 있다. 아래에서는 필자가 적봉대학박물관에서 직접 찍은 사진 자료와 50배 디지털현미경 사진들을 통해서 소하서문화 토기들을 소개하기로 한다.

첫째, 적봉대학박물관에 수집된 소하서문화 토기 파편들은, (1) 가장 전형적인 토기인 '무늬가 없이 흙 띠를 덧댄 부가퇴문(附加堆紋)' 토기, (2) 움푹하게 점을 찍은 3–4줄의 와점문(窩點紋) 아래에 빗살무늬가 결합된 토기, (3) 한쪽 방향으로 사선을 그린 단순 단사선문 토기, (4) 단사선문을 물결 모양으로 그린 전형적인 빗살무늬토기 등이 있다. 이것이 가장 이른 시기의 최초의 빗살무늬토기이다.

〈자료 5-20〉 적봉대학박물관에 수집된 다양한 소하서문화 토기 파편(2014.9.25.)
* 왼쪽 위에 보이는 '무늬가 없이 흙 띠를 덧댄 부가퇴문(附加堆紋)' 토기가 전형적인 것이다.
* 기타 점을 찍은 와점문 토기, 전형적인 빗살무늬 토기를 확인할 수 있다.

둘째, 전형적인 소하서문화 토기라고 할 수 있는 민무늬토기 가운데는 입술 부분에 흙 띠를 덧댄 부가퇴문이 들어간 것도 있다. 단면을 보면 모래 알갱이가 보일 정도로 거칠며, 두께도 약 1–1.3cm 정도로 두껍다.

〈자료 5-21〉 소하서유지에서 수습된 '무늬가 없이 흙 띠를 덧댄 부가퇴문(附加堆紋)' 토기 각 부분 사진 및 50배 디지털 현미경 사진(2014.9.25. 필자)

1. 바깥 면   2. 안쪽 면

3. 입술 부분   4. 아래쪽 깨진 부분

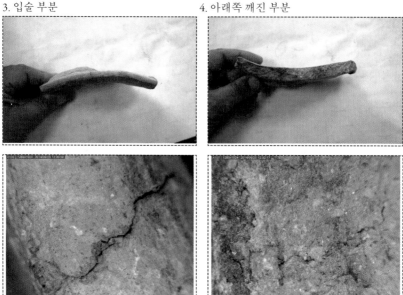

셋째, 입술 부분에 부가퇴문을 3~4줄 붙이고 작게 눌러 잘라서 장식한 토기도 보인다. 토기의 입술 아래 부분에는 단사서문=빗살무늬가 그어져 있다.

〈자료 5-22〉 소하서문화 서량유적 '부가퇴문+단사선문' 토기 파편의 각 부분 사진과 디지털 현미경 사진 (2014.9.25. 필자)

1. 바깥 면 (디지털 현미경 사진은 단사선문 부분)   2. 안쪽 면

3. 입술 부분   4. 깨진 부분

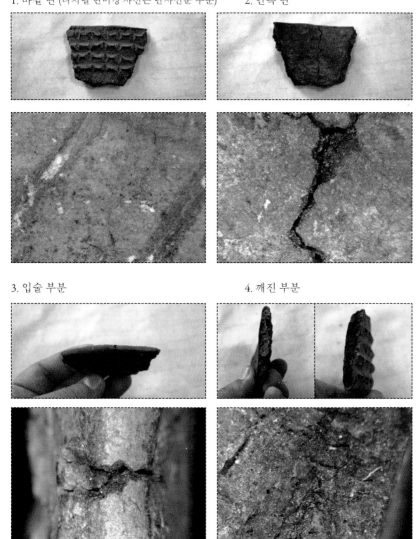

5. 같은 유형의 토기 파편

넷째, 입술 부분에 점열문을 돌리고, 그 아래 부분 부가퇴문은 산(山)자 모양으로 배열하고, 몸통 부분에는 단사선문을 장식한 토기도 보인다(〈자료 5-23〉의 좌측).

다섯째, 세 번째 것과 모양은 유사하나 흙 띠를 붙인 입술 부분에 부가퇴문 없이 4줄의 점열문(點列紋)을 돌리고 몸통 부분에는 단사선문으로 장식한 것도 있다(〈자료 5-23〉의 우측).

〈자료 5-23〉 '점열문+부가퇴문+단사선문(좌)', '점열문+단사선문(우).'
(2014.9.22. 필자)

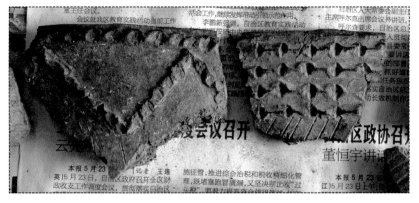

여섯째, 소하서문화에서는 물결 모양으로 단사선문이 이어지는 전형적인 빗살무늬토기가 나온다. 문양도 한반도에서 보이는 빗살무늬토기와

거의 일치한다. 기존에는 흥륭와문화에서 빗살무늬토기가 처음 보이는 것
으로 소개되었지만, 소하서문화 시기에서 이미 보이기 시작하며, 빗살무
늬토기의 기원은 소하서문화라고 할 수 있다.

〈자료 5-24〉 소하서문화 빗살무늬토기(2014.9.25. 필자 사진)

1. 바깥 면 (디지털 현미경 사진은 선 안쪽 부분)　　　2. 안쪽 면

3. 깨진 부분

4. 같은 유형의 파편과 탁본 자료

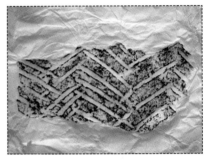

일곱째, 무늬가 없는 전형적인 소하서문화의 토기를 제외하면, 소하서
문화의 토기들은 흥륭와문화의 토기와 거의 유사하다.

필자 역시 소국전 선생이 소하서문화 토기라고 보여주는 것이 흥륭와
문화 토기와 너무나 비슷해서 의문을 제기했었다. 그러자 소국전 선생이
직접 두께를 비교해주고, 책상 위에 흥륭와문화 토기와 소하서문화 토기
를 좌우로 나누어서 진열해주었다. 아래에 제시하는 사진 자료를 보면 독
자들도 쉽게 이해할 수 있을 것이다.

아래 〈자료 5-25〉에서, (1) 바닥에 진열된 토기 가운데 왼쪽 것이 소
하서문화 토기이고 오른쪽 것이 흥륭와문화 빗살무늬토기이며, (2) 손
에 들고 두께 차이를 보여주는 것도 왼쪽이 소하서문화 토기이고 오른쪽
이 흥륭와문화 토기이다. 소하서문화 토기가 1.5배 정도 더 두꺼워서 약
1-1.3㎝ 정도이며, 격자문이 없는 단사선문 위주의 여러 변형이라는 것을
한눈에 볼 수 있다. 하지만 소하서문화 토기에는 기본적으로 격자문은 보
이지 않는다.

〈자료 5-25〉 소하서문화 토기와 홍륭와문화 토기 비교(2014.9.22. 필자 사진)

1. 소하서문화 토기(좌), 홍륭와문화 토기(우)

* 바닥에 놓인 것의 좌측, 손에 든 것의 좌측이 소하서문화 토기이고, 우측 것은 홍륭와
  문화 토기이다. 모두 빗살무늬토기이다.

2. 소하서문화 토기(좌), 홍륭와문화 토기(우)

* 위의 사진에서 손에 들었던 것을 내려놓은 것이다. 외형은 거의 흡사하지만, 소하서
  문화 토기가 훨씬 두껍고 단사선문만 있을 뿐 격자문(格子紋)이 없다.

7. 한반도 빗살무늬토기와의 비교

한반도 신석기시대의 빗살무늬토기는 우리들에게 잘 알려져 있다. 중남부 지역에서는 주로 밑이 뾰족한 첨저형(尖底形) 빗살무늬토기가 나오고, 북부 지역에서는 주로 밑이 평평한 평저형(平底形) 빗살무늬토기가 나온다. 그러나 이런 빗살무늬토기는 황하문명 지역에서는 거의 보이지 않는다.

앞서 살펴본 소하서문화에서는 일반적인 평저형 빗살무늬토기나 입술 부분에 다양한 형태의 부가퇴문을 넣고 몸통 부분에는 빗살무늬를 장식한 토기 등이 나온다. 소하서문화 후기부터 출토되는 빗살무늬토기의 특징을 알아보자.

첫째, 소하서문화에서 보이기 시작하는 빗살무늬토기는 한반도 북부 지역의 이른 신석기시대에도 보인다. 함경북도 선봉군 굴포리 서포항유적 1기(BC 5000-3500)부터 전형적인 평저형 토기가 나오며 2기(BC 3500-3000)까지 집중적으로 보인다. 소하서문화의 빗살무늬토기들과 비교하면 거의 같은 문양임을 알 수 있다.

그러나 이런 빗살무늬토기는 이 시기에 황하문명 지역에서는 보이지 않는다. 아래의 서포항유적 1기의 빗살무늬토기의 연대인 BC 5000-3500년은 단순 탄소14 측정 연대고, 나이테 교정 연대로 하면 약 500-800년가량 앞서게 된다. 따라서 소하서문화보다는 늦지만 거의 흥륭와문화 시기에 가까운 것이라고 볼 수 있다.

〈자료 5-26〉 함경북도 서포항 유적 1기(BC 5000-3500)의 평저형 빗살무늬 토기 [69]

둘째, 주로 한반도 중부 한강 유역에서 많이 보이는 첨저형 빗살무늬 토기는 북쪽으로는 대동강 유역의 평양시 남경유적(南京遺迹: BC 2500-2000)까지도 보인다. [70]

셋째, 한반도에서 이른 신석기시대 유적 가운데 하나인 동해안의 오산리(鰲山里)유적과 문암리(文岩里)유적 등에서도 평저형 빗살무늬토기가 보인다.

오산리유적에서 채집된 8개의 목탄 시료를 일본 동경대학에 연대 측정을 의뢰한 결과 BC 6000-4500년으로 나왔다. [71] 오산리유적은 연대의 상한선이 약 8000년 전으로 올라가는 한반도에서 가장 이른 신석기유적 가운데 하나이다.

오산리유적에서는 300여 점 이상의 빗살무늬토기 파편과 100여 점의 민무늬토기 파

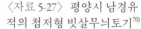
〈자료 5-27〉 평양시 남경유적의 첨저형 빗살무늬토기 [70]

69) 조선유적유물도감편찬위원회, 《조선유적유물도감 1: 원시편》, 동광출판사, 1990, 63쪽.

70) 조선유적유물도감편찬위원회, 《조선유적유물도감 1: 원시편》, 114쪽.

71) 임효재, 〈동아시아에 있어서 오산리 신석기문화의 위치〉, 《동아시아 속의 오산리 신석시문화의 위치》, 양양문화원, 한국선사고고학회, 1997, 23쪽.

편이 채집되었다.[72] 또한 오산리유적에서 발견된 흑요석(黑曜石)은 "가까운 함경도 명천이나 길주가 아니라 백두산이 원산지임이 밝혀졌다"라고 한다.[73] 이것은 백두산 지역의 흑요석과 빗살무늬토기 문화가 동해안을 타고 오산리 지역으로 내려왔다는 것을 입증하는 것이다.

뒤에서 보겠지만 오산리와 시기도 비슷하고 지역적으로도 가까운 문암리유적(BC 6000-3000)에서는 요서 지역 흥륭와문화에서 최초로 보이는 옥으로 만든 귀고리인 옥결(玉玦)도 발견된다. 이것은 한반도 지역에서 가장 이른 시기의 옥결이다. 이를 통해서 보면, (1) 빗살무늬토기, (2) 흑요석, (3) 옥결 등은 백두산 지역을 거쳐서 동해안을 타고 오산리, 문암리 지역으로 내려왔다는 것을 알 수 있다. 이것이 단순한 문화 교류나 교역의 산물인지 아니면 주민의 이동을 포함하는 것인지는 좀 더 연구할 필요가 있을 것이다.

〈자료 5-28〉 강원도 양양군 오산리유적의 빗살무늬토기[74]

---

72) 백홍기, 〈강원도 동해안의 즐문토기 문화: 그 전파문제를 중심으로〉, 《역사학보》, 제87집(1980), 3쪽.

73) 임효재, 〈강원도 오산리 신석기 유적의 발굴 성과와 과제〉, 《고문화》, 34(1989), 127쪽.

74) 백홍기, 〈강원도 동해안의 즐문토기 문화: 그 전파문제를 중심으로〉, 39쪽 〈도판 2〉.

〈자료 5-29〉 강원도 양양군 문암리유적의 빗살무늬토기[75]

75) 국립문화재연구소, 《고성 문암리 유적 Ⅱ : 발굴조사보고서》, 그래픽코리아, 2013. 318쪽(위), 319쪽(아래).

〈자료 5-30〉 문암리유적 토기의 시문 기법[76]

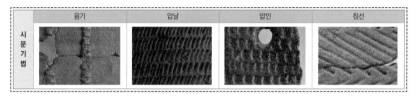

〈자료 5-31〉 문암리유적 토기의 문양[77]

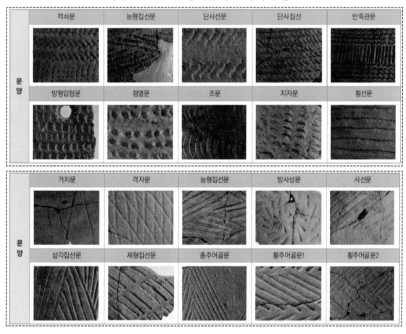

넷째, 문암리유적에서 보이는 토기에 무늬를 새기는 '시문 기법'은, (1) 흙 띠를 덧댄 부가퇴 혹은 융기(隆起) 기법, (2) 시문 도구를 이용하여 도장 찍듯이 찍는 압날(押捺) 기법, (3) 시문 도구로 기면을 누른 후에 다시 끌면서 시문하는 압인(押印) 기법, (4) 시문 도구로 선을 그어 문양을 시문하는 침선(沈線) 기법 등이 있다. 이것은 오산리유적의 경우에도 같다. 한국학

76) 국립문화재연구소, 《고성 문암리 유적 Ⅱ : 발굴조사보고서》, 16쪽.
77) 국립문화재연구소, 《고성 문암리 유적 Ⅱ : 발굴조사보고서》, 16-17쪽.

계와 중국학계의 관련 용어가 서로 다르지만, 이러한 기법은 이미 이보다
이른 시기인 소하서문화 토기에 모두 똑같이 보이는 것이다. 홍륭와문화
시기에도 모두 보인다.

또한 문암리유적에서 보이는 각종 토기의 '문양' 20가지 가운데 꺽쇠
문, 단사집선, 반죽관문, 조문, 지자문, 격자문, 방사선문 등 7가지를 제
외한 14가지는 이미 소하서문화 토기에도 모두 보인다. 소하서문화에서
보이지 않는 7가지도 기존 문양에서 어렵지 않게 변형할 수 있는 것들이
다(〈자료 5-30, 5-31〉 참조).

문양의 명칭도 한국학계와 중국학계가 서로 다르다. 한국에서 '지자
문(之字紋)'은 중국에서도 지자문이라고 부르지만, 중국에서는 일반적으
로 '시문 기법'을 포함해서 '압인지자문(押印之字紋)'이라고 부른다. 압인지
자문은 소하서문화에서는 안 보이지만, 홍륭와문화 시기부터 많이 보이고
부하문화, 조보구문화, 홍산문화 등으로 이어진다.

이러한 정황은 한반도 북부의 초기 신석기문화와 요하문명의 초기 신
석기문화가 어떤 식으로든 연결되어 있다는 것을 보여주는 것이다. 이에
대해서는 한국 고고학자들의 좀 더 세밀한 연구가 필요하다고 본다.

다섯째, 요하문명의 소하서문화에서 시작되어 홍륭와문화 등으로 지
속적으로 이어지는 빗살무늬토기는 황하문명 지역에서는 발견되지 않고
'북유럽 – 시베리아 남단 – 만주 일대 – 한반도'로 이어지는 전형적인 북방
문화계통이다. 이것은 요하문명이 출발 당시부터 황하문명과는 전혀 다른
문명임을 보여주는 것이다(〈자료 5-32〉 참조).

〈자료 5-32〉 신석기시대 4대 문화권과 빗살무늬토기의 분포 지역[78]

* 요하문명 지역은 신석기시대 4대 문화권이 모두 공존하는 세계에서 유일한 지역이다.
이런 까닭에 황하문명보다 발달된 문명이 태동할 수 있었을 것이다.

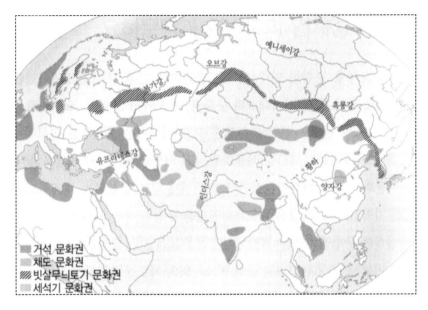

78) 우실하, 《동북공정 너머 요하문명론》, 296쪽 〈자료 4-1〉. 이 자료는 무하마드
깐수(=정수일), 《고대 문명 교류사》, 사계절, 2002, 70쪽의 지도를 바탕으로 다
시 그린 것이다.

제6장 흥륭와문화(興隆洼文化: BC 6200-5200)와 한반도

1. 흥륭와문화 소개

흥륭와문화는 1982년 내몽고 적봉시 오한기 보국토향(宝国土鄕) 흥륭와촌 흥륭와유지에서 최초로 발견되었고,[1] 1983-1993년 10년 동안 6차례의 발굴이 이루어졌다. 1983년에 흥륭와유지가 발굴되었고, 1985년에 정식으로 흥륭와문화로 명명되었다. 2001년부터 다시 대대적인 발굴이 이루어졌다.[2]

흥륭와문화의 분포 범위는 주로 적봉시 오한기를 중심으로 사방으로 확대되는데, (1) 서랍목륜하, 대릉하, 소릉하 유역에 비교적 집중되어 있으며, (2) 남쪽으로는 발해만 지역에 이른다.[3]

이를 좀 더 상세히 보면, (1) 남쪽으로는 발해만까지, (2) 북쪽으로는 파림우기를 지나 서랍목륜하의 북쪽 각 지류의 끝까지, (3) 동쪽으로는 요하 경계 지역까지, (4) 서쪽으로는 난하에 못 미치는 지역까지 흥륭와문화 유적들이 발견되고 있다(〈자료 6-1〉 참조).

1)　中国社会科学院考古研究所内蒙古工作隊,〈内蒙古敖漢旗興隆洼遺址発掘簡報〉,《考古》, 1985年 10期.

2)　李学来,〈古老塞北村落 奇特室内葬俗: 内蒙古敖漢旗興隆洼新石器時代遺址〉, 考古雑誌社(編著),《二十世紀中国百項考古大発現》, 中国社会科学出版社, 2002, 46쪽.

3)　北京市文物研究所 等,〈北京平谷上宅新石器時代遺址発掘簡報〉,《文物》, 1989年 8期,〈図九〉.

〈자료 6-1〉 흥륭와문화 유적 분포 지역[4]

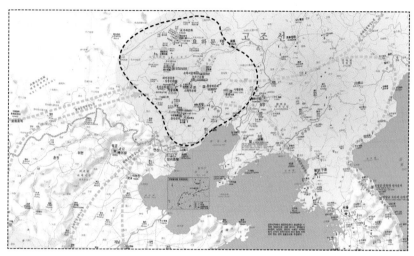

흥륭와문화는 서랍목륜하를 경계로 (1) 서랍목륜하 북쪽의 적봉시 임서현(林西縣) 백음장한유지를 대표로 하는 백음장한유형과 (2) 서랍목륜하 남쪽 오한기 흥륭와유지를 대표로 하는 흥륭와유형의 2가지 유형으로 나뉜다. 일부 학자는 사해(査海)유지를 대표로 하는 흥륭와문화 사해유형을 별도로 나누는 사람도 있다.

흥륭와문화의 흥륭와유형과 백음장한유형은 많은 공통점에도 불구하고 차이가 있다. 주거지, 석기, 토기에 보이는 공통점과 차이점에 대해서는 〈자료 6-2〉를 참고하기 바란다.

---

4) 우실하, 《고조선의 강역과 요하문명》, 동아지도, 2007. 여기에 영역을 새롭게 표기한 것.

〈자료 6-2〉 홍륭와문화 홍륭와유형과 백음장한유형의 비교[5]

비교		홍륭와문화 홍륭와유지 * 홍륭와유형의 대표 유적	홍륭와문화 백음장한유지 * 백음장한유형의 대표 유적
공통점	주거지	1. 장방형 반지혈식 방. 2. 취락지 주변에 환호(環濠)가 있음. 3. 규칙적 질서에 의해 방이 배치.	
	석기	1. 주로 농기구 중심 2. 거친 마제가 많고, 세밀한 마제는 적음. 3. 일정 수량의 세석기를 포함하고 있음.	
	토기	1. 거친 모래가 섞인 갈색 토기인 협사갈색도(夾砂褐色陶)가 대부분이며, 점토질 토기는 아직 보이지 않음. 2. 온도가 높지 않아서 강하지 않고, 갈색 위주이나 색이 불규칙함. 3. 대부분 표면은 황갈색이고 내부는 검은색임. 4. 간단한 형식의 평저형의 통형관(筒形缶)이 절대 다수고, 봉(鉢)이나 완(碗)은 적음. 5. 토기의 위 1/3지점에 띠를 둘러 그 위쪽에는 다양한 선문을 장식하고, 띠 아래쪽은 주로 격자문(格子紋)이나 지자문(之字紋)으로 장식하여 전체가 3단으로 구성됨.	
차이점	주거지	1. 방에 주거 중심지와 기타 지역의 구별이 없고, 바닥 흙을 그대로 사용 2. 원형으로 흙을 파낸 토갱식(土坑式) 화덕임. 3. 집터가 깊지 않아서 방으로 들어가는 길인 문도(門道)가 별도로 없음. 4. '말 발굽모양의 진흙 덩이'인 마제형니권(馬蹄形泥圈)과 원형 구멍 뚫린 돌(圓窩石块)이 발견되지 않음.	1. 집터가 더 깊고, 방으로 들어가는 길인 문도(門道)가 좁게 나있음. 2. '4면에 석판을 세운 화덕'이 있음. 3. 방의 중심 주거지역의 방바닥을 풀을 넣은 진흙으로 바르고 불을 놓아 구별됨. 4. 대부분의 방에는 '말 발굽모양의 진흙 덩이'인 마제형니권(馬蹄形泥圈)과 원형 구멍이 뚫린 돌(圓窩石块: 절구처럼 사용-필자)이 발견됨.
	석기	1. 대표적인 석기는 타제의 '허리가 잘록한 호미형 석기(亞腰鋤形器)로 모든 방에서 하나 이상 발견됨. 2. 돌자귀(石铲)와 유사한 것은 드물게 발견되며, 백음장한유지에서 보이는 형태는 없음 3. 돌도끼(石斧)가 많이 나오지만, '양쪽으로 날을 갈아서 만든 돌도끼'는 없음.	1. 대표적인 석기는 평편하고 네모난 돌로 만든 돌자귀(石铲)로 많이 발견됨. 날 부분은 직선과 곡선 2 종류가 있는데, 날은 모두 매우 정교하게 갈아서 만들었음. 2. 홍륭와유지에서 많이 보이는 '허리가 잘록한 호미형 석기(亞腰鋤形器)'는 보이지 않음. 3. 돌도끼(石斧)는 매우 유사하며, '양쪽으로 날을 갈아서 만든 돌도끼'도 수는 적지만 보임.

5) 內蒙古自治区文物考古硏究所,〈內蒙古林西縣白晉長汗新石器時代遺址發掘簡報〉,《考古》, 1993年 第7期, 584-585쪽의 내용을 바탕으로 필자가 정리하여 표로 만든 것이다.

		1. 대부분의 방에서 발(鉢: 밥그릇)과 완(碗: 주발)이 발견됨. 2.백음장한유지에서 보이는 '넓은 입에 배 부분이 직선인 동이(敞口直腹盆)'와 '두꺼운 다리의 주발(厚圈足碗)'은 보이지 않음.	1.발(鉢)은 아주 적게 발견됨. 겨우 2개가 발견되었고, 복원한 토기의 1/50 정도. 2.'입구가 좁고 배가 볼록한 항아리(敛口弧腹罐)'가 많이 발견됨. 또한 '넓은 입에 배 부분이 직선인 동이(敞口直腹盆)'와 '두꺼운 다리의 주발(厚圈足碗)'도 보임. 이런 것들이 흥륭와유지에서 많이 발견되는 발(鉢)과 주발(碗)을 대체한 것으로 보임. 3. 흥륭와유지에서 보이는 토기 표면을 장식한 다양한 문양들이 보이지 않음.
차이점	토기		

흥륭와문화의 특징을 간략히 소개하면 아래와 같다.

첫째, 1982년 내몽고 적봉시 오한기 보국토향(宝国土郷) 흥륭와촌에서 최초로 발견되었고, 발굴을 거쳐 1985년에 정식으로 흥륭와문화로 명명되었다.

둘째, 연대는 BC 6200−5200년경으로 보고 있다.

셋째, 주거지는 매우 질서 있게 배치된 반지혈식 방들 주변에 환호(環濠)를 둘러놓은 환호취락이 많다. 흥륭와유지의 경우 약 120개의 방이 환호로 둘러싸여 있었다. 이것이 동아시아 최초의 환호취락이다.

넷째, 묘 가운데는 방의 바깥에 묘를 만드는 실외장과 방 밑에 시신을 묻는 실내장 혹은 거실장이 공존한다.

다섯째, (1) 세계 최초의 옥으로 만든 귀고리인 옥결(玉玦), (2) 세계 최초의 재배종 기장과 조, (3) 세계 최초의 치아 수술 흔적, (4) 동아시아 최초의 환호취락 등이 발견된다.

아래에서는 흥륭와문화에서 새롭게 발견된 유적과 유물을 중심으로 요하문명의 문명 발전 정도를 확인할 수 있는 새롭고 중요한 것들을 몇 가지 소개하기로 한다.

2. 세계 최초의 옥 귀걸이 옥결(玉玦)

둥근 원형의 고리 한쪽이 터져 있는 귀걸이의 일종인 옥결(玉玦)은 결상이식(玦狀耳飾)의 일종이다. 결상이식은 옥, 활석, 돌 등 여러 가지 재질로 만들 수 있다. 엄밀한 의미에서 옥결이란 '옥으로 만든 결상이식'이라고 할 수 있다. 활석이나 돌로 만든 것은 보통 석결(石玦)이라고 구분하여 부른다. 흥륭와문화 각 유적들에서는 '세계 최초의 옥 귀걸이'인 옥결이 발견되며, 옥결을 포함한 100여 점의 옥기가 발견되었다.

첫째, 흥륭와문화 흥륭와유지에서 발견된 '세계 최초의 옥결'은 놀랍게도 흥륭와유지가 발견된 오한기 흥륭와촌에서 직선거리로 약 450km가량 떨어진 요동반도 남단 수암현(岫岩縣)에서 생산되는 수암옥(岫岩玉)으로 만들어졌다. 450km는 서울–부산의 거리와 비슷한 거리이다.

흥륭와유지에서 발굴된 '세계 최고의 옥결'이 요동성 수암현에서 나오는 수암옥으로 만들어졌다는 사실은, (1) 2004년 5월 17일부터 20일까지 대련대학에서 열린 '중국 옥문화 옥학 제4회 학술연토회(中國玉文化·玉学第四屆学術硏討会)'와 (2) 2004년 7월 24일부터 28일까지 적봉대학에서 열린 '제1회 홍산문화국제학술연토회'에서 발표된 중국사회과학원 고고연구소(考古硏究所) 내몽고고고고대 대장인 류국상(劉國祥)의 논문을 통해서 밝혀진 것이다.

류국상은, (1) 흥륭와문화에서 발견된 옥결이 세계에서 가장 오래된 옥결이며, (2) 8000년 전 흥륭와문화 시기에는 남녀 모두 귀를 뚫어서 귀걸이를 착용했고, (3) 흥륭와문화의 다른 유적에서도 비슷한 옥 귀걸이가 여러 벌 출토되었고 대부분 직경이 2.5–6.0cm 정도의 범위 안에 있으며, (4) 재료 분석 결과 요녕성 수암현에서 나는 수암옥이고, (5) 흥륭와문화가 '중국 옥문화의 기원'이라는 점을 밝혀주었다.[6] 등총(鄧聰)도 이야기하듯

---

6) 劉国祥, 〈紅山文化墓葬形制与用玉制度研究〉, 《首届紅山文化国際学術研討会》 (2004년 자료집, 적봉시).

이 "흥륭와문화 옥기는 기본적으로 모두 수암옥"이다.[7]

중국에는 유명한 옥 산지들이 있다. 대표적으로 (1) 위구르 자치구 천산산맥 아래 화전(花田) 지역에서 나는 것을 화전옥이라고 하고, (2) 사천성 지역에서 나는 것을 사천옥이라고 부르며, (3) 산동반도 수암에서 나는 것을 수암옥이라고 부른다.

화전옥이나 사천옥은 경도가 6-7 정도 되는 경옥(硬玉) 혹은 비취(翡翠)로 매우 품질이 좋은 옥으로 알려져 있다. 수암옥 가운데도 좋은 경옥도 있다. 그러나, 수암옥의 대부분은 경도가 4-5 정도인 연옥(軟玉)으로 싸구려 옥의 대명사처럼 알려져 있다. 우리나라 사우나에 있는 옥 찜질방을 장식한 옥, 옥장판, 옥침대, 옥으로 만든 베개보 등은 거의 다 중국에서 수입된 수암옥이라고 보면 된다.

옥에 구멍을 뚫는 것은 (1) 막대나 돌을 돌려서 뚫는 것과 (2) 실을 이용해서 도려내는 방법 등이 사용되었다. 금속제 공구가 전혀 없던 시절에는 엄청난 노동력이 드는 힘든 일이었을 것이다. 옥기 전문가 장경국(張敬国)과 진계현(陳啓賢) 두 사람의 연구에 의하면 요하문명 지역에서 발굴되는 신석기시대 옥기들과 비슷한 1.7cm 두께의 옥에 모래를 뿌려가면서 대나무(외경 9.6mm, 내경 5.4mm)를 손으로 돌려서 구멍을 뚫는 데 쉬는 시간을 제외하고 순수한 작업 시간만 31시간이 걸렸다고 한다.[8]

돌덩이와 다를 바 없는 옥 원석을 자르고 뚫고 다듬어서 만든 이런 옥기를 지닐 수 있는 사람은 일반인일 수는 없을 것이고, "권위를 나타내는 위세품(威勢品)으로, 최고 지도자나 샤먼들이 사용했을 것"이라고 본다.[9]

---

7) 鄧聰,〈興隆窪文化玉器与植物宇宙観〉, 中国社会科学院 考古研究所, 香港中文大学 中国考古芸術研究中心,《玉器起源探索: 興隆洼文化玉器研究及図录》, 香港中文大学文物館, 2007, 279쪽. 이 책은 옥기 전문가인 등총, 유국상, 양호(楊虎) 세 사람이 장을 나누어 쓴 책이다.

8) 張敬国·陳啓賢,〈管形工具鑽孔之初歩実験: 玉器雕琢工芸顕微鏡探索之二〉, 楊建芳師生古玉研究会(編著),《玉文化論叢 1》, 文物出版社, 2006, 306쪽.

9) 우실하,《동북공정 너머 요하문명론》, 116쪽.

〈자료6-3〉 '세계 최초의 옥 귀걸이'인 옥결 발굴 모습과 착용 방법(오한기박물관 자료)

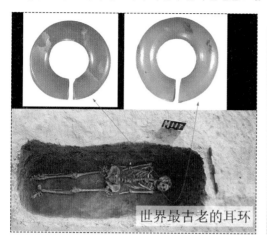

〈자료 6-4〉 홍룡와문화 옥결(玉玦: 위)과 옥비(玉匕: 아래)[10]

1. 옥결

2. 옥비

3. 홍룡와문화 옥기들

10) 国家文物局, 中和人民共和国科学技術部, 遼寧省人民政府(編),《遼河尋根文明溯源》, 文物出版社, 2011, 1은 52(옥결), 2는 53(옥비)쪽. 3은 오한기박물관 자료

〈자료 6-5〉 흥륭와문화 흥륭와유지(②)와 수암현(우측 하단)의 위치[11]
* 좌측 상단 '② 흥륭와문화'로 표기한 곳이 흥륭와유지의 위치이고, 우측 하단의 '②번
유적과 관련된 수암옥'이라고 표기한 곳이 수암옥이 나는 수암현으로 압록강과도 멀
지 않다.

둘째, 남한에서 발견되는 옥기들은 동해안, 남해안, 서해안 일부 지역
에서 출토되며, 주로 동해안과 남해안 지역에서 많이 발견된다.[12]

하인수에 의하면 남한의 신석기시대 옥결은 현재까지 13곳에서 14점
이 출토되었다. 연대는 (1) 대부분 신석기시대 조기(BC 6000-4500)에 해당
하는 것이고, (2) 울산 처용리유적의 것은 신석기시대 전기(BC 4500-3500)
의 전반부, (3) 신암리유적의 것은 전기 중엽으로 보며, (3) 용담동, 사동
리, 웅기만유적의 것은 판단을 유보하고 있다(〈자료 6-6〉 참조).[13] 결상이
식 자체가 신석기시대를 대표하는 유물이므로, 판단이 유보된 것도 신석

11) 우실하, 《고조선의 강역과 요하문명》, 동아지도, 2007, 부분도.
12) 임승경, 〈중국 동북지역 신석기시대 옥문화〉, 《한국 선사, 고대의 옥문화 연구》,
    복천박물관, 2013, 37쪽.
13) 하인수, 〈신석기시대 옥기의 기초적 검토〉, 《한국 선사, 고대의 옥문화 연구》,
    복천박물관, 2013, 82쪽.

기시대의 것일 가능성이 높다고 보인다.

한국 동해안의 문암리유적(사적 제426호)에서 출토된 옥결은 문암리유적의 하층에서 발견된 것으로 흥륭와문화와 유사한 BC 6000-5000년경으로 보인다. 발굴 보고서에 의하면 문암리유적은 신석기시대 조기(BC 10000-6000)와 중기(BC 3500-2500)에 걸쳐 있다.[14] 여기서는 상론하지 않지만 토기의 문양이나 출토 유물도 모두 소하서문화나 흥륭와문화의 것과 유사하다. 현재까지는 대부분 BC 5000년경으로 보았지만, 최근 동경대 연구팀의 연구에 의하면 '02-7호 주거지'에서 발굴된 '토기 안쪽에 부착된 탄화물'의 교정 연대가 BC 5620-5480년으로 나왔다.[15] 그렇다면 문암리유적 옥결과 흥륭와문화 옥결은 약간의 시간차가 있을 뿐이다.

문암리유적 '02-3호 매장유구(墓埋葬遺構)'에서 발견된 1쌍의 옥결은 남성이 착용한 것으로, (1) 하나는 길이 3.4cm, 폭 4.0cm, 두께 0.7cm, 무게 15.2g, (2) 다른 하나는 길이 3.6cm, 폭 3.6cm, 두께 0.65cm, 무게 13.1g으로 비슷한 크기이다.[16] 1999년 탐색 조사에서 석부(石斧) 2점도 발견되었다고 한다.[17] 이를 통해서 보면 옥결은 석부를 지닐 만한 지위가 있는 사람이 착용한 것으로 보인다.

발굴 보고서에서도 문암리 옥결은 "일본보다는 중국과의 관련성이 더 깊다고 할 수 있으며, 그 가운데 중국 동북 지방 및 연해주 지역의 연관성을 상정할 수 있다."라고 보았다. 구체적으로 "문암리 결상이식은 중국 동북 지방과 연해주 등지의 결(玦)이 반입된 것으로 추정되며, 그 시기도 이와 비슷할 것으로 생각된다" 또는 "문암리 결상이식은 매장 풍습과 재질, 형태적인 측면에서 중국과의 관련성이 더 크며, 그 가운데에서도 중국 동북 지방과 연해주 등지에서 반입되었을 가능성이 가장 높다"라고 밝히고 있다.[18]

---

14) 국립문화재연구소, 《고성 문암리 유적》, 2004, 343쪽.
15) 쿠니키다 다이(国本田大), 요시다 쿠니오(吉田邦父), 김은영, 〈고성 문암리유적 출토 토기의 연대측정 결과와 소견〉, 《문화재》, 제40호(2007), 434쪽.
16) 국립문화재연구소, 《고성 문암리 유적》, 2004, 62쪽, 237쪽.
17) 위 책, 59쪽.
18) 위 책, 238쪽.

국립문화재연구소 홈페이지에는 문암리유적이 "한반도 동북 지방과 중국의 동북 3성, 러시아 아무르강 연안을 포함하는 동북아시아의 신석기문화와 한반도 선사인의 원류 및 이동 경로, 당시의 문화 계통과 전파 과정 등을 밝히는 데 있어 매우 중요한 유적이다."라고 밝히고 있다.[19]

발굴 보고서에서는 연옥으로 알려져 있었지만, 최근에 납석(蠟石)으로 밝혀졌다고 한다. "문암리 출토 결상이식은 외견상 나타나는 형태적인 특징으로 보아 연옥으로 추정되어왔으나 국립부여문화재연구소의 임승경 연구관의 전언에 의하면, 최근 국립문화재연구소에서 분석할 결과 납석으로 판명되었다고 한다."[20]

그러나 고대에 옥(玉)은 '아름다운 돌' 곧 미석(美石)을 의미하는 것으로 옥, 마노, 석영, 호박, 수정, 납석, 활석, 사문암 등은 모두 옥의 일종으로 보았으니 모두 옥결이라 할 수 있다. 실제로 홍산문화에서 발견되는 옥기 가운데는 사문석, 마노, 연옥, 수정 등이 섞여 있으나 모두 옥기로 통칭된다.

문암리유적이 "한반도 동북 지방과 중국의 동북 3성, 러시아 아무르강 연안을 포함하는 동북아시아의 신석기문화와 한반도 선사인의 원류 및 이동 경로, 당시의 문화 계통과 전파 과정 등을 밝히는데 있어 매우 중요한 유적"이라는 점은 시사하는 바가 많다. 이런 연결 고리의 하나로 옥결이 있는 것이다.

---

19) 국립문화재연구소 홈페이지 자료(http://www.nrich.go.kr/kor/page.do?menuIdx=326)
20) 하인수, 위 글, 77쪽 각주 3.

〈자료 6-6〉 남한 출토 신석기시대 결상이식 출토 현황과 형태[21]
1. 결상이식 출토 현황
＊동해안의 사동리와 문암리를 제외하면 모두 남해안과 제주도 지역이다.
＊신석기시대 조기: BC 6000-4500년 전기: BC 4500-3500년, 중기: BC 3500-2700년
＊하인수는 문암리 옥결을 신석기시대 조기 중엽으로 보았지만, 시기가 더 올라갈 수 있다.
＊()안의 숫자 복원 크기

NO	유적명	유구	규격(cm)				재질	시기
			直徑	두께	中心孔	輪 幅		
1	동삼동패총	4층	2,8×2,6(3,6)	1,3	1,4	0,8~1,2	석영	조기
2	문암리유적	02-3호묘	3,6×3,6	0,65	1	1,2~1,4	납석	조기 중엽
			3,4×4	0,7	1,2	1~1,4		
3	안도패총	1층	2,9×3	0,7	1,4	0,9	?	조기 전엽
4	처용리유적	Ⅱ-1호문묘	2,7×3	0,35~0,95	2	1,1	옥수	전기 초
5	선진리유적	Ⅳ층	4,4×4	1,2	2	1,1~1,5	?	조기 말
6	사촌리유적	포함층	2,9×2(3,2)	0,6	(0,6)	0,9~1,2	연옥?	조기?
7	제주고산리	포함층	3,2×3,7(4,2)	0,58	0,8	0,9~1,5	?	조기
8	삼양동유적	포함층	3,8(5,8)	1	(3)	1,3	?	조기
9	도두동유적	4호수혈	2,4×1,2	0,4	?	?	활석(납석)	조기
10	용담동유적	?	?	?	?	?	?	?
11	사동리유적	포함층	(4,9)	0,4		1,5	?	?
12	옹기만	패총	?	?	?	?	?	?
13	신암리유적 (부경문물연구원)	포함층	(5~5,5)				?	조기 중엽

2. 출토된 결상이식 형태와 문암리유적 출토 옥결 1쌍의 사진
1. 동삼동, 2. 안도, 3. 용담동, 4. 고산리, 5. 처용리, 6. 삼양동(삼화지구), 7. 도두동, 8. 사동리, 9. 사촌리, 10. 선진리, 11-12. 문암리

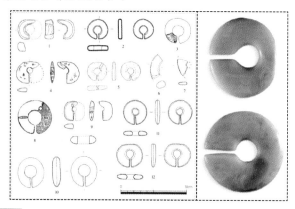

21) 하인수, 위 글, 82쪽 표 1, 83쪽 도면 1.

하인수의 글에 재질을 알 수 없는 것으로 표기된 것 가운데, (1) 사천시 선진리유적, (2) 제주도 용담동유적의 것은 필자가 판단하건대 백옥(白玉)으로 만든 옥결로 지하에 오랫동안 묻혀 있으면서 표면에 칼슘층이 생긴 것으로 보인다.

녹색을 띠는 연옥이나 백색의 백옥은 오랜 기간 땅속에서 지열과 지하수의 영향으로 표면에 백색의 칼슘층이 얇은 막처럼 생긴다. 중국 옥기학자들은 이것을 '칼슘화(鈣化: Calcification)'라고 부른다. 매장 조건에 따라 부분적으로 칼슘화가 나타나기도 하며, 특히 옥질이 고른 백옥의 경우에는 이런 칼슘화 현상이 옥기 전체에 골고루 일어난다. 이런 옥기 표면의 칼슘화 현상은 흥륭와문화나 홍산문화의 옥기에서도 많이 보인다(〈자료 6-8〉 참조).

〈자료 6-7〉 남한 출토 주요 결상이식의 모습[22]

	유적지	결상이식 모습	재질 및 크기(높이×폭×두께), 옥결 출토 시기
1	부산시 동삼동		1점의 옥결로 방원형이며 반 정도만 남았고, 2.8×2.6×1.3cm.
2	고성군 문암리		2점의 납석제 옥결. 3.4×4.0×0.7cm, 3.6×3.6×0.65cm.
3	여수시 안도리		1점의 연옥제 옥결, 2.9×3.0×0.7cm.
4	울산시 처용리		1점의 옥결, 2.7×3.0×0.95cm.
5	사천시 선진리		1점으로 4.4×4.0×1.2cm. 필자가 보기에는 백옥(白玉)의 표면이 칼슘화되어 유백색을 띠고 있다.
6	청도시 사촌리		1점의 백옥제 옥결로 방원형으로 반 정도만 남음, 2.9×2.0×0.6cm.
7	제주도 고산리		1점의 옥질 석결로 반 정도만 남았고, 3.2×3.7×0.58cm.
8	제주도 삼양동		1점의 옥질 석결의 조각, 3.8×1.3×1.0cm로 추정.
9	제주도 용담동		1점의 백옥제 옥결 조각. 필자가 보기에 백옥의 표면이 칼슘화 된 것으로 보인다.
10	제주도 도두동		1점의 옥질 석결의 조각, 2.4×1.2×0.4cm로 추정.

---

22) 복천박물관, 《2013 복천박물관 특별기획전 선사, 고대 옥의 세계》(2013), 20-25쪽에 소개된 것에 재료와 관련해서는 필자의 견해를 덧붙였음.

〈자료 6-8〉 옥기 표면의 '칼슘화 현상'의 사례 비교.

1. 사천시 선진리유적 출토 옥결(玉玦)   2. 제주 용담동유적 옥결

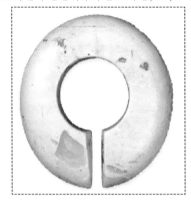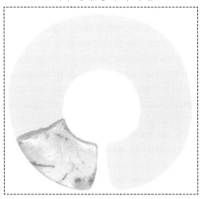

2. 홍산문화 우하량유지 쌍련옥벽(雙聯玉璧)과 옥웅룡(玉熊龍)

3. 일부분만 칼슘화된 홍산문화 우하량유지 옥봉(玉鳳)

한반도에서 발견되는 '결상이식'인 옥결이나 석결은 대부분 동해안과 남해안의 해안 지역에서 발견되고, BC 6000-3500년경의 것이다.

하인수의 글에서 고산리유적의 석결이 신석기시대 조기(BC 6000-4500) 것임을 밝혀놓았다. 그럼에도 불구하고 고산리유적에서 출토된 석결이 이보다 빠른 1만 년 전후의 것이라는 각종 보도 내용이 이곳저곳에 인용되고 있다. 이것은 가능하지 않다.

1987년에 처음 발견된 제주도 고산리유적은 신석기시대 취락유적으로, (1) 방사성 탄소14 연대 측정치가 10180±65년 전으로 나왔으며, (2) 고산리유적의 초기인 1기는 11000-10000년 전, (3) 2기는 10000-9000년 전, (4) 3기는 9000-8000년 전이다.[23]

2016년에 김명진이 방사성 탄소14 측정 연대와 '광 자극 냉광(OSL: optically stimulated luminescence) 연대 측정법'에 의한 연대를 종합하여 제시한 절대연대도 'BC 9000-4500년'으로 11000-6500년 전이다.[24] 이러한 연대 측정 결과를 바탕으로 고산리유적에서 출토되는 석결이 1만 년 전 것이라는 설이 퍼지게 된 것이다. 그렇다면 결상이식의 기원지가 고산리유적이 될 수밖에 없다. 이것이 가능한가? 결론적으로 말하면 가능하지 않다. 그 이유는 아래와 같다.

고산리유적 목탄의 탄소14 측정 연대는 (1) BC 7600년경과 (2) BC 4000년경의 두 그룹으로 나타난다고 한다.[25] 크게 두 시기로 나뉘는 것이다. BC 7600년경은 전형적인 고산리식 토기가 나오는 시기이고, BC 4000년경은 융기문토기가 나오는 시기이다.

고산리유적은 BC 9000-4500년 사이의 유적이지만, 고산리유적의 결상이식은 융기문토기와 공반되는 것으로 신석기 조기(BC 6000-4500)에 해당하는 것이다. 결국 옥결, 석결 등 결상이식은 흥륭와문화에서 BC 6000

23) 국립문화재연구소, 《한국고고학전문사전(신석기시대편)》, 2012, 26쪽.
24) 김명진, 〈OLS 연대측정을 통한 제주 고산리 유적의 형성과 점유시기 결정〉, 《분석과학》, 29권 6호(2016), 269-276쪽.
25) 김명진, 위 글, 276쪽.

년경에 처음 발견되는 것이고, 인근 동북아시아와 동남아시아 일대에서만 전파되는 독특한 귀고리이다.

셋째, 옥결을 포함한 결상이식은 전 세계 어디서나 발견되는 것이 아니다. 결상이식이 발견되는 지역은 (1) 흥륭와문화 시기부터 만주 일대를 중심지로 하여, (2) 북쪽으로는 흑룡강성 상류 지역까지, (3) 동쪽으로는 연해주, 한반도 동−남해안과 제주도, 일본 열도까지, (3) 서쪽으로는 중국의 동쪽 해안선을 따라 산동반도에서 장강 이남 지역까지 내려가면서 중원 지역으로도 확산되며, (4) 남쪽으로는 베트남, 대만, 필리핀 지역까지 포함된다.

동남아를 제외하면 동북아시아에서 이른 시기 결상이식이 발견되는 지역은 흔히 동이(東夷)문화권이라고 부르는 지역과 대체로 일치한다. 황하문명 중심 지역에서는 대부분 4000년 전을 전후한 청동기시대에야 결상이식이 발견된다. 이것은 이른 시기 해안가 쪽에서 내륙 쪽으로 전파된 것으로 본다. 옥결은 동이문화권의 상징적 유물 가운데 하나인 것이다. 신석기시대에 요서−요동−연해주−한반도−일본 지역이 어떤 형태든 교류가 있었다는 것을 보여주는 것이다.

넷째, 흥륭와문화에서 시작된 옥결은 시간차를 두고 확산 전파된다. 이른 시기에는 (1) 흥륭와문화 주변의 요서 지역과 북경 근처, (2) 연해주, 일본, 한반도 지역, (3) 중국의 동해안을 따라 남하한다. 이후 중국에서는 해안에서 내륙으로 확대된다.

홍콩 중문대학의 세계적인 고옥 전문가인 등총(鄧聰)은 옥결의 중국 지역 전파 과정에 대해서, (1) 요서 지역 흥륭와문화에서 BC 6000년경에 처음으로 만들어지고, (2) BC 5000 − 4000년경에는 장강 유역까지, (3) BC 2500년경에는 광동성 광주시(廣州市) 주강(珠江) 유역까지, (4) BC 2000년경에는 베트남 북부까지, (5) BC 1000년경에는 베트남 남부 지역까지 전파된다고 한다. 곧 시간차를 두고 중국의 동해 연안을 따라 남하한다는 것이다.[26]

---

26) 《內蒙古新聞網》 2004.8.26, 〈学者発現人類佩戴耳环至少有8000多年的歴史〉 참조.

중국사회과학원 고고연구소 소장 겸 중국고고학회 이사장인 왕외(王巍)는 옥결이 일본으로 전파되는 루트를 연구하였는데, (1) 하나의 루트는 요서 지역 흥륭와문화 지역에서 연해주→일본의 북해도→일본 본토→일본 남부 구주(九州: 큐슈)까지 연결되며, (2) 다른 루트는 흥륭와문화 지역에서 중국 동해안을 따라 장강(=양자강) 하류까지 연결되고 여기에서 해로를 통해서 일본 구주와 본토로 연결된다는 것이다.[27]

등총이나 왕외는 한반도를 통해 일본으로 연결되는 루트를 설정하고 있지 않다. 그러나 우리나라 고성군 문암리유적에서는 흥륭와문화와 거의 같은 시기에 흥륭와문화 옥결과 거의 똑같은 옥결이 이미 발견되었고, 동해안과 남해안에는 BC 5000년까지 올라가는 결상이식들이 이미 발견되었다.

필자는 동북아시아에서 결상이식은 흥륭와문화에서 기원하여 3갈래의 전파 루트가 있었다고 본다. (1) 첫째는 등총의 논리처럼 만주 일대에서 중국 동해 연안을 따라 산동반도 지역→장강 유역(일부는 장강 유역에서 해로로 일본 구주와 본토로 이어짐)→광주 주강 유역→베트남 북부와 남부 등으로 이어지는 루트이고, (2) 둘째는 한반도 쪽으로 남하하여 한반도 동해안 지역→남해안 지역→일본 본토와 구주로 이어지는 루트이고, (3) 셋째는 왕외의 논리처럼 만주 일대→연해주→일본 북해도→일본 본토→일본 구주로 이어지는 루트이다.

이러한 옥결의 전파 루트를 간단히 도식화하면 아래와 같다.

---

27)《内蒙古新聞網》2004.8.26,〈学者認爲中国史前文化7000年前就已影響日本〉참조.

〈자료 6-9〉 흥륭와문화에서 시작된 결상이식의 확산 전파[28]

● 옥결(玉玦)의 중국 내의 전파: 홍콩 중문대 등총(鄧聰)

(1) 8000년 전 : 요서지역 흥륭와문화 흥륭와유적이 기원지
　　　　↓
(2) 7000년 전 : BC 4000년경 : 장강(양자강) 유역
　　　　↓
(3) 4500년 전 : 광동성(広東省) 광주(広州) 근처 주강(珠江) 유역
　　　　↓
(4) 4000년 전 : 베트남 북부
　　　　↓
(5) 3000년 전 : 운남성(雲南省) 일대와 베트남 남부

● 옥결의 일본 전파: 중국사회과학원 고고연구소 소장 왕외(王巍)

(1) 흥륭와문화
　　↓---------------------↓
(2) 장강(=양자강) 하류　　(2) 연해주
　　↓　　　　　　　　　　　↓
(3) 일본 구주와 본토　　(3) 일본 북해도, 본토, 구주

* 일본의 경우 가장 이른 것은 약 7000년 전이다.

● 옥결의 한반도를 통한 일본 전파 : 필자

(1) 흥륭와문화
　　↓
(2) 백두대간 동쪽 한반도 동해안(고성군 문암리: BC 6000-3000: 사적 426호)
　　↓
(3) 한반도 동남해안
　　↓---------------------↓
(4) 한반도 서남해안　　(4) 일본 구주

　이러한 옥결의 분포와 전파는, (1) 필자가 제시하는 'A자형 문화대'의 주요한 근거이고, (2) 요하문명이 동북아시아 공통의 시원문명이라는 필자의 견해를 뒷받침하는 자료 가운데 하나라고 본다(제14장 참조).

---

28) 우실하, 《동북공정 너머 요하문명론》, 116-118쪽의 내용을 필자의 견해를 뒷붙여 표로 정리한 것.

옥결의 분포와 전파 루트를 통해서도 요하문명 지역과 중국의 동해 연안, 한반도 지역이 동일 문화권임을 알 수 있고, 이것이 전통적인 동이문화권과 거의 일치한다는 것을 확인할 수 있다.

다섯째, 동아시아 지역에서 결상이식이 발견되는 대표적인 유적지의 위치와 연대를 좀 더 구체적으로 시대별로 정리하면 아래와 같다. 유적지 이름 앞의 숫자는 아래 〈자료 6-10〉 지도상에 표기된 유적지의 숫자와 같다. 간단히 출토 지역을 밝히고, 중요 신식기유적은 이름들 덧붙였다. 자세한 것은 아래 〈자료 6-10〉 우측의 자료를 참고하기 바란다.

① 8000년 전: 1. 흥륭와문화 사해유지, 2. 흥륭화문화 흥륭구유지

② 7000년 전: 4. 하북성, 7. 러시아 연해주, 8. 한국 문암리유적, 9. 일본 북해도, 10. 일본 복정(福井), 11. 절강성 하모도(河姆渡)유지

③ 6000년 전: 3. 천진시, 5. 흑룡강성, 12. 상해시, 16. 중경시 대계(大溪)유지, 19. 복건성.

④ 5000년 전: 13. 강소성, 14. 안휘성 능가탄(凌家灘)유지, 17. 호남성, 18. 강서성, 20. 광동성.

⑤ 4500년 전: 26. 산서성 도사(陶寺)유지.

⑥ 4000년 전: 6. 길림성, 21. 홍콩, 22. 오문(澳門), 23. 대만, 24. 필리핀, 25. 베트남.

⑦ 3800년 전: 28. 하남성.

⑧ 3500년 전: 27. 산동성.

⑨ 2800년 전: 29. 감숙성, 30. 섬서성

⑩ 2600년 전: 33. 광서성.

⑪ 2400년 전: 32. 운남성.

⑫ 2000년 전: 31. 귀주성.

〈자료 6-10〉 결상이식의 전파와 분포 범위[29]
* 완전히 일치하진 않지만 대부분 번호가 빠를수록 오래된 유적지다.

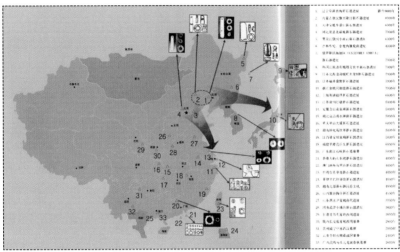

이제까지 논의한 자료를 통해서 옥결, 석결 등 결상이식의 기원지, 분포 범위, 전파 루트를 추론할 수 있다. 이를 아래와 같이 정리해둔다.

첫째, 동아시아 결상이식의 기원지는 요서 지역 흥륭와문화 지역이다.

둘째, 이른 시기에, (1) 중국의 동해 연안, (2) 한반도, (3) 연해주, 일본 북부 지역으로 전파된다.

셋째, 중국 쪽으로는 중국의 동해 연안을 따라 시기별로 베트남 지역까지 남하하는 것이 기본적인 흐름이다. 중국의 동해 연안을 따라 남하하면서 각 시기별로 강을 따라 내륙 쪽으로 전파된다. 따라서 중국의 내륙 쪽에서 발견되는 옥결들은 해안 지역보다 대부분 늦다.

넷째, (1) 한반도 남부에서 일본으로, (2) 장강 하류에서 일본으로 연결되는 해양 루트를 상정할 수 있다.

다섯째, 황해를 좌우로 감싼 지역은 가장 이른 시기부터 옥결을 포함한 결상이식을 공유한 문화권이었고, 고대로부터 동이문화권이라고 부르는 지역과 거의 일치함을 알 수 있다.

---

29) 国家文物局, 中和人民共和国科学技術部, 遼寧省人民政府(編), 《遼河尋根文明溯源》, 文物出版社, 2011, 50-51쪽. 〈玦文化圈〉示意図〉.

여섯째, 결상이식의 분포는 요하문명과 한반도의 관계를 연구해야할 필요성이 있다는 것을 웅변하고 있다.

3. 세계 최초의 재배종 기장〔黍〕과 조〔粟〕

적봉시 오한기 흥륭와문화 흥륭구(興隆溝)유지에 대한 최근(2001-2003년) 발굴 막바지인 2003년에 흥륭구유지 제1지점의 여러 방 유적지 가운데 한 곳에서 세계 최초의 재배종 기장과 조가 총 1460알이 발견되었다.

흥륭구유지의 (1) 제1지점은 흥륭와문화 시대에 속하며, (2) 제2지점은 홍산문화 시대, (3) 제3지점은 하가점하층문화 시대에 속한다.

흥륭구유지 제1지점에서 발견된 탄화된 곡식의 96퍼센트는 기장〔黍〕이었고, 나머지 4퍼센트는 조〔粟〕였다. 중국에서는 기장과 조를 모두 소미(小米)라고 부르고, 쌀은 대미(大米), 옥수수는 옥미(玉米)라고 부른다. 한자의 '미(米)'자는 본래 곡물이 흩어진 모습을 본뜬 상형자로 쌀, 기장, 조 등의 곡식 알갱이를 의미하는 것이다. 우리나라에서도 쌀과 별도로 기장을 기장쌀, 조를 좁쌀이라고 부르는 것과 유사하다. 현재 중국에서도 기장과 조를 쌀의 일종인 소미(小米)라고 인식하고 있는 것이다.

탄화된 기장과 조는 미국, 캐나다, 일본, 중국 등 4개국에서 연대 측정을 하여 BC 6000-5500년경으로 판명된 것이다. 예들 들어 토론토대학 탄소14 측정 결과는 BC 6000-5700년이었다.[30] 이것이 세계 최초의 재배종 기장과 조다. 기존에 가장 이른 것으로 알려졌던 중부 유럽의 것보다 무려 2700년이나 앞선 것이다. 북방 초원의 길을 통해서 중부 유럽으로 전파된 것으로 보고 있다.

---

30) 王巍, 〈文化交流与中華文明的形成,《光明日報》, 2016.9.17. 이 글은 아래의 중국고고망에도 실려 있다. http://www.kaogu.cn/cn/gonggongkaogu/ 2016/0918/ 55420.html

기존에 기장과 조가 발견된 가장 이른 시기는 BC 9000-7000년경 북경시 서쪽의 동호림(東胡林)유지에서 발견된 2000여 알의 기장과 조였다. 동호림유지에서 발견된 조(粟)는 (1) 크기가 조의 기원으로 알려진 야생의 강아지풀(狗尾草: 중국에서는 '강아지 꼬리'가 아니라 '여우 꼬리'처럼 생긴 풀이라는 의미로 구미초라고 부른다: 필자)의 입자보다 조금 큰 1.5㎜ 내외이며, (2) 재배종이 아니라 '강아지풀이 재배종으로 진화 과정 중에 있는 과도 유형(狗尾草向栽培粟進化科程中的過渡類型)'이었다.[31]

그러나 2003년 흥륭구유지에서는 (1) 기장과 조를 합쳐서 총 1460여 알이 발견되었고, (2) 그 가운데 1400(96퍼센트)알이 기장이고 60(4퍼센트)알이 조였으며, (3) 발견된 기장과 조는 이미 농경을 통해 완전히 순화된 재배종 곧 '재배작물(栽培作物)'임이 밝혀졌다.[32] 이후 홍산문화, 하가점하층문화, 하가점상층문화 등에서 주식으로 자리를 잡는다.

현재 세계 최초의 재배종 기장과 조가 발견된 오한기 지역은 '세계 한작농업의 발원지(世界旱作農業發源地)'로 명명되었다. 적봉시 오한기에 가면 이곳이 '세계 한작농업의 발원지'이자 '세계 소미(小米)의 발원지'임을 알리는 각종 입간판과 선전 문구들을 많이 볼 수 있다.

흥륭구유지에서 발견된 세계 최초의 재배종 기장과 조는 2012년 8월에 UN 식량농업기구(FAO: Food and Agriculture Organization of the United Nations)에서 지정하는 '세계 중요 농업문화유산'으로 정식 등재되었고, 2012년 9월 5일 북경 인민대회당에서 인증패 수령식이 열렸다. 이미 세계적으로 인정된 것이다.

신석기시대부터 시작된 세계 농경문화는 크게 보아 4개 문화권으로 나뉜다. 첫째, 양자강 주변과 그 이남의 동남아 지역이 '쌀 재배 문화권'이다. 둘째, 황하 이북과 만주 한반도 북부 등과 북유럽 쪽이 '기장과 조 재배 문화권'이다. 셋째, 메소포타미아문명 지역을 중심으로 이집트 남부와

---

31) 趙志軍, 〈從小米到小麦: 北方旱作農業的形成和発展〉, 赤峰学院紅山文化研究院(編,)《第8屆紅山文化高峰論壇論文集》, 遼寧大学出版社, 2014, 54-55쪽.

32) 趙志軍, 〈從興隆溝遺址浮洗結果淡中国北方旱作農業起源問題〉, 南京師範大学文博係(編),《東亜古物(A卷)》, 文物出版社, 2004, 188-199쪽.

유럽 남부 지역이 '보리와 밀 재배 문화권'이다. 넷째, 중남미를 중심으로 한 '옥수수 재배 문화권'을 들 수 있다.

많은 사람들이 만주 지역하면 유목, 수렵을 떠올린다. 그러나 이런 선입견은 이제 바뀌어야 한다. 만주 일대가 유목 위주로 바뀌는 것은 BC 3000년에 기온이 급속히 떨어지고 건조한 기후로 바뀌기 때문이다. 그 이전 흥륭와문화 시기부터 이미 농경이 이루어졌고, 홍산문화 시기에는 대규모 농업이 이루어지는 '농업 위주의 경제 형태'를 지닌 사회였다.

〈자료 6-11〉 흥륭와문화 흥륭구유지 제1지점 위치(2012.8.5일 필자 답사 사진)
1. 흥륭구유지
* 제1지점(흥륭와문화) : 산 위 2개의 철탑 중간에서 45도 좌측 방향으로 내려온 언덕 부근
* 제2지점(홍산문화) : 현재 사진을 찍고 있는 위치(제9장에서 소개할 홍산문화 도소남신상 발견지)
* 제3지점(하가점하층문화) : 제1지점에서 100여 m 아래쪽.

2. 흥륭구유지 제1지점(오한기박물관 자료)

〈자료 6-12〉 흥륭와문화 흥륭구유지에서 발견된 세계 최초의 기장과 조
(오한기박물관)

1. 기장〔黍〕: 1460알 중 1400알(96퍼센트)　　　2. 조〔粟〕: 1460알 중 60알(4퍼센트)

 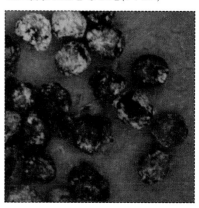

〈자료 6-13〉 '세계 중요 농업문화 유산' 지정(2012)과 관련 학술대회(2014)[33]

1. 인증패 수령식(2012.9.5. 북경 인민대회당)

---

33) 《赤峰畫報》, 2015年 3月, 54쪽(1), 48쪽(2). 11쪽(3), 44−45쪽 양면(4).

3. 기자회견

4. '세계 소미(小米)의 기원과 발전 국제학술대회'(2014.9.3.-5일, 오한기)

요하문명 지역에서는 흥륭와문화 시기부터 기장과 조를 재배하였고, 이
것은 홍산문화 - 하가점하층문화—하가점상층문화를 거쳐서 부여(夫余) 시기
까지도 주식(主食)이었다. 몇 가지 구체적인 자료를 제시하기로 한다.

첫째, 홍산문화 시기에도 주식은 기장과 조였다. 2009-2010년과

2010-2011년 두 차례 발굴이 이루어진 적봉시의 홍산문화 위가와포(魏家窩鋪)유지는 9만 3천㎡의 주거유적으로 환호(環濠)를 갖추고 있다. 이 유적지는 현재까지 발굴된 홍산문화 시기의 최대 집단 주거 유적이다.

위가와포유지에서는 총 98알의 곡물을 포함한 각종 식물 종자가 발견되었다. 98알 가운데 가장 많은 33알(33.7퍼센트)이 조[粟]였고, 다음으로 많은 16알(16.3퍼센트)이 기장[黍]이었다. 발견된 곡물을 포함한 모든 식물 종자 98알의 50퍼센트인 49알이 기장과 조였다. 98알의 식물 종자 가운데 곡물이라고 할 수 있는 것은 조(33알)와 원시 형태의 조라고 할 수 있는 강아지풀속(24알), 기장(16알), 콩과(2알) 등 총 75알이다. 곧 곡물류 75알 가운데는 기장(33알)과 조(16알)가 총 49알로 약 65.3퍼센트를 차지하고 있다. 이것은 홍산문화 시기에도 기장과 조가 주식이었음을 보여주는 것이다.[34]

〈자료 6-14〉 홍산문화 위가와포유지 출토 식물 종자 통계(*은 필자의 설명)[35]

식물 종자 분류(種属)	수량(알)	수량 백분비(퍼센트)
조(粟: Setaria italica)	33	33.7
기장(黍:Panicum miliaceum)	16	16.3
명아주속(藜属: Chenopodium)	13	13.3
황기(黄芪: Leguminosae) * 황기는 콩과(Leguminosae)의 　황기속(Astragalus)에 속하는 약재	3	3.0
들깨(紫蘇: Perilla frutescens)	1	1.0
강아지풀속(狗尾草属: Setaria)	24	24.6
솔장다리속(猪毛菜属: Salsola) * 수송나물이라고도 부르는 식용 약초	1	1.0
가짓과(茄科: Solanaceae)	4	4.1
콩과(豆科: Leguminosae, 콩과 식물)	2	2.0
과일 조각(果実残塊)	1	1.0
합계	98	100

34) 孫永剛, 賈鑫, 〈紅山文化時期考古出土植物遺存与人類生存環境的関係〉, 赤峰学院紅山文化研究院(編), 《第8届紅山文化高峰論壇論文集》, 遼寧大学出版社, 2014, 75쪽.

35) 孫永剛, 賈鑫, 〈紅山文化時期考古出土植物遺存与人類生存環境的関係〉, 76쪽 〈표 1〉.

둘째, 하가점하층문화 시기에도 기장과 조는 주식이었다. 하가점하층
문화의 (1) 흥륭구(興隆溝)유지 제3지점, (2) 삼좌점(三座店)유지에서 대량으
로 발견된 곡식의 절대다수가 기장과 조였다. 하가점하층문화 시기에 기
장과 조는 완벽하게 주식으로 자리를 잡았다고 볼 수 있다.

흥륭구유지 제3지점에서는 (1) 100곳에서 채취한 '흙을 채로 걸러서 물
에 띄우는 방법(浮洗法)'으로 탄화된 곡식을 선별해냈는데, (2) 100곳 가운
데 92퍼센트의 지역에서 조가 1만 4716알, (3) 100곳 가운데 71퍼센트 지
역에서 기장이 1487알, (4) 100곳 가운데 11퍼센트 지역에서 콩이 14알 발
견되었다. 이곳에서는 조가 기장에 비해 압도적으로 많이 발견되었다.[36]

삼좌점유지에서는 (1) 103곳에서 탄화된 곡식을 선별해냈는데, (2) 103
곳 가운데 77퍼센트의 지역에서 조가 9665알, (3) 103곳 가운데 48퍼센트
의 지역에서 기장이 9만 9348알, (4) 103곳 가운데 4퍼센트 지역에서 콩이
16알 발견되었다. 이곳에서는 흥륭구유지 제3지점과는 반대로 기장이 조
에 비해 압도적으로 많이 발견되었다.

삼좌점유지는 '치를 갖춘 석성(石城)'으로 둘러싸인 주거 유적으로, 이
곳에서도 약 11만 알가량의 기장과 조가 발견되었다. 이는 기장과 조가
하가점하층문화 시기의 주식이었음을 보여주는 것이다.

셋째, 동북아시아에서는 상-주-춘추시대까지도 주식은 기장이었다.
조와 기장 가운데서 후대로 갈수록 조보다는 기장이 주식의 자리를 차지
하기 시작하는 것이다.

---

36) 趙志軍, 〈從興隆溝遺址浮洗結果淡中国北方旱作農業起源問題〉, 南京師範大学
   文博係編, 《東亜古物(A卷)》, 文物出版社, 2004, 188-199쪽; 趙志軍, 〈中華文明
   形成時期的農業経済特点〉, 中国社会科学院考古研究所科技考古中心編, 《科技
   考古(第三輯)》, 科学出版社, 2011, 1-35쪽 참조.

〈자료 6-15〉 하가점하층문화 유적지 출토 농작물 절대 수량 통계[37]

유적지	고고학 문화	채취 장소, 총량	조〔粟〕	기장〔黍〕	콩〔大豆〕
흥륭구 유지 제3지점	하가점 하층	총 100곳 총 1만 6217알	92퍼센트 지역 1만 4716알	71퍼센트 지역 1487알	11퍼센트 지역 14알
		100	90.7 퍼센트	9.2퍼센트	0.09퍼센트
삼좌점 유지	하가점 하층	총 103 곳 총 10만 9029알	7퍼센트 지역 9665 알	48퍼센트 지역 9만 9348알	4퍼센트 지역 16알
		100퍼센트	8.7퍼센트	91.1퍼센트	0.015퍼센트

《시경》이나 《서경》 등 오래된 책의 상−주−춘추 시대 기록에서는 손님을 접대하는 귀한 음식의 대명사가 '기장밥에 고깃국'이었지 '쌀밥에 고깃국'이 아니었다. 이 시대는 기장이 왕을 비롯한 사람들의 주식이었을 뿐만이 아니라 각종 제사에서도 주식으로 사용되었다.

기장을 나타내는 한자는 서(黍: 기장 서)와 직(稷: 기장 직)이 있다. 우리나라에서 일반적으로 서(黍)는 찰기장, 직(稷)은 메기장이라고 구별한다.

그러나 이른 시기의 중국 고대 문헌 기록에서 (1) '직(稷)'은 대부분 '조〔粟: 조 속〕'를 의미하는 것이었고, (2) 당나라 이후에 그 뜻이 모호해지며, (3) 명나라 이후에야 기장의 일종인 '메기장'을 의미하는 것으로 정착되었다고 한다. 《한국민족문화대백과》에는 이에 대해서 다음과 같이 설명하고 있다.

《물명고(物名考)》에서는 기장의 명칭에 관하여 "직(稷)은 메기장을 가리킨다. 직을 피라고 보는 것은 잘못이다. 서(黍)는 찰기장을 가리킨다."라고 하였다. 직은 고대 중국에서는 조를 가리키는 말이었는데, 당나라 이후에 그 뜻이 모호해지기 시작하여 명나라 때부터 메기장을 가리키게 된 것이다.

《명물기략(名物紀略)》에서는 "서는 직의 차진 것으로 속간에서는 적량(赤粱: 중국음으로는 치량)이라고도 한다. 기장이라는 말은 이 적량의 음이 바뀌

---

37) 趙志軍, 〈中華文明形成時期的農業經済特点〉에서 제시한 〈표 2〉와 〈표 3〉을 필자가 하나로 정리해서 만든 것이다.

어 된 것이다." 라고 기장의 어원을 설명하고 있다. 학명은 Panicum miliaceum
L.이다. 원산지는 인도라는 설이 있었으나 요즈음에는 화북과 만주지방이라는
학설이 지배적이다.[38]

이른 기록 가운데 하나인 《시경》과 《서경》에는 '서(黍)'와 '직(稷)'이 주
식이었음을 살펴볼 수 있는 기록이 많이 나온다. 이 책들은 명나라 훨씬
이전의 책으로 여기에서 보이는 '직(稷)'은 당연히 '조〔栗〕'를 의미하는 것이
다. 몇 가지 예를 살펴보기로 한다.

《시경》에서는, (1) "기장〔黍〕은 수북하고 조〔稷〕의 싹도 돋았구나"[39],
(2) "큰 쥐야 큰 쥐야 내 기장〔黍〕을 먹지 마라"[40], (3) "무성한 기장〔黍〕 싹
을 단비가 적시네"[41], (4) "나는 기장〔黍〕과 조〔稷〕를 심었네, 기장도 무성
하고 조도 우거져서, 창고도 가득 차고 노적가리 산더미네. 술과 음식 장
만하여 제물 차려 제사 지내며, 신주를 안치하고 술을 권하여 큰 복 내리
시길 비네"[42]라고 노래한다. 이러한 기록들은 상-주-춘추 시대에 주식이
기장과 조였고, 이것을 이용해 술과 제사 음식을 만들었다는 것을 보여주
는 것이다.

또 다른 이른 시기의 기록인 《서경》에서도 상황은 비슷한데, (1) 《서
경》〈상서(商書)〉에서는 상나라의 반경왕(盤庚王)이 은(殷)으로 천도한 후
에 "스스로 안일하여 일하기에 힘쓰지 않고 밭과 이랑을 좇지 않으면 기장
과 조〔黍稷〕의 수확이 있을 수 없는 것이다."라고 훈계한 내용도 보이며,[43]

---

38) 한국학중앙연구원, 《한국민족문화대백과》 인터넷판(https://encykorea.aks.ac.kr)
    '기장' 항목. 여기에서는 서(黍)를 '차기장'으로 표기하고 있으나 '찰기장'이 표준
    어이므로 수정하였고, 《명물기략(名物紀略)》에 한자를 넣었다.

39) 《詩経》〈第1篇 国風. 第6 王風. 1 黍離〉: 彼黍離離, 彼稷之苗.

40) 《詩経》〈第1篇 国風. 第9 魏風. 7 碩鼠〉: 碩鼠碩鼠, 無食我黍.

41) 《詩経》〈第2篇 小雅. 第7 魚藻池什. 7 黍苗〉: 芃芃黍苗, 陰雨膏之.

42) 《詩経》〈第2篇 小雅. 第5 谷風之什. 9 楚茨〉: 楚楚者茨, 言抽其棘. 自昔何為, 我
    蓺黍稷. 我黍与与, 我稷翼翼. 我倉既盈, 我庾維億. 以為酒食, 以享以祀, 以妥以
    侑, 以介景福.

43) 《書経》〈商書. 第9章 盤庚(上)〉: 惰農自安, 不昏作勞, 不服田畝, 越其罔有黍稷.

(3)《서경》〈주서(周書)〉에서는 주공(周公)이 신하인 군진(君陳)을 훈계하면서 "지극한 다스림은 향내가 멀리까지 풍겨서 신명을 감동시킨다. 기장과 조[黍稷]가 향기로운 것이 아니라, 밝은 덕이 향기로운 것이다."라는 대목도 보인다.[44] 이런 기록들은 고대 동북아에서 오랫동안 기장과 조가 가장 중요한 주식이었음을 보여주는 것이다.

넷째, 동북아시아에서 왕(王)이 있는 국가는 (1) 가운데 왕궁이 있고, (2) 왕궁의 동쪽에는 조상신에 제사 지내는 종묘(宗廟)를 짓고, (3) 왕궁의 서쪽에는 땅의 신인 사(社)와 곡식의 신인 직(稷)에 제사 지내는 사직단(社稷壇)을 갖추어야 한다. '종묘사직'은 '국가'와 거의 동의어로 사용될 정도로 중시된다.

황제의 경우에는 왕궁, 종묘, 사직단 이외에 왕궁의 남쪽에 하늘에 제사 지내는 천단(天壇)이 추가된다. 따라서 천단은 제후국에는 없다. 이런 까닭에 고종황제가 대한제국을 선포하고 나서 가장 먼저 짓는 것이 지금의 조선호텔 자리에 천단인 원구단(圜丘壇)을 짓는 것이었다. 역으로 일본이 대한제국을 강제 합병하고 나서 가장 먼저 한 일도 원구단을 제거하는 일이었다. 대한제국은 제국이 아니라 천왕에 종속된 나라라는 것을 보여주기 위함이다.

이러한 동북아시아의 국가 구조에서 '사직단'은 토지의 신인 '사(社)'와 곡식의 신인 '직(稷)'에 제사 지내는 곳이다. 곡식을 대표하는 것이 직(稷: 조 혹은 기장)이었고, 이것은 후대에 '곡식의 신'으로 받들어지게 되는 것이다. 이것은 동아시아에서 국가 개념이 탄생하는 단계에서 이미 곡식을 대표하는 기장 혹은 조를 '곡식의 신'으로 삼았다는 것을 의미하는 것이다. 고대로부터 국가에서 거행하는 각종 제사에서도 기장과 조로 지은 밥인 '서직반(黍稷飯)'이 올라가며, 이러한 전통은 최근까지도 이어지고 있다. 쌀밥이 아니었던 것이다.

다섯째, 만주 일대에서 흥기한 우리 민족의 부여(夫余 혹은 扶余) 시기까지도 주식이 기장이었음을 알 수 있는 기록이 있다.《산해경(山海経)》제17

---

44)《書経》〈周書. 第23章 君陳〉: 至治馨香, 感于神明. 黍稷非香, 明德惟馨.

대황북경(大荒北経)에는 "(동)호에는 부여라는 나라가 있는데, 열(烈)을 성씨로 하고 기장을 먹는다(有胡, 不与之国, 烈姓, 黍食)."라는 기록이 있다.[45]

《산해경》에 보이는 부여지국(不与之国)=부여국(不与国)을 많은 학자들은 부여(夫余)로 보고 있다. 필자가 찾은 이른 시기의 자료는 1932년 4월 6일자 《동아일보》에 연재되었던 박노철(朴魯哲)[46]의 〈기자연구여초(箕子研究余草)〉의 11번째 글에 보이는 아래와 같은 설명이다. 칼럼에서는 《산해경》 본문과 다르게 '烈'이 '列' 자로 잘못 기록되어 있어 필자가 수정하였다.

"胡는 東胡(濊貊別種)를 이름이요, 不与는 곧(본문에는 '곳'으로 표기: 필자) 北扶余国으로 檀君子孫의 発祥地이며 '烈姓'은 곧(본문에는 '곳'으로 표기: 필자) 「려」(예)의 音訳이니 「려」는 水名(或은 地名)으로 解氏種姓이 古濊地로부터 起源됨을 알지로다."[47]

구체적으로 북부여국(北夫余国)으로 보고 있다. 이들이 모두 기장을 주식으로 하였던 것이다.

《산해경》에 등장하는 많은 나라들 가운데 주식이 기록된 나라에서는 대부분 기장(黍)이 주식이라고 기록하고 있다. 예를 들어 (1) 제14 대황동경(大荒東経)의 백민지국(白民之国), 흑치지국(黒歯之国), 현고국(玄股国), 위국(蔿国), 곤민국(困民国)[48], (2) 제15 대황남경(大荒南経)의 삼신지국(三身之

---

45) 《山海経》 〈第17 大荒北経〉: 有胡不与之国, 烈姓, 黍食

46) 박노철은 대종교인으로 (1) 1929년 10월 《신생(新生)》 창간 1주년 기념호에 윤치호, 최현배, 이광수 등과 함께 주요 필진으로 소개되어 있고, (2) 1933년 6월 10일에 이광수를 주축으로 《동광(東光)》을 변형하여 창간된 총서 형식의 월간지 《동광총서(東光叢書)》에 '조선사도연원(朝鮮士道淵源) (1)'을 연재한 적도 있으며, (3) 1965년 공주에서 《단군예절교훈팔리삼백육십육사(檀君礼節教訓八理三百六十六事)》 등을 출판하였는데, 이 책은 1972년에 단단학회에서 《참전계경(参佺戒経)》이라는 이름으로 출판되었다.

47) 박노철(朴魯哲), 〈箕子研究余草(十一)〉, 《동아일보》, 1932년 4월 6일자 칼럼.

48) 《山海経》 第十四 大荒東経
   (1) 有白民之国. 帝俊生帝鴻, 帝鴻生白民. 白民銷姓, 黍食.
   (2) 有黒歯之国. 帝俊生黒歯. 姜姓, 黍食.
   (3) 有国曰玄股. 黍食.

〈자료 6-16〉 박노철(朴魯哲)의 〈기자연구여초(箕子硏究余草)〉 십일(十一).

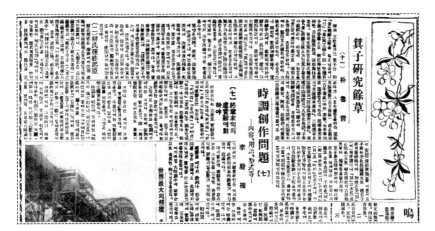

国), 영민지국(盈民之国)[49], (3) 제17 대황북경(大荒北経)의 대인지국(大人之国), 숙촉국(叔歜国), 부여지국(不与之国=夫余国)[50] 등이 모두 기장을 주식으로 하였다고 기록하고 있다.

여섯째, 오랜 동안 기장이 주식이었기 때문에 동양에서는 상-주 시대 이래로 음악을 제정할 때 기준이 되는 황종척(黃鍾尺)은 기장[黍] 1알이 척도의 기준이었다. 기장 1알이 1푼(分), 9알이 1촌(寸), 기장 81(9×9)알이 황종척 1척(尺)의 길이다.

새로운 천자[人]가 서면 '하늘[天]'과 '땅[地]'의 기운을 조화시켜야 했는데, 천지인의 기운을 조화시키는 도구가 바로 동양의 악(樂)이었다. 천지인의 기운이 잘 조화되어 '풍년이 든 곳의 기장 1알'로 악(樂)을 만드는 황종척

---

(4) 有蒍国. 黍食.
(5) 有困民国. 勾姓而黍食.

49) 《山海経》第十五 大荒南経
(1) 帝俊妻娥皇, 生此三身之国. 姚姓, 黍食.
(2) 有盈民之國. 於姓, 黍食.

50) 《山海経》第十七 大荒北経
(1) 有大人之國. 釐姓, 黍食.
(2) 有叔歜國. 顓頊之子, 黍食.
(3) 有胡不與之國. 烈姓, 黍食.

의 기본 단위로 삼았던 것이다. 따라서 새로운 왕조가 서서 천자가 바뀌면, 그가 다스리는 곳 가운데 '풍년이 든 곳의 기장 1알'로 다시 황종척을 만들고 새롭게 악을 제정해야 한다. 악이 새롭게 제정될 때마다 기장 1알의 길이가 조금씩 다르기 때문에 황종척 1척의 길이는 왕조마다 달라졌다. 그래서 동양음악에서는 서양음악처럼 음높이가 시대마다 다를 수밖에 없었다.[51]

4. 세계 최초의 치아 수술 흔적

적봉시 오한기 흥룡와문화 흥룡구(興隆溝)유지 제1지점에 대한 발굴 (2001-2003) 과정에서, BC 6000년경에 이미 마취와 지혈 등이 종합되어야 할 수 있는 '치아 수술 흔적'이 발견되었다.

2001-2003년까지 중국사회과학원 고고연구소 내몽고제일공작대는 흥룡구유지에 대한 대규모 발굴을 진행했다. 흥룡와문화의 묘장 가운데는 주거지 내부에 시신을 묻는 거실장(居室葬) 혹은 실내장(室內葬)이 많다.

2003년 발굴 막바지에 흥룡구유지 제1지점 30호 방(F 30) 안의 거실묘인 24호 묘(M 24)에서 완전한 남성의 두개골 한 점이 발굴되었다. 30호 방은 이미 많이 훼손되어 몇 점의 토기 파편과 석기만 발견되었으며, 거실묘인 24호 묘에서도 다른 것은 없이 완전한 두개골만 발견되었다. 발굴 당시까지만 해도 치아 수술 흔적은 미처 발견하지 못하였다.

2004년 8월, 발굴에 참여한 일본 동북대학(東北大學: 百百信雄 교수가 주도하였음) 교수가 흥룡구유지에서 발굴된 사람 뼈와 동물 골격 등을 정리하고 연구하였다. 그는 30호 방 내부에 있던 24호 묘에서 출토된 두개골의 (1) 우측 아래턱 뼈의 제1어금니와, (2) 우측 위턱 뼈의 제1어금니에서 어금니 치료를 받은 흔적을 발견하였다.

---

51) 우실하,《전통음악의 구조와 원리》, 소나무, 2004, 참조.

〈자료 6-17〉 흥륭와문화 유적지에서 발견된 치아 치료(=수술) 흔적[52]

1. 두개골

2. 우측 아래턱 제1어금니의 천공(穿孔)

3. 우측 아래턱 제1어금니와 옆의 천공

4. 우측 윗턱 제1어금니 옆의 천공

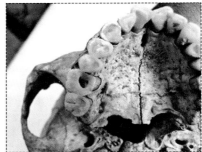

이때부터 적봉대학 홍산문화국제연구중심 주임 석영걸(席永杰)은 관련 부분의 학자들을 모시고 이에 대한 본격적인 연구에 돌입하였다. 사회과학원 고고연구소 과학기술중심의 인골 감정에 의하면, 이 성년 남자는 35−37세 정도로 정상적으로 사망한 것으로 밝혀졌다. 또한 측정한 바에 의하면 이 남자의 우측 아래턱의 제1어금니와 우측 위턱의 제1어금니는 구멍을 뚫어서 치료를 하였다. 우측 아래턱의 제1어금니는 사선으로 구멍을 뚫었는데 구멍의 직경은 0.5−0.8cm, 깊이는 1cm이다. 우측 위턱의 제1어금니는 밖에서 안으로 사선으로 구멍을 뚫었는데 직경은 0.5−0.8cm

---

52) 《赤峰日報》, 2008.2.20, 〈赤峰興隆洼文化研究又有新發現 : 8000年前就有牙医(図)〉

깊이는 1cm이다.

적봉대학 석영걸은 이 어금니 치료 흔적을 관련 학자들과 4년여에 걸쳐서 정밀하게 연구하였고, 2008년 2월 20일에 최종적으로 '치아 치료 흔적'='치아 수술 흔적'이라고 발표한 것이다. 석영걸은 "이것은 세계 최초의 치아 치료의 실증이며, 당시에 인류 최고의 치아 치료 기술 수준을 보여주는 것이다"라고 했다.[53]

최근의 고고 자료에 의하면, 유럽인들은 7000년 전에 두개골 윗부분을 여는 수술을 하였고, 중국 서북부에서는 4500년 전 대지만문화 유적지에서 두개골 윗부분을 여는 수술을 하였던 사례가 있다. 이를 통해서 흥륭와문화 당시에 상당히 높은 의료 수준과 기술을 지니고 있었다고 볼 수 있다.

단단한 치아에 구멍을 뚫는 천공(穿孔) 기술은 흥륭와문화 시기에 이미 많은 옥기들에 구멍을 뚫었던 것과 같은 기법이 사용되었을 것이다. 그런데, 치아를 천공하여 치료하는 것은 단순히 천공을 하는 기술만 있다고 가능한 것은 아니다. 최소한 마취술이 있어야 가능한 것이다. 그렇다면 당시에 어떤 방식이든 마취술이 있었을 가능성이 높다.

아직까지는 흥륭와문화 시기에 어떤 마취술이 있었는지는 명확하게 밝혀져 있지 않다. 필자는, (1) 대마초(大麻草), (2) 술, (3) 소마(Soma) 3가지의 가능성을 추론해볼 수 있다고 본다.

첫째, 환각 작용이 있는 대마초(大麻草)를 이용하였을 가능성이다. '합민문화(哈民文化: BC 3500-3000)'의 최초 발견지인 합민망합유지(哈民忙哈遺址) 혹은 합민유지(哈民遺址) 3차(2012-2013년) 발굴과정에서 동북아시아 최초의 대마 씨앗 3알이 발견되었기 때문이다. 초기에는 합민망합유지로 부르다가 후에는 간단히 합민유지로 불린다.

합민유지는 내몽고 과좌중기(科左中旗) 사백토진(舍伯吐鎮)에서 동남쪽 20km, 통료시에서 북쪽으로 약 30km 거리에 있다. '합민망합'은 몽골어로 '모래 언덕'이라는 의미이다. 이 지역이 과이심사지의 동쪽에 위치하고 있

---

53) 《赤峰日報》, 2008.2.20, 〈赤峰興隆洼文化研究又有新發現 : 8000年前就有牙医(图)〉

어 사막에 가까운 지역이기 때문이다. 유적지 총면적은 남북 900m 동서 200m로 약 18만 ㎡ 정도이다.

2010년 5-9월에 통료시 합민유지 1300㎡에 대한 1차 발굴이 있었다. 1차 발굴에서는 방 14개, 회갱(灰坑) 28개, 묘장 3개에서 석기, 골기, 방기(蚌器) 총 350여 점의 유물이 발굴되었다. 이 유적은 홍산문화와 유사한 유물들이 출토되어 홍산문화 후기인 5500-5000년 전으로 보고 있다.[54] 일부에서는 6000-5000년 전으로 보기도 한다.[55] 1차 발굴 결과를 보고한 발굴간보에는 동북아시아 최초의 대마씨가 발견되었다는 소식은 아직 없었다.

2011년에는 2850㎡에 대한 2차 발굴이 있었다. 이번에는 방 29개, 회갱 10개, 묘 3개, 주거지를 두른 환호(環濠) 1개가 발굴되었다.[56] 도기, 석기, 골기, 방기, 옥기 등 1000여 점의 유물이 발굴되었다. 이러한 발굴을 계기로 '합민문화(哈民文化)'로 명명되었다.[57]

'2011년도 전국 10대 고고 신발견'의 하나로 지정되었고, 2014년에는 '2014년 중국 고고 6대 신발견'의 하나로 지정되었을 정도로 중요한 발굴이었다.

합민유지 인근을 '내몽고합민고고유지공원(內蒙古哈民考古遺址公園)'으로 조성하였고, 그 안에는 '과이심사전문화박물관(科爾沁史前文化博物館)'과 주요 방 유적지를 철골 구조의 돔으로 덮은 '합민유지보호전시고관(哈民遺址保護展示館)'이 세워졌다. 2016년 8월 19일에 정식으로 문을 열었다.(뒤의 〈자료 9-74, 75, 76〉 참조).

54) 内蒙古文物考古研究所, 科左中旗文物管理所, 〈内蒙古科左中旗哈民忙哈新石器時代遺址2010年発掘簡報〉, 《考古》, 2012年 第3期, 3-19쪽.

55) 周亜威, 朱永剛, 吉平, 〈内蒙古哈民忙哈遺址人骨鑑定報告〉, 《邊疆考古研究》, 第12輯(2012.12), 423쪽.

56) 内蒙古文物考古研究所, 吉林大学邊疆考古研究中心, 〈内蒙古科左中旗哈民忙哈新石器時代遺址2011年的発掘〉, 《考古》, 2012年 第7期, 14-30쪽.

57) 朱永剛, 吉平, 〈探索内蒙古科爾沁地区史前文明的重大考古新発現〉, 《吉林大学社会科学学報》 第52巻 第4期(2012年 7月), 82-86쪽.

〈자료 6-18〉 합민망합(哈民忙哈)유지 위치(▲,★)[58]
* 지형도는 필자가 첨부한 것임

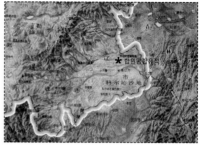

2013년 1700㎡에 대한 3차 발굴에서는 방 11개, 묘장 6개, 회갱 18개, 환호(環濠) 2개 등에서 총 500여 점의 유물을 발굴했다.[59] 바로 이 3차 발굴 과정에서 '동북아시아 최초의 대마(大麻) 씨앗'이 발견되었다. 출토 씨앗에 대해서 발굴에 참여한 학자들이 쓴 전문적인 논문이 2015년과 2016년에 각각 1편씩 총 2편 발표되었다.[60] 두 논문들의 필자나 내용이 대동소이하기 때문에, 최근인 2016년 논문을 중심으로 소개하기로 한다.

부세법(浮洗法)을 이용하여 44곳의 샘플에서 찾아낸 식물종자 총 81만 6342알 가운데, 절대다수인 81만 5632알은 쑥의 일종인 산흰쑥(大籽蒿)의 씨앗이었다. 산흰쑥을 제외한 식물 종자는 710알이고, 이 가운데 조, 찰기장, 대마 3가지가 638알로 절대다수(89.9퍼센트)였다.[61]

합민유지에서 발견된 대마씨는 3알로 비록 적은 양이지만, 44곳의 샘플 채취 지역 가운데 1곳(2퍼센트)에서 발견되어 당시에 대마를 이용했음을 보여주고 있다. 발굴이 진행되면 더 많은 대마씨가 발견될 것으로 보인다.

---

58) 内蒙古文物考古研究所, 科左中旗文物管理所, 〈内蒙古科左中旗哈民忙哈新石器時代遺址2010年発掘簡報〉,《考古》, 2012年 第3期, 3쪽.

59) 阿如娜, 吉平, 〈内蒙古通遼哈民遺址第三次発掘又獲重要発見〉,《中国文物報》, 2013.4.26.

60) 1. 付萍, 孫永剛, 〈哈民忙哈遺址生業方式研究〉,《農業考古》, 2015年 第4期, 1-5쪽.
   2. 孫永剛, 趙志軍, 吉平, 〈哈民忙哈史前聚落遺址出土植物遺存研究〉,《華夏考古》, 2016年 第2期, 45-52쪽. 별도로 뒤에 사진이 첨부되어 있음.

61) 孫永剛, 趙志軍, 吉平, 〈哈民忙哈史前聚落遺址出土植物遺存研究〉, 47-48쪽.

대마는 진나라 이전(先秦) 시대의 기록에는 '5대 작물' 중의 하나로 기록되어 있는 주요 농작물 가운데 하나였다. 대마에 대한 가장 이른 시기의 문헌 자료는 《시경(詩経)》으로 7차례나 기록되어 있다. 대마는 암수가 다른 식물로 열매가 열리는 암[雌] 줄기는 '저(苴)'로, 열매가 열리지 않는 숫[雄] 줄기는 '시(枲)'로 구별하여 기록되어 있다.[62]

대마의 줄기로는 옷감인 마포(麻布)를 만들 수 있고, 대마의 씨는 기름을 짤 수도 있으며 약용으로도 사용하였다. 특히 대마의 꽃 부분은 환각작용이 있는 '대마초'를 만들 수 있다. 이들이 대마의 환각 작용을 알고 있었는지는 현재로서 알 수 없지만 가능성은 있다고 할 수 있다.

〈자료 6-19〉 합민유지 출토 식물 종자 통계표[63]

식물 종속(植物 種属)	절대수량(알)	수량 백분비(퍼센트)
조(粟: Setaria italica)	20	2.9
찰기장(黍: Panicum miliaceum)	615	86.6
대마(大麻: Cannabis sativa L.)	3	0.4
명아주속(藜属: Chenopodium)	66	9.3
명아주속(藜属: Chenopodium)	3	0.4
바랭이(馬唐: Digitaria sanguinalis (L.) Scop)	1	0.1
야생 메기장(野稷: Panicum miliaceum L. var. ruderale Kit.)	2	0.3
합계	710알	100퍼센트

〈자료 6-20〉 합민유지 출토 식용 가능한 농작물 통계표[64]

		조〔粟〕	기장〔黍〕	대마(大麻)	총계(総計)
출토 수량	수량 (알)	20	615	3	638알
	백분비 (퍼센트)	3.1	96.4	0.5	100퍼센트
샘플 채취 지역	출토 지역(곳)	3	11	1	44곳
	출토 비율(퍼센트)	6.8	25	2	100퍼센트

---

62) 付萍, 孫永剛, 위 글, 3-4쪽.

63) 孫永剛, 趙志軍, 吉平, 위 글, 47쪽 〈표 1〉.

64) 孫永剛, 趙志軍, 吉平, 위 글, 50쪽 〈표 2〉를 이해하기 쉽게 재편집하였다.

〈자료 6-21〉 합민유지 출토 기장, 조, 대마[65]

1. 기장[黍]   2. 조[栗]   3. 대마(大麻)

둘째, 술(酒)을 이용해서 마취를 했을 가능성이다. 기장과 조는 후대에 술을 만드는 주된 재료였다. 현재까지 고고학적으로 확인된 동북아시아에서 가장 오래된 술을 만든 흔적은 BC 4000년경 앙소문화와 대문구문화 지역이다.[66] 그러나 아직까지는 흥륭와문화 시기에 술을 제조했다는 고고학적 자료는 없다.

셋째, 환각 작용이 있는 광대버섯을 이용한 소마(Soma)라는 음료를 이용했을 가능성이다. 광대버섯은 환각 작용을 일으키는 독버섯의 일종으로, 소나무나 전나무 특히 자작나무의 뿌리에 기생하는 버섯이다. 이 광대버섯에서 무스카린(Muscarine)이라는 독성분이 처음 추출되어서 학명이 '아마니타 무스카리아(Amanita Muscaria)'이다. 광대버섯의 환각 작용을 이용한 것은 여러 문화권에서 보인다.

2015년 한국에서 사진과 설치물로 개인전을 연 카스텐 홀러라는 작가는 광대버섯의 환각 작용에 심취하여 직접 체험도 해보고, 이번 전시회에서는 광대버섯 조형물이 등장하기도 했다. 벨기에에서 태어나 현재는 스웨덴에서 활동 중인 그는 인터뷰에서 아래와 같이 설명하고 있다.

---

65) 孫永剛, 趙志軍, 吉平, 위 글, 〈彩板 12〉. 이 사진은 논문과 분리하여《華夏考古》, 2016年 第2期에 실린 모든 논문의 컬러 사진을 별로로 번호를 붙여서 실려 있는 것이다.

66) 陳文華,《中国古代農業文明史》, 江西科学技術出版社, 2005, 68쪽.

고대 인도문명 무당들은 귀신과 통하고 영검을 얻기 위해 독버섯인 '광대버 섯'을 썼다. 환각 성분이 들어 있는 이 버섯을 사슴과 같은 동물에게 먹인 후 소변을 보게 하고, 그것을 또 사람이 마시면 부작용 없이 환각을 느낄 수 있었 다고 한다. 이를 신의 음료라는 뜻으로 '소마'(Soma)라 불렀다.[67]

카스텐 홀러는 인터뷰에서 "특히 소마는 동시베리아 문화권 이야기인 데, 사슴이 끄는 썰매를 타는 서양의 산타클로스 이야기도 광대버섯과 연 관돼 있다. 산타클로스의 옷, 사슴이 그렇다."[68]라고 이야기한다.

사실 산타클로스의 썰매를 끄는 동물은 '사슴(Deer)'이 아니라 '순록 (Reindeer)'이다. 산타클로스의 썰매를 끄는 루돌프(Rudolph)는 (1) 영어에서 는 '빨간 코의 순록(Red-Nosed Reindeer)'이고, (2) 중국어 번역에서도 '순록 (馴鹿)'이고, (3) 일본어에서도 '순록(トナカイ)'이다. 전 세계가 모두 순록 으로 알고 있지만, 유독 한국어로 번역할 때 '루돌프 사슴'으로 잘못 번역 이 되어 알려져 있는 것이다.

순록이 끄는 썰매를 타는 민족은, (1) 산타클로스의 순록 썰매의 기원 이 된 북유럽의 몽골리안 계열의 순록 유목민과 (2) 동북아시아에서는 국 제적으로는 에벵키족=에벤키족으로 알려진 사람들이다. 대흥안령 북단에 서 시베리아 남단 지역에 주로 거주하는 에벵키족 샤먼들도 순록에게 광 대버섯을 먹이고 순록의 소변을 마셔서 환각 상태에 이르는 기법을 사용 했다. 독성이 강한 광대버섯을 그냥 섭취하는 것은 위험이 따른다. 이런 까닭에 순록에게 광대버섯을 먹이고 체내에서 순화시킨 후에 소변을 받아 서 마셔서 환각 작용에 빠질 수 있었다.

이러한 간접적인 섭취 방식은 독성이 있는 유황을 오리에게 먹여 오리 의 체내에서 순화시킨 뒤에 오리를 먹는 '유황오리'의 섭취방식과도 비슷 하다. 학자들도 인도의 《리그베다》에서 '신의 음료'로 알려진 소마(Soma)는

---

67) 《아시아경제》, 2015.11.27. 〈독버섯을 먹은 순록의 오줌, 그 환각을 전시하다: 현대미술가 카스텐 홀러, 국내 첫 개인전〉.

68) 《아시아경제》, 2015.11.27.

이 광대버섯을 이용한 것이라고 보고 있다.[69] 물론 현재로서는 흥륭와문화 시기에 이런 광대버섯을 이용하였는지를 입증하는 자료는 없다.

흥륭와문화 시기에 치아에 구멍을 뚫어서 치료를 한 흔적은 이미 확인된 것이다. 이런 치료에는 분명히 어떤 방법이건 마취술이 없이는 불가능하다. 필자는 나름대로 이런 마취술을 위해서, (1) 대마초, (2) 술, (3) 광대버섯을 이용한 소마 음료 등이 사용되었을 가능성에 대해서 살펴보았다. 대마는 BC 4000년경 하민문화 시기에 이미 발견되어 있다. 그리고 술과 광대버섯을 이용했을 가능성도 아직은 열려 있다고 본다. 이후 후속의 발굴을 기다려본다.

5. 동북아시아 최초의 환호취락(環濠聚落)

요하문명이 발견되기 전까지 우리는 일반적으로 발달된 중원 지역과는 달리 만주 지역은 미개한 야만인의 땅이었다고 생각하고 있었다. 그러나 80년대 이후 지속적으로 발견되고 있는 요하문명의 각종 신석기시대 유적들은 이러한 전통적인 견해가 잘못되었다는 것을 웅변하고 있다.

흥륭와문화 흥륭와유지에서는 '동북아시아 최초의 환호취락'이 발견되었다. 중국에서는 '중국 최초의 마을'이라는 의미에서 중화원고제일촌(中華遠古第一村), 화하제일촌(華夏第一村), 중화시조취락(中華始祖聚落) 등으로 부르고 있다.

중국에서는 요하문명을 중국의 것으로 끌어들이기 위해서 요하문명에

---

69) 1. Michelot D., Melendez-Howell L. M.(2003). "Amanita muscaria: chemistry, biology, toxicology, and ethnomycology". Mycological Research, 107 (Pt. 2): 131-146.
　　 2. Benjamin D. R. (1992). "Mushroom poisoning in infants and children: the Amanita pantherina/muscaria group". Journal of Toxicology: Clinical Toxicology, 30 (1): 13-22.

서 발견되는 각종 유물이나 유적에 중국을 상징하는 '중화(中華)'나 '화하(華夏)'라는 형용사를 강박적으로 붙이고 있다. 현재 중국을 전반적으로 상징하는 의미로 '중화'라는 형용사를 앞에 쓸 수 있을지는 몰라도, 고대 중원 지역의 민족 개념인 '화하(華夏)'라는 개념을 쓰는 것은 눈여겨 볼 필요가 있다. 기존의 역사 상식으로 화하민족은 황하문명을 건설한 세력이고, 요하문명 지역에서 거주한 적이 없다. 이 지역은 고대의 기록에서 동이족의 거주지였다. 현재 중국에서는 요하문명을 화하족의 조상이라는 황제족으로 보는 시각을 정립해가기 위해서 '화하제일촌' 같은 명명이 이루어진다는 점도 분명히 알아둘 필요가 있다.

흥륭와문화 시기부터 등장하는 '환호취락'은 이후에 홍산문화 등으로 이어져 여러 곳에서 발견된다. 흥륭와문화의 취락유적은 주거지 주변을 감싸는 도랑인 환호(環濠)가 있는 '환호취락'과 환호가 없는 '비환호취락' 두 종류가 있다. '환호취락'은 주로 흥륭와문화의 이른 시기인 1기 취락 유형으로, (1) 흥륭와유지, (2) 백음장한(白音長汗)유지, (3) 북성자(北城子)유지 등이 대표적이다. '비환호취락'은 흥륭와문화의 조금 늦은 시기인 2기와 3기 취락 유형으로, (1) 흥륭구유지, (2) 남태자(南台子)유지 등이 대표적이다. 현재까지 발굴 결과를 보면 흥륭와문화에서는 비환호취락이 환호취락에 견주어서 확실히 많다.[70]

여기에서는 흥륭와문화 시기의 것으로, (1) 동북아시아 최초의 환호취락인 흥륭와유지와 (2) 환호가 없는 비환호취락이지만 현재까지 발견된 흥륭와문화의 취락 가운데 가장 큰 흥륭구(興隆溝)유지에 대해서 소개하기로 한다.

첫째, 동북아시아에서 가장 이른 환호취락이 발견된 보국토향(宝国吐鄉) 흥륭와촌의 흥륭와유지는 1982년 말에 오한기박물관과 중국사회과학원 고고연구소 내몽고공작대가 진행한 문물고고조사 과정에서 처음 확인

---

70) 楊虎, 劉国祥, 邵国田, 〈內蒙古敖漢旗興隆溝新石器時代遺址調查〉, 《考古》, 2000年 第9期, 47쪽.

되었다. 유적지는 오한기의 동쪽에 위치한 대릉하(大凌河)의 지류인 망우하(牤牛河) 상류 구릉지대에서 발견되었다. 1983년에 1차 발굴이 이루어졌으며, 새로운 고고학문화로 밝혀져 '홍륭와문화'로 명명된 곳이기도 하다.[71] 이 지역은 오한기 지역에서도 유일하게 요하의 수계가 아닌 대릉하(大凌河) 수계의 지류인 망우하(牤牛河)의 상류 지역이다.

1983년 1차 발굴 당시에 A지구에서 환호취락이 발견되었다. (1) 불규칙한 원형으로 동북-서남이 183m, 동남-서북이 166m 정도 되는 주거지를 두른 환호의 총 길이는 698m이며, (2) 폭은 2-1.5m 정도 깊이는 1-0.55m 정도로, (3) 반지혈식 방이 동남-서남향으로 11-12줄로 질서정연하게 배열되어 있었는데, (4) 한 줄에 약 10개 정도의 방이 배열되어 약 120개 정도의 방이 환호 안에 밀집되어 있었다.[72]

1983년 1차 발굴에서 7개의 방을 발굴하였으며 방은 크고 작은 구별이 있었는데, (1) 큰 방(F 1)은 8.5m×7m로 59.5㎡나 되며, (2) 가장 작은 방(F 2)도 5.4-5.1m×3.8-3.5m로 약 19.3㎡ 정도였다.[73] 일반적인 신석기 유적지에 비해서 방의 크기가 무척 크다. 뒤에 소개하는 필자의 답사 사진을 보면 홍륭와유지의 방의 크기에 놀랄 것이다.

러시아의 유명 고고학자인 데.엘. 브로댠스키는 선사 주거지의 경우 '방 면적 4-5㎡당 1명'이 거주하였다고 추론하고 있다.[74] 이 기준으로 홍륭와유지의 경우를 살펴보면, (1) 큰 방의 경우에는 약 15명(14.875명)에서 12명(11.9명) 정도, (2) 작은 방의 경우 약 5명(4.825명)에서 4명(3.86명) 정도가 거주한 것이 된다.

최근까지 10여 차례의 발굴 결과 가장 큰 방은 약 140㎡나 되며, 우리

71) 中国社会科学院考古研究所内蒙古工作隊, 〈内蒙古敖漢旗興隆洼文化遺址発掘簡報〉, 《考古》, 1985年 第10期, 865-874쪽.

72) 中国社会科学院考古研究所内蒙古工作隊, 〈内蒙古敖漢旗興隆洼文化遺址発掘簡報〉, 866쪽.

73) 中国社会科学院考古研究所内蒙古工作隊, 〈内蒙古敖漢旗興隆洼文化遺址発掘簡報〉, 867쪽.

74) 데.엘.브로댠스키 (정석배 옮김), 《연해주의 고고학》, 학연문화사, 1988, 415쪽.

나라 평수로도 약 40평 아파트만 하다. 물론 이것은 일반 주거용이 아니라 마을 중앙에 위치한 공용 장소로 보고 있다. 그렇다면 공공장소를 주거 면적에서 제외하기 위해서, (1) 큰 방과 작은 방의 평균 넓이 (59.5+19.3)÷2=39.4㎡에서 조금 보수적으로 잡아서 방 하나의 평균 면적을 30㎡로 보면, (2) 약 120개 방의 총 주거 면적은 3600(120×30)㎡가 되고, (3) 4-5㎡당 1인이 거주하였다면 총 720-900명이나 거주했다는 것이 된다.

8000년 전에 약 120여 가구에 720-900여 명이 환호취락에서 정착생활을 했다는 것은 너무나 놀라운 것이다. 백보 양보해서 120개의 방 가운데 공용 장소(작업장, 집회소 등)로 20개를 제외한다고 하고, 발견된 것 가운데 가장 작은 방(19.3㎡)만 100개 있었다고 가정해도 400-500명이 거주했다는 것이다. 우리나라의 리(里) 단위의 시골 마을은 21세기 현재도 50-70가구 정도가 일반적이고 100가구 정도의 마을은 예외적으로 큰 마을이다.

홍륭와문화 시기의 환호취락에서 보수적으로 보아도 600-700명이 거주하였다는 것은 참으로 놀라운 발견이다. 그러나 홍륭와문화에 앞서는 소하서문화 취락에서도 환호는 없지만, 이미 60개의 방이 밀집되어 약 240-360명이 거주하는 집단 주거지가 발견되었다.[75] 홍륭와문화 시기에는 그 규모가 더 커진 것뿐이다.

120개에 달하는 방에 동시에 거주한 것이 아니라 시간 차를 두고 거주한 것일 수 있다고 비판하는 사람이 있다. 그렇다면 환호를 왜 두르겠는가? 환호를 두른 안쪽에서는 동일 시기에 거주한 것으로 보는 것이 상식적이라고 본다.

환호를 파면서 나오는 많은 흙은 환호 주변에 쌓아서 성벽처럼 토루(土壘)를 만드는 경우도 있으나, 이 유적에서 토루의 흔적은 발견되지 않았다. 이렇게 해서 외적이나 사나운 맹수로부터 마을을 보호하는 역할을 하게 되는 것이다. 이렇게 많은 노동력이 드는 마을을 만들고 며칠 혹은 몇 달만 살고 이주한다는 것은 말도 안 되는 것이다. 환호취락은 이들이

75) 索秀芬, 李少兵, 〈小河西文化聚落形態〉, 《内蒙古文物考古》, 2008年 第1期, 59쪽.

정착생활을 했다는 것을 말해주고 있다. 이들은 이런 집단 주거지에서 기
장과 조를 재배하며 정착생활을 하였던 것이다. 흥륭와문화에서 발견된
세계 최초의 기장과 조가 야생종이 아니라 재배종이라는 것은 이런 정황
을 입증하는 것이다. 물론 당시에는 아직 농경이 주된 경제형태는 아니고,
수렵과 채집 등이 더 주된 것이다. 그러나 부수적이지만 이미 기장과 조의
재배가 이루어지고 있었다.

〈자료 6-22〉 흥륭와문화 흥륭와유지 환호취락 위치와 원경[76]

1. 위치

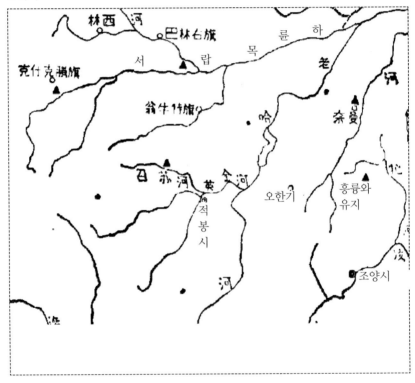

76) 中国社会科学院考古研究所内蒙古工作隊, 〈内蒙古敖漢旗興隆洼文化遺址発掘
簡報〉, 위의 1은 865쪽 〈図 1〉, 2는 〈図板 1〉.

2. 우측 상단 언덕 위에 회색토가 보이는 부분이 흥륭와유지이다.

〈자료 6-23〉 흥륭화유지 발굴 당시 자료(오한기박물관 자료)
1. 아래 사람이 들어가 있는 곳이 환호(環濠)다.

2. 오한기박물관 복원해놓은 모형과 항공사진
* 방이 11-12줄로 매우 질서 있게 배열되어 있다.

〈자료 6-24〉 연해주 지역 고대 유적의 주거지 면적과 거주 가능한 주민의 수[77]
* 데.엘. 브로댠스키는 선사 주거지의 경우 '방 면적 4-5㎡당 1명'이 거주하였다고 추론한다.

No	주거 유적 명칭(고고문화유형)	발굴지 수 (방 수)	주거지 총면적 (㎡)	주민의 수 (4-5㎡당 1명 계산)
1	루다놉스꼬예(뽈쩨문화)	12(16)	237(316)	60-80
2	끄로우노브까 Ⅲ층 (끄로우노브까문화)	6(?)	380	75-95
3	알레니 A. Ⅶ층 (끄로우노브까문화)	9	24	30
4	뻬뜨로바 섬 Ⅲ층 (끄로우노브까문화)	4(40)	98(980)	200-250
5	알레니 A. Ⅴ층(얀꼽스키문화)	17(18)	475	100-120
6	씨니가이 Ⅲ층(씨니가이문화)	17	774	150-190
7	하린스까야(씨니가이문화)	5(40)	163(1300)	290-320
8	씨니가이 Ⅰ층 (자이싸노브까문화 Ⅳ단계)	30(150)	640(3200)	640-800
9	알레니 A. Ⅲ층 (자이싸노브까문화 Ⅱ단계)	20(25)	532(630)	120-150

〈자료 6-25〉 홍륭와유지 답사 자료(2016.1.25일 필자 답사 사진)
1. 유적지 입구에는 '화하제일촌(華夏第一村)'이라고 써 있다.

---

77) 데. 엘. 브로댠스키 (정석배 옮김), 《연해주의 고고학》, 학연문화사, 1988, 415쪽.

2. 왼쪽 기념비에는 '중화시조취락(中華始祖聚落)'이라고 써 놓았다.

3. 환호 자리: 현재는 흙을 덮어 보존하고 벽돌로 위치를 표시해 놓았다.

4. 방 유적지: 보존을 위해 흙으로 덮었지만 벽돌로 경계를 표시해 놓았다.

5. 방 유적지: 큰 방의 규모를 짐작할 수 있다.

　　흥륭와유지 환호취락에서 720-900명의 대규모 인원이 집단 거주한 것은 특별히 이곳만의 예외적인 상황인 것은 아니다. 인근의 흥륭와문화 흥륭구(興隆溝)유지에서도 환호는 없지만 비슷한 규모의 취락이 발견되기 때문이다.

　　둘째, 흥륭구유지에서는 현재까지 발견된 흥륭와문화 주거지 가운데 최대인 145가구 규모의 '비환호취락'이 발견되었다. 흥륭구유지 역시 1982년 말 조사 과정에서 내몽고 보국토향 흥륭구촌 서북 약 1㎞ 거리의 산 능선에서 발견되었고, 여러 차례에 걸쳐서 발굴되었다. 1998년 5월에 재차 조사하면서 방 유적지 등에 대한 상세한 측정이 진행되었다. 흥륭구유지는 동서 400m, 남북 120m로 총 4만 8000㎡의 취락 유적으로 총 145개의 방이 발견되었다.[78]

　　흥륭구유지의 방들은 대부분 경사 지역이고 후대의 경작 활동으로 많이 파손되어 불규칙한 원형의 형태를 지니고 있다. 동쪽에서 서쪽으로 3개의 지역으로 나누어 총 145개의 방 유적지가 발견되었는데, (1) 동쪽의 1구역에서 52개, (2) 중간의 2구역에서 67개, (3) 서쪽의 3구역은 많이 훼

78） 中國社會科學院考古研究所內蒙古工作隊, 敖漢旗博物館, 〈內蒙古敖漢旗興隆溝 新石器時代遺址調査〉, 《考古》, 2000年 第9期. 30-31쪽.

손되었으나 남아 있는 26개의 방 유적지가 확인되었다. 방들은 동북-서남 방향으로 질서 있게 배열되어 있다. 각 구역은 어느 정도 거리를 두고 분리되어 있으면서 전체적으로 하나의 마을을 형성하고 있다. 이렇게 3개의 인접한 구역에 주거지가 이어져 있는 곳은 현재까지는 이곳뿐이다.[79)]

대부분의 방은 직경이 4-8m 사이이고, 평균적으로 약 5.5m 정도이다 (〈자료 6-28〉 참조). 직경이 5.5m이면 방의 면적이 약 24㎡(23.76)이다. 흥륭구유지는 약 24㎡ 넓이의 방이 145개가 밀집된 취락유적인 것이다.

주거지 면적 '4-5㎡당 1명'이 거주한다는 데.엘. 브로댠스키의 논리를 가정하면, (1) 방 하나에 약 4.8명(24÷5=4.8)에서 6명(24÷4=6) 정도가 거주한 것이고, (2) 145가구 취락 전체에는 696명(145×4.8=696)에서 725명(145×5=725), 약 700여 명이 거주한 것이라고 볼 수 있다. 물론 흥륭구유지는 환호취락이 아닌 까닭에 145가구가 동시에 거주한 것인지에 대해서는 의문을 제기할 수 있다. 그러나 흥륭와유지의 환호취락에서 720-900여 명이 거주한 것이라면, 흥륭구유지 비환호취락에도 700여 명이 거주하였을 가능성은 얼마든지 있다고 본다.

흥륭와유지의 환호취락과 흥륭구유지의 비환호취락에서 보듯이, 흥륭와문화 시기에 이미 700-900여 명의 사람들이 120-145가구에 밀집되어 대규모 취락을 이루고, 기장과 조를 경작하며 정착생활을 했다. 이러한 사실은 우리가 지니고 있는 만주 지역에 대한 기존의 상식을 모두 깨는 놀라운 발견이며, 동북아시아 상고사를 전혀 새로운 시각에서 다시 보아야 한다는 점을 웅변하고 있는 것이다.

---

79) 〈內蒙古敖漢旗興隆溝新石器時代遺址調查〉, 47쪽.

〈자료 6-26〉 홍룡와문화 홍룡구유지 위치(▲)[80]

* 홍룡구유지는 홍룡와유지와 같은 보국토향에 있고 멀지 않은 위치에 있다.

〈자료 6-27〉 홍룡구유지 주거지 배열 모습[81]

* 우측이 1구역(동쪽), 중간이 2구역, 좌측이 3구역(서쪽)

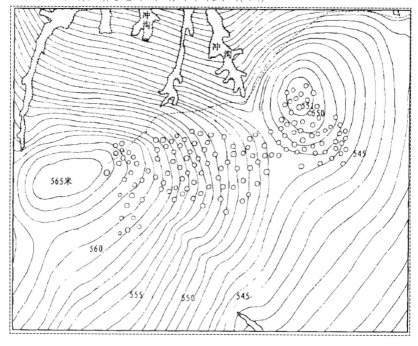

80) 〈內蒙古敖漢旗興隆溝新石器時代遺址調査〉, 30쪽 〈図 1〉.

81) 〈內蒙古敖漢旗興隆溝新石器時代遺址調査〉, 31쪽 〈図 2〉.

〈자료 6-28〉 흥릉구유지의 총 145개 방의 배열 상황[82]

지구	배열 순서	배열 간 간격(m)	방의 수	방 사이 거리(m)	방의 직경(m)
1 지구(東) *11열 *52개 방	1열		2	3	5-5.5
	2열	6	5	2-6	5.5-6
	3열	5-8	5	5.5-9.5	5-7
	4열	3-12.5	7	3-8	5.5-6
	5열	5-11	6	2.5-11	5-6.5
	6열	6.5-13	8	2-8	5-6
	7열	5	1	1 지구의 동북쪽	6
	8열	4	7	2-12	5-6
	9열	2-13	5	2-9	5-5.5
	10열	3-9	5	2.5-18	5-6
	11열	7.5	1	1 지구의 동남단	6.5
2 지구(中) *12열 *67개 방	1열		1		6
	2열	2-6	2	8	6-7
	3열	3.5-5.5	4	3.5-6.5	5-6
	4열	6-16	8	2-10	5-6
	5열	5-12	5	3-8	5-6.5
	6열	6-8	9	4-7.5	5-6
	7열	6-9	8	3-18	5.5-6
	8열	10-18	8	3-11.5	5-7
	9열	5-13	4	3.5-5	5-6
	10열	6-12	5	13-28	6-7
	11열	5-11	7	3.5-15.5	5.5-6.5
	12열	4-11	6	6-19	6-7
3 지구(西) *10열 *26개 방 *심하게 훼손	1열		2	3	6
	2열	3-4	2	3	5-6
	3열	4.5-7.5	4	3-11.5	6-8
	4열	2-3	2	4	5-5.5
	5열	4-7.5	3	7	5-6.5
	6열	10-12	4	6-17	4-6
	7열	7-8	2	31	5.5-7
	8열	7	2	15	6
	9열	11	2	10.5	5
	10열	8-11	3	6-9.5	4-6

---

82) 〈內蒙古敖漢旗興隆溝新石器時代遺址調査〉, 31-32쪽의 내용을 필자가 표로 만든 것이다.

6. 동북아시아 최초의 적석총과 한반도

내몽고 적봉시 임서현(林西縣)의 남쪽 서랍목륜하(西拉木倫河) 북쪽 쌍정점향(雙井店鄉) 백음장한촌(白音長汗村)에서 발견된 백음장한유지에서는 1988-1991년까지 3차례에 걸친 발굴을 통해 7267.3㎡의 주거 유적이 확인되었다.

백음장한유지는 다섯 시기의 고고학문화가 시기를 달리하며 중첩된 환호취락 유적이다. (1) 백음장한 1기는 소하서문화에 속하며, (2) 백음장한 2기(갑유형, 을유형)는 홍륭와문화, (3) 백음장한 3기(갑유형, 을유형)는 조보구문화와 홍산문화 사이, (4) 백음장한 4기는 홍산문화 중기, (5) 백음장한 5기는 소하연문화에 속한다. 대부분의 유적과 환호취락은 백음장한 2기(갑유형, 을유형)의 것으로 홍륭와문화(BC 6200-5400)에 속하는 것이다.[83]

백음장한 2기 유적은 (1) 환호로 둘러싸여 각각 약 30개씩의 주거지가 질서 있게 배열된 2개의 환호취락(A지구, B지구)과 (2) 환호취락 뒤쪽 산꼭대기 3곳에 마련된 3개의 묘장 지역(Ⅰ.Ⅱ.Ⅲ. 묘장군)으로 구성되어 있다.[84]

이 유적은 (1) 토기에 빗살무늬만 보이고 '눌러서 찍은' 압인문(压印紋)이나 '지(之)자 형태로 연속적으로 눌러서 만든' 지자문(之字紋)이 보이지 않는 갑류(甲類) 혹은 남태자유형(南台子類型)과 (2) 각종 지자문이 다양하게 유행하는 을류(乙類) 혹은 백음장한유형으로 나눈다.

홍륭와문화 시기의 다른 유적지에서 대부분의 무덤은 장방형의 흙구덩이를 파서 시신을 묻는 토광묘였다. 그러나 백음장한 2기 홍륭와문화 시기 유적에서는 동북아시아 최초의 다양한 형태의 적석묘, 돌무덤(石墓)이 발견된다. 8000년 전에서 놀랍게도 동북아시아 최초의 (1) 기본적인 형태의 '토광적석묘(土壙積石墓)'와 (2) 좀 더 발달된 '석관적석묘(石棺積石墓)' 혹은 '적석석관묘(積石石棺墓)'가 발견된다.

83) 内蒙古自治区文物考古研究所,《白音長汗: 新石器時代遺址発掘報告》, 科学出版社, 2004, 상권 500-502쪽.

84) 内蒙古自治区文物考古研究所,《白音長汗: 新石器時代遺址発掘報告》, 상권, 2-5쪽 사이 図1.2.3 참조.

고고학에서 석곽묘(石槨墓=돌덧널무덤)와 석관묘(石棺墓=돌널무덤)는 구별하기도 하고, 석곽묘를 석관묘의 한 유형으로 보기도 한다. 보통 석곽묘 안에는 나무로 짠 목관이 있는 경우도 많다. 그러나 이 책에서는 특별히 언급해야 할 필요가 없는 경우에는 석곽묘를 석관묘의 한 유형으로 보고 모두 석관묘로 부르기로 한다.

백음장한유지의 흥륭와문화 시기에는 2가지 형태의 돌무덤이 최초로 발견되었다. 곧, (1) 장방형 흙구덩이에 시신을 묻고 위에 큰 돌을 쌓아 놓은 '토광묘+적석' 형태의 기본적인 토광적석묘(〈자료 6-33, 34〉)와 (2) 장방형의 구덩이 밑바닥에 판석을 깔고 주위에 판석을 세워서 석관묘를 만들고 그 위에 판석을 덮고 다시 큰 돌무더기로 쌓아 올린 '석관묘+적석' 형태의 발달된 '석관적석묘' 혹은 '적석석관묘'가 이미 보인다(〈자료 6-31, 32〉).

이 유적지의 홍산문화 시기인 백음장한 4기에서는 무덤 위에 돌무더기를 쌓지 않고 지하의 묘광을 판석으로 조성하고 덮개를 덮은 전형적인 석관묘(石棺墓)도 보인다(〈자료 6-36〉).

백음장한 2기인 흥륭와문화 시기 유적에서는 아직은 '계단식 적석총'은 발견되지 않는다. 나중에 소개하겠지만 계단식 적석총은 홍산문화 시기에 최초로 또 집중적으로 발견된다. 백음장한유지에서 발견되는 기본적인 '토광적석묘'와 좀 더 발달된 형태인 '석관적석묘'는 동북아시아 지역에서 최초로 발견되는 것으로, 적석총의 역사를 8000년 전까지 끌어올리는 것이다. 아직 필자가 연구를 해보지 못했지만 어쩌면 세계 최초일 가능성이 높다.

현재 많은 사람들이 각종 토광적석묘나 석관적석묘 등의 돌무덤〔石墓〕의 기원을 홍산문화로 보고 있다. 그러나 홍산문화보다 훨씬 이전인 흥륭와문화에서 속하는 백음장한 2기에서 '토광적석묘'뿐만이 아니라 좀 더 발달된 적석총인 '석관적석묘'도 이미 발견되었다.

이미 중국에서도 홍산문화의 다양한 돌무덤의 기원을 백음장한 2기인 흥륭와문화 시기로 보고 있다.[85] 한국의 오대양도 "그동안 중국학계에서는 요서 지역 적석총 문화의 기원과 출현 시점을 홍산문화로 보는 것이 일반적이었다. 그런데 최근 발표된 백음장한유지 발굴 보고서를 통해 이 지역 적석총 문화의 기원이 흥륭와문화에 있음이 밝혀졌으며, 그 상한연대는 약 8000년 전 이상으로 측정되었다. 주목되는 것은 백음장한유지에서 발굴된 흥륭와문화기 적석묘(총)의 기본 구조는 홍산문화 전기의 것과 거의 동일하다는 것이다."[86]라고 밝히고, 요동반도 지역의 적석묘들은 4600년 전에 시작되기 때문에 이들의 기원도 요서 지역이라고 보고 있다.[87]

이형구는 기존 한국학계의 주류였던 돌무덤의 '시베리아 기원설'을 비판하면서 "돌로 축조된 석관묘, 적석총 같은 이런 묘제는 그 당시 발해 연안에서 살고 있던 이른바 동이민족이 사용하던 고유한 묘제이다. 이런 고대 묘제는 시베리아에서 온 것이 아닙니다."[88]라고 강조한다. 필자는 이런 견해에 전적으로 동의한다. 다만 이형구 선생이 '각종 돌무덤의 기원을 홍산문화 시기로 보고 있는 점'[89]은 잘못이다. 앞서 살펴본 바와 같이 흥륭와문화 시기에 이미 토광석관묘와 적석석관묘가 보이기 때문이다.

물론 흥륭와문화의 다른 유적에서는 대부분 토광묘이기 때문에 이런 돌무덤이 흥륭와문화의 대표적인 묘제인 것은 아니다. 계단식 적석총을 포함한 다양한 형태의 돌무덤이 '대표적인 묘제'로 자리 잡은 것은 분명히 홍산문화 시기이다. 그러나 그 기원은 흥륭와문화 시기까지 올라간다는 것이다.

이러한 다양한 형태의 돌무덤은 흥륭와문화에서 기원하여 홍산문화에서 대표적인 묘제가 되고, 하가점하층문화, 하가점상층문화를 거쳐 고구

85) 熊增龍,〈紅山文化墓葬制度及相関問題研究〉, 吉林大学教 碩士学位論文(2005).

86) 오대양,〈요서지역 적석총문화의 기원과 형성과정〉,《동북아역사논총》, 45호, 217-218쪽.

87) 오대양,〈요서지역 적석총문화의 기원과 형성과정〉, 217쪽.

88) 이형구,《한국 고대문화의 기원 발해연안문명》, 상생출판사, 2015, 170쪽.

89) 이형구,《한국 고대문화의 기원 발해연안문명》, 125-175쪽.〈3장 발해연문명의 석묘(石墓)와 홍산문화(紅山文化)〉.

려, 백제, 가야, 신라, 일본으로 이어진다. 그러나 같은 시기 황하문명 지
역에서는 보이지 않는 것이다.

〈자료 6-29〉 백음장한유지: 환호취락(A, B 지구)과 묘장 지역(Ⅰ, Ⅱ, Ⅲ 묘장군)[90]

〈자료 6-30〉 백음장한 2기인 흥륭와문화 시기 묘장 통계표

1. 백음장한 2기 갑류(甲類) 묘장 통계표[91]
* 갑류: 토기에 빗살무늬만 보이고 '눌러서 찍은' 압인문(圧印紋)이나 '지(之)자 형태로
  연속적으로 눌러서 만든' 지자문(之字紋)이 보이지 않는다.
* 3개 모두 석관적석묘
* 5호묘(M5)의 경우 현재는 도굴로 사라졌지만, 덮개돌이 있었고 그 위에 적석을 한 것
  으로 보이며, '석관묘 + 덮개돌 + 적석 + 주위의 석환(石環)' 형태로 보인다.

번호	지구	형태	사람 수	성별	나이
M5	Ⅰ	. 석관적석묘=적석석관묘 . 바닥과 4방 모두 석판+덮개돌 혹 적석+주위에 원형 석환(石環)을 두름	1	남	?
M13	Ⅱ	. 석관적석묘=적석석관묘 . 바닥과 4방 모두 석판+덮개돌+적석	1	남	약 30세
M16	Ⅱ	. 석관묘 . 4방에만 석판+덮개돌은 사라짐	1	여	약 30세

---

90) 内蒙古自治区文物考古研究所, 《白音長汗: 新石器時代遺址発掘報告: 下》, 彩版
    1-1.

91) 《白音長汗: 新石器時代遺址発掘報告: 下》, 512쪽 표5를 필자가 간단히 정리한
    것이다.

2. 백음장한 2기 을류(乙類) 묘장 통계표[92)]
* 을류: 토기에 각종 지자문(之字紋)이 다양하게 유행한다.
* 토광(土壙)을 중국에서는 토갱(土坑)이라고 부른다.
* 총 14개 가운데 '토광적석묘' 8개, '간단한 석관적석묘(?)'가 1개.

번호	지구	형태	사람 수	성별	나이
M1		. 토광적석묘 . 토광 + 크고 작은 돌을 쌓아서 덮음			
M2	I	. 토광적석묘	2 東男西女	남 여	약 25세 약 25세
M3	I	. 토광적석묘			
M4		. 토광적석묘	1		
M6	I	. 토광적석묘	1	여	약 30-35세
M7	I	. 토광적석묘			
M8	I	. 토광적석묘	1		
M9	II	. ?	1		아동
M10	II	. 토광묘	1	여	약 43-45세
M11	II	. 토광묘			약 35세
M12	II	. 토광적석묘	1	여	약 50세
M17	II	. ?		남(?)	성년
M19	II	. 토광묘	1	남	약 35세
M20	II	. 간단한 석관적석묘(?) . 토광 + 덮개돌 + 묘 주위 석환(石環) . 2차장(두개골+팔다리 뼈)	1		아동

---

92)《白音長汗: 新石器時代遺址発掘報告: 下》, 530-532쪽 표8을 필자가 간단히 정리한 것이다.

〈자료 6-31〉 Ⅰ묘장군 5호묘(M5) '석관적석묘' [93]

* M5의 경우 현재는 도굴로 사라졌지만, 덮개돌이 있었고 그 위에 적석을 한 것으로 보
이며, '석관+덮개돌+적석+주위의 석환(石環)' 형태였을 것으로 보인다.

1. 발견 당시 모습

2. 가운데 석관묘가 드러난 상태

3. 석관 내부 모습

---

93)《白音長汗: 新石器時代遺址発掘報告: 下》, 1=彩板9−1, 2=彩板9−3, 3=彩板
1−3, 4=彩板3−3.

〈자료 6-32〉 Ⅱ묘장군 13호묘(M13) '석관적석묘'[94]
* 석관적석묘='바닥과 4방 모두 석판+덮개돌+적석'
1. 발굴 전의 모습

2. 상부 적석을 제거한 모습

3. M13 부분

94)《白音長汗: 新石器時代遺址発掘報告: 下》, 1=彩板9-2, 2=彩板9-4, 3=彩板
3-1, 4=彩板3-3, 5=彩板3-2.

4. 석관 모습

5. 석관의 내부 구조

〈자료 6-33〉 I 묘장군 2호묘(M2) '토광적석묘'[95)]

* M2는 남녀 합장묘로 '토광+적석' 형태이다.

1. 외부 모습

2. 내부 모습

〈자료 6-34〉 I 묘장군 7호묘(M7) '토광적석묘'[96)]

1. 외부 모습

2. 내부 모습

95)《白音長汗: 新石器時代遺址発掘報告: 下》, 1=彩板10-1, 2=彩板10-2.

96)《白音長汗: 新石器時代遺址発掘報告: 下》, 1=彩板11-3, 2=彩板11-4.

〈자료 6-35〉 II묘장군 11호묘(M11) 일반적인 '토광묘'[97]

〈자료 6-36〉 III묘장군 14호묘(M14) 백음장한 4기 홍산문화 시기의 '석관묘'[98]

1. 석관묘 외부 모습

2. 내부 모습

외부에 돌을 쌓은 적석석관묘는 아니지만, 돌을 쌓지 않은 단순한 석관묘나 석곽묘는 많은 시간 차를 두고 중국의 산동반도를 끼고 있는 동해안 각 지역과 사천성 지역에서도 발견된다.

2005년에 상(商)나라의 초기 중심지였던 하남성 안양(安陽)과 학벽시(鶴壁市) 사이의 학벽시 기빈구(淇浜区) 대뢰점촌(大賚店村)과 유장촌(劉莊村) 지역에서 선상(先商) 시기의 수백 기의 석관묘(石棺墓)가 발견되어 '2005년 중국 10대 고고 발견' 가운데 하나로 선정되기도 하였다.

97) 《白音長汗: 新石器時代遺址発掘報告: 下》, 彩板10-4.
98) 《白音長汗: 新石器時代遺址発掘報告: 下》, 1=彩板11-5, 1=彩板11-2.

2006.5-2007.12월 발굴된 사천성 한원현(漢源縣) 대수진(大樹鎭) 맥평촌(麦坪村)의 신석기시대 맥평유지(BC 2500-2000)에서 사천 지역에서 가장 오래된 석관묘가 3개 발견되었다. 발굴된 8개의 묘 가운데 5개는 토광묘이고, 3개가 석관묘였다. 묘의 주변을 석판으로 두르기만 하고 덮개돌은 없는 단순한 석관묘이다(〈자료 6-37〉 참조).[99]

그러나 석관묘, 석곽묘, 적석석관묘, 계단식 적석총, 고인돌무덤 등 돌무덤 계통은 이른바 중원 지역 황하문명의 중심 지역에서는 발견되지 않는다. 담옥화(譚玉華)는 중국의 북방 지역 이외에도 석관묘/석곽묘가 발견되지만 대부분 상주(商周) 시기의 것이고, 상주 교체기에 북방에서 밀려온 세력으로 보고 있다. 그가 제시한 동아시아 지역의 석관묘/석곽묘, 고인돌무덤 분포 지도를 보면, 황하 중류의 황하문명의 핵심 지역에서는 이런 석관묘/석곽묘, 고인돌무덤 등이 보이지 않음을 확인할 수 있다(〈자료 6-38〉 참조).

이런 다양한 돌무덤의 전통은 요하문명 지역에서 시작되어, 몽골과 중앙아시아 그리고 한반도와 일본 지역으로 전파되는 전형적인 북방문화 계통이라는 점을 분명하게 기억해두어야 한다.

〈자료 6-37〉 사천성 맥평(麦坪)유지(BC 2500-2000)의 신석기시대 석관묘[100]
* 이것이 사천성 지역에서 발견된 가장 이른 시기의 석관묘이다. 덮개돌은 없는 단순한 형태이다.

---

99) 国家文物局,《2007 中国重要考古発掘》, 文物出版社, 2008, 24쪽.
100) 国家文物局,《2007 中国重要考古発掘》, 27쪽.

〈자료 6-38〉 동북아시아 지역 석관묘-석곽묘, 고인돌무덤 분포[101]
* 중국의 고인돌무덤은 산동반도와 장강 사이에서만 소수가 발견되며, 나머지는 석관묘, 석곽묘 계통이다. 황하문명의 중심부에는 이런 돌무덤 형태가 보이지 않는다.

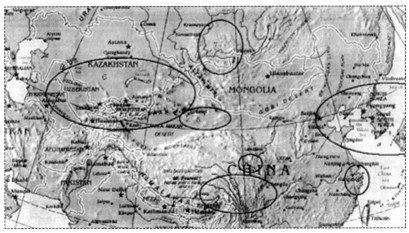

'석관적석묘'는 이후에 홍산문화 단계에서 더 발달되어 소위 계단식 피라미드 모양의 '계단식 적석총' 혹은 상세히 이야기하면 '계단식 석관적석총'으로 발전한다. 적석총 발전 단계의 최종적인 모습이 고구려의 대표적인 묘제인 '계단식 적석총'이며, 요녕성 집안의 장군총이나 광개토대왕릉 같은 형태의 것이다.

다양한 적석총은 요하문명 홍륭와문하 시기에 기원하여 홍산문화를 거쳐 계단식 적석총으로 발전하고, (1) 몽골 초원과 중앙아시아 지역의 청동기시대부터 스키타이, 흉노, 돌궐 등의 묘제로 이어지며, (2) 하가점하층문화, 하가점상층문화를 거쳐서 고조선, 고구려, 백제, 가야, 신라, 일본 지역까지 이어지는 것이다. 한반도나 일본의 돌무덤에 대해서는 이미 학계에서도 일반인에게도 잘 알려져 있기에 상세한 논의는 생략한다.

몽골 초원에는 청동기시대(BC 3000-700), 초기 철기시대(BC 700-300)나 스키타이시대(BC 900-300)는 물론 흉노시대(匈奴=Hun=훈족: BC 300-AD 100)나 돌궐시대(突厥=Turk=튀르크: AD 6세기-8세기)까지도 지속적으

---

101) 譚玉華, 〈中国東南地区石構墓葬研究〉, 中央民族大学 碩士学位論文(2007年 5月), 6쪽.

로 다양한 형태로 변형된 각종 적석묘들이 이어진다.

특이한 형태의 대형 적석묘인 히르기수르(Khereksur, эртний)는 청동기 시대인 BC 2000-1000년경에 처음 보이기 시작하는데, 지름이 수백 m에 이르는 것들도 많다. 이런 대형의 적석묘들은 군장급의 무덤으로 보고 있다. 히르기수르는 (1) 석관묘 위에 원형으로 돌무지를 높게 쌓아 봉분을 만든 석관적석묘의 형태로, (2) 적석묘 주변에 원형 혹은 방형으로 돌을 두른 경계석열(境界石列)이 있으며, (3) 그 경계석열 밖에는 많은 순장묘나 배장묘가 일정한 간격으로 둘러진 작은 돌무지 등으로 구성되어 있다. 또 한 몽골 초원에 남아있는 흉노나 돌궐의 묘제도 대부분 다양한 형태의 적 석묘들이다.

몽골 지역에서 발견되는 각종 적석묘를 시대별로 보면, (1) 몽골알타이 북부와 미누사계곡(Minusa Valley) 지역의 초기 청동기시대 아파나시에보문 화(Afanasievo Culture: BC 2800-2500), (2) 몽골알타이 북부-남부와 카자흐 스탄 지역의 체무르체크문화(Chemurchek Culture: BC 2500-1800), (3) 몽골 알타이의 중부 지역의 멍흐-하이르항산 주변의 청동기시대 중기의 멍흐 하이르항문화(Mönkh-Khairkhan Culture: BC 1800-1600), (4) 몽골알타이 남 부 지역의 청동기시대 후기의 바이탁문화(Baitag Culture: BC 1400-1100), (5) 고비알타이 지역의 청동기시대 후기의 테브쉬문화(Tevsh Culture: BC 1400-1100), (6) 투바공화국과 몽골알타이 지역의 몬군-타이가문화 (Mongun-Taiga Culture: BC 1300-1000), (7) 몽골 지역에서 발견되는 몽골 리안-히리기수르(Mongolian Khereksur: BC 1000-700), (8) 초기 스키타이시 대(BC 900-700)와 후기 스키타이시대(BC 600-300), (9) 흉노시대(BC 300- AD 100), (10) 돌궐시대(AD 6세기-8세기) 등으로 지속적으로 이어진다.[102]

---

102) 여기의 고고학문화의 명칭과 연대는 아래의 글을 바탕으로 한 것이다.
  Alexei A. Kovalev, Diimaazhav Erdenebaatar, "Discovery of new cultures of the Bronze Age in Mongolia according to the Data obtained by the International Central Asia Archaeological Expedition", Jan Bemmann, Hermann Pazinger, Ernst Pohl, Damdinsüren Tseveendorzh(ed.), *Current Archaeological Research in Mongolia*, Bonn: Friedrich-Wilhelms-Univ., 2009, 149-170쪽.
  이 책은 2007년 8월 19-23일 울란바아타르에서 열린 "The First International

몽골 지역에서는 BC 2000년을 전후한 시기에 독특한 형태의 히르기수르가 나타나고, 스키타이시대에는 '목곽+적석묘' 형태의 '적석목곽묘(積石木槨墓)' 등도 나타난다. 하지만 기본적으로 모두 적석묘를 기본으로 한 시대별·지역별 변형에 지나지 않는다.

요하문명 흥륭와문화 시기에 최초로 등장하는 다양한 적석묘는 홍산문화 시기에 대표적인 묘제로 자리 잡고, (1) 서로는 몽골 초원과 중앙아시아로, (2) 동으로는 요동반도와 한반도 지역으로 시대와 지역에 따라 다양한 형태로 변형되며 이어지고 있는 것이다.

아래에서는 관심 있는 사람들을 위해 몽골 국립 울란바토르대학의 고고학자 에르덴바토르(D. Erdenebaatar) 교수가 제공한 자료와 필자가 그와 함께한 답사 사진을 중심으로 몽골 지역의 시대별 적석묘들을 간단히 소개해 둔다.

〈자료 6-39〉 몽골 초원의 히리기수르(Khereksur, эртний: BC 1000-700)의 다양한 형태[103]

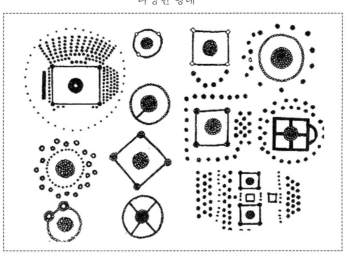

Conference on 'Archaeological Research in Mongolia' '에서 발표된 논문들을 모은 것이다.
103) 탁경백, 〈고비-알타이 아이막의 히르기수르 검토: 2009-2010 한, 몽 공동조사 결과를 중심으로〉, 《한국전통문화연구》, 제9호(2010), 112쪽.

〈자료 6-40〉 몽골 지역의 시대별 다양한 적석묘[104]

1. 아파나시에보문화(Afanasievo Culture: BC 2800-2500)
* 2004년 바얀-올기아이막 우라안쿠스(Ulaankhus)솜에서 발견된 것으로 원형의 것은 지름이 16m이고 적석 높이는 1m 정도이다. 성인 남성과 어린이 시신 2구를 안치하였고, 무덤을 덮은 나무판 위에서 청동 그릇과 청동 칼 등 부장품이 발견되었다.

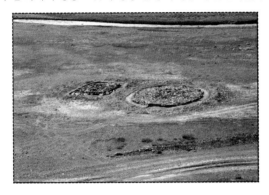

2. 체무르체크문화(Chemurchek Culture: BC 2500-1800)
* 홉드(Khovd)아이막 불간(Bulgan)솜에서 발견. 무덤 앞에 석인상이 서 있고, 내부는 정사각형의 석관(石棺)이 있는 석관적석묘이다. '돌로 만든 잔(石盃)'가 3개 발견되었다. 오른쪽은 내부 석곽 모습.

104) 사진 자료들은 몽골 국립 울란바토르대학의 고고학자 에르덴바토르(D. Erdenebaatar) 교수가 제공한 것이고, 부가된 간략한 설명은 아래 논문을 참고하여 정리한 것이다.
Alexei A. Kovalev, Diimaazhav Erdenebaatar, "Discovery of new cultures of the Bronze Age in Mongolia according to the Data obtained by the International Central Asia Archaeological Expedition", Jan Bemmann, Hermann Pazinger, Ernst Pohl, Damdinsüren Tseveendorzh(ed.), *Current Archaeological Research in Mongolia*, Bonn: Friedrich-Wilhelms-Univ., 2009, 149-170쪽.

3. 멍흐-하이르항문화(Munkh-Khairkhan Culture: BC 1800-1500)

* 2003년 홉드아이막 멍흐-하이르항솜에서 처음으로 발견된 고고학문화이다. 아래 무
  덤은 지름이 약 2.5-3m 정도로, 타원형(1.3×1m)으로 석관(石棺)을 만든 석관적석묘다.
  이 시기 무덤에서는 대부분 내부에 석관이 있다.

* 2006년에 발견된 아래 적석묘는 지름이 38m에 달한다.

4. 바이탁문화(Baitag Culture: BC 1600-1300)
* 내부에 석관은 없음.

5. 테브쉬문화(Tevsh Culture: BC 1400-1100)
* 모두 내부의 석관은 없음.

6. 몬군-타이가(Mongun-Taiga Culture: BC 1300-1000)
* 석관적석묘로 돌을 들어낸 아래 사진의 중앙에 석관이 보인다.

7. 몽골 초원의 히리기수르(Khereksur: BC 1000-700)

8. 초기 스키타이시대(BC 900-700)
* 석관적석묘로 돌을 들어낸 아래 사진의 중앙에 석관이 보인다.

9. 후기 스키타이시대(BC 600-300)

〈자료 6-41〉 몽골 동부 지역의 히리기수르(Khereksur)(2008.9월 필자 답사 사진)
1. 지름이 약 70-80m나 되는 것이고, 부속된 석열(石列)과 부장 구덩이도 있다.

2. 돌무지 주변의 석열(石列) 바깥에는 지름 70-80㎝의 많은 부장 구덩이도 둘러져 있다.

〈자료 6-42〉 몽골 동부 지역의 흉노 무덤(2008.9월 필자 답사 사진)

1. 에르덴바토르 교수가 소개하여 함께 간 흉노 무덤군의 적석묘인데, 대부분은 이미 도
굴되었다. 크기는 지름이 10m 정도로 일반인의 무덤이다. 군장급 무덤은 묘도(墓道)
가 있고 지름이 30m 이상 된다. 흉노 무덤의 내부는, (1) 석관묘, (2) 목관묘, (3) 석곽을
두른 안에 목관을 묻은 것 등 다양하다.

2. 답사를 함께 한 에르덴바토르(좌), 우실하(중), 박원길(우).

7. 동북아시아 최초의 석인상(石人像)

1) 석인상의 기원에 대한 기존의 견해

흥륭와문화에서는 동북아시아 최초의 석인상들이 많이 발견된다. 이에 대해서는 이미 필자가 정리하여 논문으로 발표한 것이 있다.[105] 석인상은 돌로 사람의 형상을 만들어 무덤 앞이나 기타 장소에 세워둔 것을 말한다. 제주도의 돌하르방이나 동자석, 우리나라 각 지역에 있는 석장승 등이 모두 이런 석인상의 범주에 들어갈 수 있다.

이른 시기의 석인상은 동유럽, 중앙아시아, 몽골, 시베리아 남단, 만

---

105) 우실하, 〈몽골 지역 석인상의 기원과 요하문명(遼河文明)〉, 《몽골학》, 제29호 (2010.8), 145-183쪽. 필자가 발표한 위 논문에서 필요한 부분만 요약 정리한 것이다.

주 일대에 이르는 북방 초원 지역에서 시기와 형태를 달리하며 두루 발견
된다. 석인상의 분포와 관련하여 몽골의 데. 바이에르 교수는 아래와 같이
밝히고 있다.

　　유목민족들의 물질 및 정신문화를 보여주는 이 석인상들은 몽골의 동쪽에
서 서쪽 지방에 이르기까지 광대한 지역에 걸쳐 아주 풍부히 산재해 있다. 이
러한 석인상들은 몽골인민공화국 지역뿐만이 아니라 소련의 토바, 올라르하크
알타이, 남러시아 평원, 중국의 신강위구르자치구 등 중앙아시아의 대부분 지
역에서도 나타나고 있으며 먼 서쪽의 도나우강 유역에서도 발견되고 있다.[106]

　　고대로부터 '북방 초원의 길'로 연결된 거의 모든 지역에서 유사한 형
태의 석인상들이 발견된다는 것이다. 다양한 시기와 형태의 석인상들에
대해서는 "유라시아 유목민들 사이에서는 사람의 형상을 본뜬 석인상을
만드는 습관이 아주 일찍부터 형성되어 있었다. 학자들은 그 관습이 청동
기시대부터 시작되었다고 보고 있다"라고 한다.[107]

　　기존의 학설에 따라 청동기시대부터 시작된 석인상을 시기별로 정리
하면, (1) 남러시아 평원지대, 에니세이강 유역에서 발견되는 청동기시대
석인상, (2) 남러시아 평원지대의 초기 철기시대 석인상, (3) 몽골, 중앙아
시아 그리고 시베리아 남단의 초기 철기시대의 '사슴돌'(=보강허셔, БУГАН
ХӨШӨӨ), (4) 6-8세기 몽골의 중부, 서부, 북부에 밀집된 돌궐족이 세운
돌궐석인상, (5) 11-13세기 남러시아 평원에 살았던 돌궐계 민족이 세운
폴롭츠석인상, (6) 13-14세기 동몽골 다리강가 지역에 밀집된 몽골족이

---

106) 데. 바이에르 (박원길 옮김), 《몽골석인상의 연구》, 혜안, 1994, 13쪽 머리말.
　　이 책에 수록되고 연구된 몽골석인상은 모두 66기이며, 데 바이에르 교수가 모
　　두 직접 답사한 것들이다. "이 66기 석인상들의 소재지를 아이마크별로 분류해
　　보면, (1) 수흐바아타르 아이마크에 51기, (2) 도르노트 아이마크에 5기, (3) 돈트
　　고비 아이마크에 2기, (4) 우르항가이 아이마크에 2기, (5) 고비알타이 아이마크
　　에 2기, (6) 팁 아이마크에 2기, (6) 도른고비 아이마크에 1기 헨티 아이마크에 1
　　기 등으로 나타난다." (위 책, 18쪽 머리말).

107) 위 책, 34쪽.

세운 몽골석인상 등으로 정리할 수 있다.[108]

우리가 몽골이나 만주 초원에서 자주 볼 수 있는 돌궐석인상, 폴롭츠석인상, 몽골석인상의 모습을 간략히 비교하면 아래 〈자료 6-43〉과 같다.

〈자료6-43〉 돌궐석인상, 폴롭츠석인상, 몽골석인상 비교[109]
1. 돌궐석인상(러시아의 알타이 지방) 2. 돌궐석인상(텁 아이마크)
3, 4. 폴롭츠석인상(남러시아 평원)   5,6,7,8. 중세 몽골석인상(수흐바아타르 아이마크)

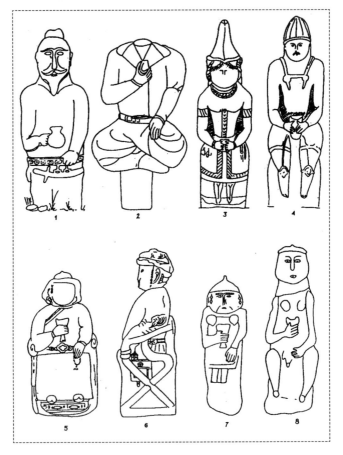

---

108) Я.А. 쉐르(ШЕР), КАМЕННЫЕ ИЗВАЯНИЯ СЕМИРЕЧБЯ (시에미리에치야
    의 석인상), 모스크바－레닌그라드, 1966, pp. 3-4.; 위 책, 35쪽에서 재인용.

109) 데. 바이에르 (박원길 옮김),《몽골석인상의 연구》, 16쪽 그림 2.

석인상과 관련하여 기존에 연구가 많이 진행된 몽골이나 러시아 학자들은 석인상의 기원을 청동기시대로 보고 있다. 기존의 연구들이 유럽 지역을 망라하고 있으니, 세계 석인상의 기원을 청동기시대로 보고 있는 것이나 마찬가지이다.

그러나 이미 8000여 년 전 흥륭와문화에서부터 홍산문화에 이르기까지 유사한 석인상들이 많이 발견된다. 크기도 50-70cm 정도로 작지 않다. 이것은 유라시아 석인상의 기원을 초기 신석기시대까지 끌어올리는 것으로, 연구의 새로운 지평을 여는 것이다.[110] 아래에서는 요하문명 지역의 흥륭와문화에서 집중적으로 발견되고 조보구문화, 홍산문화로 이어지는 석인상들을 소개한다.

2) 흥륭와문화 출토 석인상

(1) 흥륭와문화 석인상-1 : 임서현 서문유지

① 형태: '여성 석인상'의 모습으로 볼록한 가슴과 복부 부분이 강조되어 있다.
② 시대: BC 6000년경의 흥륭와문화 시대의 발굴 유물이다.
③ 발굴지: 1984년 임서현(林西縣) 서문외(西門外) 흥륭와문화 서문유지
④ 재료: 옅은 회색(淺灰色)의 응회암(凝灰岩)이다.
⑤ 크기: 높이 45.2cm, 폭 15cm, 두께, 12.4cm이다.
⑥ 소장처: 임서현박물관(林西縣博物館)에 있다가 현재는 적봉박물관에 소장되어 있다.
⑦ 특징:(1) 눈과 입을 깊이 구멍을 뚫어서 표현하였고, 코는 양각되어 있다.
     (2) 양손을 가슴 아래 복부에 붙였으나 두 손은 떨어져 있는

---

110) 우실하, 〈몽골 지역 석인상의 기원과 요하문명(遼河文明)〉, 《몽골학》, 제29호 (2010.8), 145-183쪽.

모습이다.

(3) 다산과 풍요를 상징하듯이 젖가슴과 배를 돌출시킨 여성 석인상이다.

(4) 모계사회의 전통에서 모셔진 '여신'이면서 동시에 '조상신' 이다.

(5) 기본적인 형태나 손의 위치 등이 기존에 알려진 석인상들 과 매우 유사하다.[111]

이와 유사한 흥륭와문화 유적지의 여성 석인상은 몇 점이 더 발견되었다. 여성이라는 점이 특별히 강조된 것을 제외하면 조악한 형태의 몽골석인상이라고 알려진 것들과 매우 닮아 있다.

흥륭와문화에서는 집안에 묘를 만드는 거실장(居室葬)이 특징이다.[112] 거실장은 (1) 구석기시대 말기에 출현해서 현재도 세계 몇몇 소수민족에게 보이며, (2) 요서 지역에서는 흥륭와유지에서 30여 개 사해유지에서 6개가 발견되었고, (3) 반지하의 거실에서 묘장이 발견되는데, (4) 특수한 사회적 지위를 지닌 사람들이 사후에 실내에 묻혀서 숭배와 제사의 대상이 된 것이라고 보고 있으며, (4) 이 묘장과 화덕 주변에서 석인상이 발견된다.[113]

중국학자들은 이 석인상을 '중화 노조모 조상(中華老祖母雕像)'이라고 부른다.[114] 몽골석인상들이 구체적인 망자의 형상을 묘사한 초상(肖像)이라는 점을 고려한다면, 흥륭와문화에서 보이는 석인들도 처음에는 돌아가신 조상의 모습을 구체적으로 묘사한 것일 가능성이 높다. 일반적인 몽골 석인상과 달리 잔을 들고 있지 않은데, 잔을 들지 않은 석인상들이 동몽골 지역에서도 발견된 것이 있다.[115]

---

111) 于建設(主編), 《紅山玉器》, 呼和浩特: 遠方出版社, 2004, 31쪽.

112) 楊虎, 劉国祥, 〈興隆洼文化居室葬俗及相関問題〉, 《考古》, 1997年 第1期.

113) 劉国祥, 〈興隆洼文化居室葬俗再認識〉, 《華夏考古》, 2003年 第1期.

114) 중국학자들은 대부분 신석기시대 비너스상과 연결시켜 연구를 하고 있다. 이에 대해서는 후속 논문에서 상세히 다룰 것이다.

115) 데. 바이에르, 위 책, 40쪽.

〈자료 6-44〉 홍륭와문화 석인상-1: 임서현(林西縣) 홍륭와문화 서문유지[116]
* 좌측 끝은 필자 답사 사진(2010.8.10. 적봉박물관)

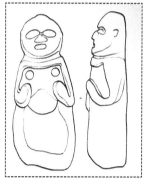

(2) 홍륭와문화 석인상-2 : 임서현 서문유지

① 형태: '여성 석인상'의 모습으로 볼록한 가슴과 복부 부분이 강조되어 있다.

② 시대: BC 6000년경의 홍륭와문화 시대의 발굴 유물이다.

③ 발굴지: 1984년 임서현(林西縣) 서문유지에서 발굴되었다.

④ 재료: 옅은 회색(淺灰色)의 응회암(凝灰岩)이다.

⑤ 크기: 높이 67cm, 폭 26cm이다.

⑥ 소장처: 임서현박물관(林西縣博物館)에 소장되어 있다.

⑦ 특징: (1) 눈과 입을 깊이 구멍을 뚫어서 표현하였고, 코는 양각되어 있으며, 양옆으로는 볼록하게 귀를 표현하고 있다.

　　　　 (2) 양손을 가슴 아래 복부에 붙이고 두 손을 마주 잡은 모습이다.

　　　　 (3) 다산과 풍요를 상징하듯이 젖가슴과 배를 돌출시킨 여성 석인상이다.

　　　　 (4) 모계사회의 전통에서 모셔진 '여신'이면서 동시에 '조상신'

116) 于建設(主編), 《紅山玉器》(呼和浩特: 遠方出版社, 2004), 31쪽.

으로 중국학자들은 이 석인상도 역시 '중화노조모조상(中
華老祖母雕像)'이라고 부른다.

(5) 기본적인 형태나 손의 위치 등이 기존에 알려진 석인상들
과 매우 유사하다.[117]

〈자료 6-45〉 흥륭와문화 석인상-2: 임서현 흥륭와문화 서문유지[118]

(3) 흥륭와문화 석인상-3 : 오한기 흥륭와유지

① 형태: 작은 원추형 석인상

② 시대: 흥륭와문화 시대

③ 재료: 황갈색 세사암(細砂岩)

④ 크기: 높이 8.8cm, 밑지름 5.3(長徑)×3.2(短徑)cm

⑤ 발굴지: 오한기(敖漢旗) 흥륭와문화 흥륭와유지

⑥ 소장처: 오한기박물관(敖漢旗博物館)

⑦ 특징: (1) 양손을 가슴 아래 복부에 댄 타원 원통형 석인상

(2) 성별을 구별하기 어렵고, 입 부분은 없다.

(3) 이마 위와 머리 뒷부분에 망격문(網格紋)은 머리털을 표시

---

117) 于建設, 위 책, 31쪽.

118) 于建設, 위 책, 31쪽.

한 듯하다.

(4) 가장 먼저 발견된 흥륭와문화 석인상이다.[119]

이 석인상은 (1) 몸 전체에 대한 손과 발의 위치나 형태, (2) 몸 전체에 대한 손과 발의 비율, (3) 눈 위에서부터 망격문으로 표현된 머리털의 위치, (4) 유난히도 큰 코와 입이 표현되지 않은 점 등을 통해서 볼 때, (1) 앉아 있는 곰을 표현한 석웅상(石熊像)이나, (2) 앉아 있는 어린아이를 표현한 석인상으로 보인다.

위의 석인상과 크기는 다르지만 매우 유사한 것이 서몽골 체무르체크문화(CHEMURCHEK CULTURE: BC 2500~1800) 유적지에서 출토된 적이 있다. 체무르체크문화는 BC 2500~1800년경의 남부 알타이 지역 신석기문화로 대부분의 묘가 원형과 방형의 적석총들이다. 오한기에서 발견된 것과 유사한 것이 원형 적석총 앞에 동쪽을 향해서 서 있다(〈자료 6-47〉 참조). 참고로 요서 지역 홍산문화 후기(BC 3500~3000)의 전형적인 묘제가 바로 적석총, 계단식 적석총, 석관묘 등이다.

〈자료 6-46〉 흥륭와문화 석인상-3: 오한기(敖漢旗) 흥륭와문화 흥륭와유지 채집[120]

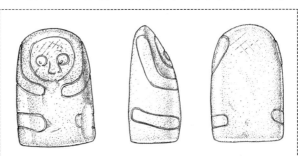

119) 于建設, 위 책, 32쪽.
120) 于建設, 위 책, 32쪽.

〈자료 6-47〉 서몽골 체무르체크문화(BC 1900년경) 적석총과 석인상
(몽골 국립 울란바토르대학 D. 에르덴바토르 교수 제공)

(4) 흥륭와문화 석인상-4 : 임서현 백음장한유지

① 형태: 여성 석인상

② 시대: 흥륭와문화 시대

③ 재료: 흑회색 경질기암(硬質基岩)

④ 크기: 높이: 35.5cm 폭: 16cm 두께: 11.5cm

⑤ 발굴지: 1989년 임서현(林西縣) 쌍정점향(雙井店鄕) 흥륭와문화 백음
장한(白音長汗)유지 실내 화덕 자리 뒤

⑥소장처: 내몽고자치구 문물고고연구소

⑦ 특징: (1) 양손을 가슴 아래 복부에 댄 석인상이다.

(2) 가슴은 평탄하지만 배가 볼록하게 된 것으로 보아 여성으
로 보인다.

(3) 코가 크고 머리가 뾰족하게 솟아 있다.

(4) 허리 아랫부분은 땅에 박아두기 위해 거칠게 다듬어져 있다.

(5) 여성신 겸 조상신으로 보인다.

〈자료 6-48〉 홍륭와문화 석인상-4: 임서현 백음장한(白音長汗)유지[121]

1. 석인상 모습

2. 방 안 화덕 자리 뒤쪽에 위치하고 있었다.

---

121) 1= 内蒙古自治区文物考古研究所,《白音長汗: 新石器時代遺址発掘報告(下)》, 科学出版社, 2004, 彩版 12, 2= 内蒙古自治区文物考古研究所() 자료, 3. 彩版 12.

(5) 흥륭와문화 석인상-5 : 임서현 백음장한유지

① 형태: 여성 석인상
② 시대: 흥륭와문화 시대
③ 재료: 흑회색 경질기암(硬質基岩)
④ 크기: 65.5cm
⑤ 발굴지: 임서현(林西縣) 쌍정점향(雙井店鄕) 흥륭와문화 백음장한유
　　　　　 지 실내의 화로(火爐) 옆
⑥ 소장처: 적봉시 임서현박물관 소장
⑦ 특징: (1) 양손을 가슴 아래 복부 위에 대고 손을 맞잡은 여성 석인상
　　　　 (2) 젖가슴과 배를 볼록하게 강조됨
　　　　 (3) 눈과 코가 크고 입 부분은 불명확하게 처리
　　　　 (4) 허리 아랫부분은 땅에 박아두기 위해 거칠게 다듬어져 있음
　　　　 (5) 방 안의 화덕자리 옆에서 발견되어, 가족보호신, 화신(火
　　　　　　 神), 생육여신(生育女神) 등의 복합적인 신격으로 보고 있음

　2010년 8월에 답사를 갔을 때, 임서현박물관 왕강(王剛) 관장에 의하면 옆의 석수(石獸)도 석인상 옆에서 함께 발굴되었다고 한다. 그런데 유사한 석수는 홍산문화에서도 많이 발견된다. 특히 임서현에서 출토된 석수는 등에 돌기가 여러 개 난 모습이 우리나라 무령왕릉의 석수와 너무나 닮았다.
　흥륭와문화에서 최초로 발견되는 석인상들은 조보구문화, 홍산문화에서도 유사한 모습으로 발견된다. 보다 상세한 것은 필자의 다른 논문을 참고하기 바란다.[122]

---

122) 우실하, 〈몽골 지역 석인상의 기원과 요하문명(遼河文明)〉, 《몽골학》, 제29호 (2010.8), 145-183쪽.

〈자료 6-49〉홍룡와문화 석인상-5: 임서현 백음장한유지 출토 석인상과 석수(石獸)

1. 대만 국립박물관 사진자료[123]　　　2. 필자 답사 자료(2010.8.8. 임서현박물관)

제7장 부하문화(富河文化: BC 5200-5000)와 한반도

1. 부하문화 소개

　부하문화(富河文化: BC 5200-5000)의 최초 유적지인 부하구문유지(富河溝門遺址)는 1957년에 내몽고문물공작대가 적봉시 파림좌기(巴林左旗) 부하진(富河鎭) 호얼토향(浩爾土鄕) 부하구문촌(富河溝門村)에서 처음으로 발견되었다.[1] 1962년에야 부하구문유지에 대한 발굴이 이루어지고 부하문화로 명명되었다. 초기 발굴 당시에는 부하문화의 시기를 BC 3500년경으로 보았지만 현재는 BC 5200-5000년경으로 보고 있다. 이곳 이외에도 인근의 금구산(金龜山)유지, 남양가영자(南楊家營子)유지 등 3곳의 부하문화 유적지가 발견되었다.

　부하구문유지는 (1) 동쪽으로는 랑하(狼河)의 상류인 부하(富河)가 흐르며, (2) 유적지 뒤로는 멀리 북쪽은 적산(赤山)으로, 동쪽은 가록산(嘉鹿山)과 고양산(高陽山)으로 둘러싸여 있다.

　1962년 5-7월에 이루어진 600㎡에 대한 최초의 발굴에서는 37개의 방 유적이 발굴되었지만, 남쪽 산자락을 끼고 150개 이상의 방 유적이 확인되었다. 가장 큰 방(H3)은 36㎡(6×6)정도이고, 일반적으로 동서 4-5m 남북 3-5m로 12-25㎡ 정도이다.[2] 데. 엘. 브로댠스키의 가설대로 '방 면적 4-5㎡당 1명'이 거주했다면, (1) 부하구문유지의 평균적인 방 면적 20㎡ 정도에서는 약 4-5명이 거주한 것이 되고, (2) 부하구문유지 전체 150가구에는 600-750명이 집단적으로 거주한 거대한 취락유적이었다. 이 정

---

1)　徐光冀, 〈内蒙古巴林左旗富河溝門遺址發掘簡報〉, 《考古》, 1964年 第1期, 5쪽 주석 1 참조.

2)　徐光冀, 〈内蒙古巴林左旗富河溝門遺址發掘簡報〉, 1쪽 (1-5쪽).

도 규모의 취락유적은 흥륭와문화 시기부터 이미 보이는 것이다.

부하문화의 경제 형태에 대해서는 (1) '농경 위주'였다는 시각과[3], (2) 주로 '어업과 수렵 위주로 농경을 겸'했다는 시각이 공존하고 있다.[4] 부하문화의 경제 형태에 대해서 두 시각이 공존하는 것은 과도기에 해당하기 때문이라고 볼 수 있다. 참고로 흥륭와문화 시기에 이미 '어업과 수렵 위주에 농경을 겸한 경제 형태'가 시작되었고, 홍산문화 시기에는 '농경 위주의 경제 형태'가 정착된다.

〈자료 7-1〉 부하구문유지 위치 (✱)

3)   曾騏, 〈中国新石器時代文化的特点和発展序列〉, 《考古与文化》, 1983年 第1期.
4)   騰海健, 〈也論富河文化経済形態〉, 《赤峰学院学報(漢文哲学社会科学版)》, 第26卷 (2005) 第4期.
     劉国祥, 〈興隆注文化与富河文化比較研究〉, 《北方文物》, 2006年 第2期.

2. 최초의 복골(卜骨) 발견

부하문화의 최초 유적지인 부하구문유지에서는 동북아시아 최초의 '점을 친 뼈'인 '복골(卜骨)' 몇 점이 발견되었다.

'복골(卜骨)'과 '골복(骨卜)'은 글자만 바뀌어 있지만 다른 의미이다. 곧, (1) 동물의 견갑골(肩胛骨), 다리뼈, 발굽 또는 거북이나 자라의 주로 배 껍질 등을 불에 구워서 '점을 치는 데 사용된 동물의 뼈'를 복골(卜骨)이라고 하고, (2) 이것을 불에 굽거나 지져서 '갈라진 금을 보고 점을 치는 행위'를 골복(骨卜)이라고 한다. 거북이나 자라의 경우 대부분은 배껍질이고 등껍질은 아주 적다.

1962년 5-7월에 이루어진 첫 발굴 당시에 가장 큰 방(H3)에서 동북아시아 최초의 '점을 친 뼈'인 복골이 '몇 개' 발견되었다. 보고서에는 정확한 복골의 숫자에 대한 기록은 없고, 그중 1점(H3:24)의 사진만 공개해놓았다. 발견된 복골은 사슴(혹은 양)의 견갑골(肩胛骨)로 "(불에 굽거나 지지는) 작(灼)은 했으나 (구멍이 뚫리지 않을 정도로 홈을 파는) 찬(鑽)의 흔적은 없는 (有灼而無鑽)" 초기 형태의 복골이다(《자료 7-2》 참조).[5]

청동기시대 하가점하층문화나 상(商)나라의 갑골점 등에서는 골복 방법이 발달하여, 뼈에 뚫리지 않을 정도로 얕은 홈을 파서 그 안에 불씨를 넣거나 불에 달군 청동 도구로 지져서 뼈가 갈라지는 것을 보고 점을 치게 된다.

점을 치는 데 많이 이용된 동물의 어깨뼈인 견갑골은 (1) 몸통과 앞다리를 연결하는 역삼각형 모양의 넓적한 뼈로, (2) 견갑골의 뒷면에는 견갑극(肩胛棘=견갑골 마루=Spina Scapulae)이라고 부르는 아래위로 길게 이어진 돌출부가 있어서 점을 치기 전에 보통 제거하며, (3) 역삼각형 형태의 양쪽 끝은 뼈가 두툼하고, (4) 가운데 넓고 편평한 부분은 생각보다 얇아서 햇빛에 비추면 빛이 투과될 정도여서 불에 굽거나 하면 금이 잘 갈 수 있다(《자료 7-3》 참조).

---

5) 徐光冀, 〈內蒙古巴林左旗富河溝門遺址発掘簡報〉, 3쪽 (전체는 1-5쪽).

일반적인 책에 사진으로 소개된 견갑골은 삼각형 모양으로 소개되는 경우가 많다. 이것은 글자를 새길 때 견갑골의 넓은 부분을 아래로 해서 글을 새긴 것이 많기 때문이다. 그러나 실제 동물의 골격에서는 넓은 부분이 위쪽 부분이고, 관절이 있는 좁은 부분이 앞 다리뼈와 연결되는 아래쪽 부분이다.

〈자료 7-2〉 부하구문유지에서 발견된
최초의 복골(卜骨)[6]과 발견된 방(H3) 평면도[7]

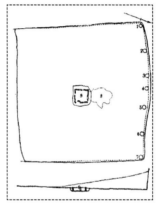

〈자료 7-3〉 양(羊)의 견갑골 모양(높이 15.5cm, 최대 폭 9.5cm, 필자 소장)

| 1. 안쪽 면 | 2. 바깥 면: 길게 돌출된 것이 견갑극 | 3. 위쪽 끝: 동물에서는 이 부분이 위쪽임. | 4. 중앙부는 빛을 투과할 정도로 얇다. |

6) 徐光冀, 〈內蒙古巴林左旗富河溝門遺址發掘簡報〉, 図版 1-9 (6쪽).

7) 徐光冀, 〈內蒙古巴林左旗富河溝門遺址發掘簡報〉, 1쪽.

　초기의 복골은 견갑골 등을 불에 구워서 뼈가 갈라진 형태를 보고 점을 치는 것이었다. 그러나 청동기시대 하가점하층문화 시기부터는 대부분의 경우 바깥 면에 돌출된 견갑극을 제거하고, 뼈에 금이 잘 가게 하기 위해서 여러 형태의 홈을 팠다.

　점을 치기 전에 선행 작업으로 복골에 파는 홈은 (1) 뚫리지 않을 정도로 둥글게 낸 것을 찬(鑽)이라고 하고, 그렇게 만들어진 둥근 홈을 찬공(鑽孔)이라고 하며, (2) 날카로운 도구로 아래위로 길쭉한 모양을 낸 것을 조(鑿: 뚫을 '착'이지만 갑골점에서는 '조'라고 읽는다)라고 부르고, 그렇게 만들어진 길쭉한 홈을 조공(鑿孔)이라고 하며, (3) 불에 구울 때 잘 터지게 하기 위해서 '찬' 옆에 '조'가 같이 붙어 있는 것을 '찬조(鑽鑿)'라고 부르고, 그 홈을 '찬조공(鑽鑿孔)'이라고 부른다.[8]

　은화수는 찬 옆에 조를 함께 파는 '찬조'에 대해서 "은대(殷代) 중기 이후에 출현하여 은대 후기에 보편적으로 사용되었다"[9]라고 잘못 알고 있다. 찬조가 은대 후기에 보편적으로 사용된 것은 맞지만, 초기 청동기시대인 하가점하층문화의 최초 발견지인 하가점유지에서부터 이미 '찬조'가 보인다. 이에 대해서는 뒤에서 상세히 살펴볼 것이다.

　청동기시대인 하가점하층문화 시기, (1) 골복 가운데 많은 것들은 '찬'을 한 구멍인 '찬공'이 있거나, (2) '찬' 옆에 '조'를 동시에 한 구멍인 '찬조공'이 있다. 이렇게 만든 '찬공'이나 '찬조공'에 (1) 불씨를 넣어서 굽거나, (2) 불에 달군 도구로 지져서 뼈가 터져 나간 방향이나 터진 금의 숫자 등을 바탕으로 점을 치는 것이다(〈자료 7-4, 7-5〉 참조).

　현재 사용하는 한자에서 점을 치는 것을 나타내는 '점(占)'자나 '복(卜)'자는 모두 골복을 할 때 뼈가 터져 나간 모양을 그대로 상형한 글자다. 곧, (1) '점(占)'자는 찬공이나 찬조공의 구멍에서 금이 간 모양을 본뜬 상형문자이고, (2) '복(卜)'자는 찬공이나 찬조공이 생략된 채 뼈가 터져 나간 금 모양을 본뜬 상형문자이다.

---

8)　이형구,《발해연안문명》, 상생출판, 2015, 263쪽.

9)　은화수,〈한국 출토 복골에 대한 고찰〉,《호남고고학보》, 10권(1999), 7쪽.

이러한 골복문화(骨卜文化)[10]는 본래 동이족의 문화였고, 그 최초의 기원이 되는 복골이 BC 5000년경 요하문명의 부하구문유지에서 발굴된 것이다. 복골은 1000여 년 후에는 중원지역에서도 보인다. 중원 지역에서 현재까지 가장 이른 시기의 복골은 BC 4000년경에 (1) 황하문명 지역의 앙소문화(仰韶文化) 3기의 하남성 절천(淅川)의 화왕강(下王岡)유지,[11] (2) 감숙성 무산(武山)의 마가요문화(馬家窯文化) 석령하유형(石嶺下類型)에서 발견된다.[12]

골복문화는 요서 지역에서 남하한 상족(商族)들에 의해서 우리가 잘 아는 '갑골점(甲骨占)'으로 발전하게 된다. 상나라의 갑골점은 자라나 거북이의 배 껍질이나 동물의 견갑골, 정강이뼈 등을 이용해서 점을 치는 것이었다. 상나라 당시에도 (1) 찬공, 찬조공 등이 있는 것과 없는 것, (2) 문자가 있는 것과 없는 것 등 다양한 복골이 있었다.

우리에게 잘 알려진 갑골문(甲骨文)은 '점을 친 결과를 뼈에 새겨놓은 글자인 갑골복사(甲骨卜辭)'를 말한다. 갑골문은 (1) 자라나 거북의 (주로) 배 껍질에 새긴 '갑문(甲文)'과 (2) 견갑골 등 동물의 뼈에 새긴 '골문(骨文)'을 합쳐서 부르는 것이다. 이 갑골문 혹은 갑골복사가 현재 사용되는 한자(漢字)의 기원이 되는 것이다. 아래에서는 이해를 돕기 위해서 사진 자료를 통해서 이러한 골복 과정을 소개해둔다.

---

10) 이형구 선생은 '갑골(甲骨)문화'라고 부른다(이형구, 《발해연안문명》, 230쪽). 하지만, (1) '갑골문화'라는 단어에는 '점복(占卜)'의 의미가 생략되어 있고, (2) 갑(甲)이 없는 경우도 많기 때문에 필자는 모두를 포괄하는 '골복(骨卜)문화'라고 부른다.

11) 河南省文物研究所, 長江流域規劃辦公室考古隊, 《淅川下王岡》, 文物出版社, 1989.

12) 中国社会科学院考古研究所甘青考古隊, 〈甘青武山傅家門史前文化遺址発掘簡報〉, 《考古》, 1995年 第4期.

〈자료 7-4〉 청동기시대 이후 견갑골로 점을 치는 과정[13]

* 신석기시대에는 조공(鑿孔)은 거의 없고, 찬공(鑽孔)에 불씨를 넣어서 구워서 점을 쳤다. 그러나 청동기시대 이후에는 '찬' 옆에 '조'를 덧붙인 '찬조공'을 만들고, 이곳을 불에 달군 금속 막대로 지져서 뒷면에 나타나는 '작흔(灼痕)'을 보고 점을 쳤다.

① 찬(鑽): 청동 막대를 돌려서 낸 둥근 홈. 완전히 뚫어지지 않을 정도의 홈을 판다.	② 조(鑿): '찬' 옆에 아래위로 길게 판 홈. 나중에 금이 잘 가게 하기 위해서 판다.
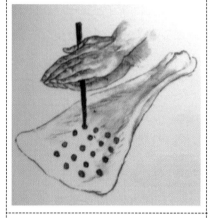	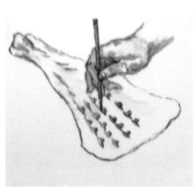
③ 작(灼): 찬조공(찬공+조공)을 불에 달군 청동 등 금속 막대로 지지기.	④ 작흔(灼痕): 작(灼)을 했을 때 뒷면에 나타나는 갈라진 흔적. 이것을 보고 점을 치고 그 결과를 글자로 새겨둔다.
	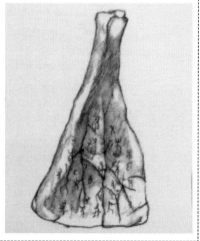

---

13) 이 자료는 예전 요녕성박물관에 전시된 자료 사진이다.

〈자료 7-5〉 안양 은허박물관(殷墟博物館) 골복 자료(2016.8.18. 필자 답사 사진)

1. 은허유지의 위치

* 하남성 안양현(安陽縣) 소둔촌(小屯村)에 있는 은허유지는 상나라 수도로, 2006년에 유
  네스코 세계문화유산으로 지정되었다.

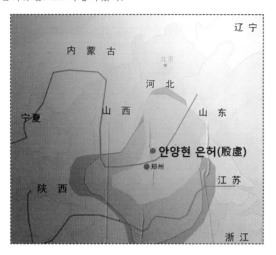

2. 은허박물원(殷墟博物苑) 입구

* 은허박물원 안에 은허유지와 은허박물관이 모두 있다.

3. 은허박물관 입구

4. 찬(鑽)과 조(鑿)가 함께 있는 '찬조'가 있으나 문자는 없는 복갑(卜甲)

* 아래에 소개하는 자료는 모두 1973년 은허유지 소둔남지(小屯南地)에서 출토된 것들
  이다.

* 후면에 여러 개의 '찬조' 혹은 '찬조공'이 보인다.

〈전면〉 　　　　　　〈후면〉

 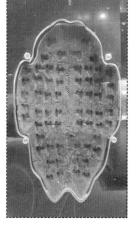

5. '찬조' 혹은 '찬조공'과 문자가 있는 소 견갑골로 만든 복골(卜骨)-1

* 오른쪽 세부 사진에 보이는 왼쪽의 원형이 '찬' 혹은 '찬공', 오른쪽의 길쭉한 홈이 '조'
  혹은 '조공'이다. 둘이 같이 있는 것을 '찬조' 혹은 '찬조공'이라고 부른다.

* 점친 결과를 새겨놓았는데, 이것이 갑골복사 혹은 갑골문이라고 부르는 것이다. 이것
  은 갑골문 중에서도 동물의 뼈에 새긴 골문(骨文)이다.

6. '찬조' 혹은 '찬조공'과 문자가 있는 소 견갑골로 만든 복골-2
* 세부 사진 좌우측 끝에 골문이 있고, '찬조공'의 왼쪽 둥근 홈이 '찬', 오른쪽 길쭉한 홈이 '조'다.

7. 전형적인 갑문(甲文)이 새겨진 복갑(卜甲)과 세부 사진

8. 전형적인 골문(骨文)이 새겨진 소의 견갑골(좌)과 정강이뼈(우)

〈자료7-6〉 부하문화 부하구문유지 필자 답사 자료(2010.8.7.)

1. 부하구문유지 위치(*)

* 부하구문유지 동쪽으로는 랑하(狼河)의 상류인 부하(富河)가 흐른다. 북쪽에는
적산(赤山)이 동쪽으로는 가록산(嘉鹿山)과 고양산(高陽山)이 있다.

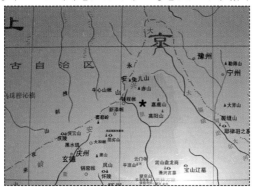

2. 왼쪽 집 뒤의 언덕 전체가 모두 유적지이다. 안내판이나 비석도 하나 없다.

3. 유적지 동쪽에서 흘러오는 랑하(狼河)의 상류인 부하(富河).

* 답사할 때는 여름인데도 물이 별로 없었으나 부하문화 당시에는 많은 물이 흘렀다.

4. 사진을 찍고 있는 산자락이 모두 유적지이고, 전면의 마을이 부하구문촌이다.

5. 유적지 일대에서 수습한 세석기와 토기 파편
* 오른쪽 하단의 검정색 토기 파편은 부하문화 뒤에 이어지는 조보구문화 시기의 것이다.

3. 골복문화(骨卜文化)와 한반도

현재까지 부하문화에서 발견된 복골이 동북아시아 최초의 복골이다. 아래에서는 이런 골복문화와 한반도가 어떻게 연결되어 있는지에 대해서 살펴보기로 한다.

첫째, 동물의 뼈를 이용해서 점을 치는 골복문화는 여러 지역에서 보인다. 그러나 유라시아 전역과 북아메리카 지역에서 보이는 골복문화의 기원은 요하문명 지역 부하문하이다.

세계 각 지역에서 보이는 골복의 방법은 3가지가 있다. (1) 첫째, 무작법(無灼法)은 뼈를 불에 굽거나 지지지 않고 자연 상태의 뼈에 나타나는 특징을 보고 점을 치는 방법으로 유럽 중부와 서부, 아프리카 등에서 보인다. (2) 둘째, 전면유작법(全面有灼法)은 뼈 전체를 불에 구워서 금이 가는 모양을 보고 점치는 방법으로 북부아시아, 중앙아시아, 유럽 동부와 북부, 북아메리카 등에서 보인다. (3) 셋째, 점상유작법(点狀有灼法)은 뚫리지 않을 정도로 여러 개의 '찬공'이나 '찬조공' 등의 홈을 파고 그 홈에 불씨를 넣거나 불에 달군 도구로 지지는 방법으로 중국, 한국, 일본에서 보인다.[14]

크뢰버(Kröber)에 따르면 골복문화 가운데 (1) 동북아시아에서 유럽으로 전해진 골복과 아프리카 지역에서 발견되는 골복은 불에 굽는 것이 생략되었고, (2) 시베리아 동북단의 코리야크족과 축치족에게는 현재까지도 골복 전통이 남아 있으며, (3) 베링해를 건너 북아메리카 원주민들에게도 남아 있다고 한다.[15]

크뢰버는 (1) 유럽 지역에서 보이는 무작법이나 전면유작법의 복골문화가 모두 동북아시아에서 전해진 것으로 보며, (2) 시베리아 북단의 여러 소수민족과 북아메리카 원주민들의 복골 전통도 모두 동북아시아에서 건너간 것으로 보고 있다. 아프리카 지역에서 보이는 불에 굽지 않는 복골 이외에 유라시아와 북아메리카 전역에서 발견되는 복골문화의 기원지가 BC 5000년경 요하문명의 부하문화인 것이다. 부하문화의 복골이 실제적으로 세계 최초의 복골이라고 해도 틀린 말이 아니다.

둘째, 복골은 BC 5000년 전 부하문화에서 최초로 발견되었고, 요하문명 지역에서는 하가점하층문화(夏家店下層文化: BC 2300−1600), 하가점상층문화(BC 1500~300) 등으로 지속적으로 이어진다. 현재까지는 홍산문화에서 발견된 복골은 없지만, 계승관계에 있는 하가점하층문화에서 많이 발견되는 것으로 보아서 앞으로 발견될 가능성은 얼마든지 있다고 본다.

14) 神田栄治, 〈日本出土卜骨の視覚〉, 《古代文化》 12: 은화수, 〈한국 출토 복골에 대한 고찰〉, 《호남고고학보》, 10권(1999), 6쪽 각주 2에서 재인용.

15) A. L. Kroeber, *Anthropology : Race, Language, Culture, Psychology, Prehistort*, New York : Harcourt, 1948년 2판(1923), 477−478쪽.

이러한 골복문화의 전통은 후에 부여, 고구려, 백제, 가야, 일본으로 이어진다.

우선 하가점하층문화에 속하는 여러 유적지에서 복골이 많이 발견되는데, 각종 동물의 견갑골, 다리뼈, 갈비뼈 등이 이용되었다. 황하문명 지역과는 달리 거북이나 자라의 배 껍질인 복갑(卜甲)은 발견되지 않았다. 하가점하층문화 시기의 복골에는 아직 문자는 없다. 박재복은 만주 일대 청동기시대 유적에서 발견되는 복골에 대해서 아래와 같이 밝히고 있다.

> 청동기시대에 동북 지역에서도 복골이 상당량 발견되었는데, 초기는 하가점하층문화에 속하는 여러 고고유적에서 복골이 발견되었고, 후기는 위영자(魏營子)문화, 하가점상층문화, 십이대영자(十二台營子)문화에서 복골이 발견되었다.[16]

박재복에 따르면 청동기시대 초기의 하가점하층문화의 유적 가운데 (1) 내몽고 적봉시 약왕묘(藥王廟)유지, (2) 적봉시 하가점(夏家店)유지, (3) 적봉시 동산저(東山咀)유지, (5) 적봉시 오한기 대전자(大甸子)유지, (6) 적봉시 오한기 범장자묘지(範杖子墓地), (7) 적봉시 영성현 남산근(南山根)유지, (8) 내몽고 객라심기(喀喇沁旗) 대산전(大山前)유지, (9) 길림성 연길시 백초구(百草溝)유지, (10) 요녕성 건평현 수천(水泉)유지, (11) 요녕성 능원시 우하량(牛河梁)유지 16지점의 하가점하층문화 시기 유적지, (12) 요녕성 금주시 산하영자(山河營子)유지, (13) 하북성 당산시 대성산(大城山)유지, (14) 하북성 장가구시 울현(蔚縣) 장과(莊果)유지, (15) 북경시 창평구(昌平區) 장영(張營)유지 등에서 이미 복골이 발견되었다.[17]

위에서 박재복이 제시한 유적지 외에도 하가점하층문화의 (15) 적봉시 영성현(寧城縣) 소유수림자(小榆樹林子)유지에서 찬공이 여러 개 밀집되고

---

16) 박재복, 〈중국 동북지역의 점복문화에 관한 고찰－신석기시대와 청동기시대의 복골을 중심으로〉, 《동북아역사논총》, 54호(2016), 76쪽.
17) 박재복, 〈중국 동북지역의 점복문화에 관한 고찰〉, 84-85쪽.

작흔(灼痕)이 있는 2개의 복골 조각, (16) 요녕성 조양시에 속하는 작은 시인 북표시(北票市)의 강가둔(康家屯)유지에서 찬공이 있고 작흔은 없는 여러 개의 복골, (17) 요녕성 조양시에 속한 북표시 풍하(豐下)유지에서 찬공이 밀집되었으나 작흔은 없는 복골 7개, (18) 요녕성 조양시 조양현 나과지(羅鍋地)유지에서 50여 개의 찬조공(鑽鑿孔: 찬과 조를 모두 한 구멍)이 밀집되었으나 작흔은 없는 동물 견갑골 조각 1개(남은 길이 7, 폭 4.2, 두께 0.8cm)가 발굴되었다.[18]

청동기시대 후기에는 (1) 위영자문화인 요녕성 금주시 의현(義縣) 향양령(向陽嶺)유지 제3기에서 2개, (2) 하가점상층문화인 적봉시 하가점유지에서 작흔이 있는 견갑골 5개, (3) 하가점상층문화인 적봉시 임서현 고동광(古銅砿)유지에서 찬공이 있는 복골 1개, (4) 하가점상층문화인 적봉시 영성현 남산근(南山根)유지에서 8개[19], (5) 십이대영자문화(=능하유형=십이대영자유형)인 요녕성 능원시(凌源市) 안장자고성지(安杖子古城址)유지에서 2개의 복골이 발굴되었다.[20]

요하문명 부하문화에서 시작된 복골문화는 청동기시대 초기인 하가점하층문화와 청동기시대 후기의 하가점상층문화, 위영자문화, 십이대영자문화 등으로 지속적으로 이어진다. 이후에는 부여, 고구려로 이어지고, 삼한, 백제, 가야, 신라, 통일신라까지 이어진다.

아래에서는 2010년까지 요하문명 지역 하가점하층문화 시기에 발견된 주요 유적지의 골복을 소개하기로 한다. 주로 내몽고 적봉시(아래 1-5)와 요녕성 조양시(아래 6-9) 경내에서 집중적으로 발견되었다. 발견된 유적지

---

18) 賈寧寧, 〈紅山文化与商族起源硏究〉, 遼寧師範大學 碩士学位論文(2010.5), 45-46쪽.

19) 박재복은 남산근(南山根)유적에서 1개가 발굴되었다고 소개하고 있으나, 모두 8개의 복골이 발견되었다. 우선 함께 발견된 7개 가운데, 1개는 동물의 견갑골에 밀집된 찬공이 있고 불씨로 굽거나 지져서 갈라진 흔적이 있고, 6개는 골판(骨板) 모양으로 가공을 한 것에 여러 개의 찬공이 있고 불씨로 굽거나 지진 것이다. 나머지 1개는 남산근 101호 석관묘에서 발견되었는데, 크고 작은 찬공이 밀집되어 있고 작흔은 없다.(賈寧寧, 〈紅山文化与商族起源硏究〉, 46쪽.)

20) 박재복, 〈중국 동북지역의 점복문화에 관한 고찰〉, 76-87쪽.

와 복골의 수, 찬조의 형태 등을 적봉시-조양시 순으로 간략히 표로 살펴보면 다음과 같다.[21]

〈자료 7-7〉 하가점하층문화에 속하는 주요 유적지의 복골 출토 현황[22]
* 아래 유적지 이외에도 복골이 출토된 하가점하층문화 유적은 많다.
* 중국의 경우 큰 시(市) 안에는 현급(縣級)의 시(市), 현(縣), 기(旗) 등이 속해 있다. 북표시는 조양시에 속해 있는 '현급의 시'이다. 내몽고 지역에서는 '현'과 동급으로 '기'를 사용하는 곳이 많다.
* 요하문명 지역에서는 현재까지 복갑(卜甲)은 발견되지 않았고 문자도 없다.

유적지		복골수	찬조 형태	구운 흔적
내몽고 적봉시	1. 홍산구 하가점유지	1	찬조	0
	2. 홍산구 지주산유지	4	찬	0
	3. 오한기 대전자유지	4	찬	0
	4. 영성현 남산근유지	8	찬	0(7), ×(1)
	5. 영성현 소유수림자유지	2	찬	0
요녕성 조양시	6. 북표시 강가둔유지	1점 이상	찬(1개만 확인)	×
	7. 북표시 풍하유지	7	찬(혹은 찬조)	×
	8. 건평현 수천유지	여러 점	찬조	0
	9. 조양현 나과지유지	1	찬조	×

셋째, 부하문화보다 1000여 년 후인 BC 4000년경에는 중원 지역의 황하문명 지역에서도 복골이 발견되기 시작한다.

중원 지역에서 현재까지 가장 이른 시기의 복골은 BC 4000년경의 것이 2곳에서 발견되었다. (1) 1991년 감숙성 무산(武山)의 마가요문화(馬家窯文化) 석명하유형(石嶺下類型) 부가문(傅家門)유지 제사 구덩이[祭祀坑]에서 찬이나 조의 흔적이 없는 양, 돼지, 소의 견갑골 6개가 발견되었다. 양의 견갑골 2개에서는 구운 흔적[灼痕]이 있다. 약 BC 3815년경으로 6개의 복골에는 음각 부호가 새겨져 있었다.[23] (2) 2009-2010년 하남성 절천현

---

21) 賈寧寧, 〈紅山文化与商族起源硏究〉, 45-46쪽의 내용을 적봉시, 조양시 순으로 재정리하였다.

22) 賈寧寧, 〈紅山文化與商族起源硏究〉, 45-46쪽의 내용을 필자가 도표로 만든 것이다.

23) 中国社会科学院考古硏究所甘青考古隊, 〈甘青武山傅家門史前文化遺址發掘簡報〉, 《考古》, 1995年 第4期. 6개의 견갑골에 새겨진 음각부호는 'Ⅰ, Ⅱ, S'자 모

(浙川縣) 하왕강(下王岡)유지 앙소문화(仰韶文化) 3기 유적지에서는 찬이나 조의 흔적은 없고 불에 지진 작흔 4-5개가 있는 양의 견갑골 1개가 발견되었다.[24]

최근 박재복은 부하구문유지, 부가문유지, 하왕강유지 등에서 발견된 가장 이른 시기의 복골들이 과연 실제로 점을 친 복골인지에 대해서 문제 제기를 하고 있다. 박재복은 부하문화에서 발견된 '복골'에 대해서는 (1) 인위적으로 작(灼)을 실시한 것인지 흑백 사진상으로 확인이 불가능해서 실물 자료를 통한 재검증이 필요하고, (2) 1962년에 발굴하면서 이것이 인위적으로 점복에 사용한 것인지 또 발굴자가 복골을 판별할 능력이 있었는지 의심이 들며, (3) 이 지역의 홍산문화에서 아직 복골이 발견되지 않았고 하가점하층문화가 되어야 복골이 출현하는데 이 시기는 부하문화와 1500년의 시간적 공백이 있기 때문에 진위가 의심스럽다고 의문을 제기하고 있다.[25] 또한 (1) 감숙성 무산의 부가문유지에서 발견된 6개의 견갑골에 보이는 작흔(灼痕)이 점복 과정에서 사람이 인위적으로 만들었다고 보기 어렵다고 보고, (2) 하남성 절천현 하왕강유지의 것은 복골은 맞지만 앙소문화 시기의 것이 아니라 용산문화 후기에 속할 가능성이 높다고 보고 있다.[26]

그러나 부하구문유지와 부가문유지의 경우 여러 점의 견갑골이 함께 발견된 것을 보면 복골로 보는 것이 합리적이라고 본다. 만일 복골이 아니라면 여러 개의 견갑골이 같이 발견되기는 어려울 것이기 때문이다. 하왕강유지의 것은 시기를 늦춘 것일 뿐 복골임은 부정한 것은 아니다.

상나라 이전 하나라 시기의 이리두문화(二里頭文化)와 이리강문화(二里

양으로 중국학자들 가운데는 주역의 음효(陰爻)나 양효(陽爻) 등과 비교하면서 복희(伏羲) 선천팔괘(先天八卦)와 연결하거나, 중국 문자의 기원과 연결하기도 한다.

24) 河南省文物研究所, 長江流域規劃瓣公室考古隊, 《浙川下王岡》, 文物出版社, 1989, 200쪽.

25) 박재복, 〈중국 동북지역의 점복문화에 관한 고찰-신석기시대와 청동기시대의 복골을 중심으로〉, 74쪽.

26) 박재복, 〈중국 갑골의 기원에 관한 고찰〉, 《고고학탐구》, 제11호(2012), 12-13쪽.

岡文化)의 여러 유적지에도 복골이 많이 보인다. 이 지역에서는 (1) 양, 돼지, 사슴, 소 등의 견갑골이나 다리뼈가 대부분이지만, (2) 거북이나 자라의 배 껍질로 만든 복갑(卜甲)도 양은 많지 않지만 보인다.[27] '복갑'은 하남성의 신석기시대 유적에서 처음으로 1점이 보이고[28], 하-상-주 시대에는 많이 보인다. 요하문명 지역이나 한반도 지역에서는 복갑이 보이지 않는다.

이후 상-서주 시기에는 복골이 대량으로 발견되고, 복갑도 많은 수량이 발견된다. 그러나 서주 시기에는 골복이 주역점의 기원인 시초점(蓍草占)이나 서죽점(筮竹占)으로 대체되기 시작하고, 서주 중기 이후에는 중국에서 골복문화가 사라지게 된다. 시초점이나 서죽점에 대해서는 뒤에서 상세히 살펴보기로 한다.

서주 중기 이후에는 현재까지 사천성 초기 철기시대의 유적 한 곳에서만 발견되었다. 이제까지 복골이 발견되는 유적지는 주로 요하나 황하의 강줄기를 따라 집중적으로 분포한다. 황하문명 지역에서 발견되는 이러한 복골은 부하문화가 위치한 요서 지역에서 전파된 것이라고 본다.

중국 고고학의 대원로였던 (고)소병기는 신석기시대에 황하문명과 요하문명의 교류관계를 설명하기 위해서 'Y자형 문화대(Y字形的文化帶)'이론을 제시하였다. 소병기는 요하문명의 홍산문화 시기에 이미 황하문명의 앙소문화와 교류한다는 점을 강조한다. 홍산문화 시기에 보이는 채도는 그 강력한 증거 가운데 하나라고 강조한다.[29] 이런 견해는 필자도 전적으로 동의하고, 대부분 홍산문화를 연구하는 학자들도 인정하는 것이다.

27) 賈寧寧, 〈紅山文化与商族起源研究〉, 46-49쪽.

28) 은화수, 〈한국 출토 복골에 대한 고찰〉, 《호남고고학보》, 10권(1999), 17쪽.

29) 소병기의 'Y자형 문화대' 이론은 1988년에 최초로 제기하여 그의 다른 책들에 실려 있다.
　1. 蘇秉琦, 〈中華文明的新曙光〉, 《東南文化》, 1988年 第5期.
　2. 蘇秉琦, 〈中華文明的新曙光〉, 《華人, 龍的伝人, 中国人 : 考古尋根記》, 遼寧大学出版社, 1994, 85쪽 〈図3, 北方 - 中原文化聯接示意図〉.
　3. 蘇秉琦, 〈中華文明的新曙光〉, 《蘇秉琦文集 (三)》, 文物出版社, 2009, 51쪽. 〈図4, 北方 - 中原文化聯接示意図〉.

〈자료 7-8〉 요하문명과 황하문명의 교류관계를 보여주는 소병기의
'Y자형 문화대'[30]

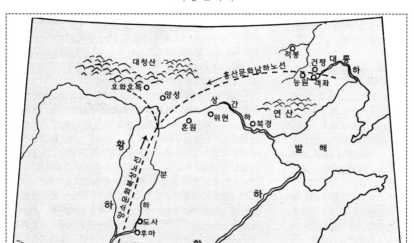

또한 장광직(張光直)도 여러 고고학 자료들을 중심으로 중국 신석기시
대 각 지역의 고고학문화권의 교류관계를 설명하고 있다. 그에 따르면,
(1) BC 7000-5000년까지는 독립적이던 각 지역의 신석기시대 고고학문
화가, (2) BC 4000-3000년경에는 인접한 지역과 활발하게 교류된다는 것
을 강조하고 있다. 인접 지역과의 교류가 BC 4000년을 기점으로 활발해
진다는 것이다.[31] 필자가 가지고 있는 장광직의《고대 중국의 고고학(The
Archaeology of Ancient China)》은 1986년 제4판이어서 요하문명의 여러 신
석기문화에 대해 상세히 표기하지 않고 있지만, 대표적인 홍산문화에 대
해서는 표기를 해놓았다.

30) 앞의 각주에서 소개한 소병기의 그림을 필자가 한글로 번역하여 다시 그린 것이다.
　　우실하,《동북공정 너머 요하문명론》, 소나무, 2007, 〈자료 2-28〉.
31) Kwang-chih Chang, *The Archaeology of Ancient China* (New Haven & London: Yale
　　Univ. Press, 1986(Fourth edition), 234-242쪽

〈자료 7-9〉 중국 신석기시대 지리적 확장과 교류관계[32]

1. BC 7000년   2. BC 5000년

* 한자병음(漢子拼音)이 현재 중국의 표준어와 다른 예전의 한자 병음임을 감안하고 보기 바란다(필자).

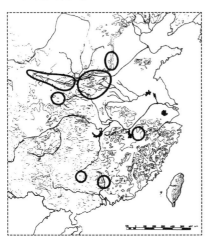
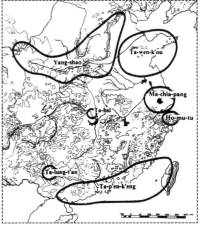

3. BC 4000-3000년(지역간 교류 시작)

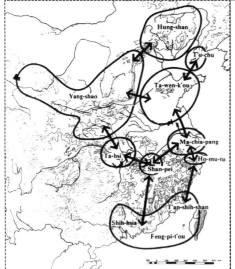

〈신석기시대 고고학문화〉

. Yang-shao: 앙소(仰韶)
. Ta-wen-k'ou: 대문구(大汶口)
. Ma-chia-pang: 마가빈(馬家浜)
. Ho-mu-tu: 하모도(河姆渡)
. Ta-hsi: 대계(大溪)
. Hung-shan: 홍산(紅山)
. Shan-pei: 산배(山背)
. T'an-shih-shan: 담석산(曇石山)
. Shih-hsia : 석협(石峽)
. Feng-pi-t'ou : 봉비두(鳳鼻頭)

---

32) Kwang-chih Chang, *The Archaeology of Ancient China*, 235쪽 〈그림 197〉. 한자 병음으로 된 것을 도표 아래 부분에 한글과 한자로 옮겨 적었다.

BC 5000년경의 부하문화에서 발견된 최초의 복골문화는 홍산문화 시기에 소병기가 이야기하는 'Y자형 문화대'를 통해 황하문명 앙소문화 지역으로 남하한 것이라고 볼 수 있다. 물론 거의 같은 시기에 황하문명 지역 앙소문화의 채도(彩陶)는 'Y자형 문화대'를 타로 올라와 홍산문화 지역으로 북상하였다. 앙소문화 채도의 북상과 부하문화에서 시작된 복골의 남하는 'Y자형 문화대'를 통한 상호 교류의 산물인 것이다.

넷째, 황하문명 지역에서는 동이족 계열의 상(商)을 이어 등장한 화하족 계열의 주(周)나라 시기부터, (1) 골복문화가 시초점(蓍草占)이나 서죽점(筮竹占)으로 대체되기 시작해서, (2) 주나라 중기 이후에는 중원 지역에서는 사라진다.

중원 지역에서는 (1) 주나라 초기부터 시초(蓍草: 점칠 때 쓰는 톱풀)의 가지를 이용한 시초점(蓍草占)을 치다가, (2) 시초가 사라진 이후에는 시초를 대신해서 대나무를 뜨개바늘이나 산적꼬치처럼 길쭉하게 만든 점대인 서죽(筮竹)을 이용한 서죽점(筮竹占)으로 바뀐다. 이것이 주역점(周易占)의 원형이다.

굴만리(屈万里)는 주나라 시기에 각종 동물의 뼈를 이용한 골복 전통이 시초나 죽책을 이용한 시초점이나 서죽점으로 대체되어 자리 잡고, 이런 전통을 바탕으로 서주 초기의 《주역》으로 발전하였다고 본다.[33] 따라서 "서주 초기에 완성된 현재의 《주역》은 이런 시초점(蓍草占)이나 서죽점(筮竹占)이 발전되어 기호화되고 문자화된 것이라고 볼 수 있다."[34]

주역점의 원형인 시초점이나 서죽점은 (1) 여러 개의 시초나 서죽을 이리저리 나누어서 최종적으로 홀수가 남으면 양(陽), 짝수로 남으면 음(陰)으로 삼고, (2) 이런 과정을 6번 반복해서 하나의 괘(卦)를 얻고, (3) 64개의 괘 가운데 선택된 해당 괘의 상징성을 해석하는 것이다.

일본의 역법 연구가 나가다 히사시(永田久)는 동북아에서 점치는 방법은 두 가지 전통이 있다고 본다. 곧, "한 가지는 은(殷: 상나라를 말함−필

---

33) 屈万里, 〈易卦源於龜卜考,〉《歷史語言硏究所集刊》, 27卷 (1956), 117−133쪽.
34) 우실하, 《전통문화의 구성 원리》, 소나무, 1998, 145쪽.

자) 시대에 시작된 수렵민족적인 유형의 '복점(卜占)'이고, 다른 한 가지는 주(周) 시대에 시작된 농경문화적인 유형인 '서죽점(筮竹占)'"이라는 것이 다.[35] 그는 복점이 상나라 시기에 시작되었다고 잘못 알고 있기는 하지만, 골복문화와 달리 시죽점이나 시초점은 농경문화적 유형이라는 점을 잘 지적하고 있다.

남방의 농경문화를 바탕으로 한 서죽점이 황하문명 지역에서는 이미 신석기시대부터 있었다는 견해도 있다. 허진웅은 "상해 청포(青浦) 숭택(崧澤)의 마가빈기(馬家浜期) 유적지에서 여섯 개의 숫자로 표시된 괘(卦) 모양의 각획(刻劃)이 출토되었다. 이것은 시초점도 아주 오래되어 이미 5천 년의 역사를 갖고 있다는 표시이다."라고 주장하기도 한다.[36]

결론적으로 중원 지역에서는 (1) 동이족인 상나라 시기까지는 골복문화의 전통이 이어지지만, (2) 화하족인 주나라 이후에는 서죽점으로 대체되고, (3) 주나라 중기 이후에는 골복문화가 완전히 사라진다는 것이다.

다섯째, 한반도에서는 청동기시대, 철기시대를 통해 지속적으로 골복문화가 이어지며 부여, 고구려, 백제, 변한, 가야, 통일신라까지도 지속적으로 이어진다.[37]

한반도에서 발견된 복골은 많다. 현재까지 가장 이른 시기의 것은 두만강변인 함경북도 무산군(茂山郡) 무산읍 범의구석유적=호곡동(虎谷洞)유

---

35) 나가다 히사시(永田久), (심우성 옮김),《역(歷)과 점(占)의 역사》, 동문선, 1992, 253쪽.

36) 허진웅, (홍희 옮김),《중국 고대 사회: 문자와 인류학의 투시》, 동문선, 1993, 543쪽.

37) 1. 이형구,《발해연안문명》, 상생출판, 2015, '5강 발해연안문명의 갑골문화와 동이민족(230-277쪽)'; 이형구,《한국고대문화의 비밀》, 새녘, 2012(개정판), '10. 갑골문화와 점복신앙'.
  2. 김정학,〈가야의 문화와 사상,〉《한국사상사대계》2권, 한국정신문화연구원, 1991, 147-151쪽.
  3. 은화수,〈한국 출토 복골에 대한 고찰〉,《호남고고학보》, 10권(1999), 5-21쪽.
  4. 우실하,《전통문화의 구성 원리》, 소나무, 1998, 116-171쪽; 우실하,《동북공정 너머 요하문명론》, 소나무, 2007, 140-144쪽; .

〈자료 7-10〉 청동기시대(BC 1000-500) 범의구석유적 출토 골복[39]
* 북한에서는 'BC 2000년기 후반기 - BC 1000년기 전반기'로 표기하고 있다.[40]

적에서 발견된 청동기시대(BC 1000 - 500년, BC 2000년기 후반기 - BC 1000년기 전반기)의 복골이다. 1959-61년까지 5차례의 발굴을 거친 범의구석유적은 총 6기로 나뉘는데, (1) 제1기는 신석기시대, (2) 제2-4기는 청동기시대, (3) 제5-6기는 철기시대이다.

범의구석유적 혹은 호곡동유적에서는 총 5개의 복골이 발견되었는데, 청동기시대에 해당하는 제4기 8호, 13호, 14호 방에서 각각 1개씩 발견된 3개의 골복이 청동기시대(BC 1000 - 500)의 복골로 가장 이른 시기의 것이다. 아래 사진을 보면 밑 부분이 깨져 나갔지만 현재도 10여 개 이상의 찬공이 선명하게 남아 있다. 또한 이곳에서는 철기시대에 속하는 17호, 21호 방에서도 각각 1개씩 2개가 발견되었다.[38]

청동기시대, 철기시대 이래로 한반도 지역에서는 부여, 고구려, 마한, 백제, 변한, 가야, 통일신라까지 지속적으로 발견된다. 한반도의 경우 대

---

38) 1. 편집부,《고고학사전》, 국립문화재연구소, 2001, '범의구석유적' 항목.
   2. 조선유적유물도감편집위원회,《조선유적유물도감(1): 원시편》, 동광출판사, 1990, 195쪽.
   3. 은화수,〈한국 출토 복골에 대한 고찰〉,《호남고고학보》, 10권(1999), 11쪽.

39) 조선유적유물도감편집위원회,《조선유적유물도감(1): 원시편》, 204쪽.
   이 책은 본래 1988년 북한 평양에서 출판된 총 20권의 것을 같은 이름으로 펴낸 것이다.

40) 조선유적유물도감편집위원회,《조선유적유물도감(1): 원시편》, 195쪽.

부분 남해안에 밀집되어 나타난다. 참고로 은화수의 논문에서 소개하고 있는 1999년 이전에 한반도 지역에서 발견된 복골의 현황을 표로 정리해서 제시한다(〈자료 7-11〉 참조).

　　2000년 이후에 남한에서 발굴된 삼한시대의 복골은 많다. 최근에 발견되어 은화수의 연구에 포함되지 못한 것들을 아래에 간략하게 소개한다(〈자료 7-12〉 참조).

　　보도에 의하면 강원도 강릉시 경포호 남쪽 강문동유적의 2005년 이전의 발굴에서 12점의 복골이 발견되었는데, 이것이 일본 돗토리현 돗토리시의 아오야 가미지치유지(青谷上寺地)의 출토품과 공통점이 많아서 일본의 돗토리현교육위원회가 2005년부터 강문동유적을 본격적으로 조사했다고 한다. 아오야 가미지치유지는 야요이시대 유적으로, 일본에서 가장 많은 230여 점의 복골이 발견되었다고 한다. 아오야 가미지치유지 정비실장인 나카하라 실장은 "두 유적에서 나온 복골의 구운 형태가 공통되는 부분이 있다. 조사가 진행되면 공통점이 더 나올 것이다. 두 유적 모두 해상교통을 통해 여러 가지 물건이 오가는 거점이 아니었을까 생각한다. 내년에는 목제품과 복골을 중심으로 유적을 자세히 조사하겠다."라고 밝혔다.[41]

〈자료 7-11〉 1999년 이전 한반도 출토 복골 현황[42]

시대	유적지	복골수	사용 뼈	찬조 유무
청동기 초기철기	1. 함북 무산군 범의구석	51[43]	견갑골 (사슴 3, 소 1)	0
초기철기	2. 광주 북구 신창동	약 20	견갑골 (사슴, 멧돼지)	× 지지기만 함

---

41) 《강원일보》, 2005.3.2, 〈강릉 강문동유적 본격 조사〉.

42) 은화수, 〈한국 출토 복골에 대한 고찰〉, 《호남고고학보》, 10권(1999), 14쪽 〈표 1〉을 바탕으로 논문을 쓴 1999년 이후에 발굴된 것을 첨가하여 필자가 새로운 양식으로 그린 것이다.

43) 은화수의 본문에는 "복골은 청동기시대 후기에 속하는 8호, 13호, 14호 주거지와, 철기시대에 속하는 17호, 21호 주거지에서 각각 1점씩 출토되었다(11쪽)."라고 하여 총 5개라고 하였으나, 14쪽 〈표 1〉에는 4개로 기록하고 있다. 본문을 따라 5개로 수정하였다.

초기철기	3. 경남 사천시 늑도패총	4개 이상[44]	견갑골 (사슴 4)	× 지지기만 함
초기철기 삼한	4. 전남 해남군 군곡리패총	23	견갑골 (사슴 14, 멧돼지 7, 미상 2)	× 지지기만 함
삼한	5. 선남 보성군 척령리패총	4	견갑골	0
삼한	6. 부산 동래구 낙민동패총	8	견갑골(사슴 4, 노루 1, 멧돼지 2, 소 1)	0
삼한	7. 경남 창원시 남산패총	?	견갑골	?
삼한	8. 부산 열래구 조도패총	1	녹각	0
삼한	9. 경남 김해시 봉황대패총	2	견갑골 (사슴 2)	0
삼한 삼국	10. 경안 김해시 부원동패총과 주거지	3	견갑골 (멧돼지 1, 사슴 1, 녹각 1)	0
삼한 삼국	11. 전북 군산시 여방리패총	37	견갑골(멧돼지, 5, 미상 3), 갈비뼈 21, 사슴 다리 오금뼈〔寬骨〕1, 미상 7.	0
삼국	12. 경북 경산시 임당	18	견갑골(멧돼지+사슴 14), 갈비뼈 4.	0
삼국	13. 경남 통영시 연대도패총	1	견갑골 (소 1)	0
통일신라	14. 경기도 광주 군 이성산성	1	갈비뼈 1	0

〈자료 7-12〉 2000년 이후 한국에서 발굴된 복골 현황
* 필자가 짧은 시간에 조사한 아래의 것 이외에도 전수조사를 하면 더 많이 있을 것이다.

발견 및 유적지	시대	사진 자료	수량	재료	찬조
2010년 부산시 강서구 미음동 분절마을	삼국		1	사슴 견갑골	찬
2009년 대구시 동구 이시아 폴리스 부지	삼국	?	?	?	?

---

44) 은화수의 글 각주 23에 의하면 1998년 조사에서도 다량의 복골이 발견되었다고 한다.

2008-2009년 순천시 해룡면 '신대배후단지 내 유적'	?	?	?	?	?
2008년 나주시 동강면 수문 마을 수문패총	삼한		2	사슴 견갑골	찬
2008년 백제 풍납토성	한성 백제		1	견갑골	?
2005년 이전 강릉시 강문동	BC 1세기		12	견갑골 등	찬

동북아시아의 골복문화는 요하문명 부하문화의 부하구문유지에서 BC 5000년경의 복골에서 시작된다. 황하문명 지역에서는 (1) 부하문화보다 1000년 후인 BC 4000년경에 감숙성 무산(武山)의 마가요문화(馬家窯文化) 석명하유형(石嶺下類型) 부가문(傅家門)유지와 하남성 절천현(淅川縣) 앙소문화(仰韶文化) 3기의 하왕강(下王岡)유지에서 처음 발견되고, (2) 청동기시대 이리두(二里頭)문화와 이리강문화(二里岡)의 여러 유적지 등으로 이어지며, (3) 상나라 시기에 가장 번성하지만, (4) 주나라 이후로는 시초점(蓍草占)이나 서죽점(筮竹占)으로 대체되기 시작해서, (5) 주나라 중기 이후로는 골복문화가 완전히 사라진다.

그러나 만주 지역에서는 (1) 부하문화에서 시작된 골복문화는 (2) 만주 일대 초기 청동기시대인 하가점하층문화 시기에 번성하고, (3) 후기 청동기시대인 위영자(魏營子)문화, 하가점상층(夏家店上層)문화, 십이대영자(十二台營子)문화 등으로 지속적으로 이어진다.

한반도 지역에서는 (1) 한반도 북부 함경북도 무산군(茂山郡) 무산읍 청동기시대 범의구석유적 혹은 호곡동유적(虎谷洞遺迹: BC 1000－500)에서 현재까지는 가장 이른 시기의 것이 발견되며, (2) 이후 철기시대, 삼한시대, 삼국시대, 통일신라시대까지도 이어지고, (3) 일본의 야요이시대로 전파된다.

중국에서는 주나라 중기부터 복골이 사라지는 반면에, 한반도 지역에서는 통일신라까지도 지속적으로 발견되고 있는 것이다. 이러한 사실은 복골문화의 전통이 시작된 요하문명과 한반도가 긴밀히 연결되어 있다는 것을 보여주는 것이다. 다시 한번 강조해두지만 복골문화는 전형적인 동이족의 문화이다.

제8장 조보구문화(趙寶溝文化: BC 5000-4400)와 한반도

1. 조보구문화 소개

조보구문화(BC 5000-4400)는 적봉시 오한기(敖漢旗) 중심지에서 동북으로 25km 떨어진 고가와포향(高家窩鋪鄕) 조보구촌(趙宝溝村) 조보구유지에서 발견되어 명명된 신석기문화이다. 최초의 발견지인 조보구유지는 9만 평방미터의 유적지에서 방 유적지와 재 구덩이인 회갱(灰坑) 140여 개가 발견되었다. 류국상 같은 학자는 조보구문화의 연대를 7200-7000년 전으로 높여보고, 부하문화의 요소에 흥륭와문화의 요소가 합쳐진 것이라고 보기도 한다.[1]

조보구유지는 1982년 오한기 문물조사 당시에 최초로 발견되었다. 처음 발견되었을 때는 소병기 등이 흥륭와문화의 중만기에 해당하는 것으로 보고 '흥륭와문화 조보구유형'으로 보았으나[2], 이후에는 독립적인 고고학 문화로 인정받아 조부구문화로 불리고 있다. 산언덕에 자리한 유적지는 후대의 경작으로 많이 훼손되어 있었고, 1986년 여름에 '조보구촌 1호 유적' 약 9만 ㎡ 가운데 약 2000㎡ 안에 있는 17개의 집터에 대한 발굴이 진행되었다. 조보구촌 1호 유적의 탄소14측정 연대는, (1) 기원전 4270±85년(6220±85 BP)이고, 나이테 교정을 거친 절대연대는 기원전 4920년(6870±120 BP) 정도였다.[3]

조보구문화의 여러 유적지에서는 (1) 다양한 번개무늬〔雷紋〕 토기, (2)

1) 劉國祥, 〈興隆洼文化与富河文化比較研究〉, 《北方文物》, 2006年 第2期, 9-10쪽.

2) 蘇秉琦, 〈遼西古文化古城古国-兼淡当時田野考古工作的重点大課題〉, 《文物》, 1986年 第8期.

3) 中国社会科学院考古研究所内蒙古工作隊, 〈内蒙古敖漢旗趙宝溝一号遺址発掘簡報〉, 《考古》, 1988年 第1期.

청동기의 존(尊)을 닮았다고 붙여진 토기인 다양한 존형기(尊形器) 등이 발견된다.

조보구문화의 분포 범위는 흥륭와문화의 범위가 그대로 확장된 형태로, (1) 북쪽으로는 서랍목륜하 북쪽 파림좌기를 넘어까지, (2) 남쪽으로는 발해만 인근까지, (3) 동쪽으로는 요하의 본줄기 근처까지, (4) 서쪽으로는 난하 근처까지 포함한다(〈자료 8-1〉 참조).

최근에는 조보구문화를 3개의 지방 유형으로 나누어 본다. 첫째는 '서랍목륜하 이북 유형'으로 대표적인 유적지는 (1) 조보구문화 시기의 부하구문(富河溝門)유지, (2) 남양가영자(南楊家營子)유지, (3) 금구산(金龜山)유지, (4) 수천(水泉)유지, (5) 상점(上店)유지 A 지점, (6) 조보구문화 시기의 백음장한(白音長汗)유지 등이 있다. 둘째는 '서랍목륜하 이남 유형'으로, 대표적인 유적지는 (7) 소선덕구(小善德溝)유지, (8) 대심타랍(大沁他拉)유지, (9) 조보구유지, (10) 남태지(南台地)유지, (11) 소산(小山)유지 등이 있다. 셋째는 난하(灤河)의 줄기를 따라서 분포하는 '난하 유형'으로, 대표적인 유적지는 (12) 후태자(后台子)유지, (13) 서채(西寨)유지, (14) 안신장(安新庄)유지 등이 있다(〈자료 8-2〉 참조).[4]

2. 조보구문화 존형기(尊型器)의 놀라운 제작 기법

조보구문화의 일반적인 상황은 필자의 다른 책을 통해서 언급하였으므로 참조하기 바란다.[5] 여기에서는 먼저 조보구문화(趙宝溝文化: BC 5000-4400)에서 발굴된 독특한 형태의 토기인 존형기(尊型器)의 제작에 사용된 놀라운 기법에 대해서 소개하고자 한다.

---

4) 趙賓福, 劉偉, 杜戰偉, 〈富河文化与趙宝溝文化的地方類型〉, 《考古》, 2012年 第11期, 65쪽.

5) 우실하, 《동북공정 너머 요하문명론》, 소나무, 2007, 144-151쪽.

〈자료 8-1〉 조보구문화 분포 범위 (필자)

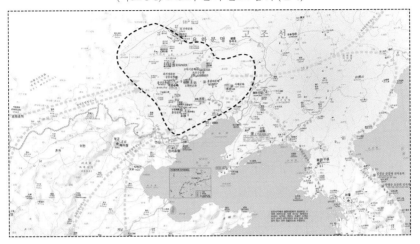

〈자료 8-2〉 조보구문화 3개의 지방 유형 분포도와 대표적 유적지[6]

Ⅰ : 서랍목륜하 이북 유형 :
1. 부하구문(富河溝門)유지
2. 남양가영자(南楊家营子)유지
3. 금구산(金龟山)유지
4. 수천(水泉)유지
5. 상점(上店)유지 A 지점
6. 백음장한(白音長汗)유지
Ⅱ : 서랍목륜하 이남 유형
7. 소선덕구(小善德溝)유지
8. 대심타랍(大沁他拉)유지
9. 조보구(趙宝溝)유지
10. 남태지(南台地)유지
11. 소산(小山)유지
Ⅲ : 난하(灤河) 유형
12. 후태자(后台子)유지
13. 서채(西寨)유지
14. 안신장(安新庄)유지

　　조보구문화에서는 요하문명 지역에서 최초로 토기 전체를 검게 칠한 흑도(黑陶)가 나온다. 조보구문화에서 처음 보이는 특이한 형태의 존형기는 '둥근 발우(鉢盂) 모양 그릇의 위가 수직으로 연장된 모양'이다. 이런 형태의 그릇은 후대 청동기에서는 존(尊)이라고 부른다. '존형기'라는 명명은

6)　趙賓福, 劉偉, 杜戰偉, 〈富河文化与趙宝溝文化的地方類型〉, 《考古》 2012年 第

'청동기 가운데 하나인 존(尊) 모양의 토기'라는 의미이다. 조보구문화의 여러 유적지에서는 많은 존형기가 출토되었다.

7000년 전의 신석기시대 토기들은 대부분 색이 칠해지지 않고, 문양이 있어도 빗살무늬토기처럼 나뭇가지 등으로 선을 그은 문양이 일반적인 모습이다. 7000년 전의 토기에 그림을 그려 넣은 채도(彩陶) 자체도 드물지만, 채도라고 하더라도 단순히 연속된 기하문이나 간단한 동물이나 물고기 등을 붓으로 그린 수준이다. 그러나 조보구문화에서 여러 점 출토된 존형기는 7000년 전이라고 상상하기 힘든 발달된 기법이 보인다.

첫째, 1984년 10월에서 1985년 10월까지 발굴한 조보구문화 소산(小山)유지에서는 3점(Ⅰ식 2점, Ⅱ식 1점)의 존형기가 발견되었다. 그 가운데, (1) Ⅰ식 2점은 몸통 부분이 단순 기하문으로 장식되었으나, (2) Ⅱ식 존형기 1점은 몸통 부분에 사슴, 돼지, 맹금류의 부리를 가진 새를 도안한 신령도안(神靈圖案)이 있는 정교한 존형기였다. 이 신령도안은 상상력이 풍부하고 회화기법이 뛰어나서 최고 수준이라고 평가되고 있다. 이 존형기의 둘레에는 (1) 사슴 머리 모양에 몸통은 뱀처럼 길쭉한 녹수룡(鹿首龍), (2) '돼지 머리에 뱀 몸(猪首蛇身)'을 하고 있는 저수룡(猪首龍), (3) 맹금류의 새 머리 모양에 몸통은 뱀처럼 길쭉한 조수룡(鳥首龍)의 형상이 둘러져 있다. 이들 3가지의 도안은 몸통이 모두 뱀이나 용의 형상처럼 되어 있어서 이런 이름이 붙은 것이다. 특히 저수사신(猪首蛇身)의 저수룡은 이후 홍산문화에서 보이는 각종 옥저룡(玉猪龍)의 원형이라고 보고 있고, 조수룡은 봉황의 원형으로 보고 있다.[7]

특히 이 신령도안으로 장식된 존형기는 (1) 토기 전체에 검정색 검댕을 입히고 토기를 돌로 문질러 반짝반짝하게 만드는 마광(磨光) 기법을 사용하였고, (2) 각 신령도안의 형상을 먼저 음각선으로 그리고, (3) 음각선으로 그린 안쪽을 '조밀한 사선으로 된 격자문'인 사선격자문(斜線格子紋)을 그어

11期, 65쪽.

7) 中国社会科学院考古研究所内蒙古工作隊, 〈内蒙古敖漢旗小山遺址〉, 《考古》, 1987年 第6期, 502쪽.

서 검은 부분을 제거하여, (4) 도안이 도드라지게 제작되었다.

소산유지 존형기의 신령도안을 보면 7000년 전의 토기임에도 불구하고, (1) 현대적 디자인이라고 해도 손색이 없는 세련된 반추상의 도안에 놀라며, (2) 도안과 여백 처리의 조화로움에 놀라고, (3) 사선격자문으로 도안 내부를 긁어서 도드라지게 한 새로운 제작 기법에 놀라게 된다. 청자의 역사에서 상감기법에 빗댈 수 있을 만큼 새롭고 놀라운 제작 기법이다.

비슷한 시기 황하문명 지역의 앙소문화에서 나오는 채도들은 점토질의 붉은색 토기에 붓으로 검은색의 검댕을 이용하여 반복적 기하문이나 물고기, 사람 얼굴 등을 그린 것이 전부다. 조보구문화는 앙소문화보다 조금 이른 시기임에도 불구하고, 이전에 어디에서도 보이지 않는 대단히 발달되고 세련된 디자인과 기법을 선보이고 있는 것이다. 조보구문화 사람들의 조형적·예술적 감각은 현대인이 보기에도 놀랍다.

이런 조보구문화 토기에 보이는 발달된 기법들은 소하서문화와 흥륭와문화 시기에 이미 사선문, 사선격자문, 점열문 등을 이용하여 빗살무늬토기를 제작했었기 때문에 가능한 것으로, '빗살무늬토기 기법의 발전적 변형'이라고 할 수 있다.

〈자료 8-3〉 조보구문화 소산유지 출토 신령도안 존형기 및 도안 전개도
1. 소산유지 신령도안 존형기(높이 25.5, 구경 25.5, 밑지름 10.6, 목 높이 10.3cm)

2. 신령도안 전개도(오한기박물관 전시 자료): 녹수룡(좌), 저수룡(중), 조수룡(우)

3. 신령도안 탁본 자료.[8]

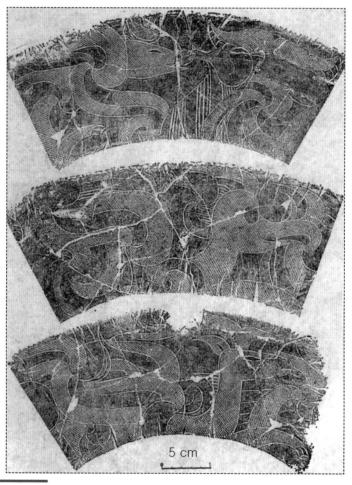

8) 中国社会科学院考古研究所内蒙古工作隊, 〈内蒙古敖漢旗小山遺址〉, 496쪽
〈図 4〉.

4. 신령도안 제작 기법을 볼 수 있는 세부 사진[9]
* 녹수룡 부분   * 저수룡 부분

* 조수룡 부분

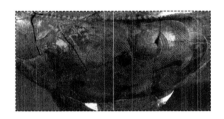

　　둘째, 1983년 오한기 오길향(敖吉鄕) 남대지(南台地)유지에서 발견된 사슴 문양이 그려진 녹문존형기(鹿紋尊形器) 역시 (1) 우선 토기 표면을 검게 마광(磨光)을 하고, (2) 두 마리의 사슴 도안을 음각선을 이용해 그린 후에, (3) 도안의 안쪽을 조밀한 사선격자문(斜線格子紋)으로 긁어내서, (4) 전체적인 그림을 도드라지게 만드는 기법을 사용했다.

　　앞서 살펴본 소산유지의 신령도안 존형기의 사슴, 돼지, 새 도안과 마찬가지로 남대지유지의 녹문존형기는 사슴 도안의 안쪽을 사선격자문을 그어서 마광된 검은색의 일부를 제거하여 도안을 도드라지게 하는 특별한 기법을 사용한 것이다.

　　아래 사진에 소개한 녹문존형기를 보는 사람은 (1) 현대적 디자인이라고 해도 손색이 없는 반추상에 가까운 세련된 2마리의 사슴 디자인과 (2) 그림과 여백의 배치에 보이는 균형감과 조화, (3) 선각된 사슴 그림의 안쪽을 사선격자문으로 제거하여 그림을 남기는 새로운 제작기법에 놀랄 것이다.

---

9)　中国社会科学院考古研究所内蒙古工作隊, 〈内蒙古敖漢旗小山遺址〉, 〈図版 1-1〉의 부분, 〈図版 2-6, 2-7〉.

〈자료 8-4〉 남대지(南台地)유지 출토 녹문존형기(鹿紋尊形器) 및 도안 전개도[10]
1. 녹문존형기 (높이 20.2, 밑지름 10.5, 구경 19.1cm)   2. 사슴도안 전개도

3. 세부도: 도안의 안쪽을 사선격자문으로 긁어내서 도안을 도드라지게 하였다.

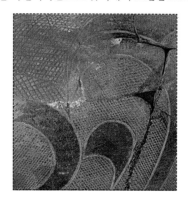

셋째, 정교한 사선격자문을 사용하지는 않았지만, 유사한 기법과 세련
된 디자인의 토기는 또 있다. 1983년 남대지유지에서 발견된 사슴과 새 문
양이 그려진 녹조문존형기(鹿鳥紋尊形器)는 (1) 음각선으로 사슴과 맹금류의
부리를 지닌 새를 도안하여 그리고, (2) 도안 내부 혹은 일부에 단사선문,
점열문(点列紋), 큰 격자문 등을 그려서 검정색의 일부를 제거하였다.

---

10) 邵国田(主編), 《敖漢文物精華》, 内蒙古文化出版社, 2004, 54쪽.

〈자료 8-5〉 남대지(南台地)유지 출토 녹조문존형기(鹿鳥紋尊形器) 및 도안 전개도[11]
1. 녹조문존형기 (높이 28.2, 구경 24.6, 밑지름 13cm)

2. 도안 전개도: 오른쪽 아래 일부 남아 있는 새의 부리 부분을 보면 맹금류임을 알 수 있다.

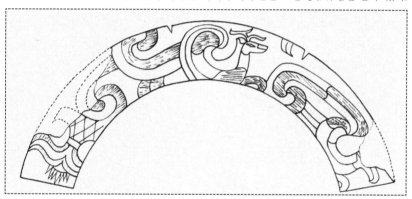

넷째, 1983년 남대지유지에서 발견된 '사슴 문양이 있는 굽이 높은 접시 형태의 토기'인 녹문도두(鹿紋陶豆)에서도 (1) 사슴 두 마리를 음각선으로 도안하고, (2) 도안 내부 혹은 일부를 사선 배열된 점열문으로 채워서 제작하였다. 여기에서도 역시 다른 조보구문화 토기에서 보이는 세련된 디자인과 유사한 기법을 확인할 수 있다. 이 녹문도두에서는 사선격자문 대신에 사선으로 배열된 점열문으로 도안의 내부 혹은 일부를 채워 넣었다.

---

11) 邵国田(主編),《敖漢文物精華》, 55쪽.

앞에서 소개한 조보구문화 토기에 보이는 기법들은 같은 시기 어느 지역에서도 볼 수 없는 독특하고 발달된 제작 기법이다. 이런 기법들은 소하서문화와 흥륭와문화 시기에 이미 사선문, 사선격자문, 점열문 등을 이용해서 빗살무늬토기를 제작했었기 때문에 가능한 기법으로 '빗살무늬토기 기법의 발전적 변형'이라고 할 수 있다.

뒤에 상세히 소개하겠지만, 조보구문화보다 늦은 BC 3000년경에는 이와 유사한 기법이 연해주 지역과 한반도 북부 지역에서 보인다. 물론 BC 3000년경에도 황하문명 지역에서는 보이지 않는 것이다. 이러한 정황 역시 조보구문화가 이후에 연해주 지역과 한반도 북부 지역과 연결되었음을 보여주는 것이라고 본다.

〈자료 8-6〉 남대지(南台地)유적 출토 녹문도두(鹿紋陶豆) 및 도안 전개도[12]

1. 녹문도두
(높이 12.5, 구경 22.1, 밑지름 10.3, 다리 높이 5.6cm)

2. 사슴 2마리 도안 전개도

3. 존형기(尊型器)의 제작 기법을 이은 최초의 번개무늬토기

조보구문화에서는 고고학에서 소위 번개무늬 혹은 뇌문(雷紋)이라고 불리는 문양이 장식된 흑도(黑陶)가 대량으로 발견된다. 조보구문화를 대표하는 존형기 외에 또 하나의 대표적인 토기가 다양한 형태의 번개무늬

---

12) 邵国田(主編), 《敖漢文物精華》, 56쪽.

토기=뇌문토기들이다. 조보구문화를 대표하는 존형기나 번개무늬토기 등은 대부분 검은 색을 띠고 있는 흑도이다.

'번개무늬' 자체는 러시아의 후기 구석기시대 메찐유적에서 발견된 (1) 팔찌와 (2) 새 조형물 등에 새겨진 번개무늬가 동북아시아 최초의 것이다.[13]

그러나 번개무늬로 장식된 '번개무늬토기'는 BC 5000년경 조보구문화에서 처음 보이는 것이다. 번개무늬토기는 BC 5000년경 조보구문화에서 시작되어, 한반도 여러 지역에서도 발견된다. 이에 대해서는 뒤에서 다시 살펴보기로 하고 조보구문화 번개무늬토기의 제작 기법에 대해서 먼저 소개한다.

조보구문화의 번개무늬토기의 일부는 앞서 존형기에서 보았던 '도안의 안을 사선격자문, 사선문, 점열문 등으로 긁어내는 기법'이 그대로 이어진다. 조보구문화의 번개무늬토기들은 대부분 음각선으로 그려진 것이지만, (1) 번개무늬의 안쪽을 사선으로 긁어낸 기법, (2) 번개무늬 안쪽에 간단한 사선이나 점열문으로 채워 넣은 기법 등이 보인다. 이러한 기법 역시 존형기 등에서 살펴본 기법과 거의 동일한 것이다.

다시 강조하지만, 조보구문화 토기에 보이는 이런 발달된 제작 기법들은 소하서문화와 흥륭와문화 시기에 이미 사선문, 사선격자문, 점열문 등을 이용해서 빗살무늬토기를 제작했었기 때문에 가능하였으므로 '빗살무늬토기 기법의 발전적 변형'이라고 할 수 있다. 조보구문화에서 흑도가 최초로 보이기는 하지만, 그 제작기법은 소하서문화와 흥륭와문화를 거쳐서 조보구문화에서 발전적으로 계승된 것으로 볼 수 있다.

---

13) 데. 아. 아브두신 (정석배 옮김), 《소련 고고학 개설》, 학연문화사, 1994, 64-68쪽.

〈자료 8-7〉러시아 후기 구석기시대 메찐유적의 번개무늬가 장식된 유물[14]

1. 팔찌

2. 새 조형물

〈자료 8-8〉조보구문화 소산유지의 토기 파편에 보이는 다양한 번개무늬(雷紋)

1. 좌측에 번개무늬 안쪽을 사선으로 긁어낸 기법이 보인다.[15]

2. 우측 위의 작은 조각, 우측 아래 조각에서 번개무늬의 안쪽을 사선으로 긁어낸 기법이 보인다.[16]

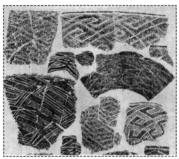

3. 좌측 맨 아래 1점, 우측 3점은 번개무늬 안쪽에 사선으로 배열된 점열문을 넣었다.[17]

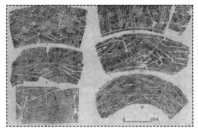

---

14) 데. 아. 아브두신/정석배 옮김, 《소련 고고학 개설》, 66쪽 〈그림 4〉의 일부.

15) 中國社會科學院考古研究所內蒙古工作隊, 〈內蒙古敖漢旗小山遺址〉, 486쪽 〈図 6〉의 일부. 이 글에서는 직선기하문(直線幾何紋)으로 소개되어 있다.

16) 中國社會科學院考古研究所內蒙古工作隊, 〈內蒙古敖漢旗小山遺址〉, 487쪽 〈図 7〉의 일부.

17) 中國社會科學院考古研究所內蒙古工作隊, 〈內蒙古敖漢旗小山遺址〉, 488쪽 〈図 8〉의 일부.

4. 조보구문화 토기와 한반도, 연해주 지역 토기 비교

1) 조보구문화 토기와 한반도 지역 토기의 제작 기법 비교

앞서 소개한 조보구문화의 각종 존형기, 녹문도두(鹿紋陶豆), 번개무늬 토기 등에서 보이는 새로운 토기 제작기법은 황하문명 지역에서는 보이지 않는다. 조보구문화보다 조금 늦지만 황하문명 지역 신석기시대를 대표하는 앙소문화 토기와 요하문명 지역의 토기를 간단히 비교하면 아래와 같다.

황하문명 지역의 신석기시대를 대표하는 앙소문화 토기들은 (1) 붉은 점토로 만든 홍도(紅陶) 위주로, (2) 붓으로 검정색, 흰색의 그림을 그린 채도(彩陶)가 주류이고, (2) 사선문, 사선격자문, 점열문 등을 이용한 빗살무늬토기는 발견되지 않는다.

요하문명 지역의 신석기시대 토기는 (1) 소하서문화, 흥륭와문화 시기부터 사선문, 사선격자문, 점열문 등 여러 형태의 선을 긋거나 점을 찍어서 장식한 넓은 의미의 빗살무늬토기 위주이고, (2) 조보구문화에서는 토기 표면에 검댕을 입히고 조약돌 등으로 문질러서 광을 내는〔磨光〕흑도(黑陶)가 최초로 보이지만 사선문, 서선격자문, 점열문 등으로 도안 내부를 채우는 특별한 기법은 소하서문화-흥륭와문화의 빗살무늬 기법을 계승하여 발전시킨 것이고, (3) 홍산문화 후기에 앙소문화와 교류되면서 처음으로 앙소문화 토기와 유사한 홍도(紅陶)의 바탕에 검정색으로 그림을 그린 채도(彩陶)가 보이기 시작하며, (4) 이러한 채도는 하가점하층문화에서 흑색, 백색, 홍색으로 정교하게 도철문(饕餮紋) 등이 디자인된 채회도(彩绘陶)로 꽃피게 되며, (5) 이러한 하가점하층문화 채회도의 도철문 등은 요하문명 지역에서 이주한 상족들을 통해서 상-주 시대 청동기의 주요한 문양으로 자리 잡게 된다.

그런데 조보구문화에서 처음 등장하는 흑도를 바탕으로 '도안의 안쪽에 사선, 사선격자문, 점열문 등을 넣어서 도안을 도드라지게 만드는 기법'은 조보구문화보다 조금 늦은 신석기시대에 (1) 한반도 지역과 (2) 연해주 일대의 토기에도 보인다. 이러한 기법은 황하문명 지역에서는 보이지 않는 것으로, 요하문명 지역이 황하문명 지역과는 다른 독자적인 문화권이었음을 보여주는 또 다른 사례이다. 조보구문화에서 시작된 이런 독특한 기법이 연해주 지역뿐만이 아니라 한반도 북부와 평양 지역에까지도 보인다는 것은 요하문명이 한반도와 밀접히 연결되어 있다는 것을 보여주는 것이다.

한영희는 한반도 지역 신석기시대 토기의 지역적 특징을 비교하면서, 번개무늬토기에 대해서 (1) 연해주를 포함한 동북 지방 평저형 빗살무늬토기 지역에서 모두 보이고, (2) 이 지역이 당시에는 하나의 문화권이었으며, (3) 한반도 중부의 암사동유적, 미사리유적에서도 변형된 번개무늬토기가 보이는 것으로 보아, (4) 결국 북에서 남으로의 주민 이동과 관련되었다고 보았다.[18] 요하문명의 발견으로 이런 번개무늬토기의 최초 발견지가 조보구문화임이 밝혀진 것이다.

그런데, 한영희는 단순히 '번개무늬'의 형태가 같다는 것에 초점을 두고 이야기하고 있지만, 필자가 보기에 '번개무늬' 자체보다 더 중요한 것은 '제작기법'도 똑같다는 점이다. 조보구문화의 각종 존형기, 녹문도두, 번개무늬토기 등에서 보이는 '도안의 안쪽을 사선, 사선격자문, 점열문 등으로 채워서 도안을 도드라지게 만드는 기법'은 연해주나 한반도 지역의 번개무늬토기에도 그대로 이어진다. 단순히 '번개무늬'의 형태만 같은 것이 아니라 제작기법까지도 똑같다는 것이다. 아래에 〈자료 8-9〉에 제시한 한반도 여러 지역에서 발견된 번개무늬토기 자료를 보면 그 점을 구체적으로 알 수 있다.

---

18) 한영희, 〈신석기시대-지역적 비교〉,《한국사론, 12권》, 국사편찬위원회, 1983, 512쪽.

〈자료 8-9〉 한반도 지역의 신석시시대 번개무늬토기[19]

① 청진 농포동   ② 검은 개봉

③ 두루봉   ④ 송평동   ⑤ 범의구석 1문화층   ⑥ Gladkaya 1문화층

첫째, 함경북도 선봉군 굴포리 서포항유적 3기(BC 3000-2500)의 타래무늬토기에도 조보구문화에서 보이는 세련된 제작기법이 보인다.

서포항유적은 신석기시대 유적으로 1-5기까지로 나누는데, (1) 1기는 BC 5000-3500년(BC 5000년기 - BC 4000년기 전반기)으로 빗살무늬토기가 주류이고, (2) 2기는 BC 3500-3000년(BC 4000년기 후반기)으로 역시 빗살무늬토기가 주류이며, (3) 3기는 BC 3000-2500년(BC 3000년기 전반기)로 타래무늬토기가 주류이며, (4) 4기는 BC 2500-2000년(BC3000년기 후반기)으로 번개무늬토기가 새롭게 등장하며, (5) 5기는 BC 2000년경으로 전나무잎무늬토기와 민무늬토기가 주류를 이룬다.[20]

---

19) 우실하, 《전통문화의 구성 원리》, 소나무, 1997, 101쪽 〈도표 4-12〉.
　　이 자료는 아래의 글에 보이는 자료에서 번개무늬토기를 골라서 재편집한 것이다.
　　그림 ①: 김원룡, 《한국 고고학 개설》, 일조각, 1986(3판), 49쪽.
　　그림 ②-⑥: 한영희, 〈신석기시대-지역적 비교〉, 513-514쪽.

20) 조선유적유물도감편찬위원회, 《조선유적유물도감 1: 원시편》, 동광출판사, 1990, 63쪽. 이 책은 북한에서 1988년에 출판된 것을 1990년에 남한에서 다시 출판한 것이다.

서포항유적 3기(BC 3000-2500)의 타래무늬토기에서는 (1) 흑도(黑陶)의 표면을 검게 마광한 다음에, (2) 타래무늬를 음각선으로 그리고, (3) 타래무늬의 바깥쪽 여백을 사선을 그려서 검은 색을 제거하여 타래무늬를 돋보이게 하였다. 이 제작 기법은 조보구문화 토기에 보이는 것과 똑같다.

서포항유적 신석기시대 1-2기(BC 5000-3500) 토기들 가운데 빗살무늬토기를 보면, 빗살무늬토기가 시작된 소하서문화의 토기들과 그 형태나 문양이 거의 유사하다는 점도 발견할 수 있다(〈자료 8-11〉 참조). 이러한 상황은 두만강 지역이 요하문명 지역과 거의 동일문화권임을 보여주는 것이다.

〈자료 8-10〉함경북도 서포항유적 신석기 3기(BC 3000-2500)
타래무늬토기 및 상세도[21]
*타래무늬의 바깥쪽을 사선으로 긁어내서 무늬를 도드라지게 표현한 기법

 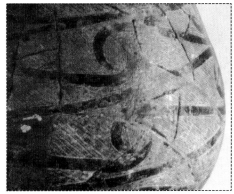

"1,2기의 것은 점살의 빗으로 눌러 돋치거나 그어서 낸 짤막한 줄무늬를 기본으로 하였으며, 3기의 것은 타래무늬가 특징으로 되고 있다. 4기의 것에는 번개무늬가 새로 나타나며, 5기의 것에는 전나무 잎무늬가 기본으로 되고 무늬 없는 그릇이 훨씬 늘어났다"(63쪽).

21) 조선유적유물도감편찬위원회, 《조선유적유물도감 1: 원시편》, 68쪽.

〈자료 8-11〉서포항유적 신석기 1-2기(BC 5000-3500)의 다양한 평저형 토기들

1. 번개무늬토기

2. 빗살무늬토기

3. 빗살무늬토기

4. 단순한 빗살무늬토기

5. 단순한 빗살무늬토기

6. 빗살무늬 형태의 점열문토기

7. 공열문과 사선문이 복합된 토기   8. 새김무늬토기

9. 새김무늬토기

둘째, 평양시 대동강 기슭인 삼석구역(三石区域) 호남리(湖南里)의 남경 (南京)유적 신석기시대 지층(BC 2500~2000: BC 3000년기 후반기)에서 출토 된 번개무늬토기에서도 조보구문화 토기와 유사한 제작기법이 보인다.

《조선유적유물도감 1: 원시편》에는 남경유적에서 발굴된 "질그릇들 가운데는 동해안과 요동 지방에 보이는 번개무늬그릇과 덧무늬그릇이 있 다"[22]라고 설명하고 있다. 마치 요서 지역에는 번개무늬토기가 없는 것처 럼 설명하고 있다. 그러나 앞서 설명한 바와 같이 번개무늬토기는 요서 지 역 조보구문화에서 처음 보이기 시작하는 것이다. 아래에 제시한 남경유 적에서 발견된 번개무늬토기를 보면, (1) 흑도도 아니고 검게 마광을 하지 도 않았으나, (2) 음각선으로 도안의 내부 혹은 외부를 사선으로 그려서 무늬를 도드라지게 보이는 기법(몸통의 윗부분에는 무늬의 내부을 사선으로 채웠고, 몸통 부분 중간 부분에는 무늬의 외부를 사선으로 그려서 무늬를 도드라 지게 한 기법)을 사용하고 있음을 분명하게 확인할 수 있다.

---

22) 조선유적유물도감편찬위원회, 《조선유적유물도감 1: 원시편》, 110쪽.

〈자료 8-12〉평양시 남경유적 출토 번개무늬토기 및 상세도[23]

 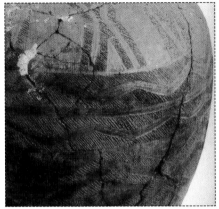

　　남경유적에서는 한반도 중부 지역에서 주로 발견되는 밑이 뾰족한 전형적인 '첨저형 빗살무늬토기'도 발견된다. 또한 탄화된 조도 발견되었다. 이러한 상황은 평양 지역이 '요하문명 지역의 평저형 빗살무늬토기'와 '한반도 중부 지역의 첨저형 빗살무늬토기'가 만나는 접경 지역이었음을 보여주는 것이다. 또한 요서 지역에서와 마찬가지로 이 지역에서도 신석기시대부터 조를 재배했었다는 것도 확인할 수 있다.

〈자료 8-13〉평양시 남경유적 출토 유물들[24]

1. 첨저형 빗살무늬토기

2. 탄화된 조 덩어리

23) 조선유적유물도감편찬위원회, 《조선유적유물도감 1: 원시편》, 112쪽.

24) 조선유적유물도감편찬위원회, 《조선유적유물도감 1: 원시편》, 114쪽(토기), 117쪽(탄화 조).

도안의 안쪽이나 바깥쪽에 사선이나 사선격자문을 그어서 도안을 도 드라지게 만드는 이런 토기 장식 기법은 조보구문화에서 새롭게 나타난 것이다. 그러나 이것은 소하서문화에서 처음 보이고 흥륭와문화로 이어지 는 빗살무늬토기에 보이는 사선문, 사선격자문, 점열문, 공열문 등의 기 법에서 발전된 것이라고 필자는 본다.

최초의 빗살무늬토기는 이미 BC 7000년경의 소하서문화 시기부터 보 이는 것이고, 이것은 흥륭와문화 조보구문화 등으로 지속적으로 이어지고 있다. 조보구분화 시기에는 흑도를 바탕으로 번개무늬나 신령도안 등 각 종 도안의 안쪽이나 바깥쪽을 사선, 사선격자문, 점열문 등으로 그리는 방 식으로 발전한 것이다.

2) 조보구문화 토기와 연해주 지역 토기의 제작기법 비교

러시아 경내의 연해주 지역 신석기시대 유적에서도 조보구문화에서 보이는 것과 유사한 기법으로 사람을 그린 인물문양토기 2점이 보인다. 시기는 BC 3000년을 전후한 시기로 한반도 지역과 거의 같다.

첫째, 아무르강 하류 하바로프스크(Khabarovsk) 아무르스크(Amursk) 지 역의 보즈네세노프까문화(Voznesenskoye: BC 3000-2000)에서 발굴된 인물 문양토기에서 조보구문화의 토기와 유사한 기법이 보인다.

'아무르의 얼굴'(The Face Of Amur)'로 잘 알려진 이 토기는 (1) 붉은색의 홍도(紅陶)로 음각선으로 인물모양의 디자인을 하고, (2) 디자인된 인물의 눈을 제외한 부분을 점열문(点列紋)으로 채워 넣어 문양을 도드라지게 한 것이다. 인물 모양의 내부를 사선이 아닌 점열문으로 채워 넣었다(〈자료 8-14〉 참조). 사선이나 사선격자문이 아닌 점열문을 채워 넣은 기법도 이 미 조보구문화 토기나 한반도 토기에서 이미 보이는 기법이다(〈자료 8-6, 8-8, 8-9〉 참조).

둘째, 같은 지역에서 발견된 또 다른 인물문양토기도 앞서 살펴본 인 물문양토기와 같은 기법으로 제작되었다.

이런 인물문양토기는 국립문화재연구소와 러시아과학원 시베리아지부 고고학민족학연구소가 2006년 11월 1일부터 12월 3일까지 국립고궁박물관 기획전시실에서 '한, 러 공동발굴 특별전 '아무르·연해주의 신비'(The treasures of Primorie and Priamurie: New results of Korea-Russia joint excavation)' 라는 전시회에서도 소개된 적이 있다. [25] '아무르의 얼굴' 토기는 독특한 모양 때문에 '외계인'과 닮았다고 '외계인 토기'로 불리기도 했다. [26]

〈자료 8-14〉 연해주 보즈네세노프카유적(BC 3000-2000)의
인물문양토기와 상세도[27]

1. 인물문양토기(1) '아무르의 얼굴'(The Face Of Amur)'과 세부: 높이 20.5cm

25) 이 전시회의 도록은 아래의 책으로 출판되어 있다.
국립문화재연구소, 《아무르·연해주의 신비: 한·러 공동발굴특별전》, 그라픽네트, 2006.
26) 《연합뉴스》, 2006.10.30. 〈한국에 온 고대 연해주의 '외계인'〉.
《경향신문》, 2006.10.30. 〈러시아 국보급 '외계인 토기' 한국에 온다〉.
《한겨레신문》, 2006.11.1. 〈'아무르의 비너스'가 한국에 왔다고〉.
27) 1. 국립문화재연구소, 《아무르·연해주의 신비: 한러 공동발굴특별전》, 1은 49쪽, 2는 51쪽.
2. 러시아과학원 시베리아지부 고고학민족학연구소 홈페이지 초기화면의 좌측 상단에도 '아무르의 얼굴'이 상징 마크처럼 올라가 있다(http://www.sati.archaeology.nsc.ru 참조).

2. 인물문양토기(2)와 세부: 높이 33.5cm

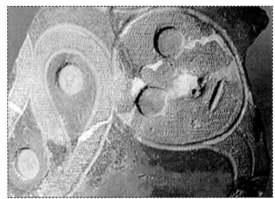

BC 5000년경 조보구문화에서 처음 보이기 시작하는 '도안의 내부를 사선, 사선격자문, 점열문 등으로 채워서 도안을 돋보이게 하는 독특한 토기 제작기법'은, 조금 늦은 신석기시대에, 연해주와 한반도 북부 지역의 토기에도 보인다. 그리고 만주 지역, 연해주, 한반도 지역의 신석시시대 번개무늬토기는 대부분 이런 기법으로 제작되었다.

BC 5000년경의 조보구문화 토기의 제작기법은 서포항 유적, 남경 유적, 연해주 보즈네세노프까문화 등과는 2000여 년의 시간차가 있다. 그러나 다른 지역에서 유사한 기법이 발견되지 않기 때문에, 이들은 시간 차를 둔 계승관계로 보는 것이 합리적이라고 본다.

또한, 이러한 기법의 토기는 비슷한 시기의 황하문명 지역에서는 보이지 않는 양식이다. 이러한 상황은 요하문명 지역이 황하문명 지역과는 다른 독자적인 문화권이었음을 보여주는 것이고, 또한 요하문명이 연해주·한반도 지역과 밀접히 연결되어 있다는 것을 보여주는 것이다.

아래에서는 조보구문화의 최초 발견지인 조보구유지에 대해서, 필자의 답사 사진을 위주로 소개하기로 한다. 조보구유지는 오한기 중심지에서 동쪽으로 약 2시간 정도 거리에 있고, 마지막에 비포장 길도 30분 정도 가야 해서 답사하기가 만만치 않은 곳이다. 가본 분들은 알겠지만, 유적지를 직접 발굴한 사람이 아니면 찾기 어렵다. 유적지 인근에서는 조, 수수,

메밀, 해바라기 등을 경작하고 있다.

막상 도착하면 1992년에 세워진 유적지 비석 이외에는 아무 것도 없다. 유적지 전체는 언덕을 한참 올라간 평탄지로 얕은 산지로 둘러싸인 분지이다. 유적지 일대는 아무런 보호 시설이 없고, 현재도 수수밭으로 사용되고 있다. 그러나 밭이랑 사이에서는 현재도 토기 조각과 세석기 격지들이 쉽게 발견될 정도로 많이 흩어져 있다. 필자는 지형을 직접 보고 싶어서 2000년 초와 2010년 두 차례 직접 답사했으나, 그 이후로는 가지 않았다. 아래에서는 2010년 8월 답사 사진을 중심으로 소개한다.

〈자료 8-15〉조보구문화 조보구유지 (2010.8.6. 필자 답사 자료)
1. 이런 비포장 길을 차로 30분 정도 가야 한다.

2. 1992년 적봉시인민정부와 오한기인민정부가 세운 유적지 비석
* 비석 이외에는 아무것도 없고, 주변은 모두 수수밭이다. 비석 뒤쪽에 보이는 것은 고량
  주의 주 원료가 되는 수수다. 사진을 찍고 있는 비석의 앞쪽이 주거유적이다.
* 앞에는 한자로, 뒤에는 몽골어로 되어 있다.

3. 비석 뒤쪽에서 찍은 사진
* 앞쪽의 평지가 주거유적으로, 현재는 수수밭이다.

4. 비석을 등지고 앞에 보이는 밭 일대 평탄지가 모두 주거유적이다.
* 멀리 보이는 얕은 산자락과 수수밭 사이의 계곡 오른쪽에 조보구촌이 있다.

5. 유적지 주변에서 수습한 토기 파편
* 수수밭 이랑에서는 아직도 전형적인 조보구문화 토기 파편이 많이 발견된다.
* 누렇게 홍도(紅陶)처럼 보이는 것도 흙을 닦아내면 모두 흑도(黑陶)이다.
* 문양은 대부분 번개무늬나 그 변형이다.

6. 유적지 주변에서 수습한 세석기 격지
* 주변에는 마노(瑪瑙)로 만들어진 몸돌과 격지가 많이 발견된다.

7. 인근에는 건조한 곳에서 잘 자라는 수수, 조, 메밀, 해바라기 등을 경작하고 있다.
* 앞에 보이는 것이 조, 죄측 상단에 해바라기도 보인다.
* 조보구유지가 있는 오한기는 8000년전 흥륭와문화 시기에 세계 최초의 기장과 조가
  재배된 지역이고, 현재도 조의 최대 생산지 가운데 하나이다. 기장은 현재는 재배하는
  곳이 많지 않다.

*가까이 보이는 흰 꽃이 메밀꽃이고 그 뒤로는 수수밭이다.

제9장 홍산문화(BC 4500-3000)와 한반도

1. 홍산문화 발견과 명명 과정

요하문명이라는 명명이 이루어지게 된 결정적인 계기는 1980년대 초에 발견된 홍산문화 후기의 우하량(牛河梁)유지의 발견이다. 앞서 소개한 홍산문화 이전의 소하서문화, 흥륭와문화, 부하문화, 조보구문화의 발견도 놀라움의 연속이지만, 홍산문화 우하량유지의 발견은 중국은 물론 세계 고고학계를 놀라게 하기에 충분한 충격이었다.

사실 20세기 초부터 나중에 홍산문화에 속하는 것으로 밝혀진 유적지에 대한 조사는 간헐적으로 이루어졌고, 1935년에는 홍산문화의 명명지인 적봉시 홍산 뒤쪽에 있는 홍산후유지(紅山後遺址)에 대한 발굴도 이루어졌었다. 그러나 특별히 놀랄 만한 것이 없었기에 학계의 큰 주목을 받지는 못했었다. 아래에서는 홍산문화의 초기 발견 과정에 대해서 소개한다.

1) 일본학자 도리이 류조(鳥居龍藏: 1870-1953)[1]

일본의 인류학자, 고고학자, 동방학가(東方学家)였던 도리이 류조(鳥居龍藏: 1870-1953)는 1886년부터 동경인류학회(東京人類学会) 회원으로 활동하기 시작했고, 1892년에는 동경제국대학 이과대학 인류학연구실의 표

---

1) 도리이 류조(鳥居龍藏: 1870-1953)에 대해서는 아래의 글을 바탕으로 정리한 것이다.
  (1) 賈洪榛(主編),《赤峰滄桑: 上册》, 内蒙古文化出版社, 2011, 172쪽.
  (2) 于建設(主編),《紅山文化概論》, 内蒙古科学技術出版社, 2008, 1-2쪽.
  (3) 李少兵, 索秀芬,〈建国前遼西区新石器時代考古学文化発現与研究〉,《内蒙古文物考古》, 2006年 第2期.

본관리원으로 일하면서 본격적으로 학자로서의 조사와 연구를 시작한다.

그는 이미 1895년에 동경제국대학 인류학연구실에서 파견되어 예전의 열하성(熱河省: 현재는 내몽고, 요녕성, 하북성 등으로 분할 소속됨-필자)이었던 동부 몽골 지역의 여러 사전(史前)문화 유적지를 발견하고 돌아갔었다.

1907년부터[2] 도리이 류조 부부는 적봉 남부에 있는 객내심기우익기(喀喇沁右翼旗) 왕부(王府)의 초청으로, 당시에 왕부 옆에 세워진 근대적 학교인 숭정학당(崇正学堂)의 일본어 교사로 재직하고 있었다. 그의 주된 야심은 왕부의 힘과 인맥을 이용하여, 적봉 일대에서 인류-고고학 조사를 하는 것이었다. 교사로 재임하는 기간에 그는 적봉 일대를 조사하면서 60여 곳의 신석기시대 유적을 발견하였다.

1908년에 그는 적봉시의 홍산과 영금하 연안 지역을 조사하면서, 홍산에 있는 청동기시대 유적과 후에 홍산문화에 속하는 것으로 알게 된 '적석총' 등 많은 유적지를 발견하였다. 그는 1914년에 동경제국대학에서 발행하는 《과학잡지(科學雜志)》에 〈고고학 민족학연구: 동몽고의 원시 거주민(考古学民族学研究: 東蒙古の原居民)〉이라는 글을 통해 그가 발견한 것들을 소개하였는데, 이 유적들이 동호인(東胡人)의 문화라고 생각했다. 후에 이 글을 하버드대학에서 1923년부터 고고학을 공부하던 양계초(梁啓超)의 아들 양사영(梁思永: 1904-1954)이 읽게 되었고, 양사영이 1930년 귀국한 후에 적봉 지역에 큰 관심을 두고 조사를 하게 되는 계기가 되었다.

1917년에 일본은 적봉시에 '일본주적봉영사관(日本駐赤峰領事館)'을 만주 침략의 전초기지로 설치한다. 일본영사관은 적봉 시내 이도가(二道街)의 동쪽으로 있었고, 이 일본영사관에서 다시 동북쪽으로 약 3-4km거리에 홍산이 있다. 일본영사관은 일본학자들이 본격적으로 고고 조사와 자원 조사를 할 수 있는 교두보 역할을 하게 되었다. 1931년 '9.18 사변'을 계기로 1933년에 적봉이 일본에 완전히 함락되면서 완벽한 전초기지가

---

2) 도리이 류조가 교사로 초빙된 연대에 대해서 앞의 각주에 밝힌 (1) 賈洪燊(主編), 《赤峰滄桑: 上册》, 172쪽에서는 1908년으로, (2) 于建設(主編), 《紅山文化槪論》과 李少兵, 索秀芬, 〈建國前 遼西區新石器時代考古學文化發現與研究〉에서는 1907년으로 차이가 있다. 이 글에서는 1907년을 따른다.

되었다.

　일본영사관이 세워지고 1년 뒤인 1918년에 도리이 류조는 석백하(錫伯河) 유역과 홍산 일대에 대한 재조사에 돌입한다. 당시에 홍산의 뒤쪽 서수지촌(西水地村)에서 주민들이 주은 하가점상층문화 청동기가 골동품 상점에 나왔는데, 이것을 일본영사관에서 구입하여 도리이 류조에게 제공하였다. 이를 사건을 계기로 그의 홍산 지역에 대한 관심은 더 높아지게 된다.[3]

　1921년부터는 외국에서의 오랜 조사 활동을 마치고 귀국하여 동경제국대학에서 박사학위를 받고, 교직에서 가르치기 시작했다.

〈자료 9-1〉 옛 열하성의 위치
* 현재는 내몽고, 하북성, 요녕성의 일부로 분할되어 없어졌다.

3）賈洪榛(主編),《赤峰滄桑: 上册》, 172쪽.

〈자료 9-2〉도리이 류조(鳥居龍藏: 1870-1953)[4]
* 오른쪽 사진은 객나심기우익기(喀喇沁右翼旗) 왕부(王府) 관리들과 찍은 사진이다.

〈자료 9-3〉1933년에 그려진 적봉시내 지도와
일본주적봉영사관(日本駐赤峰領事館) 위치[5]
* 지도 한가운데 이도가(二道街) 위로 일본영사관 자리가 보인다.
* 아래 지도에는 보이지 않지만, 일본영사관의 동북쪽 약 3-4km거리에 홍산(紅山)이 있다.

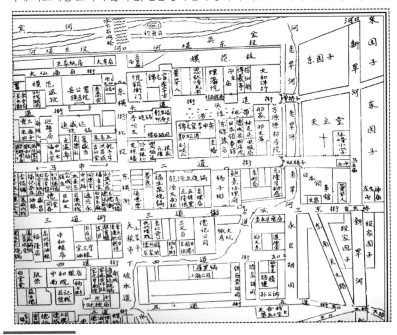

4) 賈洪榛(主編),《赤峰滄桑: 上册》, 172쪽.

5) 賈洪榛(主編),《赤峰滄桑: 上册》, 45-46쪽의 일부. 이 지도는 당시에 약국을 운
    영하며 상인회 회장을 지낸 초세민(焦世珉: 1910-1994)이라는 분이 그린 것이다.

〈자료 9-4〉 1917년에 개설한 일본영사관 입구 사진[6]

2) 스웨덴의 지질학자 안데르손(Johan Gunnar Andersson: 1874-1960)

안데르손은 스웨던의 지질학자 겸 고고학자로, 1914년에 당시 원세개 (袁世凱)가 이끌던 북경의 북양정부(北洋政府)[7]의 초청으로 농상부(農商部) 광산정책 고문으로 와 있었다. 그는 (1) 황하문명의 주요 신석기시대 고고 학문화인 앙소문화(仰韶文化: BC 5000-3000)를 발견한 '앙소문화의 아버지 (仰韶文化之父)'라고 불리며, (2) 유명한 북경원인(北京猿人)이 발견된 구석 기시대 동굴 유적인 주구점(周口店)유지의 최초 발견자이기도 하다. 중국 에서는 안데르손에 대한 음차인 안특생(安特生)이라고 불린다.

1921년에 그는 50-60만 년 전 북경원인이 발견된 구석기시대 동굴 유 적인 주구점(周口店)유지를 최초로 발견하여, 즈단스키(Otto Zdansky)와 함 께 초보적인 발굴까지 했었다. 그러나 본격적인 발굴은 1926년부터 이루어 졌다.[8]

같은 해인 1921년 6월, 안데르손은 당시 요녕성 봉천시(奉天市: 현재의 瀋陽市)에 속한 금서현(錦西縣: 현재의 葫蘆島市)에서 석탄광을 조사하던 중

---

6) 賈洪榛(主編), 《赤峰滄桑: 上册》, 172쪽.

7) 1911년 신해혁명(辛亥革命)으로 청나라가 멸망하고 중화민국이 성립된다. 국민 당의 북벌 이전까지는 북경에 북양정부가 있었고 수장은 총통, 집정, 대원수 등 으로 불렸다. 제1대 임시 대총통이 손문(孫文)이었다.

8) 周口店遺址博物館(http://www.zkd.cn) 자료.

에 사과둔(沙鍋屯) 마을의 동굴에서 원시문화 유적을 발견하고 발굴까지 하였다. 발굴 이후에 그는 〈봉천 금서 사과둔 동혈층(奉天錦西沙鍋屯洞穴層)〉이라는 글을 발표하였다.[9] 그가 발굴한 이 유적은, 60년이 지난 후에야 홍산문화 바로 뒤에 이어져서 후홍산문화(後紅山文化)로 일컬어지는 소하연문화(小河沿文化) 유적지로 밝혀졌다.[10]

1921년 안데르손의 사과둔 동굴 발굴은 (1) 홍산문화와 관련된 중국 고고학사상의 첫 번째 발굴이었으며, (2) 중국 사전(史前) 고고학과 중국 근대 전야(田野) 고고학의 첫 사례로 기록되어 있다. 비록 외국인에 의한 것이지만, 중국 근대 고고학 발굴의 첫 사례가 후홍산문하로 불리는 소하연문화 유적이었던 것이다. 그러나 본격적인 홍산문화 유적지는 아니었다.

〈자료 9-5〉 스웨덴의 지질학자 안데르손(Johan Gunnar Andersson: 1874-1960)

3) 프랑스 신부 리상(Emile Licent)과 샤르댕(Pierre Teilhard de Chardin)[11]

프랑스 예수회 소속의 신부이자 지질학자 겸 고고학자였던 리상(Emile

---

9) 安特生 (袁復礼 沢), 〈奉天錦西沙鍋屯洞穴層〉, 《中国古生物誌》第1册 第1号 (1923.4): 于建設(主編), 《紅山文化概論》, 2쪽에서 재인용.

10) 賈洪榛(主編), 《赤峰滄桑: 上册》, 171쪽.

11) 이에 대한 자료는 (1) 賈洪榛 主編, 《赤峰滄桑: 上册》, 173-174쪽, (2) 于建設(主編), 《紅山文化概論》, 2-3쪽, (3) 百度百科(https://baike.baidu.com)를 바탕으로 한 것이다.

Licent: 1876-1952, 중국 이름 桑志華)과 샤르댕(Pierre Teilhard de Chardin: 1881-1955, 중국 이름 德日進)은 리상이 천진시에 세운 '북강박물원(北疆博物院)'을 전초기지 삼아서 지질, 고고조사를 진행했다. 북강박물원은 현재의 천진자연박물관(天津自然博物館)의 전신이다.

1923년 여름, 이들은 구석기시대 후기의 수동구(水洞溝)유지를 발견하고 체계적인 발굴까지 하였다. 이것이 중국에서 최초로 체계적으로 발굴된 구석기시대 유적이 되었고, 이로 인해 리상과 샤르댕은 '중국 구석기시대 고고학의 개척자'라고 불린다. 제대로 된 주구점 발굴보다 3년 앞선 시점이었다.

1920년대에 리상과 샤르댕은 당시의 열하성(熱河省) 경내에서 22곳의 새로운 신석기시대 유적지를 발견하였는데, 그 가운데 홍산 뒤쪽의 홍산후유지도 포함되어 있다. 1924년 이들은 홍산 뒤쪽에서 처음으로 채도(彩陶) 조각들을 발견하였고, 이곳에 신석기시대 유적이 존재한다는 것을 확인하였다. 이것이 후에 홍산문화 명명지로 밝혀진 유적이다. 그러나 발굴까지 이어지지는 않았다.[12]

〈자료 9-6〉 프랑스 신부 리상(좌)과 샤르댕(우)

---

12) 賈洪榛(主編),《赤峰滄桑: 上册》, 173쪽.

4) 양계초(梁啓超: 1873-1929)의 차남 양사영(梁思永: 1904-1954)[13]

양사영은 저명한 철학자이자 정치가였던 양계초(梁啓超: 1873-1929)의 둘째 아들이다. 양사영은 1923년부터 하버드대학에서 고고학과 인류학을 공부하였고, 1930년 여름에 석사학위를 마치고 귀국하여 당시의 중앙연구원(中央研究院) 역사어언연구소(歷史語言研究所)에서 고고학자로 재직하고 있었다. 그는 고고학 분야에서 서양식 정규 교육을 받은 첫 번째 학자로 '중국 근대 고고학의 개척자'로 불린다.

그는 귀국 직후인 1930년 8월에 흑룡강성 앙앙계(昂昂溪)유지를 발굴하였고, 1931년에는 하남성 안양시 은허(殷墟)유지 발굴에도 참가하는 등 많은 유적지 발굴에 참가하였다. 신중국 건립 후에 최초로 중국사회과학원 원사(院士)가 되었다. 사후에 그가 쓴 글들을 모아 1959년에《양사영 고고 논문집(梁思永考古論文集)》이 출판되었다.[14]

〈자료 9-7〉양사영과《양사영고고논문집(梁思永考古論文集)》의
홍산문화 관련 논문 부분[15]

---

13) 이에 대한 자료는 (1) 賈洪棒(主編),《赤峰滄桑: 上册》, 175-176쪽, (2) 尹達,〈悼念梁思永先生〉, 中国科学院考古研究所,《梁思永考古論文集》, 科学出版社, 1959, 서문 ⅰ-ⅲ쪽, (3) 夏鼐,〈梁思永先生伝略〉,《梁思永考古論文集》, 서문 ⅴ-ⅵ쪽의 내용을 바탕으로 한 것이다.

14) 中国科学院考古研究所,《梁思永考古論文集》, 科学出版社, 1959.

15) 中国科学院考古研究所,《梁思永考古論文集》, 科学出版社, 1959.

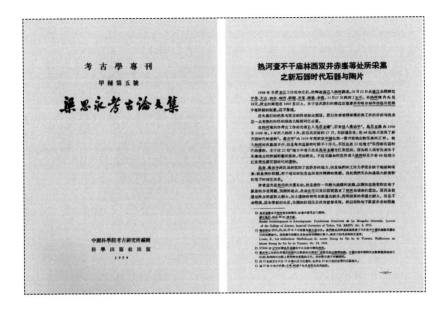

1930년 양사영은 앙앙계유지 발굴을 마치고 북경으로 돌아오는 길에
열하성 일대에 대한 조사를 실시하였다. 1930년 10월 초부터 11월 27일
북경에 돌아오기까지 약 2개월 동안 조사를 마치고 대대적인 발굴을 계획
했었지만, 1931년 9월 18일 일본이 만주 지역을 침공한 '9.18 사변'의 발
발로 그 꿈을 이룰 수는 없었다.

2개월 동안의 열하성 지역 조사에서 양사영은 후에 홍산문화에 속하
는 것으로 밝혀진 많은 유적지들을 조사하였다. 1930년 11월에 적봉 지역
에 와서 현재의 오한기, 파림좌기, 파림우기, 임서현 등 적봉시 경내 곳곳
을 돌아다니며 조사하였다. 적봉 시내에서도 영금하 연안과 홍산 아래쪽
을 조사하면서 많은 홍산문화 채도(彩陶)와 지자문(之字紋) 토기 파편들을
수습하였다. 그는 이 조사 결과를 〈열하성 사포간묘, 임서 쌍점, 적봉 등
지역 채집 신석기시대 석기와 토기 파편(熱河省查布干廟林西双井赤峰等处所
採集之新石器時代石器与陶片)〉이라는 논문으로 1936년에 발표했다.[16] 이 글

---

16) 梁思永, 〈熱河省查布干廟林西双井赤峰等处所採集之新石器時代石器与陶片〉,
《梁思永考古論文集》, 107-144쪽. 이 논문은 본래 1936년 8월에 국립중앙연구
원 역사어언연구소의 《전야고고보고(田野考古報告)》 제1책, 1-67쪽에 발표된 것

이 외국인이 아닌 중국 고고학자가 자체적으로 조사하여 발표한 첫 번째 홍산문화 관련 연구 사례이다.

양사영은 1930년에 미국에서 귀국하면서부터 동북 지방에 대해 관심이 많았었다. 만일 1931년에 '9.18 사변'이 일어나지 않았거나 1933년에 일본에 의해서 적봉 지역이 점령되지 않았었다면, 양사영에 의해서 홍산문화의 전모가 드러날 수도 있었을 것이다. 그러나 아쉽게도 '9.18 사변'으로 홍산문화에 대한 본격적인 발굴과 연구는 후일을 기약할 수밖에 없었다.

5) 일본주적봉영사관(日本駐赤峰領事館) 대리영사 무타 데쓰지(牟田哲二)

1933년 3월 적봉시는 일본에 완전히 점령되었다. 1917년 적봉시에 개설된 일본영사관의 대리영사 무타 데쓰지(牟田哲二)는 대단한 골동품 수집가였고, 홍산 근처에서 출토된 청동기, 석기, 토기 등도 많이 소장하고 있었다. 1933년에 그는 홍산 지역에서 출토된 자신의 소장품들을, 당시에 적봉에 와서 고고조사를 벌이고 있던 경도대학(京都大學)에 연구용으로 1차로 기증하였다. 이를 통해서 일본 고고학자들도 홍산 지역에 본격적인 관심을 가지기 시작하였다. 1차 기증을 하고 얼마 지나지 않아서 또 다른 일본 고고학자들이(鳥取森男, 金子健爾 등) 홍산 일대에서 조사를 하고 돌아갈 때, 무타 데쓰지는 이들을 통해서 자신이 소장하고 있던 홍산문화 관련 유물들을 '일본동아고고학회(日本東亞考古学会)'에 2차로 기증하였다.[17]

1933년에 무타 데쓰지가 두 차례에 걸쳐 일본 학계에 기증한 홍산문화 관련 유물은 많은 일본 고고학자들의 관심을 끌게 되었다. 결국 2년 뒤인 1935년에 무타 데쓰지로부터 1차로 기증을 받았던 경도대학 주도로 홍산 후유지를 발굴하게 되었던 것이다.

이다(위 글, 144쪽 참조).

17) (1) 于建設(主編), 《紅山文化槪論》, 4쪽. (2) 賈洪榛(主編), 《赤峰滄桑: 上册》, 171쪽.

6) 홍산후(紅山後)유지를 발굴한 하마다 고사쿠(浜田耕作: 1881-1938)

홍산의 뒤쪽에 있는 홍산후유지는 현재 홍산문화의 명명지(命名地)로
보호되고 있는 곳이다.

홍산후유지에 대한 본격적인 발굴은 '일본 근대 고고학의 아버지'라는
경도대학(京都大学)의 하마다 고사쿠(浜田耕作, 1881-1934)의 주도로 일본
동아고고학회 차원에서 1935년에야 이루어진다. 일본영사관의 대리영사
무타 데쓰지가 1933년에 두 차례에 거쳐서 경도대학과 일본동아고고학회
에 기증한 홍산 지역 출토 유물들이 이 발굴이 성사되는 데 결정적인 역할
을 한 것이다.

당시에 홍산후유지 지역은 한약재로 사용되는 감초(甘草)를 많이 재배
하였는데, 주민들이 감초를 수확하면서 고분을 파헤쳐 부장품들을 골동품
상점에 내다 파는 사람들이 많았다고 한다. 이것을 수집한 무타 데쓰지가
1933년에 이 유물들을 두 차례에 걸쳐서 기증하였던 것이다. 이 유물들을
확인한 경도대학과 일본동아고고학회에서 그 중요성을 인지하고 발굴하
기에 이른 것이다.[18)

1935년 5월에 일본동아고고학회(日本東亜考古学会)는 홍산후유지에 대
한 발굴을 결정한다. 1935년 6월 9일에 일본 경도대학 총장 하마다 고사
쿠(浜田耕作)를 단장으로 하고, 미술사학자 미즈노 세이치(水野清一: 1905-
1971) 등의 학자들이 적봉에 도착해 당시 적봉발전소 건물에 발굴대 본부
를 마련하였다. 6월 11-30일까지 21일 동안 발굴이 이루어지는데, 발굴
지역은 두 곳이었다. 제1지점은 (1) 석관묘 26기를 발굴하여 '적봉 제2기
문화'라고 명명하였고, (2) 후에 청동기시대 하가점상층문화 유적으로 밝

---

18) (1) 賈洪棒(主編), 《赤峰滄桑: 上册》, 172쪽.
(2) 三宅宗悦, 〈熱河赤峰の古代文化と人種〉, 《国立中央博物館時報》 第1号
(1939). 이것은 일본이 세운 괴뢰국인 만주국에서 설립한 국립중앙박물관에서
발행한 자료이다.
미야케 무네요시(三宅宗悦: 1889-1975)는 홍산후유지 발굴에 참여하여 고인골(古
人骨)의 채집과 연구를 담당했다. 이 글은 아래 고리아이라는 필명의 블로그에
도 번역하여 소개되어 있다.(http://blog.daum.net/coreai84/13388381)

혀졌다. 제2지점은 (1) A-G까지 7개 구역으로 나누어 발굴되었는데 제1지점보다 이른 시기여서 '적봉 제1기 문화'로 명명하였고, (2) 후에 신석기시대 홍산문화 주거유적으로 밝혀졌다. 이 발굴에 대한 보고서는 하마다 고사쿠와 미즈노 세이치의 주도 아래 책으로 출판되었다. 이것이 일본 동아고고학회에서 1938년에 출판한《적봉홍산후: 열하성 적봉홍산후 선사유적(赤峰紅山後: 熱河省 赤峰紅山後先史遺迹)》이다.[19] 하마다 고사쿠는 이 책의 출판을 보지 못하고 인쇄되던 중에 죽음을 맞이하였다.[20]

이 발굴 보고서는 2015년에 '홍산문화 발견 80주년' 겸 '내몽고자치구 성립 70주년'을 기념하여 내몽고대학출판사에서 번역 출판되었다.[21] 2015년 8월 적봉대학에서 열린 '제10회 홍산문화 고봉논단'에 참가한 발표자들에게 1부씩 증정하여 필자도 소장하고 있다.

이 '홍산후유지'가 현재 공식적으로 발견된 1200개가 넘는 홍산문화 유적지 가운데 최초의 공식적인 발견지이자 발굴지이고, 명명지이기도 하다. 이 유적지의 발굴로 인해서 이런 유형의 고고학문화를 후에 '홍산문화'라고 명명하게 된다. 중국에서는 홍산후유지가 정식 발굴된 1935년을 '홍산문화의 발견 시점'으로 본다. 그래서 2015년에는 대련에서 '홍산문화 발견 80주년 기념 국제 학술대회'가 열렸다. 필자도 이 학술대회에 참가하여 논문을 발표한 바 있다. 이에 대해서는 뒤에서 다시 소개할 것이다.

---

19) 東亞考古學會,《赤峰紅山後: 熱河省 赤峰紅山後先史遺迹》, 東亞考古學會, 1938. 이 책은 '東方考古學叢書, 甲種 第6冊'으로 출판된 것이다.

20) 賈洪榛(主編),《赤峰滄桑: 上冊》, 179쪽.

21) 東亞考古學會, (戴岳曦·康英華 譯),《赤峰紅山後: 熱河省 赤峰紅山後先史遺迹》, 內蒙古大學出版社, 2015).

〈자료 9-8〉하마다 고사쿠(浜田耕作: 1881-1938)와 홍산후유지의 발굴

1. 일본 발굴단 전체 사진과 주요 인물(1935)[22]

水野隊員　三宅隊員　吉田廠長　赤堀隊員　三上隊員　濱田隊長　尾崎技師　島村幹事　島田隊員　（後列）　（前列）

2. 발굴단 본부가 있던 당시의 적봉발전소[23]

22) 東亞考古學會, (戴岳曦·康英華 譯), 《赤峰紅山後: 熱河省 赤峰紅山後先史遺迹》, 1쪽.

23) 賈洪榛(主編), 《赤峰滄桑: 上冊》, 180쪽.

3. 적봉후유지의 위치[24]

* 적봉시의 동북쪽에 홍산이 있고 홍산의 뒤쪽에서 위에 있는 붉은 삼각형(▲)이 제1지
  점으로 하가점상층문화 유적지이고, 아래쪽 붉은 삼각형(▲)이 제2지점으로 홍산문화
  유적지다.

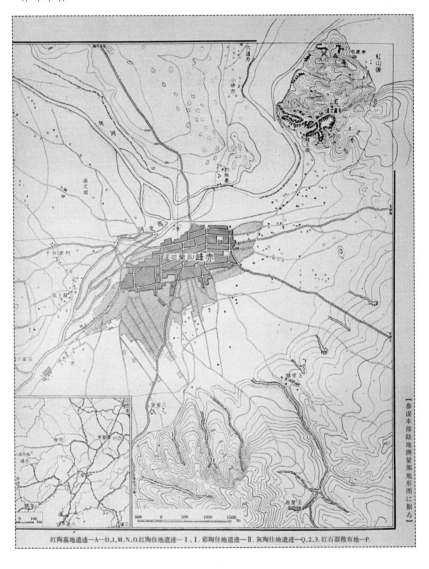

紅陶墓地遺迹―A―D,I,M,N,O.紅陶住地遺迹―I,I.彩陶住地遺迹―Ⅱ.灰陶住地遺迹―Q,2,3.紅石器散布地―P.

24) 東亜考古学会(著), 戴岳曦・康英華(訳),《赤峰紅山後：熱河省 赤峰紅山後先史遺
  迹》, 203쪽 図版一.

4. 홍산후유지 발굴 지점[25]

* Ⅰ: 제1지점은 하가점상층문화. Ⅱ: 제2지점은 홍산문화
* 아래 그림을 보면 발굴한 제1지점(Ⅰ), 제2지점(Ⅱ) 외에도 당시에 이미 일본학자들이 Ⓐ-Ⓠ에 이르는 홍산의 곳곳을 모두 조사한 것을 알 수 있다. 후에 알려진 것이지만 홍산 전체에 홍산문화, 하가점하층문화, 하가점상층문화 주거지, 묘장, 제사유적 등이 밀집되어 있다.

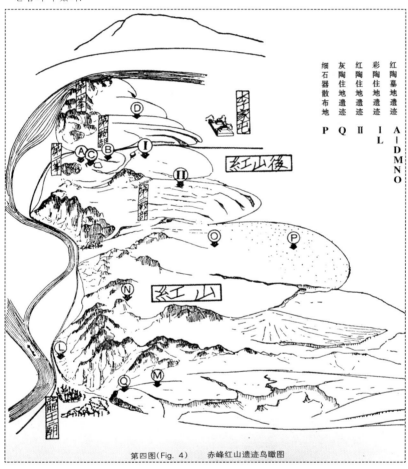

細石器散布地　灰陶住地遺迹　紅陶住地遺迹　彩陶住地遺迹　紅陶墓地遺迹

P　Q　Ⅱ　Ⅰ　Ａ
　　　　　L　ｌ
　　　　　　　Ｄ
　　　　　　　Ｍ
　　　　　　　Ｎ
　　　　　　　Ｏ

第四図(Fig. 4)　　赤峰紅山遺迹鳥瞰図

---

25) 위 책, 24쪽 第四図.

5. 발굴지 상세도[26]

* 붉은색으로 칠하거나 선을 그은 부분이 발굴지다.

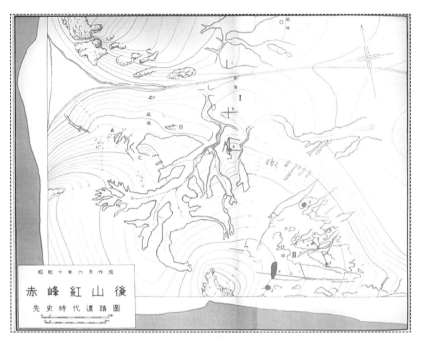

6. 1938년 발굴 보고서(좌)와 2015년 중국어 번역본(우)

26) 위 책, 210-211쪽 図版三.

7) '홍산문화의 꽃' 우하량유지를 최초로 발견한 동주신(佟柱臣: 1920-2011)

동주신은 (1) 1941년 길림고등사범전과학교(吉林高等師範專科學校)를 졸업하고 능원(凌源)중학교 교사로 잠시 있다가, (2) 1945년부터는 심양박물원(瀋陽博物院) 부연구원으로 있었으며, (3) 1949년부터는 현재의 국가박물관인 북경역사박물관(北京歷史博物館)에서, (4) 1961년부터는 중국과학원 고고연구소의 연구원, 교수를 역임한 분이다. 그는 주로 홍산문화의 중심지인 능원, 적봉, 승덕 등지의 신석기시대 유적지를 연구한 고고학자이다.[27]

능원중학교 교사 시절 그는 시간이 날 때마다 학교에서 가까운 능원, 적봉 일대를 답사하고 조사하였다. 1943년 봄, 동주신은 학교에서 멀지 않은 요녕성 조양시에 속한 능원현(陵源縣: 현재는 능원시)과 건평현(建平縣) 경계의 '우하량(牛河梁)'이라고 불리는 지역에 답사를 갔고, 인근 밭 주변에 흩어진 돌무더기들이 그의 주의를 끌었다. 이곳이 후에 우하량유지의 제2지점으로, 적석총과 천단 등이 밀집된 지역이다. 그는 우하량유지를 처음으로 발견했으나 당시에는 그것이 후에 세계를 놀라게 할 유적지인지는 알 수 없었다. 그는 우하량유지를 비롯하여 능원, 적봉, 홍산 일대를 조사한 결과를 여러 글로 발표하였다. 당시에 그는 나중에 구운형옥패식(勾雲形玉佩飾)이라고 부르는 옥기도 인근 농가에서 보았었다고 기록하고 있다. 이 옥기는 70년대에 능원현문화관에서 수집하여 현재 요녕성박물관에 소장되어 있다.[28]

---

27) 百度百科(www.baidu.com) 자료.

28) 遼寧省文物考古研究所, 《牛河梁遺址発掘報告(1983-2003年度): 上》, 文物出版社, 2012, 5쪽; 于建設(主編), 《紅山文化槪論》, 4쪽. 여기 소개된 동주신이 1943년 당시에 발표한 관련 글을 소개하면 아래와 같다.
(1) 佟柱臣, 〈陵源附近新石器時代之調査〉, 満洲古蹟古物明勝天然記念物保存協会誌, 《熱河》, 第4輯 考古資料編(1943年 4月) (日文).
(2) 佟柱臣, 〈陵源新石器時代遺迹考察〉, 《盛京時報》, 1943.6.13, 15.
(3) 佟柱臣, 〈熱河先史文化与赤峰紅山〉, 《盛京時報》, 1943.8.15-31. 연재.
(4) 佟柱臣, 〈熱河の先史文化〉, 《北方圈》第3卷, 4, 5号(1944).
(5) 佟柱臣, 〈赤峰附近新発見之漢前土城址与古長城〉, 《歷史与考古》, 1946年 10月.

발굴까지 이어지진 않았지만, 동주신은 '홍산문화의 꽃'인 우하량유지 제2지점을 처음으로 발견한 사람이었다. 그러나 당시에는 이 유적이 세계를 놀라게 할 중요한 유적이라는 것을 알 수는 없었다.

〈자료 9-9〉동주신(佟柱臣: 1920-2011)

8) '홍산문화'의 명명자 윤달(尹達: 1905-1983)[29]

1935년 하마다 고사쿠(浜田耕作)가 주도한 홍산후유지의 발굴 당시에서는 '홍산문화'라는 명명은 이루어지지 않았고 '적봉 제1기 문화'로 불렸다. 후에 이 '적봉 제1기 문화'가 윤달(尹達)에 의해서 '홍산문화'로 정식으로 명명된다.

오늘날 통칭되는 '홍산문화'라는 것은 1955년 12월 출판된 윤달의《중국 신석기시대(中國新石器時代)》라는 책에서 정식으로 명명된 것이다.[30] 이 책에 〈적봉 홍산후 신석기시대 유지에 대하여(關于赤峰紅山后的新石器時代遺址)〉라는 장이 있는데, 이 글에서 '홍산문화'로 정식 명명되었던 것이다.

29) 이 부분은 필자의 다른 책 아래의 부분을 약간의 수정을 거쳐서 싣는 것이다.
　　우실하,《동북공정 너머 요하문명론》(서울: 소나무, 2007), 167-169쪽.
30) 尹達,《中國新石器時代》, 三聯書店, 1955. 이 책은 1979년에 재판이 나올 때는 제목이《新石器時代》로 바뀐다.

이렇게 명명된 사정을 살펴보면 아래와 같다.

1945년 일본의 무조건 항복으로 2차 세계대전이 끝나자, 사천성(四川省)에 있던 양사영은 현재의 북경인 북평(北平)³¹⁾으로 돌아와 쉬고 있었다. 1950년 8월 북경에 중국사회과학원 고고연구소가 설립되면서 양사영은 부소장에 임명된다.

1953년 초 중국의 저명한 역사학자이자 고고학자인 윤달은 자신이 쓴 논문들을 모아 《중국 신석기시대》라는 저서를 출간할 준비를 하고 있었다. 몸이 완전히 회복되지 않은 양사영은 윤달의 원고를 상세히 살펴본 후에, 윤달에게 '적봉 홍산 신석기'에 대한 논문을 한 편 써서 넣을 것을 제안했다.

1955년 12월 윤달이 《중국 신석기시대》를 정식 출간했다. 이 책에는 양사영의 제안을 받아들여 기존의 원고에 〈적봉홍산후 신석기시대 유적에 대하여(关于赤峰紅山后的新石器時代遺址)〉라는 장을 하나 더 넣은 것이었다. 책이 출판되었을 때는 이미 양사영은 병사한 지 1년이 넘은 상태였다. 양사영은 책의 출판을 보지 못했지만, 중요한 건의를 했고 이것이 받아들여졌던 것이다. 오늘날 통칭되는 '홍산문화'라는 것은 1955년 12월 출판된 윤달의 《중국 신석기시대》라는 책 안에서 정식으로 명명된 것이다.

윤달은 〈적봉 홍산후 신석기시대 유적에 대하여〉라는 장에서 '적봉 홍산후유지'의 토기와 석기의 특징을 분석하여, 이 지역의 신석기문화와 황하문명 지역의 앙소문화가 상호 영향을 미친 후에 발생한 새로운 고고학문화 유적일 가능성이 대단히 높다고 보았다. 그는 '적봉 홍산후유지'는 이 지역의 신석기 고고학문화와 황하 유역의 앙소문화 두 문화 요소를 함유하고 있으며, 이것을 중국 신석기시대의 '홍산문화'라고 이름붙일 수 있

---

31) 현재의 북경(北京)은 시기에 따라 여러 차례 북평(北平)이라고도 불렸다. 가장 최근으로는 ⑴ 일본의 패망 직후인 1945년 8월 21일에 북경에서 북평으로 개칭되었고, ⑵ 1949년 1월 31일 인민해방군이 북평이 진주한 이후 1949년 9월 27일 중국인민정치협상회의(中国人民政治协商会议) 제1차 전체회의에서 '중화인민공화국 국도, 기년, 국기에 관한 결의(关于中华人民共和国 国都, 纪年, 国歌, 国旗的 决议)'에 따라서 다시 북경으로 바뀌었다. 이후 1949년 10월 1일에 중화인민공화국 정부가 북경에서 정식으로 수립된 이후로는 변동이 없다.

다고 보았다. 이렇게 해서 '홍산문화'라는 정식 명칭이 생기게 되었고, 그 범위는 요녕성, 내몽고, 하북성의 경계 부분인 연산(燕山) 남북 지역과 만리장성 일대를 포괄하는 정도로만 보았다. 1979년에 재판부터는 '중국'을 뗀《신석기시대》로 출판되었다.

〈자료 9-10〉 홍산문화 명명자 윤달(尹達: 1905-1983)

1. 윤달

2. 1955년 초판《중국 신석기시대》

3. '적봉 홍산후유지' 부분

4. 1979년 재판《신석기시대》

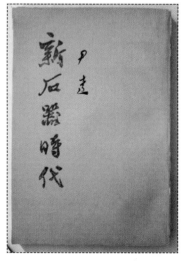

2. 홍산문화 우하량유지의 발견과 발굴

1955년 윤달에 의해서 홍산문화로 명명된 이후에는 많은 학자들이 홍산문화 유적지들을 조사하고 발굴하였다. 그러나 홍산문화의 가장 중요한 유적인 우하량유지의 실질적인 발견은 1981년에야 이루어졌고, 1983-1985년에야 첫 발굴이 이루어진다.

첫째, 우하량유지 적석총의 첫 발견자는 앞서 소개한 동주신으로, 이것이 1943년의 일이다. 그러나 이때는 아직 우하량유지의 규모나 중요성을 몰랐고 이후 우하량유지는 잊혀져 있었다.

둘째, 1978년 가을 조양시의 조양박물관에서 홍산문화의 건축지 비슷한 것에 대한 간단한 예비 발굴인 시굴(試掘)을 하였는데, 이것이 이후에 우하량유지 13지점으로 명명된 거대 계단식 적석 유적이다.[32] 완전한 발굴이 이루어지지 않아서 아직까지도 무덤인지 건축물인지는 알 수가 없다.

셋째, 1979년 요녕성문화국에서 문물조사를 하던 중 우하량 인근 삼관전자촌(三官甸子村) 동북쪽의 성자산(城子山)에서 홍산문화와 하가점하층문화가 공존하는 유적지를 발견하여 시굴을 하였다. 당시에 3곳의 묘에서 옥기가 출토되어 홍산문화 유적임을 알게 되었다. 이곳이 후에 우하량유지 제16지점으로 명명된 곳이다.[33]

넷째, 우하량유지가 본격적으로 조사되어 대대적인 발굴로까지 이어진 것은, 우하량유지 바로 아래 부산진(富山鎮: 당시는 富山鄉) 마가구촌(馬家溝村)의 생산대장이던 마용도(馬龍図)가 1979년에 밭을 갈다가 우연히 주은 옥기가 계기가 되었다. 이 상황에 대해서는 중국의 중앙 텔레비전 방송인 CCTV 10번 '탐색·발견(探索·発現) 채널'에서 2004년 12월 24일부터 31일까지 〈오천년 이전의 문명(五千年以前的文明)〉이라는 제목으로 방영했던 홍산문화 관련 특집 6부작 다큐멘터리 자료를 참고할 수 있다.[34]

---

32) 遼寧省文物考古硏究所(編著),《牛河梁遺址發掘報告(1983-2003年度): 上》, 5쪽.

33) 遼寧省文物考古硏究所(編著),《牛河梁遺址發掘報告(1983-2003年度): 上》, 5쪽.

34) 우실하,《동북공정 너머 요하문명론》, 205쪽 〈자료 2-67〉, 〈자료 2-68〉.

요녕성 건평현(建平縣) 부산향(富山鄉: 현재는 富山鎮) 마가구촌(馬家溝村)은 우하량유지 바로 아래에 있는 마을이다. 마을 사람들은 우하량 2지점 지역에 많은 돌무지가 있는 것을 알고는 있었지만, 옛날 몽골 시대의 '어버(Ovoo)'로 생각했다고 한다. 어버는 돌무지를 쌓아 놓은 제사 공간으로 우리의 서낭당 돌무지와 유사하다. 당시 촌민들은 이것이 세계를 놀라게 만들 홍산문화 적석총과 천단(天壇)이라는 것은 꿈에도 생각지 못했고, 오래전부터 이곳에서 가져온 돌들을 담장을 쌓거나 가축의 우리를 쌓는 용도로 사용하고 있었다.

1979년 부산향의 생산 공동체인 부산공사(富山公社) 마가구촌(馬家溝村)의 생산대장이던 마용도(馬龍図)는 밭을 갈다가 속이 빈 통 모양의 옥기를 주웠고, 집에 가져와서 필통으로 사용하고 있었다.

이 '필통'이 바로 나중에 '사구통형옥기(斜口筒形玉器)' 혹은 '마제형통관(馬蹄形筒管)'이라고 불리는 홍산문화의 전형적인 옥기 가운데 하나이다. 이것은 최고 지위의 사람들이 신분을 나타내기 위해서 머리 위에 쓰는 옥으로 만든 관인 옥고(玉箍)다.

1981년 4월 8일, 요녕성박물관 곽대순이 마용도의 집을 방문하게 된다. 곽대순[35]이 마용도의 집을 방문했을 때, 그의 방 안에는 여전히 주워온 마제형통관을 필통으로 사용하고 있었다. 고고학자이자 홍산문화 전문가인 그는 단번에 그 옥기의 중요성을 알아보았다.

마용도는 옥기를 발견했던 곳에서 토기 파편과 인골(人骨)도 본 적이 있다고 알려주었다. 이 지역에 대해서 이미 잘 알고 있었던 곽대순은 홍산문화 시기의 적석묘일 것이라고 확신했다고 한다. 인터뷰를 마치고 곽대순 등은 마용도와 함께 그가 옥기를 발견한 곳을 찾아가 조사를 했는데,

---

35) 곽대순(郭大順: 1938-)은 현재도 활발하게 학술활동을 하고 있는 홍산문화 최고의 전문가이다. 그는 1938년 하북성 장가구시(張家口市)에서 태어나서, 북경대학 역사계열 고고학전공으로 학사(1962), 석사(1965)를 마쳤다. 1968년에 요녕성박물관에 왔고, 1983-1994년까지는 요녕성문물고고연구소에 적을 두고 요녕성문화청 부청장 겸 요녕성문물고고연구소 소장 등을 역임하고 1998년에 퇴직하였다. 현재는 요녕성문물고고연구소 명예소장, 요녕성문물국 전가조조장(專家組組長), 중국고고학회 명예이사를 맡고 있다.

그때까지 많은 돌무더기와 토기 파편, 인골들이 흩어져 있었다. 인골이 있는 부분을 간단하게 조사하여 두개골과 깨진 옥환(玉環)도 수습하였다.

이 지역이 바로 후에 각종 적석총과 천단(天壇) 등이 밀집된 우하량유지 제2지점으로 밝혀진 곳이다. 이후에 (1) 거의 완전한 석관묘가 발굴된 곳이 우하량유지 제2지점 제1호 묘, (2) 많이 훼손된 곳이 제2호 묘, (3) 돌무지에서 인골을 발견한 곳이 우하량유지 제2지점 4호총 등으로 명명되었다.

곽대순은 마용도가 가지고 있던 마제형통관과, 당시 다른 촌민이 수습하여 가지고 있던 쌍련옥벽(双聯玉璧)을 싼값에 사서 요녕성박물관으로 가져갔다. 이것은 현재 홍산문화 옥기를 대표하는 국보급 유물로 요녕성박물관에 전시되어 있다.

다섯째, 1983년 7월 말 조양시에서 개최된 '연산 남북, 장성 지대 고고 좌담회(燕山南北, 長城地帶考古座談会)'에서 당시 막 발굴된 객좌현(喀左縣)의 홍산문화 동산취(東山嘴)유지에서 발견된 제사 유적지 등에 대한 발굴 결과가 보고되었다. 이를 계기로 다른 고고학자들도 요서 지역의 홍산문화에 대해서 지대한 관심을 보이시 시작했다. 이 회의에 참석한 고고학계의 대원로인 (고)소병기(蘇秉琦) 선생은 객좌-능원-건평의 삼각 지대에 대한 집중적인 조사가 필요하다는 의견을 제시하였다.

1983년 10월에 드디어 손수도(孫守道)와 곽대순을 책임자로 한 고고발굴단이 꾸려졌다. 발굴이 불가능한 첫 겨울 기간에는 우하량유지 주변에 대한 지표조사에서 여러 곳의 유적지를 확인하였고, 제1-5지점까지 번호가 매겨졌다. 실질적인 발굴은 1984년 봄부터 시작되어 지금도 계속되고 있다.

2012년에는 1983-2003년까지 20년 동안의 발굴 결과를《우하량 발굴보고(1983-2003)》라는 4권의 책으로 출판하였다. 이 발굴 보고서는 16개 지점 가운데, (1) 완전한 발굴이 이루어진 5개 지점 (제1, 2, 3, 5, 16 지점)과, (2) 제13지점에 대한 시굴 결과만이 포함되어 있다. 나머지 더 많은 지점들에 대해서는 현재도 발굴이 이루어지고 있다.

만일 마용도가 주워온 옥기를 몰래 골동품 가게에 팔아 넘겼다면, 우하량유지의 발굴은 또 오랜 시간을 기다려야 했을지도 모른다.

〈자료 9-11〉마용도와 그가 1979년에 발견해서 필통으로 사용하던
홍산문화 옥고(玉箍)

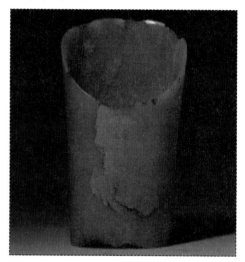

〈자료 9-12〉1981년 봄 마가구촌을 찾은 곽대순(오른쪽 끝)과 일행

3. 홍산문화 개괄

요하문명의 꽃으로 불리는 홍산문화는 동북아시아 고대사와 관련된 새로운 사실을 밝혀주고 있다. 이를 먼저 아래와 같이 개괄적으로 소개하고, 뒤이어지는 부분에서 다시 상세히 설명할 것이다.

첫째, 1935년 하마다 고사쿠(浜田耕作)에 의해 최초로 발굴되고, 1955년 윤달(尹達: 1905-1983)에 의해서 정식 명명되었다. 세계적인 주목을 받게 된 것은 1979년 동산취유지를 시작으로, 1983-1985년 우하량유지가 본격적으로 발굴되기 시작하면서부터다.

둘째, 홍산문화는 (1) 홍산문화 전기(BC 4500-3500: 신석기시대)와 (2) 홍산문화 후기(BC 3500-3000: 동석병용시대)로 구분한다. 홍산문화 단계에서는 이미 발달된 농경사회로 접어든다. 홍산문화 시기는 농업 위주이면서 수렵과 목축을 겸하는 사회였다.

셋째, 홍산문화 만기의 우하량유지에서는 동(銅)의 주조한 도가니 조각과 순동 귀고리가 발견되어 동북 지역 최초의 동석병용시대(銅石並用時代)로 보고 있다. 홍산문화 후기는 흔히 후홍산문화(後紅山文化)로 부르는 소하연문화(小河沿文化: BC 3000-2000)로 이어져 신석기시대와 청동기시대를 잇는 고리 역할을 한다.

넷째, 제단(祭壇), 여신전(女神殿), 각종 형태의 거대 적석총(積石塚: stone mound tomb)이 발견된 우하량유지는 홍산문화 후기 유적이다. 홍산문화 후기의 우하량유지는 이미 '초기 국가단계' 혹은 '초기 문명단계'에 진입했다고 보고 있으며, 이 우하량유지는 '홍산문화의 꽃'이자 '요하문명의 꽃'이다. 우하량유지는 BC 3500년경에 조성된 것으로, 탄소14 연대 측정 이후 나이테 교정을 거친 절대연대는 BC 3779-3517년이다.[36]

다섯째, 동북아시아 최초의 적석총인 '토광적석총(土壙積石塚)'과 '석관적석총(石棺積石塚)'은 흥륭화문화 백음장한 2기 유적지에서부터 이미 나온다. 그러나 흥륭와문화의 대표적인 묘제가 되지는 못했다. 적석총 가운

---

36) 遼寧省文物考古硏究所,《牛河梁遺址發掘報告(1983-2003年度): 中》, 483쪽.

데 가장 발달된 양식이라고 할 수 있는 '계단식 적석총'을 비롯한 각종 돌무덤은 홍산문화 시기에 모두 보이며, 홍산문화 시기에 보편적인 묘제가 된다.

특히 홍산문화에서는 피라미드식의 거대한 계단식 적석총이 최초로 등장한다. 이런 적석총과 계단식 적석총은 이 시기의 황화문명이나 장강 문명 지역에서는 보이지 않는 것이다. 흥룡와문화 시기에 시작된 적석총 문화는 홍산문화 시기에 보편화되어 후에 만주 일대의 청동기시대와 철기시대의 묘제로 지속적으로 이어지고, 후에는 고구려, 백제, 가야, 신라, 일본의 묘제로 연결되는 것이다.

여섯째, 한 변이 20-30m에 이르는 3층 계단식 적석총을 비롯한 다양한 크기의 적석총들은 1명의 '지고무상(至高無上)한 존재', '왕의 신분(王者身分)에 상응하는 인물'이 출현했고, '신분의 등급 분화'와 '예제(禮制)의 조기(早期) 형태'가 이미 제도화되었음을 나타낸다.

일곱째, 홍산문화 후기에는 이미 (1) 인간 실물의 1배, 2배, 3배의 여신을 모신 여신 신전인 여신묘(女神廟)가 단독으로 등장하며, 여신상(女神像)들은 실물의 1배-3배까지 층차(層次)를 보이며 '주신(主神)'이 이미 출현했음을 보여준다.

여덟째, 거대한 제단(祭壇), 여신묘, 다양한 거대 적석총(積石塚)과 계단식 적석총 등을 갖춘 '초기 국가단계', '초기 문명단계'에 진입한다. 학자들 가운데는 이 단계를 군장국가(君長国家, chiefdom)로 보기도 한다.

아홉째, 홍산문화 후기에는 황하문명의 중심지인 앙소문화 지역이 교류가 되어 앙소문화의 채도(彩陶)가 유입된다.

열째, 홍산문화에서는 다양한 형태의 옥기가 매우 풍부하게 발굴되고 있다. 신분의 차이에 따라 많게는 하나의 무덤에서 최고 20개의 옥기가 부장품으로 나온다. 이를 통해 홍산문화 시대는 신분이 분화된 사회라는 것을 알 수 있다.

열한째, 홍산문화 후기에는 옥장인(玉匠人)이 직업적으로 분화되어 있었다고 보며, 필자는 석장인(石匠人)도 분화되어 있었다고 본다.

열두째, 중국학자들 가운데는 신석기시대와 청동기시대 사이에 옥기 시대(玉器時代)를 새롭게 설정하여야 한다고 주장하는 학자들이 많다.[37] 서구와 달리 동북아시아에서는 청동기시대 이전인 옥기시대에 '초기 국가 단계', '초기 문명단계'에 진입한다는 것이다. 이것은 청동기나 문자가 없 이도 문명단계, 국가단계에 진입한 세계적인 사례들이 많다는 것을 바탕 으로, 옥기시대인 홍산문화 후기에 '초기 국가단계', '초기 문명단계'에 진 입했다고 보는 시각이다.

열셋째, 홍산문화 후기의 많은 무덤들에서는 남녀 1쌍이 합장된 적석 석관묘들이 많이 보여서, 일부일처제(一夫一妻制)가 이미 확립되었을 가능 성이 매우 높다고 보고 있다.

열넷째, 홍산문화 후기의 우하량 유지에서 발견된 남녀 두개골 총 17 개 가운데 76.47퍼센트에 달하는 13개의 남녀 두개골이 '두개골 변형'이 이루어진 '편두(偏頭)'이다. 남녀가 보편적으로 편두를 하였음을 알 수 있 다. 변한(弁韓)과 진한(辰韓) 사람들의 편두 전통과 연관지어 보면, 이것은 한국에게도 중요한 정보이다.

열다섯째, 홍산문화 후기는 (1) 한 변이 20-30미터에 이르는 수많은 3 층 계단식 적석총을 비롯한 다양한 크기의 적석총, (2) 인간 실물의 1-3배 의 여신을 모신 단독의 여신묘(女神廟)와 1-3배의 층차(層次)를 보이는 '주 신(主神)'의 출현, (3) 천단(天壇)의 원형으로 보고 있는 3층 원형의 거대한 제단(祭壇), (3) 옥장인(玉匠人)과 석장인(石匠人)의 직업적 분화, (4) 일부일 처제(一夫一妻制)의 확립, (5) 거대 적석총 중심대묘(中心大墓)의 주인공인 1 명의 '지고무상(至高無上)한 존재', '왕의 신분(王者身分)에 상응하는 인물' 의 출현, (6) 부장된 옥기의 수량이나 형태 등을 통한 '신분의 등급 분화'와 예제(禮制)의 확립 등을 통해서 '최소한 6-7등급 신분'이 분화된 '초기 국 가 단계' '초기 문명 단계'로 보고 있다.

---

37) 옥기시대 논의와 진행 과정에 대해서 상세하게 논의하지는 않는다. 이에 대해서 는 아래의 해당 부분에 주요 학자들의 논리가 잘 정리되어 있으니 참고하기 바 란다.
張明華,《中國玉器發見與研究100年》, 上海書店出版社, 2004, 192-194쪽.

4. 홍산문화 분포 범위에 대한 재검토

1) 현재 중국학계에서 보는 홍산문화 분포와 그 범위

첫째, 홍산문화는 '요하문명의 꽃'으로 불리는 신석기시대 고고학문화로 2011년 기준으로 이미 1000곳이 넘었고, 이후 계속적으로 발견되어 1100개가 넘었었다. 그런데 이 책을 마무리하던 2017년 한 해 동안 요녕성 지역에서 또 다시 146곳의 홍산문화 유적지가 새롭게 발견되었다.[38] 현재는 1200곳이 넘는다.

요하문명이 꽃피던 시기 요하문명의 중심지였다고 할 수 있는 요하 중류 지역이 지금은 남북 약 200㎞ 동서 약 500㎞의 거대한 과이심사지로 변해버렸다(제4장 참조). 이 거대한 사지/사막에는 수많은 유적지들이 아직도 잠들어 있을 것을 감안하면 실로 엄청난 문명이 존재했던 것이다.

현재 내몽고 적봉시는 홍산문화 유적지의 최대 밀집 지역이며, 이것이 필자가 최근 안식년(2014.9.1.-2015.8.31.)을 적봉대학에서 보낸 이유이기도 하다. 자료가 잘 정리되어 있는 2011년을 기준으로 약 1000곳 정도의 홍산문화 유적지 가운데 (1) 적봉시 경내에만 725곳(약 72퍼센트)이 밀집되어 있고, (2) 적봉시에 속한 오한기(敖漢旗)에만 292곳(약 29퍼센트)가 밀집

---

38) 요녕성문물고고연구소(www.lnwwkg.com)에서는 2016-2020년 5년 동안 국가문물국의 정식 비준을 통해서 〈대릉하 중-상류 지구 홍산문화 유존 고고공작계획(大凌河中上游地區紅山文化遺存考古工作計劃(2016-2020年))〉을 진행하고 있다. 2016년 준비 작업을 통해 2017년에는 대릉하 중-상류 지역의 홍산문화 유적지를 새롭게 조사하였다. 2017년 1월 18일에 요녕성고고연구소에서는 '2017년도 요녕성 중요 고고 성과발표회'가 열렸다. 이 자리에서, 2017년 1년 동안 이 지역에서 홍산문화 유적지 112곳, 홍산문화 묘지 34곳 총 146곳의 홍산문화 유적지가 새롭게 발견되었다고 보고하고 있다. 대략 현재까지 약 1200곳이 넘는 홍산문화 유적이 발견되었고, 지금도 곳곳에서 발견되고 있다. 《中國新聞網》, 2018.1.18. 〈遼寧發現112處新石器時代紅山文化遺址〉이라는 기사 제목에는 유적지 112곳만 적시해 놓았다. 이 내용은 중국사회과학원의 홈페이지인 중국사회과학망에도 올려져 있다. 국내 《연합뉴스》 2018.1.20. 〈중국 랴오닝서 신석기 홍산문화 유적 무더기 발견〉에도 소개되었다.

되어 있다.[39] 이런 밀집도와 중요성 때문에 오한기를 '중화 5000년 문명의 기원지 가운데 하나'로 소개하고 있고[40], 매년 홍산문화고봉논단을 적봉시와 적봉대학이 주관하고 있는 것이다.

홍산문화의 최초 발견지이자 명명지인 홍산을 끼고 있는 적봉시는 생각보다 매우 큰 도시이다. 적봉시의 (1) 총 면적은 남한(9만 9720㎢)보다 조금 작은 9만 ㎢나 되며, (2) 3개의 직할구(区: 紅山区, 松山区, 元宝山区)와 7개의 기(旗: 翁牛特旗, 敖漢旗, 阿魯科爾沁旗, 巴林左旗, 巴林右旗, 克什克騰旗, 喀喇沁旗) 그리고 2개의 현(縣: 寧城縣, 林西縣)이 소속되어 있으며, (3) 총 인구는 464만 3천 명으로 그 가운데 몽고족이 94만 3천명으로 약 20퍼센트 조금 넘으며, (4) 내몽고자치구의 도시들 가운데 인구가 가장 많은 도시로, 내몽고자치구의 중심인 호화호특시(呼和浩特市: 인구 300만 명)보다 많으며, (5) 동부 몽골의 중심지이다.[41]

---

39) 赤峰市, 《紅山後及魏家窩鋪遺址群申遺文本》(2011, 적봉시 내부 자료). 이 책은 출판되지 않은 적봉시의 내부 자료다. 2011년에 적봉시에 속해 있는 홍산 일대의 홍산유적군(紅山遺迹群)과 홍산문화 주거 유적인 위가와포유적군(魏家窩鋪遺迹群)을 '유네스코 세계문화유산'으로 등재 신청하기 위해 적봉시에서 작성하여 국가문물국에 보고한 자료이다. 조양시에서도 홍산문화 우하량유적군에 대한 유사한 보고서를 국가문물국에 제출하였다.
이런 내부 보고서를 바탕으로, 현재 내몽고 적봉시에 속한 (1) 홍산유적군, (2) 위가와포유적군과, 요녕성 조양시에 속한 (3) 우하량유적군 3곳을 묶어서 홍산문화유적을 유네스코 세계문화유산 등재 신청을 준비하고 있다. 2011년 자료를 바탕으로 이 3곳의 홍산문화 유적지는, (1) 2012년 11월에 국가문물국에 의해서 '중국 세계문화유산 예비 명단'에 올라가 있으며, (2) 2018년까지는 유네스코 세계문화유산에 등재시키기 위해 노력하고 있다(牛河梁國家考古遺址公園編輯委員會, 《牛河梁國家考古遺址公園》, 朝陽市牛河梁遺址管理處, 2014, 115-116쪽.).

40) 《赤峰畫報》, 2015.3월호, 2쪽. 월간지인데 3월호는 전체가 오한기 특집으로 꾸려져 있다.

41) 적봉시인민정부 홈페이지 자료.(www.chifeng.gov.cn)

〈자료 9-13〉 내몽고 적봉시와 2011년 기준 적봉시 경내의 홍산문화 유적지 분포

1. 적봉시의 위치

2. 2011년 기준 적봉시 경내 홍산문화 유적지 수

3. 2011년 기준 전체 홍산문화 유적지는 약 1000곳 (2017년 현재는 약 1200곳이 넘는다.)[42]

지역 명칭		유적지 수
직할구 =적봉시내	홍산구(紅山区)	15
	송산구(松山区)	26
	완보산구(完宝山区)	2
파림좌기(巴林左旗)		20
파림우기(巴林右旗)		47
아노과이심기(阿魯科爾沁旗)		102
임서현(林西縣)		30
객라심기(喀喇沁旗)		62
영성현(寧城縣)		7
극십극등기(克什克騰旗)		20
옹우특기(翁牛特旗)		102
오한기(敖漢旗)		292
적봉시 경내 전체		725

〈자료 9-14〉 오한기의 위상을 보여주는 지도[43]

* 오한기를 '중화 5000년 문명의 기원지 가운데 하나'로 소개하고 있다.

---

42) 赤峰市,《紅山後及魏家窩鋪遺址群申遺文本》(2011, 내부 자료), 13쪽 '表 2-a-2.
   赤峰市紅山文化遺址分區統計表'.

43) 《赤峰畫報》, 2015. 3월호, 2쪽.

둘째, 현재 중국학계에서 홍산문화의 분포 범위를 (1) 요하문명 중심지와 (2) 서쪽으로 연산산맥 너머 북경과 하북성 지역까지로 보고 있다. 그러나 홍산문화 유적지는 요하 유역에 집중적으로 분포하고 있고, 연산산맥을 넘어 하북성 지역의 유적지는 극소수에 불과하다. 필자는 현재의 홍산문화 분포 범위는 북쪽, 동쪽, 동남쪽으로 확대될 가능성이 높다고 본다. 이에 대해서는 뒤에서 상세히 살펴볼 것이다.

〈자료 9-15〉 현재까지의 홍산문화 유적지 분포 범위(오한기박물관 자료)
* 이 분포 범위는 더 북쪽으로, 또 동쪽의 요동지방까지 확대될 가능성이 높다.

2) 홍산문화 분포 범위에 대한 재검토

첫째, 기존의 홍산문화 분포 범위는 요동 지역으로의 확산 가능성이 있다고 본다. 현재까지는 요동 지역에서 발견된 공식적인 홍산문화 유적지는 없다. 한반도와의 연계성을 고려할 때 중국학계에서 요동 지역을 적극적으로 조사할 가능성은 높지 않다. 그러나 이 지역은 산지가 많고, 상대적으로 좁은 평지에는 인구가 밀집된 지역이다. 홍산문화 시기의 유적지들 위에 오랜 시기의 주거 지역이 겹쳐지면서 이미 훼손되었을 가능성이 높다. 요동 지역에서도 이후에 홍산문화 유적 혹은 교류 관계를 보여주는 유적들이 발굴될 가능성이 높다고 본다.

특히, 흥륭와문화의 옥결(玉玦)이나 홍산문화에서 발견되는 많은 옥기 가운데 약 40-50퍼센트 정도가 요동반도 수암현(岫岩縣)에서 나는 수암옥으로 만들어졌다는 사실은, 이미 요하문명의 초기 단계인 흥륭와문화 시기부터 요동반도 지역과 교류하였음을 보여주는 것이다. 그렇다면 이 지역에서 흥륭와문화 시기의 유적뿐만이 아니라 이후의 홍산문화 시기 유적지가 앞으로 발견될 가능성은 매우 높다고 본다.

필자의 답사 자료에 의하면 홍산문화 분포 지역은 북쪽으로 또는 동쪽으로 확대될 가능성이 높아 보인다. 필자의 답사를 통해 홍산문화에서 처음 보이는 각종 옥벽(玉璧), 옥환(玉環), 옥부(玉斧) 등이 분포하는 곳을 소개한다.

우선 요동반도 남단 대련 지역까지 홍산문화의 범위가 확장될 가능성이다. 요동반도 남단 대련 지역에는 홍산문화에서 최초로 발견되는 옥기와 거의 같은 옥기들이 발견되어, 직접적인 교류가 있었음을 추론할 수 있다. 요동반도 남단 대련에 있는 여순박물관에는 (1) 여순시 여순구구(旅順口区) 북해진(北海鎮)에서 출토된 5000년 전 옥벽의 일종인 옥아벽(玉牙璧), (2) 대련시 장해현(長海縣) 광녹향(広鹿郷)에서 출토된 4000년 전 옥환(玉環), (3) 여순시 여순구구(旅順口区) 철산진(鉄山鎮)에서 출토된 4000년 전 흑옥부(黒玉斧), (4) 장하시(庄河市) 광면산진(光明山鎮)에서 출토된 4000년 전 옥부 등이 전시되어 있다.

이 가운데 5000년 전의 옥아벽은 옥벽의 일종으로 홍산문화에서 처음 보이는 옥기 형태이다. 시대도 5000년 전이면 홍산문화 후기와 연결된다. 5000년 전에는 홍산문화가 종말을 고하고 어디론가 이주하는 시기와도 겹친다. 이 옥아벽은 5000년 전에 홍산인의 일부는 요동반도 남단의 여순시 지역까지도 이동했을 가능성을 보여준다. 이들이 이 지역에 지속적으로 거주하면서 인근 지역에서 발견되는 4000년 전의 옥환, 옥부 등을 제작했을 가능성이 있다는 것이다. 관련 학자들의 깊이 있는 연구가 필요하다.

⟨자료 9-16⟩ 여순박물관에 전시된 옥기들 (2015.12.23. 답사 자료)

1. 여순구구 북해진 출토 5000년 전 옥아벽(玉牙璧)

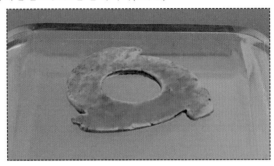

2. 장해현 광록향 출토 4000년 전 옥환(玉環)

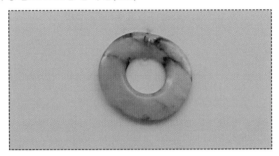

3. 4000년 전 옥부: 여순구구 철산진 흑옥부(좌), 장하시 광면산진 옥부(우)

둘째, 홍산문화가 현재보다 훨씬 북쪽 혹은 동북쪽에서부터 출발했을 가능성이 있다. 길림성 농안현(農安縣) 지역에서 홍산문화 옥기와 유사한 옥기들이 출토되기 때문이다.

농안현(農安縣) 성교향(城郊鄉) 양가자촌(両家子村) 고가둔(高家屯) 서남 500미터에 있는 좌가산유지(左家山遺址: BC 5000-4800)는 흥륭와문화, 홍산문화 등과 밀접한 유적이다. 1985년 길림대학이 진행한 발굴 때 좌가산유지 중간층에서 홍산문화의 전형적인 옥저룡(玉猪龍)이 매우 흡사한 돌로 조각한 석조룡(石雕龍)이 발굴되었다. 이 유적지의 탄소14 측정 연대는 6755-4870년 전인데, 석조룡이 발견된 곳은 중간층에 해당하는 6400-6000년 전이다.[44]

이 석조룡이 발견된 농안현은 길림성의 중심 도시인 장춘(長春)에서도 북쪽에 있다. 이 석조룡의 연대는 탄소14 측정 연대로 6400-6000년 전으로 홍산문화 전기(BC 4500-3500)에 해당한다. 이것은 탄소14 측정 연대이니 절대연대로는 500-800년 정도 앞설 가능성이 매우 높다. 석조룡의 형태는 홍산문화의 옥저룡에 비해서 매우 투박하고 기본적인 형태이다. 이 지역에서는 이것을 중국에서 가장 이른 시기의 용이라는 의미로 '중화제일용(中華第一龍)'이라고 부른다. 이 석조룡은 현재 농안현의 상징물로, 높이 7m에 무게 210톤의 화강암으로 조각되어 시내 한 가운데 자리하고 있다.[45]

이 외에도 농안현에서는 1990년에 황어권향(黃魚圈鄉)의 청동기시대 석관묘(石棺墓)에서 옥벽이 2개 이어진 쌍련옥벽(雙聯玉璧)이 발견되었다. 쌍련옥벽 역시 홍산문화에서 처음 보이는 독특한 옥기이다.[46] 농안현에서 발견된 석조룡와 쌍련옥벽은 홍산문화 초기 단계에서부터 농안현 지역은 같은 문화권이었고, 청동기시대까지도 쌍련옥벽이 제작되는 등 지속적으로 연결되어 있었다는 것을 의미하는 것이다.

---

44) 吉林大學考古教研室,〈農安左家山新石器時代遺址〉,《考古學報》, 1989年 第2期. 陳全家, 趙賓福,〈左家山新石器時代遺址的分期及相關文化遺存的年代序列〉,《考古》, 1990年 第3期.

45) 농안현 현정부 홈페이지(www.nong-an.gov.cn): 중화제일용조소(中華第一龍雕塑).

46) 농안현 현정부 홈페이지(www.nong-an.gov.cn): 쌍련옥벽(双聯玉璧).

〈자료 9-17〉 길림성 농안현 출토 홍산문화 관련 석조룡과 청동기시대 쌍련옥벽

1. 좌가산유적 출토 석조룡(좌: 6400-6000년 전)과 농안현 시내의 조각상(우)

2. 농안현 청동기시대 석관묘(石棺墓) 출토 쌍련옥벽

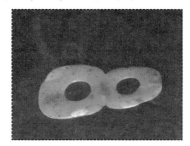

셋째, 필자의 답사에 따르면, 홍산문화는 적봉시에서 북쪽으로 1000km 이상 떨어진 내몽고 호륜패이시(呼倫貝爾市) 해랍이구(海拉爾区) 합극진(哈克鎭)의 합극문화(哈克文化: BC 5000-3000) 지역까지 연결되어 있을 가능성이 있다.

우선 호륜패이시에 대해서 살펴보자. 호륜패이시의 중심지는 내몽고 자치구의 동북쪽 끝 대흥안령을 너머 간 서쪽에 위치하고 있는 중국-러시아-몽골과 국경을 접하고 있는 도시로, (1) 2개의 직할구(海拉爾区, 扎賚諾爾区), (2) 5개의 작은 시(滿洲里市, 牙克石市, 札蘭屯市, 額爾古納市, 根河市), (3) 7개의 기(阿栄旗, 陳巴爾虎旗, 新巴爾虎左旗, 新巴爾虎右旗, 莫力達瓦達斡爾

族自治旗, 鄂倫春自治旗, 鄂溫克族自治旗)를 거느린 거대한 시이다. 총 면적은 대한민국(9.9만 ㎢)의 거의 2.6배에 가까운 26.2만 ㎢이나 되지만, 인구는 약 270만 명(269만 6998명)밖에 안 된다. 시내 중심지의 좌측으로 거대한 호륜호(呼倫湖)가 있고, 서남쪽으로는 패이호(貝爾湖: 몽골에서는 보이르호라고 부름)가 있다. 패이호는 중국-몽골이 공유하지만 대부분은 몽골에 속한다. 호륜패이시라는 명칭은 호륜호와 패이호를 합쳐서 만든 것으로, 지역 곳곳에 크고 작은 호수와 강줄기가 흩어져 있는 호륜패이 대초원 지역이다.[47]

호륜패이시의 중심지는 직할구의 하나인 해랍이구(海拉爾区)이며, 호륜패이시 인민정부가 있는 정치, 교통, 문화의 중심지이다. 시내 위쪽으로는 해랍이하(海拉爾河)가 동에서 서로 흘러 호륜호로 들어가고, 시내 한가운데는 이민하(伊敏河)가 남에서 북으로 흘러 해랍이하에 합류하는 지역이다.

〈자료 9-18〉 호륜패이시의 위치 및 지형적 조건과 합극유지의 위치
1. 내몽고자치구의 동북쪽 끝 호륜패이시의 위치

---

47) 호륜패이시 인민정부 홈페이지(www.hlbe.gov.cn) 자료.

2. 호륜패이시의 중심지는 대흥안령 너머 서쪽에 있고, 러시아 몽골과 접경 지역이다.

3. 합극유지 및 합극유지박물관의 위치: 시내에서 동쪽으로 약 30km

필자가 답사(2015.6.26)한 호륜패이민족박물원(呼倫貝爾民族博物院)에는 합극문화 각 유적지에서 출토된 홍산문화 옥기와 똑같은 (1) 원형옥벽(圓形玉璧), 삼각형옥벽(三角形玉璧), 방형옥벽(方形玉璧) 등 다양한 형태의 옥벽 여러 점과 (2) 옥부(玉斧)가 전시되어 있다. 현재까지 합극문화에 속하는 유적지는 12개가 발견되어 있다.

특히 다양한 형태의 옥벽은 그 이전 흥륭와문화, 조보구문화 등에서는 보이지 않았고 홍산문화에서 최초로 보이는 것으로 홍산문화를 상징하는 옥기 가운데 하나이다. 원형, 방형, 삼각형의 옥벽은 천지인(天地人)을 각각 원방각(圓方角)에 비유하는 것으로 홍산문화에서 처음으로 보이는 것이다. 천=원, 지=방, 인=각의 천지인=원방각 사상은 홍산문화에서 최초로 체계화되어 동아시아에서는 지속적으로 이어지는 관념체계이다.[48] 이에 대해서는 제10장에서 다시 상세히 살펴볼 것이다.

호륜패이민족박물원에 전시된 홍산문화와 똑같은 옥기들은 모두 합극 문화에 속하는 여러 유적지에서 출토된 것인데, 그 가운데서도 최초 발견지인 합극(哈克)유지에서 출토된 것들이 많다. 우선 호륜패이민족박물원에 전시된 옥기들을 필자의 답사 사진을 중심으로 소개한다.

〈자료 9-19〉호륜패이민족박물원에 전시된 합극문화 옥기들(2015.6.26. 답사 사진)
1. 호륜패이민족박물원

---

48) 우실하, 〈홍산문화 각종 옥벽의 상징적 의미와 샤먼의 위계〉, 《고조선단군학》, 제33호(2014.12), 109-143쪽.

1. 동오주이(東烏珠爾)유지 출토 원형옥벽

2. 합극(哈克)유지 출토 원형옥벽

3. 길랍림(吉拉林)유지 출토 방형옥벽

4. 탑두산(塔頭山)유지 출토 삼각형옥벽

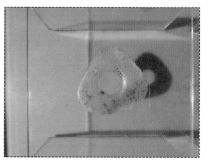

5. 휘하수파(輝河水垻)유지 출토 옥인면식(玉人面飾)

6. 합극(哈克)유지 출토 옥도끼(玉斧)

7. 합극(哈克)유지 출토 옥자귀(玉錛)

호륜패이민족박물원에 전시된 옥기들을 확인하고(2015.6.26.), 필자는 이런 옥기들이 많이 발견된 합극문화의 중심 유적인 합극유지과 합극유지박물관을 직접 답사(2015.6.29.)하였다. 당시 필자는 남경대학 역사학과 몽골사 전공 교수인 오랜 몽골족 친구인 터무르(Temur) 교수와 함께 2-3일 동안 주변 답사를 마치고 헤어지고, 혼자서 합극유지와 합극유지박물관으로 향했다.

합극유지는 (1) 1985년에 내몽고 호륜패이시 해랍이구(海拉爾区) 동쪽 합극진(哈克鎮) 합극촌(哈克村)에서 발견된 신석기시대 취락유적으로 2002년에 합극문화로 명명된 곳이다. (2) 2004년 제1차 발굴에서 옥기, 골기, 토기, 돌화살촉[石鏃], 세석기 등 1만 1000여 점의 유물이 발굴되었으며, (3) 황하 유역 앙소문화나 요하문명의 홍산문화보다는 조금 이른 7000-5000년 전의 유적으로, (4) 출토 유물에서 세석기가 차지하는 비중이 매우 높아서 사회과학원 고고연구소 류국상(劉國祥) 등은 중석기시대(中石器時代)부터 지속된 유적으로 보기도 한다. (5) 2002년 8월 8일에 열린 '중국 북방 유목민족 요람 학술연토회(中國北方民族蔘藍学術研討会)'에서 정식으로 '합극문화'로 명명되었으며, (6) 2008년 9월에 합극유지박물관을 건설하여 2009년 12월부터 문을 열었고, (7) 2013년 5월에 전국중점문물보호단위로 공포되었다.[49] 합극유지박물관 내부 전시 자료에 의하면 합극문화에 속한 유적지가 이미 12개 정도 발견되어 있다.

합극유지에서 홍산문화보다 조금 이른 시기에 거의 똑같은 옥기들이 많이 발굴되었다는 것은 참으로 놀라운 것이다. 왜냐하면 합극유지가 있는 호륜패이시 해랍이구는 (1) 홍산문화의 중심지인 적봉시 중심지에서 북쪽으로 1000km 이상 떨어져 있고, (2) 대흥안령을 넘어 간 서쪽 몽골초원쪽에 위치하고 있으며, (3) 중국 몽골 러시아 3국이 국경을 맞대고 있는 국경도시 만주리시(滿洲里市)에서 동쪽으로 200여 km 거리에 있는데, (4) 만주리시와 위도가 거의 같은 북위 49도나 되는 곳에 있기 때문이다.

---

49) 해랍이구인민정부 홈페이지(www.hailar.gov.cn) 자료. 백두백과(百度百科: www.baike.baidu.com) 자료.

합극유지는 호륜패이시 시내에서 약 30km 동쪽으로 있고, 택시로 약 30분 정도의 거리이다. 이곳은 고대 매머드(Mammoth) 화석도 나온 곳이어서 박물관 야외에는 거대한 매머드 조각상도 만들어놓았다.

홍산문화 연구가들에게 합극유지로 대표되는 합극문화는 새로운 관심 유적지로 떠오르고 있다. 합극유지는 홍산문화의 특징인 옥기문화의 기원과 관련하여 매우 중요한 유적이다. 박물관 안에는 홍콩 중문대학(中文大学)의 세계적인 옥기 전문가인 등총(鄧聰) 교수 주도로 '동북아 고고공작실(東北亞考古工作室)'도 이미 설치되어 있었다. 선사시대 옥기를 연구하는 학자들의 합극문화에 대한 높은 관심을 읽을 수 있었다. 우선, 아래에서는 답사 사진 자료를 통해서 박물관에서 소개한 자료를 중심으로 소개하기로 한다. 본문에서 각 사진에 대한 설명은 일일이 하지 않고, 소개하는 사진 위에 간략하게 덧붙이기로 한다.

〈자료 9-20〉합극유지박물관 답사 자료 (2015.6.29)
1. 합극유지 위치: 유적의 오른쪽으로 해랍이하(海拉爾河)가 흐른다.
★: 합극유적 위치 ▲: 유물 채집 지점들

2. 진입로의 합극유지문화공원 안내판과 입구 조형물

3. 합극유지박물관과 박물관 앞 해랍이하(海拉爾河) 강변의 매머드 조각상

4. 박물관 내부: 유적지를 보존하면서 그 위에 박물관을 지었다.

5. 세석기 격지(위)와 마노, 옥, 석영 등으로 만든 화살촉(아래)
* 세석기가 많이 발견되어 류국상은 중석기시대부터 이어진 유적으로 보기도 한다.

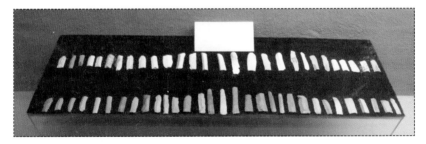

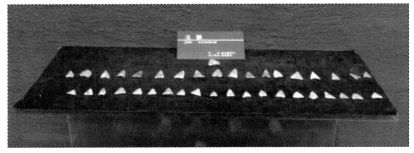

6. 발굴된 각종 옥기

* 전시된 일부만 진품이고, 대부분은 호륜패이민족박물원에 전시되어 있어서 사진으로
  전시하고 있다. 대부분의 옥기가 홍산문화의 것과 똑같다(〈자료 9-19〉 참조).

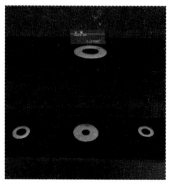

7. 홍산문화(좌), 합극문화(중), 장강 하류의 양저문화(우)의 옥기가 연관되어 있음을 설
명하고 있다.

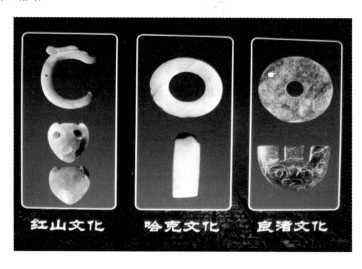

8. 합극문화에 속하는 유적지가 현재까지 이미 12곳이다.
1. 합극(哈克), 2. 동오주이(東烏珠爾), 3. 송산(松山), 4. 휘하수파(輝河水壩), 5. 탑두산(塔頭山), 6. 이도하자(二道河子), 7. 동발호뢰(銅鉢好賚), 8. 동발묘(銅鉢廟), 9. 도보(道宝), 10. 이민(伊敏), 11. 호화낙이(呼和諾爾), 12. 옥포덕격(沃布德格)

9. 휘하수파(輝河水壩)유지 출토 옥인면식(玉人面飾)이 홍산문화에서 출토된 것과 유사하다는 것을 보여주기 위해서, 파림우기에서 출토된 홍산문화 옥인면식과 비교하고 있다.

10. 북경대에서 2005년 5월 9일에 측정한 탄소14 측정 연대

* 합극유지에서는 발굴된 동물의 뼈로 2005년에 북경대에서 측정한 것인데, 탄소14 측정 연대가 7750-7015년 전이다. 탄화목이 아니어서 나이테 교정을 거친 것이 아니라는 점을 아래에 명기해놓았다. 절대연대는 이보다 500-800년가량 이를 것이다.

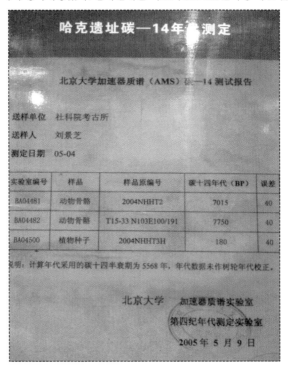

11. 2002년 8월 8일에 열린 '중국 북방 유목민족 요람 학술연토회'에서 정식으로 '합극문화'로 명명되었다.

2002년에 정식으로 '합극문화'로 명명된 합극유지는 여러모로 요하문명, 홍산문화 연구자들에게는 관심의 대상이다. 시기적으로 홍산문화보다 조금 이르면서도 홍산문화에서 보이는 특이한 옥기와 똑같은 옥기들이 많이 발굴되기 때문에, 옥기문화의 기원과 관련하여 많은 관심이 집중되고 있다.

그리고 현재까지 확인된 합극문화에 속하는 12개의 유적지는 대부분 합극유지 옆을 흐르는 해랍이하의 상류를 타고 남쪽 방향으로 집중되어 분포하고 있다(〈자료 9-20〉-8 참조). 여기서 더 내려가면 요하문명의 중심 지역과 이어지게 된다. 또한 요하문명의 옥기문화는 세석기문화의 후속문화로 보는 것이 일반적인 견해인데, 합극문화 유적지에서는 수많은 세석기들이 발견된다.

이러한 여러 상황을 토대로 판단하면, 홍산문화의 다양한 옥기의 기원이 현재 논의되는 것보다 훨씬 위쪽의 합극문화와 연결될 가능성이 있다. 합극문화는 2002년에야 명명된 것으로, 앞으로 많은 연구가 필요하다. 필자는 합극문화는 '전홍산문화(前紅山文化)'라고 부를 수 있다고 본다. 이는 홍산문화보다 시기가 뒤지지만 홍산문화와 매우 유사한 소하연문화를 '후홍산문화'로 부르는 것과 같은 방식이다.

요하문명의 옥기문화는 흥륭와문화 시기에서 시작되었다. 그렇다면 흥륭와문화에서 시작된 옥기문화가 홍산문화 지역으로 확산되었고, 위로는 초기부터 합극문화 지역까지 확산되었을 가능성도 있다. 따라서, 홍산문화 분포 지역이 훨씬 북쪽으로 확산될 가능성이 높다.

넷째, 홍산문화에서 발견되는 옥기들은 (1) 요녕성 수암현에서 나는 수암옥 계통과 (2) 바이칼호 인근과 길림성 지역에서 나는 바이칼-길림옥 계통으로 크게 나뉘고, (3) 그 외에 각 유적이 위치한 해당 지역에서 생산되는 지역 옥들도 있다. 특히 홍산문화 옥기 가운데 백옥(白玉)은 대부분이 바이칼 지역의 옥이라는 것이 밝혀졌다.

아래 제시한 〈자료 9-21〉은 홍산문화 유적지 가운데 현재까지 옥기가 가장 많이 출토된 우하량유지 제2지점 1호총 21호묘에서 출토된 옥기를

수암옥 계통과 바이칼－길림옥 계통으로 나누어서 분류한 것이다. 21호
묘에서 총 20개의 옥기가 출토되었는데, 출토된 옥기 가운데 백옥은 모두
바이칼－길림옥 계통이다.

앞서 제시한 〈자료 9-20-7〉 합극유지박물관 사진에서 홍산문화, 합
극문화, 양저문화의 옥기를 비교하면서 제시한 합극문화의 백옥으로 만든
옥기는 바이칼－길림옥 계통임을 보여주기 위한 것이다.

〈자료 9-21〉우하량유지 제2지점 1호총 21호묘 출토 옥 재료의 분류[50]
* 수암옥 계통(左)과 바이칼-길림옥 계통(右)의 옥.

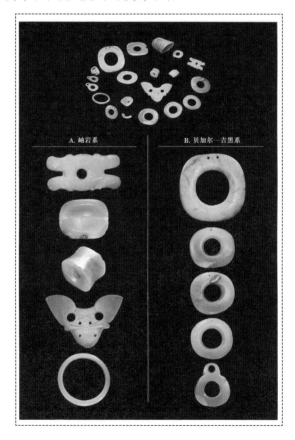

---

50) 遼寧省文物考古研究所,《牛河梁遺址發掘報告(1983－2003年度): 下》, 圖版339.

위에서 제시한 자료들을 통해서, 필자는 홍산문화의 분포 범위가 현재 알려진 것보다 더 북쪽, 동쪽, 동남쪽 지역으로 확대될 가능성이 있다고 본다. 이런 필자의 가설을 위한 근거 자료로, 이제까지 홍산문화에서 처음으로 보이는 독특한 옥기들이 현재의 홍산문화 분포 지역의 범위 밖에서 홍산문화보다 이른 시기 혹은 같은 시기에 출토된다는 것을 제시하였다.

이것을 간략히 보면, (1) 요동반도 남단 여순시 여순구구(旅順口區) 북해진(北海鎭)에서 출토된 5000년 전 옥벽의 일종인 옥아벽(玉牙璧)과 4000년 전의 옥환, 옥부, (2) 길림성 농안현(農安縣) 좌가산유지(左家山遺址: BC 5000-4800)에서 출토된 6400-6000년 전의 석조룡(石雕龍)과 청동기시대 쌍련옥벽(雙聯玉璧), (3) 현재 홍산문화의 중심 지역인 적봉시에서 북쪽으로 1000km 이상 떨어진 내몽고 호륜패이시(呼倫貝爾市) 해랍이구(海拉爾區) 합극진(哈克鎭)의 합극문화(哈克文化: BC 5000-3000) 각 유적지에서 발견되는 원형옥벽, 방형옥벽, 삼각형옥벽, 옥부, 옥자귀 등, (4) 그리고 홍산문화 옥기들 가운데는 바이칼호 주변과 길림성 지역에서 나는 바이칼-길림옥 계통의 옥들이 많이 있으며, 특히 백옥 계통은 대부분이 바이칼-길림옥이라는 점을 제시하였다.

이러한 정황은 홍산문화의 분포 범위가 북, 동, 동남으로 확대될 가능성이 있음을 보여주는 것이다. 필자는 이들 지역을 포함한 지역을 '범홍산문화' 지역이라고 부르고, 이것을 지도상에 표시를 한 것이 아래의 〈자료 9-22〉이다. 앞으로 좀 더 많은 발굴과 조사를 통해 밝혀지겠지만, 가설수준에서 제시해둔다. 현재 각 지역은 고고학문화의 명칭을 달리하고 있지만, 이들 지역들이 홍산문화와 선후로 직-간접적인 교류관계에 있었음을 보여주는 것은 분명하기 때문이다.

제시한 자료상으로는 흥륭와문화에서 시작된 옥기문화가 홍산문화 시기에 요하문명 중심 지역으로 확산되면서 일부는 북쪽으로 호륜패이시 합극문화 지역으로도 확산되고, 후기에는 서서히 남하하여 홍산문화 말기인 5000년 전에는 요동반도 남단 여순시 지역까지 내려오는 것으로 보인다.

또한, 홍산문화의 독특한 형태의 옥기의 기원이 현재 논의되는 것보다 훨씬 위쪽의 합극문화와 연결될 가능성이 있다. 그리고 요동반도 남단에서는 홍산 말기에 해당하는 5000년 전의 여순구구 북해진 출토 옥아벽(玉牙璧)과 4000년 전의 다양한 '홍산문화와 똑같은 형태의 옥기'들이 출토된다. 이러한 점은 이 지역을 홍산문화 말기의 범위에 넣을 수 있다는 것을 보여주는 것이다.

따라서 (1) 앞서 제4장에서 살펴본 요하문명 당시의 기후조건, (2) 홍산문화 옥기를 만든 재료에 바이칼옥 계통이 많은 점, (3) '범홍산문화' 지역에서 발견되는 홍산문화 특유의 옥기 등을 토대로 필자 나름대로 제기하는 가설은 아래와 같다.

  (1) 홍륭와문화 시기에 요하문명 지역의 옥기문화가 시작되었다.

  (2) 홍륭와문화 당시에는 기후 조건이 매우 양호하였다. 따라서 홍륭와문화에서 시작된 옥기문화는 요하문명의 중심 지역에서는 홍산문화 시기에 광범위하게 확산되어 독특한 옥기들을 만들게 되었다. 홍륭와문화에서 시작된 옥기문화는 요하문명의 중심지에서 북쪽 호륜패이시 일대의 합극문화(哈克文化: BC 5000-3000) 지역과 동북쪽으로는 길림성 농안현 지역까지도 확산되었다.

  (3) 합극문화 지역에서는 인근의 바이칼 지역과 길림성 지역에서 나는 바이칼-길림 계통의 옥도 옥기 제작에 이용하였고, 이 옥은 홍산문화 중심 지역과의 교류 등을 통해 홍산문화 지역에도 광범위하게 사용되었다.

  (4) BC 3000년경 기온이 하강하고 건조화가 시작되었다. 홍산인들은 서남쪽으로는 하북성 지역으로, 동남쪽으로는 요동반도 남단 대련 지역까지 남하한다.

그리고 잊지 말아야 하는 것은, 한반도 북부 지역인 문암리에서는 홍륭와문화와 거의 같은 시기의 옥결(玉玦)이 이미 발견되었다는 점이다. 또한 홍륭와문화, 홍산문화 시기에 옥기를 만든 옥 재료 가운데 가장 높은 비율

을 차지하는 수암옥이 생산되는 수암현은 압록강과 가까운 지역이라는 것
이다. 이후 조사 발굴이 진행되면 한반도 북부 지역에서 홍산문화 관련 유
적과 유물이 발견될 가능성도 얼마든지 있다고 본다.

〈자료 9-22〉 '범홍산문화' 분포 범위 추론(우실하)
①: 내몽고 호륜패이시 해랍이구 합극진의 합극문화(哈克文化: BC 5000-3000)
②: 길림성 농안현(農安縣) 좌가산유적(左家山遺迹: BC 5000-4800)
③: 요녕성 여순시 여순구구 북해진(北海鎭) 5000년 전 옥아벽(玉牙壁)
④: 수암옥 산지인 수암현 = 수암만족자치현(岫岩滿族自治縣)

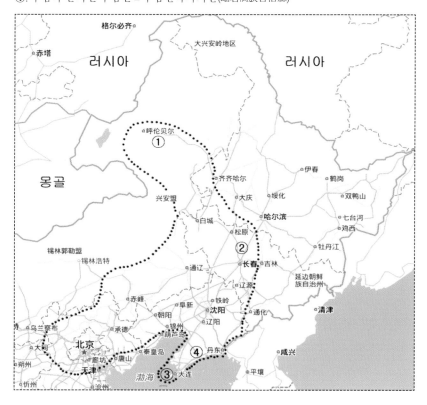

5. 적봉시 홍산(紅山)과 홍산유지군(紅山遺址群)

1) 적봉시 홍산(紅山)

적봉시의 적봉(赤峰)은 '붉은 봉우리'라는 의미이다. 적봉시내 동북쪽에 있는 '붉은 산'이라는 의미의 홍산(紅山)과 같은 의미이다. '적봉'이나 '홍산' 모두 '붉은 산'을 의미하는데, 홍산은 본래는 몽골어로 '붉은 산'이라는 의미의 '울란하따(울란=붉은+하따=산)'라고 불렀다. 이것을 중국어로 음사해서 '오란합달(烏蘭哈達)'로 표기했지만 발음은 '우란하따(Wolanhada)'로 비슷하다.

홍산은 예로부터 몽골족의 성산이었다. 몽골공화국의 역사학자들이나 고고학자들을 만나서 이야기하면 '홍산문화'에 대해서는 잘 모르지만 '울란하따'는 알고 있을 정도다. 실제로 홍산은 큰 나무가 없고 풀과 짧은 관목이 군데군데 있을 뿐이고, 거의 붉은 바위산으로 산 전체가 붉은 색을 띄고 있다. 홍산 전체 6만 5천㎡는 2008년에 '홍산국가삼림공원(紅山国家森林公園)'으로 지정되었다. 이 공원 안에는 '홍산유지군'으로 부르는 여러 유적지들이 밀집되어 있다.

홍산은 평지에 우뚝 솟아 있어서 고대에도 신성한 성산이었다. 최근까지도 서북쪽 홍산의 절벽 아래에 용왕을 모신 사당인 용황묘(龍王廟)가 있었는데, 현재는 흔적만 남아 있다.

필자는 2000년 요녕대학 한국학과 교수로 재직하던 당시에 처음으로 홍산을 답사했었다. 심양에서 12시간 동안 밤 기차를 타고 새벽에 적봉역에 내려 택시를 타고 가서 아침 해가 떠오르는 홍산을 처음 보았다. 홍산은 적봉역에서 5-6km 정도밖에 떨어져 있지 않다.

홍산 앞 홍산로(紅山路)에서 아침 해를 받아 붉게 타오르는 홍산을 바라보면 산 전체가 하나의 붉은 바위덩어리 같다. 마치 호주의 사막 한가운데 있는 붉은 바위산인 호주 원주민의 성산 울루루(Uluru)를 보는 느낌이었다. 울루루는 '호주의 배꼽'이라 불리는 붉은 바위산으로 현재까지도 신성시되는 곳이다. 고대 홍산인들에게 홍산이 바로 울루루 같은 성산이었을 것이다. 아침 해를 받아 붉게 타오르는 홍산의 그 매력적이고 신비한 광경은 지금도 선명한 기억으로 남아 있다.

답사를 가는 사람들은 대부분 홍산의 입구에서 중턱의 정자까지만 올라가는 분들이 많다. 홍산의 앞뒤 전체적인 모습을 본 사람은 많지 않을 것이다. 필자는 적어도 20여 차례 이상 답사를 하면서 어떨 때는 뒤쪽까지 걸어서 일주를 하기도 했었다. 적봉대에서 안식년을 하면서 시간이 넉넉할 때는 이리저리 걸어서 종단 혹은 횡단을 하며 유적지들을 살펴보았다. 산 중턱의 정자에 앉으면 서쪽으로는 적봉시내가 펼쳐지고, 서북쪽에는 시내를 관통하는 영금하(英金河)가 감싸고 돈다. 아래에서는 필자의 답사 사진을 통해 홍산의 전체적인 모습을 소개한다.

〈자료 9-23〉 답사 자신으로 보는 홍산 이모저모

1. 홍산 아래 홍산공원 안의 월아호(月牙湖)에서 찍은 여름의 홍산(2015.8.10.)

2. 홍산 앞 홍산로(紅山路)에서 찍은 겨울의 홍산(2014.11.2.)
* 사진의 도로 좌측에 호수와 놀이시설 등이 있는 홍산공원(紅山公園)이 있다.

3. 홍산공원 쪽에서 본 홍산(2015.8.5.)

4. 해 뜰 때나 해 질 때는 더 붉다(2016.1.26.).

5. 산 중턱 정자에서 시내 쪽으로 찍은 사진(2015.5.12.)

6. 산 중턱 정자에서 홍산 정상 쪽으로 찍은 사진(2014.9.30.)

7. 산 중간 산책로에서 시내 쪽으로 찍은 사진 (2016.8.12.)

2) 홍산 내부 홍산유지군(紅山遺址群)의 분포

홍산 전체를 아우르는 '홍산국가삼림공원(紅山国家森林公園)' 안에는 시대를 달리하는 고대 유적지가 15곳이나 이곳저곳에 흩어져 있다.

이것을 상세히 소개하면 (1) 홍산문화 주거유적이 3곳, (2) 하가점하층 문화 제사유적이 3곳, 주거유적이 1곳, (3) 하가점하층문화와 하가점상층 문화가 공존하는 주거유적이 2곳, (4) 하가점상층문화 석관묘유적이 2곳, (5) 전국시대 주거유적이 2곳, (6) 요대(遼代) 묘장유적이 1곳 등 총 15곳이다. 이 모두를 아울러서 부를 때는 '홍산유지군(紅山遺址群)'으로 부른다. 하나하나의 유적지뿐만이 아니라 홍산유지군 전체가 2006년 6월 홍산문화 명명 50주년을 맞아 국가급의 '전국 중점문물 보호단위(全国重点文物保護單位)'로 공포되었다.

홍산유지군의 분포 상황을 그림으로 정리한 것이 〈자료 9-24〉이고, 이것에 기초하여 필자가 지형을 확인할 수 있게 위성사진 위에 표시한 것이 〈자료 9-25〉이다. 제시한 자료에서 '① 홍산문화 주거유적 1지점'이 바로 홍산문화의 명명지이자 1935년 최초의 발굴지이다. '② 홍산문화 주거 유적 2지점'은 홍산국가삼림공원 입구에서 가까운 곳으로, 2006년 7월에 '홍산선민촌(紅山先民村)'을 지어놓은 곳이다.

중국에서는 2014년에 (1) 홍산문화 명명지를 포함한 홍산유지군, (2) 적봉시에 있는 홍산문화 주거유적인 위가와포(魏家窩鋪)유지, (3) 요녕성 조양시에 있는 우하량(牛河梁)유지 등 3곳의 유적지를 묶어서 유네스코 세계문화유산 등재를 위한 중국의 예비유산에 등재하였다.[51]

---

51) 적봉시인민정부 홈페이지 자료
　　www.chifeng.gov.cn/zjcf/cfgk/whzc/gso/2015-08-18-132490.html

〈자료 9-24〉 국가급 중점문물 보호단위 홍산유지군 분포 및 보호 범위[52]

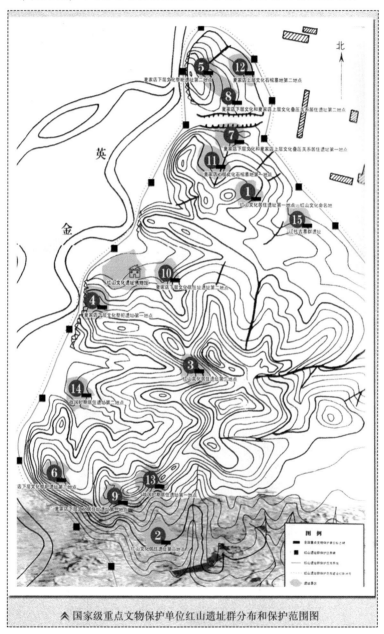

☆ 国家级重点文物保护单位红山遗址群分布和保护范围图

52) 賈洪榛(主編), 《赤峰滄桑: 上册》, 178쪽에 설명을 덧붙인 것이다.

* 청색 실선: 홍산유지군 보호범위 경계선
* 청색 점선: 각종 건설공사 금지 경계선
* ■ : 홍산유지군 보호범위 안내문
* ▬ : 각 유적지 안내 비석
① 홍산문화 주거유적 1지점
(홍산문화 명명지, 최초 발굴지)
② 홍산문화 주거유적 2지점
(공원 입구, 2006년 홍산선민촌 건립)
③ 홍산문화 주거유적 3지점
④ 하가점하층문화 제사유적 1지점
⑤ 하가점하층문화 제사유적 2지점
⑥ 하가점하층문화 제사유적 3지점
⑦ 하가점하층/상층문화 주거유적 1지점
⑧ 하가점하층/상층문화 주거유적 2지점
⑨ 하가점하층문화 주거유적 1지점
⑩ 하가점하층문화 주거유적 2지점
⑪ 하가점상층문화 석관묘유적 1지점
⑫ 하가점상층문화 석관묘유적 2지점
⑬ 전국시기 주거유지 1지점
⑭ 전국시기 주거유지 2지점
⑮ 요대(遼代) 묘장유적

〈자료 9-25〉 위성 지도에 표시한 '홍산유지군' 분포
* 각 번호의 유적지 이름은 앞의 〈자료 9-24〉와 같다.

3) 홍산 입구 홍산선민촌(紅山先民村)

적봉시에서는 홍산문화 명명 50주년을 맞은 2006년에 많은 행사들을 했다. 그 가운데 하나가 홍산국가삼림공원 입구 쪽에 있는 '② 홍산문화 주거유적 2지점'에 홍산선민촌을 건설한 것이다. 이곳에는 (1) 기념비 광장, (2) 복원한 홍산문화 시대의 집 몇 채, (3) 우하량유지에서 발견된 3층 원형의 천단(天壇) 모형도 만들어놓았다.

모든 것이 너무나 졸속으로 지어져서 오히려 눈살이 찌푸려진다. 방 자리는 시멘트로 발라져 있고, 지붕은 합판으로 모양을 잡은 뒤에 갈대를 덮어놓았는데 지금은 합판이 다 드러나 보인다. 주거지 광장을 만들면서 깎아낸 산자락도 시멘트로 발라놓았으나 곳곳이 깨져 있다. 그러나 주변 지역을 잘 둘러보면 아직도 홍산문화 토기 파편들을 곳곳에서 찾을 수 있다.

공원 입구의 경비실은 홍산문화를 대표하는 옥기이자 적봉시의 상징이기도 한 옥저룡(玉猪龍) 모양의 대리석으로 아주 섬세하게 만들어놓았는데, 들어간 시간이나 비용도 만만치 않았을 것 같다. 답사 사진을 통해 공원 입구에서부터 올라가면서 홍산선민촌을 소개한다.

〈자료 9-26〉 홍산국가삼림공원 홍산선민촌 (2015.5.12. 답사 사진)
1. 홍산국가삼림공원 입구와 옥저룡(玉猪龍)으로 디자인한 경비실

2. 홍산유지군 기념비

3. 홍산국가삼림공원 안내판
* 안내판에는 안보이지만 산의 뒤쪽에 홍산문화 명명지가 있다.

4. 공원 안내판 뒤쪽에 있는 홍산선민촌 입구와 설명문

4. 복원해놓은 원형 집(1)과 내부
* 주민들의 기도 장소로 사용되어 방 안에는 각종 신상들이 즐비하다.

5. 복원해놓은 집(2)
* 원형과는 달리 합판을 대고 갈대를 덮었으나, 관리가 부실하다.

6. 복원해놓은 집(3)
* 주민들에 따르면 동네 아이들이 들어가 놀다가 불에 타버리고 시멘트로 급조한 형태
  만 남아 있다.

7. 복원해놓은 3층 원형 천단(天壇)
* 천단은 이곳이 아닌 우하량유지 제2지점에서 발견된 것을 복원해놓은 것이다.

4) 홍산 뒤쪽 홍산문화 명명지

홍산국가삼림공원에서 홍산을 끼고 서쪽으로 2km 정도 가다가 우회전해서 홍산을 가로질러 가면 한적한 시골 마을 같은 서수지촌(西水地村)이 나온다. 하지만 이곳도 적봉시의 직할구인 홍산구(紅山區) 홍묘자진(紅廟子鎭)에 속한다. 서수지촌 뒤쪽의 홍산 자락이 홍산문화의 최초 발굴지이자 명명지인 홍산유지가 있는 곳이다.

〈자료 9-27〉홍산 뒤 홍산문화 명명지 답사 자료 (2014.11.2.)
1. 홍산을 끼고 서남쪽 끝에 있는 낡은 안내판
* '중화 5000년 문명의 서광, 홍산문화유지'라고 적혀 있는데, 현재는 이마저도 없어졌다.

2. 홍산 입구의 좌측에 영금하(永金河)가 흐르고 도로를 따라가면, 적봉시 하수처리장이
있다.

3. 홍산쪽의 길가에서도
홍도(紅陶) 파편이 보인다.

4. 서수지촌은 포장도로가 끝나는 곳에서
오른쪽으로 들어가는데. 홍산문화유지 안내판이 있다.

5. 서수지촌 입구 좌측 언덕 위에 유적지
안내문이 있다. 길의 좌, 우 언덕이 모두
유적지이다. 우측 산 언덕에 명명지가 있다.

6. 멀리 2개의 비석이 보이는 산 중턱이
홍산문화 명명지이다.

7. 산의 중턱에 유적지가 있고, 오르는
길은 계단식 밭으로 개간되어 있다.

8. 홍산문화명명지(좌), 홍산유지군(우) 비석

9. 안내비에서 북쪽으로 바라본 모습
* 안내비 아래쪽이 서수지촌이고, 다리처럼 보이는 것은 적봉에서 통료 등 동북쪽으로
  가는 철길이다. 보이진 않지만 철길 너머로는 북경-장춘 고속도로(G45)도 있다.

10. 유적지 주변은 모두 황토 구릉으로 지층이 드러난 곳에서는 아직도 토기 파편이 그
대로 박혀 있는 곳이 많다.

11. 홍산문화 명명지로 올라가면서 수습한 토기 파편
* 홍산문화, 하가점하층/상층문화 유적이 밀집된 곳이어서 각 시대의 토기 파편이 지금
  도 많이 발견된다. 좌측 아래는 삼족기(三足器)의 다리.

6. 홍산문화의 꽃 우하량(牛河梁)유지

1) 우하량유지군(牛河梁遺址群) 개관

요하문명의 여러 신석기시대 고고학문화 가운데서 가장 주목받는 것이 홍산문화이다. 홍산문화는 '요하문명의 꽃'이라 할 수 있다. 홍산문화에 속하는 유적지들은 현재 약 1200개가 넘게 발견되었고, 그 가운데 세계적인 주목을 끄는 곳이 바로 우하량유지이다.

요녕성 조양시 능원현과 건평현에 걸쳐져 있는 우하량유지군 지역에는 홍산문화부터 요(遼), 금(金) 시대까지 총 111개의 많은 유적지가 밀집되어 있다. 그 가운데, (1) 홍산문화 유적지가 43곳(제1지점-제43지점), (2) 하가점하층/상층문화의 청동기시대 유적지가 30곳(제44지점-제74지점), (3) 전국-진-한 시대 유적지가 12곳(제75지점-제87지점), (4) 요-금 시대 유적지가 23곳(제88지점-제111지점)이다. 이것을 모두 아울러 부를 때 '우하량유지군'이라고 부른다.[53]

우하량유지군 총 111곳 가운데 홍산문화에 속하는 것이 43곳이다. 이 중에서 일부 혹은 완전 발굴이 이루어져서 세계적인 주목을 받은 곳은 제1지점부터 제16지점까지다. 홍산문화와 관련하여 통상 '우하량유지'로 불리는 것이 바로 이 제1-16지점이다. 현재 '우하량 국가 고고유지 공원(牛河梁国家考古遺址公園)'이 조성되어 있는데, 공원 범위 안에는 제1, 2, 13, 14, 15, 16지점만 포함되어 있다.

홍산문화 우하량유지는 1981년에 발견되었고, 1983년부터 발굴이 진행되고 있다. 현재 완전 발굴된 곳은 제1, 2, 3, 5, 16지점뿐이고, 나머지는 시굴이나 지표조사를 한 상태에서 발굴이 지속되고 있다. 2012년에는 1983-2003년까지의 발굴 결과를 상, 중, 하 3권과 별도의 대형 지도집으로 구성된 발굴 보고서를 출판하였다. 우하량유지는 BC 3500년경에 조성된 것으로, 탄소14 연대 측정 이후 나이테 교정을 거친 절대연대는 BC

---

53) 《牛河梁遺址発掘報告(1983-2003年度): 上》, 4쪽.

3779-3517년이다.[54)]

〈자료 9-28〉 홍산문화 우하량유지 위치

〈자료 9-29〉 '우하량유지군'(총 111개 지점)[55)]

●: 홍산문화(제1-43지점)   ▲: 청동기(제44-74지점),
○: 전국, 진, 한(제75-87지점) ■: 요, 금(제88-111지점)

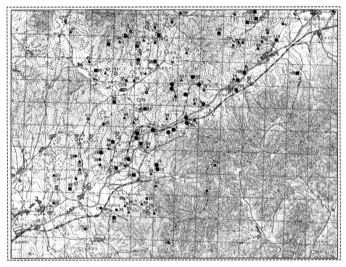

---

54) 《牛河梁遺址發掘報告(1983-2003年度): 中》, 483쪽.
55) 《牛河梁遺址發掘報告(1983-2003年度): 上》, 4쪽 図3.

〈자료 9-30〉우하량유지군에서 홍산문화 유적지 분포(총 43곳)[56]
●: 통상의 우하량유지(제1-16지점), ● : 기타 홍산문화 유적지(제17-43지점)

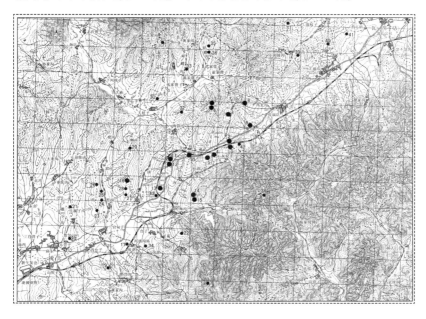

〈자료 9-31〉홍산문화 우하량유지 제1-16지점 위치[57]
. 제1지점 근처 : 제1지점 보호전시관(여신묘 지역)
. 제2지점 근처 : 제2지점 보호전시관(천단, 적석총 지역)
. 제4지점 앞쪽 : 우하량 고고공작점(고고발굴대를 위한 건물)
. 제8지점 근처 : 우하량유지박물관(신축한 박물관)

56)《牛河梁遺址発掘報告(1983-2003年度): 上》, 6쪽 図4.

57) 위의 사진은《牛河梁遺址発掘報告(1983-2003年度): 下》, 책 앞의 대형 사진에 필자가 다시 숫자를 표기한 것이고, 아래 것은《牛河梁遺址発掘報告(1983-2003 年度): 上》, 9쪽 図 5.

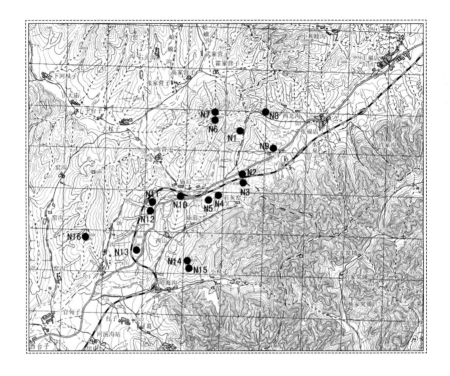

〈자료 9-32〉홍산문화 우하량유지 주요 지점

1. '우하량 국가 고고유지공원' 범위 안내도(2015.7월 답사 사진)
* 이 공원 경계 안에는 1, 2, 13지점(가운데 긴 녹색 부분), 14-15지점(오른쪽 하단 녹지), 16지
  점(왼쪽 하단 녹색 부분)만 포함되어 있다.

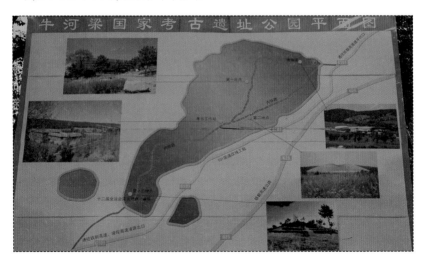

2. 거대한 계단식 적석 건축이 있는 제13지점(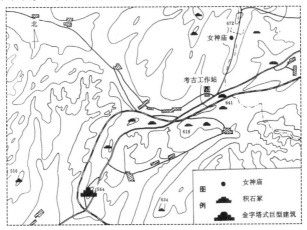)

* 한 변이 100m에 이르는 7층 원형 계단식(=피라미드) 적석 건축으로, 현재까지 완전 발굴이 이루어지지 않아서 무덤인지는 알 수 없다. 뒤에서 다시 상세히 소개한다.

〈자료 9-33〉 우하량유지 제1-16지점 분포도[58]

* 유적지 번호 아래의 숫자는 해발고도를 표시한 것이고, 크게 1-4 지역으로 나누어놓은 것이다.

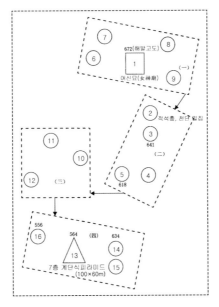

58) 이 자료는 趙承楷, 《考古文化》, 文化芸術出版社, 2009, 34쪽을 바탕으로 필자가 설명을 덧붙여 구성한 것이다.

2) 우하량유지 제1지점의 신전 건물들

(1) 우하량유지 제1지점 소개

제1지점은 (1) 제1건축지(J1)=여신묘, (2) 제2건축지(J2), (3) 제3건축지 (J3), (4) 제4건축지(J4), (5) 여신묘 남단의 구덩이인 교혈(窖穴) 등으로 구성된 거대한 유적이다. 제1지점은 여러 유적지가 있지만 이 가운데 일부 발굴된 '여신의 신전'인 여신묘(女神廟)가 대표적이다. 통상 우하량유지 제1지점은 여신묘를 지칭하는 것으로 사용된다.

산의 능선에 자리한 제1지점의 여신묘(J1: 제1건축지)는 유일하게 발굴이 된 곳이고, 다른 유적지들은 조사와 시굴만 한 상태이다. 1983-1985년까지 주변 지표 조사를 통해 대강의 유적 분포와 구조를 밝힌 상태고, 1985년에 여신묘 남쪽의 단실(單室) 6×6m부터 발굴되었다. 차후 모든 곳에 대한 정식 발굴이 이루어지면 새로운 놀라운 소식들이 들릴 것이다.

제1지점의 4곳의 건축지에서는 실제 인간의 1-3배의 여신상이 모셔져 있었다. 조사에 따르면 산 구릉 정상부 주변에 위치한 4곳의 건축지에서는 여신상의 파편이 이곳저곳에서 발견되어, 이 지역 전체가 서로 연결된 종교적인 성지로 보고 있다. 우선 제1지점 4곳의 건축지를 간략히 소개하면 아래와 같다.

〈자료 9-34〉 제1지점 지형 및 유적지 분포도[59]

* 표시 글자가 작아서 필자가 키워서 다시 썼다.
* 산 정상부에 자리한 'J2: 제2건축지'는 200×200m의 대형 신전터이다.
J1: 제1건축지=여신묘 J2: 제2건축지 J3: 제3건축지 J4: 제4건축지 H1: 회갱(灰坑)
▲(H1): 회갱(灰坑) ⊔⊔⊔: 돌담(石墻) ⹀: 후대(?)에 돌로 쌓은 둑방(石砌堤址)
□: 건축지 유적 ○: 원형 구덩이 유적

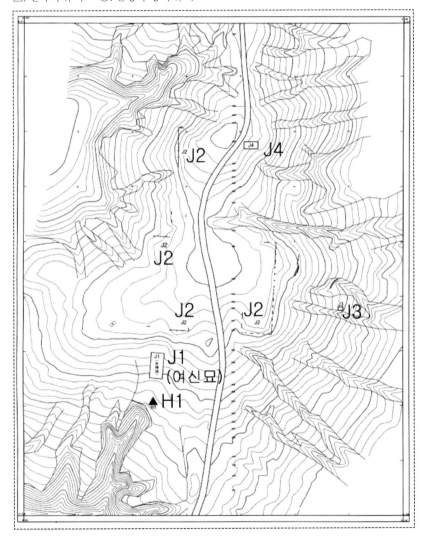

59) 《牛河梁遺址発掘報告(1983−2003年度): 上》, 18쪽. N1 図1.

제1건축지인 여신묘는 아래에서 상세히 살펴볼 것이고, 여기서는 아직 발굴이 안 되었지만 거대한 신전터로 여겨지는 제2, 제3, 제4건축지에 대해서 간단히 소개해둔다.

제2건축지(J2)는 여신묘 바로 위 인공적으로 쌓은 돌담으로 둘러져 있는 평평한 대지로 거대한 신전터로 보고 있다. 이 지역은 아직 정식 발굴도 안 된 지역이어서 아직 정확한 규모도 알 수 없지만, 200×200m의 정방형으로 총면적이 4만 ㎡에 달하는 것으로 보고하고 있다.[60]

발굴 보고서에 1쪽 정도로 간단히 소개된 제2건축지는 (1) 1986년에 확실한 건축지라는 것을 확정지었고, (2) 북, 동, 서쪽의 3개의 산에 걸쳐 있고, (3) 산의 정상부 부근의 북, 동, 서쪽에 '품(品)'자 모양으로 3곳에 별도의 건축지가 있었던 것으로 보이며, (4) 이런 곳에는 인공으로 쌓은 돌담(石墻)이 많이 남아 있다. 현재까지 남아 있는 돌담은 (1) 서산(西山)의 남쪽에 12m, 동쪽에 0.8m, 북쪽에 15m, (2) 동산(東山)의 동쪽에 83m, 북쪽에 10m, (3) 북산(北山)의 서쪽과 북쪽에도 일부 남아 있다.

북산 쪽 평지에서는 (1) 땅을 불로 태워 정화한 것으로 보이는 대형 홍소토(紅燒土)도 발견되었고, (2) 흙으로 만든 신상의 어깨 부분과 '인간의 3배에 달하는 귀 조각(N1 采:1)'도 발견되었으며, (3) 흙과 목재를 이용한 것 같은 건축물의 잔해도 발견되어, (4) 형태나 규격 등이 현재의 여신묘와 조금 다르지만 또 다른 신전터일 것으로 보고 있다.[61]

위에서 살펴본 제2건축지는 현재의 여신묘보다 더 위쪽 산 정상부에 있고 수천 년 동안 방치되어 거의 훼손되기는 했지만, 그 크기나 인간의 3배에 달하는 신상의 파편은 놀라울 뿐이다. 필자의 생각으로는 이곳이 현재의 여신묘보다도 더 중요한 주된 신전터였을 가능성도 있다고 본다.

제3건축지는 여신묘에서 170m 동북쪽에 있는데, 이곳에서 거대한 구덩이가 발견되었다. 이 구덩이는 (1) 불규칙한 장방형으로 11×4.4m의 크기로, (2) 통 모양의 토기인 통형기(筒形器) 80-100개 정도 분량의 조각

60) 趙承楷, 《考古文化》, 文化芸術出版社, 2009, 36-37쪽.
61) 《牛河梁遺址発掘報告(1983-2003年度): 上》, 38-39쪽.

들이 발견되었는데, (3) 가장 큰 통형기(n1j3: 8)는 높이가 60.6cm, 구경이 23.2cm에 달하며, (4) 홍도(紅陶)가 대부분이고 흑도(黑陶)도 섞여 있으며 홍도 가운데는 기하문이 장식된 채도(彩陶)도 있다.[62]

제4건축지는 2009년 7월에 새롭게 발견된 것으로, (1) 반지혈식으로 동서 10m, 남북 5m 크기로, (2) 주변과 중앙 부분에서 17개의 나무 기둥 자리가 발견되었는데 직경이 최소 23cm에서 최대 52cm나 되며, (3) 바닥 에서는 불로 태운 홍소토층이 발견되었고, (4) 내부에서 많은 토기 파편들 이 발견되었다.[63]

산 구릉 정상부 주변에 위치한 제1-4건축지 4곳에서는 여신상의 파편 이 이곳저곳에서 발견되어, 이 지역 전체가 서로 연결된 종교적인 성지임 을 알 수 있다. 홍산문화 후기 단계에 '초기 문명단계,' '초기 국가단계'에 진입한다는 것에 대해서 아직도 많은 사람들이 의구심을 보이고 있지만, 신전 하나만 보더라도 홍산문화를 새로운 시각으로 보아야 한다는 것을 웅변하고 있는 것이다. 앞으로 제1지점에 속한 여러 4곳의 건축지들 전체 가 발굴되면 지금보다도 더 놀라운 소식을 전할 것이다.

〈자료 9-35〉 제2건축지에 남아 있는 돌담들[64]
* 인공적으로 쌓은 돌담이 남아 있고, 돌담으로 둘러싸인 지역은 200×200m의 정방형 으로 총면적이 4만 ㎡에 달한다. 또 다른 신전터로 보고 있다.
1. 동산의 동쪽 돌담(83m)과 세부 사진

62) 《牛河梁遺址発掘報告(1983-2003年度): 上》, 40-45쪽.
63) 《牛河梁遺址発掘報告(1983-2003年度): 上》, 45쪽.
64) 《牛河梁遺址発掘報告(1983-2003年度): 下》, 図版 30의 1, 2, 3, 4.

2. 동산의 북쪽 돌담(10m)

3. 북산의 북쪽 돌담(? m)

(2) 우하량유지 여신묘(女神廟)의 여신들

우하량유지 제1지점 제1건축지(N1J1)는 여신 신전인 여신묘 지역이다. 학계에서는 현재까지 우하량유지 전체에서 이 지역이 "우하량유지군의 중심이자 가장 중요한 유적"이라고 평가하고 있다.[65] 제1지점 여러 유적지 가운데 유일하게 발굴된 곳이다. 여신묘 이곳저곳에서는 실제 인간의 1-3배에 이르는 6-7명의 여신이 모셔져 있었음이 확인되었다. 이것은 요하문명 연구에서 매우 중요한 의미를 지닌다. 그동안 조사된 주요 내용을 토대로 조금 상세히 소개하기로 한다.

우선 여신묘는 (1) 지표면 20-50cm 아래에서 발견되었고 지표면을 0.8m 정도 파낸 반지하식 건축물로 20도 동쪽으로 기운 동남향으로, (2) 여러 개의 방들이 이어져 있고 남북 18m, 동서 9(최대)-2(최소)m의 건물과 남쪽으로 2.65m 떨어져 있는 6×2.65m의 부속 건물인 남단실(南单室)로 이루어진 총 면적 75㎡의 건축물이다. (3) 나무 기둥을 세우고 흙에 풀을 섞어서 벽을 발라 매끄럽게 다듬었고, (4) 여신묘 주변에서는 불탄 흙과 동물 뼈가 발견되어 그 안쪽을 경계로 삼았다고 보며, (5) 돌을 전혀 사용하지 않고 나무, 흙, 풀만을 이용해서 지어진 여신을 모신 신전 건물이다.[66]

65) 《牛河梁遺址発掘報告(1983-2003年度): 上》, 17쪽.
66) 《牛河梁遺址発掘報告(1983-2003年度): 上》, 17쪽.

여신묘 전체는 크게 남단실(南單室: N1J1A)과 북다실(北多室: N1J1B) 2개의 건물로 구성되어 있다. 여러 개의 방이 합쳐진 북다실은 연구의 편의를 위해서, (1) 정중앙의 중실(中室) 혹은 주실(主室), (2) 중실 동쪽의 동측실(東側室), (3) 중실 서쪽의 서측실(西側室), (4) 북실(北室), (5) 남실(南室), (6) 남실과 이어진 장방형실(長方形室)로 나뉜다.

현재는 유적지를 그대로 보존하면서 그 위에 '우하량유지 제1지점 보호전시관'을 세워놓았다. 전시관 좌측 숲에는 실제 여신묘의 1/3크기로 모형을 만들어놓았다. 전시관 주변은 소나무 숲인데, 많은 소나무에는 '화하모조지, 천하우하량(華夏母祖地 天下牛河梁)'이라고 쓴 붉은 리본(90×4cm)들이 엄청나게 많이 묶여져 있다. 그 뜻은 이곳이 '화하족 여성조상의 땅, 천하의 우하량'이라는 것이다. 이곳을 방문하는 사람들이 전시관에서 5위안(우리 돈 약 800-900원)에 팔고 있는 이 리본을 사서, 소원을 빌면서 매달아놓은 것이다.

과연 이 여신들이 중국인의 조상이라는 화하족의 여성 조상일까? 사실 여부와 상관없이 이미 중국에서는 홍산여신을 '중화조모(中華母祖)'라고 부르고 있고, 이런 시각은 홍산문화에 대한 대부분의 책이나 방송 등을 통해서 확산되고 있다.

요하문명은 중원의 황하문명과 상관없는 독자적인 문명이다. 물론 홍산문화 후기부터 황하문명 지역과 교류를 하게 된다. 황하문명 지역보다 문화적으로 앞서 있던 이 지역은 고대로부터 동이족, 예맥족의 지역이었고, 이들은 이후에 고조선, 부여, 고구려 등과도 직-간접으로 연결되는 지역이다. 필자는 홍산여신은 중화조모가 아니라 동이모조(東夷母祖) 혹은 예맥조모(濊貊母祖)라고 생각한다.

중국인들이 홍산여신을 화하조모라고 부르는 것은, 요하문명을 건설한 주도세력을 중국인들의 조상이라는 황제족(黃帝族)으로 보려는 최근의 시각을 반영한 것이다. 요하문명에 대해서 우리가 적극적으로 연구하고 대응하지 않는다면, 이 지역을 토대로 둔 한국의 상고사는 모두 중국사가 되고, 한국인은 황제족의 후예가 되는 것이라는 점을 분명히 기억해두어야 한다.

〈자료 9-36〉여신묘(女神廟)

1. 시굴 당시의 사진과 각 방의 명칭

* 중실, 동측실, 서측실은 바닥이 원형으로 되어 있다.

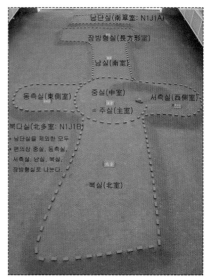

2. 그래픽으로 복원한 여신전 모습

〈자료 9-37〉여신묘 답사 자료

1. 우하량유지 제1지점 비석(2015.5.13.)

2. '우하량유지 제1지점 보호전시관' 입구(2016.8.11.)

3. 전시관 좌측에 만든 1/3 크기의 모형과 내부 (2014.9.5.)
* 내부는 비어 있고, 벽면에는 실제로 발견된 뇌문(雷紋)이 그려져 있다. 그러나 벽면 전체에 그려져 있었는지 사진처럼 일부에만 그려져 있었는지는 알 수 없다.

4. 전시관 내부 여신묘 유적지(2015.5.13.)
* 유적지 보호를 위해 흙으로 덮고 외곽선만 붉은 벽돌로 표시해놓았다.

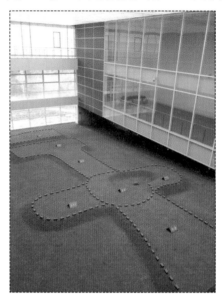

5. 전시관 2층 벽면의 전시 그림(2015.5.13.)
* 벽면을 돌면서 중국국화원(中国国画院) 원사(元士)인 저명한 화가 이수본(李樹本)이 홍
  산인들의 생활상을 그린 그림들이 전시되어 있다.

6. 소나무에 매놓은 '화하모조지 천하우하량(華夏母祖地天下牛河梁)' 리본 조각(2016.8.11.)
* 길이 90, 폭 4cm로 된 것, 글자를 보기 위해 둘로 나누어서 스캔하였다.

여신묘 내부에는 실제 사람의 1–3배 크기의 흙으로 만든 여신상 6–7
개가 모셔져 있었고, 여신묘 내부에서 여신상의 조각들이 많이 발견되었
다. 여신상의 가운데는 풀을 모아 묶어서 골격을 만들고 그 위에 흙을 바
르고 두드려서 형태를 만든 후에 마광(磨光)을 하였다. 얼굴, 코, 귀, 손,
어깨, 유방 등 신체 각 부위의 크기가 다른 조각들이 발견되었다. 여러 여
신상 조각들의 발굴 정황을 보면 아래와 같다.

첫째, 여신 얼굴은 실제 사람 얼굴 크기의 것 단 1점만 발견되었다. 여
신묘의 한가운데인 중실(中室)의 서쪽에서 발견되었는데, (1) 높이 22.4cm,
양쪽 귓구멍 사이의 폭(通耳寬)이 21cm, 가장 두꺼운 부분 14cm 크기로 실
제 사람의 얼굴 크기이며, (2) 머리 부분에는 머리를 올려 묶은 것처럼 띠
모양으로 둘러져 있고, (3) 눈동자는 직경 2.3cm의 옅은 회색(淡灰色)의 활
석질 옥석(玉石)을 반원형으로 만들어 넣었는데, 뒷면에는 돌기가 있어 마

치 단추같이 생겼으며, (4) 오른쪽 귀는 완전하나 왼쪽 귀는 손상되었는
데, 오른쪽 귓불에는 구멍이 있어 귀고리를 했을 것으로 보며, (5) 뒷면이
평평하게 되어 있어 벽면에 붙은 부조(浮彫)였을 것으로 보고 있다.[67]

이것이 여신묘에서 발견된 유일한 완전한 얼굴 모습이다. 여신묘 내부
에서 귀나 코 등 다른 부위의 조각이 발견된 것은 많지만 얼굴의 모습이 발
견된 것은 이것이 유일하다. 전형적인 몽골리안의 모습이고, 이 얼굴상을
토대로 우하량유지박물관에서는 홍산여신을 복원 전시하고 있다.

둘째, 여신묘의 중실(中室) 정중앙 부분에서 높이 6.7㎝, 남은 폭 6.7
㎝, 콧구멍 지름이 2.8㎝나 되는 흙으로 만든 코 1점(N1J1B: 18)이 발견되
었다.[68] 콧구멍 지름이 2.8㎝나 된다는 것은 실제 사람 코의 약 3배에 달
하는 크기이다. 이것은 여신묘의 한가운데는 실제 사람의 3배에 달하는
여신상이 모셔져 있었다는 것을 보여주는 것이다.

앞서 설명했지만 제2건축지에서도 '인간의 3배에 달하는 귀 조각(N1
朶:1)'이 발견되었다. 뒤에서 보겠지만 여신묘에서는 실제 인간의 1배, 2
배, 3배에 달하는 여러 점의 여신상 조각들이 발견되었다. 이것은 이미 홍
산문화 후기에는 신들의 세계에도 위계가 있어 주신(主神) 개념이 있었다
는 것을 입증하는 것이다. 홍산인들은 주신을 인간 실물의 약 3배 크기로
만들었음을 보여준다.

셋째, 중실 중앙 부분에서만 여신의 귀 4개가 발견되었는데, (1) 첫 번
째 귀(N1J1B: 15)는 절반 정도 남은 길이가 11.5㎝, 폭 7.9㎝, 머리에 이
어지는 부분의 두께 6.7㎝, (2) 두 번째 귀(N1J1B: 16)는 길이 12㎝, 폭 6.4
㎝, 두께 4.6㎝이며, (3) 세 번째 귀(N1J1B: 17)는 길이 6.4㎝, 폭 4.8㎝, 두
께 2.5㎝, (4) 네 번째 귀(N1J1B: 30)는 세 번째 귀 옆에서 발견된 것인데
세 번째 것보다 크고 길지만 세부적인 측정은 되어 있지 않다.[69]

실제 사람의 귀는 약 7-8㎝ 정도이다. 여신묘에서 발견된 흙으로 만

---

67) 《牛河梁遺址發掘報告(1983-2003年度): 上》, 17-19쪽.

68) 《牛河梁遺址發掘報告(1983-2003年度): 上》, 19쪽.

69) 《牛河梁遺址發掘報告(1983-2003年度): 上》, 19쪽.

든 귀 가운데 (1) 첫 번째 귀(N1J1B: 15)는 실제 사람의 2-3배, (2) 두 번째 귀(N1J1B: 16)도 실제 사람의 2-3배에, (3) 세 번째 귀(N1J1B: 17)는 실제 사람 크기, (4) 네 번째 귀(N1J1B: 30)는 실제 사람 귀의 1-2배 크기에 해당한다. 이러한 상황은 여신묘에 실제 사람의 1-3배에 달하는 흙으로 만든 여신상이 모셔져 있었다는 것을 보여주는 것이다.

또한 여신묘 바로 위에 있는 제2건축지(N1J2)에서도 1986년에 흙으로 만든 큰 귀(N1 采:1)가 채집되었는데, (1) 표면은 마광이 되어 있으며, (2) 남은 길이가 16cm, 폭이 9.6cm, 두께가 4.4cm에 달한다. 이것 역시 최소한 실제 인간의 3배에 달하는 크기이다. 제2건축지는 또 다른 신전 건물이 있는 곳으로, 아직 정식 발굴도 되지 않은 곳이다. 발굴이 된다면 이곳에서도 1-3배 혹은 더 큰 여신이 발굴될 가능성도 배제할 수 없는 상황이다.

신들 사이에 최소한 3등급의 위계가 있었다는 것은 결국 홍산인들 사이에 사회적 신분 등급이 나눠져 있었던 것을 반영하는 것이다. 현재 홍산문화를 연구하는 학자들은 홍산문화 시기에 최소한 6-7등급의 사회적 등급이 나누어져 있었다고 보고 있다.

넷째, 중실에서 손은 2점이 발견되었는데, (1) 중실과 북실이 연결되는 지점에서 발견된 것(N1J1B: 2)은 주먹을 쥔 모습의 왼손으로 바닥은 평평하여 벽 등의 평면상에 부조의 형태로 만든 것으로 보이며 길이 12cm, 폭 9.5cm, 높이 4cm, 손목의 직경 5.2cm이며, (2) 중실의 북벽 쪽에서 발견된 것(N1J1B: 4)은 손가락을 편 상태의 왼손으로 손바닥이 평평하여 벽 등의 평면상에 부조의 형태로 만든 것으로 보이며 남은 길이가 22cm, 폭 20cm이다.[70]

앞의 것(N1J1B: 2)은 실제 사람 손의 크기이다. 두 번째 것(N1J1B: 4)은 엄지 위 약 2cm 부분부터 손가락 끝까지 남은 길이가 22cm, 폭이 20cm인데, 이것은 실제 사람의 약 2-3배 크기에 해당하는 것이다.

다섯째, 중실에서 여신의 유방은 2점(N1J1B: 6-1, 6-2)이 발견되었는

---

70) 《牛河梁遺址發掘報告(1983-2003年度): 上》, 19쪽.

데, 유두는 없고 비교적 작은 직경 13-13.5㎝ 정도이다.[71] 이는 실제 사람의 유방 크기에 비해서 상대적으로 작은 크기이다.

일곱째, 중실에서 위 팔뚝(上臂) 2점이 발견되었다. 한 점(N1J1B: 3)은 (1) 좌측 위 팔뚝으로 어깨와 붙어 있는 부분으로, (2) 팔뚝은 속이 빈 원통형인데 좌측 가슴 쪽의 뒷면은 평평하고 풀의 잔흔이 보여 벽에 부조(浮彫)의 형태로 붙여놓은 부분으로 보여, 원통형의 소상(=圓雕)과 부조 방식이 합쳐진 형식으로 보이며, (3) 팔뚝 내부의 빈 공간에는 회백색의 골격(骨格) 잔편이 남아 있어, 만들 때 골격을 사용한 것을 알 수 있으며, (4) 남아 있는 것의 폭은 25.5㎝, 윗 팔뚝의 길이 25㎝, 팔뚝의 직경 9㎝이다. 다른 한 점(N1J1B: 19)은 (1) 붉은색을 칠해 옷을 입힌 것처럼 보이고, (2) 안쪽에 풀의 흔적이 있으며, (3) 남은 길이 14㎝, 폭 7.2㎝, 두께 4.5㎝이다.[72]

앞의 것(N1J1B: 3)은 실제 사람의 크기와 비슷하고, 뒤의 것(N1J1B: 19)은 실제 사람보다 약간 작은 것이다. 이 둘은 실제 사람 크기의 여신상의 조각으로 보인다.

여덟째, 어깨〔肩〕 부분은 1점(N1J1B: 5)이 발견되었는데, (1) 위로는 목부분과 아래로는 가슴 부분과 연결되는 부분으로, (2) 곡선이 유려하여 여성의 것으로 보인다.[73] 세부 수치가 없어 실제 사람과 비교한 크기를 알 수는 없다.

아홉째, 여신묘의 서쪽 골짜기〔冲溝〕에서도 여러 점의 인물상 조각들이 채집되었다. 이것은 본래 여신묘의 서실(西室)에 설치된 것이, 후대에 서쪽 골짜기로 쓸려 내려간 것으로 보인다.

① 팔뚝(手臂) 1점(N1J1 采: 2)은 2차로 진흙으로 칠을 했으며 남은 길이 17.6㎝, 폭 16㎝, 두께 9.2㎝이다.[74] 팔뚝의 폭이 16㎝나 된다는 것은, 실제 사람의 2-3배 크기의 신상에서 떨어져 나간 것이라고 볼 수 있다.

---

71) 《牛河梁遺址發掘報告(1983-2003年度): 上》, 19쪽.

72) 《牛河梁遺址發掘報告(1983-2003年度): 上》, 19-20쪽.

73) 《牛河梁遺址發掘報告(1983-2003年度): 上》, 21쪽.

74) 《牛河梁遺址發掘報告(1983-2003年度): 上》, 21쪽.

② 다리는 2점이다. 한 점(N1J1 采: 3)은 (1) 넓적다리 부분으로 '다리를 꼬고 앉는 모양[盤坐狀]'으로 반가부좌를 튼 모양이고, (2) 안쪽에는 풀을 묶어서 골격을 만든 흔적이 있으며, (3) 풀로 만든 골격의 직경이 9-10㎝나 되고, (4) 남은 길이 27.2㎝, 폭 26.8㎝, 두께 12.4㎝이다. 다른 한 점(N1J1 采: 4)도 반가부좌를 튼 모양으로, (2) 내부에 풀의 흔적이 있으며, (3) 남아 있는 길이는 34㎝, 폭은 22.5㎝, 가장 두꺼운 부분의 두께는 17㎝이다.[75]

앞의 것(N1J1 采: 3)의 다리 폭이 26.8㎝나 되는 것은 실제 사람의 3배 크기의 신상에서 떨어져 나간 것으로 볼 수 있다. 뒤의 것(N1J1 采: 4)의 다리 폭이 22.5㎝ 정도여서 실제 사람의 2배 크기의 신상에서 떨어져 나간 것으로 볼 수 있다. 실제 사람의 2-3배 크기의 신상들이 다리를 꼬고 앉는 '반가부좌'를 틀고 앉아 있었다는 것이다.

③ 유방은 2점이다. 한 점(N1J1 采: 5)은 (1) 표면에 마광(磨光)이 되어 있고, (2) 약간 아래로 처진 모양으로, (3) 직경 10.4-13.4㎝, 가장 두꺼운 부분의 두께는 10.5㎝이다.

다른 한 점(N1J1 采: 6)은 (1) 원형에 가까우며 유두 부분이 떨어져 나간 흔적이 있으며, (2) 뒷면은 수직으로 풀의 흔적이 있으며, (3) 붉은색을 칠한 흔적이 있고, (4) 유방 부분의 직경이 17-17.5㎝, 가장 두꺼운 부분의 두께는 10.5㎝이다.[76]

사람마다 차이가 많지만 앞의 것(N1J1 采: 5)이 실제 사람 유방의 크기에 가깝다면, 뒤의 것(N1J1 采: 6)은 실제 사람 유방의 2배 크기로 볼 수 있다.

열째, 여신묘 지역에서 출토, 채집된 흙으로 만든 여신의 각 신체 부위별 조각들을 종합하면, (1) 총 6-7개의 여신상이 모셔져 있었으며, (2) 실제 사람의 1배, 2배, 3배의 3등급의 여신상이 있었다는 것을 알 수 있다.[77]

---

75) 《牛河梁遺址発掘報告(1983-2003年度): 上》, 21, 25쪽.

76) 《牛河梁遺址発掘報告(1983-2003年度): 上》, 25쪽.

77) 《牛河梁遺址発掘報告(1983-2003年度): 上》, 25쪽.

〈자료 9-38〉 홍산여신

1. 발견된 인간 실물 크기의 여신 얼굴[78]
* 코 부분은 1983년 조사 당시에 여신묘 아래 서쪽 계곡에서 채집된 것이다.
* 눈동자는 옥으로 단추처럼 만들어 끼웠다.

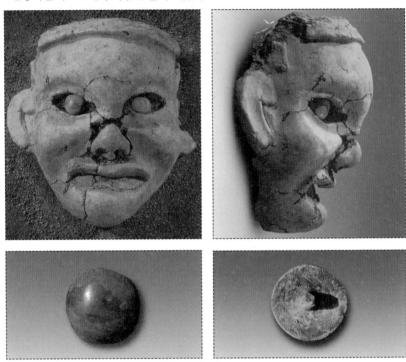

2. 홍산문화 동산취(東山嘴)유적에서 출토된 신상의 손과 발 모습(2007.2.5. 요녕성박물관)
* 이것은 실제 사람의 1/3크기의 흙으로 만든 신상의 반가부좌를 튼 손과 발의 모습이다.
　여신묘 서쪽 계곡에서 채집된 것에서도 '다리를 꼬고 앉는 모양(盤坐狀)'의 반가부좌
　조각들이 2점이나 보이기 때문에, 여신묘에서 발견된 여신 얼굴에 동산취에서 출토된
　손과 발의 모습을 합쳐서 홍산여신을 복원하게 된다.

---

78)《牛河梁遺址發掘報告(1983-2003年度): 下》, 圖版11의 일부.

3. 복원한 홍산여신 모습(2015.5.13. 우하량유지박물관)
* 여신묘 주실(主室) 한가운데 앉은 모습이고, 벽면은 뇌문(雷紋)으로 장식되어 있다.

〈자료 9-41〉사람의 1-3배에 달하는 여신을 추정하는 출토 조각들
1. 크기가 서로 다른 유방
1-1. 실제 사람 유방의 2배 크기로 직경 17-17.5cm, 가장 두꺼운 부분의 두께는 10.5cm(N1J1
采: 6)[79]

 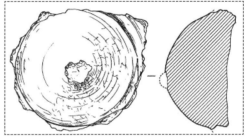

1-2. 실제 사람의 유방 크기(좌-중-우로 N1J1B: 6-1, 6-2, N1J1 采: 5)[80]

---

79) 컬러 사진은 《牛河梁遺址發掘報告(1983-2003年度): 下》, 圖版18-3의 일부, 그림
은 《牛河梁遺址發掘報告(1983-2003年度): 上》, 27쪽 N1 圖12-1의 일부.

80) 《牛河梁遺址發掘報告(1983-2003年度): 下》, 圖版16-1, 16-2의 일부. 오른 쪽
의 'N1J1 采: 5'는 보고서에 사진이 없어서 필자의 요녕성박물관 답사 사진
(2007.2.5).

2. 크기가 다른 귀

2-1. 남은 길이가 16cm로 사람 귀의 3배(N1 采:1)[81]

* 오른쪽 사진은 실제 사람 귀 크기(N1J1B: 17)의 것과 비교 전시한 필자의 답사 사진
(2007.2.5. 요녕성박물관)이다.

2-2. 남은 길이가 11.5cm, 폭 7.9cm로 인간의 2-3배(N1J1B: 15)[82]

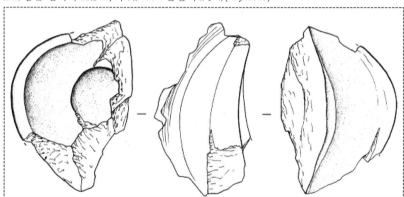

81) 《牛河梁遺址發掘報告(1983-2003年度): 下》, 圖版31-1의 일부, 오른쪽 비교 사진은 필자의 요녕성박물관 답사 사진(2007.2.5).

82) 《牛河梁遺址發掘報告(1983-2003年度): 上》, 21쪽 N1 圖5-1.

2-3. 길이 12cm, 폭 6.4cm, 두께 4.6cm로 인간의 2-3배(N1J1B: 16)[83]

2-4. 길이 6.4cm, 폭 4.8cm, 두께 2.5cm로 실제 사람의 귀 크기(N1J1B: 17)

2-5. 'N1J1B: 17'보다 크다고 하였으니 인간의 1-2배 정도로 추정(N1J1B: 30)[84]

3. 크기가 다른 손(2007.2.5. 요녕성박물관 답사 사진).
* 좌측(N1J1B: 4)은 남은 길이가 22cm, 폭이 20cm로 실제 사람의 2-3배 크기이고, 우측 (N1J1B: 2)은 실제 사람 손 크기다.

(3) 홍산여신의 사자(使者) 곰[熊]과 매[鷹]

홍산여신이 모셔져 있는 여신묘 한가운데 중실(中室)에는 실제 인간의 3배 크기의 주신(主神)과 2배 중급신 그리고 1배의 하급신 등 3등급의 여신 6-7명이 모셔져 있었다.

83) 《牛河梁遺址發掘報告(1983-2003年度): 下》, 圖版13-1의 일부.
84) 《牛河梁遺址發掘報告(1983-2003年度): 下》, 圖版13-3의 일부.

그런데 주신의 좌우에는 보조신격(補助神格)의 흙으로 만든 곰(熊)과 맹금류인 매(鷹)로 보이는 새가 신의 사자(使者)처럼 모셔져 있었다. 곰은 실제 크기이고, 매는 실제보다 크게 만들어 곰과 비슷한 크기로 맞추었던 것 같다. 곰의 경우에는 이빨이 흰색으로 채색된 흔적도 발견되었다.

첫째, 흙으로 만든 곰은 (1) 중실(中室)에서는 코-입술 연결 부분 조각 1점, 귀 부분 조각 1점, 발 조각 2점이, (2) 별도 건물인 남단실(南單室) 중간 부분에서 아래턱 부분 1점이 출토되었다. 학자들은 여러 특징을 비교하여 분명한 곰으로 판단하고 있다.

① 코-입술 부분(N1J1B: 7)은, (1) 둥근 입술 끝부분이 잘 남아 있고, (2) 2개의 타원형 콧구멍이 있으며, (3) 남은 길이는 11.5㎝, 폭은 8㎝, 높이는 10㎝이다.

② 귀 부분(N1J1B: 27)은 (1) 평평한 판 모양으로 작으며, (2) 귀의 끝부분이 살짝 원형으로 솟아올라 있으며, (3) 남은 길이 10.2㎝, 폭은 11.6㎝, 가장 두꺼운 부분의 두께는 2.5㎝이다.

③ 발 부분은 주실에서 2점(N1J1B: 8-1, 8-2)이 발견되었는데, (1) 형태나 크기가 거의 비슷하며, (2) 4개의 발가락 중에서 좌우 양측의 2개는 짧으며, (3) 하나는(N1J1B: 8-1)는 길이 14.5㎝, 폭 12㎝, 높이 7.5㎝고, 다른 하나(N1J1B: 8-2)는 길이 14.3㎝, 폭 7.5㎝, 높이 6.3㎝이다.

④ 아래턱 부분(N1J1A: 7)은 남단실(南單室) 가운데에서 발견되었는데, (1) 턱이 길며, (2) 큰 송곳니가 솟아 있는데 흰색으로 채색이 되어 있었다.[85]

곰은 실제 곰의 크기에 가깝다. 남단실에서는 채색된 곰의 아래턱 부분 이외의 다른 부분이 발견되지 않는 것을 보아서 주실에 있던 곰의 일부가 후대에 남단실 쪽으로 흘러내려 간 것으로 보인다.

---

85) 《牛河梁遺址發掘報告(1983-2003年度): 上》, 25쪽.

〈자료 9-40〉곰 조각상의 출토 부분[86)

1. 코-입술 부분(N1J1B: 7)

2. 채색된 아래턱 부분(N1J1A: 7)

3. 발 부분(N1J1B: 8-1)

4. 발 부분(N1J1B: 8-2)

둘째, 중실(中室)에서는 매나 독수리 같은 맹금류(猛禽類)의 발가락 부분과 날개 부분이 발견되었다. 중국학계에서는 매〔鷹〕로 보고 있다.

① 2점의 발가락 부분(N1J1B: 9-1-1, 9-1-2)은 (1) 양쪽 발의 일부분으로 2개의 발가락이 붙어 있는 형태로 2점이 발견되었는데, (2) 한쪽 발마다 2개의 발가락이 남아 있고, (3) 발가락은 모두 3마디로 되어 있고 발톱은 날카롭게 휘어져 있으며, (4) 뒷면은 평평하고, (5) 남은 길이가 하나 (N1J1B: 9-1-1)는 14.5㎝, 다른 하나(N1J1B: 9-1-2)는 13.5㎝이다.

본래 매 같은 맹금류는 '앞쪽에 있는 3개의 발가락과 뒤쪽에 있는 1개의 발가락'을 구부려 사냥감을 잡는다. 출토된 조각들은 1마리 독수리의 양쪽 발 부분이라고 할 수 있다.

② 날개 부분(N1J1B: 9-2)은 (1) 왼쪽 날개 뒷부분의 작은 조각과, 보전 상태가 좋은 우측 날개 부분이 출토되었으며, (2) 표면은 마광이 되어 있

86)《牛河梁遺址發掘報告(1983-2003年度): 下》, 圖版19 일부.

고, (3) 보존이 잘 된 우측 날개의 남은 길이는 46㎝, 폭은 24㎝이다.[87] 매와 같은 맹금류의 실제 크기보다 크게 만들어져 있는데, 이것은 같이 있는 실제 크기의 곰의 크기에 맞추어서 비슷한 크기로 만든 것으로 보인다.

〈자료 9-41〉 독수리 조각상의 출토 부분[88]
1. 발가락 부분: 좌(N1J1B: 9-1-2), 우(N1J1B: 9-1-1),

2. 보존 상태가 좋은 우측 날개 부분

곰과 매는 여신묘의 중심인 중실에 인간의 3배 크기의 주신(主神) 옆에 모셔진 보조신격이었다. 이것이 곰과 매가 홍산인의 토템이었다는 것을 보여준다. 여신묘 제사 구덩이(J1H1)에서는 희생(犧牲)으로 바쳐진 것으로 보이는 실제 곰의 아래턱뼈도 발견되었다.

87) 《牛河梁遺址発掘報告(1983-2003年度): 上》, 25쪽.
88) 《牛河梁遺址発掘報告(1983-2003年度): 下》, 図版20.

우하량유지 전체에서는 꽃사슴〔梅花鹿〕, 이리〔狼〕, 흑곰〔黑熊〕, 노루〔獐〕, 고라니〔狍〕, 오소리〔獾〕, 산토끼〔野兔〕, 두더지〔鼢鼠〕, 꿩〔雉〕의 뼈가 출토되었다. 이 가운데 여신묘 아래에 있는 제사 구덩이(N1H1)에서 출토된 것은 흑곰의 아래턱뼈(N1H1-1) 밖에 없다.[89]

또한 우하량유지에서 집중적으로 많이 발견되는 곰 형상의 옥웅룡(玉熊龍)에는 아래위의 송곳니가 교차된 모양의 것(標本 5)이 채집되어 있다. 이것은 분명히 돼지가 아니라 곰을 표현한 것이다. 일부 학자들은 필자가 옥웅룡(玉熊龍)이라고 부르는 것을 돼지로 보고 옥저룡(玉猪龍)으로 보기도 한다. 그러나 더 많은 학자들이 'C자 모양의 갈기가 달린 옥저룡'과 구별하여 옥웅룡으로 본다. 옥저룡은 돼지의 갈기를 표현하고 있는 것이다. 이 갈기는 가축화되면서 서서히 사라져 간다.

돼지와 곰의 큰 차이점은 갈기의 유무 이외에 송곳니의 차이를 들 수 있다. '곰'은 아래 위의 송곳니가 같은 크기이다. 그러나 '돼지'는 아래 송곳니가 위로 솟아 올라와 있다. 돼지의 가장 특징적인 모습은 갈기보다는 '위로 솟아오른 아래 송곳니'라고 할 수 있다. 이런 돼지의 특징은 고대인들도 분명히 인식하고 있었다. 앞서 제9장에서 소개한 조보구문화 존형기의 신령도안에 보이는 저수룡(猪首龍)에서도, 돼지의 가장 특징적인 '위로 솟아오른 아래 송곳니'를 강조하고 있다(〈자료 8-3〉 참조).

우하량유지에서 집중적으로 또 많이 발견되는 홍산문화의 가장 특징적인 옥기 가운데 하나인 옥웅룡은 글자 그대로 곰을 상징한 것이고 홍산인들의 주토템이었다. 우하량유지박물관 입구에는 (1) 2m 가량의 거대한 옥웅룡을 세워놓았고, (2) 전설적인 5제상(五帝像)의 뒷면에도 옥웅룡을 새겨놓았으며, (3) 요하문명을 건설한 주도세력을 중국학계에서는 중국인의 조상이라는 황제족으로 보기에 황제상의 가슴에도 옥웅룡을 걸어놓았으며, (4) 우하량유지 제2지점 전시관의 정문에도 옥웅룡이 장식되어 있다.

실제로 홍산문화의 두 중심지인 내몽고 적봉시와 요녕성 조양시는 옥

---

89) 《牛河梁遺址発掘報告(1983-2003年度): 下》, 図版 324, 325, 326, 327. 여기에는 우하량유지 전체에서 출토 채집된 동물의 뼈를 소개하고 있다.

저룡과 옥웅룡을 각기 시의 상징물, 박물관의 상징물로 삼고 있다. 곧, 옥웅룡이 많이 출토되는 우하량유지가 있는 요녕성 조양시는 시의 상징물이 옥웅룡이고, 조양박물관 입구 정면에도 옥웅룡이 장식되어 있다. 이와는 반대로 내몽고 적봉시는 옥저룡이 상징물이고, 적봉박물관 입구 정면에는 옥저룡이 장식되어 있다. 이런 차이에 대해서는 다른 장에서 다시 상세히 소개할 것이다(〈제12장 - 5〉참조).

필자는 홍산인들이 돼지, 곰, 매를 모두 토템으로 삼았지만 주토템은 곰이었다고 보며, 곰토템족인 홍산인들이 단군신화의 곰족=웅녀족과 연결될 가능성이 있다고 본다. 단군의 고조선 건국을 BC 2333년으로 본다면, 곰을 토템으로 하는 곰족과 호랑이를 토템으로 하는 호랑이족은 환웅족을 만나기 이전부터 존재했다. 호랑이족은 환웅 세력과 합치지 못하고 떨어져 나가고, 곰족은 환웅족의 앞선 문화를 받아들여 웅녀족으로 거듭나 환웅족과 혼인동맹을 맺는다. 이 사이에서 단군이 태어나 성장한 후에 고조선을 세운 것이 BC 2333년이다. 우하량유지로 대표되는 홍산문화 후기(BC 3500-3000)는 고조선을 건국하기 약 1000년 전으로, 환웅족을 만나기 전의 곰족의 문화일 수 있다는 것이다.[90]

〈자료 9-42〉우하량유지에서 보이는 흑곰의 아래턱뼈(下顎骨)
1. 여신묘 부장용 구덩이에서 출토된 흑곰의 좌측 아래턱뼈(N1H1-1)[91]

90) 우실하, 〈홍산문화의 곰토템족과 단군신화의 웅녀족〉, 《고조선단군학》 제27호
   (2012.11), 185-216쪽.
91) 《牛河梁遺址発掘報告(1983-2003年度): 下》, 図版 325-4.

2. 우하량유지에서 채집된 흑곰의 아래턱뼈[92)]와 또 다른 사진

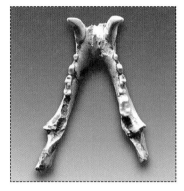 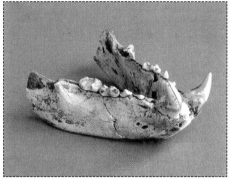

〈자료 9-43〉 제2지점 1호총 4호묘(N2Z1M4) 옥웅룡 출토 모습[93)]

〈자료 9-44〉 조보구문화 존형기 신령도안의 저수룡(猪首龍) 부분 세부도[94)]
*고대인들도 '위로 솟아오른 아래 송곳니'를 돼지의 특징으로 인지하고 있었다.

---

92) 《牛河梁遺址發掘報告(1983-2003年度)：下》, 図版 325-5.

93) 《牛河梁遺址發掘報告(1983-2003年度)：下》, 図版 67-3, 67-4.

94) 中国社会科学院考古研究所内蒙古工作隊, 〈内蒙古敖漢旗小山遺址〉, 496쪽 〈図4〉의 일부분.

〈자료 9-45〉 옥웅룡(玉熊龍)에 보이는 아래위 똑같은 크기의 송곳니[95]와 실제 곰
* 아래위의 송곳니가 같은 크기로 돼지와는 구별된다.

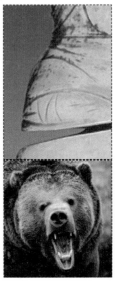

〈자료 9-46〉 옥저룡(玉猪龍)의 갈기와 실제 야생 돼지

1. 전형적인 옥저룡과 야생 돼지에서 보이는 갈기

2. 야생 돼지의 가장 큰 특징인 '위로 솟아오른 아래 송곳니'

---

95)《牛河梁遺址発掘報告(1983−2003年度)：下》, 図版 319.

〈자료 9-47〉우하량유지와 홍산문화 옥웅룡(2015.5.13. 답사 사진)

1. 우하량유지박물관 입구의 5제상

2. 황제상(黃帝像)의 옥웅룡 목걸이

3. 박물관 입구의 거대 옥웅룡 조각상

4. 우하량유지 제2지점 전시관 정문의 옥웅룡 장식

(4) 동북아시아 최초의 벽화로 장식된 여신묘

여신묘에서는 벽면을 장식했던 동북아시아 최초의 벽화 조각 9점이 발견되었다. 북다실과 남단실 모두에서 발견되었다. 이 벽화 조각은 (1) 번개무늬인 뇌문과 삼각형 무늬 등 기하학적 문양이 대부분이며, (2) 대부분은 붉은색(赭色)으로 그려져 있지만, (3) 백색과 붉은색을 동시에 사용해 그려진 것도 확인되었다. 이것이 동북아시아에서 가장 오래된 벽화이다.

〈자료 9-48〉여신묘 벽면의 벽화 조각의 일부[96]

1. 번개무늬(N1J1B: 11)   2. 붉은색과 흰색이 보인다(N1J1A: 51)

3. 기타 기하문 (좌 N1J1B: 23, 우 N1J1B: 26)

96) 《牛河梁遺址発掘報告(1983-2003年度): 下》, 図版 25, 26의 일부.

3) 우하량유지 제2지점 계단식 적석총과 천단(天壇)

우하량유지 제2지점은 많은 거대 적석총과 '3층 원형의 천단(天壇)' 등이 밀집된 지역이다. 엄청난 유물이 출토되었지만, 이들을 모두 소개할 수는 없다. 여기에서는 홍산인들의 문화적 수준을 알 수 있는 몇 가지를 추려서 소개하고자 한다.

(1) 우하량유지 제2지점 소개

제2지점(N2)은 조양시에 속하는 능원시와 건평현의 경계 지역에 위치한다. 위로는 능원-건평간 도로가 있고, 아래로는 철로가 지나가는 중간에 자리하고 있다. 철로 건너 작은 산꼭대기에는 제3지점이 있다.

제2지점 전체 규모는 동서가 130m, 남북이 45m의 장방형으로 면적은 5850㎡로, 각 단원은 약간의 간격을 두고 구분되어 있다. 제2지점은 서에서 동으로 1단원부터 6단원까지로 나뉜다. 1, 2, 4, 5, 6단원은 적석총이고 각각 1호총(Z1), 2호총(Z2), 4호총(Z4), 5호총(Z5), 6호총(Z6)으로 부른다. 3단원은 편의상 3호총(Z3)이라고 부르지만 무덤은 아니고 '3층 원형 구조의 제단'으로 천단(天壇)이다.

현재는 제2지점 전체를 청화대학에서 설계한 동서 161m, 남북 50m, 최고 높이 17m의 철골 구조의 건물로 덮어서 전시관을 만들어놓았다. 천장 가운데는 투명한 유리로 장식된 직경 15m의 구멍이 뚫려 있어서 조명이 없어도 밝다.[97] 전체를 한 바퀴 돌면서 볼 수 있도록 전시관을 한 바퀴 도는 2층 높이의 순환도로를 만들어놓았다.

---

97) 1. 楊霄, 葛家琪, 趙天文, 〈牛河梁紅山文化遺址Ⅱ号点保護篷結構設計〉, 《建筑結構》, 2014年 1期.
　　2. 趙天文, 葛家琪, 楊霄, 李愷靖, 〈牛河梁紅山文化遺址Ⅱ号点保護篷鋼結構性能化設計〉, 《建筑結構》, 2014年 1期.

⟨자료 9-49⟩ 우하량유지 제2지점

1. 제2지점 주변[98]

* 위로는 도로가, 아래로는 철로가 지나간다.

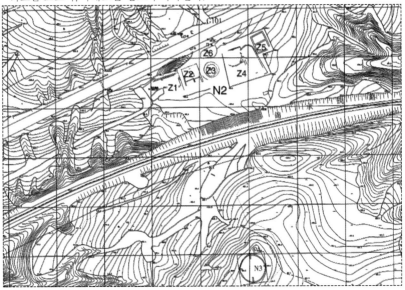

2. 우하량유지 제2지점[99]

* 현재는 이 전체를 철골 구조로 덮어서 전시관을 만들어놓았다.

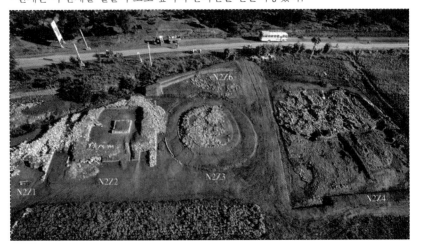

---

98) 《牛河梁遺址発掘報告(1983-2003年度): 上》, 56쪽 N2図2 부분.

99) 《牛河梁遺址発掘報告(1983-2003年度): 下》, 図版 38.

3. 1호총(Z1), 2호총(Z2), 천단(Z3)의 크기: 박스는 5×5m[100]

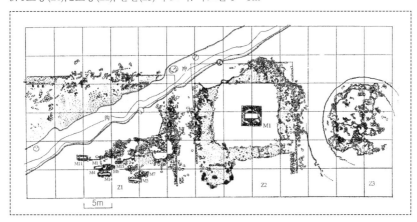

〈자료 9-50〉우하량유지 제2지점 보호전시관

1. 설계도

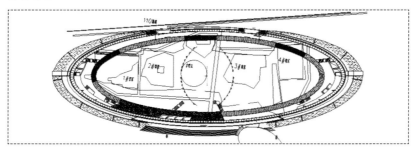

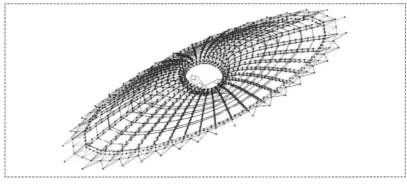

100) 郭大順,〈從牛河梁遺址看紅山文化的社会変革〉, 中国社会科学院考古研究所, 中国社会科学院古代文明研究中心(編),《古代文明研究》, 文物出版社, 2005, 117 쪽. 이 책에서는 크기 비교를 위해 3m의 선을 제시하였는데, 필자가 박스의 한 변 크기인 5m로 바꾸어서 표기하였다.

2. 실제 외부와 내부 모습 (2016.8.11. 답사 사진)

(2) 동북아시아 최초의 '계단식 적석총'과 한반도

흥륭와문화를 설명하는 제6장에서 이미 설명했듯이, 적석총은 이미 백음장한(白音長汗)유적 2기 흥륭와문화 시기에 출현한다. 하지만 흥륭와문화 시기에는 대부분 토광묘 위주였고 적석총은 백음장한 2기에서만 보이는 특별한 것으로 당시에는 보편적인 묘제는 아니었다.

그러나, 홍산문화 시기에는 각종 형태의 돌무덤이 보편적인 묘제로 주류를 이루고 있다. 특히 우하량유지에는 홍산문화 후기의 거대한 적석총들이 밀집되어 있다.

홍산문화 시기의 거대한 적석총이 발견되는 유적은 (1) 우하량유지, (2) 호두구(胡頭溝)유지, (3) 사가자(四家子)유지, (4) 백음장한유적 홍산문화 시기의 유적지가 있다. 우하량유지 제1-16지점에서 발굴이 완료된 5개 지점 가운데 제1지점 여신묘를 제외한 제2, 3, 5, 16지점이 모두 적석총 지역이다. 기타 발굴되지 않는 곳(제17-43지점)도 대부분 적석총 밀집지역이다.

발굴된 제2, 3, 5, 16지점의 적석총은 (1) 작은 산의 꼭대기에 있으며, (2) 하나만 있는 단독총과 (3) 2-4개의 적석총이 하나로 연결된 집단총[塚群]이 있으며, (4) 하나의 적석총 안에는 중심대묘(中心大墓) 하나만 있는 것과 중심대묘 주변에 작은 소형묘가 있는 것도 있으며, (4) 큰 적석총은 돌로 쌓은 분명한 경계가 있다. 거대한 적석총은 '지고무상(至高無上)' '일인독존(一人獨尊)'의 절대 권력자의 무덤이고, 집단총은 씨족이나 부족의 공동묘지로 보고 있다.[101]

곽대순은 홍산문화 적석총 내부의 묘장의 형태를 신분 등급에 따라 5개의 유형으로 나누어 본다. 곧, (1) 적석총 한가운데 있는 4방향에서 2-3단의 계단식으로 파 내려가 묘광을 만든 중심대묘(中心大墓), (2) 묘광의 한쪽만 2-3단의 계단식으로 파 내려가 묘광을 만든 대계식묘(臺階式墓), (3) 갑류(甲類) 석관묘, (4) 을류(乙類) 석관묘, (5) 부속묘(付屬墓)로 나눈다. 상대적으로 큰 대형인 중심대묘와 대계식묘는 거의 다 외부는 '3층 계단식 적석총' 혹은 '3층 계단식 피라미드'이다. 곽대순이 분류하는 5개 유형을 소개하면 소개하면 아래와 같다.[102]

첫째, 중심대묘는 최고 신분을 지닌 사람의 묘로, (1) 묘광(墓壙)의 4방향에서 2-3단 계단식으로 파고 내려가 거대한 석관묘를 만들고, (2) 묘광도 2-3단의 돌을 깐 계단식으로 만들었으며, (3) 외형은 3층 계단식 적석총 모양이며, (4) 크고 질도 좋은 7-10개 정도의 옥기를 부장하였다(제2지점 2호총 1호묘, 제5지점 1호총 1호묘, 제16지점 2호묘, 그 외 호두구 1호묘 등).

둘째, 대계식묘(臺階式墓)는 중심대묘 다음의 신분을 지닌 사람의 묘로, (1) 묘광의 한쪽에서만 2-3단의 계단식으로 파고 내려가 거대한 석관묘를 만들었고, (2) 외형은 3층 계단식 적석총 모양이며, (3) 부장 옥기는 중심대묘보다는 적지만 다른 곳에 비해서는 많은 편이다(제2지점 1호총 21호묘, 2호총).

셋째, '갑류 석관묘'는 옥기를 부장한 중-소형의 석관묘로, (1) 중형 석

---

101) 郭大順, 〈從牛河梁遺址看紅山文化的社会変革〉, 115쪽.
102) 위 글, 118-123쪽.

관묘는 좀 더 고급의 옥기가 세트로 부장된 곳(제2지점 1호총 7호묘, 14호묘, 15호묘 등)과 일반적인 옥기가 세트로 부장된 곳(제2지점 1호총 11호묘 등)이 있으며, (2) 소형 석관묘는 주로 일반적인 옥벽, 옥환 등이 부장되어 있다(제2지점 1호총 7호묘).

넷째, '을류 석관묘'는 옥기가 없고 석기나 채도(彩陶)가 부장된 석관묘로, (1) 갑류 석관묘 배열의 가운데 위치한 것(제2지점 1호총 6호묘)과 (2) 별도로 위치하며 채도만 부장된 것(제2지점 4호총 5호묘) 등이 있다.

다섯째, '부속묘'는 부장품이 전혀 없는 토광묘로, (1) 적석총의 위쪽이나 적석총의 경계 안의 것, (2) 적석총의 경계 밖에 있는 것으로 나뉜다.

우하량유지에서 발굴이 완료된 홍산문화 적석총 총 61개 가운데 어떤 형태라도 부장품이 있는 것이 31개, 그 중에서 옥기가 부장된 묘는 26개에 이른다. 부장품이 있는 묘의 80퍼센트 이상은 채도나 석기 없이 오로지 옥기만을 부장하였고 옥기의 숫자로 신분에 따른 예(禮)를 표하였다.[103]

가장 규모가 큰 중심대묘의 주인은 이미 '일인독존(一人獨尊)'의 '왕(王)에 해당하는 신분'이라는 것은 의심의 여지가 없다.[104] 홍산문화의 적석총은 신분 등급의 분화가 이미 사회적으로 제도화되었다는 것을 보여주는 것이다.[105] 이 시기에는 '원시사회에서 문명사회로 가는 과도기'이자 '대대적인 사회적 신분 분화에 따른 대변혁 시기'이다.[106]

곽대순은 묘를 중심으로 5등급으로 신분을 구분했지만, 좀 더 등급을 세분할 수 있는 가능성은 열려 있다. 일반적으로 홍산문화 연구자들은 홍산문화 후기 우하량유지 시기에는 신분이 6−7등급으로 나누어진 피라미드식 신분 구조였다고 보고 있다. 그리고 옥장인(玉匠人)이 직업적으로 분리되어 있었다고 보고 있다. 필자는 여기에 더해 석장인(石匠人)로 직업적으로 분리되어 있었다고 본다. 이에 대해서는 뒤에서 다시 논의하겠다.

---

103) 위 글, 124쪽.
104) 위 글, 120쪽.
105) 위 글, 123쪽.
106) 위 글, 125쪽.

먼저, 홍산문화 적석총의 규모나 구조를 독자들이 쉽게 알 수 있도록, 대형 계단식 적석총 가운데 하나인 '우하량유지 제2지점 1호총(N2Z1)'을 소개하기로 한다. 보고서에서는 판석(板石)을 세워서 만든 묘를 '석관묘(石棺墓)', 판석을 눕혀서 겹겹이 쌓은 묘를 '체석묘(砌石墓)'로 구분하여 표기하고 있다. 그러나, 이들은 모두 석관묘의 한 형태이므로 이 글에서는 모두 석관묘로 통칭해서 부르기로 한다.

각 적석총의 영문 약자는 한자의 중국식 발음에서 따온 것으로, (1) 'N'은 우하량(牛河梁)의 중국식 발음 '뉴허량(Niuheliang)'의 N, (2) 'Z'는 총(塚)의 중국식 발음 '종(Zhong)'의 Z, (3) 'M'은 묘(墓)의 중국식 발음 '무(Mu)'의 M을 말한다. 따라서 '우하량 제2점(N2) 1호총(Z1) 1호묘(M1)'는 'N2Z1M1'으로 간략히 표기하고 있다. 제2지점 1호총을 개괄적으로 소개하면 아래와 같다.[107]

첫째, 제2지점 1호총은 (1) 동서로 긴 장방형으로 동서 34m, 남북 22m, 높이 약 1.5m로 전체 면적은 750㎡에 이르며, (2) 중심부에는 14.8m 간격으로 땅을 계단식으로 파 내려가 석회암 판석을 겹쳐서 쌓아 만든 대형 석관묘 2개(M25, M26)가 있고, (3) 중심에서 많이 떨어진 적석총의 남쪽 경계 안쪽에는 토광묘부터 석관묘 등 25개의 묘가 발견되었으며, (4) 중앙에 있는 2개의 대형 석관묘를 먼저 조성하고 흙을 덮은 후에 그 위에 계단식으로 돌을 쌓아 올린 '3층 계단식 적석총'이며, (5) 남쪽의 여러 묘들은 후에 적석총의 일부를 허물고 적석총의 경계 안에 조성된 것이다(〈자료 9-51〉 참조).

둘째, 제2지점 1호총의 동쪽 경계석 부분을 자세히 보면 돌담의 경계가 명확하며, 계단식 적석총이었음을 알 수 있다. 북쪽이 높은 지형적 특징 때문에, 남쪽으로 갈수록 층간의 높이가 높아져서 수평을 이루게 되어 있다.

셋째, 북쪽 2층 경계석 안쪽으로는 채도통형관(彩陶筒形缶)을 일렬로 묻은 것이 확인되었다.

---

107) 《牛河梁遺址発掘報告(1983~2003年度): 上》, 57~58쪽.

넷째, 사용된 돌은 인공적으로 네모나게 다듬은 석회암으로, 가장 큰 것은 길이 90cm, 폭 35cm, 두께 20cm 정도이고, 보통 것이 길이 65cm, 폭 30cm, 두께 20cm 정도이다. 이보다 작은 것도 있다.

다섯째, 훼손된 부분이 많지만 전체 구조는 ⑴ 평평하게 땅을 다지고, ⑵ 네모나게 다듬은 돌로 약 0.9m 간격으로 2겹의 네모난 돌담을 두르고, ⑵ 2겹의 돌담 사이에는 판석을 깔았으며, ⑶ 2겹의 경계석과 1.7m 간격을 두고 그 안쪽에 계단식 적석총을 만들었는데, ⑶ 2겹의 경계 돌담 안으로 외관상으로는 2-3줄 어떤 곳은 4줄의 돌담이 보이는, ⑷ 전체적으로 보면 3층(?) 계단식 적석총으로 보인다. 훼손이 심해 정확하게 몇 층인지 확인하기 어렵다.

〈자료 9-51〉 우하량 제2지점 1호총[108]

1. 1호총 평면도

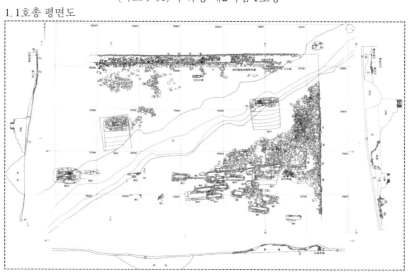

---

108) 《牛河梁遺址発掘報告(1983-2003年度): 上》, N2 図 3.

2. 1호총의 동북쪽 모서리 확대

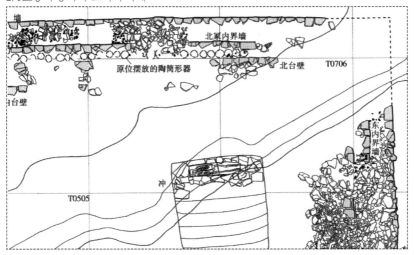

墙
北冢内界墙
原位摆放的陶筒形器
北台壁
T0706
台壁
东内界墙
冲
T0505

〈자료 9-52〉 제2지점 1호총 (2015.8.6. 답사 자료)

1. 동북쪽 모서리 부분

2. 북쪽의 통형관이 묻혀 있는 2겹의 경계 돌담과 25호묘

3. 남쪽의 석관묘들

4. 서남단의 남녀 합장묘인 24호묘
* 홍산문화 후기에는 일부일처제가 확립되었을 가능성이 있다. 이에 대해서는 뒤에서
별도로 상론한다.

　　'우하량유지 제2지점 2호총 1호묘=중심대묘(N2Z2M1)'를 발굴 보고서
와 필자의 답사 자료를 통해서 소개하면 아래와 같다.[109]

　　첫째, 서쪽의 제2지점 1호총(N2Z1)과 3.2m 떨어져 있고, 동쪽의 천단
(N2Z3)과 1.8m 떨어진 중간에 위치하고 있다. 한가운데 중심대묘가 있고

109) 《牛河梁遺址發掘報告(1983-2003年度): 上》, 116쪽.

남쪽에 3개의 묘가 있다.

둘째, 크기는 동서가 17.2m, 남북이 19.5m로 경계를 인공적으로 네모나게 다듬은 돌을 쌓아 경계 돌담을 둘렀다.

셋째, 중심대묘는 지상과 지하 두 부분으로 나누어지는데, (1) 지하 부분은 장방형의 구덩이를 파고 석회암 판석을 깔고 4방에 판석을 세워 묘실을 만들고 그 위를 다시 판석으로 덮었으며, (2) 지상 부분은 정사각형으로 다듬은 돌을 0.7m 정도 가지런히 쌓아 올렸고, (3) 그 위에 흙을 덮고 다시 3층 계단식 적석총을 만들어 '안은 흙이고 바깥은 돌로 덮은' 모습이다.

넷째, 중심대묘에서 북쪽 경계석까지는 7.5m, 동쪽으로는 5.9m, 서쪽으로는 8m이다. 사각형 적석총 경계 돌담의 한가운데 중심대묘가 있는 것이다.

다섯째, 북쪽이 지형적으로 높은 관계로, (1) 북쪽은 한 층의 계단이 낮고, (2) 남쪽으로 내려오면서 계단의 높이가 높아져서, (3) 각 층별로 수평이 되게 하였다. 전체적으로 3층 계단식 적석총이며, 남쪽에서 바라본 높이는 약 2.5–3m이다.

〈자료 9-53〉 우하량유지 제2지점 2호총 1호묘=중심대묘(N2Z2M1)
(2015.8.6. 답사 사진)

1. 2호총 1호묘 평면도와[110] 전체 모습

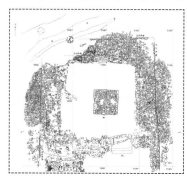

110) 《牛河梁遺址発掘報告(1983–2003年度): 上》, N2 図 69.

2. 인공적으로 직사각형으로 다듬어 경계를 돌린 돌

3. 중심대묘는 3단으로 내려가는 별도의 적석(積石) 구조물로 만들었다.[111]

4. 중심대묘(M1)와 경계가 되는 외곽 적석 상태
* 기단석 위에 쌓은 돌들도 자연석이 아니라 네모나게 다듬은 돌로 쌓았다.

---

111) 《牛河梁遺址発掘報告(1983-2003年度)：下》, 図版 111-1.

현장 답사를 하면서, 5500년 전 홍산인들이 적석총의 기단석이나 경계석 등에 자연석이 아닌 인공적으로 네모나게 다듬은 돌을 사용했다는 것을 확인하고 너무나 놀랐다. 물론 8000년 전 홍륭와문화 시기부터 이미 석회암보다 단단한 옥을 정교하게 다듬고 가공한 것을 생각하면, 석회암을 다듬는 것은 그리 어려운 일이 아닐 것이다. 그러나 20-30m에 달하는 3층 계단식 적석총을 만들면서 들어가는 많은 돌들을 그렇게 다듬어서 사용했다는 것은 무척 놀라운 일이다. 홍산문화 적석총과 관련하여 다음과 같이 정리해둔다.

첫째, 필자는 홍산문화 시기에 석장인(石匠人)도 직업적으로 분화되었을 것이라고 본다. 많은 홍산문화 연구자들이 홍산문화 시기에 옥기를 전문적으로 만드는 옥장인(玉匠人)이 직업적으로 분화되어 있었다는 점에 대해서 동의를 한다. 그러나 아직 석장인을 언급하는 사람은 거의 없다.

거대한 적석총을 설계하고 돌을 다듬는 석장인이 직업적으로 분화되어 있지 않았다면, 이 시기에 이런 정교한 계단식 적석총을 만들기 어려웠을 것이다. 농사짓던 일반인들이 모여서 어느 날 갑자기 이런 거대한 계단식 적석총을 만드는 것은 불가능하다고 본다. 일반인들은 돌을 깨고 나르는 노동력을 제공할 수는 있겠지만, 거대 계단식 적석총이나 천단을 설계하는 일은 석장인의 몫이었다고 본다.

뒤에서 천단을 소개하는 부분에서 다시 언급하겠지만, 천단을 설계할 때에는 정사각형의 내접원(內接圓)과 외접원(外接圓)을 이용하여 '3층 원형 천단'을 설계하였다.

〈자료 9-54〉에 제시한 백제시대 석촌동 적석총 1호분, 2호분과 앞서 소개한 홍산문화 유하량유지 제2지점 1호총과 2호총의 기단석을 쌓은 부분을 비교해보자. 백제시대의 계단식 적석총보다 오히려 우하량유지 계단식 적석총의 돌들이 더 반듯하고 정교하게 다듬어져 있음을 알 수 있다. 백제시대와는 5000년 이상 차이가 나지만, 오히려 돌다루는 솜씨는 홍산인들이 한 수 위다. 5500년 전 홍산인들의 돌 다루는 솜씨가 놀라울 뿐이다. 이런 까닭에 필자는 홍산문화 후기에는 옥장인과 마찬가지로 석장인

도 직업적으로 분리되었을 것으로 보는 것이다.

〈자료 9-54〉백제시대 석촌동 적석총의 기단부 적석 모습[112]

1. 적석총 1호분 북분(北墳)

2. 적석총 1호분 남분(南墳)

3. A호 적석총

둘째, 적석총은 백음장한 2기인 흥륭와문화 시기에 이미 출현하지만 당시의 대표적인 묘제가 되지는 못했다. 그러나 홍산문화 시기에는 석관묘, 토광적석총, 계단식 적석총 등 거의 모든 형태의 돌무덤이 등장하며, 이것이 주된 묘제로 정착된다.

아래에서는 홍산문화 우하량유지 제2지점에서 발견되는 다양한 돌무덤의 묘장 내부와, 최근 춘천 중도유적에서 발견된 청동기시대 각종 돌무덤의 묘장 내부 모습을 비교하여 제시한다. 홍산문화의 경우에는 우하량유지 제2지점에서 발굴된 사례만 제시한 것이다. 다른 홍산문화 유적지에

---

112) 서울특별시석촌동발굴조사단, 《석촌동고분군발굴조사보고》, 1987, 30쪽 사진 15(1호분 북분), 16(1호분 남분), 41(A호 적석총).

서는 더 다양한 형태의 묘장 구조가 있다.

중도유적의 돌무덤은 청동기시대 중−후기에 해당하며[113] 구체적으로는 BC 9−6세기로 보고 있다.[114] 중도유적은 홍산문화와는 2000년 이상의 시간 차가 있음에도 불구하고, 중도유적에서 발견되는 묘장의 형태 대부분이 이미 홍산문화에서 보인다.

2000년이나 뒤에 등장한 중도유적에서는 홍산문화에서 이미 보이는 거대한 계단식 적석총도 보이지 않고, 지표면을 계단식으로 2−3단 파고 내려가 석관묘를 만드는 형식도 보이지 않는다. 오히려 홍산문화의 적석총들이 시기가 앞섰음에도 불구하고 더 거대하고 발달된 형식이 보인다.

동북아시아에서 각종 돌무덤 형식이 본격적으로 대규모로 등장하는 첫 시기가 홍산문화 시기인 것이다. 이러한 다양한 형태의 돌무덤은 (1) 흥륭와문화 시기에 최초로 등장하여, (2) 홍산문화 시기에 대표적인 묘제로 확립되고, (3) 이후 몽골 초원과 중앙아시아의 흉노, 돌궐 무덤으로, (4) 만주 일대의 하가점하층문화, 하가점상층문화 등의 각종 청동기시대 무덤, (5) 고조선, 고구려, 백제, 가야, 신라에 이르기까지 한반도에서 지속적으로 이어지며, (6) 특히 홍산문화에서 처음 보이는 가장 발달된 돌무덤 형식인 계단식 적석총도 고구려, 백제, 가야, 일본까지도 이어진다. 경주 대능원에 거대하게 자리한 무덤도 위의 표토만 걷어내면 안에는 모두 돌로 이루어진 적석목곽분(積石木槨墳)이다. 묘광을 돌로 만든 석곽(石槨) 대신 나무로 만든 목곽(木槨)으로 만든 것이지, 기본적으로는 적석묘인 것이다.

한반도의 다양한 석관묘나 토광적석묘, 적석석관묘, 계단식 적석총 등의 기원은 흥륭와문화−홍산문화로 이어지는 요하문명 지역에 있다. 현재 한국학계에서는 우리나라 적석총의 기원을 고구려로 보거나, 이르면 BC 1500년경의 인천시 시도(矢島)유적으로 보고 있다. 필자는 이런 학계의 시각이 홍산문화에 대한 연구를 통해서 바뀌어야 한다고 본다.

113) 한강문화재연구원,《춘천 중도 레고랜드 코리아 프로젝트 A구역 문화재 발굴조사 약보고서》, 2014, 48쪽.

114) 문화재청, 〈춘천 중도유적 보도자료〉, 2014. 7. 28.

〈자료 9-55〉 우하량유지 제2지점의 다양한 묘장 구조[115]

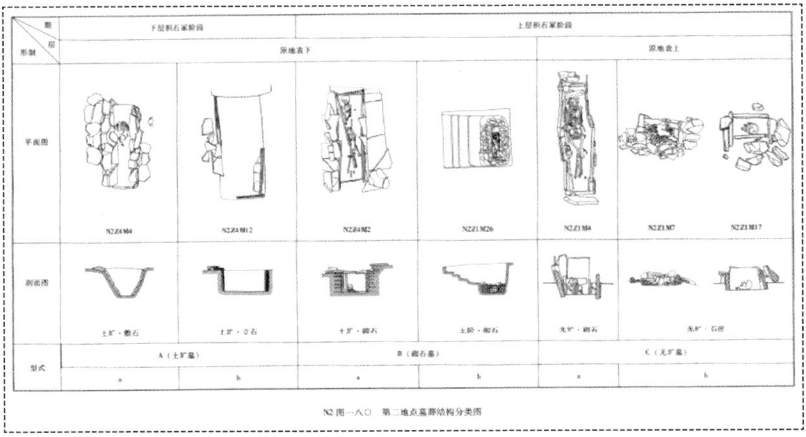

〈자료 9-56〉 춘천 중도유적 청동기시대 돌무덤의 묘장 구조
1. C 구역[116]

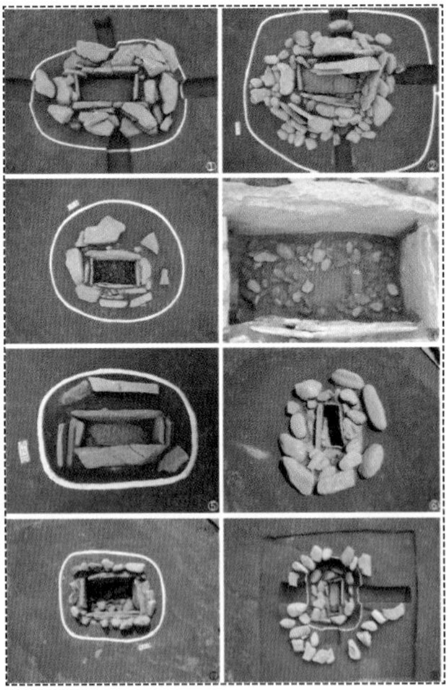

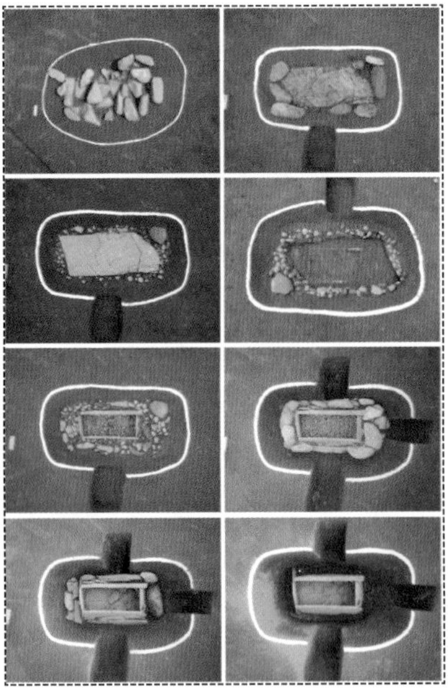

---

115) 《牛河梁遺址発掘報告(1983-2003年度): 上》, 220쪽, N2 図 180.

116) 예맥문화재연구원, 《춘천 중도 LEGOLAND KOREA Project C 구역 내 유적 정밀발굴조사 부분완료(1차) 약식보고서》(2014.10), 51쪽 사진 27(좌), 52쪽 사진 28(우).

2. B 지구[117]

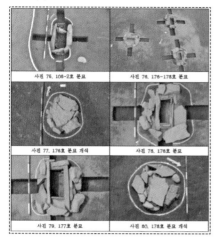

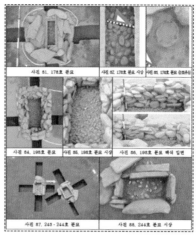

　셋째, 적석총의 가장 발달된 형태인 계단식 적석총의 기원도 홍산문화에서 시작되어 고구려, 백제, 가야, 일본으로 이어진다. 계단식 적석총은 당시는 물론 현재도 황하문명 지역에서는 발견되지 않는다.

　고구려 국내성이 있는 집안시(集安市) 일대에는 장수왕릉, 광개토대왕릉을 비롯한 수천 기의 3–7층 계단식 적석총이 남아 있다. 백제 석촌동 고분군(사적 제243호)에는 한 변이 약 20–50m나 되는 3층 계단식 적석총이 복원되어 있다.

　2016년 말에는 석촌동 고분군에서 10개 이상의 적석 단위가 연결된 한 변이 최소한 40m에 달하는 적석총이 새롭게 발견되었다.[118] 이미 발견된 3층 계단식 적석총인 석촌동 3호분(49.6×43.7m)이나 고구려 장수왕릉(31.5×30m)과 비교되는 대형 적석총이다.

　《석촌동 고분군 발굴조사보고》(1987)에 소개된, 이미 발굴된 적석총 사진이나 이번에 새롭게 발견된 적석총의 항공사진을 보면, 홍산문화 우하

---

117) 한백문화재연구원, 《춘천 중도 LEGOLAND KOREA B구역 내 유적 문화재 발굴조사 부분완료 약보고서》(2014.10), 37–38쪽.

118) 한성백제박물관(http://baekjemuseum.seoul.go.kr/) 보도 자료. 이 소식은 2016년 11월 29일자 여러 신문에 보도되었다.

량유지 여러 지점의 모습과 매우 유사하다. 수천 년의 시간 차이에도 불구하고 너무나 유사하다.

고구려의 계단식 적석총은 여러 매체에 많이 소개되어 있으니 생략하고, (1) 2016년에 새롭게 발견된 석촌동의 적석총의 항공사진, (2) 전형적인 백제 적석총인 석촌동 적석총 2호분, (3) 그리고 가락국 10대 마지막 왕인 구형왕(仇衡王: 재위 521-532)의 왕릉으로 전하는 구형왕릉의 모습을 소개해둔다(〈자료 9-57, 58, 59〉 참조).

구형왕은 구충왕(仇衝王) 또는 구해왕(仇亥王)이라고도 하며, 김유신(金庾信)의 증조부다. 그는 532년(신라 법흥왕 19년)에 신라에 항복하여 상등(上等)의 벼슬과 가락국을 식읍(食邑)으로 받았다. 현재 구형왕릉(사적 214호)이라고 전하는 것은 (1) 경상남도 산청군 금서면 화계리 산 16번지에 있고, (2) 전면은 7층의 방형 계단식 적석총인데 뒤쪽은 지형이 높아서 층이 줄어들며, (3) 적석총 주변에는 돌담이 둘러져 있다. 무덤 앞의 여러 석물(石物)들은 후대에 설치된 것으로 본래의 적석총과는 다른 시기의 것이다.

〈자료 9-57〉 2016년 한성백제기 대형 적석총 발굴 현장[119]

---

119) 한성백제박물관(www.baekjemuseum.seoul.go.kr) 보도 자료.

〈자료 9-58〉 한성백제기 석촌동 적석총 2호분(17.4×16.2m)의 복원도면[120]

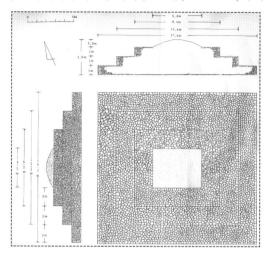

〈자료 9-59〉 가야의 마지막 왕 구형왕의 무덤으로 전하는 구형왕릉
(2011.1.16. 답사 사진)

---

120) 서울특별시석촌동발굴조사단, 《석촌동고분군발굴조사보고》(1987), 163－164쪽
도면 45.

(3) 동북아시아 최초의 '3층 계단식 원형 천단(天壇)'

우하량유지 제2지점 3호총(N2Z3)은 '3층 계단식 원형 제단'이다. 대부분의 학자들은 이것이 동북아시아에서 발견된 최초의 천단(天壇)으로 보고 있다. '3층 계단식 원형 천단'은 홍산문화에서 최초로 등장하여 동북아시아에서는 역사 이래로 이어져 명나라, 청나라, 대한제국 시기까지도 지속적으로 이어진다.

역사시대에 천단은 황제만이 세울 수 있는 것이었다. 형식적으로 제후국의 위치였던 고종이 대한제국을 선포하고 황제로 등극하면서 새롭게 건립한 천단인 원구단(圜丘壇)도 '3층 계단식 원형 천단'의 구조였다. 현재 북경에 있는 청나라 때 새로 지은 천단도 같은 구조이다. 동북아시아 천단의 기본형이 된 최초의 천단인 우하량유지 제2지점 원형 제단을 소개하면 아래와 같다.[121]

첫째, 다른 적석총들과는 달리 이 제단은 가운데 부분에서 무덤이 발견되지 않았다. 따라서 제단으로 보고 있으며, 이것이 동북아시아 천단의 기원이라고 보고 있다.

둘째, 3층 계단식 원형 천단으로, (1) 각 층별로 이 지역에서는 보이지 않는 붉은 색 안산암(安山巖)을 가져와서 경계석을 돌렸으며, (2) 1층 직경은 22m, 2층 직경은 15.6m, 3층 직경은 11m이며, (3) 3층 원형으로 흙을 우선 쌓고 그 위를 돌로 덮어서 만들었다.

셋째, 3층 원형의 안쪽 부분은, (1) 1층은 표토층에서 20cm 쌓았고, (2) 2층은 표토와는 다른 황회색(黃灰色)의 고운 흙으로 25cm를 다시 쌓았으며, (3) 3층은 흑색(黑色) 흙으로 다시 35cm 쌓았다. 그 3층 구조의 제단 위를 각각 돌로 덮은 것이다. 층마다 흙의 색이 달랐다는 것도 앞으로 연구의 대상이다.

넷째, 경계석으로 돌려 쌓은 돌의 크기도 1층이 제일 크고(높이 35-40cm, 폭 10-12cm 내외), 2층(높이 30cm, 폭 8-10cm 내외), 3층(높이 25cm, 폭 6-8

---

121)《牛河梁遺址發掘報告(1983-2003年度): 上》, 132-134쪽.

㎝ 내외)으로 갈수록 작아진다.

다섯째, 경계석 안쪽에는 화강암들이 쌓여 있는데, (1) 화강암을 쌓은 곳의 대부분은 두께가 약 20㎝ 정도이고, (2) 중심부에는 약 60㎝ 두께로 쌓여 있다.

여섯째, 3개 층의 각 경계석 안쪽으로는 밑이 뚫리고 기하문이 그려진 채도통형기(彩陶筒形器)가 둘러져 있었다.

제단을 만든 과정을 보면, (1) 북쪽이 약간 높은 표토층을 평평하게 고르면서 북쪽은 30㎝, 남쪽은 60㎝ 정도 높이고, (2) 다듬은 지표면 위에 직경 22m, 15.6m, 11m의 평면 설계 도면을 그리고, (3) 경계석을 돌리고 각 층별로 흙을 쌓고 돌을 덮고, (4) 3층 제단의 중심부에 돌을 쌓고, (5) 3개 층의 경계석 안쪽으로는 채도통형기를 묻어서 완성하였다.[122]

놀라운 것은, 이 천단을 설계하는 과정에서 원의 내접사각형과 외접사각형, 정사각형의 내접원과 외접원 등을 이용하여 설계를 했다는 것이다. 1층의 직경인 22m, 2층의 직경인 15.6m, 3층의 직경인 11m 사이의 관계를 보면, (1) 1-3층을 이루는 도형은 서로가 내접원, 외접원, 내접사각형, 외접사각형 등의 관계로 구성되어 있다. (2) 예를 들면 1층의 직경인 22m의 내접사각형을 그리고 그 안에 다시 내접원을 그린 것이 2층의 직경인 15.6m이고, (3) 2층의 직경인 15.6m에 내접하는 내접사각형을 그리고 그 안에 다시 내접원을 그린 것이 3층의 직경인 11m가 된다. 홍산인들이 원에 내접한 정사각형을 만들고, 정사각형에 외접한 원을 그리는 관계를 분명히 알았다는 것이다. 조심스럽게 추론하긴 하지만 이들이 파이(π)의 개념을 이미 알고 있었을 수도 있다고 추론하는 학자도 있다.[123]

아래에 제시한 천단의 평면 설계도를 통해 천단의 설계 과정을 보면, (1) 중심점 'O'에서 3층의 직경의 1/2인 5.5m을 반지름으로 한 원을 그리

---

122) 雷広臻(主編),《牛河梁紅山文化遺址巨型礼儀建築群綜合研究》, 北京: 科学出版社, 2015, 37-38쪽.

123) 위 책, 43-44쪽.

고, (2) 중심점에서 수직(A-B)과 수평(C-D)의 선을 긋고, (3) A, B, C, D 에서 원에 접하는 선을 그어서 외접사각형((E-F-G-H)을 만들고, (4) 외접 사각형((E-F-G-H)의 꼭지점(E, F, G, H)을 잇는 외접원을 그려서 2층의 원을 완성하고, (5) 같은 과정을 반복하여 1층의 원을 그렸다는 것이다.[124]

거대 적석총이나 천단의 설계나 건설 과정 등은 놀라울 따름이다. 필자는 이를 설계하고 시공하는 전문적인 '석장인(石匠人)'도 '옥장인(玉匠人)'과 마찬가지로 전문적으로 분화되어 있었다고 본다. 옥장인의 직업적 분화는 이미 많이 이야기하고 있지만, 석장인의 분화는 필자가 처음 제기하는 것이다.

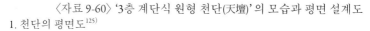

〈자료 9-60〉 '3층 계단식 원형 천단(天壇)'의 모습과 평면 설계도
1. 천단의 평면도[125]

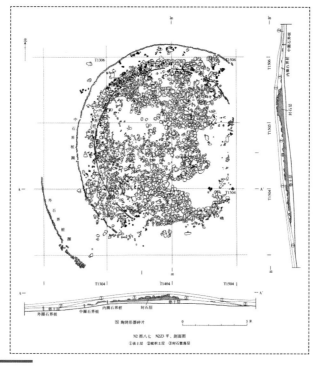

124) 위 책, 44쪽.
125) 《牛河梁遺址発掘報告(1983-2003年度)：上》, 133쪽 N2図. 87.

2. 필자 답사 사진(2015.5.13.)

3. 천단의 평면 설계도[126]

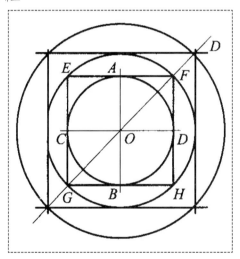

4) 우하량유지 제13지점 거대 원형 적석 건축물

우하량유지 제13지점의 거대 피라미드 형식의 7층 원형 적석 건축물
은 아직 정식 발굴이 되지 않고 시굴(試掘)을 진행하여 전체적인 구조만
밝혀진 상태이다. 이것이 무덤인 적석총인지 또 다른 형태의 건축물인지

126) 雷広臻(主編), 위 책, 44쪽 図 16.

는 아직 확인이 안 된 상태이다.

제13지점은 당지인들이 전산자(転山子)라고 부르는 구릉 위에 있으며, (1) 1987년에 구릉 정상부에서 동(銅)을 주조할 때 사용하는 '도가니 조각〔坩堝片〕'이 발견되면서 조사가 시작되었고, (2) 1987-89년 동안 구조를 확인하기 위해 시굴을 하였다.

개괄적으로 밝혀진 구조는 (1) 흙과 돌을 사용한 원형 건축이고, (2) 유적지는 남북과 동서가 각각 100m에 총면적이 약 1만㎡이며, (3) 중심부는 직경 40m의 원형으로 여러 층의 원형 토구(土丘)를 쌓았는데 현재 남은 높이는 7m이고, (4) 여러 층의 원형 토구의 바깥쪽은 석회암으로 된 판석을 깔고 원형 경계 돌담〔石墻〕으로 둘렀는데 돌담의 직경이 약 60m이며, (5) 남쪽에서는 5구의 인골과 특이한 형태의 거대한 '탑(塔) 모양의 토기'가 발견되었고, (6) 정상부에서 발견된 도가니 조각의 시대 등은 현재 연구 중이다.[127]

좀 더 상세한 자료에 따르면, (1) 토구의 정상부는 약 60㎡로 평평하게 다져져 있고, (2) 토구의 아랫부분은 산의 기반암에서 두께 10㎝ 정도로 5겹으로 흙을 다져서 층을 이루고 있으며, 윗부분도 두께 약 8-15㎝ 정도의 흙을 다져서 쌓았는데 크게 2개의 층이 있으며, (3) 토구의 바깥쪽은 직경 60m의 돌담을 쌓아서 경계를 둘렀고, (4) 토구와 돌담 사이에는 경사진 남쪽의 남아 있는 부분에 높이 1m 정도의 3-4층의 돌계단을 둘렀는데 전체 계단식 적석의 폭이 약 10m 정도이며, (5) 직경 60-100m 사이에는 길이 40㎝ 폭과 높이 30㎝ 정도의 큰 석회암이 바닥에 깔려 있다.[128]

상세한 전체 모습은 완전 발굴을 해야 알 수 있을 것이다. 소개하는 책마다 조금 다른 부분이 있어 필자가 정리하면, 제13지점은 (1) 직경 100m의 원형 계단식 피라미드로 안에는 흙으로 층층이 쌓고 그 위를 돌로 덮은 모습으로, (2) 직경 100-60m 사이에는 평평하게 석회암을 깔았고, (3) 직경 60-40m 사이에는 1m 높이로 3-4층의 계단식 적석을 하고 각 층 사이

---

127) 《牛河梁遺址発掘報告(1983-2003年度): 上》, 10쪽.

128) 孟昭凱, 金瑞清, 《五千年前的文明》, 中国文聯出版社, 2009, 23-24쪽.

는 평평하게 돌을 깔았으며, (5) 직경 40m의 토구는 2층으로 되어 있었고, (6) 정상부는 평평하게 다져진 모습이며, (7) 전체적으로 보면 6-7층의 피라미드 모습이다.

필자는 (1) 제2지점의 거대한 계단식 적석총, (2) 천단, (3) 제13지점의 거대 적석 건축물 등의 구조를 보면, 이것들을 설계하고 시공하는 전문적인 석장인(石匠人)이 직업적으로 분화되어 있었다고 본다. 특히 천단에서 보이는 내접원, 외접원, 외접사각형, 내접사각형 등의 관념은 이러한 필자의 견해가 충분히 가능하다는 것을 웅변하고 있다고 본다.

아래 필자의 답사 사진에서 제13지점 주변에 돌들이 흩어져 있는 것과 토구의 맨 위에 올라가 있는 일행들을 보면 그 크기를 짐작할 수 있을 것이다. 현재는 철책을 둘러놓아서 안으로 들어갈 수는 없다.

〈자료 9-61〉 우하량유지 제13지점 거대 원형 적석 건축물
1. 전체 모습과 시굴 조사 당시의 사진[129]

129) 《牛河梁遺址發掘報告(1983-2003年度): 下》, 도판2 제13 지점.

2. 필자 답사 사진(2007.8.5., 2016.8.11.)
* 남쪽에서 찍은 사진. 2007년 당시만 해도 주변에 시굴할 때 드러나 돌들이 많이 보인다.

* 사진에서 꼭대기 나무 좌측 사람의 크기를 보면 전체 규모를 알 수 있다.

* 북쪽에서 찍은 사진. 현재는 철책으로 둘러싸여 있어 출입 금지 지역이다(2016.8.11. 답
  사 자료).

3. 필자가 개략적으로 그린 거대 원형 적석 건축물의 평면도와 측면도

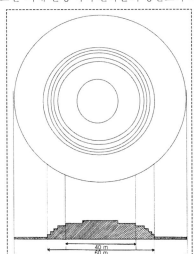

40 m
60 m
100 m

5) '동(銅)귀고리'의 발견

홍산문화 후기의 우하량유지에서는 동북아시아에서 가장 이른 시기 동제품 가운데 하나인 순동(純銅)으로 만든 '동귀고리'가 발견되었다. 우하량유지 제2지점 4호총(N2Z4)의 서쪽 무덤 3곳 가운데 하나(85M3)에서는 성인 여성의 아래턱 부분에서 '동으로 만든 귀고리〔銅耳飾〕' 1점(N2Z4－85M3:1)과 '구멍이 뚫린 옥구슬〔玉墜珠〕' 1점(N2Z4－85M3:2)이 발견되었다. 동귀고리는 타원형으로 긴 쪽의 직경이 2.4㎝, 동의 지름은 0.3㎝이다.[130] 이것은 현재까지 동북아시아에서 발견된 순동 제품 가운데 가장 이른 시기의 것 가운데 하나이다.

참고로, 중국사회과학원 고고연구소(考古研究所) 하상주고고연구실(夏商周考古研究室) 주임인 허굉(許宏)이 중국에서 동기(銅器)와 청동기(靑銅器)의 등장에 대해서 쓴 글을 필자가 정리하면 아래와 같다.[131]

130)《牛河梁遺址発掘報告(1983－2003年度)：上》, 207쪽.

131) 許宏,〈邁入青銅時代: 資源視角下的文明拡張〉,《発現中国》, 創刊号, 2012年1

첫째, 세계 최초의 동기(銅器) 주조법(鑄造法)은 BC 6000년경 터키 아나톨리아 고원지대에서 시작되었다.

둘째, 세계 최초로 청동기시대에 진입한 곳은 BC 4000년경 이라크 일대의 메소포타미아 남부 지역이다.

셋째, 중국 최초의 청동기는 감숙성(甘肅省) 동향(東鄕) 임가(林家) 마가빈문화(馬家窯文化) 마가빈유지에서 발견된 BC 3000년경의 청동도(靑銅刀)이다. 그러나 마가빈유지 청동기와 비슷한 시기에 다른 곳에서 발견된 여러 청동기를 보면, (1) 두드려서 만드는 단조법(鍛造法)과 거푸집을 이용한 주조법(鑄造法)이 모두 보이고, (2) 홍동(紅銅: 순동을 의미함), 황동(黃銅: 구리와 아연의 합금), 신동(砷銅: 구리와 비소의 합금), 청동(靑銅: 구리와 주석 합금) 등이 모두 보이나, (3) 간단힌 장식품만 보일 뿐 복잡한 용기(容器)나 병기(兵器)는 보이지 않는 초보적 단계이며, (4) 합금 비율도 일정하지 않은 미숙련 단계에 머물고 있다.

넷째, 중국 청동기시대는 가장 오래된 서남아시아에 비해서 천 년 이상 늦다. 따라서 중국 청동기의 기원에 대해서는 현재도 서남아기원설과 자생설이 아직 공존한다.

다섯째, 용산문화(龍山文化) 후기인 BC 2000년을 전후하여 산서성(山西省) 양분(襄汾) 도사유지(陶寺遺址), 하남성(河南省) 등봉(登封) 왕성강유지(王城崗遺址), 하남성 신밀(新密) 신채유지(新砦遺址)에서는 '2개 이상의 거푸집이 필요한 복잡한 주조법'을 사용한 용기(容器)와 악기(樂器)의 동질잔편(銅質殘片)이 발견된다. 석범(石範: 돌 거푸집)과 도범(陶範: 흙 거푸집)이 모두 보이는데, 이는 중국 청동기시대의 서광이라고 할 수 있다.

여섯째, 도사유지에서는 4개의 작은 동기가 발견되는데, (1) 홍동령(紅銅鈴), (2) 홍동환(紅銅環), (3) 비소를 합금한 신동(砷銅)으로 만든 동치륜형기(銅齒輪形器), (4) 동용기(銅容器) 잔편(殘片)이 발굴되었다. 도사유지에서 발견된 (1) 홍동령(紅銅鈴)은 동아시아에서 가장 이른 시기의 완전한 '복합

月. 이 글은 아래의 블로그에도 올려져 있다.
http://blog.sina.com.cn/s/blog_4ac539700102dvfz.html

거푸집 동기(複合范銅器)'이며, (2) 동용기(銅容器) 잔편(残片)은 비소를 섞은 신동(砷銅)으로 만든 것으로 동이 모양의 동분(銅盆)의 일부로 보고 있다.

일곱째, 요(堯)임금의 도성인 평양(平陽)으로 알려진 도사유지가 쇠망하고 1~2백 년 후에 중원의 배꼽에 해당하는 낙양분지(洛陽盆地)에서는 하(夏)나라의 도읍(都邑)인 이리두유지(二里頭遺址: BC 1750~1530년)가 발견된다. 이리두유지에서는 동아시아 최초의 청동예기(靑銅禮器)들이 보이기 시작한다. 요임금 시대 도사유지에서 시작된 '복합 거푸집 주조 공예(複合范鑄造工芸)' 기술이 하나라 시대 이리두유지 시대에 꽃을 피우는 것이다.

여덟째, 하나라 도성인 이리두문화 시기 이후로는 상~주 시대를 거쳐서 청동기가 광범위하게 전파되어 확산된다.

중국의 청동기시대는 서쪽인 감숙성 지역에서 BC 3000년경에 시작된다. 중국 청동기의 기원에 대해서, (1) 중국학계에서 자생설과 서남아기원설이 공존하고 있으나, (2) 중국학계 이외의 외국학계에서는 서남아기원설이 대세이다. 이러한 상황은 황하문명의 대표적인 신석기시대 고고학문화인 앙소문화(仰韶文化)를 대표하는 채도(彩陶: 그림이 그려진 토기)의 기원에 대한 학계의 논쟁과 유사하다. 앙소문화 채도의 기원에 대해서도, (1) 중국학계에서는 자생론과 서남아기원론이 공존하면서 자생론이 힘을 얻지만, (2) 외국학계에서는 서남아기원론이 대세이다.

홍산문화 후기 우하량유지에서 단순한 단조법으로 만들어진 순동 귀고리가 출토되었다는 것은, 이후 만주 일대의 하가점하층문화 등으로 이어지는 청동기시대가 이 지역에서 자생적으로 발생했을 가능성을 보여주는 것이다. 주조법을 이용한 순동 제품은 황하문명 지역 도사유지에서 보이는 동령(銅鈴)이 중국 최초의 것이다(제13장 참조).[132]

중국 고고학계에서도 황하문명 지역의 청동기문화가 요서 지역과 연결된다는 점이 이미 활발하게 논의되고 있다. 특히 상(商)을 건설한 세력들이

---

132) 中国社会科学院考古研究所, 山西省臨汾市文物局, 《襄汾陶寺: 1978~1985年考古発掘報告, 第2冊》, 北京: 文物出版社, 2015, 528쪽.

동북에서 들어간 동이족이라는 점에 대해서는 거의 이견이 없다. 이러한 사실은 앞으로 다양한 분야에서 연관된 연구를 하여야 한다는 것을 보여주는 것이다. 아무튼 홍산문화 후기에 순동이 등장하고, 이런 바탕에서 하가점하층문화 시기부터 만주 지역의 청동기시대가 열리게 되는 것이다.

〈자료 9-62〉 홍산문화 우하량유지의 순동 귀고리와 출토 상태[133]
* 긴 쪽의 직경이 2.4cm, 동선(銅線)의 지름은 0.3cm.
* 시신의 턱 아래 부분에서 발견되었다. 옥결처럼 귀에 구멍을 뚫어 끼운 것으로 보인다.

7. 2012년에 발견된 홍산문화 도소남신상(陶塑男神像)

도소남신상은 흙으로 구워 만든 남신상을 말한다. 2012년 적봉시 오한기 보국토향(宝国土郷) 흥륭구(興隆溝)유지 제2지점인 5300년 전 홍산문화 시기의 집터에서 발견되었다. 중국에서는 주로 도소인상(陶塑人像)으로 불린다.

흥륭구유지는 제1-3지점이 있는데, (1) 제1지점은 동북아 최초의 환호취락과 치아 수술 흔적이 발견되는 흥륭와문화 주거유적이고, (2) 제2지점은 5300년 전의 도소남신상이 발견된 홍산문화 주거유적이며, (3) 제3지

133) 《牛河梁遺址発掘報告(1983-2003年度): 下》, 도판176의 3과 4.

점은 하가점하층문화 주거유적이다. 도소남신상이 발견된 곳은 흥륭구촌
에서 서쪽으로 약 1km 떨어진 언덕 꼭대기로, 흥륭구유지 제2지점 홍산
문화 시기의 주거유적이다.

발굴과 알려진 과정을 간략히 소개하면, (1) 2012년 5월 23일 처음으로
상반신의 여러 조각이 발견되었고, (2) 28일에는 얼굴 부분 등 대부분의 신
체 조각들이 발견되었으며, (3) 6월 30일부터 긴급 발굴을 시작하여, (4) 7
월 6일에는 총 65조각을 맞추어 높이 55㎝의 도소인상을 복원하였고, (5) 7
월 7일 CCTV, 《인민일보》 등 각종 매체에 '5300년 전 조상', '중화조신(中
華祖神)', '홍산문화의 샤먼 혹은 왕', '홍산문화 신상' 등으로 보도되기 시작
하였으며, (6) 8월 9일 오한기박물관에서 '중화조신(中華祖神) 홍산문화 도
소인상 전시청 개막식'을 거행한 이후 정식 공개되어 전시되고 있다.[134]

적봉시에서 열린 '제7회 홍산문화고봉논단(紅山文化高峰論壇: 2012.9.3-
6)'에서는 최초로 도소남신상에 대한 보고와 관련 논문이 발표되었다. (1)
발굴 책임자였던 중국사회과학원 고고연구소 내몽고공작대 대장 류국상
(劉国詳)은 〈흥륭구 홍산문화 정신도인의 발견과 상관문제 심토(興隆溝紅山
文化整身陶人的 発現及相関問題深討)〉라는 논문을 통해서 발굴 과정과 구체
적인 모습에 대해서 소개하였는데, '홍산문화 후기의 샤먼(巫)이나 왕(王)'
이라는 견해를 보였고, (2) 요녕사범대학 전광림(田広林) 교수는 〈오한기
도질인형조상의 성질의 몇 가지 인식에 대하여(関于敖漢陶質人形造像性質的
几点認識)〉라는 논문을 통해서 이것이 신상(神像)이라고 보았으며, (3) 적봉
대학 석영걸(席永杰) 교수는 〈오한기 도인을 보는 몇 가지 관점(敖漢陶質人
形造像性質的几点認識)〉이라는 논문을 통해서 신상(神像)이 아니라 '이야기
나 훈시를 하고 있는 그 집단 내에서 지위가 있는 지도자'라는 견해를 제
시하였다. 신, 샤먼 혹은 샤먼 킹(Shaman King), 집단의 지도자 3가지의 견
해가 제시된 것이다. 현재는 대부분의 학자들이 남신상으로 보고 있다.

도소남신상 65개의 조각을 맞춘 결과, (1) 높이 55㎝, (2) 머리 길이

---

134) 2012.8.5. 답사 시에 오한기박물관 전언국(田彦国) 관장과 왕택(王沢) 연구원과
　　　만난 자리에서 각종 자료를 제시하여 처음 알게 되었다.

20.7cm, (3) 몸통 길이 33.08cm, (4) 최대 몸통 둘레 65cm, (5) 밑부분 직경 21cm 크기이며, (6) 1천℃ 정도의 온도에서 구운 것이다. 흥륭구유지 제2지점은 2001년 1차 발굴 당시 측정한 연대가 5300년 전이다. 도소남신상의 전체적인 형태를 간략히 소개하면 아래와 같다.

① 전체적으로 몸을 앞으로 조금 구부리고, 두 손을 모아 반가부좌한 모습이며,

② 머리는 머리카락, 혹은 끈을 새끼줄처럼 꼬아서 이마 부분에 방원형(方圓形)의 옥(?)판을 대고 잘 정리한 모습이고,

③ 눈은 깊고, 눈동자는 흙으로 둥근 구슬 모양으로 만들어 박았고, 앞쪽을 바라보고 있으며,

④ 콧등은 높고 곧으며, 콧구멍은 2개를 뚫어 놓았고,

⑤ 깨지지 않은 왼쪽 귓볼에는 귀고리를 했던 구멍이 있으나 귀고리는 발견되지 않았으며,

⑥ 입과 입술을 앞으로 내밀어 둥글게 벌리고 '힘을 주어 숨을 내쉬는 모습', 혹은 '무언가를 말하는 모습'이고,

⑦ 유두(乳頭)는 아주 작게 돌출되어 있어 남성임을 보여주고 있고,

⑧ 쇄골이 돌출되어 있고, 배꼽은 둥글게 파여 있고,

⑨ 왼손 위에 오른손을 올려서 맞잡아 단전(丹田) 부위에 위치하고,

⑩ 다리는 간략하게 표현하였지만 반가부좌를 하고 앉아 있다.

도소남신상은 전체적으로 매우 사실적이고 생동감이 넘치며, 우하량유지 여신묘에서 발견된 홍산여신과 유사하게 반가부좌를 틀고 앉아 호흡하는 자세처럼 보인다.

〈자료 9-63〉 홍산문화 도소남신상의 모습 (2012.8.5. 필자 답사 사진)
* 복원 그림에는 머리를 땋아 올려 정리하고 귀에는 옥결을 단 모습이다. '5000년 전 왕자(王者)가 돌아왔다'고 써놓았다.

1. 정면

2. 측면

3. 뒷면

4. 얼굴 입 부분

5. 손과 발 모습

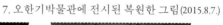

6. 머리 위

7. 오한기박물관에 전시된 복원한 그림(2015.8.7.)

〈자료 9-64〉 '중화조신출토성지(中華祖神出土聖地) 전시관'과
내부 발굴지 모습(2016.1.25.)

1. 전시관 외부

2. 전시관 내부 신상이 발견된 위치에 세워놓은 복제품

3. 발굴 당시의 발굴 위치 세부도(필자 그림)
* 최초로 도소남신상을 발견한 오한기박물관 왕택 연구원과의 면담을 통해 그린 것이다.

이 인물상을 '신상(神像)'으로 볼 것인가 하는 점은 여전히 논쟁적이다. 현재는 필자를 포함한 대부분의 중국학자들은 '남신상(男神像)'으로 보고 있다. 필자는 흥륭구유지 제2지점 홍산문화 주거지에 살던 홍산인들에 의해 그 지역에서 '신격화된 군장'으로, 제정일치사회임을 감안한다면 넓은 범주의 신상으로 보아도 큰 무리는 없다고 본다. 물론 앞서 살펴본 단독의 신전에 모셔진 우하량유지의 홍산여신들과 비교하면 격이 떨어지는 것은 분명하지만, 이 지역 홍산인들의 신상으로 볼 수 있다는 것이다. 우하량유지 전체에 대한 체계적인 발굴이 완료되어야 그 위상에 대한 최종적인 결론을 내릴 수 있을 것이다. 몇 가지 정리하고 가기로 한다.

첫째, 우하량유지 여신상과 도소남신상은 연대도 비슷하고, 두 손을 모아 잡고 반가부좌를 한 모습도 비슷하다. 소위 말하는 명상-호흡 자세와 흡사하다. 김성한은 이 도소남신상을 전형적인 복식호흡의 자세를 보여주는 '홍산 천군상(天君像)'이라고 보면서, "샤먼 혹은 무격의 주술과 별개로, 반좌(半座)와 토납·명상 등을 활용하는 신선술이 선사시대부터 이미 발명되어 전승됐다는 강력한 암시를 주기 때문이다"라고 설명하고 있다.[135]

필자는 홍산문화 시기에 (1) 의례나 주술을 행하는 일반적인 샤먼(巫)과 (2) 호흡과 명상 등을 통해 수련하는 선인(仙人)이 분리되어 있었을 가능성이 있다고 본다. 이 선인들은 하늘 세계 신들의 뜻을 이 땅에 펼치기 위해서 직접 정치를 담당하는 주체 세력이었을 것이라고 본다. 이에 대해서는 필자 역시 좀 더 연구를 하고 있다.

둘째, (1) 두 손을 모아 단전 앞에 놓고 숨을 내쉬는 모습으로 반가부좌를 한 '도소남신상', (2) '동산취 신상'의 두 손을 모아 단전 위치에 놓은 모습과 반가부좌한 다리 잔편, (3) 여러 파편들을 통해 복원해낸 '우하량 여신상' 등은 동북아시아의 도교나 선도 계통으로 이어지는 명상(冥想)과 수행(修行) 문화의 원류를 밝힐 수 있는 귀중한 자료라고 본다.

셋째, 도소남신상에서 머리를 손질하여 올린 모습은 5300년 전 홍산

---

135) 김성환, 〈한민족 고대 정신사의 원형과 영토〉, 한민족학회, 《한민족연구》, 제 12호(2012), 171쪽.

인들이 우리가 생각하는 것과 다른 발달된 예제(禮制)를 지니고 있었다는 것을 보여준다. 도소남신상은 (1) 머리를 땋아 올려서 단정하게 정리하고, (2) 이마에는 장방형의 옥판(玉板?)을 대고 땋아 올린 머리를 묶어서 고정하였으며, (3) 귀에는 아마도 옥결(玉玦?)을 귀고리로 한 모습으로 보인다.

그런데 도소남신상과 머리 부분을 정리한 모습이 유사한 홍산문화 시기의 석인상(石人像)이 오한기에 있는 홍산문화 초모산(草帽山)유지에서도 발견된 것이 있다. 초모산유지는 방형의 적석제단(積石祭壇)이 있는 제사유적이다. 초모산유지의 석인상은 (1) 높이 27㎝, 얼굴 높이 18㎝, 폭 14㎝ 크기로, (2) 머리를 손질하여 일종의 관(冠)을 쓴 모습이다(〈자료 9-65〉 참조).[136]

초모산유지의 석인상과 도소남신상의 머리를 정리한 모습은 매우 유사하며, 일종의 관을 쓴 것처럼 보인다. 또한 이렇게 머리를 정리한 형태는 상투의 원형에 해당하는지도 모른다. 이 역시 관련 분야의 좀 더 깊이 있는 연구가 필요한 부분이다.

머리를 특이하게 장식한 홍산문화 석인상은 적봉시 파림우기(巴林右旗) 나일사태(那日斯台)유지에서도 출토된 것이 있다. 흑색의 돌로 만들어진 이 석인상은 (1) 높이 19.4cm, 폭 6.25cm, 두께 5.29cm 크기로, (2) 1980년 파림우기(巴林右旗) 파언한소목(巴彦漢蘇木) 나일사태(那日斯台)유지에서 출토되어, (3) 눈, 코, 귀, 입이 불분명하게 표현되었고, (4) 꿇어 앉아 두 손을 맞잡고 공수를 하는 자세이며, (5) 머리 위에 3개의 원판 모양의 것을 올려놓은 모습으로, (6) 현재 파림우기박물관(巴林右旗博物館)에 소장되어 있다(〈자료 9-66〉 참조).[137]

나일사태유지의 석인상 머리 위에 올려 놓은 것이, (1) 머리를 길게 땋아서 말아 올려놓은 것인지, (2) 아니면 머리 장식을 위해 별도의 물건을

---

136) 国家文物局, 中和人民共和国科学技術部, 遼寧省人民政府(編), 《遼河尋根文明溯源》, 文物出版社, 2011, 83쪽.

137) 于建設(主編), 《紅山玉器》, 遠方出版社, 2004, 36쪽.

올려놓은 것인지는 분분명하다.[138] 그러나 분명한 것은 머리 부분을 어떤 식으로든 정리를 했다는 것이다.

이상 3개의 홍산문화 인물상 혹은 신상에서 보이는 머리 위의 장식이 관인지 상투의 원형인지 등은 논외로 하더라도, 중요한 것은 5300년 전 홍산인들이 머리를 산발한 원시인의 모습이 아니었다는 것이다. 이들의 머리 모양을 보면 일반인은 아니었을 것이고, 지배층의 모습을 모방한 신상이나 지도자의 모습일 것이다. 이는 홍산문화 시기에는 이미 신분이 분명히 나누어져 있었고, 신분에 맞는 나름의 예제(禮制)가 확립되어 있었다는 것을 의미하는 것이다. 홍산문화 후기(BC 3500-3000)를 '초기 문명단계', '초기 국가단계'로 보는 이유 가운데 하나도 이러한 예제(禮制)의 확립, 신분제의 확립인 것이다.

〈자료 9-65〉 홍산문화 초모산유지에서 출토된 석인상(2015.8.7. 오한기박물관)

---

138) 머리 위에 3개의 원판형 물건은 필자가 '3수 분화의 세계관(1-3-9-81)'이라고 부르는 북방 샤머니즘의 사유체계에서 성수(聖數) 3과 연결될 가능성이 있다. 이에 대해서는 '홍산인의 의식세계'를 논의하는 제10장에서 다시 상론하기로 한다.

〈자료 9-66〉홍산문화 나일사태(那日斯台)유지 출토 석인상
(2016.1.27. 파린우기박물관)

8. 홍산문화의 편두(偏頭) 관습

홍산인들은 '인공적으로 두개골을 변형시키는 편두(偏頭)' 관습을 지니고 있었다. 변한(弁韓)과 진한(辰韓) 사람들이 모두 편두 전통을 지니고 있었다는 것을 연관지어보면, 이것 또한 홍산문화와 한반도의 연관성을 푸는 중요한 열쇠 가운데 하나가 될 수 있다.

홍산문화 후기 우하량유지에서 발견된 인골 가운데 두개골이 남아 있는 남녀 두개골 총 17개 가운데 76.47퍼센트에 달하는 13개의 남녀 두개골이 '두개골 변형'이 이루어진 '편두(偏頭)'이다. 남녀가 모두 편두를 하였음을 알 수 있다.[139] 두개골을 변형시키는 편두는 뼈가 굳지 않은 어린아이 시기에 이루어지는 것이다. 홍산문화 우하량유지에서 확인된 대부분의 두개골이 편두를 한 것으로 보아서, 홍산인들에게 편두는 보편적이었던

---

139)《牛河梁遺址発掘報告(1983-2003年度): 中》, 501쪽.

것으로 보인다(⟨자료 9-67⟩ 참조). 그러나 홍산문화 시기의 편두 전통은 아직도 국내학계에 잘 알려져 있지 않다.

《삼국지(三國志)》⟨위서(魏書), 동이전(東夷傳)⟩에는 진한(辰韓) 사람들도 어린아이 때에 편두를 했다는 것을 기록하고 있다. 곧 진한 사람들은 "어린아이가 출생하면 곧 돌로 머리를 눌러서 납작하게 만들려 하기 때문에, 지금 진한 사람의 머리는 모두 납작하다"라는 것이다.[140]

고고학 자료로 가야시대인 2-3세기경의 김해시 예안리고분(禮安里古墳) 유적에서는 이미 많은 편두 인골이 확인되었다. 예안리고분 유적은 진한 지역이 아니라 변한(弁韓) 지역이다. 진한 지역뿐만이 아니라 그 아래 변한 지역에서도 편두 전통이 확대되어 있었다는 것을 보여준다. 진한이나 변한뿐만이 아니라 흉노, 가야, 신라, 일본 등의 편두 전통에 대해서도 이미 알려져 있다.

요하문명 지역에서 남하한 상(商)나라 주도세력들도 편두를 했을 것으로 보인다. 상나라 갑골문에는 '머리가 기울 녈(矢)'자가 등장한다. 현재는 거의 사용되지 않는 한자이지만, 두개골이 편두로 인해 기울어 진 것을 상형한 '머리가 기울 녈(矢)' 자는, (1) 최초 형태인 갑골문(𡿨), (2) 청동기에 새겨진 금문(矢), (3) 한자가 통일된 진나라 시기의 소전(矢)에서 모두 그 형태는 '편두로 변형된 머리를 한 사람 형상'의 상형문자이다(⟨자료 9-69⟩ 참조).

그러나 상나라 이후 중원 지역에서는 편두 전통이 보이지 않는다. 동북아시아에서는 홍산문화 시기부터 이미 보편적으로 보이는 편두의 전통이 흉노, 진한, 변한, 가야, 신라, 일본으로 이어지는 것이다.

필자는 홍산문화 시기부터 이미 보이는 편두의 전통이 상나라·흉노 등으로 이어지고, 고조선이 해체되면서 남하한 진한·변한을 통해 가야·신라·일본으로 이어진 것으로 본다. 홍산문화 시기에 편두 전통이 이미 보편적이었다는 것이 새롭게 밝혀졌으니, 이에 대한 전문적이고 깊이 있는 연구를 기다려본다.

---

140) 《三國志》⟨魏書, 東夷傳⟩: 兒生 便以石壓其頭 欲其褊 今辰韓人皆褊頭.

〈자료 9-67〉우하량유지 두개골(頭蓋骨=顱骨)의 편두(偏頭) 통계표[141]
* 중국학계에서는 노골(顱骨)이라고 부른다.
* 표본번호의 의미는 'N2Z1M15' = '제2지점(N2) 1호총(Z1) 15호묘(M15)'와 같다.
* '無?' 표시는 판정하기 어렵다는 의미이지, 하지 않았다는 의미는 아니다.

표본 번호	성별	인공 변형 유무	인공 변형 정도	두개골 보존 상태
N2Z1M15	女	0	분명히 확인 가능	완전하게 보존
N2Z1M17	男(?)	0	분명히 확인 가능	비교적 완전
N2Z1M25	男	0	기본적 판정 가능	큰 조각만 남음
N2Z1M27	女	無?	당연히 했다고 봄	조각
N2Z4M6	女(?)	0	기본적 판정 가능	조각, 뒷머리 주변 뼈
N2Z4M8	男	無?	당연히 했다고 봄	쪼개진 조각
N2Z4	女	無?	판정하기 어려움	뒷머리 조각
N5Z1M1	男	0	분명히 확인 가능	완전하게 보존
N16M1	男	0	분명히 확인 가능	조각
N16M2	男	0	분명히 확인 가능	조각
N16M4	男	0	분명히 확인 가능	비교적 완전
N16M7	女	0	분명히 확인 가능	두개골 위 큰 조각
N16M14	女	無?	판정하기 어려움	쇄골(碎骨) 조각
N16M15	男	0	분명히 확인 가능	비교적 완전
N 표본 1	女	0	분명히 확인 가능	두개골 뒷부분 비교적 완전
N 표본 2	男	0	분명히 확인 가능	큰 조각이 보존
N 표본 3	男	0	분명히 확인 가능	보통(一般)

〈자료 9-68〉우하량유지 두개골(頭蓋骨=顱骨)의 편두 사례 사진
1. '제2지점 1호총 1호묘(N5Z1M1)'의 남성(50세 전후) 두개골[142]
* 1: 정면, 2: 후면, 3: 좌측면, 4: 우측면, 5: 윗면, 6: 아랫면

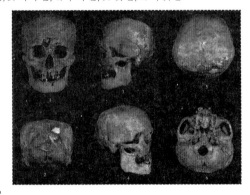

141)《牛河梁遺址発掘報告(1983-2003年度): 中》, 501쪽 〈표 11〉.

142)《牛河梁遺址発掘報告(1983-2003年度): 中》, 494쪽 도19.

2. '제16지점 15호묘(N16M15)'의 남성(45세 전후) 두개골[143]
* 1: 정면, 2: 후면, 3: 좌측면, 4: 우측면, 5: 윗면, 6: 아랫면

3. '제2지점 1호총 15호묘(N2Z1M15)'의 여성(45-50세) 두개골[144]
* 1: 정면, 2: 후면, 3: 좌측면, 4: 우측면, 5: 윗면, 6: 아랫면

〈자료 9-69〉 '머리가 기울 녈(矢)' 자의 갑골문, 금문, 소전과 의미[145]

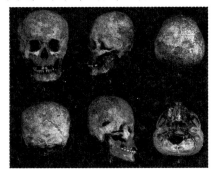

甲骨	金文	小篆	詮釋	字例
矢	𡗕	矢	象頭部傾斜之人形, 表示傾頭人之形符.	矢 𡘻

---

143)《牛河梁遺址發掘報告(1983−2003年度): 中》, 494쪽 도20.

144)《牛河梁遺址發掘報告(1983−2003年度): 中》, 495쪽 도21.

145) 王弘力(編注),《古篆釈源》, 遼寧美術出版社, 1997, 3쪽.

9. 일부일처제(一夫一妻制)의 확립 가능성

홍산문화 후기의 무덤들에서는 남녀 1쌍이 합장된 적석석관묘들이 보여서, 일부일처제(一夫一妻制)가 이미 확립되었을 가능성이 높다고 보고 있다.

첫째, 1991년 5월 23-28일에 발굴된 홍산문화 '우하량유지 제2지점 1호총 24호묘(N2Z1M24)'는 성인 남녀의 합장묘로 밝혀졌다. 24호묘는 (1) 석관묘 내부를 석판으로 격리된 2개의 묘실을 만들었으며, (2) 남녀 모두 동쪽으로 머리를 향하고 있고, (3) 북쪽의 여성은 오른손에 옥팔찌〔玉鐲〕를 끼고, 골반 위치에는 구운형옥기(勾雲形玉器)가 놓여 있었으며, (4) 남쪽의 남성은 오른손에 작은 구멍이 뚫린 옥팔찌를 끼고 있었다(〈자료 9-70〉 참조).[146]

물론 부부 사이라고 해도 사망 시기가 다르기 때문에, 남녀 합장묘는 아주 드문 경우에 발견된다. 따라서 24호가 주목을 받긴 했었지만, 우하량유지에서 발견된 묘장들은 대부분 한 사람을 묻은 단인장(單人葬)이어서 일부일처제를 논의할 정도는 아니었고 자료도 부족했었다.

〈자료 9-70〉 '우하량유지 제2지점 1호총 24호묘(N2Z1M24)'의 남녀 합장 모습
1. 1호총에서 24호묘의 위치[147]
* 왼쪽 아래 부분이 24호묘, 그 위가 26호묘, 오른쪽 위가 25호묘다.

146) 《牛河梁遺址発掘報告(1983-2003年度): 上》, 108-110쪽.
147) 《牛河梁遺址発掘報告(1983-2003年度): 上》, 58-59쪽 사이의 'N2 図3'의 일부.

2. 24호묘의 성인 남녀 합장 모습[148]
* 1: 남성 왼손의 옥팔찌 2: 여성 왼손의 옥팔찌, 3: 여성 골반 위치의 구운형옥기

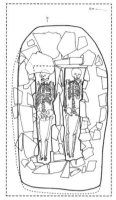

3. 24호묘 출토 옥기[149]
* 좌: 남성 오른팔의 옥팔찌(N2Z1M24: 1), 우: 여성 오른손의 옥팔찌(N2Z1M24: 2)

* 여성의 골반 위치에 놓여진 구운형옥기(勾雲形玉器, N2Z1M24: 3)

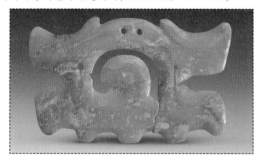

148) 《牛河梁遺址発掘報告(1983-2003年度): 上》, 108쪽 'N2 図,61', 칼라 사진은《牛河梁遺址発掘報告(1983-2003年度): 下》, '도판 99'.
149) 《牛河梁遺址発掘報告(1983-2003年度): 下》, 옥팔찌는 '도판 100', 구운형옥기는 '도판 101'.

둘째, 2012년 3월 23-24일 많은 신문들은 요녕성 능원시 홍산문화 전가구(田家溝)유지에서 여러 개의 6000년 전 남녀 합장묘가 발굴되었다는 소식을 대대적으로 전하고 있다.[150] 대부분의 신문 기사는 이것이 홍산문화에서 처음으로 발견된 남녀 합장묘로 소개하고 있지만, 앞서 살펴본 바와 같이 1991년에 이미 우하량유지에서 남녀 합장묘가 발견된 적이 있었다. 전가구유지는 홍산문화 후기의 묘지군(墓地群) 유적으로 제1, 2, 3, 4지점에 총 42개의 묘가 모여 있는 곳이다. 그 중요성으로 인해서 '소우하량(小牛河梁)'이라고 불린다. 이곳은 필자가 아직 답사를 하지 못한 곳이어서, 요녕성문물고고연구소 자료나 기타 발굴자의 인터뷰 기사 등을 통해서 간단히 소개하기로 한다.

발굴을 지휘한 요녕성문물고고연구소 왕래주(王来柱)에 따르면 전가구 홍산문화 묘지군은 (1) 대릉하의 지류인 삼진하(滲津河)의 좌측에 위치한 요녕성 능원시(凌源市) 삼가자향(三家子鄉) 하남촌(河南村) 전가구조(田家溝組)에서 발견되었고, (2) 북쪽으로 51km 거리에 우하량유지가, 동북쪽으로 34km 거리에 홍산문화 제사유적인 동산취(東山嘴)유지가 있으며, (3) 2009년 3월 제3차 전국문물조사 당시에 처음 발견되어, 2009년 7월부터 발굴이 시작되었으며, (4) 3년에 걸친 발굴에서 홍산문화 후기 묘 42개, 인골 46구, 제사 구덩이 4곳, 방형의 제단 1곳, 옥기 19점, 기타 다양한 토기와 석기 등이 발굴됐고, (5) 4개 지점 가운데 3곳인 제1지점에서 1개, 제3지점에서 1개, 제4지점에서 1개 총 3개의 남녀 합장묘를 확인하였고, (6) 제4지점의 합장묘에서는 남녀 사이의 나누는 벽조차도 없었으며, (7) 남녀 합장묘에는 모두 남성이 우측에 여성이 좌측에 묻혀 있었다(〈자료 9-71〉참조).

왕래주(王来柱)는 제1지점 남녀 합장묘에 대해서 (1) 정상적으로 사망한 성인 남녀로, (2) 남성이 먼저 매장되고 나중에 시간 차를 두고 여성을

---

150) 1.《中國新聞网》, 2012.3.23, 〈紅山文化首次発掘男女并穴墓 取消中間隔离物(図)〉.

2.《北京日報》, 2012.3.24, 〈紅山文化首次発掘6000年前男女并穴墓 取消隔离物(図)〉.

매장하였는데, ⑶ 이것은 홍산문화 후기에는 '고정된 배우자'가 있었다는 것을 보여준다고 하였다.

조양사범전문대학 당서기이자 홍산문화 전문가인 뢰광진(雷広臻)은 전가구유지의 남녀 합장묘는, ⑴ 홍산문화 후기에 '일부일처제'가 출현했음을 추론할 수 있게 해주며, ⑵ 우하량유지의 고등급(高等級) 묘지에 비하면 전가구유지는 중하등급(中下等級)의 묘로 보고 있다.[151]

전가구유지 42개 묘 가운데서 3개가 남녀 합장묘라는 것은 매우 중요한 의미를 지닌다. 전체의 7퍼센트에 불과하다고 일부일처제를 운운하는 것이 무리라고 생각하는 사람도 있을 것이다. 그러나 부부 사이라고 해도 서로 사망 시기가 다르기 때문에, 일부일처제가 확립되어 있는 현대사회에서도 부부 합장묘는 매우 드문 예외적인 상황에서만 발견된다. 다른 시기에 사망한 아내의 묘를 남편의 묘 옆에 만드는 것이 일반적이고, 굳이 묘를 파서 합장하는 경우는 아주 예외적인 경우일 뿐이다.

우하량유지 발굴 보고서에 따르면, ⑴ 우하량유지 제2, 3, 5, 16지점의 크고 작은 56개 묘에서 출토된 인골은 총 63명으로, ⑵ 남성이 31명(42.47퍼센트), 남성으로 보이는 것이 2명(2.74퍼센트), ⑶ 여성이 27명(36.99퍼센트), 여성으로 보이는 것이 1명(1.37퍼센트), ⑷ 성별 미상이 10명(13.70퍼센트), 미성년 2명(2.74퍼센트)이며, ⑸ 남성의 평균 사망 연령은 39.85세, 여성의 평균 사망 연령은 35.24세 정도이며, ⑹ 연령대가 확인된 인골 가운데 남성의 66.67퍼센트, 여성의 52.38퍼센트가 35-55세 사이의 중년기 인골이다(〈자료 9-73, 74〉 참조).[152] 이는 홍산인들이 상대적으로 좋은 환경에서 장수했고, 남녀가 거의 동등한 지위를 누렸음을 보여준다. 대형 계단식 적석총에도 남녀가 골고루 묻혀 있다.

'소우하량'으로 불리는 전가구유지 4개 지점 가운데 제1, 제3, 제4지점에서 3개의 성인 남녀 합장묘가 발견되었다는 것은 중요한 의미를 갖는

---

151) 《中国新闻网》, 2012. 3.23. 〈红山文化首次发掘男女并穴墓 取消中间隔离物 (图)〉.

152) 《牛河梁遺址發掘報告(1983-2003年度): 中》, 491쪽.

다. 전가구유지 발굴이 완료된 이후 많은 학자들은 홍산문화 후기에 '일부
일처제'가 확립되었을 가능성이 높다고 보고 있다. 필자 역시 이런 견해에
동의한다.

〈자료 9-71〉 전가구유지 적석총 모습[153]

1. 제3지점

2. 제4지점

---

153) 요녕성문물고고연구소(www.lnwwkg.com)〈凌源田家沟红山文化墓地〉자료.

〈자료 9-72〉홍산문화 전가구유지 남녀 합장묘

1. 제1지점[154]

2. 제3지점[155]

3. 제4지점[156]

〈자료 9-73〉우하량유지 각 지점 출토 인골의 남녀 성별 분포표[157]

분포 위치	남성 (♂)	여성 (♀)	남성경향 (♂?)	여성경향 (♀?)	성별 미상	미성 년	합계
제2지점	17	16	0	1	1	2	37
제3지점	3	2	0	0	0	0	5
제5지점	2	0	1	0	7	0	10
제16지점	5	3	1	0	2	0	11
합계	27	21	2	1	10	2	63
백분율 (%)	42.86	33.33	3.17	1.59	15.87	3.17	100.00
기타	4	6	0	0	0	0	10
합계	31	27	2	1	10	2	73
백분율 (%)	42.47	36.99	2.74	1.37	13.70	2.74	100.00

154) 《解放牛网》, 2012.3.23. 〈紅山墓群発掘男女幷穴合葬墓〉.

155) 요녕성문물고고연구소(www.lnwwkg.com) 〈凌源田家沟红山文化墓地〉와 《中國新聞網》, 2012.3.23. 자료.

156) 조양시인민정부 홈페이지의 〈문화조양논단(文化朝陽論壇)〉자료.
http://www.cywgxj.gov.cn/bbs/2013ShowTopic.asp?ThreadID=3376

157) 《牛河梁遺址發掘報告(1983-2003年度): 中》, 491쪽. '表 4'.

〈자료 9-74〉유하량유지 인골의 사망연령 분포 통계표[158]
* '성년에 해당': 구체적 나이는 확인이 안 되지만 성년에 해당하는 인골.

연령 단계와 나이		남성		여성		성별 미상		합계	
		숫자	%	숫자	%	숫자	%	숫자	%
영아기	0-2	0	0	0	0	0	0	0	0
유아기	3-6	0	0	0	0	0	0	0	0
소년기	7-14	0	0	0	0	2	28.57	2	3.85
청년기	15-23	2	8.33	2	9.52	0	0	4	7.69
장년기	24-35	6	25.00	8	38.10	2	28.57	16	30.77
중년기	36-55	16	66.67	11	52.38	2	28.57	29	55.77
노년기	56 이상	0	0	0	0	1	14.29	1	1.92
합계		24	100	21	100	7	100	52	100
성년에 해당		3		0		8		11	
총계		27		21		15		63	

10. 홍산문화의 소멸 원인에 대하여

이런 발달된 문화를 지닌 홍산문화는 BC 3000년을 기점으로 소멸한다. 필자는 요하문명 지역의 지리-기후적 조건을 살펴본 제4장에서 홍산문화가 종말을 고하는 데 여러 기후적 요인이 있었다는 것을 설명하였다. 곧 BC 3000년을 전후한 시기에 (1) 해수면이 하강하기 시작하고, (2) 습한 기후에서 건조기후로의 전환되며, (3) 연평균기온이 하강하기 시작하며, (4) 만주 일대의 단층 작용으로 요하문명 지역이 상대적으로 높아져서 건조화가 진행되었고, (5) 백두산 지역의 화산 폭발도 일정 부분 원인을 제공했을 것이라는 점 등에 대해서 상세히 설명하였다.

농경문화를 바탕으로 했던 홍산인들이 이런 여러 조건들이 합쳐지면서 형성된 기온도 낮고, 건조하고, 물도 부족한 환경에서 농경문화를 그대로 유지하는 것은 불가능했을 것이다. 홍산인들이 맞이했던 이런 기후적 악조건은 소위 역사서에 말하는 '3년, 7년, 9년 대한(大旱)' 정도가 아니라

---

158)《牛河梁遺址發掘報告(1983-2003年度): 中》, 491쪽. '表 5'.

수백 년 동안 지속된 장기적인 것이었다. 학자들은 이들이 동남방, 서남방을 향해 이주하였다고 보고 있다.

유목문화에서는 몇 년 동안 지속되는 가뭄 등 악조건을 만나면, (1) 미련 없이 먼 길을 떠나거나, (2) 남쪽 농경문화 지역을 침범하여 약탈을 해서 환경이 회복될 때까지 견뎌낸다. 그러나 농경문화에서 이런 악조건을 만나면, (1) 다른 곳으로 이주하는 것은 삶의 바탕이 되는 농토와 집 등 모든 것을 잃는 것이기 때문에 거의 일어나지 않고, (2) 주변 지역을 약탈하는 전쟁이 벌어진다.

중원 지역에서 농경문화를 바탕으로 살던 사람들은 이런 북방 유목인들의 습격을 막기 위해서, 수천 년에 걸쳐서 자기가 사는 지역의 북쪽에 장성을 쌓았다. 천하를 통일한 진시황제가 이 작은 장성들을 대대적으로 정비하고 연결한 것이 소위 만리장성이라는 것이다.

그렇다면, 농경문화를 바탕으로 했던 홍산인들이 엄청난 기후적 악조건을 만났을 때 아무런 미련 없이 이리저리 이주했다고 보기에는 무리가 있다. 기후적 악조건이 장기간 지속되어 이주할 수밖에 없었다고 하더라도, 그 사이에 엄청난 대란이 있었을 것이다. 홍산문화 후기의 우하량유지의 신전들이 철저히 파괴된 것을 보고, 큰 변란이 있었을 것으로 추측하는 학자들도 많았다. 그러나 이를 입증할 수 있는 결정적인 증거를 찾기는 어려웠다.

그런데, 앞서 제6장 흥륭와문화에서 발견된 세계 최초의 치아 수술 흔적을 소개하면서, 마취하는 데 사용할 수 있는 대마초 씨앗이 발견되었다는 합민망합유지(哈民忙哈遺址)=합민유지에서 홍산문화 후기의 큰 변란을 추론할 수 있는 결정적인 발굴이 이루어졌다. 초기에는 합민망합유지로 부르다가 현재는 약칭해서 '합민유지'라고 부른다.

우선, 합민유지는 내몽고 과좌중기(科左中旗) 사백토진(舍伯吐鎭)에서 동남쪽 20km에 위치하고, 통료시(通遼市)에서 북쪽으로 약 30km 거리에 있다. 유적지 총면적은 남-북 900m 동-서 200m로 약 18만 ㎡ 정도이다.

2010년 5-9월에 합민유지 가운데 1300㎡에 대한 1차 발굴이 있었다.

1차 발굴에서는 방 14개, 회갱(灰坑) 28개, 묘장 3개에서 석기 골기 방기
(蚌器) 등 총 350여 점의 유물이 발굴되었다. 합민유지의 연대는 홍산문화
와 유사한 유물들이 많아 홍산문화 후기와 같은 5500-5000년 전으로 보
고 있다.[159]

2011년에 2850㎡에 대한 2차 발굴에서는 방 29개, 회갱 10개, 묘 3개,
주거지를 두른 환호(環濠) 1개가 발굴되었다. 도기, 석기, 골기, 방기, 옥
기 등 1000여 점의 유물이 발굴되었다.[160] 이러한 발굴을 계기로 '합민문
화(哈民文化)'로 명명되었다.[161] 현재 학자들은 이곳을 합민문화로 구별하
고 있지만, 필자는 합민유지는 범홍산문화에 넣을 수 있다고 본다. 출토되
는 옥기 특히 방형옥벽 쌍련옥벽 등과 채도, 집자리 등이 홍산문화와 거의
똑같기 때문이다.

2013년 1700㎡에 대한 3차 발굴에서는 방 11개, 묘장 6개, 회갱 18개,
환호(環濠) 2개 등에서 총 500여 점의 유물을 발굴했다. 바로 이 3차 발굴
과정에서 '동북아시아 최초의 대마(大麻) 씨앗'이 발견되었던 것이다.[162]

그런데, 2011년 합민유지에 대한 2차 발굴에서 놀라운 유적이 발견되
었다. 큰 변란을 있었음을 추론할 수 있었기 때문이었다.

첫째, 발굴 보고서에 따르면 40호 방(4.25×4.44m)에서는 (1) '최소한 97
명'의 인골이 발견되었는데, (2) 인골들은 13-45㎝ 정도의 두께로 어지럽
게 2-3층으로 겹겹이 쌓여 있었으며, (3) 위쪽에 쌓인 인골에는 모두 불에
탄 흔적이 있었으며, (4) 인골은 동쪽에 밀집되어 있었고, (5) 인골이 없는
서북쪽에는 토기 등의 유물과 대형 동물의 하악골이 있었다.[163]

159) 內蒙古文物考古研究所, 科左中旗文物管理所, 〈內蒙古科左中旗哈民忙哈新石
    器時代遺址2010年發掘簡報〉, 《考古》, 2012年 第3期, 3-19쪽.

160) 內蒙古文物考古研究所, 吉林大學邊疆考古研究中心, 〈內蒙古科左中旗哈民忙
    哈新石器時代遺址2011年的發掘〉, 《考古》, 2012年 第7期, 14-30쪽.

161) 朱永剛, 吉平, 〈探索內蒙古科爾沁地区史前文明的重大考古新發現〉, 《吉林大學
    社会科学学報》第52券 第4期(2012年 7月), 82-86쪽.

162) 阿如娜, 吉平, 〈內蒙古通遼哈民遺址第三次發掘又獲重要發見〉, 《中國文物報》,
    2013.4.26.

163) 〈內蒙古科左中旗哈民忙哈新石器時代遺址2011年的發掘〉, 18쪽.

다른 글에 따르면, 40호 방에서는 (1) 98명의 인골이 발견되었고, (2) 정상적으로 사망한 인골이 아니며, (3) 이 방은 최초의 사망 현장이 아니라 다른 곳에서 이곳에 모아놓은 것으로 보이며, (4) 이런 비정상적 죽음의 원인에 대해서는 전쟁, 내부 충돌, 급성 전염병(瘟疫), 제의의 희생, 자연재해 등이 가능하나, (5) 체질인류학자의 현장 관찰에 따르면 인위적인 살육(殺戮) 흔적은 없는 것으로 밝혀졌다.[164]

40호 방의 인골이 97명 혹은 98명으로 서로 다른 것은, 이 방을 보존하기 위해서 인골을 들어내지 않았기 때문이다. 발굴 보고서에 의하면, 6세 어린이 인골로 밝혀진 91번 인골 아래에 다른 인골이 있을 가능성이 있다고 한다.[165]

둘째, 32호 방(6.3×5.95m)은 (1) 불이 나서 내려 앉은 신석기시대 가옥의 목조 구조를 완벽하게 보여주는 북방 지역 최초의 방 유적으로, (2) 불탄 목조 골격 아래 주거면에서는 12명의 인골과 각종 토기, 석기, 골기 등이 발견되었다.[166]

셋째, 유적지를 둘러싼 환호(環濠)는 (1) 전체의 1/4 정도가 확인되었는데, (2) 초보적인 확인 결과 동서 350m, 남북 270m 크기로, (3) 환호의 폭은 1.2−2.1m, 깊이는 0.8m 정도로, (4) 환호 안에서는 토기 조각, 동물뼈, 인골 등이 발견되었다.[167]

넷째, 합민유지는 홍산문화 후기 단계의 유적으로, (1) 취락이 갑작스럽게 폐기된 돌연성(突然性) 때문에 환호, 질서 있게 배열된 방, 풍부한 출토 유물, 많은 인골들이 잘 남아 있어서 신석기시대 취락 연구에 중요한 자료가 된다. (2) 불에 타 보존이 잘된 방의 목조 구조는 역사 이전 유적 가운데 처음으로 발견된 것이며, (3) 40호 방에서 발견된 많은 인골은 매우 드문 주요한 자료이며, (4) 출토된 옥벽과 쌍련옥벽은 홍산문화 옥기와

164) 吉平, 阿如娜, 〈哈民忙哈聚落: 科爾沁草原史前一瞬間〉, 《中国文化遺産》, 2012年 第2期, 63−67쪽.

165) 〈內蒙古科左中旗哈民忙哈新石器時代遺址2011年的発掘〉, 30쪽.

166) 〈內蒙古科左中旗哈民忙哈新石器時代遺址2011年的発掘〉, 18쪽.

167) 〈內蒙古科左中旗哈民忙哈新石器時代遺址2011年的発掘〉, 20쪽.

거의 같아서 서요하 지역과의 관계를 보여주는 주요한 유물이다.[168]

다섯째, 최근 논문에 따르면, (1) 이 유적지의 여러 방(32, 37, 40, 44, 45, 46, 47, 49호)에서 발굴된 인골이 최소한 181명이며, (2) 전체 53개의 방으로 구성된 유적지 전체에 거주한 인구는 약 159-583명이라고 한다.[169]

여섯째, 방들을 면밀히 조사한 결과, (1) 40호 방은 97-98명의 시신을 쌓아놓을 때도 방은 진출입이 가능한 상태였으니 당시 마을에는 살아 있는 사람도 있었다는 것이고, (2) 22명의 시신이 있는 37호 방은 시신이 지닌 옥기들이 그대로 발견된다.[170]

홍산문화 후기에 해당하는 합민유지는 비정상적으로 죽은 수많은 인골을 방에 모아놓았다. '40호 방 인골 감정표'를 보면 97-98명의 인골 가운데, (1) 10호 인골(F40-10)은 다리 부분이 없고, (2) 33호 인골(F40-33)은 두개골 위쪽이 인위적으로 파손된 흔적이 있다.[171] 이외에 대부분의 인골에는 별다른 '인위적인 학살'의 흔적이 없다. 다른 곳에서 죽은 사람들을 방 안에 모아놓고, 방 전체를 불태운 것으로 보고 있다.

인위적인 타살이나 학살의 흔적이 없는 것으로 보아 전쟁으로 보기는 어렵다. 현대인의 시각으로 보면 전염병의 가능성이 높아 보이지만, 5000년 전 사람들이 전염병을 인지하고 감염된 사람들을 모아놓고 불로 태워 정화했다는 것 또한 쉽게 믿기 어렵다.

그렇다면, 자연재해일까? 홍수, 지진, 모래 폭풍 등의 흔적도 발견되지 않았다. 아직은 이런 비정상적 죽음의 원인이 명확하게 밝혀지지 않았고 많은 가설을 전제로 연구가 진행 중이다.

---

168) 〈內蒙古科左中旗哈民忙哈新石器時代遺址2011年的発掘〉, 27쪽.

169) 朱泓, 周亞威, 張全超, 吉平, 〈哈民忙哈遺址房址內人骨的古人口学研究〉, 《吉林大学社会科学学報》, 第54卷 第1期(2014年 1月), 27쪽.

170) 內蒙古自治区文物考古研究所, 中国社会科学院考古研究所聚落考古中心, 〈論哈民遺址与哈民文化〉, 《南方文物》 2013年 第4期, 147쪽.

171) 〈內蒙古科左中旗哈民忙哈新石器時代遺址2011年的発掘〉, 28-30쪽. 〈附表: F40 人骨鑑定表〉 참조.

　　그러나 그 원인이 무엇이든 간에 홍산문화 후기에 큰 변란이 있었음은 분명해 보인다. 기후 조건의 악화와 이런 변란이 겹치면서 홍산문화는 소멸하였고, 많은 홍산인들은 서남방, 동남방으로 이주를 하게 되었을 것이다.

　　이후 요하문명 지역에서는 농경만으로는 살기 힘들었고, (1) 농경의 비중이 상대적으로 적었던 홍산인들이나, (2) 건조한 기후에 적응하며 새롭게 목축 위주의 삶으로 전환한 홍산인과, (3) 새롭게 이 공간으로 들어오는 목축-유목을 바탕으로 하는 세력이 하가점하층문화-하가점상층문화로 이어지는 청동기시대를 열게 되는 것이다.

〈자료 9-75〉합민유지[172]

1. 2011년 2차 발굴지: 백색 점선은 환호(環濠)의 위치

2. 97 혹은 98명의 인골이 발견된 40호 방

172) 吉平, 阿如娜, 〈哈民忙哈聚落: 科爾沁草原史前一瞬間〉, 《中国文化遺産》, 2012 年 2期, 56쪽, 64쪽(1), 67쪽(2), 64쪽(3).

3. 22명의 인골이 발견된 37호 방

4. 12명의 인골이 깔려있는 불에 탄 32호 방

〈자료 9-76〉 합민유지 출토 홍산문화 옥기와 출토 위치[173]

1. 37호 방의 옥기 출토 위치

2. 합민유지 출토 각종 옥기(각종 옥벽, 쌍련옥벽 등)
* 홍산문화의 옥기들과 거의 똑같다.

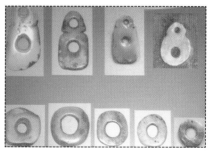

---

173) 2012년 '제7회 홍산문화고봉논단(적봉시, 2012.9.4-5)'에서 内蒙古文物考古硏究
所가 발표한 〈内蒙古通遼哈民史前聚落遺址〉 PPT 발표 자료를 필자가 발표 현
장에서 찍은 사진 자료다.

〈자료 9-77〉합민유지 답사 자료

* 합민유지 주변을 '내몽고합민고고유지공원(內蒙古哈民考古遺址公園)'으로 조성하였고,
  그 안에는 박물관인 '내몽고과이심사전문화박물관(內蒙古科爾沁史前博物館)'과 합민
  유지의 주요 방 유적지를 철골 구조의 돔으로 덮은 '합민유지보호전시관(哈民遺址保
  護展示館)'이 세워졌다. 2016년 8월 19일에 정식 문을 열었다.

1. 도로 안내판

2. 합민고고유지공원(哈民考古遺址公園) 정문

3. 내몽고과이심사전문화박물관(內蒙古科爾沁史前博物館) : 공원 입구 정면에 있다.

4. 합민유지보호전시관(哈民遺址保護展示館): 박물관의 오른쪽에 있다.

5. 전시관 내부: 유적을 그대로 보존하고 있다.

제10장 홍산문화 옥기의 상징성과 홍산인의 사유체계

1. 홍산문화 각종 옥벽(玉璧)의 상징적 의미와 샤먼의 위계[1]

1) 천지인(天地人), 원방각(圓方角) 관념과 홍산문화

홍산문화 시기에 원(圓)=천상세계(天上世界), 방(方)=지하세계(地下世界), 각(角)=인간세계(人間世界) 관념이 존재하고 있었다.

첫째, 북방 샤머니즘에서는 우주를 3층(三層)으로 나누는 삼계관(三界觀)이 보편적으로 존재하였다. 삼계관은 우주를 3층으로 구성된 것으로 보는 것인데, (1) 신들이 사는 천상세계(天上世界=天界=上界=神界), (2) 죽은 자들이 사는 지하세계(地下世界=地界=下界=死者世界), (3) 인간이 사는 인간세계(人間世界=人界=中界=人間界)의 3층으로 인식하는 북방 샤머니즘의 우주관이다.[2] 샤먼의 영혼은 이 삼계를 자유롭게 왕복하며 '천상세계

---

1) 우실하, 〈홍산문화 각종 옥벽의 상징적 의미와 샤먼의 위계〉, 《고조선단군학》, 제33호(2015.12), 109-143쪽 논문을 토대로, 합극(哈克)유지에서 발견된 각형옥벽 등의 새로운 자료를 첨가하여 책의 체계에 맞게 재편집한 것이다.
이 글의 최초의 아이디어는 필자의 책 《3수 분화의 세계관》에서 제시하였고, 단행 논문의 초고는 2014년 8월 12-14일 중국 내몽고 적봉시에서 열린 '제9회 홍산문화 고봉논단(第九屆紅山文化高峰論壇)'에서 발표되어 아래의 발표논문집과 학술지에 실려 있다. 이 글은 발표문 초고를 바탕으로 홍산문화에서 발견된 각종 옥벽 전체를 재조사하여 새로운 자료를 추가하고 논의를 확대 재정립한 것이다.
(1) 우실하, 《3수 분화의 세계관》(서울: 소나무, 2012), 216-226쪽 '삼계관, 천지인 삼재관, 원·방·각 관념' 참조.
(2) 禹実夏, 〈関于紅山文化各種玉璧象征意義研究〉, 赤峰学院紅山文化研究院(編), 《第九屆紅山文化高峰論壇論文集》, 吉林出版集団有限責任公司, 2015, 71-84쪽.
(3) 禹実夏, 〈関于紅山文化各种玉璧象征意義研究〉, 内蒙古紅山文化学会·紅山文化研究院(編), 《紅山文化論壇》, 第1集(2014.6), 79-93쪽.
2) 富育光, 《薩満教与神話》, 遼寧大学出版社, 1990, 20-27쪽 참조.

의 신'과 '지하세계의 죽은 이들의 영혼'을 '인간세계의 인간'과 연결해주는
존재였다.

둘째, 북방 샤머니즘에서는 신석기시대 이후로 천상세계는 원형(圓形)
으로, 지하세계는 방형(方形)으로, 인간세계는 삼각형(三角形)으로 도상화
(圖像化)하였다.

천상세계가 원형으로 상징되는 것은 태양과 달도 둥글고 별도 둥글다
고 보았으며, 태양과 달이 뜨고 지는 궤적도 원형을 그리기 때문이다. 특
히 동북아시아의 고대인들은 현대인들과 달리 별도 둥글다고 보았다. 현
대인들은 별을 그릴 때 '5개의 각진 모습(★)'으로 그리지만 고대 동양의 천
문도에서는 모든 별들은 밝기에 따라 크기가 다른 '둥근 점(●)'으로 표시된
다. 이것은, (1) 국립중앙과학관에 전시된 석각천문도(대전시 유형문화재 제
39호), (2) 고구려 오회분 4호묘 천문도 등을 통해서도 확인할 수 있다.

〈자료 10-1〉 별은 둥근 점으로 표기된 고대 천문도

1. 국립중앙과학관에 전시된 석각천문도

2. 고구려 오회분 4호묘 천문도

지하세계가 방형으로 상징되는 것은, 지하세계는 땅 밑에 있어서 넓고
평평한 대지를 형상화한 것이기 때문이다. 이런 관념이 후대의 천원지방
(天圓地方) 관념으로 이어진 것이다.

인간세계가 삼각형으로 상징되는 것은 그간 이해가 잘 되지 않던 부분
이었다. 그것은 고대 샤머니즘의 삼계관(三界觀)의 변형인 천-지-인 삼재
관(三才觀)에 익숙해서, '인'을 '인간세계'가 아니라 '사람'으로 해석했었기

때문이다. 따라서 '사람'을 삼각형으로 형상화하는 것은 잘 이해되지 않았던 것이다. 그러나 '천지인 삼재관'은 북방 샤머니즘에서 우주를 3층으로 보는 삼계관이 한자문화권에서 변형된 것일 뿐이다.

필자는 '인간세계'가 삼각형으로 상징되는 것은, 구석기시대의 주거지인 동굴과는 달리 신석기시대의 모든 집은 멀리서 보면 모두 삼각형의 형태를 지니고 있었기 때문이라고 본다.

구석기시대의 인류는 추운 날씨를 피해서 대부분 동굴에서 살았다. 그러나 신석기시대에 기온이 올라가면서, 인류는 넓은 대지에 최초로 집을 짓고 살기 시작한다. 이제까지의 고고 발굴 결과에 따르면 세계 각지의 신석기시대 집터는 원형과 방형 2가지 형태가 있다. 그러나 기둥을 세우고 풀이나 나뭇가지를 덮은 그 '외형은 모두가 삼각형' 모습이다. 따라서 고대인들은 '인간세계'를 대표하는 상징적 도형을 삼각형으로 표시한 것이다. 이러한 점은 아래에 제시한 각국의 신석기시대 유적지에 복원된 집들을 보면 이해할 수 있다.

〈자료 10-2〉 복원된 신석기시대 주거지 모습
1. 한국 강동구 암사동유적지 신석기시대 주거지 복원(2010.8. 필자 사진)

2. 중국 심양시 신락유지 주거 복원 (2009.7. 필자 사진)

3. 내몽고 적봉시 홍산문화선민촌 주거지 복원(2007.8. 필자 사진)

셋째, 북방 샤머니즘의 이러한 삼계관(三界觀)은 한자문화권(漢字文化圈)에서는 음양론을 바탕으로 한 천지인(天地人) 삼재론(三才論)으로 왜곡되고 변형된다.

음양론(陰陽論)의 영향을 받은 삼재론에서는 보통, (1) 천(天)은 하늘세계가 아니라 양기(陽氣)로, (2) 지(地)는 지하세계가 아니라 음기(陰氣)로, (3) 인(人)은 인간세계가 아니라 음기와 양기가 합쳐서 형성된 구체적인 '사람'을 의미하는 것으로 변형되고 왜곡된다.

따라서 천(天)=양(陽), 지(地)=음(陰)이라는 논리에 따른 천원지방사상(天圓地方思想)을 토대로 천(天)=원(圓), 지(地)=방(方)이라는 도형적 상징은 그대로 전승되지만, 인(人)=삼각형(三角形)이라는 상징은 거의 사용되지 않는다.

그러나 도가계통(道家系統), 선도계통(仙道系統)에서는 천지인(天地人)=원방각(圓方角) 관념은 그대로 유지되고 있다. 예를 들어 한국의 민족종교인 대종교(大倧敎)에서는 ⑴ 교기(敎旗)인 천신교기(天神敎旗=天旗)에서 천지인(天地人)을 상징하는 원방각(圓方角)이 결합된 도형을 사용하고 있고, ⑵ 대종교의 최고 지도자인 총전교(總典敎)의 의상에도 천지인=원방각의 도형이 그려져 있다.

〈자료 10-3〉 한국 대종교의 천신교기(天神敎旗=天旗)의 천지인=원방각 상징

넷째, 홍산문화 시기에도 이미 천상세계(天上世界=天界=上界=神界), 지하세계(地下世界=地界=下界=死者世界), 인간세계(人間世界=人界=中界=人間界)를 각각 원, 방, 각의 도형에 비유하는 관념체계가 있었다. 이러한 점은 홍산문화 우하량유지에서 보이는 3단 원형의 천단(天壇), 방형의 지단(地壇), 삼각형의 여신묘(女神廟)를 통해서 알 수 있다.[3]

3) 우실하, 《3수 분화의 세계관》, 소나무출판사, 2012, 216-225쪽.
   우실하, "'3수 분화의 세계관(1-3-9-81'의 기원과 홍산문화 : 홍산문화에 보이는 성수(聖數) 3, 9, 81을 중심으로", 한국비교민속학회, 《비교민속학》, 제44집 (2011.4), 11-63쪽.
   우실하, 〈홍산문화 옥저룡(玉猪龍)·쌍수수황형기(双獸首璜形器)·쌍수수삼공기(双獸首三孔器)의 상징적 의미와 '환일(幻日: Sundog)' 현상〉, 동아시아고대학회, 《동아시아고대학》, 제24집(2011.4), 63-133쪽.

우하량유지 제2지점 '3층 원형 제단'은 천단으로 보고 있다. 이에 대해서는 제9장에서 상세히 보았으니 여기서는 더 이상 설명하지 않는다. 이 제단의 중심에는 묘장이 없다.

제5지점 3호총인 방형 제단은 죽은 자에게 제사 지내는 지단으로 보고 있다.[4] 이 방형 제단의 중심에도 역시 묘장이 없어서, 인근 적석총에 묻힌 이들에 제사 지내기 위한 제단(=지단)으로 보고 있다. 또한 우하량유지 제2지점의 대형 방형 계단식 적석총 위에는 죽은 자에게 제사하는 사당이나 향당 같은 건물이 있었을 것으로 학자들은 보고 있다.[5] 이런 계단식 적석총들은 죽은 자에 제사 지내는 제단의 성격도 겸비하고 있었다고 보는 것이다.

제1지점의 여신묘는 지붕을 덮으면 일반 신석기시대의 집과 마찬가지로 삼각형의 형상을 지니게 된다. 여신묘는 집권세력의 조상신을 모신 후대의 종묘(宗廟)의 원형이라고 보고 있다. 홍산문화 시기에 원, 방, 각에 대한 관념이 있었다는 것은 뒤에 살펴볼 각종 옥벽(玉璧)을 통해서도 알 수 있다.

〈자료 10-4〉홍산문화의 원방각 관념

1. 원형 제단(=천단)[6]

2. 방형 제단(=지단)[7]

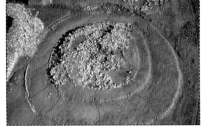 

4) 《牛河梁 紅山文化遺址発掘報告(1983-2003年度): 中》, 332쪽, N5図九九 N5SCZ3 (祭壇) 平·剖面図.

5) 趙承楷, 《考古文化》, 文化芸術出版社, 2009, 35쪽.

6) 《牛河梁紅山文化遺址発掘報告(1983-2003年度): 下》, 도판 118-2.

7) 《牛河梁紅山文化遺址発掘報告(1983-2003年度): 下》, 도판 277-1.

3. 삼각형의 여신묘

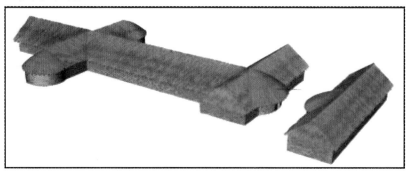

〈자료 10-5〉 홍산문화 시기의 삼계관과 원방각 관념[8]

삼계관과 삼재론의 관계		제단 형태	건축 재료	외부 형태	용도
북방 샤머니즘 본래의 삼계관	음양론에서 삼재론으로 변형				
천상세계 =上界 =天界 =神界	천(天) =양기	3층 원구(圓丘)	적색안산암(赤色安山岩)	원 ○	천신(天神)에게 제사
인간세계 =中界 =人界 =人間界	인(人) = 음기와 양기가 조화된 구체적인 '사람'	여신묘(女神廟)	나무(木), 흙(土), 풀(草)	각 △	조상신(祖上神)에게 제사
지하세계 =下界 =地界 =死者世界	지(地) =음기	방단(方壇)	백색석회암(白色石灰巖)	방 □	지신(地神), 죽은 자의 영혼(死者靈魂)에 제사

2) 북방 샤머니즘과 샤먼의 위계

북방 샤먼들은 서로 다른 신계(神系)를 지니고 있다. 자신의 신계에 따라서 조신계(鳥神系) 샤먼, 녹신계(鹿神系) 샤먼, 사신계(蛇身系) 샤먼 등으

---

8) 우실하, 〈홍산문화 각종 옥벽의 상징적 의미와 샤먼의 위계〉, 122-123쪽; 우실하, 《3수 분화의 세계관》, 220쪽 〈자료 7-25〉을 수정 보완하였다.

로 나뉜다. 이러한 샤먼들 사이에도 위계가 있는데, 대부분의 경우 샤먼의 모자인 신모(神帽)를 장식하는 '신계(神系) 상징물의 수(數)'로 위계를 나타냈다.

첫째, 만주족의 선조인 여진족과 흑룡강 이북의 소수민족 샤먼의 경우, (1) 대부분은 독수리나 매를 매개자로 하는 신조통령신계(神鳥統領神系) 혹은 조신계(鳥神系)에 속하는 응샤먼(鷹薩滿)이며, (2) 샤먼의 신모 장식에는 매나 독수리를 조각한 응조상(鷹雕像)을 매다는데, (3) 응조상의 숫자로 샤먼의 신권(神權)이나 신력(神力)의 높고 낮음을 표시하였으며, (4) 최고위층 샤먼의 신모(神帽)에는 27(3×9)마리 혹은 그 이상의 응조상이 장식된다.[9]

둘째, 어원커족[鄂溫克族, 에벵키], 어룬춘족[鄂倫春族], 허쩌족[赫哲族], 다월족[達斡爾族] 등은 (1) 신록통령신계(神鹿統領神系) 혹은 신록계(神鹿系)에 속하는 사슴샤먼[鹿薩滿]이며, (2) 신모를 장식하는 '사슴뿔[鹿角]의 가지 수[叉數]'로 신권이나 신력의 높고 낮음, 법술(法術)의 자격, 파벌 등을 표시하였다. 구체적으로 다월족 샤만의 경우, (1) 처음 샤먼이 되고자 하는 예비 샤먼은 사슴뿔로 만든 관이 아닌 붉은 천으로 만든 홍포포두(紅布包斗)를 썼으며, (2) 입무의식(入巫儀式)인 1차 워미난[斡米南]을 거친 이후에야 '3개의 가지가 달린 사슴뿔신모[三叉鹿角神帽]'를 쓸 수 있었으며, (3) 3차례의 워미난 의식을 거친 이후에야 '6개의 가지가 달린 사슴뿔신모[六叉鹿角神帽]'를 쓸 수 있었다.[10]

홍산문화 시기는 샤머니즘이 지배하던 시기였고, 최상급 샤먼은 제사장(祭司長)이자 군장(君長)이었다. 따라서 홍산의 샤먼들도 위계가 있었을 것이고, 이것을 홍산문화에서 많이 발굴되는 여러 형태의 옥기(玉器)를 통해서 구별했을 것이다. 필자는 이 옥기가 바로 다양한 형태의 옥벽이라고 보고 있다.

---

3) 각종 옥벽의 상징적 의미와 샤먼의 위계

전형적인 옥벽(玉璧)은 원형(圓形)의 옥기 한가운데 원형의 구멍이 뚫린 것으로 '제천의기(祭天儀器)'로 알려져 있다. 동북아시아에서 '옥벽'이라는 형태의 옥기가 최초로 발견되는 시기가 홍산문화 시기이다. 홍산문화의 여러 유적지에서는 다양한 형태의 옥벽이 발견되고 있다. 기존의 중국 학계에서는 발견되는 옥벽의 외형에 주목하여, (1) 원형에 가까운 원형옥벽(圓形玉璧), (2) 방형에 가까운 방형옥벽(方形玉璧), 방원형옥벽(方圓形玉璧), 월형옥벽(鉞形玉璧), (3) 삼각형에 가까운 각형옥벽(角形玉璧)과 삼각형 천공옥기(三角形穿孔玉器), (4) 옥벽이 두 개가 이어진 쌍련옥벽(雙連玉璧), (5) 옥벽이 세 개가 이어진 삼련옥벽(三連玉璧) 등으로 명명하였다. 이 옥벽들은 기본적으로 원, 방, 각의 모습이거나, 이들이 2~3개 조합된 것이다.

이 글에서는 방원형옥벽을 방형옥벽의 유형에 속하는 것으로 보고 논리를 전개하고자 한다. 왜냐하면 방원형옥벽을 보면 외부를 원형이 아닌 방형으로 만들고자 하는 노력이 여실히 보이기 때문이다.

기존에 중국학자들이 명명한 각종 명칭들은 홍산문화 시기부터 보이는 다양한 형태의 옥벽이 지닌 상징성을 해독하지 않은 외형적인 분류에 지나지 않는 것이다. 필자는 이러한 다양한 옥벽들이 당시에는 서로 다른 상징적 의미를 지니고 있었을 것이라고 본다. 여기서는 홍산문화에서 최초로 발견된 다양한 형태의 옥벽의 상징적 의미를 밝혀보고자 한다.

필자는 아래에서 홍산문화 유적지에서 출토된 다양한 옥벽을 소개하고 있다. 제시한 것 가운데, (1) 방형옥벽 2점, (2) 월형옥벽 1점, (3) 각형옥벽 2점, (4) 쌍련옥벽 8점, (5) 삼련옥벽 2점은 이제까지 발굴된 전부를 소개한 것이다. 다만 원형옥벽과 방원형옥벽은 너무 많이 발견되어 대표적인 몇 개만 소개하였다.[11]

---

11) 우실하, 〈홍산문화 각종 옥벽의 상징적 의미와 샤먼의 위계〉, 123-137쪽.

(1) 원형옥벽(圓形玉璧)의 상징적 의미

옥벽의 가장 전형적인 형태인 원형옥벽은 (1) 홍산문화 시기에 처음으로 등장하여, (2) 홍산문화 시대 이후에는 중국 대부분의 신석기시대에 유적에서 발견되며, (3) 요서 지역에서도 소하연문화, 하가점하층문화 등에서 지속적으로 발견되며, (4) 이후에는 상, 주, 춘추, 전국, 진, 한 시기에 이르기까지 이어진다.

원형옥벽은 천상세계의 천신과 소통할 수 있는 샤먼이 패용하던 '통천의기(通天儀器)' 또는 '통천신의기(通天神儀器)'였다고 본다. 필자는 천상세계의 천신이나 태양신을 제사하는 샤먼은 기타의 하급 샤먼들 가운데서는 상대적으로 지위가 높았다고 생각한다.

〈자료 10-6〉 홍산문화 원형옥벽(圓形玉璧)

1. 우하량 제2지점 1호총 21호묘[12]	2. 우하량 제2지점 1호총 21호묘[13]	3. 우하량 제2지점 1호총 21호묘[14]	4. 우하량 제2지점 1호총 7호묘[15]

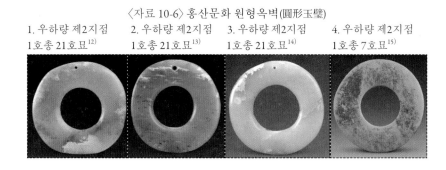

(2) 방형옥벽(方形玉璧)/방원형옥벽/월형옥벽의 상징적 의미

방형옥벽(方形玉璧)은 지하세계의 지신(地神)과 죽은 자의 영혼(死者靈魂)과 교통할 수 있는 하급 샤먼들이 패용하던 '통지의기(通地儀器)=통지신

12) 《牛河梁 紅山文化遺址發掘報告(1983-2003年度): 下》, 도판88-1.
13) 《牛河梁 紅山文化遺址發掘報告(1983-2003年度): 下》, 도판88-2.
14) 《牛河梁 紅山文化遺址發掘報告(1983-2003年度): 下》, 도판89-2.
15) 《牛河梁 紅山文化遺址發掘報告(1983-2003年度): 下》, 도판 293-3.

의기(通地神儀器)=통사자의기(通死者儀器)'였다고 본다. 방형옥벽의 유형에 속하는 것으로 보이는 방원형옥벽(方圓形玉璧), 월형옥벽(鉞形玉璧)도 같은 기능을 했던 것으로 보인다.

필자는 지하세계의 지신이나 죽은 자의 영혼에 제사하는 샤먼은 하급 샤먼들 가운데서 가장 지위가 낮았다고 본다. 후대에도 지속적으로 위상을 유지하는 천신이나 홍산문화 시기에 이미 발달한 조상신에 대한 숭배를 넘어서지는 못했을 것이라고 보기 때문이다.

방원형옥벽과 월형옥벽을 원형옥벽의 유형에 속하는 것으로 보아야 할지, 방형옥벽의 유형에 속하는 것으로 보아야 할지는 매우 어려운 선택이었다. 이 글에서는 방원형옥벽과 월형옥벽을 방형옥벽의 유형에 속하는 것으로 보고 논리를 전개하였다. 왜냐하면 방원형옥벽이나 월형옥벽을 보면 외부 형태를 원형과는 다른 방형으로 만들고자 하는 노력의 흔적이 분명하게 보이기 때문이다. 출토된 양이 많아서 몇 가지 대표적인 모습만 소개하기로 한다.

또한 필자는 홍산문화에서부터 보이는 방형옥벽은 후대의 중원 지역 양저문화, 대문구문화 등을 거쳐서 상, 주, 춘추, 전국, 진, 한으로 이어지는 옥종(玉琮)의 원형이라고 본다.

〈자료 10-7〉 홍산문화 방형옥벽(方形玉璧)
1. 우하량 제2지점 1호총 11호묘[16)]   2. 초모산유지 2지점 1호총[17)]

16) 《牛河梁 紅山文化遺址發掘報告(1983~2003年度): 下》, 도판77-1.

17) 邵國田(主編), 《敖漢文化精華》, 內蒙古文化出版社, 2004, 28쪽. 홍산문화 초모산유지(草帽山遺址)는 1983년 봄 오한기(敖漢旗) 사가자진(四家子鎭) 초모산(草帽山)에서 처음 발견되었다.

〈자료 10-8〉홍산문화 방원형옥벽(方圓形玉璧), 월형옥벽(鉞形玉璧)

1. 우하량 제2지점 1호총 21호묘[18]   2. 우하량 제16지점 2호묘[19]

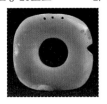 

3. 우하량 제16지점 2호묘[20]   4. 홍산문화 월형옥벽(鉞形玉璧)[21]

(3) 각형옥벽(角型玉璧)의 상징적 의미

각형옥벽(角型玉璧)은 각 부족, 씨족별 조상신과 교통할 수 있는 샤먼들이 패용하던 '통조신의기(通祖神儀器)=통인신의기(通人神儀器)=통인의기(通人儀器)'라고 본다.

각형옥벽은 발견된 수량이 적어서 현재까지 모두 5점이 발견되었다. 곧, (1) 요녕성 조양시(朝陽市) 건평현(建平縣) 의성공향(義成功鄕)에서 1점이 출토되어 건평박물관에 소장되어 있다가 현재는 우하량유지박물관에 소장되어 있고(〈자료 10-9-1〉), (2) 홍산문화 초기에 해당하는 합극문화(哈克文化) 합극유지에서 1점(〈자료 10-9-2〉), (3) 합민망합유지에서 출토된 3점이 그것이다.

건평박물관의 각형옥벽은 2014년 10월 15일 조양사범전문대(朝陽師專) 주성걸(朱成傑) 교수의 제보로 10월 20-21일 이틀 동안 필자가 직접 건평

18) 《牛河梁 紅山文化遺址發掘報告(1983-2003年度): 下》, 도판88-3.

19) 《牛河梁 紅山文化遺址發掘報告(1983-2003年度): 下》, 도판288-5.

20) 《牛河梁 紅山文化遺址發掘報告(1983-2003年度): 下》, 도판288-4.

21) 《牛河梁 紅山文化遺址發掘報告(1983-2003年度): 下》, 도판98-1.

박물관에서 실물을 확인하였다. 건평박물관 전시실에서는 삼각형천공옥기(三角形穿孔玉器)로 소개되어 있었고, 현재는 우하량유지박물관에 전시되어 있다.

호륜패이민족박물원(呼倫貝爾民族博物院)에는 합극문화 탑두산유지에서 출토된 원형옥벽, 방형옥벽, 각형옥벽이 모두 전시되어 있는데, 형태를 구별하지 않고 모두 '옥벽'으로만 소개되어 있다.

합민문화 합민망합유지에서는 홍산문화 옥기와 똑같은 수십 점의 옥기가 출토되었는데, 옥벽의 경우에도 원형옥벽, 방형옥벽, 방원형옥벽, 각형옥벽, 쌍련옥벽 등이 여러 점 출토되었다. 이 가운데 드물게 보이는 각형옥벽이 3점, 쌍련옥벽이 4점이 있다.[22]

〈자료 10-9〉 각형옥벽

1. 건평현 의성공향 출토(2014.10.20. 필자)   2. 합극(哈克)유지 출토(2015.6.26. 필자)

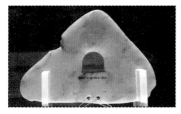 

3. 합민망합유지 출토(2015.6.26. 필자)

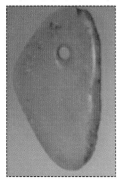  

22) 內蒙古文物考古硏究所, 〈內蒙古通遼哈民史前聚落遺址〉, 2012년 '제7회 홍산문화고봉논단(적봉시, 2012.9.4.-9.5)' 발표 자료.

(4) 쌍련옥벽(雙連玉璧)의 상징적 의미

쌍련옥벽의 기본적인 외형은 (1) '각형옥벽(위쪽)+원형옥벽(아래쪽)', (2) '각형옥벽(위쪽)+방원형옥벽(아래쪽)', (3) '원형옥벽(위쪽)+원형옥벽(아래쪽)', (4) '방원형옥벽(위쪽)+방원형옥벽(아래쪽)' 네 가지가 보인다. 그러나 가장 많이 보이는 기본적인 형태가 (1)과 (2)의 유형이다.

따라서 쌍련옥벽은 (1) 천신과 조상신, (2) 죽은 자의 영혼과 조상신 등 천신과 조상신 두 세계의 영혼과 교통할 수 있는 '중급 샤먼'이 패용하던 '통천인의기(通天人儀器)=통천신인신의기(通天神人神儀器)=통천신조신의기(通天神祖神儀器)', 또는 '통지인의기(通地人儀器)=통지신인신의기(通地神人神儀器)=통지신조신의기(通地神祖神儀器)' 등으로 부를 수 있다. 물론 4가지 유형에 따라 세분할 수도 있다.

쌍련옥벽도 그 수는 많지 않다. 현재 필자가 확인한 것은 (1) 우하량유지가 정식 발굴되기 이전에 지표조사를 하면서 제2지점에서 채집된 것 1점[23], (2) 우하량 제2지점 21호묘에서 출토된 2점[24], (3) 우하량 제5지점 묘장에서 확인할 수 없는 위치에서 발견된 1점[25], (4) 우하량 제16지점 1호묘에서 발견된 2점[26], (5) 길림성 통유현(通楡縣) 신흥향(新興鄕) 장검타자(長儉垞子)유지에서 출토된 신석기시대 중기 홍산문화 시기의 것으로 보이는 것 1점, (6) 흑룡강성 태래현(太來縣) 광승향(広升鄕) 동옹근산(東翁根山)유지에서 출토된 신석기시대 후기의 홍산문화 시기의 것으로 보이는 것 1점, (7) 중국문물신식중심(中國文物信息中心) 소장품 1점, (8) 통료시 합민망합유지 출토품 4점[27] 등 총 13점이다.

현재까지 확인된 4종류의 쌍련옥벽을 보면 여러 형태가 있어 이것을

---

23) 《牛河梁 紅山文化遺址發掘報告(1983-2003年度): 下》, 도판 318-1.

24) 《牛河梁 紅山文化遺址發掘報告(1983-2003年度): 下》, 도판 92-1, 도판 92-2.

25) 《牛河梁 紅山文化遺址發掘報告(1983-2003年度): 下》, 도판 231-2.

26) 《牛河梁 紅山文化遺址發掘報告(1983-2003年度): 下》, 도판 265-3, 도판 266-1.

27) 內蒙古文物考古硏究所, 〈內蒙古通遼哈民史前聚落遺址〉, 2012년 '제7회 홍산문화고봉논단(적봉시, 2012.9.4.-9.5)' 발표 자료.

패용한 샤먼들이 교통할 수 있었던 신계도 다양했을 가능성을 보여준다. 이들 중급 샤먼들의 위계를 더 세분할 수도 있다는 것을 보여주는 것이다.

그러나 쌍련옥벽의 기본형은 가장 많이 나오는 '각형옥벽(위쪽)+원형옥벽(아래쪽)'과 '각형옥벽(위쪽)+방원형옥벽(아래쪽)' 형태로 연결된 것이다.

〈자료 10-10〉 홍산문화 쌍련옥벽

1. 우하량 제2지점[28)]

2. 제2지점 1호총 21호묘[29)]

3. 제2지점 1호총 21호묘[30)]

4. 제5지점 제1호총 지하층[31)]

5. 제16지점 1호묘[32)]

6. 제16지점 1호묘[33)]

28) 《牛河梁 紅山文化遺址發掘報告(1983−2003年度): 下》, 도판 318−1.
29) 《牛河梁 紅山文化遺址發掘報告(1983−2003年度): 下》, 도판 92−1.
30) 《牛河梁 紅山文化遺址發掘報告(1983−2003年度): 下》, 도판 92−2.
31) 《牛河梁 紅山文化遺址發掘報告(1983−2003年度): 下》, 도판 231−2.
32) 《牛河梁 紅山文化遺址發掘報告(1983−2003年度): 下》, 도판 265−3.
33) 《牛河梁 紅山文化遺址發掘報告(1983−2003年度): 下》, 도판 266−1.

7. 장검타자(長儉垞子)유지[34]   8. 동옹근산(東翁根山)유지[35]   9. 중국문물신식중심
소장품[36]

10. 합민망합유지

   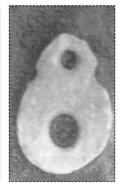

(5) 삼련옥벽(三連玉璧)의 상징적 의미

삼련옥벽의 외형은 '각형옥벽(위쪽)+방형옥벽(가운데)+원형옥벽(아래쪽)'이 아래위로 연결된 모습이다. 따라서 삼련옥벽은 천상세계의 천신,

34) 古方(主編), 《中國出土玉器全集: 1》, 科學出版社, 2005, 213쪽. 길림성 통유현 (通楡縣) 신흥향(新興鄕) 장검타자(長儉垞子)유지 출토. 책에서는 신석기시대 중기로 편년하고 있다.

35) 古方(主編), 《中國出土玉器全集: 1》, 232쪽. 흑룡강성 태래현(太來縣) 광승향 (廣升鄕) 동옹근산(東翁根山)유지 출토. 책에서는 신석기시대 만기로 편년하고 있다.

36) 中國文物信息中心, 《中國古代玉器藝術: 上》, 中國美術出版社, 2003, 45쪽 도판 9.

지하세계의 지신이나 죽은 자의 영혼, 인간세계와 공존하는 조상신 등과 모두 교통할 수 있는 '최상급 샤먼'이 패용하던 '통천지인의기(通天地人儀器)=통천신지신인신의기(通天神地神人神儀器)=통천신지신조신의기(通天神地神祖神儀器)'라고 볼 수 있다.

삼련옥벽의 수도 많지 않다. 현재까지 필자가 확인한 것은 (1) 홍산문화 호두구(胡頭溝)유지 3호묘에서 출토된 1점, (2) 흑룡강성 상지시(尚志市) 야포력(亞布力)유지에서 출토된 신석기시대 중기의 것 1점 등이 있다. 기타 개인 소장품들이 많이 있으나 진품인지를 알 수는 없고, 발굴품이 적은 관계로 참고자료로만 소개해둔다.

흑룡강성 야포력유지 출토품의 설명문에는 신석기시대 중기로 편년하고 있고, 윗부분을 삼각형이 아닌 반원형(半圓形)으로, 중간과 아래 부분을 방원형(方圓形)으로 설명하고 있다.[37] 그러나 곽대순(郭大順)과 홍전욱(洪殿旭) 등은 (1) 호두구(胡頭溝)유지 출토 삼련옥벽에 대해서 "아래의 옥벽은 밑은 원형 위는 방형이며, 중간의 옥벽은 평평한 방형이며, 위의 옥벽은 둥근 삼각형에 가깝다(下璧下圓上方, 中璧扁方, 上璧近圓三角形)"라고 보고 있고, (2) 흑룡강성 야포력유지 출토 삼련옥벽이 훨씬 크다는 점을 언급하면서 야포력유지가 홍산문화보다 이르거나 홍산문화 초기에 속하는 것으로 보고 있다.[38] 하지만 형태의 상징에 대한 해석은 없다.

필자는 삼련옥벽의 기본 형태는 '삼각형옥벽(上)+방형옥벽(中)+원형옥벽(下)'이 아래위로 이어져 있는 것으로 본다.

---

37) 古方(主編), 《中國出土玉器全集: 1》, 232쪽 설명문 참조.
38) 郭大順, 洪殿旭(主編), 《红山文化玉器鉴赏》, 文物出版社, 2010, 38쪽.

〈자료 10-11〉 홍산문화 삼련옥벽

1. 호두구유지 3호묘[39)]

2. 야포력유지[40)]

3. 참고자료: 류동칭(柳冬青) 소장품[41)]

4. 참고자료: 리훙민(李洪民) 소장품[42)]

39) 遼寧省博物館, 遼寧省文物考古研究所,《遼河文明展文物集萃》, 2006, 34쪽.

40) 古方(主編),《中國出土玉器全集: 1》, 232쪽. 책에서는 신석기시대 중기로 편년하고 있다. 설명문에서는 맨 위의 것을 반원형(半圓形)으로, 중간과 아래 것은 방원형(方圓形)으로 설명하고 있다.

41) 柳冬青,《紅山文化》, 內蒙古大學出版社, 2002, 75쪽.

42) 柳冬青,《紅山文化》, 75쪽.

(6) 각종 옥벽과 샤먼의 위계

필자는 (1) 옥벽이 1개뿐인 원형옥벽, 각형옥벽, 방형옥벽/방원형옥벽/월형옥벽은 하급 샤먼이, (2) 2개의 옥벽이 연결된 형태의 쌍련옥벽은 중급 샤먼이, (3) 원방각 모습의 3개의 옥벽이 연결된 삼련옥벽은 군장이자 제사장의 역할을 겸했을 최상급 샤먼이 패용했을 것으로 본다. 또한 하급 샤먼들 사이에도 제사 대상의 중요도에 따라서 '방형옥벽/방원형옥벽(下級下) → 각형옥벽(下級中) → 원형옥벽(下級上)'의 순으로 위계가 높았을 것으로 본다.

따라서 필자는 홍산문화 시기의 샤먼들은 최소한 3등급(最上級, 中級, 下級), 많게는 5등급(最上級, 中級, 下級上, 下級中, 下級下)의 샤먼의 위계가 있었을 것으로 본다.

다양한 형태의 옥벽은 주로 귀고리 형태로 패용한 것으로 귀 부분에서 발견된다. 한 사람의 묘에서 여러 개의 모양이 다른 옥벽이나 쌍련옥벽, 삼련옥벽 등이 같이 출토되기도 한다. 이것은 이 사람이 샤먼으로서 여러 단계를 거쳐 성장했음을 보여주는 것이라고 본다.

홍산인들의 최고 성지였던 우하량 지역의 원형 천단, 방형 지단, 여신묘 등에서 의례를 주관하던 이들은 삼련옥벽을 패용할 수 있는 최상급 샤먼들이었을 것이다. 중급, 하급 샤먼들은 위계에 따라서 최상급 샤먼의 지휘를 받고 부분적인 역할을 수행했을 것이다. 이제까지 논의한 필자의 견해를 정리하면 아래와 같다.

〈자료 10-12〉홍산문화 각종 옥벽의 상징적 의미와 샤먼의 위계[43]

옥벽의 종류와 명칭	옥벽의 기본 형태		상징적 의미	샤먼의 역할	샤먼의 위계	
방형옥벽 (方形玉璧 方圓形玉璧, 鉞形玉璧)	방형 ≒방원형 ≒월형		통지의기 (通地儀器) =通地神儀器 =通死者儀器	지하세계의 지신(地神), 죽은 자의 영혼(死者的 灵魂)과 교통	下級	下下
각형옥벽 (角型玉璧)	삼각형		통인의기 (通人儀器) =通人神儀器 =通祖神儀器	씨족, 부족의 조상신 (祖上神)과 교통		下中
원형옥벽 (圓形玉璧)	원형		통천의기 (通天儀器) =通天神儀器	천상세계의 천신(天神)과 교통		下上
쌍련옥벽 (雙連玉璧) *유형을 4가지로 세분할 수도 있음	각형 (상부) + 원형 (하부)		통천인의기 (通天人儀器) =通天神人神 儀器 =通天神祖神 儀器	천신(天神)과 조상신 (祖上神) 혹은 지신(地神)과 조상신(祖上神)등 두 세계의 신령과 교통	中級	
	각형 (상부) + 방원형 (하부)		통지인의기 (通地人儀器) =通地神人神 儀器 =通地神祖神 儀器			
삼련옥벽 (三連玉璧)	각형 (상부) + 방형 (중부) + 원형 (하부)		통천지인의기 (通天地人儀器) =通天神地神 人神　儀器 =通天神地神 祖神　儀器	천진(天神), 지신(地神), 조상신 (祖上神)과 모두 교통	最上級	

2. 홍산문화 쌍수수황형기(雙獸首璜形器), 옥저룡(玉猪龍)과 무지개[44]

홍산문화에서는 40여 종에 달하는 다양한 형태의 옥기들이 발견된다. 그 가운데서도 홍산문화를 대표하는 상징적인 옥기가 바로 옥저룡이다. 여기에서는 '옥저룡'과 '쌍수수황형기'라고 불리는 옥기가 '무지개'를 상형한 것이라는 점을 밝혀볼 것이다.

1) 동북아시아에서 무지개에 대한 인식

(1) 갑골문에 보이는 '무지개 홍(虹)'자의 형상과 무지개에 대한 고대의 기록

동북아시아 고대인들은 '무지개'를 어떻게 인식하고 있었을까? 고대의 기록에서 무지개는 한쪽 혹은 양쪽 끝에 동물의 머리가 달려 있는 구부러진 벌레나 뱀 형상의 동물로 묘사되며, 물이나 구름과 관련되어 기록되어 있다. 그래서 무지개를 의미하는 한자는 모두 '벌레 충(虫)'자를 부수로 가지고 있다. 이를 구체적으로 소개하면 아래와 같다.

첫째, 갑골문(甲骨文)에는 무지개를 의미하는 '홍(虹)'자의 모양이 '무지개의 양쪽 끝에 머리가 달린 동물' 형상으로 되어 있다.

둘째, 갑골복사(甲骨卜辭) 중에서도 "무지개가 북쪽에서 출현하여 황하의 물을 마셨다(有出虹自北飲于河)."라는 기록이 있다.[45] 이것은 상나라 시대까지도 무지개를 거대한 뱀 모양의 동물로 인지했다는 것을 보여준다.

---

44) 이 부분은 아래의 필자의 글을 바탕으로 책의 체계에 맞게 간략하게 수정 보완한 것이다. 첫 논문은 우실하, 〈홍산문화 옥저룡(玉猪龍), 쌍수수황형기(雙獸首璜形器), 쌍수수삼공기(雙獸首三孔器)의 상징적 의미와 '환일(幻日: Sundog)' 현상〉, 《동아시아고대학》 제24집(2011.4), 63-113쪽 중에서 68-81쪽에 실려 있다.
이 부분은 '제7회 홍산문화고봉논단(2012.9.4.-5, 적봉시)'에서 별도의 논문으로 발표되었고 아래의 논문집에 중문으로 실려 있다.
禹實夏, 〈紅山文化中的雙獸首璜璜形器, 玉猪龍與彩虹〉, 《赤峰学院学报(汉文哲学社会科学版)》, 2013年 第6期, 7-12쪽.

45) 徐中舒, 《甲骨文字典》, 四川辭書出版社, 1989, 1426쪽.

셋째, 《설문해자(說文解字)》에서는 "홍(虹)은 체동(蝃:무지개 체, 蝀: 무지개 동)이다. 그 형상은 벌레(蟲)와 같다."라고 하였다.[46] '무지개 홍(虹)', '무지개 체(蝃)', '무지개 동(蝀)', '무지개 예(蜺)'와 같이 무지개를 나타내는 한자는 모두 '벌레 충(虫)'자를 부수로 하고 있다. 심지어는 무지개를 암수로 구별하기도 하는데, '홍(虹)'은 수무지개를, '예(蜺)' 혹은 예(霓)'는 암무지개를 나타낸다.[47]

넷째, 《석명(釋名)》〈석천(釋天)〉에서는 "무지개는 매번 태양이 서쪽에 있을 때 동쪽에서 보이는데, 동쪽의 수기(水氣)를 마신다."라고 기록하고 있다.[48]

다섯째, 《산해경(山海經)》〈해외동경(海外東經)〉에서는 "무지개는 두 개의 머리를 가지고 있다(各有兩首)"라고 하였다.[49]

여섯째, 무지개가 물을 마시는 동물의 형상이라는 관념은 《삼국사기》에서도 보인다. 신라 진평왕(眞平王) 53년(631) 7월에 "흰 무지개가 궁궐 우물물을 마시고, 토성이 달을 범하였다(白虹飮于宮井 土星犯月)."라는 기록이 있다.[50]

일곱째, 이러한 구부러진 벌레 혹은 뱀 모양의 무지개는 《금석색(金石索)》에 보이는 동한(東漢) 시대 산동(山東) 지방의 무씨사(武氏祠) 화상석(畵像石)에서는 머리가 두 개 달린 구부러진 용(龍)의 형상으로 그려진다.[51]

이를 종합하면 동북아시아에서 고대인들이 생각했던 무지개는 (1) 몸이 구부러진 거대한 뱀 형상의 동물로, (2) 한쪽 혹은 양쪽 끝에는 큰 입이

---

46) 《說文解字》虹: 虹, 蝃蝀也. 狀似蟲.
47) 《爾雅》에서는 암무지개를 나타내는 예(霓)를 예(蜺)라고 쓰고 있어 같은 의미임을 알 수 있다. 암수 무지개 개념은 쌍무지개가 뜰 때 2차 무지개를 암무지개로 구별하기 위해서 만들어진 용어이다.
48) 《釋名》〈釋天〉: 蝃蝀, 其見每於日在西而見於東, 蝃飮東方之水氣也.
49) 《山海經》〈海外東經〉: 各有兩首.
50) 《三國史記》卷第四 新羅本紀 第四 眞平王: 五十三年(631) .... 秋七月 遣使大唐 獻美女二人 魏徵以爲 不宜受 上喜曰 彼林邑獻鸚鵡 猶言苦寒 思歸其國 況二女遠 別親戚乎 付使者歸之 白虹飮于宮井 土星犯月.
51) 馮雲鵬·馮雲鵷,《金石索》, 書目文獻出版社, 1996. 영인본, 1408쪽.

달렸으며, (3) 강물 등을 마시고 하늘로 올려 비를 뿌리고, (4) 후대에는 용의 형상으로 변형되는 거대한 뱀 모양의 동물이었다.

〈자료 10-13〉 왕홍력(王弘力)의 《고전석원(古篆釋源)》에 보이는 '홍(虹)' 자의 갑골문[52]
* 갑골문에서는 뱀 모양의 동물로 그렸다.
* 청동기에 새겨진 글자인 금문(金文)에 보면, (1) 하늘과 땅을 연결한다는 상징을 지닌 '공(工)' 앞에 뱀을 상형한 글자를 부수로 하고 있는데, (2) 이것이 '뱀 사(巳)' 자의 갑골문과 같으며, (3) 무지개를 '하늘과 땅을 연결하는 신령한 뱀과 같은 동물'로 인지하고 있음을 알 수 있다.

〈자료 10-14〉 서중서(徐中舒)《갑골문자전(甲骨文字典)》에 보이는 '홍(虹)'자의 갑골문[53]

〈자료 10-15〉 동한 시대 산동 지역 무씨사(武氏祠) 화상석(畫像石)의 쌍용수(雙龍首) 무지개[54]

1. 사진 자료 (오른쪽 중간)

---

53) 徐中舒, 《甲骨文字典》, 1426쪽.

54) 무씨사(武氏祠)는 동한 시대 산동 가상성(嘉祥城) 남쪽의 무택산(武宅山)에 있는 무씨들의 가족묘로 무량사(武梁祠)라고도 불린다. 동한 환제(桓帝) 건화 원년(建和 元年, 147)부터 연희 10년(延熹 十年, 167)사이에 연이어 건축되어 무량(武梁), 무영 (武榮), 무반(武班), 무개명(武開明) 등 무씨 가족이 묻혀 있다.

2. 청나라 시기의《금석색(金石索)》에 수록된 무지개 부분 탁본 자료[55]

(2) 인간세계와 하늘세계를 연결하는 '무지개 다리'

동북아시아에서는 고대로부터 무지개라는 자연현상을 '몸을 반원형으로 구부리고 양쪽 끝에 큰 입이 달린 거대한 뱀 모양의 동물'로 형상화하였다. 이렇게 그려진 무지개의 상징적인 의미는 무엇일까?

전 세계 여러 문화권에서 무지개는 (1) 하늘 세계와 인간 세계를 연결하는 다리, (2) 신들의 신성한 징표, (3) 초월적 영웅의 활, (4) 괴물 등 다양한 상징적 의미를 지니고 있다.

레이먼드 리 주니어(Raymond L. Lee, JR.)와 앨리스터 프레이저(Alistair B. Fraser)가 쓴《무지개 다리: 예술, 신화, 그리고 과학에서의 무지개(The Rainbow Bridge: Rainbows in Art, Myth, and Science)》(2001)의 제1장 '신들로 향하는 다리(The Bridge to the Gods)'에서는 각 문화권에서 보이는 무지개의 상징들을 잘 정리해놓고 있다.[56]

서로 다른 문화권에서 무지개는 다양한 상징적 의미를 지닌다. 그러나

55) 馮雲鵬·馮雲鵷,《金石索》, 1408쪽.

56) Raymon L. Lee, JR., Alistair B. Fraser, *The Rainbow Bridge: Rainbows in Art, Myth, and Science*, The Pennsylvania State Univ. Press, 2001, Ch. one: The Bridge to the Gods(pp. 2-33) 참조.

가장 보편적으로 분포하는 것이 바로 인간 세계와 신의 세계를 연결하는 다리인 '무지개 다리(Rainbow Bridge)'라는 상징이다.

특히 북방 샤머니즘을 공유하고 있는 북유럽 신화에서는 인간세계인 미드가드(Midgard)와 천상세계인 아스가드(Asgard)를 연결하는 비프로스트(Bifrost)라는 다리가 바로 무지개이다. 비프로스트는 신들이나 전쟁에서 죽은 영웅들만이 이용할 수 있고, 무지개 다리인 비프로스트는 인간세계와 천상세계를 연결하는 통로이다. 북유럽 신화에서 보이는 '하늘로 가는 무지개 다리(Rainbow Bridge to Heaven)'라는 개념은 유럽 전역에 폭넓게 분포한다. 북방 샤머니즘의 사유체계를 공유하고 있는 북유럽, 중국, 몽골, 한국 등에서는 모두 하늘세계와 인간세계를 연결하는 무지개 다리라는 관념을 공유하고 있다.

2) 홍산문화 쌍수수황형기(雙獸首璜形器)와 무지개

홍산인들 역시 무지개를 하늘세계와 인간세계를 연결하는 다리라는 특별한 의미를 지닌 상징으로 해석했다고 필자는 본다. 홍산문화에는 반원형으로 구부러져 양쪽 끝에 동물의 머리가 장식된 쌍수수황형기(雙獸首璜形器) 혹은 쌍용수옥황(雙龍首玉璜)이라는 옥기가 발견된다.

옥황(玉璜) 역시 제천의기(祭天儀器)로 신석기시대 이래 상−주 시대를 거쳐 후대에도 지속적으로 사용되는 제천의기이다. 이 옥황도 동북아시아에서는 홍산문화에서 최초로 발견된다. 대부분의 중국학자들은 후대의 명칭인 '옥황'으로 설명하고 있을 뿐, 그 최초의 형상이나 상징성에 대해서는 언급이 없다.

앞서 살펴본 (1) 무지개 '홍(虹)'자의 갑골문과 (2) 동한 시대 산동 지역 무씨사(武氏祠) 화상석(畵像石)의 쌍용수(雙龍首) 무지개 형상을 통해서 보면, (3) 홍산문화에서 발견된 옥기들 가운데 쌍수수황형기(雙獸首璜形器)가 무지개를 형상화한 것이라는 것을 알 수 있다. 학자에 따라서는 동물을 모습을 용으로 보아 쌍용수옥황(雙龍首玉璜)로 부르기도 하고, 돼지로 보아 쌍저수황형기(雙猪首玉璜)라고 부르기도 한다.

〈자료 10-16〉 홍산문화의 옥황

1. 객좌(喀左) 동산취(東山嘴)유지에서 발굴된 쌍수수옥황(雙獸首玉璜)[57]

2. 개인 소장 홍산문화 쌍수수황형기(雙獸首璜形器: 徐强 소장품)[58]

옥황(玉璜)은 옥으로 만든 황(璜)이다. '황'은 모두 옥으로 만들었기 때문에 황은 옥황을 의미한다. 황=옥황은 하(夏)나라 계(啓)가 찼다는 의기(儀器)로, 가운데 구멍이 뚫린 원형의 벽(璧)을 반쪽 낸 모습으로 '반원형(半圓形)의 옥벽'을 말한다.[59] 그런데 이 옥황이 홍산문화 시대에 처음으로 보인다는 것이다.

홍산문화 옥황에서 동물의 머리로 장식되었던 부분은 후대에는 인형황(人形璜), 조형황(鳥形璜), 어형황(魚形璜), 수형황(獸形璜) 등으로 다양하게 변형된다. 춘추-전국 시대를 거치면서 용(龍)머리 장식이 많아지며, 당나라 이후에는 옥황 자체가 점차 사라져 간다. 대부분의 시기에 '벽'과 '황'은 주로 옥(玉)으로 만들어져서 '옥벽'과 '옥황'이라고 부른다. 옥황의 기원이라고 할 수 있는 것이 바로 홍산문화에서부터 발굴된 것이다.

---

57) 遼寧省博物館·文物考古研究所, 《遼河文明展文物集萃》, 遼寧省博物館·文物考古研究所, 2006, 35쪽 사진2.

58) 徐强, 《紅山文化古玉鑑定》, 華藝出版社, 2007, 35쪽 〈圖 36〉.

59) 《山海經》〈海外西經〉. "夏后啓 左手操翳 右手操环 佩玉璜." 郭璞 注: "半璧曰璜."

필자는 홍산문화에서 보이는 옥황의 최초의 모습은 '무지개'를 형상화한 것이라고 본다. 후대로 가면서 옥황은 다양하게 변형되는데, (1) 홍산문화의 옥황과 마찬가지로 양쪽에 동물 머리가 달린 것, (2) 한쪽에만 동물 머리가 달린 것, (3) 동물 머리가 달리지 않고 둥근 옥벽을 그대로 반으로 자른 것 등 크게 3종류가 있다. 각 종류별로 장식의 화려함은 다양하다.

무지개를 상형한 옥황에서 동물의 머리를 양쪽에 장식을 했든 한쪽에만 장식을 했든, 이런 모습은 후대의 전형적인 옥황의 모습인 것이다.

〈자료 10-17〉양쪽에 동물 머리를 장식한 후대의 다양한 옥황(玉璜)
* 이런 형태는 대부분 용머리로 보아서 양용수옥황(雙龍首玉璜)으로 부른다.

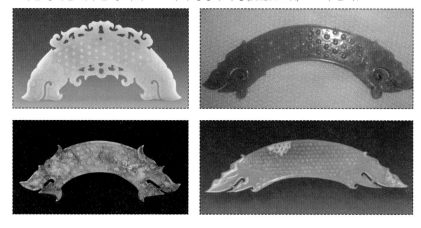

〈자료 10-18〉한쪽에만 동물의 머리를 장식한 후대의 다양한 옥황(玉璜)
* 이런 형태는 대부분 용형옥황(龍形玉璜)으로 부른다.

〈자료 10-19〉 동물 머리 장식이 생략된 후대의 다양한 옥황(玉璜)

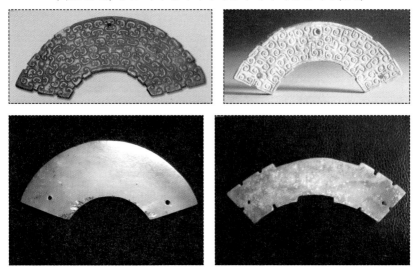

3) 홍산문화 옥저룡(玉猪龍)과 무지개

홍산문화를 상징하는 옥기 가운데 하나인 옥저룡은 홍산문화를 소개하는 책, 논문 등에 수도 없이 등장한다. 이 동물의 모습에 대해서는 돼지, 말, 사슴 등 다양한 견해가 있다. 많은 학자들은 돼지의 모습으로 보고 '옥으로 만든 돼지 형상의 용'이라는 의미의 '옥저룡'이라고 부른다. 그런데 옥저룡을 소개하는 자료에서는 예외 없이 모두 '머리 부분이 위로 향한 사진'으로 소개되어 있다.

필자는 옥저룡을 보는 현대인들의 시각과 홍산인들의 시각에 차이가 있다고 본다. 왜냐하면, 옥저룡은 중간에 구멍이 뚫려 있어서 끈에 매달았던 것이기 때문이다. 작은 것은 신분이 높은 사람이 패용을 했을 것이고, 발견된 것 가운데 가장 큰 26㎝ 크기의 것은 많은 사람들이 모이는 장소에 걸어두었을 것이다.

끈에 매달려서 아치를 그리고 있는 옥저룡의 모습이 홍산인들이 보던 모습이다. 만일 홍산인들이 일반적으로 책에 소개된 옥저룡의 모습을 보고 싶었다면, 구멍을 머리 가까운 부분에 뚫어서 걸어놓았을 것이다. 아치를 이룬 옥저룡의 모습, 이것은 무엇을 상징하고자 했던 것일까?

〈자료 10-20〉 옥저룡을 보는 현대인들의 시각과 홍산인의 시각 차이

1. 현대인들이 보는 옥저룡의 모습

2. 홍산인들이 보던 옥저룡의 모습(필자 소장)

필자는 홍산문화의 대표적인 옥기 가운데 하나인 옥저룡은 한쪽에만 동물 머리를 장식한 무지개의 형상으로, 후대 옥황의 최초 형태 가운데 하나라고 본다. 필자가 홍산문화 옥저룡을 단순한 토템 조각상이 아닌 무지개 형상으로 보는 근거는 아래의 두 가지이다.

첫째, 앞서 살펴본 ⑴ 무지개 홍(虹) 자의 갑골문, ⑵ 홍산문화에서 발견되는 양쪽에 동물 머리가 장식된 무지개 모양의 옥황, ⑶ 양쪽에 동물 머리를 장식한 후대의 다양한 옥황들, ⑷ 한쪽에만 동물 머리를 장식한 후대의 옥황들과 비교를 해보면, 홍산문화 옥저룡이 무지개를 형상화한 것이라는 점을 추론하는 데 큰 무리가 없다.

둘째, 옥저룡을 매다는 데 이용된 구멍이 몸통 한가운데 뚫려 있다는 점이다. 이 점은 이제까지 학자들이 주목하지 않은 것이다. 대부분의 홍산문화 관련 논문이나 저서에서 옥저룡의 사진은 항상 머리가 위로 향한 형태로 제시되고 있다. 이처럼 옥저룡이 단순히 토템 동물을 상형한 것이라면, 머리 아랫부분에 구멍을 뚫어서 걸어놓거나 목에 걸었을 때 동물의 형상이 제대로 보이도록 했을 것이다.

그러나 출토품, 개인 소장품 등 모든 홍산문화 옥저룡은 구멍이 몸통 한가운데 뚫려 있다. 벽에 걸어놓거나 목에 걸었을 때는 무지개 모양이고 옥황의 모습이다. 더욱이 옥저룡과 같이 한쪽에만 동물의 머리를 장식한 옥황이 후대에도 보인다는 것은, 한쪽만 동물의 머리로 장식한 옥저룡 역시 무지개를 상형한 것이라는 필자의 생각이 틀리지 않다는 것을 보여주는 것이다.

결국 홍산인들은 ⑴ 무지개를 상형하여 토템의 동물 머리를 양쪽에 장식한 쌍용수옥황(雙龍首玉璜), 쌍수수황형기(雙獸首璜形器), 쌍저수옥황(雙猪首玉璜) 등을 만들었고, ⑵ 이의 변형으로 동물 머리를 한쪽에 장식한 옥저룡을 만들었다는 것이 필자의 생각이다.

그렇다면 왜 무지개를 상형한 최초의 옥황의 끝에 동물의 머리를 장식한 것일까? 필자는 이 동물은 홍산인들의 토템 동물 가운데 하나라고 본다. 토템은 동물신이자 조상신이고, 조상신들은 하늘세계와 연결되어 있다. 또한 홍산인들에게도 무지개는 '하늘세계의 조상신들이 인간세계로 내려오는 무지개 다리'라는 관념을 지니고 있었을 것으로 본다.

홍산인들은 무지개의 상징성을 후손들에게 전승시키기 위해서 쌍수수황형기를 만들어 기념하고, 조상신이나 하늘의 천신에게 제사를 지낼 때

작은 것은 샤먼들이 목에 걸었을 것이고, 큰 것은 벽에 걸어 놓았을 것으로 보인다. 홍산문화에서 보이는 옥저룡은 무지개를 입체적 조각으로 표현한 인류 최초의 조각품일 수 있다.

결론적으로, 자신들의 조상신이 특정 동물과 관련된다는 토템 신앙을 바탕으로 만들어진 '무지개의 한쪽 혹은 양쪽 끝에 토템 동물의 머리를 장식한 무지개 다리'가 바로 홍산문화의 옥저룡이고, 이것이 후대 옥황의 기원이라고 할 수 있다.

앞서 논의한 것을 토대로 홍산문화에서 최초로 보이는 옥황, 옥저룡과 무지개의 관계를 간단히 도표화한 것이 아래 〈자료 10-21〉이다.

〈자료 10-21〉 홍산문화 쌍수수황형기, 옥저룡과 무지개

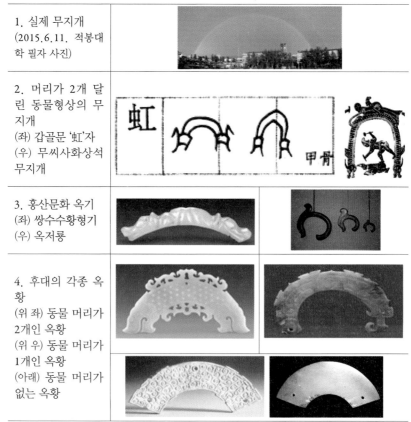

1. 실제 무지개 (2015.6.11. 적봉대학 필자 사진)	
2. 머리가 2개 달린 동물형상의 무지개 (좌) 갑골문 '虹'자 (우) 무씨사화상석 무지개	
3. 홍산문화 옥기 (좌) 쌍수수황형기 (우) 옥저룡	
4. 후대의 각종 옥황 (위 좌) 동물 머리가 2개인 옥황 (위 우) 동물 머리가 1개인 옥황 (아래) 동물 머리가 없는 옥황	

3. 홍산문화 각종 삼공기(三孔器)와 3개의 태양이 뜨는 '환일(幻日) 현상'[60]

1) '환일(幻日: Sundog, Mock sun, Parhelion)' 현상과 3개의 태양

태양의 좌우에 2개의 '가짜 태양'이 나타나 마치 3개이 태양이 떠 있는 것 같은 특별한 기상 현상은 (1) 한자로는 '가짜 태양'이라는 의미의 환일(幻日), (2) 영어권에서는 선독(Sundog, Sun dog) 혹은 모크 선(Mock Sun: 가짜 태양), (3) 과학적 용어로는 파힐리언(Parhelion)이라고 불린다.[61]

〈환일〔幻日, parhelion〕〉

요약: 공기 속에 뜬 얼음의 결정에 태양빛이 반사·굴절했을 때 일어나는 현상을 말하며 무리해라고도 한다.

본문: 무리해라고도 한다. 태양과 같은 고도에서 좌우에 나타난다. 대개는 1쌍이지만, 더 많이 나타나는 경우도 있다. 태양이 낮을 때는 태양으로부터의 시거리(視距離)는 무리(헤일로)와 같이 약 22°인데, 태양이 높아지면 증대하여 안쪽 해무리〔內暈〕의 바깥쪽에 나타난다. 태양에 가까운 쪽은 불그스레한 빛을 띠고, 바깥쪽은 다소 꼬리를 끌고 있다. 달에 대해서도 같은 현상이 일어나는데, 이것이 환월(幻月:무리달)이다. 태양 및 환일을 꿰뚫고 수평선에 평행으로 백색의 고리가 생기는 일이 있다. 이것이 환일환(幻日環:무리해고리)이다. 환일환은 드물게 완전한 원에 가까워지는 경우도 있다. ⓒ 두산백과사전 EnCyber & EnCyber.com.

---

60) 우실하, 〈홍산문화 옥저룡(玉猪龍), 쌍수수황형기(雙獸首璜形器), 쌍수수삼공기(雙獸首三孔器)의 상징적 의미와 '환일(幻日: Sundog)' 현상〉, 《동아시아고대학》, 제24집(2011), 81-1043쪽을 간단히 소개하는 것이다.

61) Parhelion(복수는 Parheli)은 그리스어 'parēlion(παρήλιον)'에서 기원한 것으로, 그 의미 구조는 'παρά(beside) + ήλιος(sun) =παρήλιον(beside the sun)'로 되어 있다.

환일은 태양빛이 공기 중의 얼음 결정체에 굴절되어 관찰자의 시각에서 실제 태양의 좌우 22° 위치에 각각 하나씩 가짜 태양이 나타나는 현상이다. 이런 현상은 (1) 세계 어디서나 또 어느 시기에나 나타날 수 있으나, (2) 공기 중의 수분이 얼음 입자로 얼기 쉬운 극(極)지방이나 위도가 높은 평지 지역에서 선명하게 자주 관찰되며, (3) 해가 뜰 때나 해가 질 때는 태양의 고도가 낮아서 선명하게 나타나며, (4) 해가 중천에 떠 있을 때에는 아주 드물게 관찰되며, (5) 환일이 아주 밝게 태양의 좌우에 하나씩 나타나면 '3개의 태양이 떴다(三日竝出, 三日竝現)'고 기록되지만, (6) 기상 상황에 따라 1개 혹은 2개 이상의 가짜 태양이 나타나는 경우도 있다. 이러한 현상은 달 주변에서도 나타나는데 이것을 환월(幻月= 무리달)이라고 부른다.

〈자료 10-22〉 '환일(幻日) 현상'

1. 동양 사서(史書)에서의 표현(필자)[62]

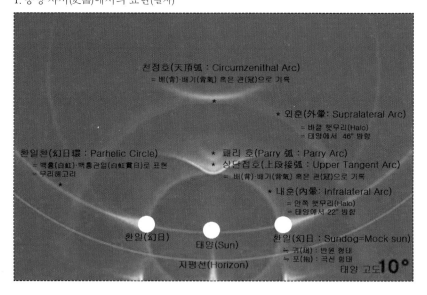

---

62) 우실하, 〈홍산문화 옥저룡(玉猪龍), 쌍수수황형기(雙獸首璜形器), 쌍수수삼공기(雙獸首三孔器)의 상징적 의미와 '환일(幻日: Sundog)' 현상〉, 27쪽.

2. 2009.2.18. 미국 노스다코다주(North Dakota) 파고(Fargo) 지역[63]

환일 현상이 발생하는 경우에는 마치 3개의 태양이 떠오르는 것처럼 보이고, 세계 곳곳에서 지금도 종종 관찰되고 있다. 인터넷에서 환일을 검색하면 수많은 사진과 동영상들이 올라와 있다.

우리나라의《삼국사기》에는 두 번의 환일 현상을 기록하고 있는데, (1) 신라 혜공왕(惠恭王) 2년(766) 1월에 "2개의 해가 동시에 떠서 대사면을 행하였다"[64]라는 기록과 (2) 신라 문성왕(文聖王) 7년(845) 12월 1일에 "3개의 태양이 동시에 떴다"라는 기록이 있다.[65]

《삼국유사》에는 1번의 기록이 있는데, 경덕왕 19년(760) 4월 1일 "두 개의 해가 나타나(二日竝現)" 없어지지 않자 월명사로 하여금 도솔가(兜率

---

63) http://en.wikipedia.org/wiki/Sun_dog 의 사진 자료

64) 《三國史記》卷9. 新羅本紀 9. 惠恭王 2년(766) 春正月 : 惠恭王 2년(766) 春正月 二日並出 大赦. 二月 王親祀新宮.

65) 《三國史記》卷11 新羅本紀 11 文聖王 7년(845) : 文聖王 7년(845)… 十二月朔. 三日並出.

歌)를 짓게 하였다는 기록이다.[66]

《고려사》에는 평균 약 4.24년에 한 번씩 총 112건의 환일 현상을 기록하고 있고, 《조선왕조실록(朝鮮王朝實錄)》에도 약 6.03년에 한 번씩 총 86건의 환일 현상에 대한 기록이 남아 있다.[67]

2) 홍산문화의 각종 삼공기(三孔器)와 3개의 태양

홍산문화 옥기 가운데, 3개의 구멍이 뚫린 특이한 형태의 삼공기(三孔器)들이 발견된다. 홍산문화에서 발견되는 삼공기는 크게 4가지 형태가 있다(〈자료 10-23〉 참조).

첫째, 3개의 구멍 좌우에 동물 머리를 장식한 쌍수수삼공기(雙獸首三孔器)[68]가 있다. 이것은 장식된 동물을 곰이라고 보아서 쌍웅수삼공기(雙熊首三孔器)[69] 또는 웅수삼공기(熊首三孔器)[70]라고 불리기도 한다. 홍산문화의 토템 동물 가운데 하나인 곰의 머리를 장식한 것이다.

둘째, 3개의 구멍 좌우에 사람의 얼굴을 장식한 것으로 '쌍인수형삼공

---

66) 《三國遺事》卷第五 感通 第七 〈月明師兜率歌〉: 景德王十九年庚子四月朔 二日 並現 挾旬不滅 日官奏 請緣僧作散花功德則可禳 於是潔壇於朝元殿 駕幸靑陽樓 望緣僧 時有月明師 行于阡陌 時之南路 王使召之 命開壇作啓 明奏云 臣僧但属於 國仙之徒 只解鄕歌不閑聲梵 王曰旣卜緣僧 雖用鄕歌可也 明乃作兜率歌賦之 其 詞曰 今日此矣散花唱良 巴寶白乎隱花良汝隱 直等隱心音矣命叱使以惡只彌勒座 主陪立羅良 解曰 龍樓此日散花歌 挑送靑雲一片花 殷重直心之所使 遠邀兜率大 僊家.

67) 우실하, 〈홍산문화 옥저룡(玉猪龍), 쌍수수황형기(雙獸首璜形器), 쌍수수삼공기 (雙獸首三孔器)의 상징적 의미와 '환일(幻日: Sundog)' 현상〉, 91~96쪽.

68) 徐强, 앞의 책, 146쪽 사진 206에서는 쌍수수삼공기(雙獸首三孔器)로 보고 있다.

69) 遼寧省博物館·, 遼寧省文物考古硏究所, 앞의 책, 25쪽에서는 쌍웅수삼공기(雙熊 首三孔器)로 보고 있다.

70) 鄧淑苹, 〈試論紅山系玉器〉, 許倬云, 張忠培(主編), 《新世紀的考古學》, 紫禁城出 版社, 2006, 385쪽.

기(雙人首三孔器)'[71] 혹은 '인수삼공기(人首三孔器)'[72]라고 부르는 것이다. 쌍웅수삼공기와 형태는 모두 같으나 동물 머리 대신에 사람 얼굴이 장식된 것이다.

셋째, 3개의 구멍 좌우에 특정한 동물 장식 없이 길쭉하게 돌출되어 있는 것이다.

넷째, 3개의 구멍만 있고 좌우에 아무런 장식이 없이 둥글고 매끈한 삼공기가 있다. 이것은 현재까지 발표된 중국학자를 포함한 여러 나라 학자들의 모든 논문이나 저서에서 삼련벽(三聯璧) 혹은 삼련옥벽(三聯玉璧)으로 잘못 알려져 있는 것이다.[73]

〈자료 10-23〉 홍산문화 각종 삼공기

1. 쌍수수삼공기(雙獸首三孔器): 우하량 제16지점 2호묘 출토[74]
* 대부분의 학자들은 곰으로 보고 있다.

2. 요녕성 삼관전자(三官甸子) 성자산(城子山)유지 채집 삼공기

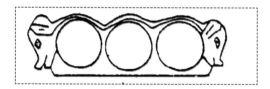

---

71) 徐强, 앞의 책, 147쪽 사진 207에서는 쌍인수형삼공기(雙人首三孔器)로 부른다. 이 옥기가 우하량 제2지점 1호총 12호묘에서 출토되었다고 소개하고 있으나 잘못이다. 다른 책들을 참고하면 이 옥기는 우하량 16지점 2호묘에서 출토된 것이다. 아래 각주 49 참조.

72) 鄧淑苹, 〈試論紅山系玉器〉, 387쪽.

73) 1. 鄧淑苹, 앞의 글, 366쪽.
    2. 于建設(主編), 《紅山玉器》, 遠方出版社, 2004, 60쪽.

74) 遼寧省博物館·, 遼寧省文物考古研究所, 앞의 책, 25쪽.

3. 쌍인수삼공기(雙人首三孔器): 우하량 제2지점 1호총 12호묘 출토[75]

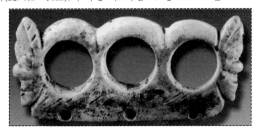

4. 천진박물관 소장 삼공기

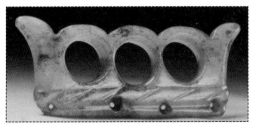

5. 대만 고궁박물관 소장품

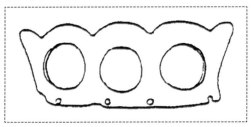

6. 삼련옥벽으로 잘못 알려진 삼공기: 파림좌기 나일사태(那日斯台)유지 출토[76]

---

75) 徐强, 앞의 책, 147쪽 사진 207.

76) 于建設(主編), 앞의 책, 60쪽.

4가지 형태의 삼공기(三孔器)는 신석기시대 홍산문화 유적지에서 최초로 발견되는 것들이다. 이들 4가지 유형의 삼공기는 '환일 현상'에서 보이는 '3개의 태양'을 형상화한 것이라는 것이 필자의 생각이다.

신석기시대 대부분의 문화권에서 태양은 신(神)이었다. 하나의 '태양=태양신'이 어느 날 갑자기 3개로 뜬다는 것은 홍산인을 비롯한 신석기시대 사람들에게는 매우 충격적인 일이었을 것이다. 3개의 태양이 뜨는 '환일 현상'은 앞서 동양의 여러 사서(史書)들에서 본 바와 같이 실제로 자주 관찰되던 것이다. 홍산문화 지역은 위도도 높고, 평지 지역이 많아서 환일 현상이 지금도 빈번하게 관찰된다. 몇 가지 근거를 가지고 필자는 홍산문화에서 발견되는 각종 삼공기들이 환일 현상을 형상화한 것이라고 본다.

첫째, 환일 현상에서도 태양의 고도가 낮을 때에 '태양 좌우의 가짜 태양을 연결하는 무지개 형상'인 내훈(內暈: Infralateral Arc)은 실제 무지개와 거의 같은 모습이다. 날씨가 흐린 날이나 석양이 질 때에는 무지개처럼 색도 지니고 있다. 참고로 내훈과 외훈(外暈)의 색깔 순서는 서로 반대로 되어 있다. 홍산인들은 무지개와 모습이 똑같아 보이는 '내훈'도 또 다른 형태의 무지개로 인지했을 것이다.

둘째, 쌍수수황형기(雙獸首璜形器)로 무지개를 형상화했던 홍산인들은 무지개 형상의 '내훈'도 역시 쌍수수황형기와 마찬가지로 한 마리의 거대한 동물처럼 인지했을 것이다. 양쪽 끝에 머리가 달린 동물 형태가 고대 동양의 전형적인 무지개 관념이었다. 이러한 무지개 관념은 후대에 용(龍)의 관념과 이어진다.

셋째, 홍산인들이 무지개와 같은 모양의 '내훈(內暈)'과 '3개의 태양'이 동시에 보이는 환일 현상을 보았을 때, 무지개를 쌍수수황형기(雙首獸璜形器)로 형상화하였듯이 쌍수수황형기와 유사한 다른 형태의 옥기로 형상화하였을 것이다. 결론적으로, 머리가 2개 달린 동물 형상의 무지개가 3개의 태양을 품고 있는 모습이 쌍수수삼공기(雙獸首三孔器)의 모습이다.

필자는 동양의 사서에 반복적으로 기록된 환일 현상과 마찬가지로, (1) 홍산문화 시대에도 이미 환일 현상은 관찰되었으며, (2) 홍산인들은 '3개

의 태양'을 형상화한 각종 삼공기 형태의 옥기로 만들었으며, (3) 이 다양
한 형태의 삼공기가 환일 현상에 대해 관찰하고 남긴 입체 조각품이라고
보고 있다. 3개의 태양이 뜨는 환일 현상에서부터 삼공기로 변형되는 과
정을 간단히 도표로 요약한 것이 아래의 〈자료 10-24〉다.

〈자료 10-24〉 환일 현상과 홍산문화의 각종 삼공기(필자)[77]

1. 환일 현상과 '3개의 태양' * 내훈이 무지개 형상을 하고 있다.	
2. 변형 (1) * '3개의 태양'+'무지개 '홍(虹)자'	
3. 변형 (2)	
4. 변형 (3)과 홍산문화 삼공기 (상) 쌍수수삼공기 　(우하량 16지점 2호묘) (중) 쌍인수삼공기 　(우하량 2지점 1호총 12호묘) (하) 천진박물관 소장품	
5. 변형 (4)와 홍산문화 삼공기 * 나일사태 출토 삼공기	

<hr>

77) 이 도표는 2015년 12월 22-23일에 요녕성 대련시에서 열린 〈오천년 문명 견
증: 홍산문화 발현 80년 학술연토회(五千年文明見證: 紅山文化發現八十年學術研討
會)〉에서 필자가 발표한 '禹實夏, 〈關于紅山文化各種三孔器的象征意義〉. (대련,
2015.12.22.)'라는 논문에서 정리하여 발표한 것이다.

4. 홍산문화와 '3수 분화의 세계관(1-3-9-81)'

1) 동북아시아 모태문화와 '3수 분화의 세계관(1-3-9-81)'

필자는 1997년 박사학위 논문에서 '하나이면서 셋이고 셋이면서 하나'라는 삼일(3.1)관념을 바탕으로 '하나에서 셋으로 지속적으로 분화되는 일련의 사유체계'를 '3수 분화의 세계관(The World View of Trichotomy: 1-3-9-81)'이라고 명명하고, 이러한 사유체계가 북방 샤머니즘을 공유하고 있는 북방 민족들에게 보편적으로 존재한다는 점을 밝힌 바 있다.[78]

이후 다양한 방면의 관련 논문을 발표하였고[79], 최근에는 《3수 분화의

---

78) 우실하, 〈한국 전통 문화의 구성 원리에 대한 연구〉, 연세대 사회학과 박사학위 논문(1997). 이 학위 논문은 일부 수정되어 단행본으로 출판되었다. 우실하, 《전통문화의 구성 원리》, 소나무, 1998.

79) 우실하, 〈연단술(鍊丹術)과 한국의 전통 약재(藥材)에 남겨진 '3수 분화의 세계관'의 흔적들〉, 《한국학논집》, 제64집(2016.9), 119-149쪽.
우실하, 〈'3수 분화의 세계관(1-3-9-81)'과 삼계(三界) 조화의 생명사상〉, 《한국학논집》, 제63집(2016.6), 79-114쪽.
우실하, 〈'3수 분화의 세계관'에서 변화와 창조의 논리〉, 김상환·장태순·박영선 (엮음), 《동서의 문화와 창조: 새로움이란 무엇인가?》, 이학사, 2016), 363-408쪽.
우실하, 〈북유럽 신화와 '3수 분화의 세계관(1-3-9-81)'〉, 《몽골학》, 제35호 (2013), 81-112쪽.
우실하, 〈'3수 분화의 세계관(1-3-9-81)'의 기원과 홍산문화: 홍산문화에 보이는 성수(聖數) 3, 9, 81을 중심으로〉, 《비교민속학》, 제44집(2011), 11-63쪽.
우실하, 〈홍산문화 옥저룡(玉猪龍)·쌍수수황형기(雙獸首璜形器)·쌍수수삼공기(雙獸首三孔器)의 상징적 의미와 '환일(幻日: Sundog)' 현상〉, 《동아시아고대학》, 제24집(2011), 63-133쪽.
우실하, 〈몽골문화와 '3수 분화의 세계관(1-3-9-81)'-Ⅱ: 9·9의 상징성을 중심으로〉, 《몽골학》 제27호(2009), 87-118쪽.
우실하, 〈한국문화의 심층구조 '3수 분화의 세계관(1-3-9-81)'〉, 《한민족 연구》, 제9집(2009), 137-164쪽.
우실하, 〈몽골문화와 '3수 분화의 세계관(1-3-9-81)'〉, 《단군학연구》, 제18집 (2008), 307-345쪽.
우실하, 〈도교와 민족종교에 보이는 '3수 분화의 세계관'〉, 《도교문화연구》, 제24집(2006), 99-133쪽
우실하, 〈구구가(九九歌), 구구소한도(九九消寒圖)의 기원과 '3수 분화의 세계관'〉,

세계관》이라는 책을 통해서 하나의 이론 틀로 제시하였다.[80] 이러한 사유체계에서 3, 9(3×3), 81(9×9) 등은 주요한 상징성을 지닌 성수(聖數)로 사용된다. '3수 분화의 세계관(1-3-9-81)'에서 성수로 사용되는 독특한 수(數)의 상징적 의미에 대해서 필자는 다음과 같이 정리한 바 있다.

> 3수 분화의 세계관은…. 하나(1)에서 셋(3)으로 분화되고, 셋이 각각 셋으로 분화되어 아홉(9)이 생겨난다. 이러한 인식틀에서 3은 '변화의 계기수'가 되고, 9는 '변화의 완성수'가 되며, 9의 자기 복제수인 81(9x9=81)은 '우주적 완성수'를 의미한다.[81]

필자는 (1) 영적(靈的) 세계의 존재를 인정하고, (2) '하나이면서 셋이고 셋이면서 하나'라는 3.1관념을 기본으로, (3) 하나가 셋으로 분화되어 '변화의 계기수 3'을 이루고, (3) 셋이 각각 또다시 셋으로 분화되어 '변화의 완성수 9'를 이루고, (3) 9의 제곱수로 '우주적 완성수 81'을 이루는 일련의 사유체계를 '3수 분화의 세계관(1-3-9-81)'이라고 부른다. 이런 북방 샤머니즘의 '3수 분화의 세계관'이 동북아 여러 민족의 문화, 사상, 민속 등에 다양한 모습으로 전승되고 있다.[82]

필자는 연구 초기에 '3수 분화의 세계관'을 '동북아시아의 모태문화(母胎文化)'라고 보았었다. "'모태문화'라는 개념은, 같은 어머니에서 비슷하지

《동양사회사상》, 제13집(2006), 347-379쪽.

우실하, 〈삼태극(三太極)/삼원태극(三元太極) 문양의 기원에 대하여〉, 《정신문화연구》, 제29권 제2호, 통권 103호(2006년 여름호), 205-237쪽.

우실하, 「「천부경」, 「삼일신고」의 수리체계와 '3수 분화의 세계관(1-3-9-81)'〉, 《선도문화》, 제1집(2006), 35-101쪽.

우실하, 〈동북아 샤머니즘의 성수(聖數: 3.7.9.81)의 기원에 대하여〉, 《단군학연구》, 제10호(2004), 205-240쪽.

우실하, 〈동북아시아 모태문화와 '3수 분화의 세계관'〉, 《문화와 사람》, 창간호(2000), 225-255쪽.

80) 우실하, 《3수 분화의 세계관》, 소나무, 2012.

81) 우실하, 《전통문화의 구성 원리》, 소나무, 1998, 12쪽.

82) 우실하, 《3수 분화의 세계관》, 41쪽.

만 서로 다른 자식이 태어나는 것처럼 동북 샤머니즘을 공유하고 있는 한·중·일·몽골 등의 비슷하지만 서로 다른 문화의 기저에 깔린 공유된 문화라는 의미로 사용된 것이다."[83]

이러한 '3수 분화의 세계관'은 동북아시아뿐만이 아니라 고대 북방 샤머니즘을 공유하고 있던 중앙아시아를 거쳐 북유럽 지역의 기층문화에도 폭넓게 존재하고 있다는 점이 밝혀졌다.[84] 이런 까닭에 현재는 '3수 분화의 세계관'을 '동북아 모태문화'라는 범위를 넘어 '북방 유라시아 모태문화'라고 부르고 있다. '3수 분화의 세계관'의 중요한 특징을 간략하게 소개하면 아래와 같다.[85]

첫째, '3수 분화의 세계관'을 이루는 가장 핵심적인 논리인 '하나이면서 셋이고 셋이면서 하나'라는 3.1(Three in one)관념은 신으로 여겼던 태양(=太陽神)이 3개가 떠오르는 '환일(幻日: Sundog, Mock sun, Parhelion) 현상'에서 기원한 것이다.[86]

환일 현상은 "위도가 높고 기온이 낮은 평지 지역일수록 잘 일어"나며 "이런 조건은 북방 샤머니즘 지역과 거의 일치하는 조건들"이다. 또한 "원시시대 이래로 오랫동안 태양은 세계 어느 문화권에서나 신(神) 곧 태양신(太陽神)이었다. 태양신인 태양이 어느 날 갑자기 3개가 되어 떠오른다는 것은 형용하기 어려운 충격이었을 것이다. 태양이 어느 날 3개가 떠오르는 것을 본 고대인들은 하나의 태양 안에 이미 3개의 태양이 내재되어 있는 것으로 여겼을 것이다. 필자는 '하나이면서 셋'인 태양신에서 출발한 것이 북방 샤머니즘을 공유한 지역에서 공통으로 보이는 3·1신(神) 관념이

---

83) 우실하, 〈도교와 민족종교에 보이는 '3수 분화의 세계관'〉, 한국도교문화학회, 《도교문화연구》, 제24집(2006), 100−101쪽.

84) 우실하, 〈북유럽 신화와 '3수 분화의 세계관(1-3-9-81)'〉, 《몽골학》, 제35호(2013.8), 81−112쪽.

85) 우실하, 《3수 분화의 세계관》, 295−299쪽 참조.

86) 환일 현상에 대한 상세한 논의는 아래의 글을 참고하시오. 우실하, 《3수 분화의 세계관》, 〈제6장. '3수 분화의 세계관'의 기원과 환일 현상〉.

고, 이를 논리화, 철학화한 것이 3·1철학이라고 본다."[87]

둘째, '3수 분화의 세계관'은 기본적으로, (1) 우주를 '천계(天界)=신의 세계', '인계(人界)=인간의 세계', '지계(地界)=죽은 자의 세계'로 나누는 천지인 삼계관(三界觀)을 바탕으로, 다시 하늘세계를 9층으로 나누는 삼계구천설(三界九天說)과 (2) 여러 층의 세계들을 연결하는 우주수(宇宙樹) 관념을 통해서 우주를 이해하고 있다.

셋째, '3수 분화의 세계관'은 '하나이면서 셋이고 셋이면서 하나'라는 3.1관념 혹은 3.1신(神) 관념에 입각한 3.1철학을 본체론으로 지니고 있다.

넷째, '3수 분화의 세계관'은 3.1관념을 바탕으로 하나에서 셋으로 지속적으로 분화하는 '3수 분화의 프랙털(fractal) 구조'를 우주론적 자기 전개의 논리로 지니고 있다.

다섯째, '3수 분화의 세계관'은 하나에서 셋으로 지속적으로 분화되는 과정에서 생성된 수들 가운데, (1) 3은 '변화의 계기수(Number of Chance for Change)', (2) 9(3×3)는 '변화의 완성수(Number of Completing Change)', (3) 81(9×9)은 '우주적 완성수(Number of Universal Completeness)'라는 상징성을 지닌 성수(聖數)로 사용된다.

이러한 수의 상징성을 지닌 '3수 분화의 세계관'은 북방 샤머니즘 지역에 공통적으로 보이는 것이다.

여섯째, '3수 분화의 세계관'이 최초로 체계화된 것은 80년대 이후 만주 지역에서 새롭게 발견된 요하문명(遼河文明)의 핵심적인 신석기문화인 홍산문화(紅山文化: BC 4500-3000) 시기 특히 후기(BC 3500-3000)라고 본다.[88] 이에 대해서는 뒤에서 좀 더 상세히 논의할 것이다.

일곱째, '3수 분화의 세계관'은 (1) 한반도 쪽으로는 선도와 풍류도 그리고 대종교 등 각종 민족종교 등에, (2) 중원 쪽으로는 도가철학, 황노학, 도교, 신선사상 등에, (3) 북유럽에서는 켈트족의 드루이드교(Druidism) 등

---

87) 우실하, 《3수 분화의 세계관》, 166쪽.

88) 이에 대해서 상세한 것은 우실하, 《3수 분화의 세계관》, '제7장, 홍산문화와 '3수 분화의 세계관'의 체계화'를 참조하시오.

에 철학화 혹은 종교화되어 전승되고 있다.

여덟째, '3수 분화의 세계관'의 핵심 논리인 '하나이면서 셋이고 셋이면서 하나'인 3.1관념은, (1) 동북아시아에서는 삼일태극도(三一太極圖)로, (2) 북유럽에서는 켈트족과 드루이드교를 중심으로 사용되던 트라이스켈 (Triskel), 트리플 스파이럴(Triple spiral), 트라이퀴트라(Triquetra, Triqueta) 오원(Awen), 3잎 크로버 샴록(Shamrock), 트리플-트리플 스파이럴 (Triple Triple Spiral) 등으로 도상화된다.

아홉째, '3수 분화의 세계관'은 (1) 홍산문화 후기에 최초로 체계화되어 몽골 등 북방 소수민족의 샤머니즘 안에 잘 보존되어 있으며, (2) 이동과 교류를 통해서 중앙아시아의 샤머니즘에 전승되고 있고, (3) 중앙아시아를 넘어 북유럽의 기층문화를 이루는 북유럽신화나 고대 켈트족의 드루이드교에 전승되고 있으며, (4) 몽골리안 루트를 따라 간헐적으로 이동이 이루어지면서 남−북아메리카 원주민문화에도 전승되고 있고, (5) BC 2000−1500년 대대적으로 이루어진 고대 아리안족의 남방 이동으로 이들이 점령한 인더스문명 지역에도 전승되고 있다. 이러한 확산 과정은 (1) 민족 이동, (2) 문화 전파, (3) 인적 물적 교류 등 다양한 경로를 통해서 이루어졌을 것으로 보고 있다.

뒤에서는 이러한 '3수 분화의 세계관'이 홍산문화 시기 특히 후기(BC 3500−3000) 최초로 체계화되었다는 점에 대해서 구체적으로 소개하고자 한다.

〈자료 10-25〉 '3수 분화의 세계관'의 확산에 대한 우실하의 가설[89]

―――――――――――

89) 우실하, 《3수 분화의 세계관》, 281쪽 〈자료 9−1〉

〈자료 10-26〉 '3수 분화의 세계관(1-3-9-81)' 정리[90]

3.1 관념 의 기원	1. '환일(幻日: Sundog, Mock sun, Parhelion) 현상' 2. '세 가닥으로 꼬인 탯줄'은 일상적 생활세계에서 3.1관념을 지속시 키고 확산시키는 역할을 함(탯줄-새끼줄-뱀)
최초의 체계화	. 홍산문화(紅山文化: BC 4500-3000) 특히 후기(BC 3500-3000) 시기
우주관	. 삼계구천설(三界九天說), 우주수(宇宙樹)
본체론	. '하나이면서 셋이고 셋이면서 하나'인 3.1철학
우주론	. '3수 분화의 프랙털(fractal) 구조'
성수 (聖數)	1. '변화의 계기수(Number of Chance for Change)' 3 2. '변화의 완성수(Number of Completing Change)' 9(3×3) 3. '우주적 완성수(Number of Universal Completeness)' 81(9×9)
철학화, 종교화	1. 동양 : 선도, 신선사상, 도가, 도교, 풍류도, 대종교 2. 서양 : 켈트족의 드루이드교(Druidism)
상징 도상	1. 동양에서 3.1관념을 도상화한 것이 삼일태극(三一太極圖) 2. 북유럽의 켈트족과 드루이드교를 중심으로 사용되던 트라이스 켈(Triskel), 트리플 스파이럴(Triple spiral), 트라이퀴트라(Triquetra, Triqueta), 오윈(Awen), 3잎 크로버인 샴록(Shamrock), 트리플-트리 플 스파이럴(Triple-Triple Spiral) 등
확산	1. 홍산문화 후기(BC 3500-3000)에 최초로 체계화된다. 2. 북방 샤머니즘 안에 잘 보존되어 있다. 3. 북방 초원 루트를 통한 민족과 문화의 이동, 교류, 전파를 통해서 중앙아시아 샤머니즘과, 북유럽 신화, 고대 켈트족의 드루이드교 등을 통해 기층문화에 전승되고 있다. 4. 몽골리안 루트를 따라 간헐적으로 이동이 이루어진 남-북 아메리 카 지역에서도 전승되고 있다. 5. BC 2000-1500년 대대적인 고대 아리안족의 남방 이동으로 이들이 점령한 인더스문명 지역에도 일부 전승되고 있다. 6. 한반도 쪽으로는 내려오면서 선도와 풍류도 그리고 각종 민족종교 에 전승되고 있다. 7. 중원 쪽으로 남하하면서 신선사상, 도가, 황노학, 도교 등에 전승 되고 있다.

2) 홍산문화의 '3수 분화의 세계관'

'3수 분화의 세계관'은 하나에서 지속적으로 셋으로 분화되어 3, 9(3×3), 81(9×9)이 중요한 성수로 취급되는 사유체계이다. 필자는 '3수 분화의 세계관(World View of Trichotomy)'이 최초로 체계화되는 시기가 홍산문화

90) 우실하, 《3수 분화의 세계관》, 298쪽 〈자료 9-6〉.

〈자료 10-27〉 도소삼인상: 홍산문화 흥륭구유지 제2지점 21호
부장용 구덩이 출토[91]

후기(BC 3500-3000)라고 본다. 이에 대해서는 다른 글과 책을 통해 논의한
바 있다.[92] 2016년 8.9-10일까지 적봉대학에서 열린 '제11회 홍산문화고
봉논단(第十一届红山文化高峰論壇)에서는 홍산문화를 연구하는 중국학자들
을 대상으로 중문으로 발표하였다.[93]

아래에서는 기존의 연구 결과를 바탕으로 해서 홍산문화에서 보이는
'3수 분화의 세계관'의 흔적들을 간단히 소개하기로 한다.

첫째, '하나이면서 셋이고, 셋이면서 하나'인 3.1관념의 기원은 1개의
태양이 3개의 태양처럼 떠오르는 환일 현상이다. 그런데 이런 환일 현상
을 옥기로 만든 쌍수수삼공기, 쌍인수삼공기, 삼공기 등 다양한 삼공기가
홍산문화 옥기에 등장한다.

둘째, '하나이면서 셋이고, 셋이면서 하나'인 3.1관념은 3.1신(神)으로
이어지는데, 홍산문화에서는 3.1신으로 볼 수 있는 '세 사람이 껴안고 있

---

91) 좌: 邵國田(主編), 《敖漢文物精華》, 20쪽.
　　중, 우: 國家文物局, 中華人民共和國科學技術部, 遼寧省人民政府, 《遼河尋根》,
　　文物出版社, 2011, 88쪽. 이 도소삼인상은 현재 중국사회과학원 고고연구소에
　　소장되어 있다.

92) 우실하, 《3수 분화의 세계관》, 192-241쪽. 〈제7장 홍산문화와 '3수 분화의 세계
　　관'의 체계화〉.
　　우실하, 〈'3수 분화의 세계관(1-3-9-81)'의 기원과 홍산문화: 홍산문화에 보이
　　는 성수(聖數) 3, 9, 81을 중심으로〉, 《비교민속학》, 제44집 (2011.4), 11-63쪽.

93) 禹實夏, 〈紅山文化和'三數分化的世界觀(1-3-9-81)〉, 第十一届红山文化高峰論
　　壇(2016.8.9.-10 赤峰). 이 논문은 아래 책에 실려 있다.
　　禹實夏, 〈紅山文化和'三數分化的世界觀(1-3-9-81)〉, 赤峰學院紅山文化研究院
　　(編), 《第十一届红山文化高峰論壇論文集》, 遼寧人民出版社, 2017.

는 흙으로 만든 인물상'인 도소삼인상(陶塑三人像)이 출토되었다.

적봉시 오한기 흥륭구유지 제2지점 홍산문화 유적지 21호 부장용 구덩이에서 출토된 이 도소삼인상에 대해서 중국학자들은 '세 명의 여인이 하나가 되어 일종의 춤을 추는 동작'으로 보고 '풍요를 기원하는 여신상'이라고 보고 있고[94], 필자도 삼위일체의 3·1신을 형상화한 도소삼여신상(陶塑三女神像)이라고 보고 있다.[95] 이러한 삼일신(3.1神) 관념은 북방 샤머니즘을 공유한 만주족의 창세신화에도 보이고, 북유럽 신화에서는 많은 신들이 3.1신이다.[96]

셋째, 앞에서 상세히 살펴본 바와 같이 홍산문화에서는 우주를 3층으로 나누는 삼계관(三界觀)이 분명히 존재하였고, 이것을 천지인=원방각의 도상으로도 구별하는 관념체계가 있었다.

넷째, 홍산문화에서는 성수(聖數) 3이 반복적으로 사용된다. 3층 원형 천단, 3층 계단식 적석총, 삼계관, 천지인=원방각 관념, 원방각 형태의 각종 옥벽, 각종 삼공기 등이 좋은 사례이다.

홍산인들이 성수 3의 개념을 반복적으로 사용한다는 점은 중국학자들도 인식하기 시작했다. 홍산문화 연구의 대원로인 곽대순(郭大順)은 2015년 적봉대학에서 열린 '제10호 홍산문화고봉논단(2015.8.11-12)'에서 〈우하량 고고 대발견(牛河梁考古大發見)〉이라는 주제 발표를 했는데, 여기에서 특별히 '성수 3'을 언급하였다. 이 발표문의 완성본은 2016년에 발표문들을 모아서 책으로 펴낸 《제10회 홍산문화고봉논단 논문집》에 〈우하량유지 발현의 3대 학술의의〉라는 제목으로 실려 있다. 그러나 이 완성본에는 아

---

94) 邵國田(主編), 《敖漢文物精華》, 內蒙古文化出版社, 2004, 20쪽.

95) 우실하, 《3수 분화의 세계관》, 202-203쪽: 우실하, 〈3수 분화의 세계관(1-3-9-81)'의 기원과 홍산문화: 홍산문화에 보이는 성수(聖數) 3, 9, 81을 중심으로〉, 48쪽.

96) 우실하, 〈북유럽 신화와 '3수 분화의 세계관(1-3-9-81)'", 《몽골학》, 제35호 (2013.8), 81-112쪽.

쉽게도 '숫자 3'에 대한 내용이 생략되었다.[97]

곽대순은 이 발표에서 우하량유지로 대표되는 홍산문화의 발견이 (1) 문명사, (2) 예술사, (3) 사상사 분야에 가장 큰 영향을 미쳤다고 강조한다. 특히 그는 사상사 방면에 미친 영향의 첫 번째 사례로, (1) 방원(方圓) 개념의 사용, (2) 대칭 구조의 사용, (3) 그리고 '숫자 3의 사용(數字'三'的使用)'을 꼽고 있다(〈자료 10-28〉 참조).[98] 곽대순은 홍산문화에서 원방각이 아니라 원방 개념만 출현한다고 보지만, 필자는 앞서 살펴본 것과 같이 이미 원방각 개념이 모두 출현한다고 보는 점에서는 다르다. 그러나 '숫자 3의 사용'에 대해서는 필자와 생각이 같다.

곽대순이 숫자 3과 관련하여 제시한 자료도 각종 삼공기와 3층 원형 천단 등이다. 곽대순 선생과는 오래전부터 친분이 있었고, 홍산문화고봉논단에서 필자와 여러 차례 같이 발표했었다. 그는 내가 그동안 발표한 내용과 '3수 분화의 세계관'에 대해서도 알고 있었다. 발표를 마친 저녁에는 곽대순 선생과 많은 의견을 교환하였다.

〈자료 10-28〉 곽대순이 강조한 홍산문화의 '숫자 3의 사용' 발표 PPT 화면
(2015.8.11. 필자)

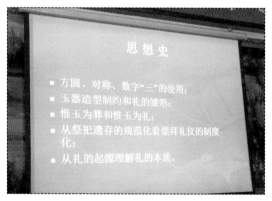

---

97) 郭大順, 〈牛河梁遺址發現的三大學術意義〉, 赤峰學院紅山文化研究院(編), 《第十屆虹山文化高峰論壇論文集》, 吉林出版集團股份有限公司, 2016, 3-18쪽.

98) 郭大順, 〈牛河梁考古大發見〉, 第十屆虹山文化高峰論壇 (2015.8.11.-12. 赤峰) 발표문.

다섯째, 현재까지는 홍산문화에서 성수 9나 81을 보여주는 유물이나 유적이 발견되지는 않았다. 그러나 앞으로 발굴이 진행되면 성수 9와 관련된 유물이나 유적이 나올 것이라고 본다. 물론 개인 소장품에는 성수 9, 성수 81과 관련된 옥기들도 많다. 그러나 이것은 정식 발굴품이 아니고, 진품을 확인하기도 어렵기 때문에 여기에서는 소개하지 않기로 한다.

여섯째, '3수 분화의 세계관'은 홍산문화 후기(BC 3500-3000)에 최초로 체계화되어, (1) 동북아시아에서는 선도, 신선사상, 도가, 도교, 풍류도, 대종교, (2) 북유럽에서는 켈트족의 드루이드교(Druidism) 등으로 철학화 혹은 종교화된다. 이에 대한 구체적인 것은 필자의 여러 논문과 책을 참고하기 바란다.

일곱째, 따라서 한국 문화와 사상의 원류를 찾아 올라가면 자연스럽게 홍산문화와 만나게 된다. 필자 역시 한국 문화와 사상의 원류를 밝혀보려는 것이 학문하는 목적이었고, 그 원류를 찾아가다가 요하문명과 홍산문화를 만나게 된 것이다.

도교, 신선사상, 선도(仙道) 등의 기원이 북방 샤머니즘에 있다는 것은 보편적으로 인정되는 논의이며, 동이족 신화와 도교 전문학자인 정재서는 그 도교의 기원이 북방 샤머니즘에 있음을 인정하고 이를 홍산문화와 연결시키고 있다.[99] 좀 더 다양한 학문 분야에서 요하문명과 홍산문화에 관심을 가져주기를 바란다.

---

99) 정재서, 〈道敎의 샤머니즘 기원설에 대한 재검토〉, 《도교문화연구》, 제37집 (2012, 11), 165-183쪽.

제11장 청동기시대 하가점하층문화와
하가점상층문화

요하문명 지역의 청동기시대 고고학문화는 많다. 이 지역의 청동기시
대에 대한 상세한 내용은 이 책과 같이 출판될 백종오 교수의 책을 참고하
기 바란다. 필자는 여기에서 하가점하층문화(夏家店下層文化)와 하가점상
층문화(夏家店上層文化)에서 발견되는 상징적인 주요한 유물 가운데 한반
도와의 관련성을 논의해볼 수 있는 것에 대해서 간략히 소개하기로 한다.
하가점하층문화에서 시작된 '치(雉)를 갖춘 석성'과 하가점상층문화 시기
에 나타나는 '비파형동검'이다. 이것은 요하문명 지역과 한반도의 연계성
을 이야기할 때 빼놓을 수 없기 때문이다.

1. 하가점하층문화와 '치(雉)를 갖춘 석성'

1) 하가점하층문화 분포 범위

하가점하층문화(BC 2300-1600)[1]는 요하문명의 중심지인 내몽고 적봉
시(赤峰市)와 요녕성 조양시(朝陽市)를 중심으로, (1) 동쪽으로는 심양 일대

---

1) 하가점하층문화의 연대에 대해서 (1) 한국학계에서는 탄소14 측정 연대를 기
준으로 BC 2000-1500년으로 보고 있지만(국립문화재연구소, 《한국고고학사전》,
2001), (2) 중국학계에서는 나이테 교정 연대인 절대연대로 BC 2300-1600년으
로 보고 있다(百度百科 자료). 중국학계에서 상한과 하한 연대의 기준이 된 몇몇
연대 측정 자료를 소개하면 아래와 같다.
(1) 적봉시 지주산(蜘蛛山)유지: 나이테 교정 연대 BC 2410, 탄소14 측정 연대
BC 2015(3965±90aBP).
(2) 북표시(北票市) 풍하(豊下)유지: 나이테 교정 연대 BC 1890±130.
(3) 오한기 대전자(大甸子)유지: 나이테 교정 연대 BC 1695±130, BC 1735±
135.

까지 확대되어 요하 유역까지, (2) 서쪽으로는 북경을 지나 삭주(朔州) 지역까지, (3) 남쪽으로는 발해만을 끼고 서남쪽으로 천진시(天津市)와 하북성 보정시(保定市) 지역까지, (4) 북쪽으로는 서랍목륜하를 넘어 적봉시 파림우기(巴林右旗) 지역까지 분포한다. 그러나 유적지의 수는 요하문명의 중심지인 대릉하, 노합하, 요하 일대가 압도적으로 많다. 현재까지 발견된 유적지 수는 이미 3000곳을 넘어섰다.

〈자료 11-1〉하가점하층문화 분포 지역

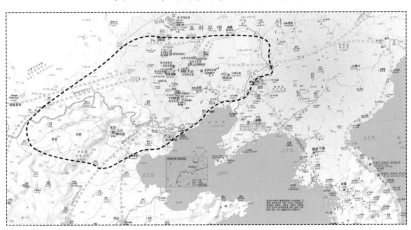

2) 하가점하층문화의 '치(雉)를 갖춘 석성'

석성(石城) 자체는 신석기시대부터, (1) 내몽고 오란찰포맹(烏蘭察布盟)의 양성현(涼城縣) 대해(岱海) 서북의 언덕 지역에서 4곳, (2) 내몽고 포두시(包頭市) 대청산(大靑山) 남쪽 기슭에서 9곳, (3) 내몽고 이극소맹(伊克昭盟) 준격이기(准格爾旗)와 호화호특시(呼和浩特市) 청수하현(靑水河縣) 사이의 황하를 낀 양쪽 언덕에서 9곳, (4) 황하를 조금 더 내려온 섬서성 가현(佳縣) 지역에서 1곳 등 총 23곳에서 발견된다.[2] 주로 내몽고 중부의 남단 지역

2) 서길수, 〈고구려 석성의 시원에 관한 연구-신석기시대 석성〉,《고구려발해연구》, 23집(2006.6), 112-113쪽 〈표1〉 참조.

과 황하를 끼고 내려오는 위쪽이다. 그러나 이 신석기시대의 석성들에서는 '치(雉)를 갖춘 석성'은 발견되지 않는다. '치(雉)'는 석성을 쌓으면서 중간중간에 돌출부를 쌓는 것을 말한다. 중국학계에서는 이것은 '말머리처럼 튀어나왔다'는 의미에서 '마면(馬面)'이라고 부른다.

하가점하층문화의 가장 특징적인 것이 석성이고, 그 가운데서도 '치를 갖춘 석성'이다. 하가점하층문화의 석성이 집중적으로 발견되는 곳은 (1) 내몽고의 음하(陰河), 영금하(英金河), 맹극하(孟克河) 일대, (2) 요녕성의 대릉하(大凌河), 소릉하(小凌河) 일대, (3) 하북성의 평천현(平泉縣) 일대 등이다. 이 가운데 많은 석성들은 치를 갖추고 있다.

석성은 크기도 다양한데, 음하 유역에서 발견된 석성 52개 가운데 3만 m^2 이상의 큰 석성이 7개이다.[3] 하가점하층문화 석성에서는 이미 석성의 치를 길게 연장하여 감싸서 한쪽 방향으로만 들어오게 만든 옹성문(甕城門)도 이미 등장하며, 이것이 후대의 옹성의 효시라고 할 수 있다.[4]

하가점하층문화에서 많이 발견되는 석성들 가운데는 '치를 갖춘 석성'이 수도 없이 많이 발견되었다. 하가점하층문화에서 '치를 갖춘 석성'이 발견되기 이전까지는, 이것이 고구려 석성만이 지닌 특징이라고 생각하는 학자들이 많았다. 그러나 '치를 갖춘 석성'은 하가점하층문화 시기 요서 지역에서 처음으로 등장하는 것이다. 이후 이것이 고구려까지 연결된 것이다. 하가점하층문화에서 시작되는 '치를 갖춘 석성'은 한동안 잊혀졌다가, 이후 고구려에서 화려하게 부활하여 고구려 석성의 독특한 특징이 되는 것이다.

하가점하층문화의 '치를 갖춘 석성'의 특징을 잘 갖추고 있으면서도 가장 완벽하게 보존된 곳이 적봉시 홍산구 초두랑진(初頭朗鎭) 삼좌점촌(三座店村)의 삼좌점유지이다. 삼좌점유지는 음하(陰河)의 좌측에 있는 작은 산인 통자산(洞子山)의 꼭대기에 있다.

---

3) 서길수, 〈하가점하층문화(夏家店下層文化)의 석성(石城) 연구〉, 《고구려발해연구》, 제31집(2008.7), 45쪽.

4) 서길수, 〈하가점하층문화(夏家店下層文化)의 석성(石城) 연구〉, 114쪽.

삼좌점유지는 (1) 큰 석성과 그 옆의 작은 석성으로 이루어져 있고, (2) 큰 석성에는 반원형의 치가 15개, 작은 석성에는 치가 10개가 잘 보존되어 있으며, (3) 석성의 성벽은 2중으로 치는 3중으로 돌을 쌓았고, (4) 각 석성 안의 방들은 돌을 원형으로 2중으로 쌓아서 만들었으며, (5) 큰 석성 안에는 주거지와는 돌담을 쌓아서 분리한 골목길도 나 있다.

큰 석성의 서쪽과 남쪽은 많이 훼손되어 치가 확인되지 않는데, 이 부분에도 더 많은 치가 있었을 가능성이 있다. 그러나 이 부분은 물길이 돌아가는 급경사 지역이어서 자연적인 방어가 되기 때문에 본래부터 치를 설치하지 않았을 가능성도 있다.

'치를 갖춘 석성'은 하가점하층문화에서 시작되었으나, 한동안 잊혀 있다가 고구려 석성에서 화려하게 부활한다. '치를 갖춘 석성'과 일반적인 석성은 방어력에서 큰 차이를 보인다. 치가 있는 석성에 적이 성벽을 타고 올라오면, 정면과 양쪽의 치 등 3면에서 방어를 할 수 있다. 단적으로 이야기하자면 '치를 갖춘 석성'에서는 성벽을 타고 올라오는 적의 뒤통수에도 화살을 날릴 수 있다는 것이다.

고구려(BC 37-AD 668)가 700년 동안이나 수나라 당나라 등과의 전쟁을 거치면서도 단일국가를 유지할 수 있었던 데에는 고구려의 '치를 갖춘 석성'도 큰 역할을 하였다고 본다. 고구려 당시에 중원에는 석성은 있었으나 '치를 갖춘 석성'은 없었다. 고구려와의 많은 전쟁을 치루면서 치의 중요성을 알게 된 중원 지역에서도 이것을 모방하기 시작한다. 고구려 석성의 치는 하가점하층문화에서 기원한 것이고, 여러 우여곡절이 있었겠지만 고구려에서 화려하게 부활하여 지속되었다는 점을 기억해두어야 한다.

〈자료 11-2〉 삼좌점유지의 '치를 갖춘 석성'의 전체 모습

1. 삼좌점유지 항공사진[5]

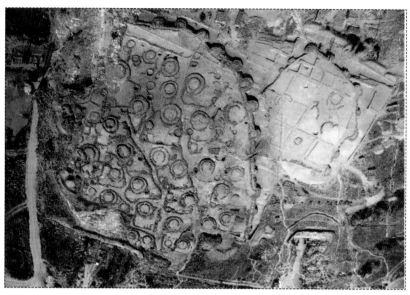

2. 삼좌점유지 평면도와 치[6]

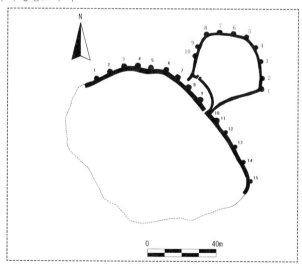

---

5) 國家文物局,《2006 中國重要考古發見》, 文物出版社, 2007, 46쪽. 아래 평면도와
   비교하기 위해서 사진을 180도 돌렸다.

6) 서길수,〈하가점하층문화(夏家店下層文化)의 석성(石城) 연구〉, 94쪽〈그림69〉.

3. 발굴 초기 치의 모습 (적봉박물관 자료)

〈자료 11-3〉 삼좌점유지 답사 자료(2014.9.6.)

1. 최근에는 유적지의 서북쪽에 댐을 막아   2. 큰 석성의 치 부분
삼좌점수고(三座店水庫)가 건설되었다.

3. 돌을 3중으로 쌓아서 만든 치에서   4. 돌을 3중으로 쌓은 치의 모습
바깥쪽이 유실된 부분

〈자료 11-4〉고구려 국내성(國內城)의 치의 흔적: 동북쪽(좌), 서남쪽(우)[7]

2. 하가점상층문화와 비파형동검

현행 우리나라 역사교과서의 대부분은 (1) 비파형동검, (2) 고인돌, (3) 미송리식 토기와 팽이형 토기 등을 고조선을 상징하는 유물로 본다. 비파형동검은 이 가운데서도 가장 중요한 유물 가운데 하나이다.

대부분의 경우 비파형동검 등이 발견되는 지역을 '고조선의 영역', '고조선의 문화권', '고조선의 문화 범위와 세력 범위' 등으로 본다. 2007년 개정된 교육과정에 따라 제작된 중학교의 역사교과서에서 해당 부분을 보면 아래와 같다.

---

7) 國家文物局,《中國文化遺産》, 中國文物報社, 2004年 夏季號, 22 - 23쪽.

① "청동기시대에 만든 비파형동검과 고인돌(탁자식), 미송리식토기와 팽이형토기는 주로 만주와 한반도 북부 지방에서 집중적으로 발굴되는데, 이를 통해 고조선의 문화권을 짐작할 수 있다."[8]

② "비파형동검과 고인돌(탁자식), 미송리식토기 등이 고조선 문화를 대표하는 특징적 유물이다. 고조선은 이들 유물이 분포하는 지역과 밀접한 관련이 있다."[9]

③ "탁자식 고인돌과 비파형동검 등의 유물이 출토되는 지역을 통해 고조선의 영역을 짐작할 수 있다."[10]

④ "오늘날 이 지역에서 출토되는 비파형동검과 탁자식 고인돌, 미송리형토기와 팽이형토기는 이러한 고조선의 문화 범위와 세력 범위를 잘 보여주고 있다."[11]

현행 역사교과서는 대부분 이런 고조선의 영역 혹은 문화권이나 세력권의 범위를 동이족의 범위와 함께 지도로 만들어서 싣고 있다. 이는 대부분의 역사학자들도 이들 유물이 발견되는 지역이 고조선의 영역이거나 문화권 혹은 세력권 범위로 보고 있다는 것이다.

비파형동검의 경우 (1) 요서, 요동, 한반도 지역에 집중되어 있으나, (2) 중국 동해안 지역의 북경 지역과 산동반도 일대에 몇 점이 보이고, (3) 일본 규슈 지역에서도 소수가 발견된다. 비파형동검은 한반도 일대에도 분포하지만, 한반도 지역으로 남하한 이후 일정 기간이 지나면 소위 '한국식동검'으로 불리는 '세형동검'으로 변해간다. 이런 까닭에 대부분의 역사교과서는 (1) 동이족의 분포 범위, (2) 비파형동검 분포 범위, (3) 세형동검의 분포 범위를 한 장의 지도에 표기해놓았다.

비파형동검에 대한 기존의 연구는 너무나 많아 일일이 소개하기 어려

---

8) 이상, 주진오 외,《역사(상)》, 천재교육, 2011, 34쪽.

9) 이문기 외,《중학교 역사(상)》, 두산, 2011, 31쪽.

10) 양호환 외,《중학교 역사(상)》, 교학사, 2011, 36쪽.

11) 김종수 외,《고등학교 한국사》, 금성출판사, 2014, 29쪽.

울 정도다. 필자는 여기에서 독자들이 쉽게 이해할 수 있도록, 답사를 통해 수집한 자료나 새로운 상황을 소개하는 것으로 마치고자 한다.

첫째, 우리에게 익숙한 비파형동검의 분포도는 대부분 요동, 요서, 한반도 지역을 중심으로 그려진다. 그러나 비파형동검이 발견되는 최북단은 북위 49도 부근에 있는 현재의 호륜패이시(呼倫貝爾市) 악온극극자치기(鄂溫克自治旗: 에벤키족자치기) 이민하매광(伊敏河煤鑛)유지이다. 이곳에서 1982년 5월에 이미 길이 34.2cm, 최대 폭 5cm의 비파형동검 1점이 발견되었다.[12]

비파형동검이 발견되는 최북단인 이민하매광유지는 호륜패이시 악온극자치기에 있다. 중요한 것은 이곳이 대흥안령을 서쪽으로 넘어 간 지역이라는 것이다. 이 지역은 홍산문화 초기에 해당하는 합극문화 합극유지(哈克遺址: BC 5000-3000)가 있는 호륜패이시 해랍이구 합극진에서 가까운 지역이다(〈자료 9-20, 22〉 참조). 이러한 상황은 비파형동검 문화도 홍산문화와 마찬가지로 북쪽으로 더 확대될 수 있는 가능성을 보여주는 것이다.

적봉 지역은 '북방 초원 청동기문화'와 '비파형동검문화'가 만나는 지역이다. 그래서 이 지역에서는 (1) 칼날은 비파형동검인데, (2) 북방 초원 청동기문화의 청동검처럼 칼자루와 칼날이 일체형으로 주조된 동검들이 발견된다. 두 이질적인 문화가 만나는 지역인 것이다.

12) 王成, 〈內蒙古伊敏河煤鑛出土曲刃靑銅短劍〉, 《考古》, 1996年 第9期; 김정배, 〈동북아의 비파형동검문화에 대한 종합적 연구〉, 《국사관논총》, 제88호(2000), 2쪽에서 재인용.

〈자료 11-5〉 비파형동검(琵琶形銅劍) 분포도

1. 김정배가 그린 비파형동검 분포도[13]

* 일본을 제외한 142곳의 출토지를 표기하고 있고, 필자가 찾은 분포도 가운데는 가장 상세하다.

* 좌측 상단 1번이 비파형동검이 출토된 최북단인 이민하매광(伊敏河煤鑛) 유지이다.

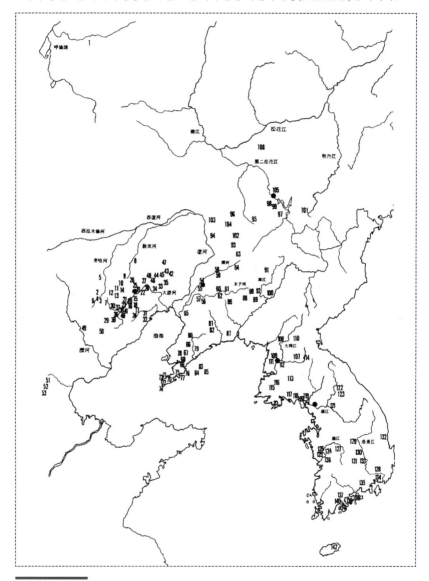

---

13) 김정배, 〈동북아의 비파형동검문화에 대한 종합적 연구〉, 82쪽.

2. 일반적인 비파형동검 분포도[14)]
* 세형동검은 작고 흐리게 표기했다.

3. 중국학자들이 그린 분포도[15)]
* 붉은 점은 단순 지명이고 1-29 숫자가
출토지

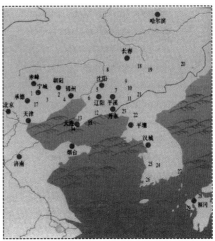

〈자료 11-6〉 '북방 초원 청동기문화'와 '비파형동검문화'의 만남
(적봉박물관, 2015.5.12.)
* 적봉시 영성현(寧城縣) 남산근(南山根)유지 101호묘 출토

둘째, 많은 사람들은 위에 제시한 일반적인 비파형동검의 분포 지도에
익숙할 것이다. 그러나 이런 기존의 분포도에서는 비파형동검이 출토된
유적의 '위치'만을 표기할 뿐이고, 그 유적지에서 얼마나 많은 비파형동검
이 출토되었는지 '비파형동검의 발굴 숫자'는 알 수가 없다.

───────────────

14) 기존의 역사교과서와 중국 자료 등을 종합하여 필자의 의뢰로 동아지도에서 새
로 그린 것이다.
15) 陳萬雄(主編), 《東北文化: 白山黑水中的農牧文明》, 上海遠東出版社, 1998, 56쪽
〈示意圖 5〉靑銅短劍遺存分布圖.

필자가 강조하고자 하는 것은 출토된 비파형동검의 숫자는 한반도 지역보다는 요서, 요동 지역에서 집중적으로 발견되고 시기도 빠르다는 점이다. 특히 요녕성 지역에서 발굴되는 것이 압도적이어서 '요녕식동검'이라고도 불린다. 내몽고 동부와 요녕성 서부 지역을 포함하는 요서 지역도 요동 지역과 비슷하게 발견된다.

2000년 현재까지 비파형동검은 총 331개가 출토되었는데, (1) 적봉시를 중심으로 한 내몽고 동부 지역이 19개, (2) 요녕성의 요서 지역이 91개이고, 요동 지역이 128개, (3) 길림-장춘 지역 지역이 18개, (5) 한반도 지역이 75개 등이다(〈자료 11-8〉 참조).[16]

전체 331개 가운데 요녕성의 요서-요동 지역이 219개(66퍼센트)로 압도적으로 많고, 내몽고를 포함하면 238개(72퍼센트)가 밀집되어 있다. 요하문명 지역인 내몽고 동부(19개)와 요녕성 서부(91개)를 포함하는 요서 지역(19+91=110개)에서 전체(331개)의 1/3이 발견되었다. 물론 한반도 지역보다 시기적으로도 빠르다. 이것은 비파형동검이 요서→요동→한반도로 이동하면서 확대되는 것을 의미하는 것이다.

2018년 1월 18일에 열린 요녕성문물고고연구소의 〈2017년도 요녕성 고고 업무 회보회(2017年度遼寧省考古業務匯報會)〉에서 발표한 보도 자료에 따르면, 2017년에도 요녕성 심양시에 속한 작은 시인 신민시(新民市)의 법합우진(法哈牛鎭) 파도영자촌(巴圖營子村)에서 동쪽으로 900m 거리에 있는 북외유지(北崴遺址)에서 비파형동검 1개가 발굴되었다. 심양시문물고고연구소에서 진행한 북외유지에 대한 발굴은 2016년부터 시작되었다. 2017년 5-11월 발굴 과정에서 청동기시대 방과 묘장 등이 발굴되었는데, 이곳에서 (1) 비파형동검, (2) '부채꼴 청동도끼의 돌거푸집'인 선형동부석범(扇形銅斧石範) 등의 청동기가 발견되었다. 북외유지는 신락상층문화(新樂上層文化) 시기에 해당하는 것으로, 방 유적지의 연대는 3800-3000년 전이다. 이 비파형동검은 묘의 부장품이 아니라, 방 유적지 외부에서 발견된 것이

---

16) 김정배, 〈동북아의 비파형동검문화에 대한 종합적 연구〉, 4쪽 〈표 1〉. 상세한 출토지는 82쪽 분포도와 83-94쪽 '동북아 출토 비파형동검 일람' 참조.

다.[17] 곽대순(郭大順)에 따르면, 이것이 현재까지 중국의 동북 3성 지역에서 발견된 비파형동검 가운데 가장 이른 비파형동검이다.[18]

〈자료 11-7〉2017년 요녕성 신민시(新民市) 북외유지(北崴遺址: BP 3800-3000)와
출토된 비파형동검[19]
* 곽대순에 의하면 이것이 현재까지 가장 이른 시기의 비파형동검이다.

비파형동검 혹은 요녕식동검은 (1) 칼몸, (2) 칼자루, (3) 칼자루 끝장식의 세 부분을 조립하게 되어 있는 것이다. 시대가 내려가면서 점차 폭이 좁아지고 좀 더 직선화되지만 약하게나마 비파형은 그대로 유지된다. 이렇게 직선화되면서 약하게나마 비파형을 유지한 것이 비파형동검보다 조금 늦은 시기에 한반도에서 많이 발견되어 소위 '한국식동검' 혹은 '세형

17) 《遼寧日報》, 2018.1.19. 〈2017年度我省重要考古成果发布〉. 이 기사는 중국사회
과학원 고고연구소 홈페이지(www.kaogu.cn)에도 새로운 소식으로 실려 있다.
http://www.kaogu.cn/cn/xccz/20180119/60778.html
《瀋陽日報》, 2018.1.19. 〈沈阳北崴遗址出土青铜短剑 完善青铜考古学序列〉.
《中国新闻网》, 2018.2.10. 〈辽宁北崴遗址出土东北地区年代最早青铜剑〉.

18) 《中国新闻网》, 2018.2.10. 〈辽宁北崴遗址出土东北地区年代最早青铜剑〉.

19) 《遼瀋晚報》, 2018.1.18. 〈沈阳发现最早青铜短剑已沉睡3000年〉.

(細形)동검'으로 불리는 것이다. 이것은 비파형동검이 한반도 지역에서 지역화된 것이다.

요서, 요동 지역에서 얼마나 많은 비파형동검이 출토되는지를 한눈에 알 수 있는 곳이 조양시박물관(朝陽市博物館)이다. 2011년 확장해서 새로 지은 조양시박물관 전시 자료 설명문에는 비파형동검=요녕식동검을 '곡인검(曲刃劍)'[20] 혹은 '청동단검'으로 설명하고 있는데, 2011년 재개관 당시의 설명문에 "조양시에서 청동단검=비파형동검=요녕식동검이 출토된 묘(墓)가 이미 100개가 넘었다(朝陽發現的青銅短劍墓已超百座)"라고 한다. 100개의 묘에서 1개씩만 발견되었다고 하더라도, 조양시 경내에서만 최소한 100개의 비파형동검이 출토되었다는 것이다(〈자료 11-9〉 참조).

앞에서 소개한 김정배의 2000년 논문에서는 조양시를 포함한 요서 지역 전체에서 91개가 출토되었다고 하였는데, 이미 2011년 당시에 조양시 경내에서만 최소한 100개가 넘었다는 것이다. 기타 요녕성 지역과 내몽고 지역을 포함하면 출토된 숫자는 기존의 숫자보다 훨씬 많을 것이다.

단적인 예로, 현재 조양시박물관에는 이 지역에서 출토된 비파형동검을 하나의 전시 박스 안에 21개나 전시하고 있을 정도다. 여기에는 비파형동검을 찍어내던 거푸집도 전시되어 있다. 전시 박스 옆에는 비파형동검과 같이 출토되는 투구와 장화 등을 갖춘 당시의 군장급 인물의 동상도 전시되어 있다(〈자료 11-9〉 참조).

물론 비파형동검은 적봉박물관, 오한기박물관, 옹우특기박물관 등등 요하문명 지역의 다른 여러 박물관에도 많이 전시되어 있다. 또한 필자의 답사(2012.2.20-25.)에 따르면 요하문명의 중심지에서 동쪽으로는, (1) 심양시에서 북쪽으로 2시간 거리에 있는 철령(鐵嶺)의 철령박물관에도 4점 전시되어 있고, (2) 백두산 자락인 환인의 오녀산성박물관에도 1점이 전시되어 있다.

---

20) 조양박물관의 전시 안내문에는 (1) 주상정비파형곡인검(柱狀鋌琵琶形曲刃劍)과 (2) 공병곡인검(銎柄曲刃劍) 두 가지로 나누어진다. 두 가지 모두에서 칼날이 곡선으로 되어 있다는 '곡인검'이라는 것이 넓은 의미의 비파형동검을 의미하는 것이다.

〈자료 11-8〉 2000년 기준 동북아 출토 비파형동검 지역별 통계[21]

지역		개수	백분비(%)
내몽고 동부 지역		19	6
요녕성 지역	요서	91	27
	요동	128	38
길림–장춘 지역		18	6
한반도 지역		75	23
합계		331	100

〈자료 11-9〉 조양시박물관의 비파형동검 전시 박스(2015.5.14. 필자 답사 자료)

1. 비파형동검 전시 박스와 좌측의 비파형동검을 든 인물상

2. 비파형동검 전시 박스

* 이 전시 박스 안에만 21개의 비파형동검과 거푸집이 전시되어 있다.

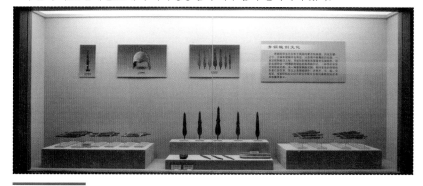

---

21) 김정배, 〈동북아의 비파형동검문화에 대한 종합적 연구〉, 4쪽 〈표 1〉.

3. 전시 박스 안의 설명문

* 2011년의 설명문에서 "조양시에서 발견된 청동단검=비파형동검=요녕식동검이 출토
  된 묘(墓)가 이미 100개가 넘었다(朝陽發現的靑銅短劍墓已超百座)"라고 소개하고 있다.

青铜短剑文化

青铜短剑文化分布于我国内蒙古东南部、河北北部、辽宁、吉林和朝鲜半岛等地，从西周中晚期即已出现，一直延续到秦汉之际，其短剑形制具有显著的区域特色。目前发现的这一时期的青铜短剑有两种形式，一种是柱状铤琵琶形曲刃剑，另一种是銎柄曲刃剑。朝阳发现的青铜短剑墓已超百座，除出土青铜短剑外，还有矛、戈、盔、马具等。青铜短剑文化对于研究中国北方各民族的文化交流具有重要意义。

4. 박스 좌측에 전시된 비파형동검 7개

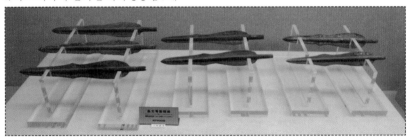

5. 박스 우측에 전시된 비파형동검 6개

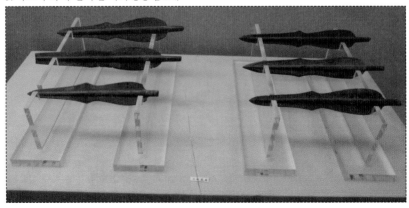

6. 박스 중앙에 전시된 비파형동검 8개와 거푸집 1개, 칼자루 끝장식 3개

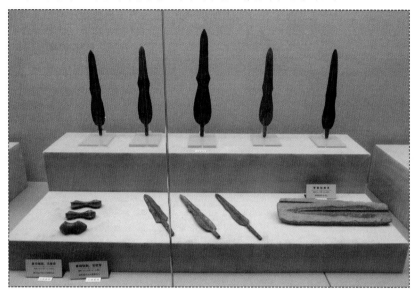

7. 비파형동검을 든 인물상

* 이 인물상은 비파형동검과 같이 출토되는 투구, 갑옷, 청동 단추가 장식된 장화 등을 갖추고 있다.

셋째, 조양시박물관의 비파형동검 전시 박스 옆에는 비파형동검과 같이 출토되는 투구, 청동 단추가 장식된 장화 등을 갖춘 당시의 군장급 인물의 동상이 전시되어 있다. 만일 비파형동검 출토 지역을 고조선과 연결시킨다면, 이런 모습이 바로 고조선 시기의 군장이나 장군의 모습일 것이다.

그런데 우리나라의 단군영정은 (1) 어깨 부분에는 풀떼기를 엮은 것을 쓰고 있고, (2) 허리 부분에는 넓은 나뭇잎을 엮어서 돌려놓은 모습이 많다. 고조선의 시작을 비파형동검이 출토되는 BC 1000년경으로 보든, 그보다 이른 BC 2333년으로 보든 상관없이 이 시기는 풀과 나뭇잎으로 장식된 옷을 입는 원시시대가 아니다. 단군영정을 마치 문명시대 이전의 원시적 인물처럼 풀과 나뭇잎으로 장식하는 것은 스스로 단군의 위상을 격하시키는 것이다. 이에 비해서 중국의 신화적인 인물들인 황제, 요, 순 등의 그림에서는 모두 면류관 등의 관을 쓰고 각종 장식이 된 옷을 입고 있다.

현재 남겨진 단군영정의 토대가 되는 것은 대종교에서 전해진 것을 바탕으로 하고 있는데, (1) 1908년 12월 31일 동경에서 두일백(杜一白)이 나철(羅喆: 1863-1916)에게 전해주었다는 설과 (2) 1910년 3월 강원도의 도인 고상식(高上植)이 나철에게 전해주었다는 두 가지 설이 있다.[22] 이 단군영정에서부터 이미 풀과 나뭇잎으로 장식되어 있다. 이것은 현재 대종교 총본사에 모셔져 있는 것과 거의 똑같은 모습이다.

단군의 영정이 대중적으로 확산된 것은 1920년 4월 1일에 창간한 《동아일보》가 (1) 1920년 4월 11일자 1면에 단군영정을 공모하는 기사를 싣고, (2) 음력으로 개천절인 1922년 11월 21일자 3면에 단군영정을 공개한 것이 큰 역할을 했다. 정부 공인을 아니지만, 공식적으로 《동아일보》를 통해서 공개된 단군영정도 풀과 나뭇잎으로 두른 모습이다. 이것 역시 대종교의 초기 영정과 거의 똑같다.

대종교와 《동아일보》가 공개한 영정을 바탕으로 해방 이후에는 이곳저곳에서 조금씩 다른 단군영정이 그려졌으나 예전의 모습이 반복된다. 그 가운데 하나가 원광대박물관에 소장되어 있다.

---

22) 임채우, 〈대종교 단군영정의 기원과 전수문제〉, 《선도문화》, 제11집(2011), 21쪽.

민간의 단군영정과는 달리 정부에서는 2점의 표준영정을 공인하였는데, (1) 1949년에 대종교에 전해져 오는 '풀과 나뭇잎으로 두른 것'을 단군영정으로 공인하였고, (2) 1978년에 현정회(顯正會)가 새로 그린 '풀과 나뭇잎이 사라진 것'을 다시 '정부 표준영정'으로 승인하였다. 현재 정부가 공인한 2개의 영정은 전혀 다르다. 1978년 현정회의 단군영정에서부터는 어깨와 허리 부분에 걸쳐졌던 풀과 나뭇잎이 사라진 것이다.

남북한은 단군을 공통의 국조로 모시는 단일민족이다. 그러나 현재 남한과 북한에서 각각 2개씩의 공인된 단군영정이 있지만, 남북한의 단군영정은 서로 다르다. 또한 각종 아동용 도서에는 근거도 없는 다양한 모습의 단군이 그려져 있다.

필자는 최근 〈남북한 단군영정의 통일을 위한 제안〉이라는 논문을 통해서 남북한의 통일시대를 준비하는 첫 걸음으로 남북한 학자들의 '남북한 단군영정 통일사업'을 제안하였다. 결론 부분을 그대로 옮기면 아래와 같다.[23]

첫째, 단군영정의 존안(尊顏) 모습은 요서, 요동, 한반도 북부 지역의 청동기시대 유적에서 발견된 두개골의 평균치를 바탕으로 만들어져야 한다.

둘째, 두발과 의복(衣服) 문제는 각 분야별 학문적 성과를 바탕으로 남북한 학자들의 고증과 의견 검토를 거쳐 통일된 모습을 영정에 담아내야 한다. 참고로 홍산문화 시기부터 이미 신분이 높은 사람은 두발을 위로 올려 정갈하게 정리하였고, 마제형통관을 쓰고 있었다는 점을 기억해두어야 한다.

셋째, 새로운 남북한 통일 단군영정에는 귀고리를 달아야한다. 귀고리의 모습은 옥결(玉玦)이나 금결(金玦)의 형태일 것으로 본다. 앞서 논의했다시피 (1) 만주일대에서는 신석기시대부터 남녀가 모두 귀고리를 했었고, (2) 북방민족들은 지속적으로 남성도 귀고리를 했었으며, (3) 우리나라에서도 선조 5년(1572)까지는 남성이 귀고리를 했었기 때문이다.

---

23) 우실하, 〈남북한 단군영정의 통일을 위한 제안〉, 《단군학연구》 제38호(2018.6), 84-85쪽

넷째, 현재 사용되는 단군영정 가운데 어깨와 허리 부분을 나뭇잎이나 풀떼기로 장식한 것은 더 이상 사용되어서는 안 된다. 요하문명의 새로운 발견은 단군조선이 건설되는 시기에 이미 발달된 문명사회에 들어섰음을 웅변하고 있기 때문이다.

다섯째, 고조선을 '건국'한 단군의 모습은 '늙은 할아버지 모습'이어서는 안 되며 (1) 평상시의 '건강한 장년의 모습'의 모습과 (2) 비파형동검을 들고 청동제 투구와 갑옷 그리고 청동제 단추로 장식된 장화를 신고 있는 '비파형동검은 든 장군 모습'이 모두 가능하다고 본다.

물론 이것은 아직은 필자의 개인적 제안일 뿐이다. 이후에, (1) 남북한이 기존의 단군영정을 만들 때의 기준과 문제점, (2) 단군영정의 통일에 따른 기대효과 등을 면밀하게 따지고, (3) 남북한의 관련 전문가들과의 학술회의, 의견 교환 등을 통해 차근차근 단계를 밟아가며 지혜를 모아야 할 것이다.

〈자료 11-10〉《동아일보》와 단군영정

1. 단군영정 공모 광고(1920.4.11. 1면)　　　2. 단군영정 발표(1922.11.21. 3면)

〈자료 11-11〉 우리나라의 단군영정

1. 대종교에서 전해져왔다는 영정(부여박물관)   2. 광복 이후의 영정(원광대박물관)

3. 대종교의 정부 공인진영(1949)   4. 현정회의 정부 공인영정(1978)

넷째, 비파형동검이 1개 출토된 것과 이것을 만드는 거푸집 1개가 출토된 것은 큰 차이가 있다. 거푸집이 출토된다는 것은 그 지역에서 비파형동검을 제작했다는 것을 의미하며, 하나의 거푸집에서는 여러 개의 비파형동검을 만들 수 있다. 요하문명 지역 여러 박물관을 답사하면서 필자는 비파형동검의 거푸집을 많이 보았다.

비파형동검을 만드는 거푸집은 조양시박물관뿐만이 아니라, (1) 오한기박물관에도 비파형동검 2개와 함께 전시되어 있고, (2) 오한기의 신주(新州)박물관은 오한기박물관보다도 더 규모가 큰 개인 박물관인데 여기에는 비파형동검이 그대로 들어 있는 거푸집도 전시되어 있다.

적봉, 조양, 오한기를 잇는 지역은 청동기시대 유적이 매우 밀집되어 있는 '청동기시대 유적지의 최대 중심지'였다. 이에 대해서는 앞선 장에서 제시한 '청동기시대 유적 분포도'를 참고하기 바란다(〈자료 2-8〉 참조). 결국 이 지역은 비파형동검을 비롯한 각종 청동기를 제작했던 '초기 중심지'였던 것이다. 필자는 이 지역이 단군조선의 초기 중심지였을 가능성이 높다고 본다.

〈자료 11-12〉 요서 지역 박물관에 전시된 비파형동검의 거푸집
1. 조양시박물관(2015.5.14. 답사 사진)

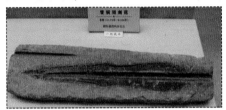

2. 오한기박물관(2015.8.7. 답사 사진)
* 비파형동검 거푸집 외에도 도끼, 송곳, 고리가 달린 굽은 칼 등의 거푸집도 있다.

3. 오한기 신주박물관(2015.7.30. 답사 사진)
* 거푸집 안에 비파형동검이 들어 있고, 손잡이 끝 장식도 전시되어 있다.

제3부

최근 중국 고고-역사학계의 동향과 고조선

제12장 최근 중국 고고-역사학계의 동향

1. 문명단계, 국가단계 진입 시기에 대한 중국학계의 논의

1) 문명단계, 국가단계의 진입 시기에 대한 3가지 견해

최근 요하문명이 새롭게 발견되면서 중국문명의 기원이 어디인지, 문명단계나 국가단계의 진입 시기가 언제부터인지에 대한 많은 논의들이 진행되고 있다. 필자가 이들 논의를 시기가 이른 것부터 간략하게 정리하면 대체로 3가지의 입장으로 나뉜다.

첫째, BC 3000년을 전후한 시기에 이미 초기 문명단계, 초기 국가단계에 진입한다는 입장이 있다. 그 대표자는 중국 고고학의 대원로인 (고) 소병기(蘇秉琦) 선생이었고, 곽대순(郭大順), 한건업(韓建業), 여서운(余西雲), 장이(張弛) 등이 활발하게 논의를 전개하고 있다. 그리고 설지강(薛志强), 전광림(田廣林), 우건설(于建設) 등등 요하문명과 홍산문화를 연구하는 학자들은 대부분 이런 견해를 따르고 있다.

이들은 (1) 요하문명 지역에서는 홍산문화 후기(BC 3500-3000)에, (2) 황하문명 지역에서는 묘저구문화 2기(廟底溝文化 二期: BC 2900-2800)에, (3) 절강성 지역에서는 양저문화(良渚文化: BC 3300-2200) 시기에 해당하는 BC 3000년을 전후한 시기에 각 지역이 문명단계에 진입한다고 보고 있다. 3곳 가운데 요하문명 지역이 가장 이르다. 이 시기의 국가단계를 이들은 '초기 국가단계'로 보고 '군장국가(君長國家)= Chifdom'를 의미하는 '추방(酋邦)'이라고 부르거나 혹은 '고국(古國)' 등으로 부른다.

둘째, 약 4500년 전에 문명단계, 국가단계에 진입했다고 보는 입장이 있다. 그 대표자는 또 다른 고고학계의 원로인 엄문명(嚴文明) 선생이고,

하노(何駑: 도사유지 발굴 책임자), 조휘(趙輝), 조춘청(趙春青), 전요붕(錢耀鵬) 등이 활발하게 논의를 전개하고 있다.

이들은 (1) 산동 지역의 용산문화 시기, (2) 황하문명 지역에서 최근 발굴된 요임금의 도성인 평양(平陽)으로 추정되는 도사(陶寺)유지, 황제의 도성으로 추정되는 석묘(石峁)유지 등의 수백만 ㎡에 달하는 내성과 외성의 이중성 구조를 갖춘 도성(都城)이 건설되는 약 4500년 전을 전후한 시기에 문명단계, 국가단계에 진입한다고 본다. 이 시기의 국가단계를 이들은 방국(邦國) 혹은 방국(方國) 등으로 부른다.

셋째, 학계의 기존 논의대로 하나라(夏: BC 2070-1600)의 도성인 이리두(二里頭)유지 시기인 BC 2000년을 전후한 시기에 진정한 문명단계, 국가단계에 진입한다는 입장이 있다. 그 대표자는 고고학계의 원로 가운데 한 분인 하내(夏鼐) 선생이고, 허굉(許宏: 이리두유지 발굴 책임자), 유리(柳莉), 진성찬(陳星燦) 등이 활발하게 논의를 전개하고 있다.

이들은 진정한 국가단계를 이야기하려면 하나라 시기부터 보아야 한다는 보수적인 입장을 견지하고 있다. 이들은 하나라부터는 '많은 방국(邦國) 혹은 방국(方國)을 지니고 있는 왕국(王國)단계'로 보고 있다.

〈자료 12-1〉문명단계 진입 시기에 대한 견해 정리 (필자)

문명시대 진입	주요 지역	대표자	주요 학자
BC 3000년 전후	요서: 홍산문화 후기 절강: 양저문화 조기 중원: 묘저구문화 시기	소병기 (蘇秉琦)	곽대순(郭大順) 한건업(韓建業) 여서운(余西雲) 장이(張弛)
BC 2500년 전후	산동: 용산문화 유적지 중원: (1) 도사(陶寺)유지 면적 280만 ㎡, 제요도성(帝堯都城) (2) 석묘(石峁)유지 면적 425만 ㎡ 황제도성(黃帝都城)	엄문명 (嚴文明)	하노(何駑) 조휘(趙輝) 조춘청(趙春青) 전요붕(錢耀鵬)
BC 2000년 전후 (夏: BC 2070-1600)	중원: 이리두(二里頭)유적 하나라 도성(夏都)	하내 (夏鼐)	허굉(許宏) 유리(柳莉) 진성찬(陳星燦)

　문명단계, 국가단계의 진입 시기를 둘러싼 중국학계의 논의는 3가지 견해가 팽팽하게 맞서고 있다. 이 논쟁에서는 문명단계나 국가단계를 어떤 기준으로 보아야 하는가 하는 점이 핵심적인 논쟁거리이다. 서구학계의 기준대로 문자, 청동기, 도시, 절대왕권의 확립 등의 모든 조건을 갖춘 것은 상(商)이지만, 현재 중국학계에서 상나라에서 비로소 문명단계나 국가단계에 진입한다고 보는 학자들은 거의 없다. 문자나 청동기가 없는 문명도 전 세계적으로 많기 때문이다.

　BC 3000년을 전후한 시기에 이미 초기 문명단계, 초기 국가단계에 진입한다고 보는 학자들은 문자나 청동기 없이도 절대권력이 지배하고, 신분이 여러 층으로 분화되고, 거대한 신전이 나오는 것 등의 여러 요소들을 들어 이 단계를 완벽한 문명단계, 국가단계는 아니라고 할지라도 '초기 문명단계', '초기 국가단계'라고 보아야 한다고 주장한다.

　BC 2500년을 전후한 시기로 보는 학자들은 이 시기에 이미 순동(純銅) 제품이 발견되고 특히 거대한 성곽으로 둘러싸인 내성(內城)과 외성(外城)을 갖춘 도성(都城)에 해당하는 유적이 나온다는 점을 강조한다. 뒤에서 소개하겠지만, (1) 요임금의 도성인 평양(平陽)으로 보고 있는 도사유지는 내성과 외성의 2중 구조를 갖춘 도성유적으로, 외성으로 둘러싸인 면적만 280만 ㎡나 되며, (2) 황제의 도성으로 보고 있는 석묘유지도 내성과 외성의 2중 구조의 도성유적으로 외성으로 둘러싸인 면적만 425만 ㎡나 된다.

　BC 2000년을 전후한 하(夏: BC 2070-1600)나라 시기로 보는 학자들은 기존의 상대적으로 보수적인 견해를 그대로 견지하는 학자들이다. 흔히 말하는 하-상-주 3대부터 진정한 국가단계에 진입한다는 것이다.

2) 국가 발전단계별 명칭

　국가단계의 진입 시기에 대해서는 앞서 설명한 3가지의 견해가 공존하며 논쟁을 한다. 그러나 각 입장들마다 '국가'라고 부르는 단계의 수준이 다르고, 명칭도 단계별로 고국(古國), 추방(酋邦=Chifdom), 방국(邦國),

방국(方國), 왕국(王國), 제국(帝國) 등이 다양한 수준에서 사용되고 있다. 학자들 사이에 사용되는 이들 용어가 발전단계에 따라 서로 통일되어 있지 않아서 매우 혼란스럽다. 아래에서는 몇몇 대표적인 학자들의 논의를 바탕으로 정리해보도록 하겠다.

첫째, 소병기(蘇秉琦)는 (1) 홍산문화 시기의 단묘총(壇廟塚) 삼위일체의 유적들은 "5000년 전 고국(古國)의 상징(五千年前古國象徵)"이며, (2) 하북성 장가구(張家口) 지역의 상간하(桑干河) 상류 울현(蔚縣) 삼관(三官)유지에서는 앙소문화 채도분(彩陶盆)과 홍산문화 채도관(彩陶罐)이 동시에 발견되는데, 이것은 이 지역에서 "앙소문화와 홍산문화가 서로 만난 증거(仰韶文化與紅山文化相遇的證據)"이며, (3) 서요하 지역 하가점하층문화에서는 '치(雉)'를 갖춘 석성과 채회도(彩繪陶)'로 대표되는 "하나라와 상나라 사이의 '방국'(夏商之間的'方國')" 단계의 국가가 있었다고 보며, (4) 산서성 임분시(臨汾市) 도사(陶寺)유지에서 발견된 채회반용문흑도분(彩繪蟠龍紋黑陶盆)을 소개하면서 도사유지는 "중원 지역에 있는 하나의 고국(古國)인 '중국'(中原一古國'中國')"이라고 소개하고 있으며, (5) 발해만 지역에 있는 진나라의 궁전(宮殿)을 '제국(帝國)'의 상징으로 소개하고 있다.[1]

소병기의 '고국(古國)−방국(方國)−제국(帝國)'의 3단계론에 따르면, (1) 요하문명 지역의 홍산문화 우하량유지와 황하문명 지역의 도사유지는 '고국' 단계이고, (2) 요하문명 지역의 하가점하층문화 시기와 황하문명 지역의 하−상−주 시대는 '방국(方國)' 단계이며, (3) 천하를 통일한 진나라 이후는 '제국(帝國)' 단계로 나누어본 것이다.

소병기는 홍산문화 후기의 '고국(古國)' 개념에 대해서 "고국은 부락 이상의 높은 단계로, 안정적이고 독립적인 정치실체를 지칭한다(古國指高于部落之上的, 穩定的, 獨立的政治實體)"라고 정의하고 있다.[2]

정리하면, (1) 홍산문화 시기는 고국(古國), (2) 하가점하층문화 시기와

---

1) 蘇秉琦, 《華人, 龍的傳人, 中國人: 考古尋根記》, 遼寧大學出版社, 1994, 도입부 칼라 도판에 대한 설명문.

2) 蘇秉琦, 〈遼西古文化古城古國〉, 《華人, 龍的傳人, 中國人: 考古尋根記》, 77쪽.

하-상-주 시기는 방국(方國), (3) 진한 시대 이후에는 제국(帝國) 단계라는 것이다.

둘째, 중국사회과학원 왕진중(王震中)은 "하-상-주 3대의 '왕국(王國)'은 '국가 위의 국가(國上之國)'로, 왕국(王國)과 방국(邦國)이 당시의 국가 유형의 두 가지 형태를 대표한다. 그리고 하-상-주 3대 역사의 특수성 가운데 하나는 '중앙의 왕국(王國)'과 '여러 지역의 방국(邦國)' 사이의 특수한 관계에 있다."라고 본다.[3]

곧, 하-상-주 시대는 소병기가 이야기하듯이 방국(方國) 단계가 아니라, 왕국(王國) 단계라고 본다. 또한 단순한 왕국이 아니라 여러 방국(邦國)들을 지닌 '중앙의 왕국' 혹은 '국가 위의 국가'라고 본다.

셋째, 중국사회과학원 고고연구소 하상주고고연구실 주임이자 하나라의 도성인 이리두유지를 발굴하고 있는 이리두공작대 대장인 허굉(許宏)은 오랜 연구 경험을 토대로 '방국(邦國=方國)-왕국(王國)-제국(帝國)'의 3단계를 아래와 같이 제시하고 있다.[4]

① '광역 왕권국가' 형성 이전의 크고 작은 정치실체가 경쟁하는 시기를 학자들은 '방국(邦國) 시대', '고국(古國) 시대', '만방(萬邦) 시대'로 부른다. 이것은 작은 나라에 백성도 적다는 의미의 '소국과민(小國寡民)'식의 사회조직을 의미한다.[5]

방국(邦國) 시대는 용산문화 시대에 시작되는데, 각 지역에 방국의 도성은 많아서 '성터가 숲을 이루듯이 많았다[城址林立]'고 한다. 초보적인 통계에 따르면 황하 중류 지역에서 이미 발견된 용산문화 시기의 성터만 10여곳에 달하며, 면적이 일반적으로 수만에서 수십만 ㎡에 달한다. 왕국 시대인 하(夏)의 도성으로 알려진 이리두유지에 와서는 도성의 면적이 300만 ㎡를 넘은 초대형 도읍이 발견된다. 주변을 장악한 이리두의 왕성이 등장한 이후에는 주변의 방국들의 도성은 점차 힘을 잃어간다. 이 과정에서 중원

---

3) 王震中, 〈簡論邦國與王國〉, 《中國社會科學院院報》, 2007年 2月 13日.
4) 許宏, 《最早的中國》, 科學出版社, 2009, 10-12쪽.
5) 許宏, 《最早的中國》, 10쪽.

지역의 경우 하(夏) 이후에는 방국 시대에서 왕국 시대로 넘어간다.[6]

② 하(夏)나라부터 왕국(王國)이 탄생하는데, 이때에는 중원에 '중심 왕국'이 있고 주변에는 '많은 방국(邦國) 혹은 방국(方國)'이 존재하였다. 방국(邦國)은 왕국에 종속 혹은 반종속되거나 동맹의 관계를 유지하고 있었다. 따라서 '중앙의 왕국'과 대비시키는 의미에서 방국(邦國)을 '방국(方國)'이라고 칭하기도 하였다. 주변에는 방국(邦國)=방국(方國) 단계로 발달하지 않은 추방(酋邦=군장국가=Chiefdom) 단계의 복잡사회도 있었고, 심지어 씨족부락사회도 있었다. 왕국은 여러 방국 등의 정치실체를 포함하고 있었고, 그런 의미에서 '국가 위의 국가[國上之國]'라고 불린다. 왕국 단계에서는 중앙, 중심, 왕도(王都), 경기(京畿) 등의 개념으로 구성된 '중국(中國)'이라는 개념이 형성되어 있다. 곧 '주변의 많은 방국들'과 '중앙 왕국'이 있었다.[7]

"이리두 도읍(都邑)과 이리두문화의 등장으로 화하문명은 '다원적 방국(多元的邦國)' 시기에서 '일체적 왕조(一體的王朝)' 시기로 진입한다."라는 것이다.[8]

③ 진나라 이후 강력한 중앙집권제 국가인 제국(帝國)이 형성된다.

허굉이 제시한 '방국(邦國=方國)-왕국(王國)-제국(帝國)'의 3단계론에서는 방국(邦國)과 방국(方國)을 같은 단계의 다른 표현으로 보고 있다. 그리고 그는 방국 이전의 단계로 추방(酋邦=군장사회=Chiefdom) 단계를 언급하고 있고, 그 이전에 대해서는 씨족부락사회도 언급하고 있다. 결국 허굉은 '씨족부락사회 - 추방(酋邦=군장국가=Chiefdom) - 방국(邦國=方國)-왕국 - 제국'으로 발전한다는 것이다.

주요한 몇몇 학자의 논의를 소개했지만, 이들 사이에도 단계별 개념이 통일되어 있지 않다. 필자는 허굉의 논리가 설득력이 있다고 보고 이 설을

---

6) 許宏,《最早的中國》, 11-12쪽.

7) 許宏,《最早的中國》, 10-11쪽.

8) 許宏,《最早的中國》, 14쪽.

지지한다. 독자들의 이해를 돕기 위해서 필자 나름대로 회굉의 논리를 바탕으로 다른 이들의 논의를 종합해서 국가 단계를 정리를 하면 아래와 같다.

① 홍산문화 후기, 묘저구 2기, 양저 초기 등은 고국(古國) 혹은 추방(酋邦=군장사회=Chiefdom) 단계로 볼 수 있다. 소병기의 논의처럼 이 단계의 "고국은 부락 이상의 높은 단계로, 안정적이고 독립적인 정치실체를 지칭한다."

② 하가점하층문화, 도사유지, 석묘(石峁)유지 등은 '많은 방국(邦國)=방국(方國)'들이 공존하는 단계로 볼 수 있다. 아직은 어느 하나가 절대적인 권력을 행사하지 못하고 병립하는 단계이다. 방국의 '도성들이 숲을 이루듯이 많은 상태〔城址林立〕'이다.

③ 하-상-주 시기는 '왕국(王國)+주변의 많은 방국(邦國=方國)'의 단계로, 많은 방국을 거느리고 절대적인 권력을 장악한 '광역 왕권국가'가 탄생한 단계이다.

④ 진나라 이후는 '제국(帝國)+많은 제후국(諸侯國)'단계로 많은 제후국을 거느린 제국이 형성된 단계이다.

〈자료 12-2〉 국가 발전 단계 정리(필자)

학자	요서: 홍산문화 후기 절강: 양저문화 초기 중원: 묘저구문화 시기	중원: 도사유지, 석묘유적	요서: 하가점 하층문화	하-상-주 춘추-전국	진나라 이후
소병기 (蘇秉基)	고국(古國) "고국은 부락 이상의 높은 단계로, 안정적이고 독립적인 정치실체를 지칭한다."	방국(方國)			제국(帝國)
허굉 (許宏)	추방(酋邦 =군장사회 =군장국가 =Chiefdom	많은 방국(邦國=方國) '성터가 숲을 이루듯이 많았다(城址林立)' '소국과민(小國寡民)'		왕국(王國) + 많은 방국 '광역 왕권 국가'	제국(帝國) + 많은 제후국

2. 최초의 '중국(中國)' 논쟁

2016년 11월 6일 오후 2시부터 북경대학 인문사회과학연구원 주최로 ''최초의 중국'에 대한 토론회(最中國'之辯)'라는 학술공개토론이 벌어졌다.[9]

이 토론회는 북경대 고고문박학원(考古文博學院) 손경위(孫慶偉) 교수의 주관으로, (1) 중국사회과학원 고고연구소 연구원이자 하(夏)의 도읍지인 이리두(二里頭)유지 발굴대장인 허굉(許宏)과 (2) 중국사회과학원 고고연구소 연구원이자 요임금의 도성(都城)으로 밝혀진 도사유지 발굴대장인 하노(何駑) 두 사람의 공개 강연과 토론으로 진행되었고, (3) 이 분야의 전문가, 학생 등이 인터넷으로 참가하여 현장 대결하는 21세기 인터넷 시대의 토론회였다.

고고학적 발굴을 토대로 '최초의 중국'이 어디인가를 다룬 이 토론회는 주제도 주제이지만, 인터넷을 통해 많은 전문가들이 현장에서 참석한다는 독특한 형식으로 인해서 수많은 언론의 집중적인 관심을 받은 것은 물론이다.

첫째, 하나라의 도읍지로 알려진 이리두유지의 발굴대장인 허굉은 〈최초의 중국: 이리두의 역사 위치(最早的中國: 二里頭的歷史位置)〉라는 제목의 발표를 통해 이리두유지가 바로 '최초의 중국'이라고 주장했다. 허굉은, (1) 방국(邦國)—왕국(王國)—제국(帝國) 3단계설을 소개하면서, (2) 이리두유지는 수많은 방국(邦國)이 공존하던 다원(多元)적인 상태에서 이들 수많은 방국들을 지배하여 일체(一體)로 만든 왕국(王國) 혹은 왕조(王朝) 시대로 진입하며, (3) 옥석기(玉石器)시대로부터 완벽한 청동기시대로 넘어갔다는 점을 강조하면서 하나라의 도성인 이리두유지가 '최초의 중국'이라고 강조한다.

허굉은 이리두유지에서는 (1) 도로망이 건설되어 있고 이 도로에는 '바퀴가 2개인 마차가 다닌 흔적[雙輪車車轍]'도 발견되었으며, (2) 수많은 의

---

9) 《신화망》에 소개되면서 수많은 신문에 소개되었지만, 아래의 《팽배신문》의 것이 가장 상세하다.
   《新華網》2016.11.8. 〈考古學術热點"最中國"之辯走上北大講壇〉.
   《澎湃新聞》2016.11.8. 〈許宏 vs 何努: 二里头与陶寺, 到底谁"最中國"?〉

례용(儀禮用) 청동기와 이것들을 만든 수공업 공방(工房)도 발견되며, (3) 궁전 건물군, 많은 부장품이 있는 거대 묘장의 규모, (4) 유적지의 규모 등을 토대로 이리두유지가 전형적인 왕국으로 '최초의 중국'임은 의문의 여지가 없다고 본다.

사실 허굉의 입장은 기존의 보수적인 중국학계의 입장을 대변하는 것이다. 이리두유지가 하나라의 도성 유적지이고, 이 시기가 왕국단계이고 '최초의 중국'이라는 것이 기존 중국학계의 시각이었다. 그런데 이 토론회에서 관심을 집중시킨 것은, 최근에 이리두유지보다 앞서는 요임금의 도성으로 알려진 도사유지가 과연 이러한 기존의 설을 넘어서서 '최초의 중국'으로 볼 수 있는가 하는 점이다.

둘째, 도사유지를 '최초의 중국'이라고 주장하는 것이 하노(何駑)의 시각이다. 2015년 12월에 최종 발굴 보고서를 내면서 요(堯)임금의 도성인 평양(平陽)으로 보고 있는 도사유지의 발굴대장인 하노는 〈최초의 중국: 도사유지(最初的中國: 陶寺遺址)〉라는 발표를 통해 도사유지가 방국(邦國) 단계임을 인정하지만 이것이 '최초의 중국'이라는 점을 주장한다.

그는 도사유지가 (1) 주변 지역 전체를 아우르는 왕국은 아니지만 자기 지역에서 성장한 방국(邦國) 단계로, (2) 국가 형성을 위한 여러 요소를 지니고 있어서 국가의 형태로 보아야 하며, (3) 내성과 외성의 2중 구조의 300만㎡가 넘는 확실한 도성(都城) 유적지로 이곳이 '최초의 중국'이라고 주장한다. '최초의 중국'이 회굉이 주장하는 이리두유지인가 아니면 하노가 주장하는 도사유지인가 하는 것은, 도사유지가 새롭게 발견되었기 때문이다.

방국 단계의 요임금의 도성인 도사유지가 중원 지역에서 '최초의 중국'으로 등장하는 시기에, 요서 지역에서 하가점하층문화가 같은 방국 단계에 진입한다. 도사유지의 발견은 전설시대로만 여겨졌던 요순시대가 실존했음을 보여주는 중요한 발견이다. 같은 시기에 요서 지역 하가점하층문화에서 발견되는 방국 단계의 국가는 중국의 역사책 어디에는 비정할 만한 국가 이름이 없다. 그러나 우리의 기록에는 신화적으로 기록되어 있지만 고조선이 있다. 도사유지에 대한 상세한 소개와 고조선과의 연관성 등은 이어지는 제13장에서 소개할 것이다.

〈자료 12-3〉 '최초의 중국' 토론회(2016.11.6)

1.포스터

2. 하노(좌), 손경위(중), 허굉(우)

3. 석묘(石峁)유지의 발견과 황제족의 활동 영역 논쟁

문자로 기록된 거의 모든 역사서에 황제의 활동 영역은 소위 말하는 중원 지역이었다. 아래 〈자료 12-4〉에 제시한 중국의 역사교과서에서도 전설시대의 중국에는 (1) 황하문명의 중심지인 중원에 염제(炎帝)씨족과 황제(黃帝)씨족으로 이루어진 화하부락(華夏部落), (2) 산동반도 일대의 치우(蚩尤)씨족이 중심이 된 동이부락(東夷部落), (3) 장강 지역의 묘만부락(苗蠻部落)의 3대 집단이 경쟁하는 구도로 설명하고 있다. 특히 황제족은 황하의 중류 지역에서 발원하여 동북으로 진출하면서 치우족과 탁록(涿鹿)에서 소위 '탁록대전(涿鹿大戰)'을 치루는 것으로 설명하고 있다. 이러한 관점이 이제까지의 중국학계의 기본적인 관점이었고, 교과서의 내용이었다.

실제로 소위 중원 지역인 하남성, 산서성, 협서성 일대에 황제-전욱-제곡-제요 등의 유적지 대부분이 있다. '화하민족=한족'의 조상이라는 황제족이 중원에서 활동한 것에 대해서는 이견이 없었던 반면에, 그 황제족의 시조인 황제(黃帝)의 탄생지에 대해서는 4곳이 경쟁하고 있다.

곧, 황제의 탄생지에 대해서는 현재, (1) 하남성 신정(新鄭: 현재의 新鄭市) 일대, (2) 협서성(陝西省) 희수(姬水: 구체적 위치는 현재도 여러 설이 있음) 일대, (3) 감숙성 천수(天水: 현재의 淸水縣) 일대, (4) 산동성 수구(壽丘: 현재의 曲阜縣) 일대 등 4개의 이론이 공존하고 있다. 또한 '천하제일릉(天下第一陵)', '화하제일릉(華夏第一陵)', '중화제일릉(中華第一陵)'으로 불리는 황제의 무덤인 황제릉(黃帝陵)은 (1) BC 422년(秦靈公 3년)부터 제사를 지내기 시작했다고 하는데, (2) 이 황제릉도 협서성 연안시(延安市) 황릉현(黃陵縣) 교산진(橋山鎭)의 교산(橋山) 자락에 있으며, (3) 이 때문에 옛 기록에는 황제릉을 교릉(橋陵)이라고 기록하고 있다.

황제의 후예라는 (1) 전욱릉(顓頊陵)도 하남성(河南省) 안양시(安陽市) 내황현(內黃縣) 양장향(梁庄鄕) 삼양장촌(三阳庄村)에 있으며, (2) 제곡(帝嚳)이 왕성을 삼은 '박(亳)'은 지금의 하남성(河南省) 상구시(商丘市) 일대로 보며, 제곡릉도 하남성 상구시 휴양구(睢陽區) 고신진(高辛鎭)에 있다. '화하민족=한족'의 조상이라는 황제, 전욱, 제곡의 활동 무대와 능이 모두 협서성, 하남성 등 황하문명의 중심 지역에 있는 것이다.

〈자료 12-4〉중국의 역사교과서에 보이는 황제족의 발원지와 이동[10]
* 황제족의 이동선(…▸), 염제족의 이동선(⇨)

---

10) 人民敎育出版社歷史室(編著),《中國歷史 第1册》, 人民敎育出版社, 1994, 18쪽. 이 책은 1992년부터 새로 바뀐 교육과정에 따라 1994년부터 사용된 우리나라의 중학교에 해당하는 초급중학교의 역사교과서이다. 중국의 역사교과서는 모두

〈자료 12-5〉 협서성 연안시(延安市) 황릉현(黃陵陵縣)
교산(橋山) 자락에 있는 황제릉[11]

　　그러나, 요하문명이 발견되면서 이런 수천 년의 통설과는 다른 새로운 논의가 시작되었다. 곧, (1) 요하문명의 주도세력이 바로 황제족이며, (2) 홍산문화의 주도세력은 구체적으로 전욱과 제곡이며, (3) 전설시대에 천하의 중심인 익주(翼州)가 바로 홍산문화 지역이라는 것이다. 이들은 황제족이 요하문명 지역에서 발원하여 중원 지역으로 내려가는 것으로 설명한다. 현재 중국학계에서 요하문명, 홍산문화를 연구하는 대부분의 학자들이 이런 견해를 견지하고 있다.

　　결국, 황제족의 활동 영역에 대해서 '황화문명 중심지인 중원이라는 통설'과 '요하문명 중심지인 서요하 지역이라는 새로운 이론'이 맞붙고 있는 것이다(제3장 4 참조).

　　그러나 소병기가 고국(古國) 단계에 접어들었다는 홍산문화 후기(BC 3500-3000)는 중국에서 통설로 비정하고 있는 황제(黃帝: 약 BC 2717-2599), 전욱(顓頊: BC 2514-2437), 제곡(帝嚳: 약 BC 2480—2345), 제요(帝堯: 약 BC 2377—2259)의 시기보다 훨씬 앞서는 시대이다. 따라서 홍산문화와 황제족을 연결시키기에 여러 가지 무리가 있다.

　　황제, 염제, 치우 등이 활동하던 소위 5제시대(五帝時代)에 바로 이어지는 것이 요임금과 순임금이 활동하던 요순시대(堯舜時代)이다. 그런데 요임금의 도성인 평양(平陽)으로 비정되는 도사유지가 발견되었다. 뒤에서 상세히 소개하겠지만 도사유지에서는 동북아시아 최초의 문자도 발견된

　　국가가 발행하는 국정교과서이다.
11)《백도백과》인터넷판, '황제릉' 항목

다. 이제 요순시대는 신화시대가 아니라 점차 구체적인 역사시대로 자리
잡아가고 있는 것이다.

요순시대 이전이 5제시대이다. 황제족의 활동 영역에 대한 논쟁에서
황제의 탄생지나 무덤의 위치 등은 비정되는 곳이 있었지만, 가장 중요한
황제의 도성(都城) 유적지가 발견되지 않았었다.

그런데 1976년에 처음 발견되어 현재도 발굴을 진행하고 있는 고대의
석성(石城)인 석묘(石峁)유지에서, 2016년 8월에 4300년 전의 대규모 건축
지와 돌을 깐 큰 도로인 '황성대도(皇城大道)' 등이 발견되었다. 중국학계에
서는 현재까지 발견된 역사시대 이전 최대의 도성(都城)인 이 석묘유지가
황제의 도성 유적지일 가능성이 높다고 보면서 황제의 활동 영역에 대한
논쟁에 새로운 전기가 마련되고 있다.

석묘유지는 (1) 1976년 협서성(陝西省) 유림시(楡林市) 신목현(神木縣)
고가보진(高家堡鎭) 통천구(洞川沟) 부근 산자락에서 처음 발견되었고, (2)
4300−4000년 전의 대규모 석성 유적지로 황성대(皇城臺), 내성(內城), 외
성(外城) 등으로 구성된 2중성 구조의 석성 유적으로, (3) 내성만 235만
㎡, 외성은 425만 ㎡나 되며, (4) 석관묘, 옹관묘, 토광묘가 모두 보이고,
(5) 현재까지 옥산(玉鏟), 옥황(玉璜) 등 127점의 옥기가 발견되었고, 많은
옥기들은 1920−30년대에 이미 해외로 반출되어 서구의 박물관에 '석묘옥
기(石峁玉器)'라는 이름으로 많이 소장되어 있다고 하며, (6) 회벽에 홍(紅),
황(黃), 흑(黑), 등(橙)색으로 칠한 벽화도 발견되었고, (7) 3층의 돌로 만
든 제단도 발견되며, (8) 악어 뼈도 발견되어 기후가 좋았다는 것을 알 수
있고, 악어가죽으로 만든 북인 타고(鼉鼓)도 발견되며, (8) 돌로 조각한 20
여 개의 인면상(人面像), 반신상(半身像), 전신상(全身像)이 발견되었고, (9)
2015년 9월에는 나무로 지어진 고층 건축을 발견하여 봉화대나 망루로 보
고 있으며, (9) 2016년 8월에는 4300년 전의 대규모 건축지, 옹성(甕城),
광장, 돌을 깐 큰 도로인 '황성대도(皇城大道)'도 발견되었고, (10) 각종 청
동무기를 제작하던 돌 거푸집(石范)도 발견되어, (11) 석묘유지는 이제까
지 발견된 사전(史前) 시기 최대의 석성이고, (12) 이 시기에 국가단계에 진

입했음을 보여주고 있으며, (13) 많은 학자들이 이 석묘유지를 황제의 도성 유적으로 보기 시작했다.[12]

황제의 초기 활동 영역이 황하문명 지역인지, 요하문명 지역인지는 동북아시아 상고사 전체 판도를 뒤집을 수 있을 정도로 매우 중요한 사항이다. 최근 요하문명, 홍산문화를 연구하는 중국학자들이 주장하는 것처럼, 황제족의 활동 영역이 요하문명 지역이고 요하문명의 주도세력이 황제족이라면, 이 지역에서 등장하는 후대의 모든 민족들은 황제족의 후예가 될 수밖에 없기 때문이다.

그러나 많은 유적, 유물들은 황제족의 초기 활동 영역이 황하문명 지역임을 보여주고 있다. 특히 최근 전모를 드러내고 있는 석묘유지는 많은 중국학자들이 황제의 도읍, 도성으로 보고 있다. 이것은 매우 가능성이 높아 보인다.

필자는 다른 책에서 (1) 황제, 전욱, 제곡 등으로 연결되는 5제시대의 신화는 완벽한 부계사회의 질서를 보여주는데, (2) 홍산문화 후기 우하량유지는 여성 조상신을 모시는 '모계사회에서 부계사회로 넘어가는 과도기'로 황제신화보다 이른 시기이므로, (3) 홍산문화는 황제족이나 그 후예라는 전욱이나 제곡과는 상관없는 이들보다 더 이른 시기이며, (4) 홍산문화 세력의 일부가 중원으로 들어간 이후에 그 지역에서 황하문명을 건설한 세력들과 합쳐져서 황제족이 형성되는 것이며, (5) 홍산문화 세력은 단군신화의 웅녀족과 연결될 가능성이 있다고 본 바 있다.[13]

최근 중국에서 발굴되는 최신의 유적−유물 자료를 면밀하게 검토하고 연구하는 사람들이 많이 늘어나기를 바란다. 요하문명이 새롭게 발견되면서, 요하문명 지역뿐만이 아니라 황하문명 지역에서 새롭게 발견되는 유

---

12) 沈長雲, 〈石峁古城是黃帝部族居邑〉, 《光明日報》 國學版, 2013年 03月 25日 15版.
沈長雲, 〈再說黃帝與石峁古城: 回應陳民鎮先生〉, 《光明日報》 國學版, 2013年 4月 15日 第15版.

13) 우실하, 《동북공정 너머 요하문명론》, 312−327쪽.
우실하, 〈홍산문화의 곰토템족과 단군신화의 웅녀족〉, 《고조선단군학》, 제27호 (2012.11), 185−216쪽.

적-유물들은 동북아시아 상고사의 근본적인 기초를 뒤흔들 수 있기 때문이다. 동북아시아 전체를 판도에 놓고 이러한 새로운 발굴 결과의 의미를 읽어낼 필요가 있는 것이다.

그 가운데 최근 전모가 밝혀지기 시작한 석묘유지와 도사유지가 있다. 이 시기에 '최초의 중국'이 탄생한다고 보는 학자들이 많다. 특히 석묘유지는 황제의 도성으로, 도사유지는 요(堯)임금의 도성인 평양(平陽)으로 보기 시작했다.

필자는 도사유지를 별도의 제13장에서 상세히 소개할 것이다. 이것은 고조선의 건국을 이야기할 때 우리나라의 사서들은 '요임금과 같은 시기' 혹은 '요임금 후 50년' 등으로 언급하고 있기 때문이다. 요임금의 도성이 발견되었다면, 같은 시기 혹은 조금 늦은 시기에 고조선이 건국되었다는 것이 단순한 신화적인 기록에 머무는 것이 아닐 수 있기 때문이다. 이에 대해서는 별도의 장에서 논의하기로 한다.

4. 능가탄유지의 발견과 홍산문화

능가탄(凌家灘)유지는 (1) 1985년 6월에 안휘성(安徽省) 소호시(巢湖市) 함산현(含山縣) 동갑진(銅閘鎮) 서북부 장강(長江)의 북쪽 지역에서 처음 발견되었으며, (2) 1987년 6월 이래 5차례의 발굴이 이루어졌고, (3) 나이테 교정을 거친 절대연대로 5600-5300년 전의 유적으로 양저문화보다는 빠르고 홍산문화 후기와 거의 같은 시기이며, (4) 2006년에 정식 고고발굴보고서가 출간되었다.[14]

홍산문화 후기와 시기도 같은 능가탄유지에서는 많은 옥기들이 출토되었는데, 홍산문화 옥기와 거의 같은 모습의 옥기들이 출토되어 최근 관

---

14) 安徽省文物考古研究所,《凌家灘: 田野考古發掘報告之一》, 文物出版社, 2006, 7-19, 278쪽.

심이 집중되고 있다. 특히 홍산문화를 연구하는 학자들에게 집중적인 관심을 받고 있다.

홍산문화와 능가탄유지의 연결 가능성에 대해서는 이미 적봉에서 열린 홍산문화고봉논단에서도 몇몇 학자들의 발표가 있었다. 2015년에는 홍산문화 발견 80주년을 기념하여 요녕성 대련시에서 열린 학술대회 (2015.12.21-24.)에서는 능가탄유지를 직접 발굴 지휘한 안휘성문물고고연구소 장경국(張敬國: 1948-)의 발표도 있었다.[15]

이 책에서 능가탄유지를 상세히 소개하기는 어렵다. 아래에서는 홍산문화 옥기와 유사한 능가탄유지의 옥기들을 비교 제시하여, 이후 연구의 참고 자료가 될 수 있는 정도로 간단히 소개해두기로 한다.

첫째, 능가탄유지는 (1) 총면적이 160만 m²이고 1987년 이래 5차례에 거친 발굴된 면적은 2650m²이며, (2) 묘장 70개, 제단(祭壇) 1개, 제사갱 3개, 적석권(積石圈) 4개, 인공으로 쌓은 석장(石墻) 1개, 2000여 점의 토기/석기/옥기가 출토되었고, (3) 2000점의 출토 유물 가운데 65퍼센트 이상이 옥기(玉器)였다.[16]

둘째, 능가탄유지에서 발견된 출토 유물의 65퍼센트가 넘는 옥기는 매우 다양하다. 현재까지 옥룡(玉龍), 옥인(玉人), 옥응(玉鷹), 옥황(玉璜), 옥벽(玉璧), 옥결(玉玦), 옥월(玉鉞: 큰 옥도끼), 옥과(玉戈: 옥창), 옥탁(玉鐸: 옥방울), 옥산(玉鏟: 옥대패), 옥부(玉斧: 옥도끼), 원시적인 팔괘가 그려진 옥판(玉板), 옥구(玉龜: 옥거북), 옥토(玉兔), 옥저(玉猪), 옥작(玉勺: 옥숟가락) 등이 출토된다.

셋째, 이들 옥기 가운데 '옥룡, 옥인, 옥응, 옥황, 옥벽, 옥결, 옥구' 등은 홍산문화에서 출토되는 것과 너무나 닮아 있다. 이것은 능가탄유지가 홍산문화와 어떤 식으로든 연관이 되어 있다는 강력한 증거로 보고 있다. 특히, 옥룡, 옥인, 옥응, 옥황, 옥구 등은 홍산문화에서 최초로 보이는 것

15) 張敬國, 〈從凌家灘出土文物展顯玉器文明〉, 《五千年文明見證: 紅山文化與中華文明學術研究會交流資料》, 遼寧師範大學, 2015.12.

16) 張敬國, 〈從凌家灘出土文物展顯玉器文明〉, 152쪽.

인데, 이것이 수천 리 떨어진 능가탄유지에서 발굴되어 주목을 받고 있는 것이다.

넷째, 현재 능가탄유지의 위치는 장강을 따라 내륙으로 많이 들어와 있다. 그러나, 5500년 전에는 산동반도가 섬이 될 정도로 해수면이 높았고, 능가탄유지 인근까지 해안선이 들어와 있었다(〈자료 12-6〉 참조). 이런 상황을 고려하면 홍륭와문화 시기에 최초로 등장하는 옥결이 중국의 동해 연안을 따라 남하하는 것과 마찬가지로, 홍산문화 다른 형태의 옥기도 중국의 동해안을 따라 남하하였을 가능성이 있다.

다섯째, 산동반도 주변에 있는 양저문화나 대문구문화에서도 많은 옥기들이 나오지만, 이들은 능가탄유지보다 훨씬 늦은 시기의 것이다. 따라서 양저문화나 대문구문화에서 능가탄유지 쪽으로 홍산문화와 유사한 옥기가 전래되었다고 보기는 어렵다.

여섯째, 능가탄유지와 홍산문화의 관계 특히 옥기의 연관성은 이제 연구가 시작된 단계이며, 아직은 많은 의문점들이 풀리지 않고 있다. 필자 역시 연구를 시작한 단계이다. 너무도 유사한 옥기들이 비슷한 시기에 아무런 연관성 없이 독자적으로 만들어진 것인가? 아니면 홍산문화 초기 단계에서 이미 교류나 전파 관계에 있는 것인가? 하여간 능가탄유지의 옥기들은 홍산문화 학자들에게 초미의 관심사로 떠오르고 있고, 여전히 풀리지 않는 난제다.

관심 있는 분들을 위해서 능가탄유지와 홍산문화에서 출토되는 유사한 옥기들 가운데 옥벽, 옥결, 옥부, 옥산 등 흔한 것들은 제외하고 다른 유적에서 보이지 않는 독특한 몇 점을 도표로 정리하여 제시해둔다.

〈자료 12-6〉 능가탄유지의 위치와 5500년 전 해안선의 위치

1. 능가탄유지의 위치

2. 5500년 전 해안선의 위치[17]

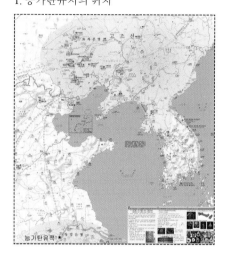
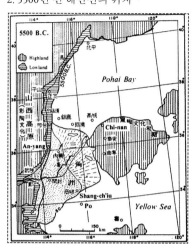

〈자료 12-7〉 능가탄유지 출토 옥기와 홍산문화 옥기 비교

* 능가탄유지의 옥인은 유사한 것이 6점 출토되었다. 두 손을 가슴으로 모은 모습이 홍산문화의 것과 똑같다.
* 능가탄유지의 옥황은 '쌍호수옥황(雙虎首玉璜)'으로 양쪽에 호랑이 머리가 장식되어 있다. 기타 장식이 없는 옥황도 수십 개 발견되었다.

옥기	능가탄유지	홍산문화
옥인(玉人)		
옥황(玉璜)		

---

17) Kwang-chih Chang, *The Archaeology of Acient China*, Yale Univ. Press, 1986 Forth Edition, 75쪽의 일부. 여러 시기별 지도는 앞서 제시한 〈자료 4-30〉 참조.

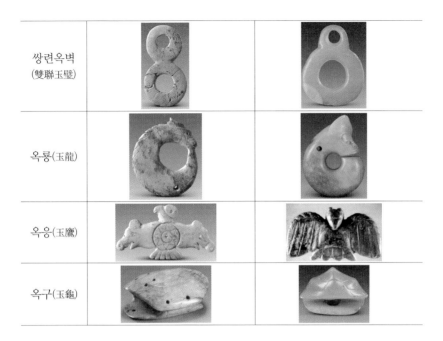

쌍련옥벽 (雙聯玉璧)		
옥룡(玉龍)		
옥응(玉鷹)		
옥구(玉龜)		

5. 홍산문화의 주도권을 둘러싼 내몽고 적봉시와 요녕성 조양시의 경쟁

앞에서 너무 학술적인 논쟁을 소개했는데, 여기서는 홍산문화의 주도권을 둘러싼 내몽고 적봉시와 요녕성 조양시 사이의 재미있는 자존심 경쟁을 소개하기로 한다. 필자도 18년 동안 요하문명 지역을 답사하면서, 이 두 도시 사이의 자존심 경쟁이 아주 집요할 정도라는 것을 눈치 챈 것은 불과 몇 년 전이다.

첫째, 적봉시와 조양시의 자존심 경쟁은, (1) 내몽고 적봉시에는 홍산문화의 최초 발견지 겸 명명지가 있고, 현재 1200개가 넘는 전체 홍산문화 유적지의 73퍼센트 이상이 밀집되어 있다는 사실과, (2) 요녕성 조양시에는 홍산문화 유적지 수는 상대적으로 적지만 '홍산문화의 꽃'으로 불리는 홍산문화의 최대의 유적지인 우하량유지가 있다는 사실에서 출발한다.

둘째, '요하문명'인가 '능하문명'인가? 요하문명을 이루는 각종 신석기-청동기시대 고고학문화를 관통하는 요하(遼河) 때문에 대부분의 학자들은 곽대순이 명명한 '요하문명'이라는 용어를 사용한다.

그런데, 홍산문화의 최대 유적지인 우하량유지가 위치한 조양시 전역은 요하 수계와 전혀 상관없고, 대릉하와 소릉하 수계만 연결되어 있다. 그래서 조양시박물관 입구에 가면 요하문명이 아니라 '능하문명(凌河文明)'이라고 크게 쓰여 있다. 물론 홍산문화 연구자들의 논문에서 능하문명이라는 단어는 사용되지 않는다. 그야말로 자존심 경쟁인 것이다.

셋째, 도시의 상징물 경쟁이다. 적봉시는 옥저룡(玉猪龍)을 조양시는 옥웅룡(玉熊龍)을 시의 상징물로 사용하고 있다. 단적으로, 적봉박물관 입구 정면 벽에는 커다란 옥저룡이 붙어 있고, 조양시박물관 입구 정면 벽에 커다란 옥웅룡이 붙어 있다.

적봉시에서는 옹우특기에서 최초로 발견된 홍산문화의 옥저룡을 적봉시의 상징물로 삼고 있다. 적봉 시청 앞에는 적봉시에 소속된 12개의 지역(直轄區 3, 縣 2, 旗 7)을 상징하는 12마리의 옥저룡을 겹쳐놓은 스테인리스 조각상이 시의 상징물로 자리하고 있다. 이외에도 적봉시 시내 곳곳에는 옥저룡 도안을 사용하는 곳이 너무나 많다. 심지어 보도블록에도 작은 옥저룡이 새겨져 있고, 옥저룡을 상표로 한 술도 생산된다. 그러나 옥웅룡 상징은 하나도 없다.

조양시는 적봉시에서 먼저 사용한 옥저룡을 사용할 수 없기에, 우하량유지에서 여러 점 발견되는 옥웅룡을 도시의 상징으로 사용하고 있다. 조양시의 조양은행의 상징도 옥웅룡이고, 조양시의 중심지 사거리 동서남북에도 1.5m 크기의 옥웅룡 조각이 하나씩 세워져 있다. 우하량유지박물관 입구에는 2m가 넘는 옥웅룡 조각이 있고, 벽면에도 장식되어 있다.

넷째, 홍산문화 학술대회도 조양시와 적봉시 사이에 경쟁이 있었다. 그런데 최근에는 학술대회 부분에서는 적봉시가 압도적인 우위를 점하고 있다. 예전에는 조양시에서도 홍산문화 국제학술대회가 열렸지만 현재는 단절되었다. 적봉시는 지속적으로 홍산문화고봉논단을 개최하고 있다.

예를 들어, 2015년은 홍산문화 발견 80주년이 되는 해로, (1) 내몽고 적봉시에는 지금까지 지속적으로 이어져 오던 제11회 홍산문화고봉논단이 열렸고, (2) 요녕성의 대련시에서는 '홍산문화 발견 80주년 학술연토회'가 단발적으로 열렸다.

다섯째, 최대의 홍산문화 전문 박물관 건설을 둘러싸고도 경쟁 중이다. 지난 2015년 5월 16일 오한기박물관—정식 명칭은 敖漢史前文化博物館—을 방문했을 때, 전언국(田彦國) 관장으로부터, 오한기에 국가급의 '내몽고홍산문화박물원(內蒙古紅山文化博物院)'이 건설되고 있다는 소식을 들었다. 이 계획안은 이미 2015년 1월 26일에 확정되어 통보되었다며, 관련 문건을 직접 보여주었다. 현재, (1) 시급 박물관인 적봉박물관이나 조양시박물관보다도 크고, (2) 성급 박물관인 요녕성박물관보다 더 큰, (3) '국가급'의 내몽고홍산문화박물원이 오한기에 건설되고 있다.

기존의 현(기)급 박물관인 '오한기박물관'도 내몽고자치구 직속의 성급 박물관인 '내몽고사전문화박물관(內蒙古史前文化博物館)'으로 승격된다고 한다. 연구 인원도 기존의 22명에서 20여 명 정도가 더 증원된다고 한다. 중국이 홍산문화를 얼마나 중요하게 보는지 알 수 있을 것이다.

이러한 소식이 뉴스를 통해 알려지면서, 조양시에서는 요녕성문화청과 손잡고 '중국 최대의 홍산문화박물관(紅山文化博物館)과 고고 연구기지'를 조양시에 새로 건설하기로 했다.[18] 오한기에 건설하는 내몽고홍산문화박물원보다 큰 박물관과 고고 연구기지를 조양시에 건설해서 홍산문화 전시, 연구의 주도권을 가져오겠다는 것이다.

필자는 수없이 적봉시와 조양시 지역을 답사하면서도 최근에야 이런 '자존심 경쟁'이 눈에 들어오기 시작했다. 홍산문화의 주도권을 둘러싼 요녕성과 내몽고의 경쟁을 대리한 적봉시와 조양시의 경쟁은, 중국에서 홍산문화를 얼마나 중시하는지를 보여주는 '선의의 경쟁'이라고 본다. 21세기 문화대국을 지향한다고 운운하면서, 춘천 중도에서 발견된 한반도 최

---

18) 《新華網》, 2015.5.9. 〈遼寧將建中國最大的紅山文化博物館〉.

대의 청동기 환호취락유적 위에 외국계 놀이시설인 레고랜드를 건설하려는 것이 우리의 현실이다. 적봉시와 조양시의 선의의 경쟁이 부러운 이유이다.

〈자료 12-8〉 내몽고 적봉시와 옥저룡 (필자 답사 사진)

1. 적봉박물관 입구 정면

2. 적봉시 시청 앞

3. 다리 난간 장식

4. 보도블록

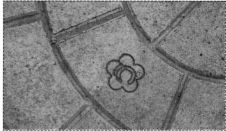

〈자료 12-9〉 요녕성 조양시와 옥웅룡 (필자 답사 사진)

1. 조양시박물관 입구 정면

2. 중심 사거리

3. 조양은행

4. 우하량유지박물관 입구

제13장 요(堯)임금의 도성 평양(平陽)과 단군조선

1. 중화문명탐원공정과 도사유지

중국에서는 중화문명의 근원을 탐구한다는 중화문명탐원공정(中華文明探原工程: 2004-2015)을 끝내면서 도사유지를 집중적으로 조명하였다. 2015년 12월 중화문명탐원공정을 마무리하는 자리에서 도사유지가 바로 (1) 전설시대로만 알던 요임금의 도성인 평양(平陽)이며, (2) 이곳이 '최초의 중국[最早中國]' 혹은 '화하민족의 첫 도성[華夏第一都]'이라고 공표하였다.

이 장에서는 (1) 2015년 12월에 발간된 도사유지에 대한 발굴 보고서 [1], (2) 2016년 8월 필자가 직접 답사하며 찍은 사진 자료, (3) 도사유지가 있는 임분시(臨汾市)에서 수집한 자료들을 바탕으로 도사유지에 대해서 소개하기로 한다. 최근 출간된 발굴 보고서를 바탕으로 상세히 도사유지에 대해 소개하는 것은 국내에서는 최초일 것이다. 이어서 요임금과 단군조선과의 관계에 대해서 살펴보기로 한다.

우리나라의 각종 사서에서는 단군조선의 건국과 관련하여 '요임금과 같은 시기' 혹은 '요임금 즉위 후 50년' 등으로 언급하고 있다. 중국에서는 2015년 12월에 요임금의 도성이 발굴되었고, 요순시대(堯舜時代)가 실재하는 역사임을 공표하였다. 그렇다면 '요임금과 같은 시기'인 단군조선이 단순히 신화가 아니라 실존했을 가능성이 더 높아졌다고 본다. 단군조선 연구에 새로운 활력소가 될 수 있기를 바란다.

---

1)　中國社會科學院考古硏究所, 山西省臨汾市文物局 編著,《襄汾陶寺: 1978-1985年考古發掘報告)》, 文物出版社, 2015. 이 보고서는 총 4권으로 구성되어 있다.

2. 산서성 임분시와 요도(堯都) 평양(平陽)

1) 임분시에 대한 개괄적 소개

　도사유지는 산서성(山西省) 임분시(臨汾市) 양분현(襄汾縣) 도사진(陶寺鎭) 도사향(陶寺鄕) 도사촌(陶寺村)에서 발견되었다. 임분시는 황하문명의 중심지 가운데 하나로 황하의 물줄기가 위로 올라갔다가 아래로 내려오는 동쪽에 자리하고 있다. 황하의 지류인 분하(汾河)가 임분시를 북에서 남으로 관통하고 있다.

　임분시는 (1) 총면적 2만 275㎢으로, (2) 인구는 2013년 기준 439만 800명, (3) 1개의 직할구(直轄區), 2개의 현급(縣級) 시(市), 14개의 현(縣)으로 구성되어 있다. 임분시의 행정중심지가 요도구(堯都區)로 '요임금(堯)의 왕성(都) 구역'이라는 의미이다.

　임분시에서는 구석기시대부터 사람이 거주하였는데, (1) 1954년 임분시 양분현 남쪽 정촌(丁村)에서 약 10만 년 전의 12-13세의 아동 치아 화석 3개가 발견되었고, (2) 1976년에는 같은 곳에서 2세 가량의 유아 두개골 1개가 발견되었으며, (3) 이 구석기인 화석이 유명한 '정촌인(丁村人)'이다.

　신석기시대에도 많은 유적지가 발견되는데, (1) 1991년 5월에는 익성현(翼城縣) 북감향(北撤鄕) 조원촌(棗園村)에서 2만 ㎡에 달하는 7000년 전 조원가색(棗園稼穡)유지가 발견되었는데, (2) 마봉(磨棒) 등 농경의 흔적들도 발견되었으며, (3) 이것이 산서성 지역에서 가장 오래된 신석기시대 유적지다.[2]

---

2) 　인터넷 百度百果 '조원가색(棗園稼穡)' 항목 http://baike.baidu.com/view/7867375.htm

2) 옛날부터 임분시는 요임금의 도성 '평양'이었다

임분시 지역이 요임금의 도성인 평양(平陽)이라고 하는 것은 많은 기록들을 바탕으로 하는 것이다. 요임금의 근거지인 이 지역이 고대 기록에 '익방(翼方)'으로 나오는 익주(翼州)다.[3]

제요(帝堯: 약 BC 2377—2259)라고 높여지는 요임금은 (1) 전욱(顓頊)의 아들 혹은 전욱의 아들 제곡(帝嚳: 高辛氏)의 아들로[4], (2) 성은 이기(伊祁) 이름은 방훈(放勛)이며, (3) 옛 당국(唐國: 현재 임분시 요도구) 사람으로, (4) 13세에 처음으로 도(陶)에 봉해지는데, 현재의 산서성 임분시 분양현(襄汾縣) 도씨촌(陶氏村)이라고 알려져 있으며, (5) 15세에는 큰형인 제지(帝摯: BC 2450−2326)를 보좌하고 다시 당(唐)에 봉해져 제후가 되었는데, 현재의 산서성 태원시(太原市) 지역이며, (6) 20세에 제지(帝摯)를 이어 평양(平陽)에 도읍을 하고 천자(天子)에 오르고, (7) 재위 70년에 순(舜)을 만나고 20년 후에 순에게 선양(宣讓)을 하여 천자의 지위를 물려주며, (8) 선양 후 28년 만에 사망하여 곡림(谷林: 산동성 하택시菏澤市 견성현鄄城縣 경내)에 묻혔고, (9) 후대에는 당요(唐堯), 도당씨(陶唐氏), 제요(帝堯) 등으로 불린다.[5]

《제왕세기(帝王世紀)》에는 '제요(帝堯) 도당씨(陶唐氏)가 15세에 당(唐)에 봉해지고 20세에 제위에 올라 평양(平陽)에 도읍을 했다'는 기록이 있다.[6] 이를 바탕으로 《사기정의(史記正義)》에도 "《제왕세기》에 이르기를 '요의 도

---

3) 《書經》〈五子之歌〉, "惟彼陶唐, 有此冀方."

4) 《孔子家語》〈五帝德〉, "宰我曰'請問帝堯.' 孔子曰'高辛氏之子曰陶唐, 其仁如天, 其智如神, 就之如日, 望之如雲.'"

5) (1) 《帝王世紀》"帝堯陶唐氏, 祁姓也, 母慶都, 孕十四月而生堯於丹陵, 名曰放勳, 鳥庭河胜, 或從母姓伊氏, 年十五而佐帝摯, 受封於唐, 爲諸侯, 身長十尺, 嘗夢天而上之, 故二十而登帝位, 都平陽."
   (2) 堯都區文物旅遊局, 《堯都平陽》, 2쪽. 이 책은 요도구문물여유국(堯都區文物旅遊局)에서 만든 안내 책자로 출판연대가 표기되어 있지 않다.
   (3) 인터넷 百度百果 '요(堯)' 항목

6) 《帝王世紀》"帝堯陶唐氏, 祁姓也, 母慶都, 孕十四月而生堯於丹陵, 名曰放勳, 鳥庭河胜, 或從母姓伊氏, 年十五而佐帝摯, 受封於唐, 爲諸侯, 身長十尺, 嘗夢天而上之, 故二十而登帝位, 都平陽."

성은 평양이다[堯都平陽]'라고 하였고, 《시경》에서는 당국(唐國)이라 하였다"라는 기록이 있다.[7] 《상서(尙書)》에도 "요의 도성은 평양이다[堯都平陽]"라는 기록이 있다.[8]

이 요임금의 도성인 평양 지역이, 하(夏)나라 우(禹)임금이 천하를 구주(九州)로 나누었을 때 중심지가 되는 익주(冀州)다. 요-순-우로 이어지는 이곳을 '최초의 중국[最早中國]'이라고 하는 것이다.

서주(西周) 시기에 주나라 성왕(成王)이 동생 숙우(叔虞)를 당(唐)에 봉하는 지역도 바로 이 지역이다. 이후 시대에 따라 여러 이름으로 부르다가, (1) 247년 삼국시대 위(魏) 정시(正始) 8년에 평양군(平陽郡)이 설치되었고, (2) 309년 서진(西晉) 영가(永嘉) 3년에는 평양을 도읍으로 하였고, (3) 583년 수(隋) 개황(開皇) 3년에는 임분군(臨汾郡)을 설치한 이후로는 '임분'이라는 지명이 현재까지 사용되고 있다.[9]

《제왕세기》에 기재된 제요원년(帝堯元年)은 갑진년(甲辰年)이고, 학자들이 여러 자료를 검토하여 내린 제요원년은 'BC 2357년'이다. 이러한 여러 기록들을 바탕으로 임분시 일대는 예로부터 거의 2000년 가까이 이미 '요임금의 도성인 평양[堯都平陽]'으로 불리고 있었다.

3) 임분시 요도구(堯都區)에 남겨진 요임금 관련 유적

임분시의 행정중심지인 요도구 일대가 요임금의 도성인 평양이라는 것은 오래전부터 알려져 있었고, 요도구에는 예로부터 많은 요임금 관련 유적이 존재했었고 지금도 존재하고 있다.

첫째, 현재 요도구에는 요임금과 관련된 요묘(堯廟), 요릉(堯陵), 제요고거(帝堯古居), 고사선동(姑射仙洞) 등이 있다.

---

7) 《史記正義》"陶唐, 《帝王世紀》云, 堯都平陽, 于《詩》爲唐國"

8) 《尙書》, "堯都平陽"

9) 임분시정부 홈페이지(www.linfen.gov.cn) 자료.

〈자료 13-1〉 산서성 임분시의 행정중심지 요도구(堯都區)와 도사유지 위치
1. 임분시의 위치[10]

2. 임분시에서 요도구의 위치와 도사유지의 위치
* 가운데 붉은 색 부분이 중심인 요도구(堯都區)다.
* 도사유지(★)는 요도구 바로 아래 양분현(襄汾縣)에 있다.
* 요도구에서 도사유지까지는 차로 약 30-40분 거리이다.

---

10) 우실하,《고조선의 강역과 요하문명》, 동아지도, 2007, 부분도

둘째, 요임금의 사당인 요묘(堯廟)는 요임금에게 제사를 지내던 곳으로 여러 사서(史書)에 오래전부터 기록되어 전한다. 곧, (1) 2000여 년 전인 AD 85년(漢 章帝 元和 2年)에 왕이 사절단을 보내 영대(靈臺)에서 요임금에게 제사 지냈다는 기록이 있고, (2) 위진(魏晉) 시대에 이미 요임금의 사당인 요묘(堯廟)를 건축하였다.

요묘는 (1) 본래 분하의 서쪽에 있었으나, (2) 301-302년(서진 혜제 원강 연간)에 분하의 동쪽인 당시 평양부(平陽府) 성(城)의 서남으로 옮겼고, (3) 658년(당 현경 3년)에는 현재의 요묘(堯廟) 자리인 성의 남쪽 5km 지역으로 다시 옮겼으며, (4) 당대(唐代)에 총면적 700묘(畝)[11], 약 46만 6666㎡에 건물이 400칸에 이르는 대규모로 중건하였고, (5) 송, 금, 원, 명, 청 시대에 여러 차례 개축, 증축되었는데, (6) 1514년(명 무종 정덕 9년)에는 대대적으로 중건하면서 요전(堯殿) 뒤에 순사(舜祠)와 우사(禹祠)를 지어 요-순-우 3명을 모시기 시작했고, 곧 이어서 요전(堯殿)과 격을 맞추어 순전(舜殿)·우전(禹殿)으로 개칭하였으며, (7) 이후 여러 차례 증개축을 거쳤으나 요전·순전·우전의 형식을 이어오고 있고, (9) 1999년에 중건된 것이 요임금을 모신 광운전(廣運殿)과 우순전(虞舜殿), 대우전(大禹殿) 등이며, (10) 2003년에는 우순전과 대우전을 명청(明淸) 시대의 모습으로 다시 중건하였고, (11) 1965년부터 산서성 중점문물보호단위가 되었고, 2006년에 전국 AAAA급 풍경구로 지정되었으며, (12) 현재도 정기적으로 제사를 드리고 있다.[12]

아래에서는 요도구에 있는 요임금 관련 유적에 대해서 일일이 글로 소개하기보다는, 필자의 답사 사진 등을 통해서 소개하기로 한다. 세부적인 설명은 사진에 덧붙였다.

---

11) 1무(畝)=약 666.67㎡. 예전에는 6척 사방이 보(步)이고 100보를 1무라 하였다. 700무는 약 46만 6666㎡.
12) 堯都區文物旅遊局, 《堯都平陽》, 출판연대 미상, 13-16쪽.

〈자료 13-2〉요도구의 요임금 관련 유적[13]
* 지도 전체가 임분시의 행정중심지인 요도구(堯都區).
* 1: 요묘(堯廟), 2: 요능(堯陵), 3: 제요고거(帝堯古居), 4: 고사선동(姑射仙洞), 5: 도사유지

〈자료 13-3〉요묘(堯廟) 전체 모습[14]

13）堯都區文物旅遊局,《堯都平陽》, 1쪽.

14）堯都區文物旅遊局,《堯都平陽》, 3〜4쪽(위), 6쪽(아래).

〈자료 13-4〉 요묘 답사 자료 (2016.8.16.)

1. 요묘 안내문

2. 요묘 정문

3. 요묘(堯廟)로 들어가는 입구의 오봉루(五鳳樓)

4. 요묘(堯廟)와 광운전(廣運殿)
* 2층 건물 전체의 명칭이 요묘이고 1층 요임금이 모셔진 곳이 광운전

5. 제요상(帝堯像)이 모셔진 광운전(廣運殿)

6. 제요상(帝堯像)

* 가슴에 삼족오가 새겨져 있다. 제요(帝堯)시대에 10개의 태양이 떠올랐고 요임금이 예
  (羿)를 보내 그 가운데 9개를 태양을 쏘아 떨어뜨렸는데 삼족오로 변했다는 '예사구일
  (羿射九日)'의 신화가 전한다.[15]

7. 순임금을 모신 우순전(虞舜殿)의 입구인 우순문(虞舜門)

* 바라보면서 요묘의 왼쪽에 있다.

8. 순임금을 모신 우순전

15) 劉安,《淮南子》〈本經訓〉'羿射九日': 逮至堯之時, 十日幷出. 焦禾稼, 殺草木,
    而民無所食. 猰貐, 鑿齒, 九嬰, 大風, 封豨, 脩蛇皆为民害. 堯乃使羿誅鑿齒于
    疇華之野, 殺九嬰于凶水之上, 繳大風于青邱之泽, 上射十日, 而下殺猰貐, 斷修
    蛇于洞庭, 擒封豨于桑林, 万民皆喜, 置堯以为天子.

9. 우순상(虞舜像)

10. 우임금을 모신 대우전(大禹殿)의 정문인 대우문(大禹門)
* 바라보면서 요묘의 오른쪽에 있다.

11. 대우전(大禹殿)

12. 대우상(大禹像)

13. 현재도 정기적으로 요-순-우에 대한 제사를 지내고 있다.[16]

　　셋째, 임분시 요도구 대양진(大陽鎭) 북교촌(北郊村) 서쪽의 노하(澇河) 북안에 요임금의 무덤인 요릉(堯陵)이 있다. 1984년 전문가들의 조사에 따르면, (1) 이 능이 인공적으로 만들어진 것이고, (2) 주변의 토기 파편을 통해서 볼 때 4000여 년 전에도 이 근처에서 사람들이 활동했었다는 것이 밝혀졌다. 기록에 의하면 요릉은 '당나라 이전'에 이미 만들어졌으며, 많은 시대에 거쳐 보수 중건되었다. 제사 건축물인 요릉사우(堯陵祠宇)는 1736-1795년(청 고종 건륭 연간)에 건축된 것으로, 현재의 모습은 1539년(명 세종 가정 18년)에 세워진 비석에 새겨진 모양을 바탕으로 2009년에 복

---

16)　堯都區文物旅遊局,《堯都平陽》, 7쪽.

원한 것이다.[17] 능 앞에는 '고제요릉(古帝堯陵)' 비석이 있다.

〈자료 13-5〉요릉(堯陵)[18]

---

17) 堯都區文物旅遊局,《堯都平陽》, 17−19쪽.

18) 堯都區文物旅遊局,《堯都平陽》, 17−18(상), 19(하)쪽.

넷째, 요도구 요도진(堯都鎭) 이촌(伊村)에는 요임금이 살던 옛집이라는 요제고거(堯帝古居)가 복원되어 있다. 《수경주(水經注)》에 따르면 이촌에는 '신령한 요임금이 거주했다는 것을 기록한 비석'인 '신요거비(神堯居碑)'가 있었다고 한다. 2011년에 요제고거를 복원하였는데, 여기에는 요제사(堯帝祠), 적룡담(赤龍潭), 제농단(祭農壇), 요정(堯井), 화해교(和諧橋) 등이 있다. 매년 음력 4월 28일에 요임금 탄생일에 민간에서 제사를 지낸다.[19]

〈자료 13-6〉 요제고거(堯帝古居)[20]

다섯째, 요도구 중심에서 서쪽으로 25㎞ 거리에 있는 여량산맥(呂梁山脈)의 고사산(姑射山: 1418m)에는, 4300년 전 요임금이 현자를 방문하러 가다가 '사슴 선녀'(鹿仙女)를 만났다고 전하는 고사선동(姑射仙洞)이 있다. 《장자(莊子)》〈소요유(逍遙遊)〉편에는 "막고사지산(藐姑射之山)에 신인이 거주하는데 피부가 빙설(冰雪)과 같다"라는 기록이 있는데, 중국학자들은 이곳을 의미하는 것으로 보고 있다. 《평양부지(平陽府誌)》, 《임분현지(臨汾縣誌)》 등에서는 고사선동이 '실질적인 중국 도교의 탄생지'라고 소개할 정도

19) 堯都區文物旅遊局,《堯都平陽》, 20쪽.

20) 堯都區文物旅遊局,《堯都平陽》, 20쪽.

다. 당대(唐代)에 처음으로 도교의 도관(道觀)이 지어져 송대(宋代)에 확장
되었고, 원대(元代)에 가장 번성했다고 한다. 불교가 흥하면서 명대(明代)
이후로는 불교 사원으로 바뀌었다.[21]

〈자료 13-7〉고사산 고사선동(姑射仙洞)[22]

3. 도사유지의 발견과 요순시대(堯舜時代)

1) 중화문명탐원공정의 결과와 도사유지

'중화문명탐원공정'은 (1) '중화문명의 근원을 탐구한다'는 의미이며,
(2) 황하문명, 요하문명, 장강문명 지역에서 새롭게 발굴한 각종 고고학적
발굴 결과들을 통해서 이 3곳에서 출발된 초기문명이 중원 지역의 도사유
지(陶寺遺址)를 중심으로 통합되어 '최초의 중국(最早中國)'을 이루었다는
'중화문명 다원일체론(中華文明多元─體論)'을 정립하고, (3) 이러한 초기 문
명 지역을 신화─전설시대로 알려진 '3황 5제' 시대와 연결하는 것으로, (4)
중국사회과학원 고고연구소 소장 겸 중국고고학회 이사장인 왕외(王巍)가
총책임을 맡아 진행된 거대한 프로젝트였다. 간단히 말하면 중화문명탐원
공정은 하(夏), 상(商), 주(周) 이전 시대를 연구하여 중화문명의 기원을 밝

21) 堯都區文物旅遊局,《堯都平陽》, 21-22쪽.
22) 堯都區文物旅遊局,《堯都平陽》, 21-22쪽.

히고자 하는 것이다.

이 공정은 (1) 예비 연구(2002-2003)를 거쳐서, (2) 제1단계 연구(2004-2005)에서는 BC 2500-1500년까지 유적들에 대해서, (3) 제2단계 연구(2006-2008)에서는 BC 3500 - 1500년까지의 유적들에 대해서, (4) 제3단계 연구(2009-2015)에서는 BC 3500 - 1500년까지의 새로운 발굴 결과에 대한 종합적 연구를 거쳐, (5) 2015년 12월에 마무리되었다. 10년이 넘게 지속된 '중화문명탐원공정'은 어떤 목적으로 어떻게 시작된 것일까? 공정을 이끌었던 왕외(王巍)의 기고문을 통해서 그 사정을 들여다보면 아래와 같다.

'중화문명 5000년'이라는 말을 사용하고 싶지만, 문자를 갖춘 확실한 문명사는 상대(商代: BC 1600-1046)로 약 3500년 밖에 안 되고, 하대(夏代: BC 2070-1600)도 4000-3500년밖에 안 된다. 그러나 하대 이전인 5000-4000년 전의 역사에 대해서는 문헌 기록이 많지 않고 기록이 있어도 신화적인 색채를 지니고 있어서, '중화문명 5000년'은 국제 학술계의 공인을 얻지 못하고 있었다.

왕외는 (1) 하나라 이전의 역사를 밝혀 '중화문명 5000년'이 허구가 아님을 밝히고, (2) 중화민족의 응집력을 높이며, (3) 중화민족의 위대한 부흥에 공헌하기 위한 자신의 꿈을 실현하기 위해서, (4) 국가 10.5계획(10차 5개년 계획), 11.5계획, 12.5계획에서 연속적으로 중화문명탐원공정을 제안하고 이끌었다. 그는 중화문명탐원공정은 '중화문명의 족보를 계속해서 쓰는 것[中華文明續寫家譜]'이며 '개인적인 꿈이자 전체 고고학자들의 사명'이라고 강조한다.[23]

10여 년 동안 이 공정을 이끌었던 왕외의 기고문을 토대로 중화문명탐원공정의 결과를 간략히 정리하면 아래와 같다. 왕외가 고고연구소 홈페이지에 직접 올렸던 이 자료는 중화문명탐원공정의 결과를 압축적으로 보여주는 신뢰할 수 있는 좋은 자료이기 때문이다.[24]

---

23) 王巍, 〈知識人・中國夢: 讓中華文明五千年得到世界認同〉, 《光明日報》, 2013.5.8.
24) 王巍, 〈關于在'十三五'期間開幕'中華文明傳播工程'的建義〉, 《中國考古網》

첫째, 수많은 발굴 결과들을 통해서 하(夏: BC 2070-1600) 이전인 지금 으로부터 5000여 년 전에 (1) 황하 중상류, (2) 장강 하류, (3) 서요하 유역 에서는 이미 초기문명(初期文明)인 '고국문명(古國文明) 단계'에 진입했다.

중화문명탐원공정을 통해서 이들 각 지역에서는 5000여 년 전에 '초기 문명사회'에 들어섰다는 많은 증거들을 확보하였다고 보고 있다. 왕외에 따르면, (1) "농업과 수공업의 현저한 발전[農業和手工業的顯著發展]", (2) "원시종교, 예술과 정신생활의 거대한 진보[原始宗敎信仰和藝術在內的精 神生活方面的巨大進步]", (3) "엄격한 사회 분화와 피라미드식 사회구조의 출현[出現嚴重的社會分化, 形成金字塔式的社會結構]", (4) "종교 제사권, 군사 지휘권, 사회관리 통제권 등의 강제적 권력의 생산과 장악[產生掌握 宗敎祭祀權、軍事指揮權和社會管理控制權的強制性權力]" 등의 현상이 분명 하게 증명된다는 것이다. 황하 유역, 장강 유역, 서요하 유역의 지역성 문 명은 각기 다른 특성이 있지만, 이들 사이에 상호 충돌, 경쟁, 융합하면서 서로 연결된 "초보적인 중화문명권(中華文明圈)"이 형성되었다는 것이다.[25]

둘째, 이러한 각 지역의 '지역성 문명'이 서로 강하게 영향을 미치면서 황하 유역에서 '왕국문명(王國文明) 단계'에 진입한다. 이것이 "5000여 년 전의 역사상 최초의 중국[5000多年前歷史上最初的中國]"이다. 이러한 점 은 도사유지를 통해서 입증된다는 것이다. 기존의 중국학계에서는 하(夏) 를 중원 지역의 문명의 시작점으로 보았지만 이것은 틀린 것이고, 도사유 지에서 보듯이 요순(堯舜)시대까지 올라간다는 것이다.

셋째, 왕외는 중화문명탐원공정의 결과는 "'중화문명 5000여 년'이라 는 것이 절대로 허언(虛言)이 아니며, 모호한 신화(神話)도 아니며, 역사적 근거가 없는 전설(傳說)도 아니다. 이것은 구체적이고 확고한 실제적인 증 거에 기반하고 있고 움직일 수 없으며 부정할 수 없는 역사적 진실['中華 5000多年文明'絶非虛言, 不是虛無縹緲的'神話', 也不是沒有歷史根據的

2016.3.14.

25) (1) 王巍, 〈關於在'十三五'期間開幕'中華文明傳播工程'的建議〉, 《中國考古網》 2016.3.14.
　　(2) 《香港新聞網》, 2016.3.15. 〈全國人大代表呼籲開展"中華文明傳播工程"〉.

'傳說', 而是具有堅實依據, 不可動搖, 不容否定的歷史眞實)"이라고 강조한다. 요순시대는 전설이나 신화가 아니고 역사적 사실이라는 것이다.

넷째, 왕외는 이러한 중화문명탐원공정의 결과는 (1) 중화문명과 역사가 5000년이라는 것에 대한 국제학계의 의구심을 제거하고, (2) 중국문화의 영향력과 문화적 실력을 증강하는 중요한 의미가 있다고 강조한다. 이런 것을 알리기 위해서 중화문명탐원공정의 결과를 전 세계에 알릴 필요가 있으며, 이를 위한 중화문명탐원공정의 후속 공정으로 '중화문명전파공정(中華文明傳播工程: ? −? 준비 중)'을 제안하게 되었다는 것이다.

중국고고학회 이사장 겸 고고연구소 소장인 왕외가 스스로 밝히고 있는 이런 내용들이 앞으로 동북아 상고사에 미칠 파급효과에 대해서 한국학계에서는 아직도 과소평가하고 있다는 것이 필자의 솔직한 심정이다.

이런 논리들을 바탕으로 중국학계에서는 요하문명 지역의 각종 발굴결과들을 종합하여, (1) 요하문명 지역이 중화민족의 시조라는 황제족의 문명이며, (2) 요하문명의 홍산문화 시기에는 황제의 후예인 전욱과 제곡 세력에 의해서 '초기 문명단계'에 진입하고, (3) 황제족의 요하문명이 중원으로 남하하면서 황하문명과 만나 중화문명이 꽃피는 것이기에, (4) 요하문명이 실질적으로 '중화문명의 시발지'라는 점을 강조하고 있다. 이런 연구 결과들은 이미 내외적으로 정식으로 공표된 것이다.

황하문명 지역에서는 '도사유지'를 대대적으로 발굴하여, (1) 도사유지는 하−상−주 이전 제요(帝堯)의 왕성(王城)이며, (2) 이곳이 바로 역사상최초로 '중국(中國)'이라는 개념이 만들어진 곳이며, (3) '5000년 중화문명'이 사실이라는 것을 증명하였다고 강조한다.

2015년 6월 18일 '중화문명탐원공정의 꽃'이라고 불리는 도사유지의 37년에 걸친 발굴 성과를 대외적으로 선포하는 '산서성 도사유지 발굴 성과 기자회견(山西·陶寺遺址發掘成果 新聞發表會)'이 북경의 국무원 기자회견실(國務院新聞辦公室)에서 열렸다.

〈자료 13-8〉 '산서성 도사유지 발굴 성과 기자회견'(2015.6.18. 국무원 기자회견실)[26]

이 기자회견은 (1) 12년 동안 지속되었던 중화문명탐원공정의 총책임자이자 중국사회과학원 고고연구소 소장 겸 중국고고학회 이사장인 왕외가 직접 나서서 설명한 것이고, (2) 기자회견이 열린 장소가 사회과학원이나 고고연구소가 아니라 '국무원 기자회견실'이었다는 것은 그 위상을 보여준다. 어느 한 학자의 견해가 아니라 국가적인 입장이라는 것이다. 이 기자회견에서 발표된 핵심적인 내용을 다른 자료들로 보충하면서 정리해서 소개하면 아래와 같다.[27]

첫째, 도사유지는 (1) 왕궁(王宮)이 있는 내성(內城)과 외곽성(外廓城)으로 구성된 쌍성(雙城) 구조로, (2) 하층귀족 주거지(下層貴族住居區), (3) 저장고(倉儲), (4) 왕릉(王陵), (5) 관상대 겸 제사터(觀象祭祀臺), (6) 수공업 작업 지역(手工業作坊區), (7) 서민 주거지(庶民住居區), (8) 원형의 관상대겸

26) 霍文琦, 齊澤垚, 〈陶寺遺址考古發掘成果在京發布〉, 《中國社會科學網》, 2015.6. 18.

27) 霍文琦, 齊澤垚, 〈陶寺遺址考古發掘成果在京發布〉.

천단(天壇)과 방형 지단(地壇)[28] 등으로 구성된 현재까지 발굴된 가장 완벽한 도성(都城) 유적이다.

도사유지에는 천단과 지단이 분리되어 건축되어 있었다. 남문 밖에 방형(方形) 지단(地壇)이 있다. 천단(天壇)을 겸하고 있는 것으로 보이는 관상제사대(觀象祭祀臺)는 (1) 중기(中期) 성의 중심점에서 동으로 625m, 남으로 622m 지점, (2) 중기 내성의 남쪽 담장 근처에 있는데, (3) 총면적이 약 1700㎡ 정도로, (3) 직경 60m의 주위를 감싼 길(外環道)과 그 안의 직경 40m의 관상대로 되어있다.[29] 관상대는 (1) 천단을 겸하고 있는 것으로 보는데, (2) 흙으로 쌓은 3단의 반원형 형태로, (3) 3층은 직경 11m의 반원형 중심에 작은 원형의 석단(石壇)이 설치되어 있고 (4) 중심에서 먼 원주 쪽에는 흙기둥 11개가 세워져 있다.[30]

둘째, 도사유지의 도성 유적이 사용된 시기는 지금으로부터 약 4300-4000년 전이다. 도성 지역은 조-중-만기로 나누는데, 탄소14 측정 연대를 토대로 한 절대연대의 상한연대는 BC 2500-2400년이고 하한연대는 BC 2000년으로, 존속기간은 BC 2500-2000년 사이이다.[31]

셋째, 도사유지의 연대, 지리적 위치, 규모와 신분적 등급 등 모든 것을 고려해볼 때 '요임금의 왕성'인 요도(堯都)에 부합한다. 이것이 문헌에 기재된 요임금의 왕성 평양(平陽)이다.

산서성 고고연구소 자료에 따르면, (1) 이중성으로 된 왕성(王城)만 280만 ㎡에 달하며, (2) 조기의 소성(小城)과 중기의 대성(大城)과 소성(小城) 3부분으로 구성되어 있다.[32]

---

28) 기자회견 자료에는 없지만 발굴보고서에는 남쪽 성문 밖에 지단(地壇)으로 보이는 방형의 제사터가 발굴되어서 필자가 덧붙였다. 관상대는 천단(天壇)을 겸했던 것으로 보고 있다.

29) 何駑, 〈陶寺中期小城內大型建築IIFJT1發掘心路雜談〉, 《古代文明研究通訊》, 2004年 總23期.

30) 武家璧, 何駑, 〈陶寺大型建築IIFJT1的天文學年代初探〉, 《中國社會科學院古代文明研究中心通訊》, 2004年 第8期.

31) 張江凱, 魏峻, 《新石器時代考古》, 文物出版社, 2004, 230-231쪽.

32) http://www.sxkaogu.net/webshow/aritcleDetail.shtml?articleId=2010

현장 발굴대장인 고고연구소 산서성고고대 하노(何駑)는 '왕궁을 외곽성이 다시 둘러싼 전형적인 쌍성(雙城)' 구조를 보건대 이미 '방국(方國) 단계'에 진입했다고 보고 있다. 고고연구소 부소장인 백운상(白雲翔)도 도사유지는 여러 발굴 증거들이 문헌에 기재된 요도(堯都)와 부합하며, 이는 '5000년 중화문명'을 입증하는 중요한 증거라고 본다.[33]

2015년 12월 12일에는 중화문명탐원공정을 마무리하면서 《양분도사:1978—1985년 발굴보고(襄汾陶寺: 1978—1985年发掘报)》가 마지막으로 출간되었다. 이 책의 출간을 기념하고 10여 년에 걸친 공정의 마무리를 기념하기 위해서, 2015년 12월 12일 북경에서 '도사유지와 도사문화 출판 학술 연토회(陶寺遺址與陶寺文化出版學術研討會)'가 열렸다. 도사유지에 대한 새로운 시각의 해석이 중화문명탐원공정의 대미를 장식한 것이다.

2) 도사유지 소개

전설시대로만 여겨지던 요(堯)임금의 왕도(王都)라고 알려진 도사유지는 (1) 1978−1985년에 1차로 대규모 발굴이 이루어졌고, (2) 1999년부터 새로운 발굴이 이루어졌으며, (3) 2002년부터는 중화문명탐원공정 예비연구 항목에 들어가, (4) 2004년부터 본격적인 중화문명탐원공정의 주요 대상 유적지가 되었다.

《좌전(左傳)》 소공(昭公) 원년과 정공(定公) 4년 기록에 따르면 도사 지역 일대는 하나라와 상나라 시기에도 이미 '당국(唐國)' 혹은 '하허(夏虛)' '대하(大夏)'라고 불리던 지역이다. 도사유지를 간략히 살펴보면 아래와 같다.

① 도사유지는 산서성(山西省) 임분시(臨汾市) 양분현(襄汾縣) 도사진(陶寺鎮) 도사향(陶寺鄉) 도사촌(陶寺村)에서 발견된 용산문화(龍山文化) 도사유형(陶寺類型) 유적지다. 도사유지는 도사문화로 격상되어 불리기도 한다. 임분시의 행정중심지 요도구 바로 남쪽에 붙어 있는 양분현 중심지에서

---

33) 《北京日報》, 2016.2.17. 〈陶寺遺址发掘报告首发 佐证五千年中华文明〉

차로 30분 거리에 있다.

② 전체 유적지 총면적은 430만 ㎡이며 옛 내성과 외성을 갖춘 쌍성(雙城)으로, 외성 안의 면적이 280만 ㎡, 내성 안의 면적이 13만 ㎡에 달하는 거대한 '방국(方國) 혹은 왕국(王國)단계'의 도성 유적이다.[34]

2015년에는 (1) 도사유지의 동북각문(東北角門), 동남각문(東南角門), 궁성남문(宮城南門) 등 내성(內城)인 왕성(王城)의 여러 문들을 발굴했는데, (2) 동북각문과 동남각문은 돈대(墩臺) 형식의 수비 시설로 보이고, (3) 궁성남문은 이중으로 되어 있으며, (4) 내성인 궁궐 터만 해도 남북 270m 동서 470m의 장방형으로 면적이 13만 ㎡다.[35]

③ 아래층인 앙소문화 '묘저구(廟底溝) 2기 문화'는 나이테 교정을 거친 절대연대가 BC 2900-2800년[36]이다. 도성(都城) 유적은 BC 2500-1900년[37], BC 2450-1900[38], BC 2500-2000년[39] 등으로 나오는데, 일반적으로는 BC 2500-1900년으로 본다.

조기-중기-만기 각 시기별 편년은 각 유적지에서 나온 시료의 측정치가 100-200년 정도 겹치는 것이 많아서 통일된 견해는 없고, 각 시기별 측정치의 중간값은 조기는 BC 2450년, 중기는 BC 2200년, 만기는 BC 1950년이다.[40] 학자에 따라서 약 100-200년의 차이가 있다.

직접 발굴을 지휘한 하노(何駑)는 도사유지의 중심 유적은 약 400년 동

34) 1. 《襄汾陶寺: 1978-1985年考古發掘報告, 第1冊》, 11쪽.
　　2. 梁星彭, 嚴志斌, 〈山西襄汾陶寺文化城址〉, 《2001年中國重要考古發見》, 文物出版社, 2002.
　　3. 中國社會科學院考古硏究所山西工作隊 等, 〈山西襄汾陶寺城址2002年發掘報告〉, 《考古學報》, 2005年 第3期.
35) 王巍, 〈2015年度中國社會科學院考古硏究所田野考古成果綜述〉, 《中國考古網》, 2016.1.5.
36) 《襄汾陶寺: 1978-1985年考古發掘報告, 第1冊》, 120쪽.
37) 《襄汾陶寺: 1978-1985年考古發掘報告, 第1冊》, 388-390쪽.
38) 《襄汾陶寺: 1978-1985年考古發掘報告, 第3冊》, 1348쪽 영문 요약.
39) 張江凱, 魏峻, 《新石器時代考古》, 文物出版社, 2004, 230-231쪽.
40) 張維璽, 〈陶寺遺址及阾近地區考古地磁硏究〉, 《考古》, 1989年 제10期; 《襄汾陶寺: 1978-1985年考古發掘報告, 第3冊》, 1151쪽.

안 지속되었고, (1) 조기는 BC 2300~2100년, (2) 중기는 BC 2100~2000
년, (3) 만기는 BC 2000~1900년으로 보고 있다.[41]

발굴 보고서에서는 조기를 좀 더 높게 잡았다. 곧, 석경(石磬), 악어가
죽으로 만든 타고(鼉鼓) 등이 나오는 가장 큰 무덤들은 'BC 2400년경의 방
국(方國) 단계의 왕릉'으로 본다. 영어요약문에는 도사유지에 대해서 "BC
2400년경 조기의 사전(史前) 국가의 수도(the capital city of early prehistoric
state around 2400 BC)"로 표현하고 있다.[42]

여러 학자들의 견해를 종합하면, 결국 도사유지의 왕궁은 BC 2400~
2300년경 요임금의 왕궁인 평양이라는 것이다.

④ 도사유지에서는 (1) 홍동(紅銅: 청동이 아닌 순동을 말함)으로 만든 중
국에서 가장 오래된 동령(銅鈴: 순동 방울)과 순동으로 만든 '톱니가 있는
바퀴'인 동치륜(銅齒輪), (2) 동령을 비롯한 도고(陶鼓)·타고(鼉鼓: 악어가죽
을 덧씌운 북)·석경(石磬)·도훈(陶塤) 등 각종 악기, (3) 천단을 겸했다고 보
는 최초의 관상대(觀象臺)와 남문 밖의 지단(地壇) 등의 제단, (4) 조-중-
만기의 내성(=왕궁)과 외성(=외곽성)을 갖춘 이중성 구조의 280만 ㎡의 거
대한 궁성(宮城)와 왕릉, (5) 신분에 따라 나눠진 주거지, (6) 예제(禮制)의
확립, (7) 2개의 문자가 있는 납작한 토기인 '문자편호(文字扁壺)'가 발견되
어, (7) 명실상부한 '방국(方國) 단계'에 진입했다고 보고 있으며, (8) 도사
유지에서 가장 큰 왕릉을 "왕의 신분을 지닌 방국의 수령급 인물[王者身分
的方國首領人物]"의 묘로 보고 있다.[43]

도사유지에서는 4개의 작은 동기(銅器)가 발견되는데, (1) 홍동령(紅銅
鈴), (2) 홍동환(紅銅環), (3) 비소를 합금한 신동(砷銅)으로 만든 동치륜형기
(銅齒輪形器), (4) 동용기(銅容器) 잔편(殘片) 등이 발굴되었다. 도사유지에서
발견된 (1) 홍동령(紅銅鈴)은 동아시아에서 가장 이른 '복합 거푸집을 사용
한 동기[複合范銅器]'이며, (2) 동용기(銅容器) 잔편(殘片)은 비소를 섞은 신

41) 何駑, 〈陶寺文化譜系研究綜論〉,《古代文明(第3卷)》, 文物出版社, 2004.

42)《襄汾陶寺: 1978~1985年考古發掘報告, 第3冊》, 1351쪽 영문 요약.

43)《襄汾陶寺: 1978~1985年考古發掘報告, 第2冊》, 528쪽.

동(砷銅)으로 만든 것으로 동이 모양의 동분(铜盆)의 일부로 보고 있다.[44]

⑤ 각종 문헌 기록에 신화처럼 기술된 요순(堯舜)시대가 실존하고, 도사유지가 바로 '최초의 중국(中國)'이라고 보고 있다.[45]

결국 도사유지의 발굴을 통해서, 이제까지 하−상−주로 시작되는 중원 지역 황하문명의 문명사를 그 이전의 요순시대로 끌어올려 당요(唐堯)→우순(虞舜)→하우(夏禹)→상탕(商湯)→주공(周公)으로 이어지는 '역사시대의 계보'를 새롭게 재정립하고 인정한 것이다.

특히 도사유지에서 발견된 2개의 문자가 있는 문자편호(文字扁壺)는 특별한 관심을 끈 것이다. 이 문자편호의 연대는 BC 2000−1900년이다.[46] 발굴 보고서를 통해 이를 상세히 소개하면 아래와 같다.[47]

1984년 봄, Ⅲ지구의 도사유지 만기의 회갱(H3403)에서 주사(朱砂)로 붉은 글씨를 쓴 도편호(陶扁壺) 혹은 문자편호(文字扁壺)가 발견되었다. 도편호(H3403:13)는 (1) 회색 토기로, (2) 표면에는 세밀하고 조밀한 선문(線紋)이 있으며, (3) 발굴된 도편호 가운데 7식에 속하고, (4) 도사유지 만기의 전형적인 토기 가운데 하나이며, (5) 남은 길이는 27.6cm이고, (6) 손실된 부분은 찾지 못했다. 세밀하게 관찰한 결과 파손된 부분에도 주사(朱砂)로 붉은색을 칠해서 둘렀다.

도편호의 볼록한 배 부분 앞뒤로 2개의 문자가 있었다. 첫 번째 문자는 (1) 갑골문의 '문(文)'자와 똑같이 썼고, (2) 이것이 '文'자라는 것에 대해서는 갑골문학자들 사이에 이견이 없으며, (3) 글자를 쓴 안료는 주사(朱砂)로, 출토 시에도 붉은색이 아주 선명하였으며, (4) 글자를 쓴 도구는 모필(毛筆)이고, (5) 붓 끝을 흔들거나[撇], 누르는[捺] 기법에 능숙한 글씨체

---

44) 許宏, 〈邁入青銅時代 : 資源視角下的文明擴張〉, 《發現中國》, 創刊號(2012年 1月). 이 글은 아래의 블로그에도 올려져 있다. http://blog.sina.com.cn/s/blog_4ac539700102dvfz.html

45) 百度百科 '도사유적' 항목 참고하시오.

46) 《襄汾陶寺: 1978−1985年考古發掘報告, 第3冊》, 1349쪽.

47) 《襄汾陶寺: 1978−1985年考古發掘報告, 第1冊》, 368−370쪽.

였다.

다른 하나의 문자는 반대편 평평한 배 부분에 있는데, (1) 모필로 쓴 2개의 부호(符號) 혹은 문자(文子)가 아래위로 배열되어 있는데, (2) 둘 사이에는 3.2cm의 공백이 있으며, (3) 출토될 당시에 발굴자들은 상하 2개로 나뉜 것이 아니라 하나로 보았으나, (4) 현재는 2개의 글자로 보는 사람도 있으며, (5) 하나의 글자로 보는 사람들은 요임금을 나타내는 '요(堯)'자로 보는 사람이 대부분이고, 다른 사람들은 '역(易)', '명(明)', '명(命)'자 등으로 보기도 한다.

특히 도사유지에서는 왕급 묘에서 평민의 묘에 이르기까지 다양한 신분의 구별이 가능한 묘가 770개나 발굴되었다. 현재 중국학자들은 왕급-왕족 묘인 1류(一類)에서 최하층 빈민의 6류(六類)까지 최소한 6등급의 신분이 명확하게 나뉘어져 있었다고 보고 있다. 물론 각 신분별로 갑-을-병 등으로 더 세분하기도 한다. 필자가 발굴 보고서를 토대로 도사유지에서 현재까지 발굴된 '신분 분류가 가능한 770개의 묘'를 정리한 것이 아래의 〈자료 13-10〉이다.

독특한 것은, 고급귀족에서는 낮은 지위인 '2류 병형(丙型)'부터 중급-하급귀족인 '3류 갑형(甲型)'과 '3류 을형(乙型)'까지의 무덤에서만 옥기(玉器)가 출토된다는 점이다. 왕급 묘뿐만이 아니라, 고급귀족의 상층에 해당하는 '2류 갑형(甲型)과 을형(乙型)'까지의 묘에서는 옥기가 단 한 점도 발견되지 않는다.

또한 고급귀족에서는 낮은 지위인 (1) '2류 병형(丙型)'에서 발견되는 중국 최초의 옥규(玉圭)와 옥관(玉箮) 중에서 옥규와, (2) '2류 정형(丁型)'에서 발견되는 '옥과 뼈가 결합된 비녀' 등은 홍산문화에서는 보이지 않는 유형이다. 이들은 홍산문화와 직접 연결된 사람은 아니라고 보인다. 이들 묘의 부장품은 여전히 토기가 위주이고, 옥기는 '2류 병형'에서 2점, '2류 정형'에서는 '옥과 뼈가 결합된 비녀'가 1점 나올 뿐이다.

그러나 중급-하급귀족 묘 가운데 (1) 가장 높은 지위의 '3류 갑형'에서는 옥벽(玉璧), 옥황(玉璜), 옥환(玉環), 옥종(玉琮), 옥규(玉圭) 등 '옥기만을 부장하여 장례를 지내는' 홍산문화의 '유옥이장(唯玉爲葬)'의 묘와 같은 모습이며, (2) '3류 을형'에서는 옥환, 옥소(玉梳: 옥으로 만든 빗), 옥잠(玉簪: 옥비녀) 등의 옥기와 뼈나 조개껍질 장식품 등이 섞여 나오며, (3) '3류 병형'에서는 옥기가 하나도 없고 동물을 부장하고 있을 뿐이다. 특히 '3류 갑형'에서 보이는 옥황, 옥벽은 홍산문화에서 최초로 보이는 것이다.

정리를 하면, (1) 왕(1류 갑형), 왕족(1류 을형), 고급귀족의 상층(2류 갑형, 을형)의 묘에서는 화려한 토기 위주이고, 옥기는 단 1점도 보이지 않으며, (2) 고급귀족의 하층(2류 병형, 정형)에서도 화려한 토기 위주이고, 옥기는 1-2점이 보이지만 홍산문화 특유의 것은 보이지 않으며, (3) 중-하급귀족의 상층(3류 갑형)에서는 토기는 하나도 없이 많은 옥기만이 발견되고, 옥벽과 옥황 등 홍산문화와 같은 옥기가 보이며, (4) 중-하급귀족의 중간층(3류 을형)에서는 대부분 옥기이지만 뼈나 조개껍질 장식품이 보이고, (5) 중-하급귀족의 하층(3류 병형)에서는 옥기나 토기는 보이지 않고 여러 마리의 동물 희생을 부장하고 있다.

이러한 정황을 필자는, (1) 홍산문화 지역에서 남하한 이들이 이 지역의 토착세력들과 결합하면서 주로 중-하급귀족의 상층(3류 갑형)과 중층(3류 을형)으로 편입되었고, (2) 이들 가운데 일부는 옥기가 보이는 '고급귀족의 중-하층(2류 병형, 정형)'으로 신분 상승을 한 사람도 있었을 것으로 보고 있다. 이에 대해서는 뒤에서 다시 논의하기로 한다.

우리나라의 여러 사서에서는 단군조선의 건국이 '요임금과 같은 시기' 혹은 '요임금 후 50년' 등으로 기록하고 있다. 도사유지가 중국에서 가장 오래된 왕성인 요임금의 평양(平陽)이라면, 단군조선의 건국연대 BC 2333년이 이제 허구가 아닐 수 있는 것이다. 이런 관련성에 대해서도 앞으로 깊이 있는 연구가 이루어져야 할 것이다. 이에 대해서도 뒤에서 다시 논의한다.

〈자료 13-9〉 양분 도사유지 발굴 보고서(2015.12월 출판. 필자 소장)

〈자료 13-10〉 도사유지 묘의 유형, 신분, 부장품 분류표[48]

* 도사유지에서 발굴된 분류 가능한 770개의 묘를 대상으로 필자가 정리한 것이다.

유형 (분류가능 총 770개)		수	주요 수장품	신분
일류 (一類) (6개)	甲型	5	석경(石磬), 타고(鼉鼓), 반룡문도(蟠龍紋陶), 채회도(彩繪陶), 옥석월(玉石鉞), 석부(石斧) 등	왕 (王. 왕자신분의 방국 수령인)
	乙型	1	석경(石磬), 타고(鼉鼓) 제외	왕족(왕실성원)
이류 (二類) (30개)	甲型	13	석경(石磬), 타고(鼉鼓), 반룡문도반(蟠龍紋陶盤) 제외	.고급귀족, 위계에 따라 갑을병정 등급으로 나눈다. .2류 병형과 정형에서부터 옥기가 보이기 시작한다. 그러나 이 옥기들은 홍산문화 특유의 옥기는 아니다. 2류 병형에 보이는 옥규는 산동 지역에서 온 것
	乙型	7	.2-8개의 도기와 목기 위주, .많은 수의 석/골촉이 보임. .돼지 하악골(猪下顎骨) 부장	
	丙型	1	토고(土鼓), 옥규(玉圭), 옥관(玉管) 목걸이	
	丁型	4	.모두 목관(木棺)을 사용 .유물이 적으며 채회도병(彩繪陶瓶), 주회도병(朱繪陶瓶), 옥(玉)과 골(骨)이 결합된 비녀 등	
삼류 (三類) (149개)	甲型	125	.옥규(玉奎), 옥벽(玉璧), 복합벽(複合璧), 옥황(玉璜), 옥종(玉琮) 등 예기가 집중적으로 나옴.	.중,하급귀족 혹은 전사계급 .(1) 옥석예기, (2) 옥석장식품, (3) 동물 희생 등이 특징적
	乙型	18	.옥환(玉環), 옥소(玉梳), 옥잠(玉簪), 조합두식(組合頭飾), 목걸이, 비환(臂環), 지환(指環), 골(骨)/방(蚌)장식품 등	
	丙型	6	.동물 희생을 수장한 것이 특징 양 1, 장(獐) 1, 사슴(鹿) 1, 대량의 돼지 하악골(猪下顎骨) 1	

48) 《襄汾陶寺: 1978-1985年考古發掘報告, 第2冊》, 440-530쪽의 내용을 필자가 알기 쉽게 간략하게 정리하여 도표화한 것이다.

사류(四類) (29개)	29	.대부분 부장품이 없고 있어도 마편물, 편직물, 초석(草席), 목판(木板) 등	.평민 중 부유한 사람(평민과 귀족 사이)
오류(五類) (254개 33퍼센트)	254	.분류가 가능한 770개 가운데 33퍼센트.마포(麻布), 마편물(麻編物), 초편물(草編物 등으로 시신을 싸서 묻음. .부장품이 있는 것은 154개. .1-2개의 석부(石斧), 석산(石鏟), 석도(石刀), 석/골/방촉(蚌), 돼지 하악골, 목기 등	평민
육류(六類) (302개, 39.2퍼센트)	302	. 없음	평민 중 최하층의 빈민 혹은 노예

〈자료 13-11〉임분시 양분현 도사유지의 위치와 상세도[49]

* 산서성 임분시 양분현(襄汾县) 도사진(陶寺镇) 도사향(陶寺郷) 도사촌(陶寺村)

* 도사유지(★)는 요도구 바로 아래 양분현(襄汾縣)에 있다.

* 요도구에서 도사유지까지는 차로 약 30-40분 거리이다.

49)《襄汾陶寺: 1978-1985年考古發掘報告, 第1册》(北京: 文物出版社, 2015), 1쪽 〈圖 0-1〉.

* 양분현 중심지에 있는 기차역의 동쪽에 있다.

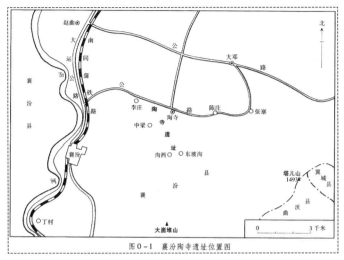

图 0-1 襄汾陶寺遺址位置图

〈자료 13-12〉양분 도사유지(▲) 주변 위성사진(1996년)[50]

* 가운데 남북으로 흐르는 강이 황하의 지류인 분하(汾河)이다.
* 동, 서가 산지로 둘러싸인 분지 지역이다.

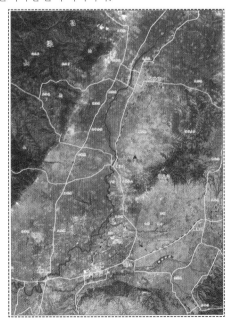

50)《襄汾陶寺: 1978-1985年考古發掘報告, 第4册》,〈彩版 1〉.

〈자료 13-13〉 도사유지 답사 자료(2016.8.16일)

1. 고고유지공원 안내문

* '280만 ㎡ 도성 유적'으로 소개하고 있다.
* 전체 유적지는 430만 ㎡, 외성 안은 280만 ㎡, 내성 안은 13만 ㎡.

2. '도사유지 고고 성과전'을 열고 있는 전시관 안내문

* '화하의 뿌리, 문명의 여정[華夏之根, 文明之旅]'으로 소개하고 있다.

3. 전시관 입구

* '최초의 중국(最早中國)', '제요고도(帝堯古都)', 문자편호(文字扁壺)에 보이는 2개의 문
  자를 강조.

4. 요임금의 왕성인 평양(平陽) 모형
* 전체 유적지는 430만 ㎡, 외성 안은 280만 ㎡, 내성 안은 13만 ㎡.

5. 궁궐과 귀족 주거지역인 내성(13만 ㎡)

6. 도성의 외성 남쪽에 위치한 방형의 지단(地壇)

7. 천단 겸 관상대

* 영국의 스톤헨지보다 500년 빠른 세계 최초의 관상대이다. 아래 사진은 천문 관측의
  방법을 연구하여 그린 것이라고 한다.

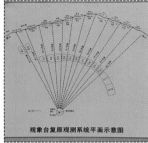

观象台复原观测系统平面示意图

8. 문자편호(文字扁壺)에 보이는 중국 최초의 문자 안내문과 사진

9. 문자편호의 '문(文)'자와 요(堯)자[51]
* 좌측은 '문(文)'자이고, 우측은 요(堯)자로 보고 있다.
* '문(文)'자는 갑골문과 똑같고, '요(堯)'에 대해서는 '易, 明, 命' 등 이견이 있다.

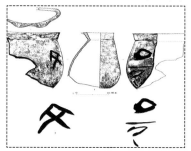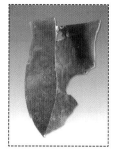

〈자료 13-14〉 도사유지에서 발굴된 각종 악기들

1. 석경(石磬: M3002:6)[52]
* 2개가 발굴되었다(M3002:6, M3015:17).

2. 중국 최초의 '동으로 만든 방울'인 동령(銅鈴: M3296:1)[53]

---

51) 좌: 위 책,《第1册》, 369쪽 도3-151, 중: 위 책, 第4册, 彩版 9, 우: 위 책,《第4册》, 彩版 10.

52) 위 책,《第4册》, 彩版 24-1(M3002:6).

53) 위 책,《第4册》, 彩版 55-1, 55-2(M3296:1).

3. '흙으로 만든 방울'인 도령(陶鈴: Ⅳ C: 06)⁵⁴⁾, 도훈(陶塤=陶燻: H419: 5)⁵⁵⁾
* 여러 점이 발굴되었다.

4. '흙으로 만든 북'인 토고(土鼓)⁵⁶⁾

---

54) 위 책,《第4册》, 圖版 110-4(Ⅳ C: 06).

55) 위 책,《第4册》, 圖版 111-4(Ⅲ C: 08).

56) 위 책,《第4册》, 좌로부터 圖版 279-1(M3072:11), 279-2(M3016:33), 圖版 280-1(M3002:53), 280-2(M3032:1).

5. 타고①(鼉鼓: M3015:15)와 수준 높은 도안[57]
* 모두 8개가 발견되었다. 통은 나무로 제작하여 그림을 그렸으며, 북의 안팎에 악어뼈
로 만든 작은 골판과 비늘들이 떨어져 있었다. 이것은 나무로 만든 통 위에 악어가죽
을 덧씌워서 만들었다는 것을 말해준다. 고문헌에서는 이것을 타고(鼉鼓)라고 하였다.
M3002, M3015, M3016에서 각각 2개, M3072, M3073에서 각각 1개 총 8개가 발굴되었다.[58]

6. 타고 안에서 발견된 악어 골판과 원추형 악어 비늘[59]
* 악어 골판은 타고 M3015:15 안에서, 원추형 악어 비늘은 타고 M3002:27 안에서 발견
된 것이다.

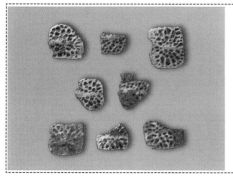

57) 위 책,《第4冊》, 彩版 21(M3015:15-左), 22-1(중간 부분 도안-右上), 22-2(아랫부
분 도안-右下).
58) 위 책,《第2冊》, 636쪽.
59) 위 책,《第4冊》, 彩版 23-2, 3.

〈자료 13-15〉 도사유지에서 출토된 옥기

1. 중국 최초의 옥규(玉圭: 좌-M3032:2, 우-M1700:3)[60]

2. 옥벽(玉璧)과 옥황(玉璜)[61]

* 옥벽(위), 옥황(아래) 등은 홍산문화에서 처음 보이는 것으로, 요하문명과의 교류관계
  를 보여주는 것이다.

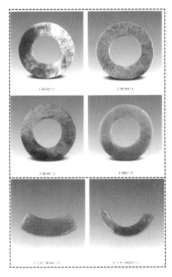

---

60) 위 책, 《第4冊》, 彩版 43.

61) 위 책, 《第4冊》, 彩版 44(옥벽), 45-3, 4(옥황).

3. 다양한 형태의 옥종(玉琮)[62]
* 총 10개의 옥종이 발굴되었는데 이것은 산동 지역 용산문화와의 교류관계를 보여주는 것이다.

4. 공예 수준을 보여주는 뼈와 옥기가 결합된 옥비녀(玉簪)[63]

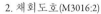

〈자료 13-16〉도사유지에서 출토된 다양한 채회도(彩繪陶)[64]
* 요하문명의 하가점하층문화와의 관련성을 보여주는 중요한 유물이다.
1. 채회도호(彩繪陶壺: M3002:50)   2. 채회도호(M3016:2)

62) 위 책,《第4冊》, 彩版 48.
63) 위 책,《第4冊》, 彩版 51.
64) 위 책,《第4冊》, 1=彩版 25-2, 2=彩版 26-2, 3=彩版 27-1, 4=彩版 27-3, 5=彩版 29, 6=彩版 32-3.

3. 채회도호(M3015:41)

4. 채회도호(M2001:42)

5. 채회분(彩繪盆: M3073:28)

6. 채회분(M2168:3)

〈자료 13-17〉 도사유지에서 출토된 동치륜(銅齒輪)[65]

65) 발굴 보고서에는 컬러 사진이 소개되어 있지 않아서 아래의 인터넷에서 가져온
    것이다. http://s14.sinaimg.cn/large/48da23d2t9586ced93

〈자료 13-18〉도사유지 대형 건축 벽면의 백회(白灰)를 칠한 기하문 장식[66]

〈자료 13-19〉1류(一類) 갑형(甲型): 왕급(王級)의 묘와 부장품

1. M3015 묘[67]

* 왕급 묘인 '1류 갑형'은 전체 770개 묘 가운데 5개다.

* 왕급 묘에서는 옥기(玉器)가 전혀 발견되지 않는다.

* 타고(15, 16), 석경(17) 등이 부장되어 'BC 2400년경의 방국(方國)의 왕급 묘'로 보고 있다.
  발굴 보고서 영문 초록에서는 "the capital city of earil prehistoric state around 2400 BC"
  로 표현하고 있다.[68]

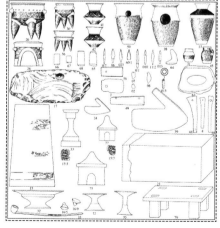

---

66) 《襄汾陶寺: 1978-1985年考古發掘報告, 第4冊》, 彩版 6.

67) 위 책, 《第2冊》, 452쪽 圖 4-36(A), 453쪽 圖 4-36(B).

68) 위 책, 《第3冊》, 1351쪽 영문 요약.

2. M3016 묘[69]

* 왕급 묘에서는 옥기가 전혀 보이지 않는다.

* 타고(37, 38), 석경(39) 등이 부장된 이 무덤은 많이 훼손되었지만 왕급 묘로 보고 있다.

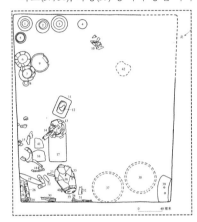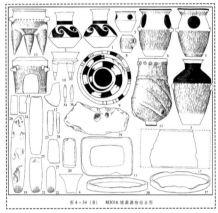

圖 4 - 34 (B)   M3016 隨葬器物組合圖

〈자료 13-20〉 1류(一類) 을형(乙型): 왕족의 묘(M2001)와 부장품[70]

* 왕족 묘인 '1류 을형'은 전체 770개 묘 가운데 이것 1개뿐이다.

* 왕족의 묘에도 '옥기'는 한 점도 없다.

* 부장품은 많지만 왕급 묘에 보이는 석경(石磬), 타고(鼉鼓)는 보이지 않는다.

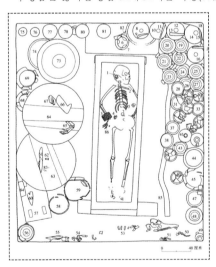

圖 4 - 38 (B)   M2001 隨葬器物組合圖

69) 위 책, 《第2册》, 448쪽 圖 4-34(A), 449쪽 圖 4-34(B).

70) 위 책, 《第2册》, 460쪽 圖4-38(A), 461쪽 圖4-38(B).

〈자료 13-21〉2류(二類) 갑형(甲型): 고급귀족 묘(M2103) 평면도와 수장품: [71]

* 고급귀족 중에서도 상층에 속하는 이 유형은 전체 770개 묘 가운데 13개다.
* 2류(二類)는 위계에 따라 갑-을-병-정 4유형으로, 악기류는 보이지 않는다.
* 귀족 가운데 신분이 가장 높은 '이류(二類) 갑형(甲型)'에서도 옥기는 발견되지 않는다.
* 4번 석부(石斧), 8번 석분(石錛: 돌 자귀), 24번 석월(石鉞)도 모두 옥이 아닌 돌로 만든 것이다.

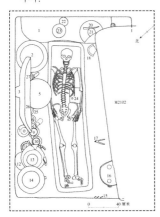

圖 4-39(B) M2103 號墓墓物組合圖

〈자료 13-22〉2류(二類) 을형(乙型): 고급귀족의 묘와 부장품

* 고급귀족 가운데 중간에 해당하는 이 유형은 전체 770개 묘 가운데 7개다.
* '2류 을형'에서도 옥기는 하나도 보이지 않고 토기 위주임.

1. M2063 [72]

---

71) 위 책,《第2冊》, 464쪽 圖4-39(A), 465쪽 圖4-39(B).

72) 위 책,《第2冊》, 484쪽 圖4-52.

2. M2202[73]

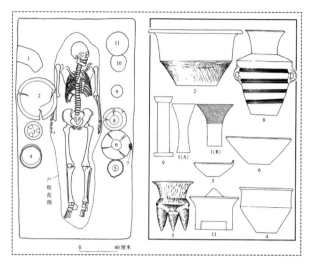

〈자료 13-23〉 2류(二類) 병형(丙型): 고급귀족 중간층 묘(M3032)와 부장품

* '2류 병형'은 770개 묘 가운데 단 1개다.
* 처음으로 옥규(玉圭: 아래 2) 1개, 옥관(玉管) 1개의 옥기가 나온다. 옥관은 1번 토고(土鼓)
  아래에 깔려 있어 평면도 상에는 보이지는 않는다. 컬러 사진을 뒤에서 소개한다.
* 홍산문화 특유의 옥기는 발견되지 않는다.

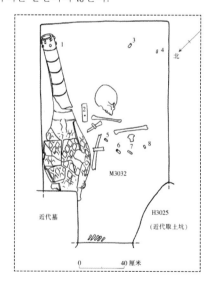

73)   위 책,《第2册》, 485쪽 圖4-53.

〈자료 13-24〉2류(二類) 정형(丁型): 고급귀족의 하층 묘(M2003, M2023)와 부장품[74]

* 이 유형의 묘는 770개 묘 가운데 4개다.

* 아래 M2003(좌: 여 25세 이상), M2023(우: 여 35-40세)에서는 '옥과 뼈를 조합한 비녀'(1, 2, 3)과 '녹송석(綠松石) 판으로 장식된 팔찌'(4, 4:1, 4:2)가 나왔다. 홍산문화의 전형적인 옥기는 발견되지 않는다.

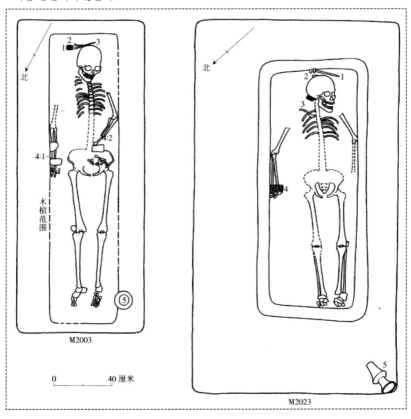

---

74) 위 책,《第2册》, 491쪽 圖4-58.

〈자료 13-25〉3류(三類) 갑형(甲型): 중급-하급귀족 가운데 상층의 묘

* '3류 갑형'은 770개 가운데 125개다.
* 3류(三類)는 위계에 따라 갑-을-병 3유형으로 모두 149개(갑류 125, 을류 18, 병류 6)의 묘가 발견되었다. 3류 갑-을-병 모두 '옥기(玉器)' 중심으로 부장하였다.
* 특히 '3류 갑형'은 왕-왕족-귀족의 묘 180개 가운데 125개(69.4퍼센트)로 절대다수를 차지하고 있다(〈자료 13-10〉 참조). 홍산문화의 묘에서와 같이 주로 옥기만을 부장하여 장례를 지내는 '유옥위장(唯玉爲葬)'의 관습을 따르고 있다.
* '3류 갑형' 125개 묘에서 옥기 이외에 토기를 같이 매장한 곳은 단 1곳(M2384에서 토기 2개)뿐이다.

1. M3168묘[75]
* 1, 2, 3: 머리 위에 흩어져 있는 옥 조각들 4: 옥 목걸이, 5: 미상의 흑색 탄화물〔黑色胶狀物〕, 6: 대리석제 벽(璧), 90여 개의 녹송석(綠松石)으로 만든 팔찌〔腕飾〕, 7: 활석(滑石)제 종(琮), 8: 옥쌍공도(玉雙孔刀), 9, 10: 옥월(玉鉞: 옥도끼)
* 녹송석, 대리석 등은 모두 미석(美石)으로 넓은 의미의 옥기의 일종으로 본다.

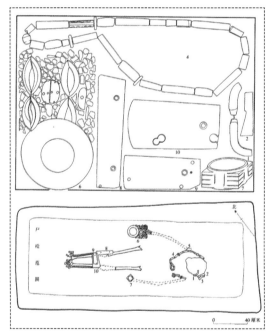

---

75) 평면도는 위 책, 《第2册》, 496쪽 圖4−61. 사진은 위 책, 第4册, 도판 200, 도판 201.

* 1,2,3: 옥 조각, 4: 옥 목걸이   * 6: 대리석 벽, 녹송석 팔찌
5: 검은색 탄화물

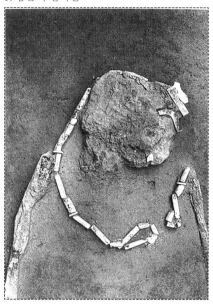

* 7: 옥종(玉琮)   * 8: 옥쌍공도(玉雙孔刀), 9,10: 옥월(玉鉞)

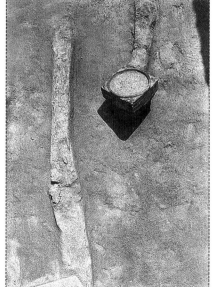

2. M3175[76)]

* 1-7: 머리 위의 녹송석, 대리석 조각 8: 석제 벽(璧), 9: 대리석제 월(鉞), 10: 옥쌍공도(玉雙孔刀)

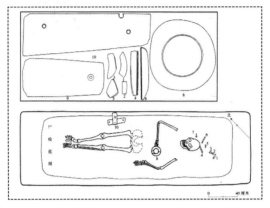

3. M1232, M1267, M3031 평면도[77)]

* 구체적인 설명은 생략하나, 모두 옥기뿐이고 토기는 하나도 없다.

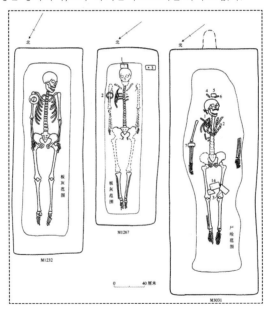

---

76) 위 책,《第2册》, 497쪽 圖4-62.

77) 위 책,《第2册》, 502쪽 圖4-66.

〈자료 13-26〉 4류(四類): 부유한 평민의 묘(M3419, 3106, 1319)[78]
* 부유한 평민의 묘인 4류는 770개 가운데 28개이다.
* 목관(木棺)이며 대부분 부장품이 없고 있어도 마편물(麻編物), 편직물(編織物), 초석(草席) 등이다.

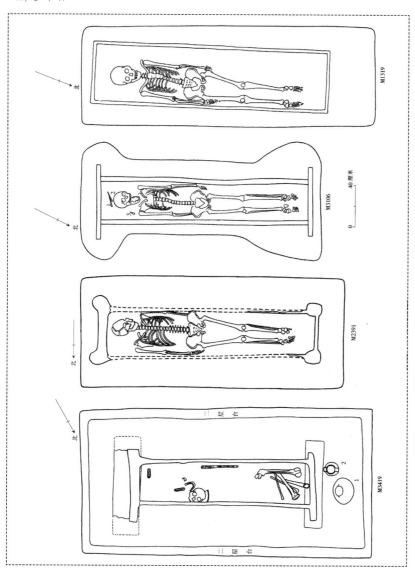

〈자료 13-27〉5류(五類): 일반 평민의 묘

* 평민의 묘인 5류는 770개 가운데 254개로 최하층인 6류(302개) 다음으로 많다.
* 목관이 없는 토광묘에 마편물(麻編物), 편직물(編織物), 초편물(草編物) 등으로 시신을 싸서 묻었다.
* 100개의 묘는 부장품이 없고, 부장품이 있는 154개의 묘에는 돼지의 하악골(下顎骨:아래턱뼈), 석부(石斧), 석도(石刀), 나무 주발, 1-2개의 토기 등을 부장하였다. 옥기는 없다.

1. M2230, 2425, 2156[79]
* 아래 M2230, M2425의 발아래 보이는 것인 돼지의 하악골(下顎骨), M2156의 2는 나무 주발(木碗)이다.

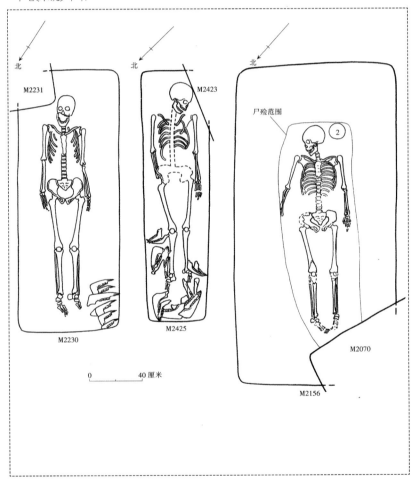

---

79) 위 책,《第2册》, 519쪽 圖4-76.

2. M2064, 2061, 2098.[80)

* M2061의 1은 분(盆: 동이), M2098의 2는 병(瓶: 항아리)으로 토기다.

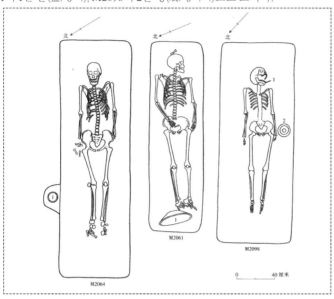

〈자료 13-28〉 6류(六類): 평민 중 빈민층 혹은 노예의 묘(좌로부터 M3053, 2415, 3323)[81)

* 평민 중 빈민층 혹은 노예의 묘인 6류는 770개 가운데 302개로 가장 많다.

* 토광묘로 부장품이 전혀 없다.

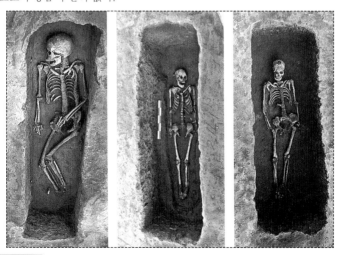

---

80) 위 책, 《第2冊》, 520쪽 圖4-77.

81) 《襄汾陶寺: 1978-1985年考古發掘報告, 第4冊》, 圖版 221의 일부.

3) 도사유지와 홍산문화-하가점하층문화와의 관계

첫째, 도사유지에서는 왕급(1류 갑형)과 왕족급(1류 을형), 고급귀족의 상층(2류 갑형, 을형)의 묘에서는 옥기가 단 1점도 발견되지 않는다. 이것은 도사유지의 최상위 지배계급에게는 옥기문화가 이질적이고 낯선 문화였음을 의미하는 것이라고 본다.

그러나 고급귀족의 하층(2류 병형, 정형)의 묘장에서 1-2점, 중-하급귀족의 상층(3류 갑형, 을형)에서는 많은 옥기가 발견된다. 특히 토기 없이 옥기만을 부장하여 장례를 지낸 '3류 갑형'은 왕-왕족-귀족의 묘 180개 가운데 125개(69.4퍼센트)로 절대 다수를 차지하고 있다(〈자료 13-10〉 참조). '3류 갑형'은 홍산문화의 묘에서와 같이 옥기만을 부장하여 장례를 지내는 '유옥위장(唯玉爲葬)'의 관습을 따르고 있다. '3류 갑형' 125개 묘에서 옥기 이외에 토기를 같이 매장한 곳은 단 1곳(M2384에서 토기 2개)뿐이다. 홍산문화의 '유옥위장(唯玉爲葬)'의 관습을 그대로 따르고 있는 것이다.

또한 '3류 갑형, 을형'의 묘에서는 집중적으로 발견되는 옥기 가운데 많이 발견되는 옥벽(玉璧), 옥황(玉璜) 등은 홍산문화에서 최초로 보이는 것들이다.

홍산문화 시기에 황하문명 지역과 교류하였다는 것은 이미 밝혀진 것이다. 황하문명 앙소문화 채도는 홍산문화 후기에 요하문명 지역으로 들어온다. 같은 시기에 홍산문화 지역에서 당연히 이 지역으로 전파 교류된다. 도사유지에서 발견되는 홍산문화 유형의 옥기들은 이런 교류관계를 규명하는 데 중요한 자료이다.

이러한 자료들을 통해서 필자는 (1) 홍산문화 지역에서 남하한 이들이 이 지역의 토착세력들과 결합하면서 주로 중-하급귀족의 상층(3류 갑형)과 중층(3류 을형)으로 편입되었고, (2) 이들 가운데 일부는 옥기가 보이는 '고급귀족의 중-하층(2류 병형, 정형)'으로 신분 상승을 한 사람도 있었을 것으로 보고 있다.

소병기, 설지강 등 요하문명을 연구하는 중국학자들은 홍산문화 세력이 황제족이고, 이들이 중원으로 들어가 요순시대, 하-상-주 시대를 연다고 본다. 필자는 홍산문화 세력이 본래 황제족이라는 이들의 논지는 받아들이지 않는다. 다만 필자는 요하문명 지역에서 중원으로 내려간 일부 동이족의 선조들이 후대에 그 지역에서 황제족으로 집단화된다고 본다.

둘째, 도사유지의 묘장에서는 석관묘가 2개 보인다. 황하문명의 중심 신석기문화인 앙소문화의 묘장은 모두 토광묘나 옹관묘이고, 석관묘나 적석총 등은 보이지 않는 것이다.

그러나 요하문명 지역에서는 이미 흥륭와문화 시기에 토광적석묘 석관적석묘가 보이기 시작해서, 홍산문화 시기에는 보편적인 묘제로 자리잡으며, 하가점하층문화 하가점상층문화 등으로 지속적으로 이어진다. 도사유지에서 보이는 석관묘 역시 홍산문화, 하가점하층문화와의 교류관계를 보여주는 것이라고 본다.

셋째, 도사유지에서 보이는 흑-백-적색으로 반복적 기하문 등을 그린 채회도(彩繪陶)는 하가점하층문화의 것과 그 문양의 기법이 거의 똑같다. 이 역시 교류, 전파 관계를 보여주는 중요한 자료이다.

대부분의 학자들은 하가점하층문화의 채회도의 문양이 이 지역에서 남하하여 중원으로 들어간 상족(商族)에 의해서 상-주 시대 청동기의 문양에 많은 영향을 주었다고 본다. 참고로 앞서 〈자료 13-16〉에 소개한 도사유지의 채회도와 아래 〈자료 13-29〉에 제시하는 하가점하층문화 채회도를 비교해보기 바란다.

〈자료 13-29〉 하가점하층문화 채회도(필자 답사 사진)
1. 적봉박물관(2014.10.10.)

2. 오한기박물관(2015.5.8.)

4. 도사유지, 요임금, 단군조선 그리고 요하문명

1) 요임금의 즉위와 단군조선의 건국

《삼국유사(三國遺事)》권1 기이1 고조선〔王儉朝鮮〕에서는 고조선의 건국과 관련하여, (1)《위서(魏書)》를 인용한 부분에서는 "요임금과 같은 시기"로, (2) 고기(古記)를 인용한 부분에서는 "요임금 즉위 50년 후"라고 기록하고 있다.

① 《위서》에 이르기를…… (고)조선을 개국하였는데, 고(高=堯)와 같은 시기이다.[82]

② 고기(古記)에 이르기를…… 단군왕검이라 불렀다. 당고(唐高)가 즉위한 지 50년인 경인(庚寅)년(당고 즉위 원년은 무진년이니, 50년 후는 정사년이지 경인년이 아니다. 아마도 틀린 것일 것이다)에 평양성 (지금의 서경)에 도읍을 하고 처음으로 조선이라 칭하였다.[83]

《위서(魏書)》를 인용한 부분에서는 단군조선 건국 연대를 당요(唐堯)와 같은 시기로 보고 있다. 고기(古記)를 인용한 부분에서는 단군조선의 건국 연대에 대해서 '당고(唐高)=당요(唐堯)=제요(帝堯)가 즉위한 후 50년'인데, 이것은 경인년(庚寅年)이 아니라 정사년(丁巳年)이라고 수정하고 있다.

그런데 요임금에 대해서 중국학계에서는 통용되는 것은, (1) 천자에 오른 해인 제요원년(帝堯元年)을 '갑진년(甲辰年)'이라고 보고 있고, (2) 학자들이 여러 자료를 검토하여 내린 제요원년은 'BC 2357년'으로 보고 있으며, (3) 20세에 천자에 오르니 생졸연대를 약 BC 2377—2259년으로 보고 있다.

만일 중국학계의 논의대로 제요원년을 갑진년인 BC 2357년으로 보면, (1) 단군조선의 건국 연대인 '당고가 즉위한 후 50년'은 BC 2307년이 되고, 현재 통용되는 단군조선의 건국 연대인 BC 2333년과 불과 26년밖에 차이가 안 나며, (2) '요임금과 같은 시기'인 BC 2357년이라면 통용되는 BC 2333년과 견줘 불과 24년 이르다. 물론 우리나라에서 통용되는 BC 2333년

---

82) 《三國遺事》紀異 第1 古朝鮮(王儉朝鮮): 魏書云, 乃往二千載有壇君王儉, 立都阿斯達(經云無葉山, 亦云白岳, 在白州地, 或云在開城東, 今白岳宮是), 開國號朝鮮, 與高同時.

83) 《三國遺事》紀異 第1 古朝鮮(王儉朝鮮): 古記云, 昔有桓國(謂帝釋也)庶子桓雄, ...(중략)...號曰壇君王儉. 以唐高卽位五十年庚寅(唐高卽位元年戊辰, 則五十年丁巳, 非庚寅也, 疑其未實), 都平壤城(今西京), 始稱朝鮮.

은《삼국유사》에서 일연이 수정한 것처럼 '당고 즉위 원년을 갑진년이 아니라 무진년으로 보고, 이로부터 50년 후인 정사년'이라는 것을 바탕으로 한 것이다. 어떤 것이 더 진실에 가까운 추론인지는 앞으로의 연구 과제이다.

《사기정의(史記正義)》, 《제왕세기(帝王世紀)》, 《시경(詩經)》, 《상서(尚書)》 =《서경(書經)》 등 많은 사서들은, '요임금의 도읍이 평양이다[堯都平陽]', '요임금이 봉해진 곳이 당국(唐國)이다' 등으로 기록하고 있다. 왕외(王巍)가 강조하듯이, 도사유지의 발굴로 요임금이 전설이나 신화적인 인물이 아니라 실제로 존재하였음이 밝혀진 이상, 단군조선에 대한 새로운 시각의 연구가 필요해졌다고 본다.

2) 도사유지의 발굴과 황제족 그리고 요하문명

2015년에 끝난 중화문명탐원공정은 도사유지가 요임금의 도성인 평양이라고 인정하였고, 이것은 기존에 전설-신화로 알려진 것이 그대로 역사적 사실이 되어버린 것이다. 이 평양 지역이 하(夏)나라 우(禹)임금이 천하를 구주(九州)로 나누었을 때의 중심지인 익주(冀州)다. 그래서 이곳을 '최초의 중국[最早中國]'이라고 보는 것이다.

그렇다면, (1) 제요(帝堯: 약 BC 2377—2259)는 전욱(顓頊=帝俊: 약 BC 2514-2437)의 아들 혹은 제곡(帝嚳: 약 BC 2480—2345)의 아들이니, 전욱의 4대조인 황제(黃帝: 약 BC 2717-2599)의 활동 지역 또한 이 근처에서 벗어나지 않았을 것이다. 실제로 소위 중원 지역인 하남성, 산서성, 협서성 일대에 황제-전욱-제곡-제요 등의 유적이 많이 있다.[84]

사실 황제, 전욱, 제곡, 제요 등으로 이어지는 황제족의 혈연적인 직계 계보와 이에 따른 선후관계의 생졸연대 등은 후대에 만들어진 것이다. 소위 5제는 동일 시기에 황하문명 지역 일대 서로 다른 지역의 씨족-부족집단의 수령이었고, 후대에 각 집단별로 그들의 선조로 모셔졌다.

5제 중에서 현재 중화민족의 시조라는 황제(黃帝)는 처음에는 중화민

---

84) 이 책의 제12장 〈3. 석묘(石峁)유적의 발견과 황제족의 활동영역 논쟁〉 참조.

족 전체가 아니라 주(周)나라 사람들이 모시던 주나라 사람들의 선조였다. 주나라가 천하의 패권을 잡으면서 이 일대의 여러 부족들을 하나로 엮어서 후대에 말하는 화하족(華夏族)이 최초로 형성되면서, '주나라의 시조로 모셔지던 황제'가 전체 '화하족의 공동 조상'으로 모셔지게 된 것이다. 고힐강(顧頡剛), 부사년(傅斯年), 서욱생(徐旭生) 등도 사마천의 《사기》〈오제본기〉가 기록한, (1) 황제가 첫 황제이고 기타 여러 명의 고대 황제들은 모두 직계 후손이며, (2) 하상주 3대 왕실이 모두 황제의 자손이라는 것을 믿지 않는다.[85] 이런 부계로 이어진 직계 혈통도는 주나라 이후에 만들어지고 다듬어진 것일 뿐이다.

그러나 요하문명이 발견되면서 새로운 논의가 시작되고 있다. 곧 (1) 요하문명의 주도세력이 바로 황제족이며, (2) 홍산문화의 주도세력은 구체적으로 전욱과 제곡이며, (3) 천하의 중심인 익주(冀州)가 바로 홍산문화 지역이라는 것이다. '중원 황하문명 중심의 통설'과 '서요하 요하문명 중심의 새로운 이론'이 맞붙고 있는 것이다.

그러나 고국 단계에 접어들었다는 홍산문화 후기(BC 3500-3000) 우하량유지는 중국에서 통설로 비정하고 있는 황제(黃帝: 약 BC 2717-2599), 전욱(顓頊: BC 2514-2437), 제곡(帝嚳: 약 BC 2480-2345), 제요(帝堯: 약 BC 2377-2259)의 시기보다 1000여 년이나 앞서는 시대이다. 홍산문화를 주도한 세력이 전욱, 제곡이라는 중국학계의 논리에 무리가 있는 것이다.

홍산문화, 하가점하층문화와 중원 지역과의 교류관계는 이제 부정할 수 없는 현실이 되었다. 홍산문화는 BC 3000년경에 소멸하고 청동기시대 하가점하층문화가 꽃핀다. 필자는 홍산문화가 소멸할 때 일부가 중원 지역으로 남하한 이후에 비로소 황제족의 토대가 형성되는 것이라고 본다. 이런 까닭에 도사유지의 묘에서 홍산문화에서 처음 보이는 옥벽(玉璧), 옥황(玉璜) 등 각종 옥기가 보인다고 보는 것이다.

특히 도사유지의 묘에서는 일반적으로 토기가 많이 부장되어 있다. 그

---

85) 沈長雲, 〈再說黃帝與石峁古城: 回應陳民鎮先生〉, 《光明日報》 國學版, 2013年 4月 15日 第15版.

런데 다량의 옥기가 나오는 묘에는 토기는 나오지 않고 오로지 옥기만 부
장된 곳이 대부분이다. 이것은 홍산문화의 묘에서 보이는 것과 같은 모습
이다. 홍산문화의 묘에서는 대부분 옥기만을 부장하여 장례를 지냈는데,
이를 '유옥이장(唯玉以葬)'이라 한다. 이런 모습은 홍산문화와의 관계를 보
여주는 것이라고 본다. 이후 하가점하층문화 세력과도 교류하면서 중원지
역의 요순시대 하-상-주 시대를 여는 것이라고 본다.

〈자료 13-30〉백도백과(百度百科)를 통해서 본
통용되는 황제부터 제요까지의 계보[86]

* 5제 시대의 여러 제왕들은 같은 시기에 서로 다른 지역의 수령으로, 각각의 집단들이
  자신의 시조로 모셨던 인물이었다. 이들을 하나의 '황제족의 혈연적 부계 계보'로 이
  어놓은 것은 주나라 때 만들어져서 후대에 다듬어진 허구적인 것이다.

1. 황제(黃帝: 약 BC 2717–2599)————————용토템
2. 현효(玄嚻)=소호(少昊: 약 BC 2617–2520)———황제의 장자
3. 교극(蟜極)
4. 전욱(顓頊)=제준(帝俊: 약 BC 2514–2437)
   1자=기(弃)=후직(后稷)————원비(元妃) 강원(姜原) 소생, 주족(周族)의 조상으로
                          주(周) 건국
   2자=계(契)——————————차비(次妃) 간적(簡狄) 소생, 상족(商族)의 조상으로
                          상(商) 건국
   3자=방훈(放勳)=제요(帝堯)——삼비(三妃) 경도(慶都) 소생, 당(唐) 건국
   4자=지(摯)=제곡(帝嚳)————사비(四妃) 상희(常儀) 소생, 전욱을 이어 천자에 오
                          르고 9년 후에 제요에게 선양
   5자=태새(台璽)————————주족(周族)의 수령
5. 제곡(帝嚳: 약 BC 2480—2345), 전욱의 넷째 아들
6. 제요(帝堯: 약 BC 2377—2259), 전욱의 셋째 아들, 혹은 제곡의 아들[87]

---

86) 《史記》〈五帝本紀〉: "帝嚳高辛者, 黃帝之曾孫也. 高辛父曰蟜極, 蟜極父曰玄
   嚻, 玄嚻父曰黃帝. 自玄嚻與蟜極皆不得在位, 至高辛即帝位。高辛於顓頊為族
   子. 高辛生而神靈, 自言其名. 普施利物, 不於其身. 聰以知遠, 明以察微. 順天
   之義, 知民之急. 仁而威, 惠而信, 修身而天下服.取地之財而節用之, 撫教萬民
   而利誨之, 曆日月而迎送之, 明鬼神而敬事之. 其色鬱鬱, 其德嶷嶷. 其動也時,
   其服也士. 帝嚳溉執中而遍天下, 日月所照, 風雨所至, 莫不從服. 帝嚳娶陳鋒
   氏女, 生放勳.娶娵訾氏女, 生摯.帝嚳崩, 而摯代立。帝摯立, 不善, 而弟放勳
   立, 是為帝堯."백도백과의 제곡에 대한 자료를 바탕으로 다른 사람의 생졸연
   대는 각 항목에서 찾은 것임.

87) 《孔子家語》〈五帝德〉: "宰我曰'請問帝堯.' 孔子曰'高辛氏之子曰陶唐, 其仁如天,
   其智如神, 就之如日, 望之如雲.'"

3) 하가점하층문화 시기 '방국(方國) 단계의 대국(大國)'과 단군조선

중원 지역에서 요임금의 도성으로 비정하는 도사유지나 황제의 도성으로 비정하는 석묘유지 등을 중심으로 방국(方國)이 시작될 때, 요서 지역에도 하가점하층문화 시기에 거대한 방국(方國)이 존재하고 있었다.

곧 요하문명 지역에서는 하가점하층문화 시기에 (1) 중국 고고학의 대원로인 고(故)소병기(蘇秉琦: 1909~1997)가 '방국(方國) 단계의 대국(大國)'이라고 부르고, (2) 설지강(薛志强)이 '하(夏)나라보다 앞서서 건설된 문명고국(文明古國)'이라고 부르는 대국이 존재하고 있었다. 황하문명 지역에서 요−순−우 시대가 열리는 시기에, 요서 지역에서는 또 다른 고대국가가 존재하고 있었다는 것이다.

첫째, 중국 고고학의 대원로인 고(故) 소병기는 1994년에 홍산문화의 주도세력을 황제족으로 끌고 가는 데 결정적인 영향력을 발휘한 〈서요하 지역의 고문화를 논하다(論西遼河古文化)〉라는 글을 발표하였다. 많은 연구와 경험을 바탕으로 자신의 견해를 밝힌 이 짧은 글은 이후 중국학계의 기본적인 시각을 정립하는 데 결정적인 영향력을 미치게 된다. 소병기가 이글을 쓴 1994년은 곽대순에 의해서 '요하문명'이라는 명명(1995년)이 이루어지기 이전이었기에, 소병기의 글에서는 '요서 지역의 고문명', '요서 지역의 고문화' 등으로 표현되어 있다.

소병기의 논의를 정리하면, (1) 중화문명의 발전사를 교향곡에 비유하면 요서 지역의 고문명은 서곡(序曲)에 해당하는 것으로 중원보다 1000년이 앞서며, (2) 이후에 문명의 중심이 황하문명 주변으로 내려왔는데 이것이 홍수시대인 요(堯)·순(舜)·우(禹) 시대이며, (3) 각종 문헌에 기록된 화화족의 조상인 황제(黃帝)의 시대와 활동 중심지는 홍산문화 시대이고 지역도 상응하며, (4) 홍산문화는 산서성 도사유지로 대표되는 진문화(晉文化)의 뿌리이며, (5) 신화에 등장하는 5제(五帝)의 전기(前期)의 활동 중심이 바로 홍산문화 지역인 연산 남북 지역으로 고대 기록에 보이는 기주(冀州)이며, (6) 홍산문화 시기에 '고국(古國)' 단계가 시작되고 하가점하층문화

시기에는 '방국(方國)' 단계가 시작되었으며, (7) 4000년 전인 적봉시 영금하(英金河) 북쪽의 하가점하층문화의 석성은 장성(長城)의 추형(雛形: 원시형태)으로 대국(大國)이 출현하였다는 표지이며, 이곳이 바로 《서경(書經)》 〈우공편(禹貢篇)〉에 나오는 '구주(九州)의 중심지'이고, (8) 홍산문화 지역은 6000-5000년 전에 서아시아와 동아시아 문화가 교차하는 용광로 같은 곳이었으며, (9) 홍산문화는 하(夏)나라 상(商)나라 시기의 하가점하층문화와 연(燕)문화로 이어지는 뿌리라는 것이다.[88]

특히, (1) 중화문명의 출발점이 요하문명 지역에서 시작되어 후대에 황하문명 지역으로 옮겨가고, (2) 요-순-우 이전의 황제족의 활동 중심지가 바로 홍산문화 지역이고, (3) 신화시대로 알려졌던 5제 시대 전기가 실제로 존재하며, (4) 5제가 활동하던 고대 기록에 등장하는 구주(九州)의 중심지인 기주(冀州)가 바로 홍산문화 지역이며, (5) 홍산문화 시기에 '고국 단계'가 시작되어 하가점하층문화 시기에는 '방국 단계 대국(大國)'이 출현하였다는 소병기의 견해는 기존의 고고-역사학계에 새로운 시각을 제시하는 것이었다.

중국 고고학의 대원로인 소병기의 짧은 이 글은 이후에 많은 학자들이 수용하게 된다. 이런 새로운 관점은 중국학계가 요하문명을 중화문명의 기원지로 삼고, 주도세력을 황제족으로 끌고 가는 데 결정적인 지침이자 좌표가 되었다. 신화로만 알았던 5제 시대가 요하문명이 발견으로 실증되고 있다는 것이다. 현재 '요하문명을 연구하는 대부분의 중국학자'들은 이러한 관점을 수용하고 있다.[89]

필자는 소병기의 논의에서 요하문명 지역이 황제족의 영역이라는 주장을 받아들이지 않는다. 왜냐하면 황하문명 지역에서 석묘유지, 황제묘, 황제사당 등 수많은 황제 관련 유적이 있기 때문이다. 또한 황하문명 지역에 5제가 활동하던 구주(九州)의 중심지인 기주(冀州)가 있다는 것은, 도사유지

88) 蘇秉琦, 〈論西遼河古文化 : 與赤峰史學工作者的談話〉, 《北方民族文化》, 1993年 增刊; 蘇秉琦, 《華人, 龍的傳人, 中國人》, 遼寧大學出版社, 1994, 130-131쪽.
89) 우실하, 〈'요하문명론'의 초기 전개 과정에 대한 연구〉, 289-290쪽.

를 비롯한 수많은 고고 발굴 결과들을 통해서 이미 알려져 있기 때문이다.

그러나 소병기의 말대로 요서 지역에서 하가점하층문화 시기에 '방국 단계의 대국'이 존재했다는 것은 받아들인다. 이것은 수많은 '치를 갖춘 석성'들이 웅변하고 있는 것이다. 그렇다면 과연 그 국가명은 무엇일까? 중국 학계에서는 신화를 포함한 그 어떤 기록에도 요서 지역에 하가점하층문화 시기에 존재했다는 '방국 단계의 대국'에 비정할 만한 국가명이 없다. 그래서 그들은 그냥 '방국 단계의 대국'이라고 밖에 쓸 수 없는 것이다.

우리는 비록 신화적으로 기록되어 있지만 '(고)조선'이라는 국가명을 지니고 있다. 필자는 소병기가 이야기하는 하가점하층문화 시기의 '방국 단계의 대국'이 단군조선일 가능성은 얼마든지 있다고 본다. 필자는 이런 이유에서라도 우리나라 학계에서 '고조선'과 '요하문명'의 관계를 적극적으로 연구해야 한다고 본다.

둘째, 설지강(薛志强)은 1995년 논문에서, (1) 서요하 지역은 '염제와 황제의 옛 땅〔炎黃故地〕'이자 '전욱의 옛 땅〔顓頊之墟〕'임이 분명하고, 중화문화와 중화문명의 특징을 드러내는 '전욱의 법〔顓頊之法〕'은 이곳에서 잉태되었다고 보며, (2) 황제족과 전욱족이 중원 지역에 들어온 시기를 전후하여 이들이 지니고 온 요하 지역의 찬란한 고대 문명과 화하조기문명(華夏早期文明=황하문명)이 융합하였고, (3) 제곡(帝嚳)의 후예는 서요하 지역에 '하(夏)나라보다 앞서서 문명고국(文明古國)'을 건설했으며, (4) 이후 이 지역의 고대 민족들이 남쪽으로 이동하여 하나라를 대체하는 상(商)나라를 건설한 것이고, (5) 상나라는 중국 남쪽과 북쪽의 우수한 문화를 결합한 결정체였기 때문에 당시 세계에서 가장 번성한 동방대국(東方大國)을 건설할 수 있었다고 주장하였다.[90]

설지강의 요점은, (1) 요하문명 지역이 '염제와 황제의 옛 땅'이자 '전욱의 옛 땅'이며, (2) 이들이 후에 중원 지역으로 남하하여 황하문명과 융합하여 요순시대와 하−상−주 시대로 이어지고, (3) 요서 지역에는 하가점하

---

90) 薛志强, 〈紅山諸文化與中華文明〉, 《中國北方古代文化國際學術討論會論文集》, 中國文史出版社, 1995, 43−49쪽.

층문화 시기에 '하나라보다 앞서서 문명고국'이 있었으며, (4) 이들이 후대
에 남쪽으로 이동하여 하나라를 정복하고 상문명을 건설한 사람들이라고
주장하고 있는 것이다.

소병기의 논의에서와 마찬가지로 설지강의 논지에서도, 요하문명의
주도세력을 황제족, 전욱족으로 끌고 가려는 논의를 제외하고 생각해보
자. 필자는, (1) 설지강이 이야기하는 것처럼 서요하 지역에 '하나라(BC
2070-1600)보다 앞서서 건설된 문명고국'이 있었다면 그것이 바로 고조선
일 가능성이 높고, (2) 설지강이 이야기하는 '하나라보다 앞서서 건설된 문
명고국'이 앞서 소병기가 이야기하는 '하가점하층문화 시기 방국 단계 대
국(大國)'이라고 할 수 있으며, (3) 홍산문화, 하가점하층문화를 주도한 세
력의 일부가 중원으로 남하한 이후에야 황제족이 형성되어 요-순-우 시
대로 이어진다고 보고, (4) 중원 지역에서 요-순-우 시대가 열릴 때 요서
지역에서 '방국 단계의 대국(소병기)' 혹은 '문명고국(설지강)'이 존재하였다
면 단군조선일 가능성이 높다고 본다.

중국의 권위 있는 학자들도 하가점하층문화 시기에 서요하 지역에 '방
국 단계 대국(소병기)' 혹은 '문명 고국(설지강)'이 존재했다고 함에도 불구
하고, 한국학계에서는 요하문명에 대한 각종 연구들을 중국학계에서 벌어
지는 일이고 우리와는 상관없다는 식의 태도를 보이고 있다. 이제라도 요
하문명과 단군조선의 관계, 더 나아가 한반도와 요하문명과의 관계에 대
한 연구가 시작되어야 한다. 그렇지 않다면, (1) 요하문명의 주도세력이
황제족이며, (2) 후대에 등장하는 이 일대의 모든 북방민족들은 황제의 후
예라는 중국학계의 견해가 국제학계에서도 그대로 정설이 될 수밖에 없는
것이다.

중원의 역사를 보면, (1) 요하문명 지역에서 일부 세력들이 중원 지역
으로 내려가면서 황하문명을 이룬 토착세력들과 만나 황제족을 형성하고,
(2) 이들 황제족이 중심이 되어 각지의 문화적 역량을 모아 도사유지로 대
표되는 요순시대를 열고, (3) 요순시대를 이은 하(夏)는 요서 지역에서 또
다시 남하한 상족(商族)에 의해서 정복당하고 상(商)이 세워지는 것이다.

중원 황하문명의 토착문화 위에, 요하문명 지역의 홍산문화─하가점하층문화 세력이 중원 지역으로 남하하면서 결합하여 요순시대를 열게 된다는 것이다. 요─순─우─탕의 계보에는 요하문명 지역 홍산문화와 하가점하층문화의 영향력이 생각보다 크게 미쳤다. 요하문명이 요─순─우 시대에 직접적인 영향을 미쳤기 때문에, 중국학계에서는 아예 요─순─우 시대 이전인 요하문명의 주도세력 자체를 화하족의 조상이라는 황제족으로 끌고 가고 있는 것이다.

그러나 (1) 소병기도 이야기하듯 요하문명 지역에는 이미 홍산문화 단계에서 초기 국가 단계의 고국(古國)이 존재했고, (2) 하가점하층문화 단계에는 '방국 단계의 대국(소병기)' 혹은 '하나라보다 앞선 문명고국(설지강)'이 존재했음은 의심할 나위가 없다. 홍산문화의 수많은 발굴 유물과 하가점하층문화의 수많은 '치를 갖춘 석성'들이 이를 입증하고 있는 것이다.

요하문명은 고조선문명을 이루는 기본 토대라는 것이 필자의 생각이다. 한국학계에서 좀 더 많은 학자들이 요하문명, 홍산문화에 관심을 가져주기를 바란다.

제14장 한국학계의 과제와 동방 르네상스

1. 요하문명과 한반도

필자는 앞서 서술한 각 장에서 1980년대 이후 본격적으로 전모를 드러내고 있는 요하문명의 각 고고학문화와 한반도와의 관련성에 대해서 소개하였다. 이것을 간단히 정리해보면 아래와 같다.

첫째, 소하서문화(小河西文化: BC 7000 - 6500), 흥륭와문화(興隆洼文化: BC 6200-5200)에서 보이기 시작하는 빗살무늬토기는 중원 황하문명 지역에서는 보이지 않는 것으로 만주 일대와 한반도 지역과 연결되는 것이다(제5장 참조).

둘째, 흥륭와문화에서 보이기 시작하는 옥결(玉玦)은 중국의 동해안 일대와 그 남부, 한반도와 일본 지역으로 전파되는 것이다. 이것은 전통적인 동이족의 분포 지역을 중심으로 확산되는 것이다(제6장 참조).

셋째, 흥륭와문화 백음장한 2기에서 처음 보이는 석관적석묘, 토광적석묘 등의 돌무덤은 전형적인 후대의 동이족의 묘제로 홍산문화 시기에는 대표적인 묘제로 자리 잡는다. 이후에는 하가점하층문화 이래로 청동기-철기시대를 거쳐서 요동-요서 지역에서 지속적으로 이어지며, 한반도와 일본 지역에서도 이어진다. 특히 홍산문화에서 최초로 등장하는 돌무덤 계통의 가장 발달된 형태인 계단식 적석총은 요하문명 지역에서 출발해서 후대에는 고구려, 백제, 가야, 일본으로 이어진다(제6장, 제9장 참조).

홍산문화에서 처음 등장하는 계단식 적석총과 고구려의 계단식 적석총은 거의 4000-5000년의 시간차가 있는데, 이것을 연결하는 것은 무리라고 이야기하는 사람들이 있다. 그러나 그 4000-5000년은 적석총이 전혀 없었던 비어 있는 빈 공간이 아니다.

동북아시아에서는 (1) 이미 8000년 전 흥륭와문화 시기에 거대한 적석
석관묘를 만들기 시작해서, (2) 홍산문화 시기에는 가장 발달된 형태인 거
대한 3층 계단식 적석총이 등장하고, (3) 홍산문화 이후에 3층 계단식 적석
총은 보이지 않지만, 하가점하층문화 이래로 요동-요서를 포함한 만주 일
대의 청동기-철기시대, 흉노, 돌궐, 고구려, 백제, 가야, 신라, 일본에 이
르기까지 수많은 석관묘, 적석석관묘 등 전형적인 돌무덤이 지속적으로 이
어져 왔고, (4) 이런 지속된 돌무덤의 전통을 바탕으로 강력한 고구려가 서
면서 다시 한번 거대한 계단식 적석총이 부활하는 것이다. 4000-5000년을
건너뛰고 갑자기 등장하는 것이 아니라는 것이다.

나일문명, 메소포타미아문명을 일군 사람들은 4500여 년 전에 거대한
계단식 피라미드를 건설했고 이런 전통은 수백 년 동안 지속되었다가 사
라진다. 4500년이 지난 현재, 이 지역에서는 대통령을 포함해서 어느 누
구도 이런 거대한 피라미드 무덤을 만들지 않는다. 그렇다고 해서 고대 이
집트인이나 수메르인이 현재 그 땅에 사는 사람의 조상이 아니라고 또는
아무런 상관이 없는 사람들이라고 말할 수 있는가? 수천 년 전 그들의 선
조들은 절대적인 왕권을 보여줄 필요가 있을 때 거대한 피라미드를 건설
했었고, 다시는 부활되지 않았을 뿐이다. 만일 이들이 세계 최대의 경제대
국, 군사강국이 된다면 거대 피라미드는 언제든 부활할 수 있을 것이다.

우리의 역사에서도 마찬가지다. 흥륭와문화, 홍산문화, 흉노, 돌궐,
고구려, 백제, 가야, 신라, 일본에서 만들었던 거대한 여러 형태의 적석총
들은 고려 이후 조선 시대나 현재 대한민국에서 만들지 않는다. 그렇다고
그들이 현재 한국인들의 조상이 아니고 우리와 상관이 없는가? 이러한 상
황은 수천 년 우리 조상들에 의해서 만들어졌지만, 현재 우리들은 만들지
않는 비파형동검, 고인돌 등등의 경우도 마찬가지이다.

계단식 적석총이 최초로 등장하는 홍산문화와 고구려 사이의 4000-
5000년의 간격은 아무런 연결 고리가 없는 '텅 비어 있는 간격'이 아니라
는 것이다. 지속적으로 다양한 형태의 돌무덤이 이어져 왔고, 고구려가
등장하면서 그들의 강력한 왕권을 상징하는 거대한 계단식 적석총이 재등

장하는 것일 뿐이다. 고구려, 백제, 가야 이후 거의 1500년 동안 한반도에
서 거대한 계단식 적석총은 건설되지 않았지만, 그들이 우리의 조상임은
변치 않는다.

넷째, 부하문화(富河文化: BC 5200-5000)에서 발견되는 최초의 골복문
화(骨卜文化)는 중국에서는 주(周)나라 이후에 사라지지만, 한반도 지역에
서는 청동기시대, 철기시대, 삼국시대, 통일신라시대까지도 이어진다. 골
복문화 역시 동이족의 문화의 일부이다. 이것은 복골문화의 전통이 시작
된 요하문명과 한반도가 긴밀히 연결되어 있다는 것을 보여주는 것이다
(제7장 참조).

다섯째, 조보구문화(趙寶溝文化: BC 5000-4400)에서 처음 등장하는 흑
도(黑陶)를 바탕으로 '도안의 안쪽이나 바깥쪽을 사선, 격자문 등을 그어서
제거하고 도안을 도드라지게 만드는 기법'은 조보구문화보다 조금 늦은
신석기시대에, (1) 한반도 북부 지역과, (2) 연해주 일대의 토기에도 보인
다. 이러한 기법은 황하문명 지역에서는 보이지 않는 기법이다. 이것은 요
하문명 지역이 황하문명 지역과는 다른 독자적인 문화권이었음을 보여주
는 것이고, 연해주와 한반도 북부 그리고 평양 지역까지도 요하문명 지역
과 밀접하게 연결되어 있다는 것을 보여주는 것이다(제8장 참조).

여섯째, 홍산문화에서 보이는 두개골을 변형 시키는 편두(偏頭) 관습
은, 고조선의 후예들이 남하한 변한, 진한, 가야 등지에서도 보인다. 이
역시 요하문명 지역과 한반도의 연관성을 보여주는 중요한 자료 가운데
하나이다(제9장 참조).

일곱째, 홍산문화에서 보이는 천지인 관념, 원방각 관념, 성수 3의 관
념, 3.1신 관념 등은 필자가 이론화한 '3수 분화의 세계관(1-3-9-81)'이
홍산문화 시기에 최초로 체계화되었음을 보여주는 것이다. '3수 분화의 세
계관'은 후대에 (1) 중원 지역에서는 신선사상, 도가사상, 황노학, 도교 등
에 그대로 전승되며, (2) 한반도 지역에서는 선도, 풍류도, 대종교, 천도교
등의 민족종교에 그대로 전승된다(제10장 참조).[1] 이 역시 요하문명과 한

---

1) 우실하, 《3수 분화의 세계관》, 소나무, 2012, 참조.

반도의 관계를 푸는 중요한 열쇠 가운데 하나라고 본다.

여덟째, 요하문명은 황하문명과는 다른 독자적인 문명이었다. 그러나 이미 BC 4000년을 전후한 시기에 이 두 문명 지역은 교류가 시작되었다. 이후 요하문명의 일부는 중원 지역으로 연결되고, 일부는 한반도 지역으로 연결된다. 그런 의미에서 필자는 요하문명을 '동북아시아 공통의 시원문명'이라고 부른다. 그러나 그 주도세력은 분명히 황하문명과는 다른 세력이고, 이들은 우리 고조선문명의 토대를 이루는 세력이라고 본다.

요하문명이나 홍산문화의 주도세력이 중국학계에서 이야기하는 것처럼 황제족으로 보는 것은 무리이다. 필자는 (1) 홍산인들 가운데 일부 세력들은 중원 지역으로 남하하여, 황하문명을 주도한 세력들과 만나면서 화하족의 조상이라는 독자적인 황제족으로 세력화되며, (2) 홍산인의 일부 세력들은 이 지역의 토착세력이었던 곰토템족으로, 환웅족이 이주해 오면서 고조선의 일부인 웅녀집단으로 합류하는 세력이고, (3) 따라서 홍산인들은 황제족과 고조선의 공동의 조상이 될 수 있기에, (4) 요하문명은 '동북아시아 공통의 시원문명'이라고 보는 것이다.

2. 한국학계의 과제

80년 이후 요서 지역을 중심으로 형성된 요하문명의 새로운 발견으로 이 지역에서 고대로부터 하나의 거대한 문명이 있었다는 것이 밝혀졌다. 중국학계에서는 이 요하문명의 주도세력을 중국인들의 조상이라는 황제족으로 끌고 가고 있지만, 한국의 상고사─고대사와도 밀접히 연결되어 있다.

아래에서는 필자가 여러 책과 글을 통해서 부분적으로 제시했던 한국 고고─역사학계의 과제를 나름대로 재정리하여 제기하기로 한다. 필자가 제안하는 사항들이 우리 학계의 현실을 볼 때 얼마나 적극적으로 반영될지는 알 수 없다. 그러나 이런 제안들에 대해서 좀 더 열려 있는 학자들을 중심으로 진지하게 논의되기를 진심으로 바란다.

첫째, 요하 일대에 중원의 '황하문명'과는 전혀 이질적이고 새로운 '요하문명'이 있었고, 그 주도 세력들은 우리 민족의 선조들과도 연결된다는 것을 바탕으로 동북 상고사–고대사를 다시 읽어야 한다. 요하문명의 주도세력은 분명히 중원 지역과도 연결되지만, 한반도와 더 직결되는 사람들이다. 이들을 우리의 역사에서 적극적으로 다루려는 시각이 정립되어야 한다.

둘째, 아직도 풀과 나뭇잎을 엮어서 어깨와 허리를 두른 단군영정이 많다. 그러나 고조선의 건국 시기를 BC 2333년으로 보든, BC 10–8세기로 보든 상관없이 고조선이 건국되는 시기는 그런 원시적인 시대가 아니었음이 이미 요하문명의 발견으로 증명되었다. 이런 인식은 이제 완전히 바뀌어야 한다.

셋째, 요하문명, 홍산문화 지역을 중심으로 좌로는 중원으로 우로는 한반도로 이동한다는 새로운 관점이 필요하다. 필자는 이것을 'A자형 문화대(A字型 文化帶)'라고 부른다. 이것은 소병기(蘇秉琦: 1909~1999)가 황하문명과 요하문명과의 교류관계만을 'Y자형 문화대(Y字形的文化帶)'로 부르는 것과는 다른 것이다.[2] 필자의 'A자형 문화대' 논의는 2015년에 적봉시에서 열린 '제10회 홍산문화고봉논단(2015.8.11–12.)'에서 정식 논문으로 발표하였고, 함께 발표된 논문들과 엮어서 책으로 출판되어 있다.[3]

---

[2] 소병기의 'Y자형 문화 벨트'론은 1988년에 최초로 제기하여 그의 서로 다른 책들에 실려 있고, 필자의 책에서도 소개한 바 있다.
  (1) 蘇秉琦, 〈中華文明的新曙光〉, 《東南文化》, 1988年 第5期.
  (2) 蘇秉琦, 〈中華文明的新曙光〉, 《華人, 龍的傳人, 中國人 : 考古尋根記》, 遼寧大學出版社, 1994, 85쪽 〈圖3, 北方 – 中原文化聯接示意圖〉.
  (3) 蘇秉琦, 〈中華文明的新曙光〉, 《蘇秉琦文集 (三)》, 文物出版社, 2009, 51쪽. 〈圖4, 北方 – 中原文化聯接示意圖〉.
  (4) 우실하, 《동북공정 너머 요하문명론》, 소나무, 2007, 〈자료 2–28〉.
[3] '제10회 홍산문화고봉논단(2015.8.11–12, 적봉시)' 발표 논문은 아래의 책으로 출판되었다.
  禹實夏, 〈遼河文明和'A字形文化帶〉, 赤峰學院紅山文化研究院(編), 《第十屆虹山文化高峰論壇論文集》, 吉林出版集團股份有限公司, 2016, 217–233쪽.

　　소병기는 황하문명과 요하문명의 교류관계를 설명하기 위해 'Y자형 문화대'를 주장한 바 있다. 그러나 'Y자형 문화대'는 한반도 지역이 제외된 채 중국 안에서, (1) 북방 초원 지역, (2) 황하문명 지역, (3) 요하문명 지역을 잇는 것에 불과하다. 물론 이들 지역 사이의 교류관계는 확실히 존재한다.

　　그러나 필자는 'Y자형 문화대'와 동시에 요하문명이 한반도와 연결되는 것에 대해서도 주목하여야 한다고 본다. 이것은 요하문명 지역에서 한반도로 연결되는, (1) 세석기문화, (2) 빗살무늬토기, (3) 옥결, (4) 골복문화, (5) 각종 형태의 돌무덤과 적석총, (6) 치를 갖춘 석성, (7) 비파형동검 등등이 입증하고 있는 것이다.

　　필자가 제시하는 'A자형 문화대'는 (1) 요하문명 지역에서 서남방으로 중국의 동해안을 따라 남하하는 노선, (2) 요하문명 지역에서 한반도를 거쳐 일본으로 연결되는 노선, (3) 장강 하류 지역에서 해로(海路)로 한반도 남부와 일본으로 연결되는 노선을 상정하고 있다.[4]

　　'A자형 문화대'는 (1) 요하문명을 '동북아시아 공통의 시원문명'으로 삼아서, (2) 한-중 공동 연구의 필요성을 인정하는 것이고, (3) 단군조선의 실체를 좀 더 실제적으로 연구하고 입증할 수 있는 것이며, (4) 미래의 한-중 사이의 역사 갈등을 미연에 방지할 수 있는 시각이다.

---

4)　禹實夏,〈遼河文明和'A字形文化帶〉, 223쪽.

〈자료 14-1〉소병기의 'Y자형 문화대(Y字形的文化帶)'[5]

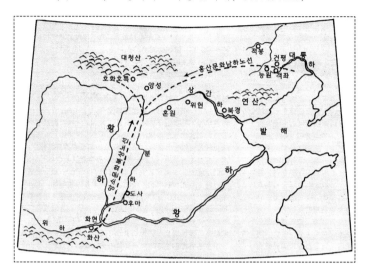

〈자료 14-2〉필자의 'A자형 문화대'[6]

---

5) 蘇秉琦,〈中華文明的新曙光〉,《華人, 龍的傳人, 中國人: 考古尋根記》, 85쪽〈圖
   3, 北方 − 中原文化聯接示意圖〉; 蘇秉琦,〈中華文明的新曙光〉,《蘇秉琦文集
   (三)》, 51쪽,〈圖4, 北方 − 中原文化聯接示意圖〉; 우실하,《동북공정 너머 요하
   문명론》,〈자료 2−28〉.

6) 禹實夏,〈遼河文明和'A字形文化帶〉, 223쪽〈資料 7〉.

넷째, '한반도 중심의 역사관'을 만주와 몽골 초원으로 확대하고, 더 넓게는 중앙아시아와 메소포타미아 지역까지 넓혀서 '교류와 이동의 역사 관'으로 새롭게 우리의 상고사를 바라보아야 한다.

현재 한국 상고사—고대사의 기본적인 시각을 정립한 선배 학자들이 한창 연구를 할 때에는 북한을 비롯해서 중국, 몽골, 소련, 중앙아시아 등 대부분의 국가들이 모두 공산권이어서 자유롭게 왕래할 수가 없었다. 역사 연구와 답사의 장이 한반도, 만주, 일본 지역을 벗어나기 어려웠던 것이다.

그러나 이제는 마음만 먹으면 거의 모든 국가에 갈 수 있는 시대를 살고 있고, 또한 새롭게 발견된 요하문명이 요서 지역에 전모를 드러내고 있다. 이제는 한국사의 지리적 장을 더 넓게 보며 연구할 필요가 있는 것이다.

다섯째, 새롭게 전모를 드러내고 있는 요하문명, 홍산문화에 대한 다양한 분야의 연구가 이루어져야 한다. 요하문명은 글자 그대로 하나의 거대한 '문명'이다. 하나의 문명에 대한 연구는 고고학자나 역사학자만의 전유물이 절대로 아니다. 고고학, 역사학, 민속학, 사회학, 정치학, 문화학, 종교학, 신화학, 미술, 미학, 건축학, 철학 등 많은 학문 분야에서 연구할 수 있다.

이집트문명의 상형문자 연구는 언어학자들이 연구하고, 그들의 상형 문자에 드러난 사후세계나 종교에 대해서는 종교학자나 신화학자가 연구 하고, 거대 피라미드에 대해서는 건축학자나 천문학자들이 더 잘 연구할 수 있는 것과 마찬가지이다.

실제로 중국에서는 이미 이런 다양한 분야에서 홍산문화에 대한 연구 가 이루어지고 발표되고 있다. 우리학계에서도 다양한 분야에서 요하문명 을 연구하는 학자들이 나와야 하고, 이제는 고고—역사학이 기후학, 지질 학, 문화사, 사상사 등의 연구와 만나 진정한 의미의 '학제간 연구'가 이루 어져야 한다.

여섯째, 우리 학계나 언론도 요하문명 지역의 발굴 결과에 대해 항상 관심을 가지고 지켜보아야 한다. 현재 요하문명 홍산문화 지역은 발굴이 진행될수록 그 영역이 점차 확대되고 있어서, (1) 기존의 요하문명 지역과, (2) 몽골공화국의 동부 지역, (3) 내몽고 북부의 호륜패이시 지역, (5) 요동반도 지역 등으로 확대되고 있다.

특히 요하문명의 한가운데인 과이심사지는 동서 약 500㎞, 남북 약 200㎞에 달하는 어머어마한 크기이다. BC 3000년 이후 건조화가 시작되어 현재는 사막으로 덮여 있지만, 이 거대한 사막 지역에도 현재까지 알려지지 않은 수많은 유적들이 묻혀 있을 것이다. 요하문명 지역의 신석기-청동기시대 유적은 정식 발굴된 것의 수십 배 어쩌면 수백 배나 더 많은 유적이 발굴을 기다리고 있을 것이다. BC 7000년경의 소하서문화나 BC 6000년경 흥륭와문화보다 이른 시기의 신석기문화는 언제든지 발견될 가능성이 있다.

아직은 한국학계나 언론에서 요하문명에 대해서 관심이 크지 않기 때문에, 요하문명을 둘러싸고 중국에서 벌어지는 놀라운 소식들도 모르고 지나가는 경우가 많다. 비근한 예로, (1) 2012년 5-7월에 발굴된 '5300년 전 홍산문화 도소남신상(陶塑男神像)'의 발견, (2) '국사수정공정'의 시작 소식, (3) '중화문명선전공정' 준비 소식 등은 필자가 최초로 한국 언론에 소개한 것이었다. 또한 적봉시에서 매년 열리는 홍산문화고봉논단에 참가하여 발표하는 학자도 필자 외에는 거의 없다. 이제는 학계 차원에서 요하문명의 새로운 발굴 결과들을 모니터링하고 대응 연구를 해가야 한다.

일곱째, 한반도 고고학에서 중국학계에서 사용하는 흥륭와문화, 홍산문화 등과 같은 시기별, 단계별 '고고학문화'의 설정이 필요하다. 필자가 요하문명에 대해 연구하면서 중국에서 분류하고 있는 소하서문화 → 흥륭와문화 → 조보구문화 → 부하문화 → 홍산문화 → 소하연문화 → 하가점하층문화 → 하가점상층문화 등 시대순으로 이어진 고고학문화 유형의 설정은 매우 유용하다는 것을 피부로 느끼고 있다. '흥륭와문화' 혹은 '홍산문화'라고 하면, 필자를 포함한 대부분의 중국학자들은 분포 지역, 토기의 유형, 집터의 형태 등을 일목요연하게 머리에 떠올린다.

그러나 한국 고고학에는 아직 이러한 고고학문화 유형이 정리되어 있지 않아 개별 유적지별로 기억해야 한다. 이것은 연구자들뿐만이 아니라 일반인들이 우리의 상고사를 이해하는 데도 무척 걸림돌이 된다. 현실적으로 여러 어려움이 있겠지만, 고고-역사학계에서 머리를 맞대고 한반도의 고고학문화 유형 혹은 시기별·단계별 문화권 등을 설정해주면 우리나라 상고사에 대한 이해도가 높아질 것이라고 본다.

여덟째, 늦었지만 이제부터라도 요하문명-홍산문화를 연구할 수 있는 전문적인 학자들을 길러야 한다. 요하문명은 중국이 독점할 수 있는 것이 아니라 '동북아 공통의 시원 문명'이며, 우리의 상고사와도 바로 이어져 있다는 것을 기억해야 한다.

중국학계의 움직임을 가까이서 지켜보고 있는 필자의 입장에서, 한국의 주류사학계에서 요하문명에 대한 연구를 하지 않는 현 상황은 참으로 암담할 뿐이다. 주요 대학에서는 요하문명에 대한 정규 강좌를 만들어 후학들이라도 가르쳐야 한다. 요하문명을 강의할 수 있는 전문 인력이 부족하다면 중국에서 전문가를 초빙해서라도 강의를 개설해야 한다.

필자는 항공대에서 비록 교양 강좌이지만 '요하문명의 이해'라는 과목을 개설해서 강의를 하고 있다. 모르긴 몰라도 우리나라 대학에서 개설 과목명에 요하문명이라는 용어를 사용한 것은 이것이 처음인 것 같다. 우리나라 학문을 좌지우지하는 큰 대학에서부터라도 요하문명에 대한 정규 강좌를 만들어가야 한다.

요하문명, 홍산문화에 대한 연구 인력이 턱없이 부족한 현실에서, 요하문명 연구의 중심지인 적봉대, 길림대, 요녕대, 요녕사범대 등의 대학이나 요녕성박물관, 내몽고박물관, 적봉박물관, 오한기박물관 등과 (1) 방문교수 교환 프로그램, (2) 박사 후 과정 교환 프로그램, (3) 대학끼리의 교환학생 프로그램, (4) 박물관끼리의 연구원 교환 프로그램 등을 통해 신진 연구자들이 직접 요하문명의 놀라운 실체를 확인하고 연구할 수 있게 해야 한다. 이런 적극적인 노력이 없이는 중국학자들의 연구 결과들이 전 세계에 통용될 것이다.

아홉째, 중-고등학교 역사교과서에서도 요하문명에 대해 가르쳐야 한다. 현재, (1) 요하문명이 이미 전모를 드러내고 있고, (2) 1935년에 처음으로 홍산문화가 발견된 지 이미 80주년이나 지났으며, (3) 1995년 곽대순에 의해서 요하문명이 명명된 지도 이미 30년이 지났고, (4) 중국은 '중화문명전파(선전)공정'을 준비하면서 요하문명에 대한 중국학계의 입장을 전세계에 알리고, 요하문명을 중국인의 조상인 황제족으로 끌고가는 새로운 초-중/고-대학의 역사교과서를 만들 계획을 가지고 있다. 이제는 우리나라에서도 학생들의 역사교과서를 통해서 요하문명에 대해서 가르칠 시기가 되었다고 본다.

최근 논란이 된 국정교과서 이전의 검인정 중-고 역사교과서를 찾아보니, 요하문명이나 홍산문화에 대해서 간단하게나마 소개하고 있는 것은 단 1종뿐이었다. 그것도 본문이 아니라 참고 사항처럼 박스 처리한 〈그때 그 시절: 랴오닝 지역의 선사 문화〉 부분에는 우하량유지에서 출토된 홍산여신 얼굴, 2점의 옥기 사진과 함께 아래 〈자료 14-3〉과 같이 기술하고 있을 뿐이다.

〈자료 14-3〉 현행 역사교과서에 유일하게 보이는 홍산문화 소개 부분[7)]

그때 그 시절 ▶ **랴오닝 지역의 선사 문화**

중국 황허 강 중류 지역에서 발굴된 신석기 시대 양사오 문화는 황허 문명의 원류로 여겨진다. 그런데 20세기 중반 이후 만리장성 밖 동북 만주 지역에서 황허 지역의 문화보다 훨씬 앞서거나 비슷한 시기의 신석기 문화가 속속 확인되었다. 이들 문화 중 하나인 홍산 문화가 크게 꽃을 피웠던 기원전 3500~3000년경 뉴허량(牛河梁)의 신석기 유적에서는 대규모의 돌무지무덤과 제단이 발견되고, 세련된 옥기들이 대거 출토되었는데 황허 지역의 중국 문화와는 구별되는 것이었다.

○ 뉴허량의 신석기 유적에서 출토된 여러 가지 모양의 옥기들과 여신상(얼굴 부분)

이 일대의 선사 문화는 청동기 시대까지 이어지는데, 한반도 지역에서 많이 보이는 빗살무늬 토기, 돌무지무덤, 고인돌, 비파형 동검, 청동 거울 등이 대량으로 발굴되기도 하였다. 그리하여 고조선의 성립과 발전 등 우리 민족의 역사와 밀접한 관련이 있을 것으로 추정되기도 한다.

1. 동트는 우리 역사 13

이것이 요하문명에 대해서 조금이라도 소개하고 있는 거의 유일한 역

---

7) 한철호 외,《고등학교 한국사》, 미래엔, 2011, 4쇄(2014), 13쪽.

사교과서다. 위의 자료에서는 '요하문명'이라는 명칭은 사용하고 있지 않지만, (1) "만리장성 밖 동북 만주 지역에서 황하 지역의 문화보다 앞서거나 비슷한 시기의 신석기 문화가 속속 확인"되었고, (2) 이것은 "황하 지역의 중국 문화와는 구별되는 것"이라고 강조하고, (3) "이 일대의 선사문화는 청동기시대까지 이어지는데, 한반도 지역에서 많이 보이는 빗살무늬토기, 돌무지무덤, 고인돌, 비파형동검, 청동 거울 등이 대량으로 발굴"되며, (4) 이런 것들이 "고조선의 성립과 발전 등 우리 민족의 역사와 밀접한 관련이 있을 것으로 추정되기도 한다."라고 소개하고 있다.

이 서술처럼 요하문명이 '고조선의 성립과 발전 등 우리 민족의 역사와 밀접한 관련이 있을 것으로 추정'된다면, 이제는 학자들이 본격적으로 연구를 해야 하고, 우리의 역사교과서에서도 정식으로 가르쳐야 한다는 것이다.

열째, 옥기(玉器) 전문가를 길러야 한다. 요하문명, 홍산문화에 대한 연구는 고대 옥기(玉器)에 대한 전문적인 지식이 없이는 접근하기가 어렵다. 12년 동안 중화문명탐원공정을 이끌었고, 현재 중국사회과학원 고고연구소 소장 겸 중국고고학회 이사장인 왕외(王巍)가 세계적인 옥기 전문가라는 점은, 동북아 고대 문명사 연구에서 옥기 연구가 얼마나 중요한지를 상징적으로 보여주는 것이다.

열한째, 가능하다면 현재의 동북아역사재단을 해체하고 새롭게 '순수한 학술재단'으로 거듭나야 한다. 외부에서 임명되는 이사장 아래서 실무를 총괄하는 사무총장으로 외교부 관료가 상주하면서 중국과의 외교적 마찰을 우려해 학술적 연구를 통제하는 현재의 운영 방식은 잘못된 것이다. 재단법인으로 독립하여 외교 문제와 상관없이 순수하게 학자적 양심에 따라 학술 연구가 이루어질 수 있는 조직으로 거듭나야 한다.

이것이 현실적으로 어렵다면 차선으로, 동북아역사재단에 '요하문명-홍산문화연구소'를 개설하고 전문 인력을 배치해야 한다. 이 연구소에서 우리의 시각으로 요하문명을 연구하고 우리의 입장을 만들어가야 한다. 현재 있는 '한중관계연구소'에는 요하문명이나 홍산문화 전문가가 한 사람도 없다. 요하문명을 바라보는 시각은 앞으로 한국과 중국 사이에 엄청난 역사 갈등을 배태하고 있다. 우리의 시각이 없다면, 요하문명이 중화문명의 시발점이고 그 주도세력이 화하족의 조상인 황제족이라는 중국학계의 시각이 전 세계에 확대될 것이다.

열두째, 단군조선을 적극적으로 검토해야 한다. 만주 일대에서 새롭게 발견된 거대한 요하문명은 기존의 어떤 역사책에도 단 한 줄도 기록되어 있지 않은 '철저히 잃어버린 문명'이었다. 전혀 모르던 새로운 거대한 문명이 우리의 상고사-고대사와 연결된 지역에서 발견된 이상 우리의 상고사-고대사 특히 고조선과의 연관성을 연구해야 하는 것은 너무나 당연한 것이다.

중국은 이미 '중화문명탐원공정'을 통해 그들의 상고사-고대사를 전면적으로 재편하고 있고, 요하문명의 주도세력이 중국인의 시조라는 황제족이라는 새로운 학설이 점차 확대되고 있다.

최근 도사(陶寺)유지가 요임금의 왕도(王都)인 평양(平陽)으로 밝혀지고 있다. 요임금과 같은 순 시기라는 단군조선도 단한 허구나 전설 혹은 신화가 아닐 가능성이 높다. 요하문명 지역에서는, (1) 홍산문화 단계에서 소병기가 이야기하는 '초기 국가단계의 고국(古國)'이 존재했었고, (2) 하가점하층문화 단계에는 '방국 단계의 대국(소병기)' 혹은 '하(夏)나라보다 앞선 문명고국(설지강)'이 존재했음은 의심할 나위가 없다. 하가점하층문화 단계의 '방국 단계의 대국', '하나라 보다 앞선 문명고국'은 중국의 역사서 어디에도 비정할 만한 국가명이 존재하지 않는다. 그것이 우리 역사서에 신화처럼 기록된 단군조선이라고 필자는 본다.

열셋째, 중국인의 신화적 조상들 가운데 중요한 인물들이 왜 동이족으로 기록되어 있는지, 이제는 요하문명의 발견으로 이해할 수 있게 된 것이다. 단적으로 중국에서 인류의 조상으로 팔괘(八卦)를 그렸다는 태호(太昊) 복희씨(伏羲氏)부터도 동이족으로 기록되어 있을 정도다. 일부 학자들은 중국인의 조상이라는 황제(黃帝) 자체가 동이족이라고 보기도 한다. 소호(少昊) 금천씨(金天氏), 순(舜)임금, 상족(商族) 등등 역사 기록에 동이족으로 기록된 중국인들의 선조들은 너머나 많다.

또한 공자가 왜 구이(九夷)=동이(東夷)에 가서 살고 싶다고 했는지도, 그동안 잊혀져 있던 요하문명의 발견으로 진실의 한 면을 보게 되었다. 동이족은 도(道)나 예(禮)가 실현되는 동방의 문명 세력이었다는 것을 공자 시대까지도 전승되었음을 알 수 있다.

요하문명의 앞선 문화를 지니고 중원 쪽으로 남하한 이들이 나중에 동이족으로 기록되는 세력이다. 동이족은 앞선 문명을 지닌 집단이었지, 결코 '동쪽 야만인'이 아니었던 것이다. 동북아시아 상고사에서 동이족의 역할은 지대하며, 그 동이족의 선조들이 건설한 것이 요하문명인 것이다.

필자는 우리나라 학계에서 요하문명에 대해서 좀 더 진지하게 연구하는 것이 급선무라고 본다. 새롭게 발견된 이상 관심을 가지고 연구해야 한다는 것이다. 남미나 아프리카에서 발견된 것도 아니고, 우리의 상고사-고대사와 직결되는 만주 일대에서 발견된 새로운 문명을 왜 연구하지 않는가?

3. '동방 르네상스를 위하여'

요하문명의 새로운 발견 이후 중국의 고고-역사학계는 그야말로 벌집을 쑤셔놓은 것 같다. 요하문명의 주도세력을 '황제족'으로 정리한 이후에는, 아주 차근차근 이런 가설을 정립하기 위해 각종 역사 관련 공정들을 진행해왔다.

중국학계에서는 '중화문명탐원공정' 등의 각종 역사 관련 공정을 통해, (1) 요하문명, 홍산문화의 주도세력이 중화민족의 시조라는 황제족(黃帝族)이라는 새로운 관점을 정립해가고 있고, (2) '요하문명의 꽃' 홍산문화의 주도세력은 구체적으로 황제의 후예인 고양씨(高陽氏) 전욱(顓頊)과 고신씨(高辛氏) 제곡(帝嚳) 집단으로 보고 있고, (3) 따라서 만주 일대에서 등장하는 후대의 모든 소수민족은 황제족의 후예이며, (4) 이 황제족 후예들의 역사는 모두 중국사의 일부이며, (4) 이를 토대로 '중화문명 5000년'을 당당하게 주장하고 있으며, (5) 이제는 전 세계에 이런 상황을 알리는 '중화문명선전공정'을 준비하고 있다.

우리가 중국학계의 최근 동향에 적절히 대응하지 않는다면, 우리의 모든 상고사−고대사는 황제족의 방계역사로 전락하게 된다는 점을 분명히 기억해야 한다. 이제까지 이 책을 통해서 살펴본 요하문명−홍산문화를 연구하는 중국학계와 필자의 기본적인 시각 차이를 비교하여 정리한 것이 아래 〈자료 14−4〉이다.

〈자료 14-4〉 요하문명-홍산문화에 대한 중국학계의 시각과 필자의 시각 비교

	중국학계의 시각	필자의 시각
요하문명의 주도세력	. 중국인의 시조라는 황제족(黃帝族) . 유웅씨(有熊氏) 황제(黃帝) 집단	. 동이족(東夷族)의 선조
요하문명의 성격	. 중화문명의 시발지	. '동북아 공통의 시원문명'
요하문명과 주변의 관계	. 소병기: 'Y자형 문화대(Y字形的文化帶)'	. 'A자형 문화대(A字型 文化帶)'
홍산문화의 단계	. 초기 국가단계 = 초기 문명단계 . 추방(酋邦=Chifdom=군장국가) . 고국(古國)단계	. 동의함
홍산문화의 주도세력	. 황제의 후예인 고양씨(高陽氏) 전욱(顓頊)과 고신씨(高辛氏) 제곡(帝嚳) 집단	. 단군조선 이전의 토착세력 가운데 웅녀족(熊女族)일 가능성이 높다.
하가점하층 문화의 단계	. 소병기: '방국(方國) 단계의 대국(大國)' . 설지강: '하(夏)보다 앞선 문명고국(文明古國)' . 그러나 중국의 상고사에서는 비정할 국가 이름이 없다.	. 여러 방국(方國) 혹은 방국(邦國)들의 연합체 . 단군조선(檀君朝鮮)일 가능성이 높다.

필자는 2000년 요녕대학 한국학과 교수로 재직할 때부터 요하문명 각 지역을 답사하면서 나름대로 연구를 지속하고 있다. 그러나 아직도 한국의 역사−고고학계에서는 요하문명에 대해서 본격적으로 연구하는 사람이

거의 없는 실정이다.

우리나라 중, 고등학교 역사교과서에는 비파형동검이 분포하는 요서 지역을 포함한 만주 지역도 '고조선 영역', '고조선의 문화권', '고조선의 세력 범위' 등으로 소개하고 있다. 현재 대부분의 역사교과서에서 청동기시대를 BC 2000-1500년 사이에 시작된 것으로 보고 있고, 고조선의 건국을 BC 2333년이라고 기술하고 있다. 특히 '고조선 문화권' 또는 '고조선 세력 범위' 관련 지도에는 요하문명의 심장부인 요서 지역이 분명하게 포함되어 있다. 요서 지역을 '고조선의 문화권/지역/영역/세력 범위' 등으로 인정하면서, 이 지역에서 새롭게 발견된 요하문명이 우리와 상관없다는 것이 말이 되는가?

요하문명에 대한 연구는 (1) 식민사학을 둘러싼 학계의 갈등이나, (2) 재야사학과 강단사학과의 갈등 문제와도 전혀 상관없는 일이고, (3) 민족주의사학이나 실증주의사학 등의 문제와도 전혀 상관없는 것이다. 새롭게 발견된 요하문명이 우리의 상고사-고대사와 어떻게 연결되는 지를 연구하는 것은 학자로서 당연히 해야 하는 일이다. 중국학계는 이를 본격적으로 연구하여 그들의 상고사를 완전히 재편하고 있는데, 이 지역이 '고조선의 강역/영향권/문화권'이라고 인정하면서도 강 건너 불구경하듯이 하고 있는 것이 우리의 현실이다. 늦었지만 이제라도 본격적인 연구가 시작되어야 한다.

요하문명을 'A자형 문화대'의 시각으로 바라보고, 또한 '동북아시아 공통의 시원문명'이라는 인식 아래 한-중-일-몽골 등이 함께 공동연구를 진행할 때, (1) 요하문명이 한-중-일-몽골의 공통의 문명적 기반이라는 인식을 확산시킬 수 있고, (2) 이런 인식을 통해 각 국가 간의 많은 갈등을 해결하고 동북아문화공동체를 앞당길 수 있으며, (3) 세계의 정치, 경제, 문화의 중심으로서 동북아시아가 거듭나는 '동방 르네상스'를 이룰 수 있을 것이다.

참고문헌

1. 사료 및 원전

《孔子家語》
《史記》, 中華書局, 2013(修政本).
《史記正義》
《山海經》
《三國史記》
三國遺事
《三國志》
《書經》
《釋名》
《說文解字》
《詩經》
《爾雅》
《帝王世紀》
《淮南子》

2. 저서

(1) 한국, 번역서 포함

국립문화재연구소, 《고성 문암리 유적 Ⅱ : 발굴조사보고서》, 그래픽코리아, 2013.
국립문화재연구소, 《고성 문암리 유적》, 2004.
국립문화재연구소, 《한국고고학전문사전(신석기시대편)》, 2012.
국립문화재연구소, 《아무르·연해주의 신비: 한·러 공동발굴특별전》, 그라픽네트, 2006.
국사편찬위원회 1종도서연구개발위원회(편), 《중학교 국사(상)》, 국정교과서주식회사, 1990.
기상청, 《2012 기상연감》, 2012.
김원룡, 《한국 고고학 개설》, 일조각, 1986(3판).
김종수 외, 《고등학교 한국사》, 금성출판사, 2014.
김한산, 《백두산 화산》, 시그마프레스, 2011.

문안식, 《요하문명과 예맥》, 혜안, 2012.

복천박물관, 《2013 복천박물관 특별기획전 선사, 고대 옥의 세계》, 2013.

서울특별시석촌동발굴조사단, 《석촌동고분군발굴조사보고》, 1987.

소원주, 《백두산 대폭발의 비밀》, 사이언스북스, 2010.

양호환 외, 《중학교 역사(상)》, 교학사, 2011.

예맥문화재연구원, 《춘천 중도 LEGOLAND KOREA Project C 구역 내 유적 정밀발
    굴조사 부분완료(1차) 약식보고서》(2014.10).

우실하, 《고조선의 강역과 요하문명》, 동아지도, 2007.

우실하, 《동북공정 너머 요하문명론》, 소나무, 2007.

우실하, 《동북공정의 선행 작업과 중국의 국가 전략》, 울력, 2004.

우실하, 《전통음악의 구조와 원리》, 소나무, 2004.

우실하, 《전통문화의 구성 원리》, 소나무, 1998.

윤성효, 《백두산 대폭발의 날》, 해맞이, 2010.

이문기 외, 《중학교 역사(상)》, 두산, 2011.

이상, 주진오 외, 《역사(상)》, 천재교육, 2011.

이형구, 《발해연안문명》, 상생출판사, 2015.

이형구, 《한국고대문화의 비밀》, 새녘, 2012(개정판).

조선유적유물도감편찬위원회, 《조선유적유물도감 1: 원시편》, 동광출판사, 1990.

편집부, 《고고학사전》, 국립문화재연구소, 2001.

한국식품과학회, 《식품과학기술대사전》, 광일문화사, 2008

한철호 외, 《고등학교 한국사》, 미래엔, 2011, 4쇄(2014)

나가다 히사시(永田久) (심우성 옮김), 《역(歷)과 점(占)의 역사》, 동문선, 1992

데. 바이에르 (박원길 옮김), 《몽골석인상의 연구》, 혜안, 1994

데. 아. 아브두신 (정석배 옮김), 《소련 고곡학 개설》, 학연문화사, 1994

데. 엘. 브로댠스키 (정석배 옮김), 《연해주의 고고학》, 학연문화사, 1988.

쿠니키다 다이(國本田大), 요시다 쿠니오(吉田邦父), 김은영, 〈고성 문암리유적 출토
    토기의 연대측정 결과와 소견〉, 《문화재》, 제40호(2007).

허진웅 (홍희 옮김), 《중국 고대 사회: 문자와 인류학의 투시》, 동문선, 1993.

(2) 중국 및 기타 외국

賈洪榛(主編), 《赤峰滄桑》, 內蒙古文化出版社, 2011.

古方(主編), 《中國出土玉器全集》, 科學出版社, 2005.

郭大順, 洪殿旭(主編), 《紅山文化玉器鑒賞》, 文物出版社, 2010.

郭淑云, 《原始活態文化: 薩滿敎透視》, 上海人民出版社, 2001.

國家文物局, 《中國文物地圖集: 內蒙古自治區分冊》, 西安地圖出版社, 2003.

國家文物局, 《中國文物地圖集: 遼寧分冊》, 西安地圖出版社, 2009.

國家文物局, 中和人民共和國科學技術部, 遼寧省人民政府(編), 《遼河尋根文明溯源》,

文物出版社, 2011.

國家文物局, 《2007 中國重要考古發掘》, 文物出版社, 2008.

國家文物局, 《2006 中國重要考古發見》, 文物出版社, 2007.

國家文物局, 《中國文化遺産》, 中國文物報社, 2004年 夏季號.

今村啓爾, 《繩文の豊かさと限界》, 山川出版社, 2002.

內蒙古紅山文化學會, 赤峰學院紅山文化研究院, 《赤峰紅山文化學術研究25年回顧與展望》, 赤峰畫報社, 2017.

內蒙古文物考古研究, 《內蒙古東部地區考古學術研討會資料》(1990年 10月 赤峰市).

內蒙古自治區文物考古研究所, 《白音長汗: 新石器時代遺址發掘報告》, 科學出版社, 2004.

東亞考古學會, 《赤峰紅山後: 熱河省 赤峰紅山後先史遺迹》, 東亞考古學會, 1938.

東亞考古學會, (戴岳曦·康英華 譯), 《赤峰紅山後: 熱河省 赤峰紅山後先史遺迹》, 內蒙古大學出版社, 2015.

雷廣臻(主編), 《牛河梁紅山文化遺址巨型禮儀建築群綜合研究》, 科學出版社, 2015.

孟昭凱, 金瑞淸, 《五千年前的文明》, 中國文聯出版社, 2009.

富育光, 《萨满教與神話》, 遼寧大學出版社, 1990.

徐强, 《紅山文化古玉鑑定》, 華藝出版社, 2007.

邵國田(主編), 《敖漢文物精華》, 內蒙古文化出版社, 2004.

蘇秉琦, 《蘇秉琦文集》, 文物出版社, 2009.

蘇秉琦, 《華人·龍的傳人·中國人: 考古尋根記》, 遼寧大學出版社, 1994.

星珠地圖出版社(編), 《中國東北部》, 星珠地圖出版社, 2014.

宋海遠(主編), 《長白山火山研究》, 延邊大學出版社, 1990.

安徽省文物考古研究所, 《凌家灘: 田野考古發掘報告之一》, 文物出版社, 2006.

葉舒憲, 《熊圖騰:中華祖先神話探源》, 上海故事會文化傳媒有限公司, 2007.

王弘力(編注), 《古篆釋源》, 遼寧美術出版社, 1997.

遼寧省博物館, 遼寧省文物考古研究所, 《遼河文明展文物集萃》, 2006.

遼寧省文物考古研究所, 《牛河梁遺址發掘報告(1983−2003年度)》, 文物出版社, 2012.

堯都區文物旅遊局, 《堯都平陽》, 출판연대 미상.

于建設(主編), 《紅山玉器》, 遠方出版社, 2004.

于建設(主編), 《紅山文化槪論》, 內蒙古科學技術出版社, 2008

牛河梁國家考古遺址公園編輯委員會, 《牛河梁國家考古遺址公園》, 朝陽市牛河梁遺址管理處, 2014.

劉力(主編), 《中國高速公路及城鄕公路網里程地圖集》, 山東省地圖出版社, 2011.

劉莉(陳星燦 等 譯), 《中國新石器時代: 迈向早期國家之路》, 文物出版社, 2007.

劉若新, 仇海泉, 李繼泰, 《長白山天池火山近代噴發》, 科學出版社, 1998.

柳冬靑, 《紅山文化》, 內蒙古大學出版社, 2002.

尹達, 《中国新石器时代》, 三聯書店, 1955.

人民教育出版社歷史室(編著), 《中國歷史 第1册》, 人民教育出版社, 1994.

張江凱, 魏峻, 《新石器時代考古》, 文物出版社, 2004.

張光直 지음, 윤내현 옮김, 《상문명(商文明: Shang Civilization)》, 민음사, 1989.

張博泉, 魏存成, 《東北古代民族考古與疆域》, 吉林大學出版社, 1998.

張明華, 《中國玉器發見與研究100年》, 上海書店出版社, 2004.

《赤峰畫報》, 2015年 3月.

赤峰市, 《紅山後及魏家窩鋪遺址群申遺文本》, 2011, 비매품.

赤峰學院紅山文化研究院(編), 《第十二屆紅山文化高峰論壇論文集》, 遙寧民族出版社, 2018.

赤峰學院紅山文化研究院(編), 《第十一屆紅山文化高峰論壇論文集》, 遙寧人民出版社, 2017.

赤峰學院紅山文化研究院(編), 《第十屆虹山文化高峰論壇論文集》, 吉林出版集團股份有限公司, 2016.

赤峰學院紅山文化研究院(編), 《第九屆虹山文化高峰論壇論文集》, 吉林出版集團股份有限公司, 2015.

赤峰學院紅山文化研究院(編), 《第八屆紅山文化高峰論壇論文集》, 遙寧大墾出版社, 2014.

趙承楷, 《考古文化》, 文化藝術出版社, 2009.

中國科學院, 《中國國家地理》, 2012年 10月(總 第624期).

中國科學院, 《中國國家地理》, 2008年 10月(總 第576期).

中國文物信息中心, 《中國古代玉器藝術》, 中國美術出版社, 2003.

中國社會科學院 考古研究所(編), 《中國考古學中碳十四年代數据集 1965-1991》, 文物出版社, 1992.

中國社會科學院考古研究所(編), 《中國考古學中14 C 年代數據集》, 文物出版社, l991.

中國科學院考古研究所, 《梁思永考古論文集》, 科學出版社, 1959.

中國社會科學院考古研究所, 山西省臨汾市文物局(編著), 《襄汾陶寺: 1978-1985年考古發掘報告》, 文物出版社, 2015.

中國水利百科全書书第二版編輯委員會, 《中國水利百科全書》, 中國水利水電出版社, 2006.

中國地圖出版社(編), 《中國地圖集(地形版)》, 中國地圖出版社, 2014.

陳文華, 《中國古代農業文明史》, 江西科學技術出版社, 2005.

陳萬雄(主編), 《東北文化: 白山黑水中的農牧文明》, 上海遠東出版社, 1998.

泰亦赤兀惕·满昌(編), 《蒙古族通史》, 辽宁民族出版社, 2004.

馮雲鵬·馮雲鵷, 《金石索》, 書目文獻出版社, 1996. 영인본.

許宏, 《最早的中國》, 科學出版社, 2009.

A. L. Kroeber, Anthropology : Race, Language, Culture, Psychology, Prehistort. New York : Harcourt, 1948년 2판[1923].

Li Liu & Xingcan Chen, State Formation in Early China, London : Duckworth, 2003.

Kwang-chih Chang, The Archaeology of Acient China, Yale Univ. Press, 1986 Forth Edition.

Raymon L. Lee, JR., Alistair B. Fraser, The Rainbow Bridge : Rainbows in Art, Myth, and Science, The Pennsylvania State Univ. Press, 2001.

2. 논문 및 기타 글

(1) 한국 (* 필자의 중국어 논문은 여기에 넣었다)

김남신, 〈시뮬레이션에 의한 백두산 화산분출 영향범위 분석〉, 《한국지역지리학회지》, 제17권 제3호(2011).

김명진, 〈OLS 연대측정을 통한 제주 고산리 유적의 형성과 점유시기 결정〉, 《분석과학》, 29권 6호(2016).

김성환, 〈한민족 고대 정신사의 원형과 영토〉, 한민족학회, 《한민족연구》, 제12호(2012).

김정배, 〈동북아의 비파형동검문화에 대한 종합적 연구〉, 《국사관논총》, 제88호(2000).

김정학, 〈가야의 문화와 사상,〉 《한국사상사대계》 2권, 한국정신문화연구원, 1991.

문화재청, 〈춘천 중도유적 보도자료〉, 2014. 7. 28.

박노철(朴魯哲), 〈箕子硏究餘草(十一)〉, 《동아일보》, 1932.4.6. 일자 칼럼.

박재복, 〈중국 동북지역의 점복문화에 관한 고찰―신석기시대와 청동기시대의 복골을 중심으로〉, 《동북아역사논총》, 54호(2016).

박재복, 〈중국 갑골의 기원에 관한 고찰〉, 《고고학탐구》, 제11호(2012)

백홍기, 〈강원도 동해안의 즐문토기 문화: 그 전파문제를 중심으로〉, 《역사학보》, 제87집(1980).

서길수, 〈고구려 석성의 시원에 관한 연구―신석기시대 석성〉, 《고구려발해연구》, 23집(2006.6).

서길수, 〈하가점하층문화(夏家店下層文化)의 석성(石城) 연구〉, 《고구려발해연구》, 제31집(2008.7).

신용하, 〈한국민족의 기원과 형성〉, 《한국학보》 제100집(2000).

신용하, 〈고조선문명권의 삼족오 태양 상징과 조양 원태자벽화묘의 삼족오 태양〉, 《한국학보》 제105집, (2001).

신용하, 〈고조선문명권의 형성과 동북아 '아사달' 문양〉, 임재해 외, 《고대에도 한류가 있었다》, 지식산업사, 2007.

신용하, 〈한국민족의 기원과 형성에 대한 '한' '맥' '예' 3부족 결합설〉, 《학술원논문집》 제55집 1호(2016).

오대양, 〈요서지역 적석총문화의 기원과 형성과정〉, 《동북아역사논총》, 45호.

우실하, 〈남북한 단군영정의 통일을 위한 제안〉, 《단군학연구》 제38호(2018.6).

우실하, 〈'3수 분화의 세계관(1-3-9-81)'과 삼계(三界) 조화의 생명사상〉, 《한국학논집》, 제63집(2016.6).

우실하, 〈연단술(鍊丹術)과 한국의 전통 약재(藥材)에 남겨진 '3수 분화의 세계관'의 흔적들〉, 《한국학논집》, 제64집(2016.9).

우실하, 〈'3수 분화의 세계관'에서 변화와 창조의 논리〉, 김상환·장태순·박영선(엮음), 《동서의 문화와 창조: 새로움이란 무엇인가?》, 이학사, 2016.

우실하, 〈홍산문화 각종 옥벽의 상징적 의미와 샤먼의 위계〉, 《고조선단군학》, 제33호(2014.12).

우실하, 〈요하문명, 홍산문화 지역의 지리적 기후적 조건〉, 《고조선단군학》 제30집(2014).

우실하, 〈북유럽 신화와 '3수 분화의 세계관(1-3-9-81)'〉, 《몽골학》, 제35호(2013).

우실하, 〈홍산문화의 곰토템족과 단군신화의 웅녀족〉, 《고조선단군학》, 제27호(2012).

우실하, 〈'3수 분화의 세계관(1-3-9-81'의 기원과 홍산문화 : 홍산문화에 보이는 성수(聖數) 3, 9, 81을 중심으로〉, 《비교민속학》, 제44집(2011.4).

우실하, 〈홍산문화 옥저룡(玉猪龍)·쌍수수황형기(雙獸首璜形器)·쌍수수삼공기(雙獸首三孔器)의 상징적 의미와 '환일(幻日: Sundog)' 현상〉, 《동아시아고대학》, 제24집(2011.4)

우실하, 〈몽골 지역 석인상의 기원과 요하문명(遼河文明)〉, 《몽골학》, 제29호(2010).

우실하, 〈'요하문명론'의 초기 전개 과정에 대한 연구〉, 《단군학연구》, 제21호(2009).

우실하, 〈몽골문화와 '3수 분화의 세계관(1-3-9-81)'-Ⅱ : 9·9의 상징성을 중심으로〉, 《몽골학》 제27호(2009).

우실하, 〈한국문화의 심층구조 '3수 분화의 세계관(1-3-9-81)'〉, 《한민족 연구》, 제9집(2009).

우실하, 〈몽골문화와 '3수 분화의 세계관(1-3-9-81)'〉, 《단군학연구》, 제18집(2008).

우실하, 〈도교와 민족종교에 보이는 '3수 분화의 세계관'〉, 《도교문화연구》, 제24집(2006)

우실하, 〈구구가(九九歌), 구구소한도(九九消寒圖)의 기원과 '3수 분화의 세계관'〉, 《동양사회사상》, 제13집(2006).

우실하, 〈삼태극(三太極)/삼원태극(三元太極) 문양의 기원에 대하여〉, 《정신문화연구》, 제29권 제2호. 통권 103호(2006년 여름호).

우실하, 〈「천부경」, 「삼일신고」의 수리체계와 '3수 분화의 세계관(1-3-9-81)'〉, 《선도문화》, 제1집(2006).

우실하, 〈동북아 샤머니즘의 성수(聖數: 3.7.9.81)의 기원에 대하여〉, 《단군학연구》, 제10호(2004).

우실하, 〈동북아시아 모태문화와 '3수 분화의 세계관'〉, 《문화와 사람》, 창간호(2000).

우실하, 〈한국 전통 문화의 구성 원리에 대한 연구〉, 연세대 사회학과 박사학위논문(1997).

禹實夏, 〈紅山文化'耳璫'考〉, 赤峰學院紅山文化研究院(編), 《第十二屆紅山文化高峰論壇論文集》, 遙寧民族出版社, 2018, 112-126쪽.

禹實夏, 〈紅山文化和'三數分化的世界觀(1-3-9-81)〉, 赤峰學院紅山文化研究院(編), 《第十一屆紅山文化高峰論壇論文集》, 遙寧人民出版社, 2017.

禹實夏, 〈遼河文明和'A字形文化帶〉, 赤峰學院紅山文化研究院(編), 《第十屆虹山文化高峰論壇論文集》, 吉林出版集團股份有限公司, 2016.

禹實夏, 〈關于紅山文化各種玉璧象征意義研究〉, 赤峰學院紅山文化研究院(編), 《第九屆虹山文化高峰論壇論文集》, 吉林出版集團股份有限公司, 2015.

禹實夏, 〈關于紅山文化各種玉璧象征意義研究〉, 《紅山文化論壇》, 第1集, 2014.

禹實夏, 〈紅山文化中的雙獸首璜形器, 玉猪龍與彩虹〉, 《赤峰学院学报(汉文哲学社会科学版)》, 2013年 第6期.

은화수, 〈한국 출토 복골에 대한 고찰〉, 《호남고고학보》, 10권(1999).

이성이, 성영배, 강희철, 최광희, 〈백두산 빙하지형의 존재 가능성과 제4기 화산활동과의 관계〉, 《대한지리학회지》, 제47권 제2호(2012).

임승경, 〈중국 동북지역 신석기시대 옥문화〉, 《한국 선사, 고대의 옥문화 연구》, 복천박물관, 2013.

임채우, 〈대종교 단군 영정의 기원과 전수문제〉, 《선도문화》, 제11집(2011).

임효재, 〈동아시아에 있어서 오산리 신석기문화의 위치,〉《동아시아 속의 오산리 신석시문화의 위치》, 양양문화원, 한국선사고고학회, 1997.

임효재, 〈강원도 오산리 신석기 유적의 발굴 성과와 과제〉, 《고문화》, 34(1989).

정재서, 〈道敎의 샤머니즘 기원설에 대한 재검토〉, 《도교문화연구》, 제37집(2012. 11).

조인성, 〈'고대사 파동'과 고조선 역사지도〉, 《한국사연구》172집(2016).

촐몽, 〈몽골제국사 연구와 중국학자들의 역사서술〉, 동북아역사재단, 《2008 Korea-Mongolia International Conference: 한-몽 역사학자들의 동북아역사 인식》논문자료집, 2008.

탁경백, 〈고비-알타이 아이막의 히르기수르 검토: 2009-2010 한, 몽 공동조사 결과를 중심으로〉, 《한국전통문화연구》, 제9호(2010).

하인수, 〈신석기시대 옥기의 기초적 검토〉, 《한국 선사, 고대의 옥문화 연구》, 복천박물관, 2013.

한강문화재연구원, 《춘천 중도 레고랜드 코리아 프로젝트 A구역 문화재 발굴조사 약보고서》, 2014.

한영희, 〈신석기시대-지역적 비교〉, 《한국사론, 12권》, 국사편찬위원회, 1983.

⑵ 중국 및 기타 외국

賈寧寧, 〈紅山文化與商族起源研究〉, 遼寧師範大學 碩士學位論文(2010.5).

郭大順, 〈牛河梁遺址發現的三大學術意義〉, 赤峰學院紅山文化研究院(編), 《第十屆虹山文化高峰論壇論文集》, 吉林出版集團股份有限公司, 2016.

郭大順, 〈序言: '遼河文明'解〉, 遼寧省博物館·遼寧省文物考古研究所, 《遼河文明展文物集萃》, 遼寧省博物館·遼寧省文物考古研究所, 2006.

郭大順, 〈從牛河梁遺址看紅山文化的社會變革〉, 中國社會科學院考古研究所, 中國社會科學院古代文明研究中心(編), 《古代文明研究》, 文物出版社, 2005.

郭大順, 〈玉器的起源與漁獵文化〉, 《北方文物》, 1996年 第4期.

郭大順, 〈遼河文明的提出與對傳統史學的衝擊〉, 《尋根》, 1995年 第6期.

郭大順, 〈遼寧史前考古與遼河文明探源〉, 《遼海文物學刊》, 1995年 第1期.

霍文琦, 齊澤垚, 〈陶寺遺址考古發掘成果在京發布〉, 《中國社會科學網》, 2015.6.18.

屈萬里, 〈易卦源於龜卜考〉, 《歷史語言研究所集刊》, 27卷 (1956).

吉林大學邊疆考古研究中心, 內蒙古文物考古研究所, 〈內蒙古林西縣井沟子西梁新石器时代遗址〉,《考古》, 2006年 第2期.

吉林大學邊疆考古研究中心, 內蒙古文物考古研究所, 〈西拉木倫河上游考古調查與試掘〉,《內蒙古文物考古》, 2002年 2期.

吉林大學考古敎硏室, 〈農安左家山新石器時代遺址〉,《考古學報》, 1989年 第2期.

吉平, 阿如娜, 〈哈民忙哈聚落: 科爾沁草原史前一瞬間〉,《中國文化遺産》, 2012年 第2期.

金伯錄, 張希友, 〈吉林省長白山全新世火山噴發期及活動特徵〉,《吉林地理》, 第13券 第2期(1994年 6月).

內蒙古文物考古研究所, 〈內蒙古通遼哈民史前聚落遺址〉, 2012년 '제7회 홍산문화고봉논단(적봉시, 2012.9.4-5.)' 발표 자료.

內蒙古文物考古研究所, 吉林大學邊疆考古研究中心, 〈內蒙古科左中旗哈民忙哈新石器時代遺址2011年的發掘〉,《考古》, 2012年 第7期.

內蒙古文物考古研究所, 科左中旗文物管理所, 〈內蒙古科左中旗哈民忙哈新石器時代遺址2010年發掘簡報〉,《考古》, 2012年 第3期.

內蒙古自治区文物考古研究所, 〈內蒙古林西县白音长汗新石器时代遗址发掘简报〉,《考古》, 1993年 第7期.

內蒙古自治區文化局文物工作組, 〈昭烏達盟巴林左旗細石器文化遺址〉,《考古學報》, 1959年 第2期.

內蒙古自治區文化局文物工作組, 〈內蒙古自治區發現的細石器文化遺址〉,《考古學報》, 1957年 第1期.

譚玉華, 〈中国東南地區石構墓葬研究〉, 中央民族大學 碩士學位論文(2007年 5月).

佟柱臣, 〈陵源附近新石器時代之調查〉, 滿洲古蹟古物明勝天然記念物保存協會誌,《熱河》, 第4輯 考古資料編(1943年 4月) (日文).

佟柱臣, 〈陵源新石器時代遺迹考察〉,《盛京時報》, 1943.6.13, 15.

佟柱臣, 〈熱河先史文化與赤峰紅山〉,《盛京時報》, 1943.8.15-31. 연재.

佟柱臣, 〈熱河の先史文化〉,《北方圈》, 第3卷, 4, 5號(1944).

佟柱臣, 〈赤峰附近新發見之漢前土城址與古長城〉,《歷史與考古》, 1946年 10月.

鄧聰, 〈興隆窪文化玉器與植物宇宙觀〉, 中國社會科學院 考古研究所, 香港中文大學 中國考古藝術研究中心,《玉器起源探索: 興隆洼文化玉器研究及图录》, 香港中文大學文物馆, 2007.

騰海健, 〈也論富河文化經濟形態〉,《赤峰學院學報(漢文哲學社會科學版)》, 第26卷(2005) 第4期.

鄧淑苹, 〈試論紅山系玉器〉, 許倬云, 張忠培(主編),《新世紀的考古學》, 紫禁城出版社, 2006.

穆鴻利, 〈中華北方古老文明之搖籃: 紅山文化探論〉,《社會科學輯刊》, 1997年 第2期.

武家璧, 何駑, 〈陶寺大型建築IIFJT1的天文學年代初探〉,《中國社會科學院古代文明研究中心通訊》, 2004年 第8期.

卜昭文, 〈中華文明原流問題的新信息: 〈山海關外訪古〉 之二〉,《瞭望》1987年 第35期.

傅斯年,〈夷夏東西說〉,《傅斯年全集》, 台北, 聯經出版公司, 民六十九年九月, 第三册.

付萍, 孫永剛,〈哈民忙哈遺址生業方式研究〉,《農業考古》, 2015年 第4期.

北京市文物研究所 等,〈北京平谷上宅新石器时代遺址发掘简报〉,《文物》, 1989年 8期.

索秀芬, 郭治中,〈白音長汗遺址小河西文化遺存〉,《邊疆考古研究》, 2004年 第3輯.

索秀芬,〈小河西文化初論〉,《考古與文物》, 2005年 第1期.

索秀芬, 李少兵,〈小河西文化聚落形態〉,《內蒙古文物考古》, 2008年 第1期.

徐光冀,〈內蒙古巴林左旗富河沟门遺址发掘简报〉,《考古》, 1964年 第1期.

薛志强,〈紅山諸文化與中華文明〉,《中國北方古代文化國際學術討論會論文集》, 中國文史出版社, 1995.

邵國田,〈千斤營子遺址與小河西文化〉, 邵國田(編),《敖漢文物精華》, 內蒙古文化出版社, 2002.

蘇秉琦,〈論西遼河古文化 : 與赤峰史學工作者的談話〉,《北方民族文化》, 1993年 增刊.

蘇秉琦,〈中華文明的新曙光〉,《東南文化》, 1988年 第5期.

蘇秉琦,〈遼西古文化古城古國-兼淡當時田野考古工作的重點大課題〉,《文物》, 1986年 第8期.

孫廣友, 富德義, 宋海遠, 楊永興,〈長白山火山期, 玄武嚴建造及宋火山地貌的形成〉, 宋海遠(主編),《長白山火山研究》, 延邊大學出版社, 1990.

孫守道, 郭大順,〈論遼河流域的原始文明與龍的起源〉,《文物》, 1984年 第6期.

孫永剛, 賈鑫,〈紅山文化時期考古出土植物遺存與人類生存環境的關係〉, 赤峰學院 紅山文化研究院(編),《第8屆紅山文化高峰論壇論文集》, 遼寧大學出版社, 2014.

孫永剛, 趙志軍, 吉平,〈哈民忙哈史前聚落遺址出土植物遺存研究〉,《華夏考古》, 2016年 第2期.

辛岩, 方殿春,〈查海遺址1992年-1994年發掘報告〉,《遼寧考古文集》, 遼寧民族出版社, 2003.

沈長雲,〈石峁古城是黃帝部族居邑〉,《光明日報》國學版, 2013.3.25. 15版.

沈長雲,〈再說黃帝與石峁古城: 回應陳民鎮先生〉,《光明日報》國學版, 2013.4.15. 第15版.

阿如娜, 吉平,〈內蒙古通遼哈民遺址第三次發掘又獲重要發見〉,《中國文物報》, 2013.4.26.

安特生 (袁復禮 澤),〈奉天錦西沙鍋屯洞穴層〉,《中國古生物誌》第1册 第1號(1923.4).

梁思永,〈熱河省查布干廟林西雙井赤峰等處所採集之新石器時代石器與陶片〉,《梁思永考古論文集》, 科學出版社, 1959.

梁星彭, 嚴志斌,〈山西襄汾陶寺文化城址〉,《2001年中國重要考古發見》, 文物出版社, 2002.

楊美莉,〈試論新石器時代北方系統的環形玉器〉,《北方民族文化新論》, 哈爾濱出版社, 2001.

楊霄, 葛家琪, 趙天文,〈牛河梁红山文化遗址Ⅱ號點保護篷结构设计〉,《建筑结构》, 2014年 1期.

700

楊虎, 林秀貞, 〈內蒙古敖漢旗小河西遺址簡述〉, 《北方文物》, 2009年 2期.

楊虎, 〈敖漢旗榆樹山, 西梁遺址〉, 《中國考古學年鑑(1989年)》, 文物出版社, 1990.

楊虎, 劉國祥, 〈興隆洼文化居室葬俗及相關問題〉, 《考古》, 1997年 第1期.

楊虎, 劉國祥, 邵國田, 〈內蒙古敖漢旗興隆溝新石器時代遺址調查〉, 《考古》, 2000年 第9期.

倪軍民·耿鐵華·楊春吉, 〈高句麗歷史歸屬問題論稿〉, 《通化師範學院學報》, 2000年 第1期.

烏蘭, 〈西遼河地區小河西文化聚落的微觀分析〉, 《赤峰學院學報(漢文哲學社會科學版)》, 2014年 3期.

王成, 〈內蒙古伊敏河煤鑛出土曲刃青銅短劍〉, 《考古》, 1996年 第9期.

王巍, 〈文化交流與中華文明的形成, [光明日報], 2016.9.17.

王巍, 〈全國人大代表呼籲開展'中華文明傳播工程'〉, 《香港新聞網》, 2016.3.15.

王巍, 〈關於在'十三五'期間開幕'中華文明傳播工程'的建議〉, 《中國考古網》 2016.3.14.

王巍, 〈2015年度中國社會科學院考古研究所田野考古成果綜述〉, 《中國考古網》, 2016.1.5.

王巍, 趙輝, 〈中華文明探源工程研究(世界重大考古研究成果)〉, 《中国考古網》 2013.10.25.

王巍, 〈知識人 • 中國夢: 讓中華文明五千年得到世界認同〉, 《光明日報》, 2013.5.8.

王巍, 〈讓國人紮紮實實地了解中華五千年文明〉, 《中国社會科學網》, 2015.3.17.

王震中, 〈簡論邦國與王國〉, 《中國社會科學院院報》, 2007.2.13.

遼寧省文物考古研究所, 葫蘆島市文物管理辦公室, 〈遼寧葫蘆島市楊家窪新石器時代遺址發掘簡報〉, 《博物館研究》, 2005年 第2期.

熊增龍, 〈紅山文化墓葬制度及相關問題研究〉, 吉林大學教 碩士學位論文(2005).

劉國祥, 〈興隆洼文化與富河文化比較研究〉, 《北方文物》, 2006年 第2期.

劉國祥, 〈西辽河流域新石器時代至早期青铜時代考古学文化概論〉, 《遼寧師範大學學報(社会科学版)》, 2006年 第1期.

劉國祥, 張義成, 〈內蒙古喀喇沁旗發現大型小河西文化聚落〉, 《中國文物報》, 2000. 1.16. 1版.

劉國祥, 〈红山文化墓葬形制与用玉制度研究〉, 《首屆红山文化国际学术研讨会》(2004년 자료집, 적봉시).

劉國祥, 〈興隆洼文化居室葬俗再認識〉, 《華夏考古》, 2003年 第1期.

劉晉祥, 〈翁牛特旗大新井村新石器時代遺址〉, 《中國考古學年鑑(1989年)》, 文物出版社, 1990.

尹達, 〈悼念梁思永先生〉, 中國科學院考古研究所, 《梁思永考古論文集》, 科學出版社, 1959.

李恭篤, 〈遼西楊家窪遺址發現目前我國北方更早的新石器時代文化遺存〉, 《青年考古學家》, 1998年 10期.

李民, 〈試論牛河梁東山嘴紅山文化的歸屬: 中國古代文明探源之一〉, 《鄭州大學學報(哲學社會科學版)》, 1987年 第2期.

李伯謙, 〈夏商周年代學的考古學基礎〉, 《科技文萃》, 2001年 第2期.

李少兵, 索秀芬, 〈建國前遼西區新石器時代考古學文化發現與研究〉, 《內蒙古文物考古》, 2006年 第2期.

李川川, 〈吉林長白山晚更新世以來火山作用與冰川演化的關系〉, 遼寧師範大學, 碩士學位論文(2008).

李學來, 〈古老塞北村落 奇特室內葬俗: 內蒙古敖漢旗興隆洼新石器時代遺址〉, 考古雜誌社(編著), 《二十世紀中國百項考古大發現》, 中國社會科學出版社, 2002.

任式楠, 〈兴隆洼文化的发现及其意义: 兼与华北同时期的考古学文化相比较〉, 《考古》1994年 第8期.

張敬國, 〈從凌家灘出土文物展顯玉器文明〉, 《五千年文明見證: 紅山文化與中華文明學術研究會交流資料》, 遼寧師範大學, 2015.12.

張敬國, 陳啓賢, 〈管形工具鑽孔之初步實驗: 玉器雕琢工藝顯微鏡探索之二〉, 楊建芳師生古玉研究會(編著), 《玉文化論叢 1》, 文物出版社, 2006.

張博泉, 〈對遼西發現五千年前文明曙光的歷史蠡測〉, 《遼海文物學刊》, 1987年 第2期.

張維璽, 〈陶寺遺址及陰近地區考古地磁研究〉, 《考古》, 1989年 제10期.

趙賓福, 杜戰偉, 薛振華, 〈小河西文化檢析〉, 《中國國家博物館館刊》, 2014年 1期.

趙賓福, 劉偉, 杜戰偉, 〈富河文化與趙寶溝文化的地方類型〉, 《考古》, 2012年 第11期.

趙志軍, 〈從小米到小麥: 北方旱作農業的形成和發展〉, 赤峰學院紅山文化研究院(編.) 《第8屆紅山文化高峰論壇論文集》, 遼寧大學出版社, 2014.

趙志軍, 〈中華文明形成時期的農業經濟特點〉, 中國社會科學院考古研究所科技考古中心編, 《科技考古(第三輯)》, 科學出版社, 2011.

趙志軍, 〈從興隆溝遺址浮洗結果淡中國北方旱作農業起源問題〉, 南京師範大學文博係(編), 《東亞古物(A卷)》, 文物出版社, 2004.

趙天文, 葛家琪, 楊霄, 李愷靖, 〈牛河梁紅山文化遺址Ⅱ號點保護篷鋼结构性能化設計〉, 《建築结构》, 2014年 1期.

周亞威, 朱永剛, 吉平, 〈內蒙古哈民忙哈遺址人骨鑑定報告〉, 《邊疆考古研究》, 第12輯(2012.12).

朱延平, 〈遼西區新石器時代考古學文化縱橫〉, 《內蒙古東部區考古學文化研究文集》, 海洋出版社, 1991.

朱永剛, 吉平, 〈探索內蒙古科爾沁地區史前文明的重大考古新發現〉, 《吉林大學社會科學學報》第52卷 第4期(2012年 7月).

朱泓, 周亞威, 張全超, 吉平, 〈哈民忙哈遺址房址內人骨的古人口學研究〉, 《吉林大學社會科學學報》, 第54卷 第1期(2014年 1月).

中國社會科學院考古研究所山西工作隊 等, 〈山西襄汾陶寺城址2002年發掘報告〉, 《考古學報》, 2005年 第3期.

中國社會科學院考古研究所內蒙古工作隊, 〈內蒙古敖漢旗趙寶溝一號遺址發掘簡報〉, 《考古》, 1988年 第1期.

中國社會科學院考古研究所內蒙古工作隊, 〈內蒙古敖漢旗小山遺址〉, 《考古》, 1987年 第6期.

中國社會科學院考古研究所內蒙古工作隊,〈內蒙古敖漢旗興隆窪遺址發掘簡報,《考古》, 1985年 10期.

中國社會科學院考古研究所內蒙古工作隊, 敖漢旗博物館,〈內蒙古敖漢旗興隆溝新石器時代遺址調查〉,《考古》, 2000年 第9期.

中國社會科學院考古研究所甘青考古隊,〈甘青武山傅家門史前文化遺址發掘簡報〉,《考古》, 1995年 第4期.

曾騏,〈中國新石器時代文化的特點和發展序列〉,《考古與文化》, 1983年 第1期.

陳全家, 趙賓福,〈左家山新石器時代遺址的分期及相關文化遺存的年代序列〉,《考古》, 1990年 第3期.

河南省文物研究所,長江流域規劃辦公室考古隊,《淅川下王岡》, 文物出版社, 1989.

夏鼐,〈梁思永先生傳略〉,《梁思永考古論文集》, 科學出版社, 1959.

何駑,〈陶寺中期小城內大型建築IIFJT1發掘心路雜談〉,《古代文明研究通訊》, 2004年 總23期.

何駑,〈陶寺文化譜系研究綜論〉,《古代文明(第3卷)》, 文物出版社, 2004.

許宏,〈邁入青銅時代: 資源視角下的文明擴張〉,《發現中國》, 創刊號(2012年1月).

黃庭,〈東北泥炭記錄的全新世火山噴發事件及其古氣候响應研究〉, 中國地質大學, 博士學位論文 (2013.5).

喜見,〈西拉木倫河: 科爾沁沙地上的母親河〉, 中國科學院,《中國國家地理》2012年 10月(總 第624期).

三宅宗悅,〈熱河赤峰の古代文化と人種〉,《國立中央博物館時報》, 第1號(1939).

Alexei A. Kovalev, Diimaazhav Erdenebaatar, "Discovery of new cultures of the Bronze Age in Mongolia according to the Data obtained by the International Central Asia Archaeological Expedition", Jan Bemmann, Hermann Pazinger, Ernst Pohl, Damdinsüren Tseveendorzh(ed.), Current Archaeological Research in Mongolia, Bonn: Friedrich-Wilhelms-Univ., 2009.

Benjamin D. R., "Mushroom poisoning in infants and children: the Amanita pantherina/muscaria group". Journal of Toxicology: Clinical Toxicology, 30-(1), 1992.

Lü and Sun. "Luminescence sensitivities of quartz grains from eolian deposits in northern China and their implications for provenance", Quaternary Research, 76, 2011.

Michelot D., Melendez-Howell L. M., "Amanita muscaria: chemistry, biology, toxicology, and ethnomycology". Mycological Research, 107 (Pt. 2), 2003.

찾아보기